憲法

戸松秀典

弘文堂

はしがき

　本書は、いわゆる憲法の概説書である。憲法概説書といえる書は、他の法分野の概説書と比べ、おそらくもっとも多く存在するといえる。私も、単独ではなく共同執筆者の一人として、その執筆に携わったことがあるし、弘文堂の法律学講座双書の一冊である伊藤正己著『憲法』（1982年）については、そのかなりの部分の執筆をお手伝いさせていただいた。しかし、その体験を経て、自分独自のものを作成しようという意欲は湧くことがなく過ぎてきた。私がエネルギーを投じたのは、憲法価値の具体的実現を司法過程でなす分野、すなわち憲法訴訟の研究においてであり、それに加え、なるべく詳しい憲法判例集を編むことであった。これらの作業に私が力を注いだのは、日本国憲法の実情を観察し、それをありのままに描き、憲法秩序が形成されている様相を考察することである。この作業は、法実務において何か役立つことがあるとの期待のもとに、私の研究生活の中軸をなしていたといえる。

　2012（平成24）年3月に定年退職し、大学での研究・教育の生活から離れる頃、上記の作業に加えて、憲法概説書の執筆をしてみようとの意欲が湧いてきた。その理由は、複雑、微妙な事情も絡んでいて簡単に語ることができないが、次のことは、本書の特徴となるように執筆に努めたところであり、ここで示しておかなければならない。

　本書は、本文の各所で述べているように、60年余にわたって形成された日本国憲法のもとでの法秩序の現状を描くことを基調としており、それは、私が力を投入してきた憲法訴訟の研究や憲法判例集の編集と共通の性格をもっている。ただし、形成されている憲法秩序の現状について徹底した論述をしようとすると、それは、膨大な内容となり、一冊の書にまとめるのは至難の業となる。そこで、全体としてその基調を維持するよう努めながらも、憲法秩序の形成の様相がもっとも憲法らしく展開しているところを選んで、詳しく論述することとした。それは、憲法14条の平等原則と31条の法定手続の原則の二つの領域についてである。それらにおいて、憲法価値の具体的実現のために制定されている法令と、そ

の法令の適用について争う判例との様相をなるべくありのままに示して、興味や関心の赴くままに憲法内容を論ずることを避けるように努めた。幸い、2013年に刊行された日本国憲法の判例を集大成した書、『論点体系 判例憲法 1～3』(第一法規)の編集に今井功元最高裁裁判官と共に携わることができ、その二つの領域については主導的に執筆する機会を得た。様式を変えてはいるが、本書にその部分を使用することを第一法規編集部から了解いただき、大変感謝している。なお、その二つの憲法原則以外についても、判例の動向と関連法令の実例について、現状を示して憲法の具体的実現の様相を示すように論述している。

　このように、本書は、類書にはない個性をもたせたものとなったと思っており、特に、本書が法実務家による利用に役立つことを願っている。概説書であるから、憲法教科書としても使用していただきたく、学生にとっては、何が現在の憲法秩序であるかの把握には役立つ書であると思っている。自らの学説を強調したい教師にとっても、その根拠事実を示すのに有効な書となるはずである。欲をいえば、政治家をはじめ日本国憲法の現状を把握したい者が目をとおしていただけたらと期待している。もっとも、全体としてみると、論述に繁閑の差があるかもしれないが、読者の海容を乞い、また、ご叱正を受けて、今後、よりよいものに作り上げていこうと考えている。

　上述のように、本書の執筆の動機は、簡単には語れないが、私の尊敬する憲法研究者や法実務家からの激励、支援、助言などがそこにかかわっていることは間違いない。厚く御礼申し上げる次第である。

　また、本書の刊行を引き受けていただいた弘文堂には特に謝意を表したい。古稀を過ぎての無謀な挑戦だと反省して撤退しようとする私を、同社の会長の鯉渕年祐氏は、しきりに励まして下さったし、すでに定年で退職された丸山邦正氏からは、執筆完了を待ちわびる声を届けていただいた。さらに、編集部長の北川陽子氏には、本書の担当者となっていただいた。

　執筆を終えた現在、頭が正常に働く限り、本書の改良を重ねていく意欲を抱いている。

　　2015年3月末日

　　　　　　　　　　　　　　　　　　　　　　　　　　　戸松秀典

目次

第Ⅰ部　総論 ……………………………………………………… 1

第1章　日本国憲法の成立と動態 …………………………………… 3
- 第1節　日本国憲法概観 ………………………………… 3
- 第2節　日本国憲法の成立 ……………………………… 7
- 第3節　日本国憲法の動態 ……………………………… 11

第2章　日本国憲法の基本理念とその維持 ………………………… 17
- 第1節　基本原理・原則 ………………………………… 17
- 第2節　憲法秩序の形成と憲法改正 …………………… 18
- 第3節　憲法保障 ………………………………………… 24

第3章　国民主権と選挙・政党 ……………………………………… 31
- 第1節　国民主権原理 …………………………………… 31
- 第2節　選挙 ……………………………………………… 34
- 第3節　政党 ……………………………………………… 41

第4章　天皇制と平和主義 …………………………………………… 44
- 第1節　由来と今日 ……………………………………… 44
- 第2節　天皇制の現在 …………………………………… 46
- 第3節　平和主義の現状 ………………………………… 49

第Ⅱ部　人権保障 ………………………………………………… 57

第5章　人権保障の原理 ……………………………………………… 59
- 第1節　序論 ……………………………………………… 59
- 第2節　人権制限の法理 ………………………………… 62
- 第3節　人権保障の範囲と限界 ………………………… 68

第6章　人権保障の具体的実現 ……………………………………… 80
- 第1節　人権保障の制度 ………………………………… 80
- 第2節　人権の体系 ……………………………………… 83
- 第3節　人権保障の進展 ………………………………… 87

第7章　包括的人権と多元的権利・自由 …………………… 93
- 第1節　意義 ………………………………………… 93
- 第2節　幸福追求権 ………………………………… 96
- 第3節　平等原則 …………………………………… 118
- 第4節　多元的権利・自由 ………………………… 176

第8章　精神的自由 ………………………………………… 189
- 第1節　意義 ………………………………………… 189
- 第2節　思想・良心の自由 ………………………… 191
- 第3節　信教の自由と政教分離原則 ……………… 197
- 第4節　表現の自由 ………………………………… 206

第9章　人身の自由 ………………………………………… 253
- 第1節　意義 ………………………………………… 253
- 第2節　法定手続の原則 …………………………… 256
- 第3節　被疑者の権利 ……………………………… 298
- 第4節　被告人の権利 ……………………………… 303
- 第5節　拷問・残虐刑の禁止 ……………………… 311
- 第6節　奴隷的拘束・苦役からの自由 …………… 315

第10章　経済的自由 ………………………………………… 318
- 第1節　意義 ………………………………………… 318
- 第2節　職業選択・営業の自由 …………………… 319
- 第3節　財産権 ……………………………………… 328

第11章　社会権 ……………………………………………… 339
- 第1節　意義 ………………………………………… 339
- 第2節　生存権 ……………………………………… 342
- 第3節　教育を受ける権利 ………………………… 352
- 第4節　勤労権 ……………………………………… 358
- 第5節　労働基本権 ………………………………… 361

第12章　国務請求権 ………………………………………… 369
- 第1節　意義 ………………………………………… 369
- 第2節　請願権 ……………………………………… 369
- 第3節　裁判を受ける権利 ………………………… 371
- 第4節　国家賠償請求権 …………………………… 374
- 第5節　刑事補償請求権 …………………………… 377

第13章	国民の義務	379
第1節	意義	379
第2節	教育の義務	380
第3節	勤労の義務	381
第4節	納税の義務	382

第Ⅲ部　統治機構　…385

第14章	統治機構の原理	387
第1節	統治機構概観	387
第2節	政治部門と司法部門	390
第3節	議院内閣制	392

第15章	国会と立法権	395
第1節	国会に属する立法権	395
第2節	国会の構成・組織・権能	402
第3節	国会の活動	411
第4節	国会と財政	416

第16章	内閣と行政権	423
第1節	内閣に属する行政権	423
第2節	内閣の組織	428
第3節	内閣の権限	432

第17章	裁判所と司法権	439
第1節	裁判所に属する司法権	439
第2節	裁判所の組織と権限	445
第3節	裁判の手続と運用	456
第4節	司法審査制度	461

第18章	地方自治	468
第1節	地方自治と地方公共団体	468
第2節	地方公共団体の組織と運営	471
第3節	地方公共団体の権能	474

事項索引　483

判例索引　500

細目次

第Ⅰ部 総論 ……………………………………………………… 1

第1章 日本国憲法の成立と動態 ……………………………… 3
第1節 日本国憲法概観 …………………………………… 3
1 構成 ……………………………………………… 3
2 最高法規 ………………………………………… 4
　（1）98条 …………………………………………… 4
　（2）立憲主義（constitutionalism）……………… 5
3 系譜 ……………………………………………… 6
第2節 日本国憲法の成立 ………………………………… 7
1 明治憲法体制の崩壊 …………………………… 7
2 日本国憲法の制定 ……………………………… 9
3 制定の法理 ……………………………………… 10
第3節 日本国憲法の動態 ………………………………… 11
1 日本国憲法の軌跡 ……………………………… 11
2 憲法解釈 ………………………………………… 13
3 下位法規による具体的実現 …………………… 14
4 訴訟・裁判による具体的実現 ………………… 15

第2章 日本国憲法の基本理念とその維持 …………………… 17
第1節 基本原理・原則 …………………………………… 17
第2節 憲法秩序の形成と憲法改正 ……………………… 18
1 憲法秩序の形成 ………………………………… 18
2 憲法の改正 ……………………………………… 20
　（1）意味と実情 …………………………………… 20
　（2）手続 …………………………………………… 21
　（3）憲法改正の可能性 …………………………… 23
第3節 憲法保障 …………………………………………… 24
1 憲法保障の意義 ………………………………… 24
2 司法審査制度 …………………………………… 25
　（1）付随的審査制 ………………………………… 25
　（2）憲法訴訟 ……………………………………… 27
　（3）司法審査の機能と限界 ……………………… 28
3 非常・緊急事態と憲法 ………………………… 29

第3章 国民主権と選挙・政党 ………………………………… 31
第1節 国民主権原理 ……………………………………… 31

		1	意義	31
		2	憲法改正権	32
		3	国政への参加	33
	第2節	選挙		34
		1	選挙権・被選挙権	34
			(1) 基本的人権	34
			(2) 選挙権の行使	36
		2	選挙制度	38
			(1) 独特な選挙制度	38
			(2) 憲法上の要請	39
		3	選挙の実施	39
			(1) 選挙の実施権限	39
			(2) 選挙の自由と公正の侵害	40
			(3) 選挙の差止請求	40
	第3節	政党		41
		1	政党の準国家機関化	41
		2	政党と法秩序	42
		3	課題と展望	43

第4章 天皇制と平和主義 …… 44

	第1節	由来と今日		44
	第2節	天皇制の現在		46
		1	象徴天皇制	46
		2	天皇の国事行為	47
			(1) 限定された国事行為	47
			(2) 国事行為以外の行為	47
		3	皇位の継承・天皇制の課題	48
		4	皇室経済	49
	第3節	平和主義の現状		49
		1	憲法9条と平和の理念	49
		2	政治過程での実現	50
			(1) 平和主義の実現に伴うジレンマ	50
			(2) 集団的自衛権	51
			(3) 国連の平和維持活動（peace-keeping operations）への参加	52
		3	司法過程での実現	52
			(1) 概要	52
			(2) 9条関係訴訟の動向	53

第Ⅱ部　人権保障 ……………………………………… 57

第5章　人権保障の原理 ……………………………… 59

第1節　序論 ……………………………………… 59
1. 総則的規定 ………………………………… 59
2. 人権の享有主体 …………………………… 60
3. 人権の保持責任 …………………………… 60
4. 個人の尊重 ………………………………… 61

第2節　人権制限の法理 ………………………… 62
1. 公共の福祉論 ……………………………… 62
   - (1) 人権の制限根拠 ……………………… 62
   - (2) 立法中の保護法益 …………………… 63
   - (3) 学説と判例 …………………………… 64
2. 比較衡量論 ………………………………… 66
3. 立法裁量論 ………………………………… 67

第3節　人権保障の範囲と限界 ………………… 68
1. 人権の享有主体の範囲 …………………… 68
   - (1) 日本国民 ……………………………… 68
   - (2) 外国人 ………………………………… 68
   - (3) 法人 …………………………………… 69
2. 私人間の人権問題 ………………………… 72
   - (1) 問題の所在 …………………………… 72
   - (2) 国が当事者でない私人間の法関係 … 72
   - (3) 国の行為が私法上の行為であるとき … 75
3. 公法・私法上の特別な法関係 …………… 77
4. 抵抗権 ……………………………………… 78

第6章　人権保障の具体的実現 ……………………… 80

第1節　人権保障の制度 ………………………… 80
1. 司法的救済 ………………………………… 80
2. 行政機関による人権擁護 ………………… 81
3. 民間の組織・団体による人権保護 ……… 83

第2節　人権の体系 ……………………………… 83
1. 体系化の基盤 ……………………………… 83
2. 人権の類型 ………………………………… 84
3. 類型化の課題 ……………………………… 86

第3節　人権保障の進展 ………………………… 87
1. 時の経過と変化 …………………………… 87
2. 変化をもたらす要因 ……………………… 89
3. 課題と展望 ………………………………… 90

第 7 章　包括的人権と多元的権利・自由 …………………… 93

第 1 節　意義 ………………………………………………… 93
1　包括的人権の概念 …………………………………… 93
　（1）13 条後段と 14 条　 …………………… 93
　（2）幸福追求権 ………………………………… 94
　（3）平等原則 …………………………………… 94
　（4）その他 ……………………………………… 95
2　多元的権利・自由 …………………………………… 95

第 2 節　幸福追求権 ………………………………………… 96
1　意義 …………………………………………………… 96
　（1）幸福追求権のとらえ方 …………………… 96
　（2）人格権 ……………………………………… 97
　（3）公権力による規制と自由 ………………… 98
2　プライバシーの権利 ………………………………… 100
　（1）私事を公開されない権利 ………………… 100
　（2）自己情報コントロール権 ………………… 103
　（3）課題 ………………………………………… 104
3　人格権・プライバシーの権利から派生する権利 …… 106
　（1）パブリシティ権 …………………………… 106
　（2）氏名・肖像権 ……………………………… 108
　（3）課題 ………………………………………… 109
4　自己決定権 …………………………………………… 110
　（1）意味 ………………………………………… 110
　（2）自己決定権を認知しない判例傾向 ……… 110
　（3）今後の展開 ………………………………… 111
5　環境権とその限界 …………………………………… 112
　（1）環境権保障の動向 ………………………… 112
　（2）環境権の限界 ……………………………… 113
　（3）課題 ………………………………………… 114
6　人権として認知される可能性 ……………………… 115
　（1）平和的生存権の場合 ……………………… 115
　（2）幸福追求権の内容となるための要件 …… 116
　（3）課題 ………………………………………… 117

第 3 節　平等原則 …………………………………………… 118
1　意義 …………………………………………………… 118
　（1）14 条の概要　 ……………………………… 118
　（2）「法の下の平等」の意味　 ………………… 118
　（3）相対的平等と形式的平等 ………………… 119
　（4）合理的差別 ………………………………… 121
2　14 条 1 項に列挙の差別禁止事由 ………………… 122
　（1）人種・外国人 ……………………………… 123
　（2）信条 ………………………………………… 128
　（3）性別 ………………………………………… 132

　　　　　(4) 社会的身分 …………………………………… 140
　　　　　(5) 門地 ……………………………………………… 151
　　　3　14条1項に明示的に例示されていない差別事由 … 152
　　　　　(1) 国籍 ……………………………………………… 152
　　　　　(2) 年齢 ……………………………………………… 152
　　　　　(3) 自治体間 ………………………………………… 154
　　　　　(4) 刑事法との関係 ………………………………… 155
　　　　　(5) 民事法との関係 ………………………………… 158
　　　4　行政法規による差別的扱い ………………………… 159
　　　　　(1) 公選法と投票価値の平等 ……………………… 159
　　　　　(2) 福祉関係立法による差別的扱い ……………… 166
　　　　　(3) 租税関係立法 …………………………………… 171
　　　5　家族生活における平等 ……………………………… 175
　　　　　(1) 24条の意義 ……………………………………… 175
　　　　　(2) 具体的実現 ……………………………………… 176
　　第4節　多元的権利・自由 ………………………………… 176
　　　1　居住・移転の自由 …………………………………… 176
　　　　　(1) 意義 ……………………………………………… 176
　　　　　(2) 居住・移転の自由の制限 ……………………… 177
　　　　　(3) 居住・移転の自由の実現 ……………………… 178
　　　2　外国移住・国籍離脱の自由 ………………………… 180
　　　　　(1) 意義 ……………………………………………… 180
　　　　　(2) 外国移住の自由の実現 ………………………… 181
　　　　　(3) 国籍離脱の自由 ………………………………… 182
　　　3　通信の秘密 …………………………………………… 182
　　　　　(1) 意義 ……………………………………………… 182
　　　　　(2) 通信の秘密を確保する法制度 ………………… 183
　　　　　(3) 通信の秘密の限界 ……………………………… 183
　　　4　情報公開請求権・知る権利 ………………………… 185
　　　　　(1) 意義 ……………………………………………… 185
　　　　　(2) 情報公開請求権の実現 ………………………… 186
　　　　　(3) 情報保全と情報公開 …………………………… 187

第8章　**精神的自由** ………………………………………… 189
　　第1節　意義 ………………………………………………… 189
　　　1　概観 …………………………………………………… 189
　　　2　由来・歴史的背景 …………………………………… 189
　　　3　保障の実現 …………………………………………… 190
　　第2節　思想・良心の自由 ………………………………… 191
　　　1　意義 …………………………………………………… 191
　　　2　先例の謝罪広告事件判決 …………………………… 192
　　　3　一連の国旗・国歌事件 ……………………………… 193
　　　4　社会における思想・信条の自由 …………………… 195

5　司法的解決の限界……………………………………　196
    第3節　信教の自由と政教分離原則……………………………　197
        1　意義……………………………………………………　197
        2　信教の自由……………………………………………　198
            (1)　意義………………………………………………　198
            (2)　法制度上での宗教の尊重………………………　199
            (3)　信教の自由への介入限度………………………　199
        3　政教分離原則…………………………………………　201
            (1)　意義………………………………………………　201
            (2)　目的効果基準……………………………………　202
            (3)　問題と課題………………………………………　204
    第4節　表現の自由………………………………………………　206
        1　表現の自由の意義……………………………………　206
            (1)　基本的観点………………………………………　206
            (2)　最高裁判所の基本姿勢…………………………　206
            (3)　表現の自由の優越的地位と
                「二重の基準」の法理………………………　209
            (4)　表現の自由の制限………………………………　210
        2　集会・結社の自由……………………………………　212
            (1)　意義………………………………………………　212
            (2)　集会の自由の展開と限界………………………　215
            (3)　結社の自由の展開と限界………………………　222
        3　言論・出版・その他の表現の自由…………………　224
            (1)　広い内容の表現の自由…………………………　224
            (2)　言論・出版・その他の表現の自由の展開……　225
            (3)　言論・出版・その他の表現の自由の限界……　236
        4　検閲の禁止……………………………………………　245
            (1)　検閲の概念………………………………………　245
            (2)　検閲概念の適用…………………………………　246
        5　学問の自由……………………………………………　250
            (1)　意義………………………………………………　250
            (2)　今日的問題と課題………………………………　251

第9章　人身の自由　…………………………………………………253
    第1節　意義………………………………………………………　253
        1　人身の自由の構成……………………………………　253
        2　人身の自由の保障の実現……………………………　254
        3　課題……………………………………………………　255
    第2節　法定手続の原則…………………………………………　256
        1　法定手続の意義………………………………………　256
            (1)　呼称と由来………………………………………　256
            (2)　適用範囲…………………………………………　257
        2　実体法と法定手続の原則……………………………　258

(1) 法令の刑罰規定…………………………………………… 258
　　　　(2) 下位法規への刑罰の委任……………………………… 259
　　　　(3) 規定内容の漠然・不明確性ないし不合理性………… 262
　　　　(4) 条例の規定の不明確性ないし不合理性……………… 272
　　　　(5) 改正法令の経過規定と法定手続の原則……………… 277
　　　　(6) 刑罰と法定手続の原則………………………………… 277
　　　　(7) 問題と課題……………………………………………… 277
　　3　刑事手続と法定手続の原則…………………………………… 279
　　　　(1) 刑事訴訟手続に関する立法措置……………………… 279
　　　　(2) 刑事訴訟手続に関する処分…………………………… 280
　　　　(3) 問題と課題……………………………………………… 290
　　4　行政手続と法定手続の原則…………………………………… 291
　　　　(1) 意義……………………………………………………… 291
　　　　(2) 行政手続における適正手続の実現…………………… 293
　　　　(3) 行政訴訟における手続的審査………………………… 297
　第3節　被疑者の権利………………………………………………… 298
　　1　逮捕の要件……………………………………………………… 298
　　　　(1) 令状主義………………………………………………… 298
　　　　(2) 現行犯逮捕と緊急逮捕………………………………… 299
　　　　(3) 別件逮捕………………………………………………… 299
　　2　抑留・拘禁の要件……………………………………………… 300
　　　　(1) 34条前段………………………………………………… 300
　　　　(2) 34条後段………………………………………………… 301
　　　　(3) 人身保護法……………………………………………… 301
　　3　住居の不可侵、捜索・押収の要件…………………………… 301
　　　　(1) 35条の意義……………………………………………… 301
　　　　(2) 違法収集証拠排除の原則……………………………… 302
　　　　(3) 行政手続への適用……………………………………… 302
　第4節　被告人の権利………………………………………………… 303
　　1　37条の権利保障………………………………………………… 303
　　　　(1) 裁判を受ける権利……………………………………… 303
　　　　(2) 証人尋問権……………………………………………… 305
　　　　(3) 弁護人依頼権…………………………………………… 306
　　2　38条の権利保障………………………………………………… 307
　　　　(1) 不利益供述強要の禁止………………………………… 307
　　　　(2) 自白法則………………………………………………… 308
　　3　39条の権利保障………………………………………………… 309
　　　　(1) 遡及処罰の禁止と一事不再理の原則………………… 309
　　　　(2) 刑事実体法以外の法規定と遡及効…………………… 311
　第5節　拷問・残虐刑の禁止………………………………………… 311
　　1　36条の意義……………………………………………………… 311
　　2　拷問の禁止……………………………………………………… 312
　　3　残虐刑の禁止…………………………………………………… 312

　　　　　　　（1）「残虐な刑罰」の意味 ………………………… 312
　　　　　　　（2）死刑 ……………………………………………… 312
　　　　　　　（3）死刑以外の刑の量定 …………………………… 315
　　　　　　　（4）その他 …………………………………………… 315
　　　第6節　奴隷的拘束・苦役からの自由 ……………………… 315
　　　　　1　意義 ………………………………………………………… 315
　　　　　2　奴隷的拘束の禁止 ………………………………………… 316
　　　　　3　意に反する苦役からの自由 ……………………………… 316

第10章　経済的自由 ……………………………………………… 318
　　　第1節　意義 ……………………………………………………… 318
　　　　　1　経済的自由の構成 ………………………………………… 318
　　　　　2　経済的自由の性格 ………………………………………… 318
　　　　　3　経済的自由の保障の実現 ………………………………… 319
　　　第2節　職業選択・営業の自由 ………………………………… 319
　　　　　1　職業・営業の自由の意義 ………………………………… 319
　　　　　2　職業・営業の自由の保障 ………………………………… 321
　　　　　　　（1）二重の基準と立法裁量論 ……………………… 321
　　　　　　　（2）二段の基準 …………………………………… 322
　　　　　　　（3）多様な審査基準 ……………………………… 324
　　　　　3　職業・営業の自由保障の課題 …………………………… 325
　　　　　　　（1）多種多様さの変化 …………………………… 325
　　　　　　　（2）社会の変化と規制の見直し ………………… 326
　　　　　　　（3）新たな営業形態への対処 …………………… 327
　　　第3節　財産権 ………………………………………………… 328
　　　　　1　財産権の意義 ……………………………………………… 328
　　　　　2　財産権の保障 ……………………………………………… 329
　　　　　　　（1）規制目的の合理性 …………………………… 329
　　　　　　　（2）二段の基準 …………………………………… 330
　　　　　　　（3）特異な存在の森林法共有林事件判決 ……… 331
　　　　　　　（4）課題 …………………………………………… 332
　　　　　3　正当な補償 ………………………………………………… 334
　　　　　　　（1）意義 …………………………………………… 334
　　　　　　　（2）補償の実現 …………………………………… 335
　　　　　　　（3）補償の課題 …………………………………… 336

第11章　社会権 …………………………………………………… 339
　　　第1節　意義 ……………………………………………………… 339
　　　　　1　社会権の性格 ……………………………………………… 339
　　　　　2　社会権の保障の実現 ……………………………………… 340
　　　　　3　課題 ………………………………………………………… 341
　　　第2節　生存権 ………………………………………………… 342

　　　　1　生存権の意義——その性格と保障のあり方 ………… 342
　　　　2　生存権保障の具体的実現 ………………………………… 344
　　　　　（1）社会福祉立法 ……………………………………… 344
　　　　　（2）司法的統制の余地 ………………………………… 346
　　　　3　生存権保障の課題 ……………………………………… 348
　　　　　（1）広い立法裁量論の克服 …………………………… 348
　　　　　（2）広い立法裁量論の要因 …………………………… 349
　　　　　（3）生存権訴訟のインパクト ………………………… 351
　　第3節　教育を受ける権利 ………………………………………… 352
　　　　1　意義 …………………………………………………… 352
　　　　2　教育を受ける権利保障の実現 ………………………… 353
　　　　　（1）法律による具体化の概要 ………………………… 353
　　　　　（2）教育権の所在 ……………………………………… 355
　　　　　（3）義務教育の無償 …………………………………… 356
　　　　　（4）教育行政権 ………………………………………… 357
　　　　3　教育を受ける権利の保障の課題 ……………………… 357
　　　　　（1）概観 ………………………………………………… 357
　　　　　（2）課題の対象 ………………………………………… 357
　　第4節　勤労権 ……………………………………………………… 358
　　　　1　意義 …………………………………………………… 358
　　　　2　勤労権保障の実現 ……………………………………… 359
　　　　　（1）労働契約と労働契約法 …………………………… 359
　　　　　（2）労働基準法 ………………………………………… 360
　　　　3　勤労権保障の課題 ……………………………………… 360
　　第5節　労働基本権 ………………………………………………… 361
　　　　1　意義 …………………………………………………… 361
　　　　2　一般労働者の労働基本権の保障 ……………………… 362
　　　　　（1）保障の実現 ………………………………………… 362
　　　　　（2）今日の課題 ………………………………………… 365
　　　　3　公務員の労働基本権の保障 …………………………… 365
　　　　　（1）労働基本権の制限 ………………………………… 365
　　　　　（2）判例の概要 ………………………………………… 366
　　　　　（3）労働基本権保障の課題 …………………………… 367

第12章　国務請求権 …………………………………………………… 369

　　第1節　意義 ………………………………………………………… 369
　　第2節　請願権 ……………………………………………………… 369
　　　　1　意義 …………………………………………………… 369
　　　　2　請願の制度 …………………………………………… 370
　　　　3　請願権の行使への処置 ……………………………… 370
　　第3節　裁判を受ける権利 ………………………………………… 371
　　　　1　意義 …………………………………………………… 371

（1）裁判所の裁判を受ける権利……………………371
　　　　　（2）裁判の意味……………………372
　　　2　権利の実効化の制度……………………373
　　　　　（1）法律扶助・法テラス……………………373
　　　　　（2）地域司法計画……………………373
　　第4節　国家賠償請求権……………………374
　　　1　意義……………………374
　　　2　国家賠償請求権の実現と立法裁量論……………………375
　　　3　行政訴訟の補完機能……………………376
　　第5節　刑事補償請求権……………………377
　　　1　意義……………………377
　　　2　刑事補償の範囲と限界……………………377
　　　3　問題と課題……………………378

第13章　国民の義務……………………379

　　第1節　意義……………………379
　　第2節　教育の義務……………………380
　　　1　普通教育を受けさせる義務……………………380
　　　2　教育の義務の具体的実現……………………380
　　第3節　勤労の義務……………………381
　　　1　勤労の権利と義務……………………381
　　　2　勤労の義務の具体的実現……………………381
　　第4節　納税の義務……………………382
　　　1　30条の趣旨……………………382
　　　2　納税の義務関係訴訟……………………382

第Ⅲ部　統治機構……………………385

第14章　統治機構の原理……………………387

　　第1節　統治機構概観……………………387
　　　1　統治機構への視点……………………387
　　　2　国家現象……………………388
　　　3　権力分立の実態……………………389
　　第2節　政治部門と司法部門……………………390
　　　1　意義……………………390
　　　2　政治部門……………………391
　　　3　司法部門……………………392
　　第3節　議院内閣制……………………392
　　　1　意義……………………392

2　議院内閣制の本質論議の効用……………………393
　　　3　課題……………………394

第15章　国会と立法権……………………395

第1節　国会に属する立法権……………………395
　　　1　国会の地位……………………395
　　　2　立法権の意義と限界……………………396
　　　　（1）立法権の意義……………………396
　　　　（2）法律の意味……………………396
　　　　（3）立法権の限界……………………400
　　　3　課題……………………401

第2節　国会の構成・組織・権能……………………402
　　　1　二院制……………………402
　　　2　衆議院と参議院……………………403
　　　　（1）衆議院の優越……………………403
　　　　（2）参議院の存在意義……………………404
　　　3　議院の権能……………………404
　　　　（1）国政調査権……………………404
　　　　（2）自律的権能……………………405
　　　4　国会議員の地位と活動……………………407
　　　　（1）議員の地位……………………407
　　　　（2）議員の活動……………………409
　　　　（3）国会議員の特権……………………409
　　　5　政党・会派……………………411

第3節　国会の活動……………………411
　　　1　完全自律権の意義……………………411
　　　2　国会の会期……………………413
　　　3　国会の議事……………………414
　　　4　衆議院の解散と参議院の緊急集会……………………414
　　　5　弾劾裁判……………………415

第4節　国会と財政……………………416
　　　1　財政の民主化……………………416
　　　2　租税法律主義……………………417
　　　3　国の支出行為と予算制度……………………420
　　　　（1）国費の支出・国庫債務負担行為……………………420
　　　　（2）予算制度……………………420
　　　4　決算の検査と内閣の財政報告……………………421

第16章　内閣と行政権……………………423

第1節　内閣に属する行政権……………………423
　　　1　行政権の意味……………………423
　　　2　独立行政委員会……………………424

        3　国会・裁判所との関係…………………………… 425
          (1) 行政権と立法権……………………………… 425
          (2) 行政権と司法権……………………………… 426
          (3) 行政委員会の準立法的・準司法的機能…… 427
    第2節　内閣の組織………………………………………… 428
        1　内閣の構成……………………………………… 428
          (1) 法律による組織形成………………………… 428
          (2) 補助機関……………………………………… 428
        2　内閣総理大臣と国務大臣……………………… 429
          (1) 内閣総理大臣………………………………… 429
          (2) 国務大臣……………………………………… 430
          (3) 文民要件……………………………………… 430
        3　閣議……………………………………………… 431
    第3節　内閣の権限………………………………………… 432
        1　行政国家における内閣の役割………………… 432
          (1) 行政権の肥大化……………………………… 432
          (2) 肥大化の要因………………………………… 432
          (3) 行政改革……………………………………… 433
        2　内閣総理大臣の権限…………………………… 433
          (1) 強い権限……………………………………… 433
          (2) 衆議院の解散権限…………………………… 434
          (3) 指揮監督権…………………………………… 434
        3　73条列挙の権限とその他の権限……………… 435
          (1) 73条列挙の権限……………………………… 435
          (2) その他の行政権限…………………………… 437

第17章　裁判所と司法権………………………………………439
    第1節　裁判所に属する司法権…………………………… 439
        1　司法権の意味と司法制度改革………………… 439
          (1) 司法権の意味………………………………… 439
          (2) 司法制度改革………………………………… 440
        2　司法権の目的と範囲…………………………… 440
        3　司法権の独立…………………………………… 442
          (1) 意義…………………………………………… 442
          (2) 裁判官の身分保障…………………………… 443
          (3) 政治部門との相互関係……………………… 444
    第2節　裁判所の組織と権限……………………………… 445
        1　裁判所の組織…………………………………… 445
          (1) 概容…………………………………………… 445
          (2) 特別裁判所と行政機関の裁判……………… 447
        2　裁判官…………………………………………… 448
          (1) 最高裁判所裁判官…………………………… 448
          (2) 下級裁判所裁判官…………………………… 449

　　　　3　裁判所の権限……………………………………451
　　　　　(1)　裁判の権限……………………………………451
　　　　　(2)　裁判権の範囲…………………………………452
　　　　　(3)　司法部門の自律権……………………………453
　　第3節　裁判の手続と運用………………………………456
　　　　1　裁判の手続………………………………………456
　　　　2　裁判への国民の参加……………………………457
　　　　　(1)　裁判と民主制…………………………………457
　　　　　(2)　裁判員裁判……………………………………458
　　　　3　裁判の公開………………………………………459
　　　　　(1)　意義……………………………………………459
　　　　　(2)　訴訟事件と非訟事件…………………………459
　　　　　(3)　例外としての対審の非公開…………………460
　　第4節　司法審査制度……………………………………461
　　　　1　司法審査制の意義………………………………461
　　　　　(1)　81条と司法審査権……………………………461
　　　　　(2)　付随的審査制…………………………………462
　　　　　(3)　司法判断適合性………………………………463
　　　　2　憲法訴訟の役割…………………………………464
　　　　3　憲法訴訟の展開と課題…………………………465
　　　　　(1)　司法審査制の定着……………………………465
　　　　　(2)　司法積極主義・司法消極主義………………466
　　　　　(3)　司法審査制の今日的課題……………………466

第18章　**地方自治**………………………………………468
　　第1節　地方自治と地方公共団体………………………468
　　　　1　地方自治の制度…………………………………468
　　　　2　地方公共団体……………………………………469
　　　　3　地方自治制度の変革……………………………470
　　第2節　地方公共団体の組織と運営……………………471
　　　　1　組織………………………………………………471
　　　　2　運営………………………………………………472
　　　　3　機関………………………………………………472
　　　　4　住民による直接請求制度………………………474
　　第3節　地方公共団体の権能……………………………474
　　　　1　自治行政権の遂行………………………………474
　　　　　(1)　自治事務………………………………………474
　　　　　(2)　係争処理制度…………………………………475
　　　　2　条例制定権と住民投票…………………………475
　　　　　(1)　条例制定権……………………………………475
　　　　　(2)　住民投票………………………………………478
　　　　3　地方財政…………………………………………479

（1）自主財政権……………………………………… 479
　　　（2）自主財政権行使の限界……………………………… 480

事項索引　483
判例索引　500

日本国憲法・条文

〔昭和21年11月3日公布／昭和22年5月3日施行〕

　朕は、日本国民の総意に基いて、新日本建設の礎が、定まるに至つたことを、深くよろこび、枢密顧問の諮詢及び帝国憲法第73条による帝国議会の議決を経た帝国憲法の改正を裁可し、ここにこれを公布せしめる。

　　御　名　御　璽
　　　昭和21年11月3日

内閣総理大臣兼		
外　務　大　臣		吉田　　茂
国　務　大　臣　男爵		幣原喜重郎
司　法　大　臣		木村篤太郎
内　務　大　臣		大村　清一
文　部　大　臣		田中耕太郎
農　林　大　臣		和田　博雄
国　務　大　臣		斎藤　隆夫
逓　信　大　臣		一松　定吉
商　工　大　臣		星島　二郎
厚　生　大　臣		河合　良成
国　務　大　臣		植原悦二郎
運　輸　大　臣		平塚常次郎
大　蔵　大　臣		石橋　湛山
国　務　大　臣		金森徳次郎
国　務　大　臣		膳　桂之助

　　　日本国憲法

　日本国民は、正当に選挙された国会における代表者を通じて行動し、われらとわれらの子孫のために、諸国民との協和による成果と、わが国全土にわたつて自由のもたらす恵沢を確保し、政府の行為によつて再び戦争の惨禍が起ることのないやうにすることを決意し、ここに主権が国民に存することを宣言し、この憲法を確定する。そもそも国政は、国民の厳粛な信託によるものであつて、その権威は国民に由来し、その権力は国民の代表者がこれを行使し、その福利は国民がこれを享受する。これは人類普遍の原理であり、この憲法は、かかる原理に基くものである。われらは、これに反する一切の憲法、法令及び詔勅を排除する。

　日本国民は、恒久の平和を念願し、人間相互の関係を支配する崇高な理想を深く自覚するのであつて、平和を愛する諸国民の公正と信義に信頼して、われらの安全と生存を保持しようと決意した。われらは、平和を維持し、専制と隷従、圧迫と偏狭を地上から永遠に除去しようと努めて

ゐる国際社会において、名誉ある地位を占めたいと思ふ。われらは、全世界の国民が、ひとしく恐怖と欠乏から免れ、平和のうちに生存する権利を有することを確認する。

　われらは、いづれの国家も、自国のことのみに専念して他国を無視してはならないのであつて、政治道徳の法則は、普遍的なものであり、この法則に従ふことは、自国の主権を維持し、他国と対等関係に立たうとする各国の責務であると信ずる。

　日本国民は、国家の名誉にかけ、全力をあげてこの崇高な理想と目的を達成することを誓ふ。

第1章　天　　皇

〔天皇の地位と主権在民〕
第1条　天皇は、日本国の象徴であり日本国民統合の象徴であつて、この地位は、主権の存する日本国民の総意に基く。

〔皇位の世襲〕
第2条　皇位は、世襲のものであつて、国会の議決した皇室典範の定めるところにより、これを継承する。

〔内閣の助言と承認及び責任〕
第3条　天皇の国事に関するすべての行為には、内閣の助言と承認を必要とし、内閣が、その責任を負ふ。

〔天皇の権能と権能行使の委任〕
第4条　天皇は、この憲法の定める国事に関する行為のみを行ひ、国政に関する権能を有しない。
② 　天皇は、法律の定めるところにより、その国事に関する行為を委任することができる。

〔摂政〕
第5条　皇室典範の定めるところにより摂政を置くときは、摂政は、天皇の名でその国事に関する行為を行ふ。この場合には、前条第1項の規定を準用する。

〔天皇の任命行為〕
第6条　天皇は、国会の指名に基いて、内閣総理大臣を任命する。
② 　天皇は、内閣の指名に基いて、最高裁判所の長たる裁判官を任命する。

〔天皇の国事行為〕
第7条　天皇は、内閣の助言と承認により、国民のために、左の国事に関する行為を行ふ。
　一　憲法改正、法律、政令及び条約を公布すること。
　二　国会を召集すること。
　三　衆議院を解散すること。
　四　国会議員の総選挙の施行を公示すること。
　五　国務大臣及び法律の定めるその他の官吏の任免並びに全権委任状及び大使及び公使の信任状を認証すること。
　六　大赦、特赦、減刑、刑の執行の免除及び復権を認証すること。
　七　栄典を授与すること。
　八　批准書及び法律の定めるその他の外交文書を認証すること。
　九　外国の大使及び公使を接受すること。
　十　儀式を行ふこと。

〔財産授受の制限〕
第 8 条 皇室に財産を譲り渡し、又は皇室が、財産を譲り受け、若しくは賜与することは、国会の議決に基かなければならない。

第 2 章　戦争の放棄

〔戦争の放棄と戦力及び交戦権の否認〕
第 9 条 日本国民は、正義と秩序を基調とする国際平和を誠実に希求し、国権の発動たる戦争と、武力による威嚇又は武力の行使は、国際紛争を解決する手段としては、永久にこれを放棄する。
② 前項の目的を達するため、陸海空軍その他の戦力は、これを保持しない。国の交戦権は、これを認めない。

第 3 章　国民の権利及び義務

〔国民たる要件〕
第 10 条 日本国民たる要件は、法律でこれを定める。
〔基本的人権〕
第 11 条 国民は、すべての基本的人権の享有を妨げられない。この憲法が国民に保障する基本的人権は、侵すことのできない永久の権利として、現在及び将来の国民に与へられる。
〔自由及び権利の保持義務と公共福祉性〕
第 12 条 この憲法が国民に保障する自由及び権利は、国民の不断の努力によつて、これを保持しなければならない。又、国民は、これを濫用してはならないのであつて、常に公共の福祉のためにこれを利用する責任を負ふ。
〔個人の尊重と公共の福祉〕
第 13 条 すべて国民は、個人として尊重される。生命、自由及び幸福追求に対する国民の権利については、公共の福祉に反しない限り、立法その他の国政の上で、最大の尊重を必要とする。
〔平等原則、貴族制度の否認及び栄典の限界〕
第 14 条 すべて国民は、法の下に平等であつて、人種、信条、性別、社会的身分又は門地により、政治的、経済的又は社会的関係において、差別されない。
② 華族その他の貴族の制度は、これを認めない。
③ 栄誉、勲章その他の栄典の授与は、いかなる特権も伴はない。栄典の授与は、現にこれを有し、又は将来これを受ける者の一代に限り、その効力を有する。
〔公務員の選定罷免権、公務員の本質、普通選挙の保障及び投票秘密の保障〕
第 15 条 公務員を選定し、及びこれを罷免することは、国民固有の権利である。
② すべて公務員は、全体の奉仕者であつて、一部の奉仕者ではない。
③ 公務員の選挙については、成年者による普通選挙を保障する。
④ すべて選挙における投票の秘密は、これを侵してはならない。選挙人は、その選択に関し公的にも私的にも責任を問はれない。
〔請願権〕
第 16 条 何人も、損害の救済、公務員の罷免、法律、命令又は規則の制定、廃止又は改正その他の事項に関し、平穏に請願する権利を有し、何人も、かかる請願をしたためにいかなる差別待遇も受けない。

〔公務員の不法行為による損害の賠償〕
第17条　何人も、公務員の不法行為により、損害を受けたときは、法律の定めるところにより、国又は公共団体に、その賠償を求めることができる。

〔奴隷的拘束及び苦役の禁止〕
第18条　何人も、いかなる奴隷的拘束も受けない。又、犯罪に因る処罰の場合を除いては、その意に反する苦役に服させられない。

〔思想及び良心の自由〕
第19条　思想及び良心の自由は、これを侵してはならない。

〔信教の自由〕
第20条　信教の自由は、何人に対してもこれを保障する。いかなる宗教団体も、国から特権を受け、又は政治上の権力を行使してはならない。
② 何人も、宗教上の行為、祝典、儀式又は行事に参加することを強制されない。
③ 国及びその機関は、宗教教育その他いかなる宗教的活動もしてはならない。

〔集会、結社及び表現の自由と通信秘密の保護〕
第21条　集会、結社及び言論、出版その他一切の表現の自由は、これを保障する。
② 検閲は、これをしてはならない。通信の秘密は、これを侵してはならない。

〔居住、移転、職業選択、外国移住及び国籍離脱の自由〕
第22条　何人も、公共の福祉に反しない限り、居住、移転及び職業選択の自由を有する。
② 何人も、外国に移住し、又は国籍を離脱する自由を侵されない。

〔学問の自由〕
第23条　学問の自由は、これを保障する。

〔家族関係における個人の尊厳と両性の平等〕
第24条　婚姻は、両性の合意のみに基いて成立し、夫婦が同等の権利を有することを基本として、相互の協力により、維持されなければならない。
② 配偶者の選択、財産権、相続、住居の選定、離婚並びに婚姻及び家族に関するその他の事項に関しては、法律は、個人の尊厳と両性の本質的平等に立脚して、制定されなければならない。

〔生存権及び国民生活の社会的進歩向上に努める国の義務〕
第25条　すべて国民は、健康で文化的な最低限度の生活を営む権利を有する。
② 国は、すべての生活部面について、社会福祉、社会保障及び公衆衛生の向上及び増進に努めなければならない。

〔教育を受ける権利と受けさせる義務〕
第26条　すべて国民は、法律の定めるところにより、その能力に応じて、ひとしく教育を受ける権利を有する。
② すべて国民は、法律の定めるところにより、その保護する子女に普通教育を受けさせる義務を負ふ。義務教育は、これを無償とする。

〔勤労の権利と義務、勤労条件の基準及び児童酷使の禁止〕
第27条　すべて国民は、勤労の権利を有し、義務を負ふ。
② 賃金、就業時間、休息その他の勤労条件に関する基準は、法律でこれを定める。
③ 児童は、これを酷使してはならない。

〔勤労者の団結権及び団体行動権〕
第28条　勤労者の団結する権利及び団体交渉その他の団体行動をする権利は、これを保障する。
〔財産権〕
第29条　財産権は、これを侵してはならない。
②　財産権の内容は、公共の福祉に適合するやうに、法律でこれを定める。
③　私有財産は、正当な補償の下に、これを公共のために用ひることができる。
〔納税の義務〕
第30条　国民は、法律の定めるところにより、納税の義務を負ふ。
〔生命及び自由の保障と科刑の制約〕
第31条　何人も、法律の定める手続によらなければ、その生命若しくは自由を奪はれ、又はその他の刑罰を科せられない。
〔裁判を受ける権利〕
第32条　何人も、裁判所において裁判を受ける権利を奪はれない。
〔逮捕の制約〕
第33条　何人も、現行犯として逮捕される場合を除いては、権限を有する司法官憲が発し、且つ理由となつてゐる犯罪を明示する令状によらなければ、逮捕されない。
〔抑留及び拘禁の制約〕
第34条　何人も、理由を直ちに告げられ、且つ、直ちに弁護人に依頼する権利を与へられなければ、抑留又は拘禁されない。又、何人も、正当な理由がなければ、拘禁されず、要求があれば、その理由は、直ちに本人及びその弁護人の出席する公開の法廷で示されなければならない。
〔侵入、捜索及び押収の制約〕
第35条　何人も、その住居、書類及び所持品について、侵入、捜索及び押収を受けることのない権利は、第33条の場合を除いては、正当な理由に基いて発せられ、且つ捜索する場所及び押収する物を明示する令状がなければ、侵されない。
②　捜索又は押収は、権限を有する司法官憲が発する各別の令状により、これを行ふ。
〔拷問及び残虐な刑罰の禁止〕
第36条　公務員による拷問及び残虐な刑罰は、絶対にこれを禁ずる。
〔刑事被告人の権利〕
第37条　すべて刑事事件においては、被告人は、公平な裁判所の迅速な公開裁判を受ける権利を有する。
②　刑事被告人は、すべての証人に対して審問する機会を充分に与へられ、又、公費で自己のために強制的手続により証人を求める権利を有する。
③　刑事被告人は、いかなる場合にも、資格を有する弁護人を依頼することができる。被告人が自らこれを依頼することができないときは、国でこれを附する。
〔自白強要の禁止と自白の証拠能力の限界〕
第38条　何人も、自己に不利益な供述を強要されない。
②　強制、拷問若しくは脅迫による自白又は不当に長く抑留若しくは拘禁された後の自白は、これを証拠とすることができない。
③　何人も、自己に不利益な唯一の証拠が本人の自白である場合には、有罪とされ、又は刑罰を科せられない。

〔遡及処罰、二重処罰等の禁止〕
第39条 何人も、実行の時に適法であつた行為又は既に無罪とされた行為については、刑事上の責任を問はれない。又、同一の犯罪について、重ねて刑事上の責任を問はれない。
〔刑事補償〕
第40条 何人も、抑留又は拘禁された後、無罪の裁判を受けたときは、法律の定めるところにより、国にその補償を求めることができる。

第4章 国　　会

〔国会の地位〕
第41条 国会は、国権の最高機関であつて、国の唯一の立法機関である。
〔二院制〕
第42条 国会は、衆議院及び参議院の両議院でこれを構成する。
〔両議院の組織〕
第43条 両議院は、全国民を代表する選挙された議員でこれを組織する。
② 両議院の議員の定数は、法律でこれを定める。
〔議員及び選挙人の資格〕
第44条 両議院の議員及びその選挙人の資格は、法律でこれを定める。但し、人種、信条、性別、社会的身分、門地、教育、財産又は収入によつて差別してはならない。
〔衆議院議員の任期〕
第45条 衆議院議員の任期は、4年とする。但し、衆議院解散の場合には、その期間満了前に終了する。
〔参議院議員の任期〕
第46条 参議院議員の任期は、6年とし、3年ごとに議員の半数を改選する。
〔議員の選挙〕
第47条 選挙区、投票の方法その他両議院の議員の選挙に関する事項は、法律でこれを定める。
〔両議院議員相互兼職の禁止〕
第48条 何人も、同時に両議院の議員たることはできない。
〔議員の歳費〕
第49条 両議院の議員は、法律の定めるところにより、国庫から相当額の歳費を受ける。
〔議員の不逮捕特権〕
第50条 両議院の議員は、法律の定める場合を除いては、国会の会期中逮捕されず、会期前に逮捕された議員は、その議院の要求があれば、会期中これを釈放しなければならない。
〔議員の発言表決の無答責〕
第51条 両議院の議員は、議院で行つた演説、討論又は表決について、院外で責任を問はれない。
〔常会〕
第52条 国会の常会は、毎年1回これを召集する。
〔臨時会〕
第53条 内閣は、国会の臨時会の召集を決定することができる。いづれかの議院の総議員の4分の1以上の要求があれば、内閣は、その召集を決定しなければならない。

〔総選挙、特別会及び緊急集会〕
第54条 衆議院が解散されたときは、解散の日から40日以内に、衆議院議員の総選挙を行ひ、その選挙の日から30日以内に、国会を召集しなければならない。
② 衆議院が解散されたときは、参議院は、同時に閉会となる。但し、内閣は、国に緊急の必要があるときは、参議院の緊急集会を求めることができる。
③ 前項但書の緊急集会において採られた措置は、臨時のものであつて、次の国会開会の後10日以内に、衆議院の同意がない場合には、その効力を失ふ。

〔資格争訟〕
第55条 両議院は、各々その議員の資格に関する争訟を裁判する。但し、議員の議席を失はせるには、出席議員の3分の2以上の多数による議決を必要とする。

〔議事の定足数と過半数議決〕
第56条 両議院は、各々その総議員の3分の1以上の出席がなければ、議事を開き議決することができない。
② 両議院の議事は、この憲法に特別の定のある場合を除いては、出席議員の過半数でこれを決し、可否同数のときは、議長の決するところによる。

〔会議の公開と会議録〕
第57条 両議院の会議は、公開とする。但し、出席議員の3分の2以上の多数で議決したときは、秘密会を開くことができる。
② 両議院は、各々その会議の記録を保存し、秘密会の記録の中で特に秘密を要すると認められるもの以外は、これを公表し、且つ一般に頒布しなければならない。
③ 出席議員の5分の1以上の要求があれば、各議員の表決は、これを会議録に記載しなければならない。

〔役員の選任及び議院の自律権〕
第58条 両議院は、各々その議長その他の役員を選任する。
② 両議院は、各々その会議その他の手続及び内部の規律に関する規則を定め、又、院内の秩序をみだした議員を懲罰することができる。但し、議員を除名するには、出席議員の3分の2以上の多数による議決を必要とする。

〔法律の成立〕
第59条 法律案は、この憲法に特別の定のある場合を除いては、両議院で可決したとき法律となる。
② 衆議院で可決し、参議院でこれと異なつた議決をした法律案は、衆議院で出席議員の3分の2以上の多数で再び可決したときは、法律となる。
③ 前項の規定は、法律の定めるところにより、衆議院が、両議院の協議会を開くことを求めることを妨げない。
④ 参議院が、衆議院の可決した法律案を受け取つた後、国会休会中の期間を除いて60日以内に、議決しないときは、衆議院は、参議院がその法律案を否決したものとみなすことができる。

〔衆議院の予算先議権及び予算の議決〕
第60条 予算は、さきに衆議院に提出しなければならない。
② 予算について、参議院で衆議院と異なつた議決をした場合に、法律の定めるところにより、両議院の協議会を開いても意見が一致しないとき、又は参議院が、衆議院の可決した予算を受

け取つた後、国会休会中の期間を除いて 30 日以内に、議決しないときは、衆議院の議決を国会の議決とする。
〔条約締結の承認〕
第 61 条 条約の締結に必要な国会の承認については、前条第 2 項の規定を準用する。
〔議院の国政調査権〕
第 62 条 両議院は、各々国政に関する調査を行ひ、これに関して、証人の出頭及び証言並びに記録の提出を要求することができる。
〔国務大臣の出席〕
第 63 条 内閣総理大臣その他の国務大臣は、両議院の一に議席を有すると有しないとにかかはらず、何時でも議案について発言するため議院に出席することができる。又、答弁又は説明のため出席を求められたときは、出席しなければならない。
〔弾劾裁判所〕
第 64 条 国会は、罷免の訴追を受けた裁判官を裁判するため、両議院の議員で組織する弾劾裁判所を設ける。
② 弾劾に関する事項は、法律でこれを定める。

第 5 章 内 閣

〔行政権の帰属〕
第 65 条 行政権は、内閣に属する。
〔内閣の組織と責任〕
第 66 条 内閣は、法律の定めるところにより、その首長たる内閣総理大臣及びその他の国務大臣でこれを組織する。
② 内閣総理大臣その他の国務大臣は、文民でなければならない。
③ 内閣は、行政権の行使について、国会に対し連帯して責任を負ふ。
〔内閣総理大臣の指名〕
第 67 条 内閣総理大臣は、国会議員の中から国会の議決で、これを指名する。この指名は、他のすべての案件に先だつて、これを行ふ。
② 衆議院と参議院とが異なつた指名の議決をした場合に、法律の定めるところにより、両議院の協議会を開いても意見が一致しないとき、又は衆議院が指名の議決をした後、国会休会中の期間を除いて 10 日以内に、参議院が、指名の議決をしないときは、衆議院の議決を国会の議決とする。
〔国務大臣の任免〕
第 68 条 内閣総理大臣は、国務大臣を任命する。但し、その過半数は、国会議員の中から選ばれなければならない。
② 内閣総理大臣は、任意に国務大臣を罷免することができる。
〔不信任決議と解散又は総辞職〕
第 69 条 内閣は、衆議院で不信任の決議案を可決し、又は信任の決議案を否決したときは、10 日以内に衆議院が解散されない限り、総辞職をしなければならない。
〔内閣総理大臣の欠缺又は総選挙施行による総辞職〕
第 70 条 内閣総理大臣が欠けたとき、又は衆議院議員総選挙の後に初めて国会の召集があつた

ときは、内閣は、総辞職をしなければならない。
〔総辞職後の職務続行〕
第71条 前二条の場合には、内閣は、あらたに内閣総理大臣が任命されるまで引き続きその職務を行ふ。
〔内閣総理大臣の職務権限〕
第72条 内閣総理大臣は、内閣を代表して議案を国会に提出し、一般国務及び外交関係について国会に報告し、並びに行政各部を指揮監督する。
〔内閣の職務権限〕
第73条 内閣は、他の一般行政事務の外、左の事務を行ふ。
一 法律を誠実に執行し、国務を総理すること。
二 外交関係を処理すること。
三 条約を締結すること。但し、事前に、時宜によつては事後に、国会の承認を経ることを必要とする。
四 法律の定める基準に従ひ、官吏に関する事務を掌理すること。
五 予算を作成して国会に提出すること。
六 この憲法及び法律の規定を実施するために、政令を制定すること。但し、政令には、特にその法律の委任がある場合を除いては、罰則を設けることができない。
七 大赦、特赦、減刑、刑の執行の免除及び復権を決定すること。
〔法律及び政令への署名と連署〕
第74条 法律及び政令には、すべて主任の国務大臣が署名し、内閣総理大臣が連署することを必要とする。
〔国務大臣訴追の制約〕
第75条 国務大臣は、その在任中、内閣総理大臣の同意がなければ、訴追されない。但し、これがため、訴追の権利は、害されない。

第6章 司 法

〔司法権の機関と裁判官の職務上の独立〕
第76条 すべて司法権は、最高裁判所及び法律の定めるところにより設置する下級裁判所に属する。
② 特別裁判所は、これを設置することができない。行政機関は、終審として裁判を行ふことができない。
③ すべて裁判官は、その良心に従ひ独立してその職権を行ひ、この憲法及び法律にのみ拘束される。
〔最高裁判所の規則制定権〕
第77条 最高裁判所は、訴訟に関する手続、弁護士、裁判所の内部規律及び司法事務処理に関する事項について、規則を定める権限を有する。
② 検察官は、最高裁判所の定める規則に従はなければならない。
③ 最高裁判所は、下級裁判所に関する規則を定める権限を、下級裁判所に委任することができる。

〔裁判官の身分の保障〕

第 78 条　裁判官は、裁判により、心身の故障のために職務を執ることができないと決定された場合を除いては、公の弾劾によらなければ罷免されない。裁判官の懲戒処分は、行政機関がこれを行ふことはできない。

〔最高裁判所の構成及び裁判官任命の国民審査〕

第 79 条　最高裁判所は、その長たる裁判官及び法律の定める員数のその他の裁判官でこれを構成し、その長たる裁判官以外の裁判官は、内閣でこれを任命する。

② 最高裁判所の裁判官の任命は、その任命後初めて行はれる衆議院議員総選挙の際国民の審査に付し、その後10年を経過した後初めて行はれる衆議院議員総選挙の際更に審査に付し、その後も同様とする。

③ 前項の場合において、投票者の多数が裁判官の罷免を可とするときは、その裁判官は、罷免される。

④ 審査に関する事項は、法律でこれを定める。

⑤ 最高裁判所の裁判官は、法律の定める年齢に達した時に退官する。

⑥ 最高裁判所の裁判官は、すべて定期に相当額の報酬を受ける。この報酬は、在任中、これを減額することができない。

〔下級裁判所の裁判官〕

第 80 条　下級裁判所の裁判官は、最高裁判所の指名した者の名簿によつて、内閣でこれを任命する。その裁判官は、任期を10年とし、再任されることができる。但し、法律の定める年齢に達した時には退官する。

② 下級裁判所の裁判官は、すべて定期に相当額の報酬を受ける。この報酬は、在任中、これを減額することができない。

〔最高裁判所の法令審査権〕

第 81 条　最高裁判所は、一切の法律、命令、規則又は処分が憲法に適合するかしないかを決定する権限を有する終審裁判所である。

〔対審及び判決の公開〕

第 82 条　裁判の対審及び判決は、公開法廷でこれを行ふ。

② 裁判所が、裁判官の全員一致で、公の秩序又は善良の風俗を害する虞があると決した場合には、対審は、公開しないでこれを行ふことができる。但し、政治犯罪、出版に関する犯罪又はこの憲法第3章で保障する国民の権利が問題となつてゐる事件の対審は、常にこれを公開しなければならない。

第 7 章　財　政

〔財政処理の要件〕

第 83 条　国の財政を処理する権限は、国会の議決に基いて、これを行使しなければならない。

〔課税の要件〕

第 84 条　あらたに租税を課し、又は現行の租税を変更するには、法律又は法律の定める条件によることを必要とする。

〔国費支出及び債務負担の要件〕

第 85 条　国費を支出し、又は国が債務を負担するには、国会の議決に基くことを必要とする。

〔予算の作成〕
第86条 内閣は、毎会計年度の予算を作成し、国会に提出して、その審議を受け議決を経なければならない。

〔予備費〕
第87条 予見し難い予算の不足に充てるため、国会の議決に基いて予備費を設け、内閣の責任でこれを支出することができる。
② すべて予備費の支出については、内閣は、事後に国会の承諾を得なければならない。

〔皇室財産及び皇室費用〕
第88条 すべて皇室財産は、国に属する。すべて皇室の費用は、予算に計上して国会の議決を経なければならない。

〔公の財産の用途制限〕
第89条 公金その他の公の財産は、宗教上の組織若しくは団体の使用、便益若しくは維持のため、又は公の支配に属しない慈善、教育若しくは博愛の事業に対し、これを支出し、又はその利用に供してはならない。

〔会計検査〕
第90条 国の収入支出の決算は、すべて毎年会計検査院がこれを検査し、内閣は、次の年度に、その検査報告とともに、これを国会に提出しなければならない。
② 会計検査院の組織及び権限は、法律でこれを定める。

〔財政状況の報告〕
第91条 内閣は、国会及び国民に対し、定期に、少くとも毎年1回、国の財政状況について報告しなければならない。

第8章　地方自治

〔地方自治の本旨の確保〕
第92条 地方公共団体の組織及び運営に関する事項は、地方自治の本旨に基いて、法律でこれを定める。

〔地方公共団体の機関〕
第93条 地方公共団体には、法律の定めるところにより、その議事機関として議会を設置する。
② 地方公共団体の長、その議会の議員及び法律の定めるその他の吏員は、その地方公共団体の住民が、直接これを選挙する。

〔地方公共団体の権能〕
第94条 地方公共団体は、その財産を管理し、事務を処理し、及び行政を執行する権能を有し、法律の範囲内で条例を制定することができる。

〔一の地方公共団体のみに適用される特別法〕
第95条 一の地方公共団体のみに適用される特別法は、法律の定めるところにより、その地方公共団体の住民の投票においてその過半数の同意を得なければ、国会は、これを制定することができない。

第9章　改　正

〔憲法改正の発議、国民投票及び公布〕
第96条　この憲法の改正は、各議院の総議員の3分の2以上の賛成で、国会が、これを発議し、国民に提案してその承認を経なければならない。この承認には、特別の国民投票又は国会の定める選挙の際行はれる投票において、その過半数の賛成を必要とする。
②　憲法改正について前項の承認を経たときは、天皇は、国民の名で、この憲法と一体を成すものとして、直ちにこれを公布する。

第10章　最高法規

〔基本的人権の由来特質〕
第97条　この憲法が日本国民に保障する基本的人権は、人類の多年にわたる自由獲得の努力の成果であつて、これらの権利は、過去幾多の試錬に堪へ、現在及び将来の国民に対し、侵すことのできない永久の権利として信託されたものである。
〔憲法の最高性と条約及び国際法規の遵守〕
第98条　この憲法は、国の最高法規であつて、その条規に反する法律、命令、詔勅及び国務に関するその他の行為の全部又は一部は、その効力を有しない。
②　日本国が締結した条約及び確立された国際法規は、これを誠実に遵守することを必要とする。
〔憲法尊重擁護の義務〕
第99条　天皇又は摂政及び国務大臣、国会議員、裁判官その他の公務員は、この憲法を尊重し擁護する義務を負ふ。

第11章　補　則

〔施行期日と施行前の準備行為〕
第100条　この憲法は、公布の日から起算して6箇月を経過した日から、これを施行する。
②　この憲法を施行するために必要な法律の制定、参議院議員の選挙及び国会召集の手続並びにこの憲法を施行するために必要な準備手続は、前項の期日よりも前に、これを行ふことができる。
〔参議院成立前の国会〕
第101条　この憲法施行の際、参議院がまだ成立してゐないときは、その成立するまでの間、衆議院は、国会としての権限を行ふ。
〔参議院議員の任期の経過的特例〕
第102条　この憲法による第1期の参議院議員のうち、その半数の者の任期は、これを3年とする。その議員は、法律の定めるところにより、これを定める。
〔公務員の地位に関する経過規定〕
第103条　この憲法施行の際現に在職する国務大臣、衆議院議員及び裁判官並びにその他の公務員で、その地位に相応する地位がこの憲法で認められてゐる者は、法律で特別の定をした場合を除いては、この憲法施行のため、当然にはその地位を失ふことはない。但し、この憲法によつて、後任者が選挙又は任命されたときは、当然その地位を失ふ。

主要参考文献一覧

　本書の性格上、日本国憲法の全体像を把握するために役立つ判例集、概説書、注釈書等に限定して掲げ、研究書・論文集については省略する（論述に直接関係する文献は、本文の注（＊欄）であげている）。

1．判例集・憲法集

戸松秀典＝今井功編著『論点体系 判例憲法1～3』（第一法規・2013年）
戸松秀典＝初宿正典編著『憲法判例［第7版］』（有斐閣・2014年）
　〔この2点の本書での扱いについては、凡例を参照〕

石村修ほか編著『時代を刻んだ憲法判例』（尚学社・2012年）
大石眞＝大沢秀介編『判例憲法［第2版］』（有斐閣・2012年）
憲法判例研究会編『判例プラクティス 憲法［増補版］』（信山社・2014年）
佐藤幸治＝土井真一編『判例講義 憲法Ⅰ・Ⅱ』（悠々社・2010年）
長谷部恭男＝石川健治＝宍戸常寿編『憲法判例百選Ⅰ・Ⅱ［第6版］』（有斐閣・2013年）

阿部照哉＝畑博行編『世界の憲法集［第4編］』（有信堂高文社・2009年）
初宿正典＝辻村みよ子編『新解説 世界憲法集［第3版］』（三省堂・2014年）
高橋和之編『新版 世界憲法集［第2版］』（岩波書店・2012年）

2．先駆的な概説書

鵜飼信成『憲法』（岩波書店・1956年）
佐々木惣一『改訂 日本国憲法論』（有斐閣・1952年）
清宮四郎『憲法Ⅰ［第3版］』（有斐閣・1979年）
法学協会編『註解 日本国憲法上・下［改訂版］』（有斐閣・1953年・1954年）
宮沢俊義『憲法［改訂版］』（有斐閣・1962年）
宮沢俊義『憲法Ⅱ［新版］』（有斐閣・1971年）

3．現在の概説書・注釈書

赤坂正浩『憲法講義（人権）』（信山社・2011年）
芦部信喜（高橋和之補訂）『憲法［第6版］』（岩波書店・2015年）
芦部信喜『憲法学Ⅰ・Ⅱ・Ⅲ［増補版］』（有斐閣・1992年・1994年・2000年）
阿部照哉『憲法［改訂］』（青林書院・1991年）
阿部照哉ほか編『憲法(1)～(4)［第3版］』（有斐閣・1995年・1995年・1995年・1996年）
伊藤正己『憲法［第3版］』（弘文堂・1995年）
岩間昭道『憲法綱要』（尚学社・2011年）
内野正幸『憲法解釈の論点［第4版］』（日本評論社・2005年）

浦部法穂『憲法学教室［全訂第2版］』（日本評論社・2006年）
大石　眞『憲法講義Ⅰ［第3版］・Ⅱ［第2版］』（有斐閣・2014年・2012年）
大沢秀介『憲法入門［第3版］』（成文堂・2003年）
奥平康弘『憲法Ⅲ』（有斐閣・1993年）
尾吹善人『憲法教科書』（木鐸社・1993年）
覚道豊治『憲法［改訂版］』（ミネルヴァ書房・1977年）
小嶋和司『憲法概説』（良書普及会・1987年〔再版／信山社・2004年〕）
小嶋和司＝大石眞『憲法概観［第7版］』（有斐閣・2011年）
小林直樹『新版憲法講義(上)(下)』（東京大学出版会・1980年・1981年）
阪本昌成『憲法理論Ⅰ［補訂第3版］・Ⅱ・Ⅲ』（成文堂・2000年・1993年・1995年）
佐藤　功『日本国憲法概説［全訂第5版］』（学陽書房・1996年）
佐藤幸治『憲法［第3版］』（青林書院・1995年）
佐藤幸治『日本国憲法論』（成文堂・2011年）
佐藤幸治ほか『ファンダメンタル憲法』（有斐閣・1994年）
宍戸常寿『憲法解釈論の応用と展開［第2版］』（日本評論社・2014年）
渋谷秀樹『憲法［第2版］』（有斐閣・2013年）
渋谷秀樹＝赤坂正浩『憲法1・2［第5版］』（有斐閣・2013年）
初宿正典『憲法1・2［第3版］』（成文堂・2002年・2010年）
杉原泰雄『憲法Ⅰ・Ⅱ』（有斐閣・1987年・1989年）
高辻正己『憲法講説［全訂第2版］』（良書普及会・1980年）
髙橋和之『立憲主義と日本国憲法［第3版］』（有斐閣・2013年）
辻村みよ子『憲法［第4版］』（日本評論社・2012年）
手島　孝『憲法解釈20講』（有斐閣・1980年）
戸波江二『憲法［新版］』（ぎょうせい・1998年）
戸松秀典『憲法訴訟［第2版］』（有斐閣・2008年）
長尾一紘『日本国憲法［全訂第4版］』（世界思想社・2011年）
中村睦男『論点憲法教室』（有斐閣・1990年）
野中俊彦ほか『憲法Ⅰ・Ⅱ［第5版］』（有斐閣・2012年）
橋本公亘『日本国憲法［改訂版］』（有斐閣・1988年）
長谷部恭男『憲法［第6版］』（新世社・2014年）
樋口陽一『憲法［第3版］』（創文社・2007年）
藤井俊夫『憲法と政治制度』（成文堂・2009年）
藤井俊夫『憲法と人権Ⅰ・Ⅱ』（成文堂・2008年）
堀内健志『憲法［第3版］』（信山社・2005年）
松井茂記『日本国憲法［第3版］』（有斐閣・2007年）
毛利透ほか『憲法Ⅰ・Ⅱ』（有斐閣・2011年・2013年）
安西文雄ほか『憲法学の現代的論点［第2版］』（有斐閣・2009年）
吉田善明『日本国憲法論［第3版］』（三省堂・2003年）

4．事典・逐条解釈（コンメンタール）

大須賀明ほか編『憲法辞典』（三省堂・2001年）
佐藤　功『憲法［新版］上・下』（有斐閣・1983年・1984年）
佐藤幸治編著『要説コンメンタール日本国憲法』（三省堂・1991年）
樋口陽一ほか『憲法Ⅰ～Ⅳ』（青林書院・1994年・1997年・1998年・2004年）
宮沢俊義（芦部信喜補訂）『全訂　日本国憲法［第2版］』（日本評論社・1985年）
杉原泰雄編集代表『新版　体系　憲法事典』（青林書院・2008年）

凡　例

1．法令等の表示について

(1) 本文で日本国憲法の条数を表記する際、他法令との関係で紛らわしい場合等を除き、原則として「憲法」を省略し、条数のみで表記した。
(2) 法令の文言を引用するにあたっては原則として原典の表記に従ったが、数字については算用数字を用いた。
(3) 特別法については、制定年と正式名を記した。
(4) 本文中や括弧内で法令等を引用するにあたっては、法令名について適宜、下記の通り略語を用いた。

行訴法	行政事件訴訟法	最事規	最高裁判所裁判事務処理規則
刑訴規則	刑事訴訟規則	参規	参議院規則
刑訴法	刑事訴訟法	衆規	衆議院規則
憲法改正手続法	日本国憲法の改正手続に関する法律	情報公開法	行政機関の保有する情報の公開に関する法律
公選法	公職選挙法	民訴法	民事訴訟法
裁	裁判所法	労組法	労働組合法

2．判例の表示について

(1) 判例を表記する場合は、おおむね通例に従い、裁判所名、出典等について下記の通り略語を用いた。

最大判(決)	最高裁判所大法廷判決(決定)	行月	行政裁判月報
最一(二、三)判(決)	最高裁判所第一(二、三)小法廷判決(決定)	家月	家庭裁判月報
		訟月	訟務月報
高判(決)	高等裁判所判決(決定)	刑資	刑事裁判資料
地判(決)	地方裁判所判決(決定)	税資	税務訴訟資料
支判(決)	地方裁判所支部判決(決定)	労民	労働関係民事裁判例集
簡判	簡易裁判所判決	労判	労働判例
民(刑)集	最高裁判所民(刑)事判例集	判時	判例時報
行集	行政事件裁判例集	判タ	判例タイムズ
集民(刑)	最高裁判所裁判集民(刑)事	金判	金融商事判例
高民(刑)	高等裁判所民(刑)事判例集	金法	金融法務事情
下民(刑)	下級裁判所民(刑)事裁判例集	判自	判例地方自治
		高刑速	高等裁判所刑事判決速報集
裁時	裁判所時報	高刑特	高等裁判所刑事裁判特報
刑月	刑事裁判月報	東高民(刑)時報	東京高等裁判所刑事判決時報

(2) 本文中で引用している判例のうち、戸松秀典＝初宿正典編著『憲法判例［第7版］』（有斐閣・2014年）に収録されているものについては、判例の書誌情報のあとに同書の整理番号を付し、本書との併用の便をはかった。

　【例】最大判平成4・7・1民集46巻5号437頁〔Ⅲ-4-16〕

(3) 一部の判例については、適宜、戸松秀典＝今井功編著『論点体系 判例憲法1～3』（第一法規・2013年）への参照に委ねた。この場合は、単に「判例憲法」と略記して各巻の参照箇所を指示した。

(4) 本文中に挙示した判例には、直近の注（＊欄）で判例所在が記されているときは、西暦のみを記して、元号年の併記をしていない。

3．判旨等の引用について

(1) 年月日、出典、法令の条数については、引用した判旨等においても算用数字を用いた。

(2) 本文において引用している判旨等の中の促音便については、原典にかかわらず小さい「っ」を用いた。

(3) 引用部分における『　』は原典において「　」とされていたものである。なお、〔　〕は引用者（著者）が補った部分であることを示す。

第Ⅰ部

総論

第1章 日本国憲法の成立と動態

第1節 日本国憲法概観

1 構 成

　日本国憲法は、日本国の基本法であり、これのもとに法秩序が形成されている。これを憲法秩序と呼ぶのが適当であるが、本書は、この憲法秩序のありのままの姿を描き、現状を示すことが主たる目的である。この目的のために、まず、憲法秩序を生み出している日本国憲法の条文の様相を概観する作業から始めることにする。

　本書の冒頭に掲げてある日本国憲法を参照すると、日本国憲法は、前文と103の条文からなる法律であることが確認できる。

　前文は、四つの段落からなっているが、そこには、国民主権主義、平和主義、基本的人権の尊重、国際協調主義の原則（「原理」とも呼ぶ）をみることができ、これらは、1条以下の規定を支える基本理念である（⇨第2章第1節）*。

　　*日本国憲法の本文には、第1条というように「第」が条文に付けられているが、簡素な論述に徹するため本書ではこれを省略する。

　103の条文は、第1章から第11章までの各章に配されていて、第11章の100条から103条は、日本国憲法の施行期日の定めや経過規定等であり、今日ではもはや適用上の問題を生むことがない。したがって、本書では、99条までが観察の対象である。

　1条から99条までの条文は、10の章に配列されているが、その構成について予め確認をしておく必要がある。それは、この章の配列自体に日本国憲法の特性が表れているからである。もっとも、章や条文の配列の仕方を基に特性を指摘するからには、諸国の憲法の構成と比較のうえで行うべきであるが、ここではその

ような比較憲法的考察は省略する*。

> *各国の憲法典は、初宿正典＝辻村みよ子編・新解説世界憲法集［第2版］（三省堂・2010年）、髙橋和之編・新版 世界憲法集［第2版］（岩波書店・2012）を参照。

　後述するように、憲法は、人権保障の規定と統治機構の定めとの二つの部分からなっていることを特徴とするが、日本国憲法では、第3章（10条から40条）が人権保障の規定であり、第4章から第6章までの国会、内閣および司法（「裁判所」とした方が平仄の合う語だがそうなっていない）の三つの統治権の主体についてのほか、第8章の地方自治についての規定も統治機構の定めに帰属させてよい。

　「第1章　天皇」と「第2章　戦争の放棄」とが、人権保障や統治機構の諸規定より前に置かれていることは、その理由の詮索はさておき、日本国憲法の特性が示されているといってよい。その特性は、人によってさまざまな受け取りがなされ、語られている*。ここから生ずる多様な議論の様相は、日本国憲法の特性を示すものである（⇒第3章、第4章）。

> *今日ではもう存在しないようであるが、かつては、大学での憲法の授業で、もっぱら、この天皇と戦争放棄・平和主義に焦点を当てる憲法学者がいた。司法試験や公務員試験等への対応ということに配慮しなければ、そのような憲法授業は、日本国憲法の特性をとらえた一つのあり方であるといえる。ただし、本書は、以下で明らかとなるように、そのような扱いはしない。

　日本国憲法は、前文と103条からなる法律であると前述したが、ここでいう法律は、国会が制定する法律と同列に置くことができない意味をもっている。本書では、日本国憲法の現実の内容や意味するところを語るが、憲法という法律が特別な意味を与えられていることを予め理解しておかなければならない。

2　最高法規

(1)　98条　　日本国憲法の第10章は、「最高法規」という表題を掲げ、三つの条文を置いている。その一つの98条1項は、この表題の内容を直接宣明している。すなわち、「この憲法は、国の最高法規であつて、その条規に反する法律、命令、詔勅及び国務に関するその他の行為の全部又は一部は、その効力を有しない」と。要するに、日本国憲法は、法律以下の法規より優位するものであり、憲法に違反する法規定は、全体としてあるいは違反する部分が無効となり、その

意味で、日本国憲法が最高法規であると定めている。本章の冒頭では、日本国憲法は、日本国の基本法であり、これのもとに法秩序が形成されているとしているが、それは、98条を先取りして述べているともいえるし、98条1項は、憲法という特別な法律の性格について、当然のことを規定しているとも受け取ることができる。確かに、憲法という法律を国の法秩序の最高位に位置付けることを大前提としているのだから、今日では、当然の内容だといってもよい。しかし、この当然の大前提についてあえて定めておかなければならない歴史的背景が存在しており、次にこれを簡略にみておくことにする。

(2) 立憲主義（constitutionalism）　日本国憲法は、世界の歴史上、近代において登場した立憲主義の系譜に属する。立憲主義とは、憲法に基づいて国政を行うという原理であり、近代以前の人（国王とか絶対君主など）による統治を脱して、憲法という法に基づいて国の統治がなされることを指す*。

> *多くの憲法の概説書・教科書は、憲法の意味、概念の説明をすることを出発点としている。それは、憲法学の伝統となっているといえるが、本書は、筆者の憲法学研究の成果というより、法実務家や法学生に向けて、現在の国法秩序すなわち憲法秩序を語るという性格ゆえに、簡略な叙述にとどめる。詳しくは、芦部信喜・憲法学Ⅰ 憲法総論（有斐閣・1992年）への参照に委ねる。

憲法という語は、西欧の constitution（英語、フランス語）や Verfassung（ドイツ語）に該当するもので、明治期に大日本帝国憲法（以下では通称の「明治憲法」とする）が制定される過程で選定され定着した。その語は、国のかたち、とか、国を構成するものといった意味合いであり、日本国憲法は、したがって、日本という国のかたちを示している*。近代立憲主義（⇨ 本節3）のもとでの憲法は、基本的人権の保障と統治の機構の定めという二つの主要部分で構成されており、それをみれば国の基本のかたちをみることができる。日本国憲法は、まさにその構成となっている。

> *分かりやすい説明として、井上ひさし「この国の基本のかたち」憲法問題9号（1998年）139頁を参照。「国のかたち」という概念について、司馬遼太郎・この国のかたち（1）〜（6）（文春文庫・1993〜2000年）。

3 系　譜

　日本国憲法は、次節でみるように、明治憲法を改正する方式で成立したが、その内容は、明治憲法との連続性を絶っているといってよいほどのものである。その草案作成の過程でアメリカからの強い影響がみられることなどの諸要因にてらしてみても、この法典は、近代立憲主義の潮流に位置付けることが十分できる。実際、制定後から今日までの憲法論議において、憲法研究者は、こぞって日本国憲法を近代立憲主義の系譜に位置付けており、それの基本知識なくしては日本国憲法の意味内容を理解することはできないといってよい*。

　　＊日本国憲法のもとでの現実の法秩序に目を向けることを目的としている本書では、近代立憲主義の系譜や諸国での展開などについては立ち入るゆとりがない。関心ある読者は、芦部・前掲書ほか、文献表中の伊藤正己、清宮四郎、佐藤幸治、宮沢俊義らの憲法概説書の最初の箇所を参照するとよい。ここでは、イギリスのマグナカルタ（1215年）に始まり、アメリカ合衆国憲法（1779年）という憲法典が誕生し、それがフランスの人権宣言（1789年）や革命期の憲法に影響を及ぼし、さらにヨーロッパ各国の憲法典を生んだ流れや、ホッブス、ロック、ルソー、モンテスキューなどの思想家がその系譜の基盤となっていることに注目するよう指摘するにとどめる。ただし、その西欧の立憲思想のみが日本国憲法の実際を支えているわけでないことは言及しておかなければならない。後述の各所で指摘するように、実際の憲法秩序には、西欧的理念どおりになっていない実態があり、それは、日本の歴史上形成されている何かが働いているとみざるを得ない。例えば、自由の理念は、西欧の近代立憲主義が導入されて初めて日本に展開するようになった、などという説明は乱暴すぎると思う。これについての私見を展開する用意はないが、たとえば、小堀桂一郎・日本人の「自由」の歴史（文藝春秋・2010年）を見るとよい。

　日本国憲法が近代立憲主義の系譜に帰属することは、その前文にも表れている。特に、その第一段落において、「そもそも国政は、国民の厳粛な信託によるものであって」と述べられている箇所などは、まさにそうである。さらに、その第一文は、「日本国民は、……この憲法を確定する」というのであり、明治憲法の不完全な立憲主義と明らかな違いをみることができる*。

　　＊明治憲法では、本文の前に、憲法発布勅語が付され、そこには、「朕……此ノ不磨ノ大典ヲ宣布ス」との宣言がなされている。これを欽定憲法と呼ぶ。

　日本国憲法が明治憲法との連続性を絶っているといえそうな第一の要因は、次

節にみるように憲法の誕生のさせ方にある。すなわち、日本国憲法は、国民が制定したのに対し、明治憲法は、天皇が定めた。そこで、民定憲法と欽定憲法という類型がみられ、このような憲法の分類が憲法の性格や実態を語るものとして憲法学上でなされる＊。しかし、ここでも今日の日本国憲法の実情を考察するにあたり、そのような憲法分類が有効な働きをするとは思えないので、ここでは立ち入らない。

> ＊参考のため、よくあげられる分類を記しておく。本文中であげた欽定憲法・民定憲法のほか、文書化しているか否かによる成文憲法・不文憲法、改正の難易度による硬性憲法・軟性憲法といった代表的類型のほか、レーヴェンシュタインによる規範的憲法、名目的憲法、セマンティック憲法、サルトーリによる人権保障憲法、名目的憲法、擬似憲法などがある。日本国憲法が自己の望ましい展開を遂げていないことを非難し、日本国憲法が名目的憲法に属するとする例もあるが、そう決めつけても生産的な議論とならない。

第2節　日本国憲法の成立

1　明治憲法体制の崩壊

日本国憲法は、周知のとおり、日本が、第二次世界大戦で敗北し、明治憲法体制が崩壊したことを契機に誕生した。

1945（昭和20）年7月26日に、アメリカ合衆国・イギリス・中華民国は、日本の降伏の条件をうたうポツダム宣言＊を発し、日本にその受諾を迫った。しかし、軍部内に本土決戦の主張もあり、決断に時間がかかっているうちに、広島、長崎への原子爆弾投下の悲劇を体験し、昭和天皇の主導のもとに＊＊、日本政府は、8月14日にこれを受諾し、終戦となり、半月後の9月2日に、降伏文書の調印をした。こうして、日本は、連合国総司令部（GHQ）の間接統治下に置かれ、政府は、ポツダム宣言の履行のための諸施策を行う責務を負ったのであるが、明治憲法体制が崩壊したとの認識はなく、むしろそれを維持しつつ、その責務を履行する姿勢であった。

> ＊ポツダム宣言中、後の日本国憲法制定に関連している箇所のみを掲げておく。「日本国政府は、日本国民の間における民主主義的傾向の復活強化に対する一切の障碍を除去

すべし」(10項後段)「前記諸目的が達成せられ、且つ日本国国民の自由に表明せる意思に従ひ、平和的傾向を有し且つ責任ある政府が樹立せらるるに於ては、連合国の占領軍は、直ちに日本国より撤収せらるべし」(12項)(カタカナ書きをひらがな書きに改めた)。
＊＊昭和天皇裕仁が終戦の決断をしたことはよく知られているが、天皇に主権がある明治憲法下であっても、そのような政治的決断を天皇自らの意思で行った例はごく稀であり、その意味では、明治憲法体制も立憲主義であった(伊藤之雄・昭和天皇伝(文藝春秋・2011年) 360頁〜392頁)。なお、政府において政治的決断を合理的論拠の基に迅速に行えない傾向が、多くの生命にかかわる終戦時のみならず今日までつづいていることは、憲法秩序の形成についての看過できない問題である。

　ポツダム宣言を実施するためには、明治憲法を改正する必要があるとの判断がなされたが、その進め方については、国体護持のもとに最小限の改正にとどめようとする慎重な考えと、大幅な改正が避けられないとの意見とがあった。しかし、最高司令官マッカーサーからの指示を受けるに至り、憲法改正問題が急速に具体化することとなった。民間でも憲法改正論議が盛んとなり、政党や各種の団体が改正私案を次々と公表するに至った。そのなかには、後の憲法改正内容に影響を与えたといわれるものもあった。

　政府内部で進められていた改正案は、公表されることもなく、また後の改正作業に影響力をもつものでなかったが、10月25日に、政府は、国務大臣松本烝治を長とする憲法問題調査委員会を設け、いわゆる松本案の作成に向けた作業を進めた。ところが、翌年の1946(昭和21)年2月初旬に作成された松本案は、天皇が統治権を総攬するという明治憲法の基本原則を存置するなど、体制維持の色彩が強く、総司令部の全面的な拒否を受ける内容であった。そこで、総司令部は、天皇の地位、戦争放棄、封建制の廃止を内容とするマッカーサーの三原則を提示し、ごく短期間のうちに精力的に作業を進め、1946年2月13日に、総司令部案(マッカーサー草案)が日本側に示された＊。日本政府は、同月22日の閣議で受け入れを決め、これが日本国憲法の原型となった。それに多少の修正を加えたうえで、「憲法改正草案要綱」として1946年3月6日に発表された。これが、次にみる手順を経て、日本国憲法となるのであるが、この時点でも、形式的には明治憲法体制は継続していた。発表された草案要綱が進歩的であることに世論は驚いたが、その民主化の方向を歓迎するものであったと伝えられている。

＊このことをもとに、日本国憲法は、アメリカ憲法の影響を受けていると説明されることがあるが、正確ではない。総司令部を支配していたアメリカ側は、近くソ連が極東委員会に入ってくる前に憲法改正を進めるべきとの判断のもとに、それまでの方針を転換し草案作りに強く介入することとした。短時間での草案作りの背景にはそのような事情があった。その時、アメリカ憲法を持ち込むとの発想で作業が進められたとはいえない。

2　日本国憲法の制定

　日本国憲法は、1946（昭和21）年11月3日に制定され、6か月後の1947年5月3日に施行された。これに至るまでの様相は、簡略にまとめると次のようであった。

　まず、衆議院総選挙が1946年4月10日実施されたが、その選挙に向けて、女性も選挙権・被選挙権を行使できるように衆議院議員選挙法が改正されたことが重要である。すなわち、完全な普通選挙のもとに議員の選出がなされ、選挙戦では、発表された新たな憲法の内容について取り上げられ、選出された議員が新たな憲法制定の審議を議会で行ったのである。もっとも、衆議院と並ぶもう一つの貴族院は、明治憲法体制のままであったが。

　次に、草案要綱は、条文化され4月17日に公表されたが、それは、以後、明治憲法の改正手続に従った扱いがなされた。すなわち、明治憲法73条に基づき、勅命をもって憲法改正草案が第90帝国議会に付議された。その時、最高司令官マッカーサーは、草案が明治憲法との完全な法的継続性を保障することを求めるとの声明を出していることに注目させられる。こうして、帝国議会は、憲法改正の審議に入り、衆議院で、次に貴族院で若干の修正を加えて可決し、10月7日には、貴族院からの回付を受けた修正案を衆議院が可決し成立した。その間、議会では、天皇制や戦争放棄をはじめ、新たな憲法内容について、激しく、活発な議論が交わされている。

　この制定の経緯について、後に、多様な分析や評価がなされることになるが、少なくとも、総司令部からの圧力に屈したとか、帝国議会の審議が有名無実であったなどと決めつけることは適切でないといえる。そして、成立した日本国憲法の前文の冒頭で、「日本国民は、……この憲法を確定する」とうたっているこ

とは、この憲法の誕生を的確に宣言しているということができる。

3 制定の法理

　なぜ、日本国憲法は誕生したのか、という問い掛けをすると、制定の必要性、必然性、偶然性といったことがあげられ、その答えを、単純な説明により示すことはできない。すなわち、ポツダム宣言を受諾し、それを履行せねばならないという必要性が制定を導いたといえるし、また、日本の戦力では到底戦争に勝利できなかったのにもかかわらず、そのことを冷静かつ合理的に判断できなかった明治憲法下の政治体制は、崩壊するのが必然であり、そのことが新たな憲法体制を生み出す元であったということもできるし、さらに、歴史上必ずといってよいほど予測不可能な事態が発生し、それによって方向性が左右されるが、敗戦に伴う新憲法の登場にもそのような偶然性が少なからず働いているともいえるのである。こういった説明自体が、異論・反論を生むことになるであろうと十分予想できるが、日本国憲法制定にかかる法理なるものが、何か確たる説得力をもった説明に支配されていないことは異論ないであろう。

　したがって、日本国憲法の制定について、一つの定式化した説明や受け取りは適切でないというべきである。つまり、制定の法理に拘泥したり、制定の評価に論戦を交わしたりするよりも＊、日本国憲法のもとに形成された法秩序の現状をよく見つめ、今後を検討することにエネルギーを投じることの方が有益であり、効率的である。別言すれば、憲法秩序は、次第に作り上げられていくものであって、歴史上のある時点から突如体制が変化することはあり得ない。そこで、憲法秩序の形成という側面を強く認識すべきであるとの観点から、次に、日本国憲法の動態を概観しておく。

　　＊制定の法理として、宮沢俊義のいわゆる8月革命説がある。それは、ポツダム宣言を受諾した8月14日に天皇主権から国民主権に移行するなどの法的な革命が生じたとみて、日本国憲法体制の誕生を説明するものである（宮沢俊義・憲法の原理（岩波書店・1967年）375頁）。しかし、上述のように、明治憲法体制は、徐々に日本国憲法体制に移行したのであって、この説は、巧妙なフィクションによるものであるとはいえ、当時の政府関係者らにその認識が欠けるなど、事実に合致しない。他方、押しつけ憲法論がある。これは、制定の過程で、総司令部からの圧力に屈して制定されたものであ

るととらえ、日本国憲法の正当性を否定し、憲法改正（全面改正を意図している）し、自主憲法の制定を説く立場であるが、これも制定過程の一面のみを強調している。

第3節　日本国憲法の動態

1　日本国憲法の軌跡

　日本国憲法は、1946（昭和21）年11月3日に公布されて以来今日まで、半世紀を優に超える期間存続してきた。その年数は、明治憲法の寿命の57年を超えてもいる。その制定過程をみると、日本国民が完全に自主性を発揮して制定したとはいえないかもしれないが、今日、その事実に拘泥することを無意味にするほど、日本国憲法は、定着し、発展している。日本国憲法のもとで60年余にわたって築き上げられてきた法秩序は、日本国民が支える議会制民主主義によるものであって、その様相は、本書の次章以下で描くことになっている。

　今日までに築かれてきた日本国憲法は、その動態をみれば、政治的、経済的、社会的要因を抱えていることを観察できる。そこで、その主要な経緯を概観して、その実像の把握に役立てることとする。

　第一にあげ得るべきは、改憲派と護憲派の対立が長らくつづいていたことである。憲法改正を唱える保守勢力と、改正を阻止し憲法を護ることを掲げる革新勢力との対決がそれである。政治の実権を握る与党側が改憲派で、野党が護憲派という図式は、保守と革新が逆転しており、政治状況としては奇妙な現象といってもよい。改憲派は、憲法調査会＊を設けて改正に向けた段取りをつけたものの、意図した結果が得られず、また、憲法改正に踏み切れるだけの多数派を形成できなかったこともあり、日本国憲法は、文面上においては、変わることなく今日に至っている。そこで、憲法の条項は不変であるのに、憲法の実体は、政治状況の変化にいかに対応しているのかということに関心が及ぶ。本書では、この関心を各所で投じることにする。

　＊自由党と民主党（改進党の後身）の保守勢力は、いずれも改憲を党の目標としていたが、1955（昭和30）年に合同して自由民主党となった。その保守合同の担い手である鳩山一郎（内閣総理大臣）は、その翌年、内閣に「憲法調査会」を設け、憲法改正の必要性を総合的に調査することにした。同調査会は、学識経験者20名以内、国会議員30名

以内の委員で構成することになっていたが、日本社会党の参加拒否にあい、同党割り当て委員を欠いたまま、1957年以来、7年にわたって調査審議を行い、1964年に内閣および国会に報告書を提出した。そこには、統一した結論は示されず、委員の個別意見を列記するものであった。その方式を採用するに至ったのは、委員長の高柳賢三（英米法学者）の尽力によるものだといわれている。報告書は、資料とともに大部のもので、資料的価値は高い。なお、この憲法調査会は1965（昭和40）年6月に廃止された。

　ところで、日本国憲法の制定後50年余を経た2000（平成12）年1月に、今度は国会に、憲法について広範かつ総合的に調査する「憲法調査会」が設置され、2005（平成17）年4月に報告書が提出された。これも憲法改正をもくろむ政治勢力の主導のもとに運営されたが、そのもくろみも実現に至っていない。

　もう一つの政治的要因として、東西冷戦構造の収束をあげる必要がある。1989年にベルリンの壁が崩されたことに象徴される、ソヴィエトに支配されていた東側共産主義諸国の崩壊は、日本における政治状況にも影響をもたらした。とりわけ、護憲派を支えていた憲法学界中の研究者の動向に顕著な変化をもたらしたことは否定できない。

　さて、経済的要因や社会的要因については、本書の各所で直接・間接に言及することになるので、そこへの参照に委ねることにし、ここでは、次の基本的課題のみを指摘しておくことにする。

　60年余の間に生じた経済的、社会的変化は、一言で語れない多様さ、複雑さ、そして急激さを示し、あるいは想像を超えるものであって、到底短いことばで語れるものではない。高度経済成長、科学技術や医療技術の飛躍的進歩、コンピューター化、公害・環境破壊、内外でのテロ発生、東日本大震災といったキーワードを並べるだけで、そのことは容易に理解できる。そこで問われるのは、政治的、経済的、社会的諸要因の著しい変化にもかかわらず、日本国憲法は、なぜ憲法としての位置を失わず、日本の国法体系の頂点に存続しているか、ということである。条項は変わらず存続しているが、それをとりまく実態が変化していることは間違いない。そうであるなら、変わらぬ条項のもとでの憲法秩序は、いかように説明がつくのか。この問い掛けは、本書において一貫して行わなければならない。おそらく、これは、憲法という法領域に運命付けられた課題であり、真剣に考えなければならないことである。

2　憲法解釈

　はじめに確認したように、日本国憲法は、多いとはいえない数の条文により構成されていて、一読すれば誰もが感じるように、その規定内容は、概して一般的、抽象的なことばから成っている。したがって、憲法規定そのものから直ちに、憲法の求める法秩序の内容が具体的に導かれるわけではなさそうである。法規定について通常なされる解釈という作業の余地は、憲法についてはとりわけ大きいのである。そこで、憲法解釈という作業について、予め確認しておくべき主要な点にふれておくことにする*。

　　＊憲法解釈論は、学説上の大きなテーマであり、日本国憲法のもとでよく議論が展開されてきた。また、○○についての憲法解釈論、というように、個別、具体の憲法問題を論ずること自体が憲法解釈論の表題のもとに展開されてもいる。そこで、憲法解釈論とは、「憲法問題について考える」というに等しいほど、広く、多様な意味ともなっている。

　憲法解釈について、第一に関心を向けるべきは、何を基礎にして解釈するかということである。通常、法律の解釈にあたっては、文理や立法者意思に基づく解釈が解釈作業の第一歩とされるが、憲法については、文理解釈といっても、そもそも一般的、抽象的な語句ゆえにそれには限界があるし、立法者意思に匹敵する憲法制定議会での議論や草案作成過程での資料にあたっても、満足のゆく結論が得られることはほとんどない*。

　　＊多くの憲法概説書・憲法教科書を見れば明らかなように、日本国憲法制定時の議会等の議論を根拠に憲法規定の解釈をしている場合は少ない。これをアメリカの憲法解釈論議と比較すると、違いの顕著さがよく分かる。アメリカでは、建国の父といわれる憲法制定時の賢者による議論が憲法規定の解釈の際に拠り所とされる（The Federalist という書がそれである。斎藤眞＝武則忠見訳・ザ・フェデラリスト（福村出版・1991年）参照）。そして、制憲者の議論に基づく解釈に限るべしとする原意主義とそれにとらわれない柔軟な解釈をする非原意主義の対立が存在している。日本国憲法の場合には、制憲者意思に匹敵するまとまった資料がないから、それと同じように扱うことはできない。

　このように、憲法解釈をするときの確たる拠り所は得られそうもない。これに対して、憲法条文をしっかり読むことを強く勧める立場がある。憲法の規定をしっかり読めばおのずから望ましい憲法秩序を生みだすことができるというのである。日本国憲法が制定された後の啓蒙期（今日では啓蒙でなく啓発ということばを使

うべきとされるが）には特にそのことが唱えられた。ところが、その立場の憲法解説を読むと、どうやら望ましい憲法秩序なるものは、その著者自身の価値判断のことをいっていると受け取ることができそうである。このように、憲法解釈論においては、自己の価値判断をもって正しい憲法の意味だと説く例が少なからず存在する。確かに、憲法は、価値の体系だといってよく、憲法解釈といっても、不可避的に価値判断の提示に帰着せざるを得ない。そのため、それは法の論議ないし法解釈の域を超えているとして、実定法分野の研究者から疎んぜられる運命をもっている＊。

> ＊こういうわけで、本書の本文叙述では、私の価値判断を提示することを極力避け、あるいは抑制し、できるだけ、現に存在する憲法秩序を観察し、描くことに努めるようにしている。私自身の見解であって、存在している法とはいえない場合は、なるべくこの＊欄で述べるように努める。しかし、そのように努めても、本文の論述が私の価値判断だと指摘されることはあるだろう。そのことは覚悟のうえである。

憲法解釈の拠り所を求めることができないならば、憲法解釈の方法、別言すれば、憲法判断の方法を探究する道があるといえそうである。この方法を説得力あるものに構築することによって、憲法秩序を信頼できるものとすることができる。本書で、特に人権保障分野において、判例を分析することに努めているのは、この発想が根底にあるからである。

3　下位法規による具体的実現

憲法解釈にかかる難しい問題と並んで、憲法が定める内容は、憲法より下位の法規によって具体化されるものであることをよく認識しておく必要がある。このことは、憲法自身が法律による具体化を命じているところからも明らかである。たとえば、2条では、「国会の議決した皇室典範の定めるところにより」と、定めるべき法律名を明示して具体化を命じており、他にも4条2項の「法律の定めるところにより」とか10条の「法律で……定める」といったように、具体化を命じている場合はかなりの数がある。これを必要的法律事項と呼ぶ＊。

> ＊必要的法律事項を規定する条文は、2条、4条2項、5条、7条5号・8号、10条、17条、24条2項、26条1項・2項、27条2項、30条、31条、40条、43条2項、44条、47条、49条、50条、59条3項、60条2項、64条2項、66条1項、67条

2項、73条4号、76条1項、79条1項・4項・5項、80条1項、90条2項、92項、93条1項・2項、95条である。

　それでは、憲法自身が法律による具体化を命じていない規定に関しては、その規定から演繹的に、あるいは論理必然的に具体化が可能かというと、まったくそうではない。たとえば、22条では、何人も、公共の福祉に反しない限り、職業選択の自由を保障すると定められていて、法律による具体化を命じてはいない。しかし、後述の箇所で明らかとなるように（⇨第6章第2節）、多種多様な法律の定めなくしてその自由の規律をすることはできない。この例を持ち出すまでもなく、憲法のもとでの法秩序を構築するためには、法律による具体化が不可欠であるし、さらに法律より下位の規則、命令の必要性も無視することができない*。

　　*ここではあげていないが、地方公共団体の定める条例も重要である（⇨第18章第3節2）。

　以上のことから、憲法秩序を観察してその実情をみるためには、ひとり憲法規定について論議するわけにいかないことが明白となった。日本の法律学の蛸壺的存在が大いに災いして、憲法研究者は、憲法についてのみ論議していればよいかのように受け取られていた。今日、それではすまないことが認識されてきたといえるが、そうかといって憲法のもとにすそ野が広がり、縦横無隅といえるほどの法体系を視野に入れて論ずることは至難の業である。しかし、その認識があるかないかで、憲法を語る内容が大いに変わることは否定できない。

4　訴訟・裁判による具体的実現

　ある法問題について立法により憲法の具体的実現がなされ、それでその法問題領域での法秩序が安定すればよいが、適用された法規をめぐって争いが生じ、時には、その争いで憲法の趣旨が生かされていないとの批判が生じることがある。この紛争は、法制度上、訴訟として裁判所にもたらされ、最終的解決がなされることになっている。そこで、裁判所が憲法違反の主張に応えて紛争を解決することになるのだが、そのような法制度の存在意義等は、後述するところで検討することにし（⇨第2章第3節(2)、第17章第4節）、ここでは、憲法解釈や立法と並んで、裁判所が、つまり裁判官が憲法価値の具体化の一端を担っていることに注目しておきたい。

　訴訟と裁判をとおして、憲法価値が具体化されることは、日本国憲法のもとで

初めて体験することであり、法制度の仕組みとして浸透するためには一定の時間を要したことは当然だといえる。しばらくの間、裁判所、特に最高裁判所は、当該訴訟との関係に限定されてはいるが、何が憲法の意味であるかということを積極的に示すことに控え目の姿勢であった。ところが、半世紀ほどの体験を土台として、また、前述した（⇨本節1）政治的要因の変化に後押しされ、姿勢を変えるようになっている。特に、今世紀に入ってから、最高裁判所の司法積極主義（⇨第2章第3節2(2)、第17章第4節3(2)）は、憲法価値の具体的実現の面で強い関心を呼ぶ傾向を示している。

このように、日本国憲法の動態をさまざまな観点から注目することがその実像をとらえるために肝要であり、次章以下では、この分析姿勢を貫くことにしている。

第2章 日本国憲法の基本理念とその維持

第1節　基本原理・原則

　日本国憲法（以下では、単に「憲法」という）は、前文で四つの原理・原則をうたい、それが1条以下の規定を支える基本理念となっていることを前章で確認した。それをここに再度列挙すると、国民主権主義、平和主義、基本的人権の尊重、国際協調主義である。ただし、前三者をもって三大原理（原則）であるとか、さらに、法の支配や権力分立の原則等を加える説明もある。しかし、憲法秩序は、原理とか原則と呼ぶ理念のもとに約束事が形成されている構造をイメージしておけばよいことであり、原理・原則に該当するものが何でなければならないかの議論に立ち入る必要はない*。本書の目的との関係では、それらの原理・原則が現時点でいかなる状態となっているかに関心を向けなければならない。

　　*日本国憲法が基本としている理念は、原理、原則、あるいは主義などと表現されていて、必ずしも統一されたことばが使われているわけでない。また、中学、高校用の公民や政治経済の教科書では、三大原理として、国民主権、平和主義、基本的人権の尊重をあげる例が圧倒的だが、それ以外のものをあげるのが不適切ともいえない。ここでは、原理、原則なるものを固定して論ずることをせず、たとえば、国民主権原理（原則）が選挙制度においていかように具体化され、問題・課題をかかえているかに注目することを重視している（⇨第3章第1節・第2節）。

　なお、憲法の基本理念といえる原理・原則は、諸国の憲法に共通の意義を有するため、その淵源をたどり、そこから説明が展開されることが少なくない。たとえば、国民主権原理について、フランスの大革命期の論議を基盤として語ったり、平和主義の原則についてキリスト教世界での平和追求の歴史をたどってその意義を説いたりする場合がそれである*。そうした例が示すように、憲法の原理・原

則は、歴史的所産であり、そのことを基礎に置かずして意義を理解することはできない。本書のように、現時点の憲法秩序の様相を把握しようとするときでも、そのことは変わらない。他方、歴史的視点のもとに憲法の原理・原則を語ると、論理必然的に、あるいは、演繹的に現時点の憲法秩序の意味を的確に語ることができるというわけでもない。歴史的所産である原理・原則が憲法秩序のなかにいかように生かされ、あるいは、限界や問題をかかえているか、ということを考察しなければならないのである。そこで、次節では、憲法秩序の形成の基本構造を整理しておくことにする。

　　＊次章以下で、国民主権、平和主義、基本的人権の尊重について順にみるが、原理・原則の淵源については、本書の文献一覧の概説書やその書に掲げられている文献一覧への参照に委ねる。

第2節　憲法秩序の形成と憲法改正

1　憲法秩序の形成

　憲法は、原理・原則を基礎に、それを具体化することによって国の法秩序となる。このことは、これまで繰り返し述べてきた。ここで関心を向けるべきことは、その具体化の過程がいかようになっているかについてである。それゆえ、憲法価値の具体的実現過程の様相について、その概略を把握しておかなければならない。この把握のもとに、具体的価値実現の内容に問題や課題を認識したとき、打開策の糸口が得られることになるからである。

　憲法価値は、主として国の統治の機構における二つの分野で具体化されている。それは、政治部門と司法部門である。政治部門とは、立法の機能を有する国会と行政の機能を有する内閣のことを指し、これに、地方議会と地方行政機関を含めることができる。司法部門とは、司法の作用を有する、最高裁判所を頂点とする裁判所のことをいう。それぞれの部門に属する機関の組織、機構および実際の作用については、本書のそれぞれの箇所で扱うが、ここでは、両部門が憲法秩序の形成者であることの基本を確認しておくことにする。

　政治部門のうち、法律制定の権限を発揮する国会は、憲法価値の具体化の役割を担う最高の機関である。憲法規定をみればそのことが明らかであるが、このこ

とは、すでに確認している（⇨ 第1章第3節**3**）。ただし、現実には、この仕組みが制度理念どおりに機能していない。それは、機能不全がみられるからである。すなわち、国会に持ち込まれた法律案について、すべての場合がそうであるというわけではないが、憲法上の問題点の存在に気付いていない、政党間の政治的駆け引きの対象とされ実質的検討がなされない、機械的に大量の法案をとおしてしまい個々の法律案の内容にまで立ち入らない、などといった事情がみられるのである。つまり、法律制定過程で当該法律案が憲法秩序に合致するか否かについて、必ずしも議論が尽くされるとはいえないのである＊。議会主義の復権が唱えられる由縁である（⇨ 第15章第1節**3**）。

> ＊若干の例をあげておく。宮崎県で発生した口蹄疫に対しては、「口蹄疫対策特別措置法」（平成22年6月制定）が議員立法として国会に提出され、憲法上の問題についての論議をすることなく成立させてしまった。裁判員法（正式名は「裁判員の参加する刑事裁判に関する法律」（平成16年5月制定））の場合も、憲法上の問題の論議が強く交わされることがなかった。衆議院、参議院には、それぞれ法制局が置かれ、議員立法についての補佐をすることになっているが、憲法上の論点について、議員がどの程度、いかに対応しているかは明らかでなく、制度の趣旨として議員の発案権が法制局の審査機能に拘束されるものでないから、本文にあげた事実との関係で、憲法秩序の形成過程にかかる課題は検討の余地が大きい。

　これに対して、行政権の担い手である内閣においては、少し事情が異なるといってよい。それは、国会に提出される法律案の圧倒的多数が内閣提出のものであり、その法律案作成の過程で内閣法制局が重要な役割を果たすことになっているからである。すなわち、内閣法制局は、「法律問題に関し内閣並びに内閣総理大臣及び各省大臣に対し意見を述べること」（内閣法制局設置法3条3号）がその役割として与えられており、内閣法制局長官のもとに、当該法律案にかかる法的問題点を徹底的に分析、検討する作業に従事しているといわれている。それゆえ、憲法上の問題点についても、最高裁判例との整合性や学説への照合もよくなされることになっている。このように、内閣提出の法律が内閣法制局で事前の審査がよく尽くされており、そうであるため最高裁判所による違憲判断を受ける度合いが少ないとの指摘もある＊。

> ＊大石眞「違憲審査機能の分散と統合」初宿正典先生還暦記念論文集・各国憲法の差異

と接点（成文堂・2010年）241頁。これに加えて、対立する憲法価値をめぐって政治勢力間での政権交代がみられず、政治部門の主流と最高裁判所のそれとが合致していることも、違憲判断の少ない要因にあげてよい。なお、阪田雅裕編著・政府の憲法解釈（有斐閣・2013年）参照。

　他に、政治部門における政党の活動も無視できず、政党が法律制定過程において憲法秩序の形成に多大の影響をもたらしていることにも目を向けなければならない（⇨第3章第3節）。

　司法部門が憲法秩序の形成にいかに寄与しているかについては、憲法がその81条で明示的に制度を定めており、そのことについては次節でやや立ち入った考察をする。

　ここで強調すべきは、政治部門と司法部門との相互関係のもとに憲法秩序が形成されるということである。それは、政治部門でなされた政策決定が法令となって社会に適用され、適用の場面で生じた憲法問題——法的問題中の一部ではあるが——が裁判所にもたらされ、最終的に最高裁判所において、何が憲法の意味かが示され、時には、それに対して政治部門の対応が生ずるといった関係のことである。これは、憲法秩序の形成の基本様式であって、このダイナミックな関係がどの程度活発か否かによって、日本国憲法の真価が定まるといってよい*。

　　＊なお、憲法学説は、憲法秩序の形成の様相を正確に描くことにその役割が求められているのであって、憲法判例の実情を示すことは、憲法秩序を知るために意義がある。これに対して、学説は、法秩序そのものではない。したがって、「判例・学説は」として憲法内容が語られることが少なくないが、これに強い疑問を投じたい。

2　憲法の改正

(1)　意味と実情　憲法改正とは、憲法規定について、修正したり廃止したりすることであり、憲法規定のすべてを改める全面改正と一部を改めたり廃止する部分改正の場合があるが、そのいずれをも指す。また、修正には、既存の規定を手直しする場合と既存の規定をそのままにして、新たな規定を加える場合がある。

　憲法秩序は、いったん定めた憲法の規定を具体化しようとしても、当初の意図の及ばぬ事態が生じたり、変化への対応に迫られたりする場合がある。これに対

しては、憲法の規定を変えることにより、基本理念の維持ないし発展をめざすことができる。これが憲法改正の必要性ないし存在意義であるが、日本国憲法は、96条にそれを定めている。憲法の基本理念の維持、発展のためといっても、何がそれにあたるかについて、確たる説明ができるわけではない。その実際を、明治憲法から日本国憲法への移行の時に体験している。すなわち、日本国憲法は、形式上、憲法改正の手続を踏んで誕生したが、実質上、それは、新たな憲法の制定をしたに等しいものであった。このような体験を背景にし、また、60年余の体験をとおしてみると、憲法改正に限界があるか否かの論議は、生産的でない＊。加えて、96条の規定のもとでの制約と政治の実情から、憲法改正は、実施がきわめて困難となっており、憲法改正の必要性がこう着状態にあるといってよい。その結果、日本国憲法は、制定以来一度も改正をうけておらず、世界の憲法の中でもめずらしい存在である。これは、日本国憲法のもとでの法秩序がきわめて安定していて、改正の必要性が存在しないからではない。その逆で、その制定、施行後間もなくして改正の主張がなされ、それに向けての動きがみられたが実現しないままとなっている。そのことはすでに若干ふれたが（⇨ 第1章第3節1）、ここでも、憲法改正不能ということが今日では、現実の憲法秩序そのものに影を落としているといってもよい。

> ＊憲法の改正が政治の場面で論じられ始めた時、学説上、憲法改正限界論と憲法改正無限界論とに分かれて盛んに議論された。ここでは、そのどちらが正当かの議論を展開することはせず、明治憲法から日本国憲法への移行を憲法改正というか新たな憲法制定というかは、改正限界論・無限界論のどちらでも説明がつくことだとの指摘をするにとどめる。

(2) 手続　憲法96条は、日本国憲法の改正についての手続を定めている。その1項は、国会の発議と国民の承認との二段階を踏むことを定めている。国会の発議のためには、衆議院と参議院それぞれにおいて総議員の3分の2以上の賛成を要件とし、国民の承認には国民投票における過半数の賛成が要件となっている。ただし、この要件については、解釈上議論が分かれる余地があり、それについては法律の制定により確定する必要がある。さらに、2項は、承認された憲法改正を天皇が国民の名で公布することを定めている。公布は、「この憲法と一体を成すものとして」行うとあるから、部分改正が前提とされていると読める

が、実際の改正論議では、全面改正を主張する例が目立つ。

このように、96条のもとに憲法改正を実施するためには、手続法を必要とする。それは、憲法制定後60年を経た2007（平成19）年5月に、「日本国憲法の改正手続に関する法律」（以下、「憲法改正手続法」という）として成立した*。ただし、その施行時期の平成22年5月以降も、この法律のもとでの改正手続が実際に進められているわけではない。

* 60年間も改正を実現するための法律が制定されなかったこと自体に、日本の憲法秩序の奇異さを感じざるを得ない。ただし、1953（昭和28）年に自治庁（現在は、総務省に取り込まれている）が「日本国憲法改正国民投票法案」を作成し、内閣に報告したが、閣議決定に至らず、国会に上程されないままに終わっている。

憲法改正手続法のもとで憲法改正に向けて進められる手続の概要は、次のようである。

憲法改正手続は、国会の発議（第一段階）と国民投票（第二段階）との二段階が踏まれる。第一段階における憲法改正案の原案（「憲法改正原案」と呼ばれる）の発議には、衆議院で議員100人以上、参議院では議員50人以上の賛成が必要とされる（国会法68条の2）。憲法改正原案の発議にあたっては、内容において関連する事項ごとに区分して行うことになっている（同法68条の3）*。憲法改正原案の修正動議を議題とするためには、発議と同じ議員数の要件が課されている（同法68条の4）。さらに、憲法改正原案等を審査するため、各議院に、従前の憲法調査会に代わる憲法審査会を置くことになっており（同法102条の6）、これは、2000年1月から設置され、活動を開始した。こうして、憲法改正原案が国会で可決されると、憲法96条1項にいう発議がなされ、国民に提案したことになり（国会法68条の5）、第二段階に進む。ここから憲法改正原案は、憲法改正案と呼ばれ、国民投票に付される。国民投票の期日は、国会が議決するが、それは、国会が憲法改正案を発議した日から起算して60日以後180日以内において定めることとなっている（憲法改正手続法2条1項）。投票権者は、満18歳以上の日本国民である（同法3条）**。投票は、投票用紙に印刷された「賛成」「反対」の文字のいずれかを〇印で囲む方法で行う（同法57条）。こうして投票の結果、投票総数の過半数が賛成すれば憲法改正案が成立する（憲法96条1項）***。そのほか、憲法改正手続法は、公選法による選挙の場合と同様の発想だといってよい細かな規定を

置いている。たとえば、第7節の「国民投票運動」に関する定め（100条～108条）と第8節の「罰則」の定め（109条～125条）は、選挙運動をめぐる憲法論議を連想させ、実際に実施されたときは、「この節及び次節の規定の適用に当たっては、表現の自由、学問の自由及び政治活動の自由その他の日本国憲法の保障する国民の自由と権利を不当に侵害しないように留意しなければならない」（100条）との適用上の注意が損なわれる事態が予想されないでもない。

> ＊「関連する事項」とはいかなる基準で区分するのかについて、憲法改正手続法の国会での審議過程でも議論された。たとえば、新たに環境権条項を設けるべしとの提案と、9条に自衛軍を保持する項を追加すべしとの提案とは関連しておらず、別個の事項として提案しなければならないとの説明がみられるが、そのような明確な区別ができないような提案や、全部改正の場合の扱いをいかにすべきかをめぐって紛糾するかもしれない。
>
> ＊＊このことは、憲法改正は、将来の世代にもかかわることであるし、選挙権年齢18歳の世界的動向にも合致するので、歓迎すべきことといえる。そして、2015（平成27）年3月の通常国会で公選法が改正され、選挙権取得年齢も満18歳となった。
>
> ＊＊＊投票総数は、無効投票や白票を含まないとされ（82条、126条）、投票率の下限を設けるべきとの主張は採用されなかった。

(3) 憲法改正の可能性　憲法改正は、今日まで一度も行われていないが、今後もその可能性はきわめて少ない。その最大の理由は、国会の発議のためには、衆議院と参議院それぞれにおいて総議員の3分の2以上の賛成を要件としていることにある。理屈のうえでは、政権を担う与党が衆議院・参議院において総議員の3分の2以上を占めればよいことであるが、60余年の日本の政治で、連立政権であってもそのことは一度も生じなかったし、今後もそれが期待できそうもない＊。

> ＊憲法改正の提案の一つに、この厳しい要件を改正すべきというものがある。しかし、それを実現するためには、この要件のもとでの改正が成立しなければならないというジレンマがある。

硬性憲法と呼ばれるこの厳しい改正要件は、憲法維持の役割を果たしているものの、憲法秩序の発展・展開のためには障害となっているともいえる。憲法規定を改正して新たな変化に対応できないため、憲法規定の無理な解釈のもとに法制度を制定し、それを合憲と宣言するか、憲法規定の意味する範囲内に法秩序をと

どめて社会での発展の要請に消極になるかしか道がないからである。具体の憲法秩序がそのどちらに属していて問題となっているかの指摘は、本書の後述の各所で行うことにしており、ここでは、憲法改正を阻む壁が日本の憲法秩序に深刻ともいうべき事態を生んでいることの指摘をしておく。

その深刻な事態とは、日本国憲法をいわば神棚に祀り、生きた法秩序の基本であることをやめさせる状態であり、あるいは、日本国憲法の定めるところが法秩序の基礎となる規範であるとの認識を捨てるという事態である。これは、過大な受け止めであり、現実からかけ離れているとの反論が生ずるかもしれないが、本書の以下の叙述の基盤にこれを置いて、そうでないことの実証ができれば、日本国憲法の今後に期待や望みを抱くことに到達できるはずである（⇨第10章）*。

> ＊本項の叙述は、この＊欄の部分に置くべき私見に満ちているが、本書の基調になることなので、あえて本文とした。なお、この叙述の背景として、戸松秀典「講演：日本の法秩序には憲法が不在か」学習院法務研究6号1頁（2012年）。

第3節　憲法保障

1　憲法保障の意義

憲法が制定されると、それのもとに国の法秩序が形成され、その憲法秩序は、それが維持され、進化することにより、国の安定と発展が生まれる。しかし、現実には、憲法自身が与えた国家機関の権限行使の過程で、あるいは、憲法秩序内のさまざまな関係で、憲法に違反する、あるいはそのおそれのある行為が生じることがあり、そうしたいわば憲法の破壊から憲法を守るための制度、つまり憲法保障の制度が工夫され構築されている*。その憲法保障制度中で最も有効だと認められている制度が司法審査制**であり、憲法は、81条でこれを明文化している。

> ＊これを類型化すると、憲法内的保障と超憲法的保障に二分され、前者は、憲法秩序が維持されていることを前提にして、倫理的保障、社会的保障、政治的保障および法的保障といったものが認められる。後者は、憲法秩序が維持できなくなった段階での憲法秩序の確保のことをいうが、日本国憲法は、それを用意していない。なお、憲法保障の制度は、19世紀ドイツの諸王国（バイエルンなど）の憲法で「憲法の保障」という章を設けたことに始まり、今日のドイツの連邦憲法裁判所の制度に発展している。他方、

アメリカ合衆国のように、通常の裁判所（最終的には、合衆国最高裁判所）に憲法の保護・維持の役割を担わせる制度があり、日本の制度は、こちらに属する。先駆的研究の佐藤功「憲法の保障」宮沢俊義先生還暦記念・日本国憲法体系第一巻 総論Ⅰ（有斐閣・1961年）137頁を参照。

** 司法審査という語は、アメリカ合衆国で用いられている judicial review にあたるが、日本では、裁判実務でも学説でも違憲審査、法令審査、違憲立法審査などといわれ、内容は同じことであるのに、呼び方に統一がなされていない。概念の正確な表現ということにてらすと、司法審査が最適といえるので、本書は、これを用いる。

　司法審査制は、法的保障の典型であるが、それによる憲法保障の役割は大きいといえるものの、それで十分というわけではない。憲法は、他にも憲法保障の機能をもたせる規定を置いている。たとえば、99条は、公務員に憲法尊重擁護の義務を課している。実際に、大臣や国会議員などが、その行為について憲法違反だと非難され、責任を追及されることがある。ただし、その責任は、道徳的要請あるいは倫理的性格のものだと受け止められている。たとえば、1981年の百里基地訴訟の控訴審判決*では、99条に定める公務員の義務は、いわば倫理的な性格のものであって、この義務に違反したからといって直ちに同条により法的制裁が加えられたり、当該公務員のした個々の行為が無効となったりするものではないと判示されている。この倫理的保障の他にも、社会において世論が憲法違反行為を非難し、マスコミがそれを取り上げて是正に導いたり、政治的論議の場で、違憲の行為を糾弾して、望ましい憲法秩序を形成したりすることも、憲法は、表現の自由や政治活動の自由を保障することによって期待しているといってよい。ただ、このような社会的保障や政治的保障も、最終的に何が適正な憲法秩序であるかの決着がつかないこともあり、法的には不安定な面もある。それゆえ、法的保障の道が信頼されるのである。

* 東京高判昭和56・7・7訟月27巻10号1862頁。なお、最高裁判例には、直接これを判示したものがないが、下級審のこの判断を容認しているとみてよい。

2　司法審査制度

(1) 付随的審査制　憲法81条の規定する司法審査制がいかなる仕組みであるかについて、今日では、その意味がほぼ確定しているといってよい。それは、

付随的審査制＊と呼ばれている制度であり、裁判所が具体的紛争を解決する過程で、憲法上の争点について判断を下し、最終的には、最高裁判所の判断によって何が憲法であるかを宣明するものである。

> ＊憲法上の争点を伴う具体的な法的紛争の訴訟において、裁判所がその訴訟を解決するために必要な限りで憲法判断を行う制度であるところから、付随的審査制と呼ばれる。これに対して、具体的訴訟・事件とは別に、法令の規定ないし法令そのものについて裁判所が憲法判断を下す制度を抽象的審査制と呼び、ドイツやフランスなどのヨーロッパ大陸の国で採用されている。日本国憲法の発足時からしばらくの間、学説上、憲法81条の司法審査制が抽象的審査制をも併せもつとの見解が存在し、それに拠った訴訟も登場した。しかし、裁判所は、下級裁判所から最高裁判所まで、日本国憲法の施行時から一貫して付随的審査制であることを基本とした裁判を行っており、有名な1952年の警察予備隊違憲訴訟に対する最高裁判決（最大判昭和27・10・8民集6巻9号783頁〔Ⅵ-17〕）では、その確認をしている。したがって、同判決で、付随的審査制が「確立した」との見解は、誤りである。戸松秀典・司法審査制（勁草書房・1989年）第1章参照。

付随的審査制のもとでの憲法秩序の形成は、具体的紛争との関連でなされるので、生きた憲法の展開をみることができる。しかし、その特質の反面、司法の作用であることに伴う限界や課題を伴わざるを得ない。そのことは、憲法訴訟の実情を観察することにより明らかとなる。そこで、次にこれを概観することにする。ただ、その前に、その限界や課題に対処し、解決するために抽象的審査制＊を採用すればよいとの主張に対して一言ふれておく。

> ＊抽象的審査制導入の提唱者は、ドイツや隣国の韓国の憲法最高裁判所を見本としている。重要なことは、それらの国と歴史的、政治的、その他の背景が大いに異なる日本のことを考慮せずして、憲法裁判所に期待を寄せることは、安易な改革論であるといわざるを得ない。

指摘すべきは、その主張者の期待どおりの方向にいく保証がないということである。

現在定着している付随的審査制は、憲法秩序の基幹をなすものであり、これを抽象的審査制に変えること、あるいは、それをも含む制度とすることは、憲法改正なしにはできないといえる。前述したとおり、その内容が何であれ、憲法改正自体がきわめて困難な現状では、この制度の導入の提唱は現実的でない。たとえ

そのことを抜きにして、つまり、憲法学説上でいう「理論上」の観点から導入できるとしても、司法部門を政治化するおそれのある抽象的審査制は、日本の司法部の伝統になじまず、運用の過程で、かえって問題を生み出す危険が予測される。

(2) 憲法訴訟　憲法上の争点を伴う訴訟を憲法訴訟というが、付随的審査制のもとでは、裁判所にもたらされる憲法訴訟をとおして憲法秩序が形成される。憲法訴訟は、実際には、民事訴訟、行政訴訟、刑事訴訟の三つの方式において展開され、それぞれに設けられた民訴法、行訴法、刑訴法などの訴訟手続法に従って訴訟およびそれに対する裁判が遂行される。憲法訴訟のみを対象とした訴訟手続法や裁判の方式は存在しない。そこで、民事・行政・刑事の3訴訟それぞれについて、憲法価値の具体的実現の様相を観察することが必要となる*。それぞれの訴訟に伴う要因との関係で、憲法価値の具体的実現のされ方に異なる様相がみられるので、憲法のことのみを視野に入れた論議は、憲法価値の具体的実現の本質を見失うおそれがある**。

　　*詳しくは、戸松秀典・憲法訴訟［第2版］（有斐閣・2008年）を参照。そこでは、憲法訴訟について、制度、手続、実体および機能の面から、なるべく実情を示すことに力点を置いて考察している。本書では、制度については第17章で、実体については、第Ⅱ部で論述するところと重複するところが多分にあるが、手続については、第17章で若干、機能については、本書の各所で多少ふれるのみである。
　　**ごく基本的なことは、戸松秀典・プレップ憲法訴訟（弘文堂・2011年）で示しているので、それへの参照に委ねる。

本書の主たる目的は、憲法訴訟の成果を示すことにあり、とりわけ第Ⅱ部の人権保障の部分では、それにかかわる叙述を展開している。そこに認められる最高裁判所の判断の動向を先取りすると、司法積極主義・消極主義*の観点から、次のことが指摘できる。

　　*司法積極主義・消極主義とは、司法権が憲法価値の具体的実現の過程で政治部門とは別に独自の憲法判断を示す姿勢をもっているか否かを語る概念である（戸松・憲法訴訟（前掲）413頁）。

ⅰ）最高裁判所の発足以来しばらくの間は、司法消極主義の裁判が支配的であったが、前世紀の末頃から次第に司法積極主義の傾向を示し始めている。
ⅱ）その司法積極主義は、政治部門との正面からの対決を避ける様相となって

おり、それを穏やかな司法積極主義と呼ぶのが適当である。

ⅲ）穏やかな司法積極主義の傾向をみせているものの、それは、人権保障領域中、平等原則や経済的自由の分野においてであって、精神的自由の中核を占める表現の自由の領域では、最高裁判所の違憲判断がまったくみられない。

ⅳ）司法消極主義の傾向は、社会福祉立法や租税関係立法の合憲性を争う訴訟領域で顕著であるが、そこでは、立法府の裁量を広く認め、司法権による介入を一貫して避けている。

ⅴ）9条関係訴訟のように、政治的争点としての性格が強い訴訟領域には、裁判所の介入を避ける姿勢が貫かれている。

ⅵ）社会における著しい変化がみられるにもかかわらず、それに対する政治部門の対応が遅滞状態であるとき、司法部門が改革の先導者となることができないため、憲法秩序のあり方に深刻な問題が存在することとなる。

他にも、指摘できる動向があるが、以上の代表的で主要な憲法訴訟にかかわる傾向を念頭に置きながら、憲法価値の具体的実現のありようを考察しなければならないのである。

(3) 司法審査の機能と限界　司法審査制のもとでの憲法秩序の形成といっても、以上のような動向が存在するからには、その機能上の限界をよく認識しておかなければならない。

前述したように、憲法秩序は、政治部門と司法部門との相互関係のもとに形成されるのであるから、司法審査の機能は、政治部門による司法判断への応諾や対応の度合いによって積極的にも消極的にもなる。司法審査により違憲・無効とされた法令を、政治部門が迅速に対応することが期待できるならば、裁判所は、積極的判断姿勢を示すことになろう。実際に、最高裁判所の違憲判断に対して、ほとんどの場合、国会による迅速な対応がなされている*。それとは反対に、せっかくの憲法判断の提示をしても、これを無視したり、これへの対応が遅れたりすることが明らかな場合には、司法部門は、慎重な姿勢をとることになろう**。さらに、前述の**(2)**のⅴ）の場合のように、司法の場が政治化することを避け、司法部がその独立を保持しようとするときには、憲法判断を回避することとなり、司法審査の機能についての限界場面を知ることができるのである。

＊その代表例を示すと次のようである。1962年の第三者所有物没収違憲判決（最大判昭

和37・11・28刑集16巻11号1593頁〔Ⅲ-6-2〕）に対しては、判決の翌年に、「刑事事件における第三者所有物の没収手続に関する応急措置法」が制定された。1975年の薬事法の適正配置規制違憲判決（最大判昭和50・4・30民集29巻4号572頁〔Ⅲ-5-10〕）に対しては、同じ年の6月6日に薬事法の関係規定を削除する改正を行っている。森林法の共有林分割制限規定が憲法29条に違反するとした1987年の判決（最大判昭和62・4・22民集41巻3号408頁〔Ⅲ-5-13〕）については、国会は、その判決の約1か月後に当該規定を削除する森林法の改正を行っている。郵便法において、書留郵便物のうち特別送達郵便物について、国の損害賠償責任を免除または制限している規定が憲法17条に違反し無効とした2002年の判決（最大判平成14・9・11民集56巻7号1439頁〔Ⅲ-8-18〕）については、その年のうちに、国会は違憲とされた郵便法の規定を修正した。在外選挙制度の対象となる選挙を当分の間両議院の比例代表選出議員の選挙に限定するとした公選法の規定の部分を違憲とした2005年の判決（最大判平成17・9・14民集59巻7号2087頁〔Ⅲ-8-5〕）については、翌年の国会は、公選法の当該規定を削除する改正を行った。国籍取得について嫡出子と非嫡出子との間に区別を認めていた国籍法3条1項が憲法14条違反だとした判決（最大判平成20・6・4民集62巻6号1367頁〔Ⅲ-3-15〕）については、その年末に国籍法が改正されている。例外は、尊属殺重罰規定違憲判決（最大判昭和48・4・4刑集27巻3号265頁〔Ⅲ-3-13〕）に対しては、22年後の刑法口語化のための改正時（1995年）まで、対応がなされなかった。

＊＊一連の議員定数不均衡訴訟に対する裁判は、これを示す典型例である（⇨第7章第3節4(1)）。

3　非常・緊急事態と憲法

　通常の憲法秩序のままでは安定した法秩序が維持できないような事態が生じたとき、国が特別な措置をとってその事態に対処することを検討する場合がある。これを非常事態とか緊急事態と呼び、日本国憲法との関係が議論されている。

　憲法秩序の停止までもして憲法の破壊を防ごうとすることは、超憲法的保障の範疇で語られる。しかし、日本国憲法は、超憲法的保障について何も規定しておらず、解釈からそれを導き出す余地もない。したがって、憲法秩序を停止して、国家緊急権の発動をするような事態を緊急事態と呼ぶのなら、それは、憲法改正の対象となりえても、本書では考察外の問題である＊。

　＊諸外国の憲法のなかには、この国家緊急権を憲法規定として置いているところがあり、

それをみて憲法改正を唱える立場がある。明治憲法14条は、天皇に戒厳の宣告権を認めていた。改憲主張者は、それをも念頭に入れているようだ。

　また、緊急事態といえるほどの状態に至っていない非常事態を想定し、これに憲法がどのように対応するのかという問題については、通常の憲法秩序の範囲内のことであり、憲法にはそれに対処する明文の規定はない。したがって、憲法改正をして、明文の規定を置くべきか否かの論議はあり得るものの、憲法は、政治部門に委ねられた政策決定の問題としていて、裁量権の逸脱ないし人権侵害の問題として訴訟となったとき、前述の司法審査をとおして、あるべき憲法秩序が形成されることになっていると理解すればよい。

　ところが、実際には、憲法改正論議において非常事態と緊急事態とを区別することなく、すなわち現行の憲法秩序内の問題として扱えばよいことと、憲法改正の可能性にかかる問題として扱うべきこととを混同している例がみられる。とりわけ、東日本大震災の体験の後、その混同が顕著となっている*。

　　*たとえば、2012年4月発表の自由民主党憲法改正案の「日本国憲法改正草案」では、緊急事態のなかに、「地震等による大規模な自然災害」という現行憲法秩序において対処できる非常事態をも含めて、上述の緊急権発動の対象としている。他の政党の憲法改正案も同様であるが、東日本大震災のような自然災害については、災害対策基本法をはじめとする諸法律による対処がなされることが憲法秩序として存在しており、それで不十分なときには、新たな法律の制定や法律の改正等で対応すればよい。日本国憲法は、自然災害のことを前提とした憲法だとの説明があるが、その読み取りから、いかなる対策を政策上とるべきかの答えが出てくるわけではなく、あくまでも本文で述べたように、政治部門の政策決定の問題であり、それへの憲法上の歯止めは、憲法保障制度に委ねられている。伊藤真「憲法改正の動きと国家緊急権──緊急事態条項を明記するための改憲は必要か」自由と正義63巻10号（2012年）72頁。高見勝利「第14章　天変地異と憲法」同・政治の混迷と憲法（岩波書店・2012年）261頁以下を参照。

　なお、国民の側から、通常の憲法秩序のもとでは容認されない行動をとることによって、憲法を破壊から護ろうとする抵抗権の構想の場合がある。これについては、人権保障の限界の問題として後に扱うことにする（⇨第5章第3節**4**）。

03 第3章 国民主権と選挙・政党

第1節　国民主権原理

1　意　義

　憲法は、その前文の冒頭において、「日本国民は、正当に選挙された国会における代表者を通じて行動し、……ここに主権が国民に存することを宣言し、この憲法を確定する」とうたっている。また、1条で、天皇の地位は、「主権の存する日本国民の総意に基く」と定めている。これらの定めから、憲法が国民主権を基本原理の一つとしていることは明らかであり、これは、明治憲法の基本原理としていた天皇主権とは異なるものである。

　国民主権の意味は、通常、国の政治のあり方を決定する力（権限）が最終的には国民にあることだと説明される。しかし、現在の政治の様相をみれば、この説明は、現実をそのまま語るものでなく、一つの理念を語っていると理解せざるを得ない。また、このような理念は、日本国憲法の他の規定におけるそれについても共通していることだが、歴史的由来をたどる必要があるし、また、それをめぐる論議の積み重ねにより形成されていることにも注目すべきであり、それゆえその意味内容をひとことで語り得る性格のものではない。そこで、ここでも、理念の本質や由来を探究することはともかく＊、理念の具体的実現の様相を観察することに関心を向けることとする。

　　＊理念の本質として、国民主権原理の正当性の契機と権力性の契機とについての論議があるし（芦部信喜・憲法学Ⅰ（有斐閣・1992年）242頁）、フランスの革命期に端を発する国民主権の由来の分析が存在する（代表的業績として、杉原泰雄・国民主権の研究（岩波書店・1971年）、人民主権の史的展開（岩波書店・1978年）、国民主権と国民代表制（有斐閣・1983年））。本書の方針ゆえに、ここではそれに立ち入らず、各研究業績への参照に委

ねる。概要の速習のためなら、辻村みよ子「第4節　国民主権」杉原泰雄編・新版体系憲法事典（青林書院・2008年）154頁参照。

　ここでいう国民主権の理念の具体的実現の様相とは、たとえば、公共的事項に関する表現の自由の保障の場合についてみることができる。最高裁判所は、1986（昭和61）年の北方ジャーナル事件に対する判決＊において、この自由が特に重要な憲法上の権利として尊重されなければならない理由を、次のように説いている。「主権が国民に属する民主制国家は、その構成員である国民がおよそ一切の主義主張等を表明するとともにこれらの情報を相互に受領することができ、その中から自由な意思をもって自己が正当と信ずるものを採用することにより多数意見が形成され、かかる過程を通じて国政が決定されることを基礎としているのであるから」だと。このように、国民主権の理念は、名誉毀損の表現をどの程度規制できるかという問題の解決との関係で、具体的に実現されるのである。もちろんこれは、国民主権理念の具体的実現の一場面にとどまり、他にも多様に存在する。

　　＊最大判昭和61・6・11民集40巻4号872頁〔Ⅲ-4-31〕。

　したがって、国民主権の理念についての関心は、次の2点についてである。第一に、国の政治のあり方——これも多義的で広い概念であるが——を決定するための現実の制度がいかようになっているのかということであり、第二に、現実の制度がこの基本理念を反映し、また、制度がこの理念どおりに機能しているのか、ということである。

2　憲法改正権

　憲法自身が定める国民主権原理の具体化は、憲法改正権である。ただし、この権利は、明示的にうたわれているわけでなく、すでにみたように（⇨第2章第2節2）、96条において、国民の承認を憲法改正の要件としているところから導かれる権利である。また、前文にうたうように、憲法が国民によって制定されたのであるから、その改正も国民が行うのが当然であり、憲法制定権からも説明できる権利である。しかし、この憲法改正権の行使は、国会の発議をまってなされるのであり、2007（平成19）年に制定された「日本国憲法の改正手続に関する法律」が定めるように、国会が提案した改正内容について、賛否の投票をするもので

あって、国民の主導的要素は薄い。さらに、まだ一度も実施されていないのであるから、国民主権原理の具体化といっても、生きた姿は現出されていない。さらに、同法の定めるところは、公選法による国民代表者の選出と同様の発想が色濃く、したがって間接民主制のレベルにとどまり、直接民主制の性格が出ていない。実際の運用をみて考察する余地が大であり、現時点で論じることのできる内容は以上に尽きる。

要するに、憲法改正権は、国民主権原理の具体化であり、法制度化されてはいるが、その権利行使の実際が観察できるわけでなく、理念としての存在にとどまっている*。

> *半世紀以上もの間、制定された憲法を改正する機会に出会わないため、国民が憲法に対する意識を薄くしているとの指摘がある。そうかもしれないが、国民——政治家も含めて——の憲法意識の低さは、他に原因を求めることができそうである。そのことは、本書の各所で指摘することにしている。

3　国政への参加

憲法改正という特別な場合でなく、通常の国政——広く国の行う立法・行政・司法の作用を指すものとする——においては、国民は、国の政治のあり方に直接関与する機会がきわめて限られている。これは、地方自治体における政治に関与する機会と比較すると対照的である（⇨第18章第2節4）。国民は、通常は、選挙権を行使して代表者・議員の選出に関与するにとどまり、あとはその代表者が法律の制定や議決をすることに任せている。しかし、他方で、次にみるような機会や制度をとおして国政に参加しており、任せきりというわけでもない。特に今日では、議会制民主主義のあり方への再検討のために、この場面が注目されている。

まず、裁判員裁判にかかわる国民がその代表例である。裁判員裁判は、2004（平成16）年に導入された新しい制度で、裁判への国民参加を実現するものであるが（⇨第17章第3節2(2)）、最高裁判所は、これを憲法前文の国民主権原理を基に、憲法が許容するものであると説いている*。

> *最大判平成23・11・16刑集65巻8号1285頁〔Ⅵ-14〕。

もう一つ、司法分野との関係で存在する制度として、最高裁判所裁判官に対する国民審査がある。こちらは、憲法自身が設ける制度であり（79条2項～4項）、

最高裁判所は、これを解職制度と性格づけをし、最高裁判所裁判官について「国民が裁判官を罷免すべきか否かを決定する」制度だと説明している*。ただし、その実効性には限界がある（⇨第17章第1節**3(2)**）。

　　*最大判昭和27・2・20民集6巻2号122頁〔Ⅵ-11〕。

　行政機関との関係では、情報公開制度が国民主権原理を具体的に実現する制度として重要である。この制度を定める「行政機関の保有する情報の公開に関する法律」（1999年）は、その1条で、「国民主権の理念にのっとり」情報公開請求権について定めるものであることをうたっている。この権利の様相については後に再度取り上げる（⇨第5章第3節**4(3)**）。なお、憲法は、請願権を保障しており（16条）、これも国民主権原理の制度化の一つといえるが、今日は、形骸化しており意義を認める余地が少ない（⇨第5章第8節**2**）。情報公開制度は、この請願権を補完し、あるいは、代替するものとして、今日では意義深い*。

　　*ただし、情報公開請求権は、その行使の主体を国民に限らず外国人にも認めるものであり、国民主権原理の狭い意味に限ってとらえるべきでない。

　行政機関の政策立案・形成過程については、パブリック・コメントがよく利用されるようになっており、これも国民主権の理念を実効化するものとして、注目される*。

　　*常岡孝好・パブリック・コメントと参加権（弘文堂・2006年）を参照。

　他に、公務員の役職任命過程に変革がみられ、両議院の承認職とされる例が少なくない。これも、一定の公務員の任命に、間接的ではあるが国民の関与を取り入れるようにしたものだということができる。その際、政党の意向が強い働きをするが、それにてらすと、今日では、国民主権原理の現実の意義は、政党の存在を抜きにしては語れないことが判明する。そこで、本章で、政党についてみることにしている（⇨本章第3節）。

第2節　選　　挙

1　選挙権・被選挙権

（1）　基本的人権　　憲法の前文の冒頭にうたわれているように、国民が正当に選挙された国会の代表を通じて行動することは、国民主権原理の中核の意味で

ある。そこで、国民主権原理の具体的実現の様相を、選挙についてみなければならない。そして、選挙は、15条1項が国民固有の権利として保障する選挙権・被選挙権の行使によって行われるから、まず、この権利の様相に注目する必要がある*。

> *選挙権は、被選挙権とともに基本的人権であり、後述の「第Ⅱ部 人権保障」での考察対象であるが、国民主権原理との結びつきが強く切り離して論ずるのは適切でないので、ここで扱うことにする。

最高裁判所は、こうした選挙権の意義について、「国民の代表者である議員を選挙によって選定する国民の権利は、国民の国政への参加の機会を保障する基本的権利として、議会制民主主義の根幹を成すものであり、民主国家においては、一定の年齢に達した国民のすべてに平等に与えられるべきものである」とし、さらに、「憲法〔前文、1条、43条1項、15条1項・3項、44条ただし書〕は、国民主権の原理に基づき、両議院の議員の選挙において投票をすることによって国の政治に参加することができる権利を国民に対して固有の権利として保障しており、その趣旨を確たるものとするため、国民に対して投票をする機会を平等に保障しているものと解するのが相当である」と述べて、一般的理解の確認をしている*。なお、選挙権が「一定の年齢に達した国民のすべてに平等に与えられる」ことは、15条3項に定める普通選挙の保障を指している。また、その「一定の年齢」は、従来、民法の成人年齢である20歳とされていたが、2015年3月に、国会は、18歳とする公選法9条の改正を行った**。

> *在外日本人選挙権制限規定違憲判決の最大判平成17・9・14民集59巻7号2087頁〔Ⅲ-8-5〕。
>
> **これは、憲法改正の国民投票年齢と合わせるものであり、18歳の選挙権年齢引き下げは、2016年から施行される。

このように、選挙権・被選挙権が国民主権原理との結びつきのもとにとらえられるところから、その性質については、他の基本的人権とは異なる面、すなわち国政への参加にかかる特質をみることができる*。また、最高裁判所は、「立候補の自由は、選挙権の自由な行使と表裏の関係にあり、自由かつ公正な選挙を維持するうえで、極めて重要である」と説いており**、これを基本的人権ではないとすることは適切ではない。ただし、権利の行使について、選挙権と被選挙権とが

異なる扱いを受けるが、それは次にみるように、選挙の自由と公正を維持するためになされる制限として許容されるか否かが問われなければならない。

　　＊学説上、選挙権の性質について、自然権に近い説明をする権利説と、国民としての国政へのかかわりに責務としての要素をみる公務説、およびその折衷説がある。最高裁判所は、一貫してそのどちらかに立脚することなく、選挙権が重要な基本的権利の一つであり、それだけに選挙の公正があくまでも厳粛に保持されなければならないことを根拠として、選挙権および被選挙権の行使にかかる制限の正当化を説いている（最大判昭和30・2・9刑集9巻2号217頁〔Ⅲ-8-1〕）。

　　＊＊三井美唄労組事件に対する最大判昭和43・12・4刑集22巻13号1425頁〔Ⅲ-7-17〕。

(2) 選挙権の行使　　最高裁判所は、在外日本人選挙権制限規定違憲判決（前掲の平成17年大法廷判決）において、「選挙権は、これを行使することができなければ意味がないものといわざるを得ず、侵害を受けた後に争うことによっては権利行使の実質を回復することができない性質のものであるから、その権利の重要性にかんがみると、具体的な選挙につき選挙権を行使する権利の有無につき争いがある場合にこれを有することの確認を求める訴えについては、それが有効適切な手段であると認められる限り、確認の利益を肯定すべきものである」と説いている。そして、当該訴訟に確認の利益を肯定することができるとし、「法律上の争訟に当たることは論をまたない」と断定した。このように、行訴法4条の当事者訴訟の方式による訴えが認められて、在外日本人の選挙権行使が可能となった＊。

　　＊最高裁判所は、違憲無効の判断とともに、国家賠償請求を認めたが、これについては、同判決における泉裁判官の厳しい反対意見がある。

　最高裁判所の在外日本人選挙権制限規定違憲判決は、その後、公選法11条1項1号により選挙権行使ができなくなった被後見人が提起した訴訟に強い影響を与えた。すなわち、東京地裁は、2013年に、最高裁判所の先例に依拠して、当事者訴訟としての訴えを認めたうえで、公選法のその規定が選挙権に対する「やむを得ない」制限であるということはできす、15条1項・3項、43条1項ならびに44条ただし書に違反し無効と判断したのである＊。

　　＊東京地判平成25・3・14判時2178号3頁〔Ⅲ-8-6〕。なお、ここで適用された「やむを得ない」制限であるか否かを問う厳格な審査基準は、先例の在外日本人選挙権制限

規定違憲判決で採用されたものである。この判決後、国会で公選法11条1項1号は、削除する改正がなされ（平成25年5月27日）、被後見人の選挙権行使が可能となり、同年7月21日の参議院議員選挙から実施されている。同訴訟の控訴審および他の同様の訴訟については和解が成立した（同年7月）。

　このように当事者訴訟による道が開かれたため、選挙権行使にかかる司法的救済の余地が広がったのであるが、それ以前の在宅投票制度廃止を争った国家賠償請求訴訟に対して示した最高裁判所の消極的判断姿勢が今後方向を転換することになるものか、注目される＊。

　　＊在宅投票制度廃止違憲訴訟では、在宅投票制度の廃止およびそれの復活をしなかった立法行為が争われたが、最高裁判所は、「国会議員の立法行為は、立法の内容が憲法の一義的な文言に違反しているにもかかわらず国会があえて当該立法を行うというごとき、容易に想定し難いような例外的な場合でない限り」、国家賠償法上の責任を問うことができないと斥けている（最一小判昭和60・11・21民集39巻7号1512頁〔Ⅲ-8-4〕）。

　以上の他にも選挙権行使が不可能な状態は存在し、それを争った例がある。その一つとして、当時の公職選挙法施行令が自書を要求し、郵便投票での代理投票を認めないなど、ALS（筋委縮性側索硬化症）患者の投票を妨げる規定をしたままで改正をしなかったことを争った訴訟に対して、裁判所は、自書することも投票場に行くことも不可能な選挙人が存在すれば、それらの選挙人に選挙権の行使を可能とする制度を設けることが憲法上求められているとの厳格な判断を下した例がある＊。また、永久選挙人名簿制度との関連で、事実上選挙権の行使ができない場合が生じている。住所の特定が困難なホームレスの者、また、短期間内に住所を移転した者、さらに、住民票を移していない大学生などがその例であるが、司法的救済は得られていない＊＊。これらは、政治過程での対処が求められる問題である。

　　＊東京地判平成14・11・28訟月49巻8号2213頁。ただし、同判決は、国家賠償法上の違法性は否定した。しかし、この判決が契機となって、公選法の改正がなされ、代理投票（48条）や不在者投票（49条）の制度が設けられている。後者には、郵便投票やファクシミリ投票等が規定されている。

　　＊＊ホームレスについては、大阪地決平成19・4・3判自302号13頁参照。短期間内の住所移転について、京都地判平成14・2・5判夕1115号171頁およびその控訴審判決・大阪高判平成14・8・28判夕1115号170頁参照。大学生についてかつて、最大

判昭和 29・10・20 民集 8 巻 10 号 1907 頁〔Ⅲ-8-2〕が住所とは生活の本拠をいうとしたが、今日の運用はそのとおりになっていない。他に、精神的障害を理由とする選挙権行使の困難性について、最一小判平成 18・7・13 裁時 1415 号 10 頁参照。

　選挙権の行使について残された問題は、選挙犯罪以外の犯罪の受刑者から選挙権を奪うこと（公選法 11 条 2 号・3 号）であるが、下級審判決でこれを違憲とする判断が示され、強い関心が向けられている*。

　　*大阪高判平成 25・9・27（裁判所ウェブサイト）。受刑者の選挙権剥奪を見直すことは、諸国でもなされており、刑事収容施設内での投票を可能とする等の実施上の問題が解決されれば、「やむを得ない」制限ということはできなくなる。

2　選挙制度

(1)　独特な選挙制度　　現行の選挙制度は、衆議院議員の選出について小選挙区比例代表並立制がとられ、参議院議員の選出について選挙区選出と比例代表とによっている。これは、近代の選挙法の展開過程で形成された諸制度*のなかから、政治的妥協のもとに選択されたもので、日本に独特なものないし理念不在のものと呼んでよい。それは、諸国の制度をみると、一つの選挙区から一人の代表を選ぶ小選挙区制によるか、政党の得票数を基礎として当選数を割り当てる比例代表制によるかの二つの方法のどちらかを採用しているが、日本では、その両者を併せて採用し、そのうえ、衆議院と参議院の間で同じような制度となっているのである。このような基本理念不在の様相は、普通選挙制度が成立した 1925 年以来変わることなく、これが日本の議会政治における諸問題の根底にある現象といってよい。

　　*諸制度の概要は、①一つの選挙区から一人の議員を選出する小選挙区制と複数の議員を選出する大選挙区制、②選挙人が投票用紙に記載する人数に着目した単記制と連記制、③少数代表制と多数代表制である。③について、小選挙区制や、大選挙区制の完全列記制（当該選挙区の定数全部を記す）は、多数代表制といい、大選挙区の制限（単記）制は、少数代表制といわれる。後者の場合は、偶然の要素に左右され選挙民の意思を反映しない。比例代表制は、これらと異なり、政党の得た票数を基礎とした当選数割当方法が採用される（その詳細は省略する）。1925（大正 14）年の普通選挙法成立以来、一つの選挙区から複数の議員を選出するが、選挙人は、投票用紙に一人しか記載しない方式がとられ、これは、小選挙区制・大選挙区制の区別に該当せず、中選挙区制と

呼ばれた諸国で見られない独特な方式であった。そこから生じた弊害を脱するためになされた1994年の政治改革に伴う公選法の改正で、現行制度になったが、これも制度区分の基本からは説明できない独特なものとなっている。

(2) 憲法上の要請　いかなる選挙制度とすべきかについて、国民主権原理を基にした要請が導かれるかと問うても、論理的な答えは出てこない。憲法は、「選挙区、投票の方法その他両議院の議員の選挙に関する事項は、法律でこれを定める」(47条)とし、また、「両議院の議員の定数は、法律でこれを定める」(43条2項)としているから、選挙制度の具体化は、原則として国会の広い裁量に委ねられていると理解される。最高裁判所は、重複立候補制、比例代表制、および小選挙区制を定めた現行の選挙制度が違憲だとして争った訴訟に対して、そのような選挙制度が国会の広い裁量に依拠するものだとの判断を下している*。しかし、その裁量に憲法上の制約がまったくないとの判示をしているわけではない。最高裁判所は、それにつづけて、「国会が新たな選挙制度の仕組みを採用した場合には、その具体的に定めたところが、〔議員は全国民を代表するものでなければならないという〕制約や法の下の平等などの憲法上の要請に反するため国会の〔上記のような〕広い裁量権を考慮してもなおその限界を超えており、これを是認することができない場合に、初めてこれが憲法に違反することになるものと解すべきである」とも説いている。実際に、投票価値の平等を奪う選挙制度については、最高裁判所は、積極的な審査を行い違憲の判断を下している（⇨第7章第3節**4(1)**）。しかし、その他の国会が制定した選挙制度について、憲法上の要請を逸脱した裁量権の行使であるとの司法判断は積極的になされてはいない。これについては、第Ⅱ部の人権保障の各所でふれることにする。

 *最大判平成11・11・10民集53巻8号1577頁〔Ⅲ-8-9〕および最大判平成11・11・10民集53巻8号1704頁〔Ⅲ-8-9〕参照。また、参議院非拘束名簿式比例代表制違憲訴訟に対する最大判平成16・1・14民集58巻1号1頁〔Ⅲ-8-10〕も同趣旨の判示をしている。

3　選挙の実施

(1) 選挙の実施権限　衆議院議員の選挙は、衆議院議員の任期が満了したとき、または、衆議院の解散によって実施される(45条、54条)。参議院議員の選

挙は、3年ごとに総議員の半数についてなされる（46条）。

　いずれについても、選挙日をいつにするかについては政治的判断のもとに決定されるので、選挙実施の実質的権限は、内閣ないし政権党によって行使される。このことについて、衆議院議員選挙と参議院議員選挙とを同日に行ったため、選挙が無効だとして争った事件があるが、裁判所は、衆参同日選挙を招来した内閣総理大臣による解散権の行使が憲法に違反するか否かの判断は、その権限行使が直接国家統治の基本に関する高度に政治性のある国家行為であるから、司法審査の対象外にあると判示して、斥けている*。このように、選挙の実施にかかる権限行使については、政治的判断に委ねられ、司法的介入はなされない。

　　*名古屋高判昭和62・3・25行集38巻2=3号275頁参照。

　地方議会議員の選挙については、別の箇所でふれることにする（⇨第18章第2節 **3**）。

(2) 選挙の自由と公正の侵害　　自由で公正な選挙が実施されることが必要であり、公選法は、そのための制限ないし規制を定めている。最高裁判所は、選挙の実施において守られるべき法益について、「選挙が選挙人の自由に表明せる意思によって公明且つ適正に行われること」だと繰り返し説いている*。また、選挙においては、政治的表現の自由が保障されることが憲法上の要請であるが、実際には、公選法が選挙運動の自由についての制限を種々課しており、それをめぐる争いは少なくない。これは、政治的意見表明の自由にかかわることなので、後に取り上げることにしている（⇨第8章第4節 **3(2)** ⅰ) b））。

　　*いわゆる連座制の規定およびその規定の強化を争った事件に対する最大判昭和37・3・14民集16巻3号537頁〔Ⅲ-8-8〕、最大判昭和37・3・14民集16巻3号530頁、最三小判平成10・11・17判時1662号74頁を参照。

(3) 選挙の差止請求　　選挙の実施を、それが違憲であることを理由に差し止めることができるのかが問われている。学説上の肯定論はともかく、裁判所は、一貫してそれを斥けている。

　その具体例として、選挙人らが、国に対し、違憲状態に至っていたとされた選挙区割りに基づいて選挙が行われる事態を回避する必要があるなどとして、主位的に内閣が天皇に対し選挙の施行の公示にかかる助言と承認をすることの差止めを求め、予備的に、選挙の公示が行われたときは内閣が選挙管理委員会等に対し

区割りに基づく選挙事務の管理をさせることの差止めを求めるなどした訴訟がある。これに対して、下級審裁判所は、いずれも不適法として却下したため、特別抗告の申立てをしたところ、最高裁判所は、それが特別抗告事由に該当しないとして棄却している*。

> *最一小決平成 24・11・30 判時 2176 号 27 頁。中選挙区制時期の議員定数不均衡との関連でなされた選挙事務執行差止請求事件に対する下級審裁判例として、衆議院について東京地判昭和 51・11・19 行集 27 巻 11=12 号 1772 頁、千葉地判昭和 54・10・1 訟月 26 巻 1 号 111 頁、また、参議院選挙について、東京地判昭和 57・12・23 行集 33 巻 12 号 2675 頁、東京高判昭和 58・3・30 行集 34 巻 3 号 564 頁参照。

第 3 節 政　　党

1　政党の準国家機関化

　政党は、今日、議会制民主主義において不可欠な存在であるといえる。この存在意義について、最高裁判所は、すでに 1970 (昭和 45) 年の八幡製鉄政治献金事件の判決*において、次のように説いている。「憲法は政党について規定するところがなく、これに特別の地位を与えてはいないのであるが、憲法の定める議会制民主主義は政党を無視しては到底その円滑な運用を期待することはできないのであるから、憲法は、政党の存在を当然に予定しているものというべきであり、政党は議会制民主主義を支える不可欠の要素なのである。」この判示するところは、40 年余を経て大きく発展した実情をみると、もっと積極的な意義付けをしてもよい。すなわち、次の 2 において確認する政党をとりまく法制度の存在を基盤に、政党は、憲法秩序において準国家機関化しているということができる。したがって、主権者たる国民は、政党とのかかわりをとおして、国の政治のあり方の決定に関与しているともいえるのである。

> *最大判昭和 45・6・24 民集 24 巻 6 号 625 頁〔Ⅲ-1-3〕。

　従来、政党は、結社の自由の保障 (21 条) のもとにある私的団体であると受け取られてきた。しかし、政党助成法をはじめとする種々の法律による助成や規制にてらして総合的にみると、政党は、国の政策決定過程に取り込まれており、もはや私的団体とはいえない存在となっている。他方、政治的自由が尊重されてお

り、純然たる国家機関とはいえない。最高裁判所は、政党間の論評について、「政党は、それぞれの党綱領に基づき、言論をもって自党の主義主張を国民に訴えかけ、支持者の獲得に努めて、これを国又は地方の政治に反映させようとするものであり、そのためには互いに他党を批判しあうことも当然のことがらであって、政党間の批判・論評は、公共性の極めて強い事項に当たり、表現の自由の濫用にわたると認められる事情のない限り、専ら公益を図る目的に出たものというべきである」として、政党が他党により受けた名誉侵害について、同一新聞紙上での反論文掲載の請求を容認しなかった*。このように、政党は、その政治活動について自由の保障を確保しつつも国家的支援を得ており、それゆえ、準国家機関と呼ぶのが適当である**。

> *サンケイ新聞意見広告事件に対する最二小判昭和62・4・24民集41巻3号490頁〔Ⅲ-4-40〕。
>
> **ちなみに、政党と市民との間で生ずる法的問題、とりわけ人権侵害問題については、国家対個人の問題でなく私人間の問題であるといった杓子定規的なとらえ方をすることには疑問を投ぜざるを得ない（⇨第5章第3節2）。

2　政党と法秩序

　政党の準国家機関化を生じせしめているのは、各種法律が政党に助成や規制を加え、純粋な私的団体の地位とはいえない存在にしているからである。これは、1970年頃の政党をとりまく状況と比べ、大きく変化している。

　まず、1994（平成6）年の政党助成法は、政党交付金による助成を行うことにより「政党の政治活動の健全な発達の促進及びその公明と公正の確保を図り、もって民主政治の健全な発展に寄与することを目的とする」（1条）ものである。この法律の対象とする政党がいかなる政治団体を指すかは、定義付けがなされている（2条）。政治団体については、政治資金規正法がすでに規定するところに従うべく、種々の規制がなされている*。

> *政治資金規正法は、度々の改正を経て、もはや規正法というより規制法というのがふさわしい内容となっている。

　また、政党交付金を受給する政党等には、いわゆる政党法人化法（正式名は、「政党交付金の交付を受ける政党等に対する法人格の付与に関する法律」）に基づいて、法人

格が付与されており、政党が主体となって法律行為を行うことができる。

さらに、公選法は、議会の構成員たる議員の選出過程に政党の存在を前提としている*。比例選挙が衆参両議院の議員選挙で導入されているので、当然のことながら政党単位の選挙制度となっているし、小選挙区・選挙区選出の議員選挙についても、政党との関係が取り込まれている。

*詳細は、省くが、公選法「第9章 公職の候補者」（86条～94条）参照。

3　課題と展望

政党は、国会での政策決定で主導的役割を果たしているが、他方で、主権者たる国民に接近、接触、交流する機会をとおして、国民の意思を生かす努力をしている。これがうまく機能していれば、政党政治は、国民主権原理を具体化したものとして、評価できる。

しかしながら、現実は、必ずしもそのような状態になっていない。最大の問題は、政党とそれを支持する国民との関係にある。すなわち、政党を支持する国民が党員となって、党との関係を密にしている度合いが高くはないことである。これは、西欧諸国の党と国民との関係とは異なるところだといってよい。先に、日本の政党は、法制面では、準国家機関的存在になっているといったが、国民の多くが党員となってそれにふさわしい行動をとっていないのである。ここには、国民主権原理にかかる国民への浸透度合い、ないし、意識の成熟度合いがかかわっている。

こうして、政党政治が国民主権の原理を具体的に体現し、民主政治を発展させていくための課題をみることができる。いったん軌道に乗るかにみえた自民党と民主党とによる二大政党政治は、短期間に崩壊し、自民党と多数小政党という2015年現在の状況は、憲法秩序の安定した発展を期待させていない*。

*政権の担い手である自民党は、依然として憲法改正を目標に掲げ、党員全員の一致した意見とはなっていないかもしれないが、日本国憲法に冷淡であり、日本国憲法が国法秩序の頂点にあることの認識に欠けている（⇨ 第2章第2節2）。

第 4 章 天皇制と平和主義

第 1 節　由来と今日

　「第 1 章　天皇」と「第 2 章　戦争の放棄」には、それぞれ象徴天皇制と徹底した平和主義とが定められている（以下では、これを単に「天皇制」、「平和主義」という）。両者は、日本国憲法の特性を示すものであると本書の冒頭で述べた。そこで、本章では、この特性ということに注目して、両者を並べて扱うことにする。それは、天皇制と平和主義とは、その由来と今日の状況をみると、法規範としての性質上共通するところがあり、それが憲法秩序の形成に多分にかかわりがあるといえるからである。

　まず、天皇制と平和主義とは、日本の歴史を振り返ると、いずれも、日本という国*の伝統に根ざしているとの共通点をみることができる。もっとも、本書は法的論議の書であって、歴史的由来を詳しく考察するゆとりがなく、天皇制と平和主義の現在の規範状況の背景を認識しておく目的との関係で、ごく簡略に、次のような共通点を示すにとどめざるを得ない。

　　＊国家の概念は、歴史上の段階でそのとらえ方が一様ではないが、ここでは通常、日本史の対象となっているところを観念しており、それゆえ、「日本という国」という表現をしている。

　天皇制は、『古事記』や『日本書紀』に語られているところ——それが歴史的事実としての立証上問題があるとしても——に端を発し、今日まで、途絶えることなく存在してきている。明治期に、日本が近代国家の仲間入りをし、近代立憲主義の国家体制を築くようになった時、さらに、日本国憲法の制定においても、この天皇制は維持されている。したがって、「第 1 章　天皇」の意味をとらえようとするとき、この伝統を無視することができない。

他方、平和主義も、日本の歴史の流れをとおしてみれば、伝統たる要素だととらえることができる。すなわち、軍隊をもって他国＊を攻め占領するといったことを明治期に至るまでほとんどしていないという事実がある。例外として、豊臣秀吉による朝鮮半島侵攻があるが、ヨーロッパにおけるギリシャ、ローマの紀元前からの歴史と比較すれば、日本は、平和を維持した国といってよい。もちろん、源平の合戦、武士の台頭による各地での戦闘状態は存在したが、9条にうたう他国を侵略しないというレベルの平和は、天皇制と同様に伝統といえよう。ただし、日本は、江戸時代末期のペリーの来航により急ぎ軍隊をつくったが、他国を攻める能力などなく、日露戦争でかろうじて勝利したため、伝統を忘れ、中国をはじめアジアの国々に侵攻するという過ちを犯した。それゆえ、第二次世界大戦に敗北した日本が、徹底した平和主義を憲法に取り込んだのは、その過ちを反省し伝統に回帰したのだと説明することは、説得力をもつものといえる＊＊。

　　＊上記の日本という国以外の地域。
　　＊＊もちろん、日本国憲法制定時の9条導入の過程も注視すべきであるが、ここでは、徹底した平和主義の理念を受け入れた状況の背景に目を向けている。

　このようにみると、天皇制と平和主義が憲法規定の先頭に置かれていることの理解も容易になる。すなわち、近代立憲主義のもとで諸国の憲法は、人権保障と統治機構の部分からなる構成をしているが、日本国憲法は、そのどちらかに属するとは直ちにいえない両者の規定を置き、それにつづけて人権保障と統治機構の規定を配置しているのである。

　さらに注目すべきは、両者が憲法規範としては、西欧の立憲主義の系譜に直結しない内容であり、また、規範としての意味を具体的に説明し得ない性格をもっているのである。これは、以下に順に考察することであるが、象徴天皇といっても、日本国憲法制定時には確たる説明がなされていないし、徹底した平和主義は、きわめて理想主義的色彩が濃厚であって、法規範として実際にこれを具体的に実現しようとすると、既存の法システムの及ばない要素に満ちている。つまり、両者とも、法規範としての意義が、10条以下の諸規定とは大きく異なるものであることを認識せねばならないのである＊。

　　＊こういうわけで、本章では、本書の他の箇所とは異なり、憲法規定の現在の意味に焦点を当てることとともに、その歴史的事情や意味の把握の限界にも言及している。

第2節　天皇制の現在

1　象徴天皇制

　君臨すれども統治せず。この君主の存在を語ることばは、天皇にまさにあてはまる。明治憲法における明治天皇、大正天皇、および昭和天皇についてもそうであったし、日本の歴史上、後醍醐天皇だけが例外であったが、ほぼ一貫してそうであった*。

　　*よく知られているように、明治憲法下の昭和天皇については、2・26事件やポツダム宣言受諾の時に、自らの考えで行為して、「統治せず」との意味から外れた場面がある。

　日本国憲法は、その1条で、「天皇は、日本国の象徴であり日本国民統合の象徴であ〔る〕」とうたう。これをもとに、象徴天皇制がとられていると説明されるが、この憲法の制定と同時に、象徴天皇制という概念が憲法秩序に浸透したわけではない。象徴天皇制は、1960年代に確立したというのが適当であろう*。それに至るには、昭和天皇・裕仁天皇自身の尽力に負うところが少なくない。さらに、現在の明仁天皇は、裕仁天皇の足跡を踏襲して、さらにそれを深化させているとみることができる**。

　　*伊藤之雄・昭和天皇伝（文藝春秋・2011年）による。
　　**天皇裕仁による象徴天皇イメージにかかる実績づくりは、戦後間もなくして、日本各地を行幸したことを思い起こさせる。また、その他の種々の活動をとおして象徴天皇としてのイメージ形成に努力し、それが1960年代に定着した。それを継承した昭仁天皇の活動は、2011年3月11日の東日本大震災被災者へのたびたびの慰問活動に現れているように、確立した象徴天皇制の具体的な意義だと受け取ることができる。

　なお、象徴とは、「抽象的な思想・観念・事物などを、具体的な事物によって理解しやすいかたちで表すこと。また、その表現にもちいられたもの」とされる（デジタル大辞泉（小学館））。そこで、従来、憲法概説書などにおいては、鳩が平和を、ハートが愛を表すように、天皇が日本を表すことを象徴天皇というなどと説明されていた。しかし、この説明では納得し難いのではないかと思う。

　ただし、1条の定める象徴天皇を、法規範として説明することはできず、また、ここから天皇の権限を具体的に導くこともできない*。

　　*司法判断としては、「天皇は日本国の象徴であり日本国民統合の象徴であることにかん

がみ、天皇には民事裁判権が及ばないものと解するのが相当である」と判示した最二小判平成元・11・20民集43巻10号1160頁〔Ⅰ-3〕のほか、初期の頃のプラカード事件判決・最大判昭和23・5・26刑集2巻6号529頁〔Ⅰ-1〕や天皇コラージュ事件判決・富山地判平成10・12・16判時1699号120頁〔Ⅰ-2〕があるが、いずれも天皇を法的紛争の主体に取り込んでいない。

2 天皇の国事行為

(1) 限定された国事行為 　天皇の具体的権限は、国事行為として6条と7条にあげられている行為であり、それらについては、内閣の助言と承認を必要とし（3条）、天皇が行うのは、それらの国事行為だけであって、国政に関する権能を有しないとされている（4条1項）。

6条と7条にあげられている国事行為については、いずれも天皇に実質的決定権があるわけでなく、また、その行為については内閣が責任を負うのであるから（3条）、天皇のなす国事行為のそれぞれの内容について、実態との関係で解釈論議を展開する意義はない。また、内閣の助言と承認について、両者とも必要かとか、実際にそれがなされたかを問題としても、政治的にはともかく、法的効力を争う余地はない*。

　　＊衆議院の解散について、苫米地訴訟に対する最大判昭和35・6・8民集14巻7号1206頁〔Ⅵ-21〕のほか最一小決昭和29・3・25集刑93号805頁、最一小判昭和29・4・22刑集8巻4号526頁において、助言や承認にかかる判断に立ち入っていない。

国事行為は、二つの場合に代行される。その一つは、摂政が置かれたときに、摂政が国事行為を行う場合である（5条）。摂政は、天皇が18歳未満で成年に達しないとき（皇室典範19条、22条）や、重大な精神もしくは身体の疾患または事故により天皇自らが国事行為をなし得ないと皇室会議で決定されたときに置かれる（同16条）。他は、摂政を置くほどでない精神・身体の疾患または事故があるときに、皇族に委任して臨時に代行させる場合である（憲法4条2項、国事行為の臨時代行に関する法律2条）。この代行には、当然、内閣の助言と承認を必要とする。

(2) 国事行為以外の行為 　憲法は、国事行為以外の天皇の行為をいかに扱うかについて何も規定していない。天皇が一人の人間として生活し、行動するからには、私人としての行為が存在することはいうまでもない。議論の対象となっ

てきたのは、国事行為でもなく、私人としての行為でもない行為が存在し、それをどのように把握するのがよいかということである。

　60年余の日本国憲法の体験を経た今日、象徴天皇制と呼べる実態が形成されていることにてらすと、天皇の行為は、原則として象徴としての行為であり、そこには、国事行為が含まれるが、私人としての行為が除かれ、残りの部分は、公人としての行為＊ととらえるのが適当である。今日、天皇の公人としての行為は、多くの実践例を積み重ねている＊＊。

　　＊公的行為と呼ぶ見解もある。公人としての行為のカテゴリーがあることは、天皇が公務員であることとも関係する。この公務員としての天皇は、定年がなく、高齢に伴う職務負担の検討が求められている。宮内庁のホームページ〈http://www.kunaicho.go.jp/kunaicho/koho/kohyo/gokomu-h21-0129.html〉の「今後の御公務及び宮中祭祀の進め方について」など参照。

　　＊＊先にふれた、東日本大震災の被災者への慰問のほか、外国元首の接受、外国元首との親電の交換、国会開会式における「おことば」が該当し、さらに、内閣総理大臣が定期的に政治情勢の報告をするが、それを受けるのも公人としての行為である。

　公人としての行為は、国事行為に準ずるもので、憲法が具体的にあげていないだけであるから、内閣の助言と承認が必要であり＊、国家事務として内閣府に置かれた宮内庁が事務をつかさどり、その経費は公金としての宮廷費から支弁され、会計検査の対象となるほか、公務員が受ける憲法上の制約のもとにある。実際に問題とされるのは、20条の政教分離原則との関係である。

　　＊公人としての行為については内閣の助言と承認は必要ないが責任は内閣が負う、との説明がなされる場合と実質的に同じことである。

3　皇位の継承・天皇制の課題

　皇位は、世襲のものであると2条で定められている。これを具体化する皇室典範によると、「皇統に属する男系の男子」たる皇族が皇位継承資格を有するとされている（1条）。これに対して、女性を排除するこの制度が憲法14条や「女子に対するあらゆる形態の差別の撤廃に関する条約」に違反するとの主張がなされているが、政府は、容認していない。

　そこで、女性天皇創設は、立法論として、すなわち皇室典範の改正の議論の対

象となっている*。実際にその検討がなされたが、一定の結論に到達しないままに終わっている**。

> *憲法改正論もあり得る。これによると、現行憲法は、男系天皇を基礎としており、皇室典範はそれを具体化したものであるとの前提に立ち、女性天皇は、少なくとも憲法改正により、明示的に規定することによってしか変更できないとする。
>
> **「皇室典範に関する有識者会議報告書」(平成17年11月)。

いろいろな考え方があるが、その一つとして、男系か女系かの二者択一でなく、第三の道、すなわち、例外的に「皇統に属する女子」の継承資格を認める旨の規定を、皇室典範1条に2項を新設するという立場があり、注目させられる*。

> *原田一明「『皇位継承制度』覚書」初宿正典先生還暦記念論文集・各国憲法の差異と接点(成文堂・2010年)211頁、224頁。

4 皇室経済

憲法は、皇室の財産授受に対して国会の議決を要件とする制限を設け(8条)、それに基づき、皇室経済法が詳細を定めている。それによると、皇室の費用は、内廷費、宮廷費、および皇族費の三種類とされている(同法3条)。上述の国事行為や公人としての行為にかかる費用は、宮廷費から支出され、宮内庁が経理することになっている(同法5条)。

第3節 平和主義の現状

1 憲法9条と平和の理念

憲法9条は、前文で掲げた平和主義を条文化し、徹底した平和主義をうたっている。

平和は、人類が歴史上常に追求してきた願いであるが、いつの時代も戦争は絶えることなく、その願いをいかに実現するかが永遠の課題として人類につきつけられている。徹底した平和主義をうたった9条は、この課題に応えるものであるが、その具体的実現については、膨大といっても決して誇張でない議論が展開されてきたものの、進展しているとは言い難い。現時点では、9条の1項、2項の文理をめぐる解釈論は沈静化しているということができ、ここでその解釈論を

再現して、分析や検討をする実益もないので、次のことを確認するにとどめる。

すでに言及しているように、9条は、戦争を放棄し、戦力の不保持を宣言し、交戦権を認めないというものであるから、人類の願いである平和を最も徹底したかたちでうたっている。これは、理想主義的な内容であり、これを法規範として具体的に実現しようとしても、既存の法システムで対応することは難しく、また、このような規定は、諸国の憲法に例がないのであるから、日本が先導して独自にその具体的実現をなさねばならない。しかしながら、政府は、9条の理念を推進させることよりも、登場する問題に対して、9条のもとで許される限度を追究し、国際的動向に対処してきた。

2　政治過程での実現

(1)　平和主義の実現に伴うジレンマ　政治過程での平和主義の実現は、国会における政府と野党との間で交わされる9条関係の解釈、適用の論議がその主たる場面であるが、全体として現時点までに9条の趣旨が積極的に前進したとは言い難い*。

*平和主義の実現については、実態を視野に入れて考察することが重要であり、それには、自衛隊が日本の防衛を含めた世界の平和にどのように寄与していて、それが9条の平和主義といかなるかかわりを生じているかといった分析がなされる必要がある。ただし、ここではその指摘にとどめる。

政府解釈の骨子は、9条1項では国際紛争を解決する手段としての「戦争」、「武力による威嚇」、および「武力の行使」を放棄しているが、独立国家に固有の自衛権は否定されていないとし、それを前提に、2項にいう「戦力」とは、自衛のための必要最小限度の実力を超える実力をいうと説明するものである（昭和55年12月5日政府答弁）。この説明のもとに、自衛隊の存在が正当化され、その活動が自衛のための必要最小限度の実力の行使にとどまる限り、憲法に違反しないこととなる。しかし、必要最小限度の実力がどのようなものであるかを、誰もが納得するように示すことはきわめて難しく、そのような漠然とした説明にとどまらざるを得ない。また、実際の戦争ないし戦闘状態において、自衛隊の行動で許容される範囲を観念的に説明すること自体、現実離れしたものとならざるを得ない*。これが平和主義の実現において常に伴うジレンマで、集団的自衛権の存否

や国際平和維持活動（PKO）への人員派遣といった個別の問題の検討においてもそれが現れている。

> ＊たとえば、わが国の行為による「戦争」、そしてわが国を防衛するための必要最小限度の自衛権を行使すること以外の「武力行使」および「武力による威嚇」が放棄されている（平成6年6月8日衆議院予算委員会・大出内閣法制局長官答弁）という説明は、実際の戦闘現場では通用しないことであろうし、国連軍等の武力行使と一体化する場合であるかどうかは、①戦闘活動が行われている、または行われようとしている地点と当該行動がなされる場所との地理的関係、②当該行動等の具体的内容、③他国の武力行使の任にあたる者との関係の密接性、④協力しようとする相手の活動の現況等の諸般の事情を総合的に勘案して、個々的に判断される（平成9年2月13日衆議院予算委員会・大森内閣法制局長官答弁）といった説明も、戦闘現場にある者からはのどかなことと受け取られるであろう。

(2) 集団的自衛権　集団的自衛権とは、ある国が武力攻撃を受けた場合、これと密接な関係にある国が、その武力攻撃を自国の平和と安全を脅かすものとみなして被攻撃国を援助し共同して防衛にあたる権利と説明されている（法律学小辞典［新版］（有斐閣・1994年））。これについては、国際連合憲章の51条やサンフランシスコ平和条約5条(c)＊でうたわれているところを背景に、政府は、日本がこの権利を有していることを認めたうえで、この権利の行使が自衛のための必要最小限度を超えるから、認められないとの見解を維持してきた（昭和56年5月29日内閣答弁、平成11年5月21日参議院防衛指針特別委員会における内閣法制局長官答弁）。これは、政府が示した9条の具体的実現の一例であるが、2012年発足の自公政権は、これを変更しようとしている。これは、憲法改正に匹敵する憲法秩序の変更である。正当化の根拠の一例として、集団的自衛権が行使される場合の類型化をして、そのうち、自衛のための必要最小限度を超えないものに限った行使とすることが示されている。しかし、前述のように必要最小限度なるものが観念的で客観性・具体性を欠くのであるから、いくら類型化しても説得力が増すことにはならない。

> ＊国際連合憲章51条では、国連加盟国に「個別的又は集団的自衛の固有の権利」の存在を認めており、サンフランシスコ平和条約の5条(c)では、「日本国が主権国としての国際連合憲章第51条に掲げる個別的又は集団的自衛の固有の権利を有すること」を確認している。

(3) 国連の平和維持活動（peace-keeping operations）**への参加**　9条の平和主義を実現するため、自衛隊が国際紛争に関与することはのぞましいことだといえる。しかし、その関与の仕方について、国会では論議の対象となった。論議の末に、1992年にはPKO協力法（正式名は「国際連合平和維持活動等に対する協力に関する法律」（平成4年法律79号））が成立し、具体的施策の法的体制ができている。その過程で論議されたことは、PKOの一員として派遣される自衛隊員が戦闘行為に巻き込まれる危険を含めた自衛隊の海外での活動についてであった*。そして、派遣された自衛隊員は、詳細なマニュアルに基づいて行動したが、他国のPKO隊員にはみられない苦労が伴ったといわれている。

　　*政府の答弁の主要なものを列記しておく。
　　　　「武力の行使」とは、わが国の物的・人的組織体による国際的な武力紛争の一環としての戦闘行為をいう（平成3年9月27日衆議院PKO特別委員会）。武力行使目的による「海外派兵」は禁じられているが、武力行使目的ではない「海外派遣」は許される（昭和55年10月28日政府答弁書）。国連軍等による武力の行使への「参加」に至らない各種の支援を含む「協力」については、それらによる武力行使と一体とならない限り、憲法上許される（平成2年10月24日衆議院国連平和協力特別委・工藤内閣法制局長官、平成2年10月26日衆議院国連平和協力特別委・中山外務大臣）。なお、9条にかかる政府見解について、判例憲法1の31頁における「第9条コメント」〔青井未帆執筆〕を参照。
　　　　なお、自衛隊は、国際法上軍隊に該当するものであるから、これを国防軍などの名前に改めようという提案は、単なる名称の問題にすぎず、実質からかけ離れたものである。9条をめぐるこのような形式論が、9条論議の質を貶めている。

3　司法過程での実現

(1) 概要　政治過程における9条の状況にてらせば、司法過程での9条の様相は、実例をみるまでもなく、容易に想像できる。すなわち、9条が理想主義的な性格なために、その具体的意味については多様な見解が存在し、裁判規範性が希薄とならざるを得ない。それゆえ、具体的な紛争を解決する根拠規定となり得ないのである。いうまでもなく、9条は、何か実体的権利を保障する規定ではないから、違憲の主張に対する裁判所の判断を引き出すための工夫を必要とさせる（⇨第7章第2節**6(1)**）。また、政治過程での9条論議がしばしば激しい論争状態を生み出し、そこから裁判規範の土台となるような意味をくみ取ることを困難

とさせている。そうであるため、司法部門は、政治的論議の渦中に取り込まれないようにとの配慮を働かす。

このような状況であるから、最高裁判所が9条の意味を積極的に示すことを控え目にしていることは、司法のあり方として当然だといえる。とりわけ、自衛隊についての合憲性判断が最高裁判所によって一度もなされていないことについては、司法過程における憲法秩序の形成にとって、異常なことであるとはいえない。

(2) 9条関係訴訟の動向　自衛隊の合憲性を争う訴訟は、自衛隊の前身の警察予備隊違憲訴訟をはじめとしていくつか登場している。これに対して、まず、司法権の行使が付随的審査制のもとでなされることを根拠として、9条違反の主張が排斥されている。1952年の警察予備隊違憲訴訟判決*で、最高裁判所は、「我が裁判所は具体的な争訟事件が提起されないのに将来を予想して憲法及びその他の法律命令等の解釈に対し存在する疑義論争に関し抽象的な判断を下すごとき権限を行い得るものではない」と判示し、司法権の範囲内で憲法訴訟が処理されることを宣言している。

　　＊最大判昭和27・10・8民集6巻9号783頁〔Ⅵ-17〕。

この司法権の範囲内での解決ということは、9条関係訴訟にとっては乗り越えなければならない要件の存在を意味している。まず、行政訴訟としての9条関係訴訟では、国の行為について処分性が認められなければならないし、行訴法の求める原告適格・訴えの利益の要件が充足されなければならない。長沼ナイキ基地訴訟では、それにかかる論議が盛んに行われた*。その上告審で、最高裁判所は、訴えの利益が失われたことを理由に上告を棄却し、自衛隊にかかる憲法判断がなされないままとなった**。

　　＊長沼ナイキ基地訴訟は、防衛庁（当時）が北海道夕張郡長沼町に自衛隊の施設・ナイキ基地を設けることとし、そのために農林省が1969（昭和44）年7月7日に行った保安林指定の解除処分に対して、地元住民らが原告となってその解除処分の執行停止と取消しを求めたものである。解除処分が違法であることの根拠として、自衛隊が憲法9条違反であることと、前文および9条に保障されている平和的生存権の侵害を主張した。ここに9条関係訴訟に伴う訴訟要件上の障壁を克服しようとする工夫がみられる。

　　＊＊最一小判昭和57・9・9民集36巻9号1679頁。長沼ナイキ基地訴訟の出発点を保

安林指定解除処分とすると、訴訟は、13年もの間継続したことになるが、その間に投じられたエネルギーが多大なものであったことにてらすと、この結末はあっけない。

　訴訟要件が充足されていても、違憲の主張に対する実体判断において、憲法判断を回避する手法が用いられる。代表例は、1959年の砂川事件判決*である。そこでは、「〔日米安全保障条約が〕違憲なりや否やの法的判断は、純司法的機能をその使命とする司法裁判所の審査には、原則としてなじまない性質のものであり、従って、一見極めて明白に違憲無効であると認められない限りは、裁判所の司法審査権の範囲外のものであ〔る〕」と判示され、以後、日米安保条約については、この政治問題の法理が繰り返し適用されている**。また、この憲法判断回避の手法は、法律の解釈・適用の段階で事件を処理し、憲法判断に至らない方式としても存在している。すなわち、1967年の恵庭事件判決***において、札幌地裁は、被告人の行為が自衛隊法121条の構成要件に該当せず無罪であると判決し、法廷で繰り広げられていた自衛隊の合憲性論議にふれずに終わっている。

　　*最大判昭和34・12・16刑集13巻13号3225頁〔Ⅱ-2〕。この判決には、「憲法9条は、わが国がその平和と安全を維持するために他国に安全保障を求めることを、何ら禁ずるものではないのである」とか、「外国の軍隊は、たとえそれがわが国に駐留するとしても〔憲法9条2項〕にいう戦力には該当しないと解すべき」といった積極的判示もみられる。

　　**最二小判昭和38・12・25判時359号12頁。

　　***札幌地判昭和42・3・29下刑9巻3号359頁〔Ⅵ-22〕。

　民事訴訟において9条違反が主張された例もある。それは、航空自衛隊基地予定地内の土地の売買契約等をめぐる争いである百里基地訴訟であるが、そこでは、その売買契約が憲法9条に違反する自衛隊基地のためのものであり、民法90条の公序良俗に反して無効であるなどと主張された。最高裁判所は、自衛隊が9条違反であるか否かについて、それが私法的価値秩序における公序良俗の内容をなすに至っていないとして、請求を斥けている*。他に、厚木基地騒音公害訴訟においては、原告ら（上告人）は、彼らの有する環境権、人格権に基づき、国（被告、被上告人）に対して、自衛隊機の飛行の禁止等を求める民事訴訟を提起したのであるが、最高裁判所は、9条についての議論に立ち入ることなく、自衛隊機飛行の差止め等を求める上告人らの請求は、行政訴訟としてならともかく、

民事上の請求としては不適法であるとして斥けている**。

 ＊最三小判平成元・6・20民集43巻6号385頁〔Ⅱ-5〕。
 ＊＊最一小判平成5・2・25民集47巻2号643頁。他に同様の訴訟に対する判決として、横田基地騒音公害訴訟に対する最三小判平成19・5・29訟月54巻2号444頁、普天間基地騒音公害訴訟に対する福岡高那覇支判平成22・7・29判時2091号162頁などがある。

 以上が主要な訴訟の動向であり、下級審の二つの違憲判断＊があるものの、司法過程での平和主義の具体的実現は、望み得ない。

 ＊砂川事件第一審の東京地判昭和34・3・30下刑1巻3号776頁〔Ⅱ-1〕と長沼ナイキ基地訴訟の第一審の札幌地判昭和48・9・7判時712号24頁〔Ⅱ-3〕。

第Ⅱ部

人権保障

第5章 人権保障の原理

第1節 序論

1 総則的規定

　憲法第3章は、「国民の権利及び義務」の表題のもとに10条から40条の規定を置いている。それらの規定は、国民が享受する権利や自由を掲げ、それに対する公権力からの侵害を禁ずること、すなわち基本的人権の保障をうたうものである*。これは、日本国憲法の基本原則である基本的人権の尊重を具体的に定めたものであるが、本書の第Ⅱ部では、これを対象とした考察を行うことにしている。そして、ここでも、人権保障分野での憲法秩序の現時点での様相をなるべくありのままに描くことが主たる作業である**。

　　＊ただし、国民たる要件を法律で定めるように命じた規定（10条）や、三つの義務、すなわち、教育を受けさせる義務（26条）、勤労の義務（27条）、および納税の義務（30条）は、基本的人権の定めそのものとはいえないが、人権の実現や民主制国家の維持に密接にかかわるものとして、ここにうたわれている。

　　＊＊以下の叙述では、基本的人権のことを単に人権ともいう。論者のなかには、基本権としている例があるが、それと内容上同じであり、それとの区別をしているわけでない。観念上は、国民の享受する権利・自由のうち基本的と呼ぶに値するものとそうでないものとがあるとはいえるが（これに関する学説上の議論があるが、その動向については省略する）、それは、所与のものでなく、以下に描くように、実際の人権保障の実現を通じて確立することである。それゆえ、基本的人権とそれに該当しない人権という区別を前提とした論述はしない。

　第3章の人権保障規定を基に、人権を類型化ないし体系化することができる。それは、近代憲法の誕生とともに宣言された人権の歴史的由来や展開がかかわっ

ており、日本国憲法の人権の類型化・体系化もそれを基盤としている。その具体の内容は後述することにし（⇨第6章第2節）、ここでは、その人権の歴史的由来や展開を含意した規定、すなわち、11条、12条、13条に目を向ける。それらは、人権保障の総則的規定といえるからである。

　人権保障の総則的規定ということでは、第10章の最高法規のところに置かれた三つの規定中、最初の97条にも注目する必要がある。それは、「この憲法が日本国民に保障する基本的人権は、人類の多年にわたる自由獲得の努力の成果であって、これらの権利は、過去幾多の試錬に堪へ、現在及び将来の国民に対し、侵すことのできない永久の権利として信託されたものである」とうたうものである。一読して明らかなように、人権の本来の意義について述べるものであり、人権保障の総則というべき内容である。なぜその位置に置かれたかの詮索はともかく、ここにうたわれている基本理念を、具体的人権保障の場で生かすことが必要であるとの認識をしておくことが重要である。

2　人権の享有主体

　まず、11条では、人権の享有主体と、基本的人権の保障の意義についてうたっている。すなわち、人権の享有主体は、国民であり、日本国憲法のもとで、常に国民がすべての人権について保障を受けるのであり、そのことを、人権が「侵すことのできない永久の権利」であるとか、人権の享有主体が「現在及び将来の国民」であると表現している。このように、11条は、人権保障の総則的規定とみることができ、ここから何か具体的な権利・自由の保障が導かれるわけではない＊。また、享有主体である国民については、10条に基づき法律、すなわち、国籍法が国民としての要件を定めている。さらに、日本国民ではない者である外国人も、あるいは、自然人だけでなく法人も人権の享有主体となることが判例で認められている。これらの具体的内容については、後述する（⇨本節3(1)）。

　　＊最高裁判例中に、この11条違反の主張に正面から答えたものはなく、訴訟における違憲の主張も、他の規定と併せてなされている。

3　人権の保持責任

　12条は、この憲法で保障されている基本的人権を国民自らが常に努力して保

持していかなければならないことをうたって、人権保障における国民の主体的責任の存在を確認している。また、人権の濫用を戒め、公共の福祉による制約が前提となっていることをうたっている。このように、人権享有の主体が国民であることを定める11条を受けて、12条では、主体である国民が負うべき人権保障にかかる責任を確認している。したがって、11条と同様、12条から何か具体的な権利・自由の保障が導かれるわけでなく、12条も、人権保障の総則的規定である。

なお、学説上、憲法が国家権力に対する禁止、制限を定めるとの立憲主義の理念を強調するあまり、人権保障についても公権力に対する制限や禁止の面を強く語る例が少なくない。これを誤りということはできないが、12条がうたう国民の主体的責任の面も看過してはならない。また、権利ばかりでなく義務を重視すべきとの主張については、この責任の問題との混同がみられる（⇨ 第13条第1節）。

4 個人の尊重

13条は、二つの規定からなっている。その第一文の「すべて国民は、個人として尊重される」の箇所が、ここでの関心の対象であり、後段については、後に扱う（⇨ 第7章第2節）。

個人の尊重は、人権保障の基礎となる価値であり、個人主義（individualism）を反映するものである。これは、広く認められた理解であり、異論はない。ところが、13条のこの規定について、「個人の尊厳と人格の尊重を宣言したものである」と論じた初期の頃の最高裁判所の判示*について、学説上の論議がみられる。すなわち、13条にいう個人の尊重と個人の尊厳は、同じ扱いができない意味であるとする見解や、逆に最高裁判所と同様に同じ意味だとする見解をはじめ、いろいろな立場がある**。憲法の規定上は、24条2項に、「個人の尊厳と両性の本質的平等」という文言があり（民法2条はそれをそのまま引いて、解釈の基準としている）、それが13条と14条に対応するとの解釈をすると最高裁判所の解釈は、間違いだともいえない。

*最大判昭和23・3・24集刑1号535頁。
**同じ意味でないとする代表説は、ホセ・ヨンパルト・人間の尊厳と国家権力（成文堂・1990年）77頁以下。諸説の分析を行うものとして、青柳幸一・憲法における人間の尊厳（尚学社・2009年）参照。

ところが、最高裁判所は、前掲の初期の判示を改めているわけでなく、総じて、判例上、この論議に決着がつけられているともいえない。それは、13条のこの規定が具体的権利・自由を導くものでなく、総則的規定であるからである。関心を寄せるべきは、この総則規定を受けて、各個別の人権の保障がいかに実現されているかということである。それの観察のもとに、個人主義の達成度合いを知ることができ、個人の尊重なり、個人の尊厳なりの意味もそこから受け止めることができるはずである*。

 *ドイツの憲法にみる「人間の尊厳」の解釈や判例実体を分析して、それを日本国憲法13条の意味の解説に導入することに説得力があるとは思えない。いかなる学説であろうとも、それが日本の法制度や判例のなかに生かされていることが認められて初めて13条の意味だといえる。ここでも、学説と実効性のある法との区別を強調しておく。なお、「人間の尊厳」は、今日では、生命倫理法制の根源の価値として論議されている（⇨ 第7章第2節 **4(3)**）。

第2節　人権制限の法理

1　公共の福祉論

(1)　人権の制限根拠　総則的規定の12条は、国民による人権の濫用を戒め、人権を公共の福祉のために利用する責任を負うことを定める。ここから、人権保障においては、公共の福祉による制限が伴うことを読み取ることができる。また、13条、22条1項、および29条2項においても、人権の制限根拠として、公共の福祉があげられている。そこで、この公共の福祉とは何を意味しているかが問われる。また、公共の福祉を明示していない規定との関係でも、すなわち精神的自由（19条～21条）や社会権（25条～28条）の保障においても、同様の制限根拠となるのか、ということが問題とされる。

まず、判例上、表現の自由の制限が公共の福祉によるものであるとして違憲の主張を斥けた例をみることができる。たとえば、1957年のチャタレー事件の判決*で、最高裁判所は、「憲法の保障する各種の基本的人権についてそれぞれに関する各条文に制限の可能性を明示していると否とにかかわりなく、憲法12条、13条の規定からしてその濫用が禁止せられ、公共の福祉の制限の下に立つもの

であり、絶対無制限のものでない」と判示し、それにつづけて、憲法21条の表現の自由も絶対無制限でなく、公共の福祉による制限を受けるところ、刑法175条の規制が公共の福祉に該当し、違憲とはいえない、との判断を下している。これによると、公共の福祉とは、刑法175条に取り込まれている保護法益のこととなる。その後も、たとえば、成田新法訴訟の判決**において、最高裁判所は、「憲法21条1項の保障する集会の自由は、民主主義社会における重要な基本的人権の一つとして特に尊重されなければならないものである。……しかしながら、集会の自由といえどもあらゆる場合に無制限に保障されなければならないものではなく、公共の福祉による必要かつ合理的な制限を受けることがあるのはいうまでもない」と説いて、「成田国際空港の安全確保に関する緊急処置法」の規定を適用して集会などの規制をした処置を合憲と判断している。そこで、その事件との関係では、公共の福祉とは、同法が対象としている保護法益のことであるとみることができる。

　　　*最大判昭和32・3・13刑集11巻3号997頁〔Ⅲ-4-26〕。
　　　**最大判平成4・7・1民集46巻5号437頁〔Ⅲ-4-16〕。

　22条1項や29条2項の経済的自由に対する制限の場合は、公共の福祉による制限が明示されているが、上記のように、その明示がない精神的自由等に対する制限についても、公共の福祉が制限根拠とされていることにてらすと、公共の福祉は、およそすべての人権の制限根拠であることに疑問の余地がない。そこで、憲法12条や13条の公共の福祉は、人権制限の根拠としての総則的意味が込められていると受け取ることができる。もっとも、13条の保障する生命、自由、および幸福追求に対する権利は、後述するように、憲法が明示的に示す他の個別の人権とは異なる存在であるとみると、その制限根拠たる公共の福祉の意味もそれなりの内容を読み取れるかもしれない（⇨第7章第2節1）。

　(2) 立法中の保護法益　　すでに上記の最高裁判例で確認しているように、人権制限根拠としての公共の福祉とは、個別具体の制限立法に盛り込まれている保護法益のことであるということができる。さらに例をあげると、屋外広告物法に基づき制定された大阪市屋外広告物条例に違反したビラ貼り行為につき起訴がされた事件において、最高裁判所は、同条例による規制が「大阪市における美観風致を維持し、および公衆に対する危害を防止するために、屋外広告物の表示の

場所および方法ならびに屋外広告物を掲出する物件の設置および維持について必要な規制をしている」と説いて、都市の美観風致の維持と公衆に対する危害防止が公共の福祉の保持にあたると判示している*。また、灸の適応症・効能記載のビラを配布したため、「あん摩師、はり師、きゆう師及び柔道整復師法」7条に違反するとして起訴がされた事件において、最高裁判所は、同法が「あん摩、はり、きゆう等の業務又は施術所に関し……制限を設け、いわゆる適応症の広告をも許さないゆえんのものは、もしこれを無制限に許容するときは、患者を吸引しようとするためややもすれば虚偽誇大に流れ、一般大衆を惑わす虞があり、その結果適時適切な医療を受ける機会を失わせるような結果を招来することをおそれたためであって、このような弊害を未然に防止するため一定事項以外の広告を禁止することは、国民の保健衛生上の見地から、公共の福祉を維持するためやむをえない措置として是認されなければならない」と判示したが**、ここでも規制法律における保護法益が公共の福祉にあたるとしている。

　　*最大判昭和43・12・18刑集22巻13号1549頁〔Ⅲ-4-42〕。
　　**最大判昭和36・2・15刑集15巻2号347頁〔Ⅲ-4-33〕。

　このように、何が公共の福祉かとの問いに対する答えは、各人権制限立法に認められる保護法益を解明することによって得られることとなる。そして、そのような保護法益を保持するための人権制限が違憲であるか否かの判断は、上述の最高裁判所の判示でも指摘しているように、当該法律による人権の制限が必要か、また、合理的かについて問うことである。この司法審査が説得力あるものとなるように司法審査基準の構築が求められている。

(3) 学説と判例　学説では、公共の福祉とは何かについて盛んな議論が展開されてきた。一説は、人権相互間の調整原理とするもので、他に、人権の内在的・外在的制約原理とするものがあり、さらに、それらの派生説がみられる*。ここでは、どの説が正当かの論議をするより、判例に学説上の見解がどのように現れているかということに関心を向ける。

　　*公共の福祉について論じた論稿はきわめて多い。ここでは、宍戸常寿・憲法解釈論の応用と展開（日本評論社・2011年）2頁～12頁、工藤達朗・憲法学研究（尚学社・2009年）78頁以下、松本和彦「公共の福祉の概念」公法研究67号136頁（2005年）をあげるにとどめる。

まず、内在的制約との言及をした例として、全逓東京中郵事件に対する最高裁判決*がある。そこでは、労働基本権は、「何らの制約も許されない絶対的なものではないのであって、国民生活全体の利益の保障という見地からの制約を当然の内在的制約として内包している」として、公共の福祉による制約を受けることが説かれている。下級審判例にも次の例がある。愛知県の自治体である町が風営法の規制の対象外となっているラブホテルへの対策のために条例を制定し、それに基づきホテルの建築中止命令を町長が発したところ、同命令の無効確認ないし取消しを求める訴訟が提起された。これに対して、名古屋地裁は、次のように条例の規制を論じて、中止命令が違法でないとして請求を斥けている**。すなわち、職業選択の自由が公共の福祉による制約を受けることは、憲法22条が規定するとおりであるところ、「憲法12条、13条の『公共の福祉』が、権利自体の内在的制約ないし人権相互間の調整原理として理解されるのに対し、憲法22条、29条のそれは、社会国家的見地から、その理念を実現するための政策的制約をも内容とすると考えられる。そうすると、本件で問題となっているホテル経営についても、公共の福祉の実現という観点から一定の制約を受けると解することは、憲法22条に何ら反するものとはいえない上、その制約の程度についても、必ずしも内在的制約ないし人権相互間の調整の範囲にとどまることが求められているわけではなく、社会国家的見地からする積極的、政策的なものであっても、その規制の程度が、その目的を達成するために合理的な関連性を有する範囲内である限り、許容されると解することができる」と。この判示では、内在的制約と人権相互間の調整とを併せて言及している。

　*最大判昭和41・10・26刑集20巻8号901頁〔Ⅲ-7-21〕。
　名古屋地判平成17・5・26判夕1275号144頁。なお、この判示にみる積極的・政策的規制（それと対照の消極的・警察規制）については、第10章第2節 **2(2)参照。

　この二つの例だけでなく、判例では、学説上の公共の福祉論が導入されているといえるし、これと正面から対立する意味を説いた判例がない。しかし、判例においては、公共の福祉の意味について、何か定義付けにあたるような判示がなされているわけでない*。そこで、何が公共の福祉であるかということは、個別具体の事例ごとに、人権を制限している法律の内容を読み取らなければならないのである。今日の判例では、人権の制限根拠を単純に公共の福祉のためだと言い放

つのではなく、何が公共の福祉に該当するかについて、当該事件で適用される立法の内容に立ち入って示すようになっている。その実態については、第7章以下の個別の人権保障の様相をみながら、確認していくことにしている。

＊公共の福祉とは何か、との問いに対して何か定義付けをして答えることは不可能だといってよい。その問いに対する答えは、具体的事例ごとに説明するしかない。学説上の、人権相互間の調整原理との説明は、公共の福祉の機能をいうものであり定義とはいえず、内在的制約・外在的制約も公共の福祉の具体的内容を分類するもので、定義とはいえず、また、分類も具体的事例との関係で必ずしも明確に示すことができない場合が少なくない。

2 比較衡量論

人権制限を争う訴訟に対して、裁判所は、上記のように公共の福祉による制限であることを正当化理由として示すが、その際、公共の福祉にあたる保護法益と人権を制限される側の利益とを比較し、どちらを重くみるかという比較衡量の手法を用いるのが通常だといってよい。その具体例は、前述の1であげた判例をみれば明らかであるし、第7章以下でみる個別の人権の保障例でも示すのでここでは省略する。ただし、次のことは、この比較衡量論（比較衡量法ともいう）に伴う重要問題点として、念頭に置いておかなければならない。

人権制限の正当化を裁判所が審査するにあたり、制限する側と制限される側の利益を比較することは、ほとんどの場合避け難いことであるし、思考の出発点であるといってよい。しかし、単純にその手法を用いると、おのずから、制限する側の利益を重視しがちとなる。それは、公的ないし公共の利益であるからである。日本社会での人々の行動様式から、その傾向は、生じがちとなる＊。そこで、個人の利益を救済するために、単純な比較衡量論から一段進んだ判断手法が必要となる＊＊。つまり、憲法訴訟の審査基準論は、このことに深くかかわるのであり、第7章以下での議論でしばしばこれにふれることとなる。

＊「和を以て貴しとなす」の格言は、その背景を示すもので、個人主義が後退しがちとなることをさまざまな場面で観察できる。このことを、後述する個別の人権保障場面で認めることができる。

＊＊比較衡量論は、対比する利益にかかる要素を網羅的にあげて、それをつぶさに検討し

たうえでどちらを優先させるべきかの判断がなされるのなら、説得的だといえる。しかし、網羅的に要素をあげることは不可能であるし、つぶさに検討するなどという思考はなし難い。結局、対比する両利益を天秤にかけるといいながら、感覚的にどちらを優先させるかを判断することになるのであり、これは、およそ説得力ある合理的な判断手法とはいえない。

3 立法裁量論

　人権保障は、憲法に人権がうたわれただけでは実現しない。憲法自身もそれを示唆しているように、そして、現実がまさにそうであるように、人権保障の実現のためには、法律の制定が必要である。人権保障規定中には、そのことが「法律でこれを定める」とか「法律の定めるところにより」などといった表現で明示されており*、それを受けて法律が制定されている。また、そのような文言がない規定に関しても、法律が権利・自由の行使を制限する定めをしている。いずれにおいても、人権保障の具体的実現の場面が生じ、人権侵害の紛争がそこに存在する。

　　＊それを必要的法律事項というが、第3章には、10条、17条、24条2項、26条1項・2項、27条2項、29条2項、30条、31条、40条がその定めをしている。また、13条や14条は、立法を前提としている。

　人権侵害への救済を求められた裁判所は、ほとんどの場合、人権侵害だと主張されている法律の目的や手段について、あるいは、目的と手段の関係について合憲性の審査をすることになる。その際、裁判所は、立法目的や目的達成のために設けられた手段について、立法者の示す正当化の理由をどの程度尊重するか、あるいは、その主張を排除して独自の判断を下すかの決断をせねばならない。議会制民主主義の手続を経て制定された法律であるから、そこに採用された政策判断を尊重するということ——これを立法裁量論と呼ぶ——は、憲法秩序において当然のことであるといってよい。しかし、その姿勢を貫くと、広く立法府の判断を容認することとなって、人権侵害を主張する申立人の救済は実現しないことになる。そこで、裁判所の役割の一つとして、民主主義の政治過程における政策決定に対抗する判断を示して人権の救済をするという、憲法秩序上の要請が登場する。こうして、裁判所は、立法裁量論を広く採用する場合と、それを狭く採用したり、

排除して判断したりする場合との使い分けをせねばならないのである。

　第7章以下の人権保障の実情分析において、この立法裁量論のあり方がもう一つの重要な課題となっている。これには、何か抽象的ないし一般化した命題のもとに体系的説明をすることを許さない複雑さが絡んでいるし、司法部門と政治部門との力学的関係もみなければならない。

第3節　人権保障の範囲と限界

1　人権の享有主体の範囲

(1)　日本国民　人権享有主体が日本国民であることは、すでにみた11条から13条の総則的規定が示しているし、第3章の人権規定がいずれも前提としていることである＊。

　　＊第3章の規定には、「国民」と「何人」の二つのことばが人権享有主体として用いられ、また、人権享有主体にはふれていない規定もある。そこには、違いを意識して制定した形跡がみられず、文理解釈を行う余地がない。

　日本国民とはどのようにして確定されるのかということについて、憲法は、10条でそれを法律に委ねている。その法律である国籍法は、日本国民たる要件を定めており、同法は、世界の人権保障の動向の変化に伴い、また、裁判所の人権救済の判断に対応して、改正が加えられて今日に至っている。

　なお、天皇が人権享有主体かという問題があるが、これについてはすでに述べたように、象徴天皇制のもとで、天皇が日本国民であることは確かであるものの、裁判で人権侵害を論ずる余地がない（⇨第4章第2節1）。

(2)　外国人　人権保障の享有主体が日本国民であることは明らかであるとしても、それゆえに外国人には日本国憲法の人権保障が及ばないと直ちにいうことはできない。そこで、判例において形成されている法をみる必要があるのだが、外国人の人権享有主体性に関する判断は、単純ではないことを知ることができる。

　まず、マクリーン事件に対する最高裁判決が重要な先例である＊。そこでは、憲法上、外国人は、日本に入国する自由を保障されているものでないことはもちろん、在留の権利ないし引き続き在留することを要求し得る権利を保障されているものでもない、と判示した。つまり、外国人の出入国は、国家主権のもとに国

の裁量に委ねられているのである。さらに、「憲法第3章の諸規定による基本的人権の保障は、権利の性質上日本国民のみをその対象としていると解されるものを除き、わが国に在留する外国人に対しても等しく及ぶものと解すべきであり、政治活動の自由についても、わが国の政治的意思決定又はその実施に影響を及ぼす活動等外国人の地位にかんがみこれを認めることが相当でないと解されるものを除き、その保障が及ぶものと解するのが、相当である」と、外国人の人権享有主体性については、いわゆる性質説によることを明らかにした。しかし、外国人には出入国の自由が認められないのであるから、外国人に対する人権の保障は、外国人在留制度の枠内で与えられているにすぎないものといわざるを得ず、最高裁判所もそのように判示している。

> ＊最大判昭和53・10・4民集32巻7号1223頁〔Ⅲ-1-2〕。なお、この最高裁判決は、法務大臣による在留期間更新不許可処分を、国際協調主義および基本的人権の尊重の理念に反するもので、裁量権の範囲を逸脱する違法な処分であると判決した第一審の判断（東京地判昭和48・3・27行集24巻3号187頁）を覆したものである。

この先例のもとに、下級審では外国人に対する出入国の処遇について判断がなされている＊。また、在留する外国人の人権がいかに保護されるかは、このマクリーン判決の先例に基づき、各人権の性質と個別の事情により判断されることになっており、その様相は、各人権の判例の動向をみる際にふれることにする。そこで判明することを先取りしていえば、性質説のもとに、外国人が享受する人権が論理必然的に認定できるわけでなく、「権利の性質上」とは漠然とした説明だといわざるを得ない。

> ＊外国人の入国ビザの不交付を正当とした下級審判決として、東京地判平成10・12・25判タ1006号146頁などいくつかがある。また、この先例によれば、国が日本国内において外国人に対して特定のスポーツをすることを禁止したとすれば、その措置が憲法に違反することはいうまでもないが、国民体育大会や県民体育大会を開催する場合、その参加資格を日本国民に限っても憲法11条、13条、14条に違反しないとした判決（福岡地判平成5・8・31判タ854号195頁）がある。

(3) 法人　法人は、人権の享有主体か、また、人権の享有主体であるとしても、法人に自然人と同様の人権保障が及ぶといえるか、という問題がある。判例の動向にてらすと、会社の場合と法律上設立目的が定められている強制加入団

体の場合とに分けてみる必要がある。

　　i）　**会社**　　会社については、八幡製鉄政治献金事件に対する最高裁判決＊が先例となっている。これは、八幡製鉄株式会社が政党に政治献金したことにつき、同社の株主が同社の取締役の損害賠償責任を追及した訴訟に対するものである。最高裁判所は、憲法のもとでの議会制民主主義における政党の役割の重要性を説いたうえで（⇨第3章第3節1）、会社の人権享有主体性について、次のように判示している。すなわち、「会社が、納税の義務を有し自然人たる国民とひとしく国税等の負担に任ずるものである以上、納税者たる立場において、国や地方公共団体の施策に対し、意見の表明その他の行動に出たとしても、これを禁圧すべき理由はない。のみならず、憲法第3章に定める国民の権利および義務の各条項は、性質上可能なかぎり、内国の法人にも適用されるものと解すべきであるから、会社は、自然人たる国民と同様、国や政党の特定の政策を支持、推進しまたは反対するなどの政治的行為をなす自由を有するのである。」

　　＊最大判昭和45・6・24民集24巻6号625頁〔Ⅲ-1-3〕。

　この判示は、法人の人権享有主体性を基本的に認めつつ、自然人のそれと同様の保障を受けるか否かは人権の性質によって決定されるとする＊。それで問題がすっきり解決されるわけでなく、社会の変化とともに、この先例の意味するところは狭められている。すなわち、会社は、多様な株主の存在を無視できず、とりわけ、株主代表訴訟に対応せねばならない。会社の政治献金については、先例の時期とは異なり今日では社会的に盛んに問題とされ、一政党のみに政治献金をすることを避けるなど、会社は工夫するようになっている。なお、株主代表訴訟の一例において、裁判所は、会社による政治資金の寄附は、第一に、立法により相当程度の規制がなされており、憲法が国民に保障する選挙権等の参政権を実質的に侵害するような違憲な状態にあるとはいえず、また、会社からの脱退の自由を制度的に担保されている株主の思想・信条の自由を侵害するともいえないから、公序良俗に違反するとはいえず、第二に、客観的、抽象的に観察して、会社の社会的役割を果たすためにされたものと認められる限りにおいては、会社の定款所定の目的の範囲内の行為というべきであると判示している＊＊。ここにみるように、会社の人権享有主体性にかかる法制度や社会での意識について、先例の時期とは変化が顕著で、先例としての意義は薄れている。

＊外国の人権享有主体性の場合と同様、ここでも権利の性質を判断の基礎にしているが、漠然とした説明で説得力は薄い。
＊＊名古屋高金沢支判平成18・1・11判時1937号143頁。これと同様の判例として、大阪地判平成13・7・18金判1145号36頁、大阪高判平成14・4・11判タ1120号115頁がある。

ⅱ）**強制加入団体**　同じく法人であっても、会社とは異なり、法律によりその設立目的が定められ、強制加入団体としての組織である場合には、上記の会社とは異なる判断を受けることになる。

　代表例は、南九州税理士会事件の判決＊である。これは、同税理士会が税理士法改正運動に要する特別資金の調達を特別会費として徴収したところ、それを納入しなかった会員が特別会費納入義務の不存在確認と、受けた処遇についての慰謝料の支払い等を求めた訴訟であるが、最高裁判所は、税理士会の行為を保護しなかった。すなわち、政党など規正法上の政治団体に対して金員の寄附をするかどうかは、選挙における投票の自由と表裏をなすものとして、会員各人が市民としての個人的な思想、見解、判断等に基づいて自主的に決定すべき事柄である、と説き、南九州税理士会が政党などに金員の寄附をすることは、税理士法所定の税理士会の目的の範囲外の行為であると結論した。他方、群馬司法書士会事件においては、同司法書士会が阪神淡路大震災復興支援のための拠出金を定め寄附することとし、そのための負担金拠出を会員に求めたところ、会員がその支払い義務のないことや同会の決議に基づく債務の不存在の確認を求めた訴えに対して、最高裁判所は、当該決議が同司法書士会の権利能力の範囲内にあるとして、請求を斥けた＊＊。

＊最三小判平成8・3・19民集50巻3号615頁〔Ⅲ-1-4〕。
＊＊最一小判平成14・4・25・判時1785号31頁〔Ⅲ-1-5〕。

ⅲ）**法人の多様化**　このように、過去の判例の動向にてらして、法人の人権享有主体性を、会社の場合と法律に基づく強制加入団体の場合とに分けて考察した。その結果、先例のいうように、法人が人権の主体となることを憲法が容認しているとしても、法人の構成員の人権との間に調整が求められ、一律の解答が生まれるわけではない。さらに、今日、法人についての法制度が変化しており＊、新たな観点を必要とする問題が生ずる余地がある。また、上記でふれていない宗

教法人については、20条との関係が考慮の対象となる（⇨第8章第3節2(2)）。

＊民法の法人に関する規定は33条〜37条のみとなり、その他の定めは、2006（平成18）年制定の「一般社団法人及び一般財団法人に関する法律」および関連法律で詳細に定められている。そこには、法人設立の自由に対する合理的規制といえるか疑問とされるところがあるようだが、最高裁判例の登場に至っていない。

2　私人間の人権問題

(1)　問題の所在　　人権保障は、公権力による人権侵害を対象とするのが基本であるが、実際の訴訟においては、私人間の法的紛争においても、人権侵害だと主張される例が少なくない。そこで、私人間の人権侵害問題に憲法の人権保障規定はどのようにかかわるのかについて議論されている。

　この私人間の人権問題は、学説上のテーマとして盛んに取り上げられ議論されているが、決着がついているとはいえない。すなわち、学説では、私人間にはおよそ人権規定は適用されない、適用される場合もある、直接適用される、間接に適用される、あるいは準用されるといった見解が存在し、さらに、私人間効力の問題として、直接・間接効力という説明がなされる。これは、網羅的あるいは正確にとらえていないかもしれないが＊、基本的には、適用とか効力といったことばが何を意味しているのかについての疑問がある。そこで、ここでは、やはり学説上の論議に付き合わず、判例の動向に注目する。そして、結論を先に示すと、最高裁判所は、私人間の法関係に、憲法規範を導入することを拒否しておらず、むしろ憲法規定の趣旨を取り込むことをしている場合もあり、学説上の見解の対立は、実務とはかけ離れているということである。

＊そこで、学説の様相をみるのに役立つ文献を次にあげておく。君塚正臣・憲法の私人間効力論（悠々社・2008年）、宍戸常寿「私人間効力論の現在と未来」長谷部恭男編・講座人権論の再定位3　人権の射程（法律文化社・2010年）25頁以下。

　なお、私人間の法的紛争には、国が当事者となっていない場合と、国が法的に私人としてかかわっている場合とがあり、それを分けてみることとする。

(2)　国が当事者でない私人間の法関係　　i）三菱樹脂事件判決　　先例として、三菱樹脂事件に対する最高裁大法廷判決＊がある。そこでは、14条や19条の規定を、直接私人相互間の関係に適用すべきとの主張がなされたが、最高裁判

所は、それを否認し、会社が特定の思想・信条を有する労働者をそのゆえをもって雇い入れることを拒んでも、それを当然に違法とすることはできず、労働者を雇い入れようとする会社が、その採否決定にあたり、労働者の思想・信条を調査し、そのためその者からこれに関連する事項についての申告を求めることは、当然に違法とはいえないと判示した。ただし、この判決では、「当然に違法とすることはできず」との留保を付し、これを受けて、当該事件にかかる留保解約権の趣旨、目的にてらして、客観的に合理的な理由が存し社会通念上相当として是認され得る場合にのみ留保解約権の行使が許され得ると判示している。そして、そうした事情の審査のため事件が差し戻されている。このように、企業が試用期間中に行った雇用の拒否については、雇入れ後におけるような労働基準法の適用がなく、合理的な理由が存在するか、さらに社会通念上相当として是認されるか否かの判断が加えられることになる。その判断に人権保障の趣旨がどのように取り入れられるのかにつき関心が及ぶが、三菱樹脂事件は、差戻審の過程で和解となったので、決着がつけられないままとなっている。

*最大判昭和48・12・12民集27巻11号1536頁〔Ⅲ-1-8〕。

ⅱ) **先例の適用例**　最高裁判所は、その後、この三菱樹脂判決を先例として、私人間の紛争を処理している。たとえば、私立高校でバイクに関する「三ない原則」（免許を取らない、乗らない、買わない）の校則に反した生徒が自主退学させられたため、学校を相手に起こした損害賠償請求訴訟に対して、最高裁判所は、三菱樹脂判決を引用し、「本件自主退学勧告について、それが直接憲法の〔13条、29条、31条の〕基本権保障規定に違反するかどうかを論ずる余地はない」と判示している*。また、最高裁判所は、私立高校の女子部の生徒が普通自動車運転免許の取得を制限し、パーマをかけることを禁止する旨の校則について、憲法13条、21条、22条、26条に違反すると主張した訴訟に対しても、上記先例を引用して、「憲法上のいわゆる自由権的基本権の保障規定は、国又は公共団体と個人との関係を規律するものであって、私人相互間の関係について当然に適用ないし類推適用されるものではない」から、当該校則について、それが直接憲法の上記の基本的人権保障規定に違反するかどうかを論ずる余地はないと判示している**。

*最三小判平成3・9・3判時1401号56頁〔Ⅲ-2-13〕。なお、校則によるバイク規制については、この最高裁判決の下級審判決（千葉地判昭和62・10・30判時1266号81頁、

東京高判平成元・3・1(判例集未登載))のほか請求を斥ける同様の判決(高知地判昭和63・6・6判時1295号50頁、高松高判平成2・2・19判時1362号44頁)がみられるが、退学処分を違法とした例もある(東京地判平成3・5・27判時1387号25頁)。
＊＊最一小判平成8・7・18判タ936号201頁。

　なお、前掲の先例以前にも、「憲法20条が同19条と相まって保障する信教の自由は、何人も自己の欲するところに従い、特定の宗教を信じまたは信じない自由を有し、この自由は国家その他の権力によって不当に侵害されないということで、本件のように特定の場所で布教または祭祀を行なわないことを私人間で約束することを禁ずるものではない」と判示した例がある＊。ただし、この判決は、宗教法人令(昭和20年勅令719号)のもとでの宗派規則が宗教法人とその所属寺院との間に適用されることを問題とした判決＊＊を引用していることに注目させられる。さらに、私人間の信教の自由の問題について検討する必要があるが、それは後述する(⇨第8章第3節2(3))。
　＊最一小判昭和42・5・25民集21巻4号937頁。
　＊＊最大判昭和30・6・8民集9巻7号888頁。

　iii) **先例の意義**　それでは、三菱樹脂判決は、私人間訴訟に対する先例としての働きを一貫してなしているのであろうか。この関心のもとに判例の動向をみると、それを素直に肯定することができないといえる。

　まず、昭和女子大学事件に対する判決＊がある。それは、昭和女子大学の学生が同大学の学則に反して政治活動等をしたため退学処分を受け、それを争って、学則および退学処分が憲法19条、21条、23条に違反すると主張した事件に対するものであるが、最高裁判所は、三菱樹脂判決の先例を援用して、学則の規定について直接憲法の人権保障規定に違反するかどうか論ずる余地はないというべきであるとした。ところが、それにつづけて、「大学は、国公立であると私立であるとを問わず、学生の教育と学術の研究を目的とする公共的な施設であり、法律に格別の規定がない場合でも、その設置目的を達成するために必要な事項を学則等により一方的に制定し、これによって在学する学生を規律する包括的権能を有するものと解すべきである」と説いて、その大学の包括的権能の行使について、社会通念上合理性が認められるか否かの判断を行って、当該退学処分が違法といえないと判示している。したがって、大学の学生に対する規律の問題は、他の社

会領域における私人間の問題と異なる見地からの考察がなされることになっている。

　　＊最三小判昭和49・7・19民集28巻5号790頁〔Ⅲ-1-9〕。

　次に、14条の平等処遇にかかわる問題については、私人間の紛争であっても人権保障規定の意義を取り込む判示が認められる。そのことが顕著に現れているのが入会権者資格差別事件に対する判決＊である。その事件では、沖縄の一部落における入会地への入会権者資格について女子に対する差別的定めがなされていたことが争われたのであるが、その差別について、「男女の本質的平等を定める日本国憲法の基本理念に照らし、入会権を別異に取り扱うべき合理的理由を見いだすことはできない」と説き、差別を正当化することができないと判決している。このような憲法14条1項にかかわる男女平等の問題については、すでに日産自動車事件判決＊＊において、「〔会社の〕就業規則中女子の定年年齢を男子より低く定めた部分は、専ら女子であることのみを理由として差別したことに帰着するものであり、性別のみによる不合理な差別を定めたものとして民法90条の規定により無効であると解するのが相当である（憲法14条1項、民法1条ノ2参照）」と判示した例がある。この括弧書内の憲法14条1項の記載は、少なくとも私人間での取極め（その事件では就業規則）の効力に、憲法の人権保障規定が及んでいて、それらが無関係でないことを示しているとみることができる（⇨第7章第3節 **2(3)** ⅰ））。

　　＊最二小判平成18・3・17民集60巻3号773頁〔Ⅲ-1-11〕。
　　＊＊最三小判昭和56・3・24民集35巻2号300頁〔Ⅲ-1-10〕。

　このように、判例では、私人間の法的争いで人権保障規定違反の主張がなされるとき、直接それにかかわる判断を加えることはないが、人権保障の理念を基礎にして、社会通念上合理的な理由が認められ得るか否かの審査をすることになっている。

(3)　国の行為が私法上の行為であるとき　　国の行為が私法上の行為であると認められる場合は、国と私人との法的紛争でも私人間の争いとなる。そこに憲法上の争点が含まれると、学説上の私人間への憲法の適用の問題となる。代表例として——人権侵害でなく9条がかかわったのであるが——百里基地訴訟の例がある。その訴訟は、国が私人とともに原告となって、航空自衛隊百里基地拡張

用の土地をめぐって他方の私人の被告との間で、所有権確認、所有権移転仮登記の抹消等を求める訴えを提起したものであるが、その上告審判決において、最高裁判所は、国の行為であっても、私人と対等の立場で行う国の行為について、公権力を行使して法規範を定立する行為、すなわち、98条1項にいう「国務に関するその他の行為」に該当しないとして、当該土地売買契約が9条違反で無効であるとの被告の主張を容認しなかった＊。このように、国の行為が私人と対等の立場の行為であるときは、前述の**(2)**の場合と同様に扱われることになると受け取ることができそうである。実際に、この判決で、最高裁判所は、前述の三菱樹脂判決の先例を引用している。

＊最三小判平成元・6・20民集43巻6号385頁〔Ⅱ-5〕。

　ところで、百里基地訴訟判決については、さらに次の点に関心を向けるべきである。すなわち、そこで争点となっている土地売買契約の効力について民法90条の公序良俗違反か否かを問うなかで、最高裁判所が、その売買契約の目的ないし動機について判断を加えつつ、次のように述べていることである。「憲法9条は、人権規定と同様、国の基本的な法秩序を宣示した規定であるから、憲法より下位の法形式によるすべての法規の解釈適用に当たって、その指導原理となりうるものであることはいうまでもない」と述べているところである。これによれば、国の行為が私法上の行為と認められるときでも、前述の**(2)**の場合と同様に、人権保障規定の趣旨が導入されることとなる。もっとも、百里基地訴訟については、それに続けて、憲法9条が私法上の行為を直接規律することを目的とした規定ではないから、当該土地売買契約の効力について公序良俗違反と決することができないとしている。

　以上のことと関連して注目すべきは、国や地方公共団体を相手に損害賠償請求をする訴訟は、民事訴訟として扱われることである。たとえば、北方ジャーナル事件では、名誉毀損の記事を掲載した出版社が、記事掲載雑誌の印刷と頒布の差止めを求めた私人と仮処分を認めた裁判所・国とを相手に損害賠償請求をしている＊。判決では、もちろん表現の自由の保障にかかる判断がなされている。また、憲法20条の政教分離原則違反として地方公共団体を相手とする損害賠償代位請求住民訴訟（地方自治法242条の2）の場合も、民事訴訟である（⇨第8章第3節**(2)**）。これら損害賠償請求の民事訴訟における人権保障規定の適用と、上記のような、

国が当事者の民事訴訟に人権保障規定の趣旨を導入することとの間に違いがみられるのだろうか。

　＊最大判昭和61・6・11民集40巻4号872頁〔Ⅲ-4-31〕。

3　公法・私法上の特別な法関係

　憲法施行後の初期の頃には、特別権力関係なる概念のもとに、人権保障の範囲にかかる議論がなされたことがある。しかし、そのような概念は、最高裁判例に取り入れられたことがなく、学説でも、日本国憲法下では無用であるとの理解が浸透し、今日ではそれにふれる必要がなくなっている。また、その名残から、特別な法関係に置かれている者の人権保障問題に焦点を当てた議論がなされている。そこでは、公法・私法の区別＊を基に、議論されることがあるが、私法上の特別な法関係の問題といっても、それは、上述の私人間の問題にかかわるから、別個に取り上げる必要はない。公法上の特別な法関係として、特別権力関係論の影響から、公務員に対する人権制限の場合が論じられる。これについては、後述の15条、21条、28条といった各人権との関係でみるので、ここで特に論じる必要はない。

　　＊公法・私法の二分論については、学説上論議があるが、行訴法4条が「公法上の法律関係」を当事者訴訟の要件としているように、実際の法秩序においてはその区別の存在意義があるといえる。

　また、在監関係もその対象例とされることがある。ただし、在監関係といっても、たとえば、在監者の信書の発受に関する制限を定めた監獄法50条および同法施行規則130条の規定が憲法21条、34条、37条3項に違反しないことは、先例の趣旨に徴して明らかであるとして、勾留されている被告人と弁護人との間の信書の授受を前記規定に基づいて拘置所長が検閲したことに違法はないとされた事例＊にみるように、さまざまな人権の制限について争われるのが通例であり、制限の正当化は、その事例で問われている個別の人権ごとに検討せねばならない。そのことは、この判決が引用している三つの大法廷判決にてらしても明らかである。すなわち、それは、公選法違反で刑務所に収容された未決拘禁者に対してなされた禁煙処分を憲法13条違反として争った事件に対する判決＊＊、凶器準備集合罪、公務執行妨害罪等で起訴され、拘置所に収容されていた被告人らに、墨塗

りされた新聞を配布したため、知る権利の侵害を理由に提起されたいわゆるよど号ハイジャック記事墨塗り事件に対する判決***、および、恐喝未遂の嫌疑で逮捕、勾留された被疑者の弁護人が受けた接見交通権の妨害を争った事件に対する判決****においては、問題とされている人権の制限について、公権力の権限行使にかかる裁量を裁判所が尊重するという共通の傾向がみられるとはいえ、人権制限の正当化理由は、それぞれの事例における個別的性格をみなければならない。そこで、在監関係についても、後述の21条、31条、34条、37条への参照に委ねる。

  *最二小判平成15・9・5訟月51巻12号3252頁。
  **最大判昭和45・9・16民集24巻10号1410頁〔Ⅲ-1-6〕。
  ***最大判昭和58・6・22民集37巻5号793頁〔Ⅲ-4-39〕。
  ****最大判平成11・3・24民集53巻3号514頁〔Ⅲ-6-26〕。

4　抵抗権

　抵抗権なるものは、憲法上明示されていないが、学説上は、外国の憲法のなかにその規定があることや、12条、97条、あるいは、98条を根拠に導かれるとする見解があり、このことを背景に訴訟で主張する例がある。ただし、抵抗権の行使を容認した判決はない。以下は、いずれも下級審の裁判例である。

　公安条例違反の事件はかつて多く登場したが、札幌市公安条例違反で起訴された被告人が自己の行為は抵抗権の行使であり超法規的違法阻却事由にあたると主張した例がある。これに対し、裁判所は、抵抗権が成立するのは、民主主義の基本秩序に対する重大な侵害が行われ、憲法の存在自体が否認されようとする場合であり、かつ不法であることが客観的に明白な場合であることを要すると説いて、それに該当しない当該行為についての主張を斥けている*。

  *札幌地判昭和37・1・18下刑4巻1=2号69頁。また、名古屋高判昭和47・12・5刑月4巻12号1920頁は、愛知県公安条例違反事件での抵抗権行使の主張について同様に排斥している。

　また、新東京国際空港建設および開港に反対する行為について、抵抗権の行使だとしてその正当性を主張したいくつかの刑事事件があるが、いずれもその主張は否認されている*。

＊東京地判昭和55・5・15刑資246号6頁、千葉地判平成元・10・24刑資263号237頁、千葉地判平成2・3・22刑資263号473頁。

さらに、警察官職務執行法改正法案に対する統一的な反対運動の一環としてなされた集団行為が住居侵入罪等に問われた事件において、なされた行為は憲法の保障する抵抗権の法理に基づく抵抗運動として正当である旨の主張がなされたが、実質的に違法性が阻却される抵抗権の行使に該当しないとして認められなかった事例もある＊。

＊福島地判昭和36・11・4下刑3巻11=12号1055頁。その他、抵抗権の主張が否認された例を列挙しておく。福岡地小倉支判昭和39・3・16下刑6巻3=4号241頁、名古屋高金沢支判昭和35・2・23下刑2巻2号144頁、奈良地判昭和36・3・13下刑3巻3=4号245頁、東京地判昭和36・3・27判時255号7頁、大阪地判昭和37・5・31行集13巻5号954頁。

なお、特異な例をあげておく。それは、参議院の本会議中、傍聴席から演壇に向かって靴を投げ、大声で叫ぶなどして議場を一時混乱状態に陥れた行為について、それが抵抗権の行使にあたるとは認められないとした判決＊である。

＊東京高判平成5・2・1判時1476号163頁、その第一審の東京地判平成4・5・21判タ833号265頁。

以上の具体例をみると、抵抗権の行使だと主張された行為は、自己の信念ないし良心に基づきなされるものであって、国家的つまり裁判所による保護をあてにする筋合いのものでない＊。

＊ドイツの憲法のように抵抗権を人権としてうたう例があるが、それは、ヒットラー政権の体験を反省する歴史的意味をもち、憲法秩序内で正当化されるものとしての制約を課されており、日本の憲法秩序とは別の事情が存在する。また、アメリカで論議される市民的不服従（civil disobedience）は、国法秩序違反の処罰を受けることを覚悟した行為であり、ここでの抵抗権に相当する。

第6章 人権保障の具体的実現

第1節 人権保障の制度

1 司法的救済

　人権保障は、いうまでもなく権利・自由の保障を憲法にうたうだけでは実現できず、そのための法制度を必要とする。そこで、個別の人権の実現状況の考察に入る前に、人権保障の基本的仕組みや制度をみておかなければならない。

　人権保障の実現過程において、最も重要な役割を果たすのは裁判所である。司法権の担い手である裁判所の組織や権限などについては、後にみることにしているが（⇨第17章）、ここでは、人権保障との関係で、すなわち人権侵害への司法的救済について、その主要な機能を概観する。その機能は、81条により裁判所に認められている司法審査権*の行使が生み出すところを注目しているのであるが、この観察の目は、次章以下と同様に、実態に向けられている。

　　＊本書では違憲審査権などと呼ばずに司法審査権ということについては、第17章第4節
　　　1(1)参照。

　第一に、人権侵害の紛争が生じたとき、裁判所による救済を得るためには、訴訟手続上の要件を充足しなければならない。人権侵害の紛争は、裁判所にもたらされると、民事、刑事、および行政の訴訟に類別され、それぞれの手続法に定める要件を満たしたとき、裁判所による実体判断を受けられる。したがって、人権侵害をもたらしている法令、行政行為、その他の行為について、単に違憲の主張をするだけでは救済を得る裁判過程に乗らないのである。その手続要件とは、当事者適格、訴えの利益、事件性、司法判断適合性などであるが、本書では、憲法の実体的価値の実現に焦点を当てているので、それらの事項には深く立ち入らない。しかし、この手続要件の問題を抜きにしては、司法的救済の場面を把握した

ことにならないことを強調しておく＊。

 ＊詳しくは、戸松秀典・憲法訴訟［第2版］（有斐閣・2008年）を参照。

 次に、訴訟要件を充足して裁判所から実体判断を得られる状態となっても、人権侵害への救済が得られない場合がある。いや、訴訟全体からみれば、司法的救済を得られる割合は少ないといってよい。そこで、なぜ裁判所は、救済を拒否したのかということについての分析を必要とする。その分析においては、法解釈論上の観点にとどまらない政治、経済、社会の諸事項との関連で検討することが求められる場合が少なくない。そうすることによって、司法的救済の実相をつかむことができるのである。しかし、そのような観点のもとに展開する議論は、本書のような概説書では達成できないので、問題点の指摘にとどめて、そのような意識を抱いた考察であることだけは示しておくことにしている。

 さらに、上記のことと関連するが、裁判所は、司法的救済をするにあたり立法府や行政府の政治部門による裁判への反応を考慮して自己の判断を下していることに注目しなければならない。詳細は、第7章以下の個々の人権保障実現の場面で述べるが、ここでは一般化した様相を示しておく。すなわち、裁判所の判断に対して政治部門からの対応が得られないことが明らかである場合、対応が得られやすいと思われる場合、あるいは、それら二者の中間の状況であるといえる場合に、裁判所は、人権保障の実現にかかる積極度合いを使い分けるのである。もちろん、このような図式化が容易でない場面も存在するが、政治部門の対応の度合いを分析上の要素に取り入れる意義は少なくないといえる。つまり、司法部門と政治部門との相互関係のもとに人権保障が実現されていくのであって、司法的救済が裁判所の独り舞台として進行するのではない。

2　行政機関による人権擁護

 このように、司法的救済において、政治部門による対応の度合いは、無視できない分析要素であるが、政治部門中の行政機関自身においても、司法権からの要請とは別に、あるいは、その固有の事務内容として、人権保障の実現に関与していることに注視しておく必要がある。ただし、行政機関の行う人権保障は、司法的救済とは性格を異にするから、人権の擁護というのが適切である。

 たとえば、法務省は、その業務の一つに人権擁護事務を掲げている＊。これに

対して、国家権力は人権の侵害をする側だから、国家権力の行使者である行政機関が人権擁護を事務とするのは自己矛盾だとする考えがある。この考えは、そもそも日本国憲法の理念に反するし**、かえって人権保障の妨げともなることがある。いわゆる人権擁護法案が政府によって何度も提示されたが、成立しないで今日に至っているのは、そのような考えを基盤にした反対論によるといえそうである***。

> *法務省のホームページ〈http://www.houmukyoku.moj.go.jp/homu/static/goannai_index_jinken.html〉では、この人権擁護事務の内容を次のように説明している。「人権擁護事務は、国民の基本的人権を擁護するため、人権侵犯事件の調査・処理、人権相談、人権尊重思想の啓発活動などに関する事務であり、法務局に人権擁護部、地方法務局に人権擁護課が置かれているほか、法務局・地方法務局の支局でも人権擁護の事務を取り扱っています。また、全国の市区町村に、法務大臣から委嘱された民間のボランティアである人権擁護委員がいます。」
>
> **政府の一部である行政機関は、国民の信託を受けてその活動をするのが憲法理念であるし、15条2項では、公務員が全体の奉仕者であることをうたっている。
>
> ***人権擁護法案は、2002(平成14)年の第154回国会に小泉内閣により提出されたもののほか、2005(平成17)年の第162回国会に民主党が提出した「人権侵害による被害の救済及び予防等に関する法律案」(人権侵害救済法案、人権救済機関設置法案)、および、2012(平成24)年に野田内閣が閣議決定した「人権委員会設置法案」(設置法案)などがある。なお、反対論の論拠は、司法的救済を侵害するとか、かえって人権の侵害をもたらすとするものなど多様であり、本文中にあげたような考えがすべての反対論の基礎にあると一律にはいえない。

また、住民との関係が密接な自治体においては、人権擁護は、その主要な行政事務となっている*。

> *たとえば、東京都の場合、総務局人権部を中軸に、各機関が人権擁護に務めることになっていて、それは、2000(平成12)年1月に策定の「東京都人権施策推進指針～東京ヒューマン・ウェーブ21の展開」を基としている。他の自治体も、同じ頃、同様の人権施策の基本方針を策定し、人権擁護にかかる行政を行って今日に至っている。

なお、行政機関が人権擁護の任を務めることは国際的な動向であり、国際人権規約の実施の責務を担っている。

3　民間の組織・団体による人権保護

　民間の組織や団体が人権保護のための活動をしていることも、人権保障の具体的実現場面であり、看過してはならない。

　重要かつ有名な事件においては、人権侵害の救済を求める側を支援する組織が結成されることがある。その裁判支援団体は、背後に政党との結びつきをもっていることもあれば、弁護士会、人権擁護団体、宗教団体、NPOなどに支えられていることもあって、ここでその実際をつぶさに示すゆとりがない*。しかし、人権保障にかかる判例の実像を把握するためには、そうした民間の組織・団体のかかわりを無視することはできない。

> ＊アメリカでは、民間の人権擁護組織であるACLU（American Civil Liberty Union）の活動が有名であるし、黒人差別撤廃のための組織であるAACP（American Association for the Advancement of Colored People）は、20世紀の後半に、その活動の成果をあげた。日本でも、自由人権協会（JCLU）が存在し、弁護士と学識経験者が中心となって活動している。最近では、NPOの活躍も注目されている。

第2節　人権の体系

1　体系化の基盤

　憲法第3章であげられている人権は、体系性があるものと理解されている。次章以下でみる具体的な保障の実態——判例を中心としたものであるが——は、その体系性を基盤としているといってよい。学説上も種々の体系が提示されているが*、最高裁判例において展開されている人権保障の実態は、次の2で示すように類型化された人権を基盤としており、これが日本国憲法制定後に展開してきた人権の体系だとみることができる。

> ＊人権の類型・体系については、本書の文献一覧中の先駆的な概説書で示されたものが今日でもほぼ踏襲されている。これとは異なる新たな発想の類型化がなされている例をみるが、なかには、伝統的に蓄積されたところから離れて社会の変化に対応させたり、新たな発想に基づく再構成であったりで、興味深いものがなくはないが、判例が形成している内容にてらすと、その妥当性に疑問を抱かされるものが少なくない。

　この体系は、人権の歴史的展開と密接な関係があり、固定されたものではない

が、他方、急激な変容を示すものでもない。しかし、進展はしており、それをとらえるために、近代立憲主義の発生と展開、さらには現代型憲法に至る発展をも視野に入れることが不可欠である。しかし、明治憲法や日本国憲法に導入された西欧における人権の歴史的展開の経緯や、日本における人権保障の発展過程を説くことは、主として現在の憲法秩序を描くことにしている本書の目的との関係では、限られた叙述にとどめざるを得ない*。ただし、現在の憲法秩序における人権保障状況をとらえようとするとき、人権の歴史的発展過程を常に念頭に置く必要があることは、強調しておかなければならない**。人権保障の具体的実現の実際をみるにあたり、この人権の類型・体系を確認するのは、人権の名称の表面的意味をもとに憲法上の保護を求めても、救済を得るに至らない場合があるからである。

> *本書の文献一覧中の先駆的な概説書では、人権史にふれるのが通例となっているが、それは、本章第3節でもふれるように、憲法の啓蒙・啓発の役割を担っていたことに密接な関係がある。なお、本章第3節では、現在の人権保障状況の背景となっているところを概略ながら描くこととしている。
>
> **人権の歴史的発展過程を念頭に置く際、従来の議論は、西欧のそれが支配的となっているが、それでよいのかということが本書での課題となっている。

2 人権の類型

人権の類型として、包括的人権（13条後段、14条、24条）、精神的自由（19条、20条、21条、23条）、人身の自由（18条、31条、33条、34条、35条、36条、37条、38条、39条）、経済的自由（22条、29条）、社会権（25条、26条、27条、28条）、国務請求権（15条、16条、17条、32条、40条）とするのが代表例で、本書の叙述はこれに従っている。次章以下では、この類型にそった考察をしているが、ここでは、その類型の概略を示して、人権保障の全体像を描くこととする。なお、憲法第3章の10条から40条の条文を上記のように各類型のなかに配分しているが、11条と12条、また13条の前段についてはすでに人権保障の総則規定として前章でみているので、ここにはあげていない。

まず、包括的人権という類型であるが、これは、13条の幸福追求権——次章で確認するように「生命、自由、及び幸福追求の権利」の略称である（⇨第7章

第1節2)——や14条の平等原則が他の権利や自由と比べその対象とするところが広く、多様であることをとらえている。包括的ということばは、的確でないかもしれないが、後にみるように、他の類型に属する人権をも括るような意義をもっているところに特徴がある。その意味で、さらに31条をここに含める見解があるように、必ずしも確定的でなく、人権の発展にも対応できる余地を有している。

次に、人が自由であることを、精神作用、身体状態、経済活動の三つの面から類型化することができ、精神的自由、人身の自由、および経済的自由の呼び方がなされている。これらは、自由の保障という共通性があり、近代憲法の誕生、人権宣言の登場以来の伝統ある人権群である。しかし、その具体的内容と保障の様相とにおいて、三類型の間には差異がある。

社会権という類型の名称については、生存権とか生存権的基本権などの別の呼び方がなされる例があるが、25条から28条に規定されている権利を対象とすることでは、学説上ほぼ異論がないといってよい。これらの権利は、上記の自由とは異なり、現代国家においてその保障がうたわれたものであって、国家が国民に負うべき責任を課しているところに特徴がある。もっともその基盤に、生きる自由、教育の自由、働く自由といった自由の側面があるといえるが、その自由の保障というよりも、その自由を確保するための施策を国家に向けて要求する権利という意味がある。

国務請求権という類型についても、名称が学説上統一されているわけではない。受益権という類型を設け、選挙権ないし参政権を別に扱う例もある。ここでは、人が本来有している権利、すなわち自然権とは異なり、国家の存在を前提にした権利をひとまとめにしており、その程度の属性を除けば、帰属させている権利の性格は区々であり、むしろそのことが特徴であるといってよい。

このように、人権の類型は、個々の人権の把握を手助けするためのものであり、人権を規定する条文の配属も確定的であるわけでない。詳しくは、次章以下でみるが、配属させた規定のなかには、明治憲法時代の体験に基づく反省や戒めの意味をこめて、簡潔な規定にとどまらない定めをしている条文もあるし、日本国憲法の成立時からそもそも別個に規定した方がよかったものもある*。また、今日では、プライバシーの権利、環境権、知る権利ないし情報公開請求権、個人情報

の権利など、伝統的な権利・自由の概念ではとらえきれない人権の登場があり、どの類型に属させるのが適当か、あるいは、どの条文に根拠付けるのが適当かという問題がある。それについても、次章以下でそれぞれ扱うことにしている。

> ＊ 20条の信教の自由や政教分離原則についての定めは、明治憲法のもとでの国家神道の強制を否定する意味を込めて3項にわたり規定しており、31条〜40条の定めも、刑事裁判手続に関する明治憲法下での忌まわしい体験の反省に基づく。また、22条の居住移転の自由や国籍離脱の自由を、職業選択の自由という経済的自由と同列に扱うのが適当でないことは、日本国憲法発足時から指摘できた。

なお、権利・自由の保障規定とは別に、憲法第3章中には、国民の義務を内容とした規定（26条、27条、30条）があるが、それは、人権とはいえないものの、人権規定の伝統として存在している（⇨第13章）。

3 類型化の課題

類型化は、人権の性格をはっきりさせ、その具体化の方向を示唆させるという意義があるが、それが容易でなかったり、従来の理解を変える必要が生じたりする場合もある。若干の例との関係で、このことを示しておく。

まず、環境権の場合がある。後にみるように（⇨第7章第2節）、環境権は、裁判においては人権として認められていない。それを人権として保護されるよう求めた訴訟が登場した初期の頃には、環境が生存にかかわることであるとの発想から25条の生存権に結びつけて主張された。しかし、25条が経済的生活面との結びつきが強いのに対し、環境権は、それよりも多方面とのかかわりがあるため、13条の幸福追求権の内容に結びつけた方がよいとの学説が支配的となっている。しかし、この権利の内容の多様さゆえに、人権としての構成が難しいとされ、裁判での救済の対象となる人権とはなっていない。

このように、包括的人権とされる幸福追求権は、環境保全といったような新たな事態に対処する人権の根拠規定としてよく利用されるが、後述のように、プライバシーの権利以外になかなか人権としての認知を得ることができない（⇨第7章第2節）。新たな社会の変化に対応した人権の認知ということが、類型化の背景にある課題である。

これに対し、伝統的体系を基礎にしながらも、変化に対応した人権保障状況を

取り込み、類型化がなされている例もある。代表例は、すでに前述の**2**の＊欄で指摘した居住移転の自由の場合であり、これを、経済的自由でなく包括的人権の類型に移動させるとの考え方である。これが判例上も確立しているか否かについては、分析を必要とするが（⇨第7章第4節1）、学説上は容認されているといってよい。

さらに、コンピューター社会におけるさまざまな問題との関係で、人権類型の構成にかかる問題がある。あるいは、医療技術をはじめとする科学技術の進歩との関係でも、法制度が実態を追いかけがちとなり、そこでは人権との結びつきに課題を与えている。

第3節　人権保障の進展

1　時の経過と変化

60年余の日本国憲法の体験で、人権保障がどのような展開をして今日に至っているかを概略ながら眺めておくことは、次章以下で個別の人権保障の実情を語るのに役立つはずである。

まず、念頭に置くべきは、日本国憲法の人権保障規定誕生以前、すなわち明治憲法下での人権保障状態および権利や自由にかかる伝統的な日本人の意識や行動様式についてである。それが基盤にあるために、日本国憲法の人権保障規定は、明治憲法のそれと比べれば格段の進展を示していると受け取られ、それゆえに、その意味の理解に努め、社会に浸透させることが求められた。そこで、政府により、また、民間において、人権保障の意義にかかる啓蒙・啓発の努力がなされた。この啓蒙・啓発の時期が日本国憲法の発足時からしばらくは活気あふれる状態であったが、次第に平穏なものとなっている。ただし、それが終息したとはいえず、今日でも、啓蒙ということばは使われないものの、人権の意義を啓発する必要が説かれ＊、継続している。

> ＊「啓蒙」は、高みより教え諭す意味合いがあるためか、近年では「啓発」ということばが使われるようになっている。このこと自体が人権意識の浸透を物語るといえそうである。自治体の人権擁護活動においては、広く人権啓発といわれている。なお、人権意識の浸透がみられるといっても、自民党の憲法改正案や「新しい歴史教科書をつ

くる会」の社会科・公民科の教科書の内容をみると、60年余の啓蒙・啓発の努力が空しく思えるほどの人権観念が示されている。そこには、伝統的な日本人の意識や行動様式がどのようにかかわっているのか、あるいは無関係なのか、分析が求められる。

次に、日本国憲法誕生後間もなくして生じた改憲・護憲勢力の対立、あるいは保守陣営と革新陣営との政治的対立が人権保障面にも現われていたことにも目を向けなければならない。訴訟・裁判の場においては、公務員の労働基本権の保障問題（⇨第11章第5節3）や公安条例違反事件（⇨第8章第4節3(2)ⅱ））の続出などにそれが現れていた。また、自衛隊や日米安保条約の合憲性を争う訴訟で、平和的生存権なる人権を主張して、政治部門での9条具体化の対立劣勢を司法部門において挽回しようとする動きもみられた（⇨第4章第3節3(2)）。これらの動向は、東西陣営の対立が崩壊し、つまりベルリンの壁の崩壊に象徴的に表れたように、20世紀の終盤に沈静化している。

そのような政治情勢のなかでも、1973（昭和48）年の尊属殺重罰規定違憲判決*をはじめとする最高裁判所の違憲判断が徐々に登場するようになり、14条の平等原則や22条の営業の自由などの分野において、人権保障が具体的に実現するようになっている。

　　＊最大判昭和48・4・4刑集27巻3号265頁〔Ⅲ-3-13〕。

とりわけ、前世紀の末頃から、最高裁判所の憲法判断に積極的な面が現れ、合憲・違憲の結論はともかく、結論に至る理由に詳しい論述がみられるようになった。さらに、そのような傾向から違憲の判断が、あるいは政治部門の政策決定に対する厳格な姿勢が認められるようになっており、前述した司法的救済が軌道に乗ってきているように観察することができる。そこでは、議員定数不均衡訴訟（⇨第7章第3節4(1)）や政教分離原則違反訴訟の展開（⇨第8章第3節2(2)）に顕著に認められるように、訴訟の積み重ねが裁判の内容に変化を与えていることを看過してはならない。

これらの展開過程をとおして、しばしば用いている変化ということばがまさにその性格を表しているといえる。つまり、人権保障には変化がつきものであり、停滞はあり得ないといってよいのである。もちろん、変化の程度や速度は、さまざまであり、その詳しい分析が人権保障の実態を語るために求められる。

2　変化をもたらす要因

　このように、時の経過とともに、人権保障の具体化の過程で変化を認めることができ、それに対応した立法がなされ、行政権による措置が加えられ、問題によっては司法判断による保障の確保がなされるのである。そこで、変化をもたらす要因とはどのようなものかについて注目することが重要となる。

　まず、当然のことながら、政治、経済、社会の変動が人権保障のあり方に変化をもたらす。特に、国内のみならず世界での変動が変化をもたらすが、今日では、その傾向はますます強まっているといえる。

　国内での変化の要因として、日本の経済力の発展とそれに伴う財政力の増強をあげることができる。その経済的要因は、たとえば、25条の生存権保障の場面に現れている。かつて朝日訴訟が争われた時の生活保護支給額と今日のそれとを比べれば、また、今日の生活保護支給にかかる生存権の具体的実現状況をみれば、著しい変化を容易に認識できる（⇨第11章第2節**2・3**）。しかし、日本の経済力が強まり、財政が豊かとなったからといって、25条をはじめとする社会権の具体的実現が良い成果をあげているというわけではない。失業、ホームレス、その他の問題がかつてとは異なる様相をもって登場しており、経済的要因の内実の追究は、たえずなされなければならない。

　人々の意識も、人権保障の具体的実現において変化をもたらす大きな要因だということができる。それが顕著な分野として、平等原則の実現をあげることができる。後に具体的にみるように、60年余の人権保障の展開過程で、平等原則の保障の問題について一番よく司法的救済が発展し、成果を得ているということができる（⇨第7章第3節）。そこでは、人々の平等にかかる意識が大きく変動していることを認めるのである。また、政教分離原則違反を争う訴訟の積極的展開も、人々の宗教意識の変化に結びつけてもよい（⇨第8章第3節**3**）。

　この人々の意識の変化を促している要因として、日常の生活水準の向上、教育の成果、社会的交流の深化、マスメディアの発達による多元的かつ迅速な情報の摂取などをあげることができるが、外国からの影響も無視することができない。あるいは、外国からの影響というより、国際的な人権保護の施策に日本も加わることによる変化の発生というべき面も重要である。具体例は、次章以下に委ねるが、ここでは、一つだけ例をあげて、国際的人権保護の動向という要因のイメー

ジをつかむことにしたい。すなわち、それは、嫡出でない子の法的扱いに対する積極的な司法的救済の例である。最高裁判所は、2013年に、民法900条4号ただし書に定める嫡出でない子の相続分の定めを14条の平等原則違反と判断したのであるが、その理由中で、国民の意識の変化とともに国際条約における差別排斥の動向などをあげている*。

  *最大決平成25・9・4民集67巻6号1320頁〔Ⅲ-3-14〕。

このように、国際的要因として、国連のもとに人権保護の条約が成立し、日本がそれを受け入れ、それに対応した国内法の整備がなされ、あらたな憲法秩序が形成されることも、変化の大きな要因の一つにあげることができる*。また、すでにふれたが、ベルリンの壁の崩壊が象徴的に表す東西冷戦構造の終息が人権保障状況に大きな変化をもたらしたことも国際的要因の一つであるし、さらに、2001年9月11日のアメリカ同時多発テロ事件をはじめとするテロの脅威も、人権保障のあり方において、かつて経験したことのない法的対処をもたらすようになっている**。

  *主要な条約を列挙しておく。国際人権規約と総称される「経済的、社会的及び文化的権利に関する国際規約」（1979年条約6号）および「市民的及び政治的権利に関する国際規約」（1979年条約7号）、女子差別撤廃条約（正式名は、「女子に対するあらゆる形態の差別の撤廃に関する条約」）（1985年条約7号）、人種差別撤廃条約（正式名は、「あらゆる形態の人種差別の撤廃に関する国際条約」）（1995年条約26号）、「児童の権利に関する条約」（1994年条約2号）など。

  ** 2001年制定のいわゆる愛国者法（正式名は、「テロリズムの阻止と回避のために必要な適切な手段を提供することによりアメリカを統合し強化する法（Uniting and Strengthening America by Providing Appropriate Tools Required to Intercept and Obstruct Terrorism Act of 2001)」）は、テロから国民を守る目的のために、国民の権利・自由に対するさまざまな制約を設けている。

これらに加えて、2011年3月11日の東日本大震災のような巨大な自然災害を人権の制限や実現の面に強い影響をもたらす要因に数えることができる（⇨第2章第3節3）。

3　課題と展望

以上のように、人権保障の具体的実現に関して概括的ではあるが考察をしてく

ると、さまざまな課題が存在していることを知ることができる。それについての立ち入った検討は、次章以下の個別の人権ごとになすことになるが、ここでは、人権保障全体にかかわる課題について言及して、今後の展開への予測をしておく*。

> *論述の順序としては、人権保障の各分野の展開や現状を示してから、それを振り返って課題と展望を論ずるのが筋であるが、筋立てた展開が生命である物語とは異なる概説書という本書の性格上、あえてここで行うこととした。読者は、この箇所を飛び越し、次章以下第13章までに目をとおしてから立ち返ることにしていただいてもよい。

　まず、司法的救済において、人権の各分野で最高裁判所による違憲判断が登場し、人権保障の具体的実現についての発展がみられ、保障にかかる法理の進展を知ることができるが、21条の表現の自由の分野では未だ違憲の判断が下されていないことは、今後の動向における最も興味深いところである。表現の自由の制限を定めた法令について、まったく合憲性に疑いがないのなら、現状に変化を求める必要はないが、合憲性に疑いがかけられた法令が従来いくつか存在したことにてらせば、今後の展開に大いに注目すべきである。

　他の分野においても、今後の変化は大いに予測されるが、そこには、立法事実の変化がみられるはずであり、立法事実論*の展開が有効となるような立法過程の議論が求められる。しかし、次第に頻度を増す議員立法の制定過程をみると、憲法論ないし人権保障の具体化にかかる論議が希薄な場合が少なくなく、これにかかる課題は、今後真剣な検討が要請されるところである（⇨第15章第1節**2(2)**iv)）。

> *「立法事実とは、法律の制定を根拠づけ、法律の合理性を支える社会的・経済的・文化的な一般事実のことをいう」（戸松秀典・憲法訴訟［第2版］（有斐閣・2008年）243頁）が、この立法事実をめぐる議論のもとに判断を下すことを立法事実論という。

　行政部門での人権保障を具体化する施策も、変わらず発展していくと思われる。とりわけ、自治体における人権擁護の行政施策は、地方の時代の発展と呼応して深まっていくものと予想される（⇨第18章第3節**2**）。

　学説における課題にもふれておく。次章以下で認識できることであるが、今日の人権保障問題は、憲法条文や文言の解釈論という狭い範囲で解決できるわけでなく、いくつかの法分野の論議にかかわっている。そこで、憲法学説は、多方面の法分野にも目を向けなければならず、他方、憲法以外の法領域の学説も、憲法秩序の形成ということに無関心であってはならない。いわゆる蛸壺型法専門主義

を脱することが、憲法分野のみならず、法学全般に求められている。やや大きな問題に言及しているが、人権保障の具体的実現を考察していくと、この問題に必ず出会うこととなるので、あえてここで述べておく。

　また、学説の内容についても指摘しておかなければならない。従来、人権保障の実現に関する論議において、アメリカ、ドイツ、フランスなどといった主要国の学説や判例法理を引用して日本の問題を考察する手法が支配的であった。それは、日本の論議の発展に大いに貢献したことは確かであるが、今日、実務との関係では、比較法的論議であっても日本の事情をよくとらえる必要性が増しているといえる。

　最後に、類型化の課題の箇所で指摘したことであるが、科学技術や医療技術の進歩に伴い、人の生命、身体、生存にかかわる様相が変容していくはずであり、それに法制度が対応できるか、そこに人権の構成ができるかが課題となっていることも認識しておかなければならない。

第7章
包括的人権と多元的権利・自由

第1節 意 義

1 包括的人権の概念

(1) 13条後段と14条　13条後段は、生命、自由、および幸福追求に対する権利の保障をうたっている。同条の前段の個人の尊重については、すでにみたように(⇨第5章第1節4)、それが人権保障の基礎となる価値原理であるといえるが、後段のこの規定については、人権の価値原理というよりも、一つの人権を保障するものとして今日では受け取られるようになっている。ただし、他の個別の権利や自由と異なり、広い内容の権利だとされている。また、そもそも、どの人権も、その意義をつきつめると結局は、生命、自由および幸福追求にかかわるといえるから、具体の人権だとしてもその性格については検討を要する(⇨本章第2節1)。

14条は、国民がすべて法の下に平等であって差別されないと定めているが、これも国民の享有するあらゆる権利や利益などについて国が均等な扱いをするよう命じているものであり、個別の人権保障とは区別できる広い内容の規定だといってよい。

このように、13条の後段や14条については、個別の人権保障と区別して包括的人権との名称のもとにとらえるようになっている。これは、日本国憲法の施行後の初期の頃にはみられない今日の憲法学説に広く受け入れられている人権の類型化であるが*、後にみる実際の判例の展開にてらしても、この類型化は、説得力があるといってよい。

*本書の冒頭に掲げた文献一覧中の先駆的な概説書にはこの名称は存在せず、1980年代以降の概説書に現出している。

(2) 幸福追求権　13条後段で保障される生命、自由、および幸福追求の権利は、以下では、簡略化して幸福追求権と呼ぶことにする。ただし、このように呼ぶため、ともすれば幸福の追求面を想定しがちとなるおそれがあるが、生命や自由にもかかわる権利であるとの広い意味を忘れてはならない*。

> *このことは、本書の各所で言及している試験文化の弊害にてらしての言及である。後述するように、幸福追求権の実質は、憲法第3章にあげられている個別具体の権利・自由の他に、人権として扱うに値する権益のことを指していて、形式的・機械的な把握の仕方を排斥しなければならない。また、「生命、自由、および幸福追求」という表現は、アメリカ独立宣言にみられ、13条はそれに由来するといえる。しかし、それが日本の幸福追求権の内容を確定する決め手にはならない。判例を通じてその内容が形成されることに注目すべきである。なお、アメリカ合衆国憲法の人権保障規定にはこの語句はない。

ところで、憲法の保障する人権は、個別に命名された権利や自由、すなわち、日本国憲法第3章に明示されている権利や自由に限られるわけでないとの理解が今日では浸透している。この理解のもとに、かつては無名の人権とも呼ばれたものを包括的人権という概念をもちいて議論することとなっているのである。ただし、この概念はともかく、その名称は、最高裁判例に定着しているとはいえない。しかし、判例が人権の体系化の役割を担っているわけではないから、これを問題視する必要はない。むしろ、判例が包括的人権としてとらえることを容認する展開をしていることが重要である。また、実際に、ある権利や自由が裁判所により人権保障というにふさわしい保護が与えられるとき、なぜその自由や権利が人権としての意義を有するのかについて追究することが肝要である。このことを次節で考察する。

(3) 平等原則　近代憲法は、人権宣言と統治機構の定めからなっているが、その人権宣言では、人の自由と平等を保護することが目的となっている。14条は、その人権宣言の平等の分野を担うものである。それは、人は誰についても同等であるから、別言すれば、人に優劣の価値区別はないのだから、人は、国家により同じように扱われなくてはならないということを意味する。そこで、14条は、何か具体の権利というより、平等の原則を定めているということができる。それゆえ、以下では平等原則ということにしている*。この平等原則は、明治憲法の

体験を背景として、14条2項・3項、さらに24条、26条にも取り込まれており、後の考察で明らかになるように（⇨本章第3節）、平等原則は、その理念実現の強い要請を受けて、人権保障分野で最もさかんな展開をみせている。

> ＊これに対して、平等権と呼ぶ例がある。そう呼んだからといって、14条1項が命じる規範、すなわち、同じような状態にある者については、同じように扱わなければならないという意味に変わりがあるわけでない。それゆえ、平等原則か平等権かといった議論は有益でなく、それを扱った学説上の議論に関与する必要はない。

(4) その他 13条や14条の他に、31条の法定手続の原則も包括的人権に帰属させるとの考えもある。確かに、31条が命じるように、生命・自由を侵害し、刑罰を科すことについて、それを法定手続の原則のもとに置くことは、個別の権利・自由の保障をすることと比較すると、幸福追求権や平等原則の保障の場合に近いといえる。しかし、判例の動向をみると、後にみるように（⇨第9章第2節）、刑事事件の手続面が主たる保障領域として働いていて、生命、自由にかかわる実体的権益保障の働きが弱い。そこで、法定手続の原則は、伝統的な人身の自由の領域において扱うことにしている。

2　多元的権利・自由

包括的人権の概念は、社会の変化とともに、伝統的な人権の範疇に帰属させることが適当ではない権利・自由が登場しているとき、それを取り込んで、人権としての保障の対象とするものである。これとは別に、同じく社会の変化と密接な関係のもとに、伝統的な人権の範疇のままでは適切でない権利・自由の存在に注目する必要が生じている。それは、居住・移転の自由、外国移住・国籍離脱の自由、通信の秘密、情報公開請求権・知る権利などである。その詳細は、後にみるが（⇨本章第4節）、それらは、今日では多元的な意義を抱えているところに共通点がある。それゆえ、包括的人権の並びとして、本章で扱うことにしている。

たとえば、居住・移転の自由についてみると、22条1項において、職業選択の自由とともにその人権としての保障が定められている。しかし、今日では、これを職業選択の自由およびそこから導かれる営業の自由とともに経済的自由の類型に所属させることは適切ではない。自己の居住地をどこに定めるか、また、どこに移り住むかは、経済活動にのみかかわるのではなく、人の生き方、人格の形

成のありように、さらには人の精神作用にも結びつく。あるいは、民主制における本質的自由の性格をもつとみることができる。このように、居住・移転の自由は、広い内容をもつ権利だといえるのである。

他の上掲の自由についても、同様の様相を観察することができる。そこで、多元的権利・自由という名称のもとに考察することにしている。

第2節 幸福追求権

1 意 義

(1) 幸福追求権のとらえ方 幸福追求権は、今日では、人権保障の実効化を求める論議において主役の地位を占めることが少なくない。それは、社会の変化に伴い生じる権益の侵害に対して、伝統的人権論では救済が難しいため、それを打開する論拠として引き合いに出されるからである。「困ったときの神頼み」になぞらえて、「人権保障の論拠に窮したときの幸福追求権頼み」と揶揄されることさえある。しかし、幸福追求権に依拠すれば、伝統的人権論では救済されない事態が直ちに解決されるわけではない。新たな権益の憲法上の保護を求めて、それが幸福追求権の侵害であると主張する場合、何よりも問われることは、なぜその権益が幸福追求権の内容となるのか、それを認める幸福追求権とは何かということである。

これに対する答え方の一つは、幸福追求権の概念、つまり意味内容を予め確定し、それにあてはまる権益を人権保障の対象とすることである。これによれば、主張されている権益が幸福追求権にあてはまらなければ人権保障の領域から放逐することになる。

この考え方は、伝統的な法律学の思考になじむから受け入れやすいかもしれない。しかし、そのような議論が優れた研究者により探究されているので*、本書では、それに追従したり対抗したりして議論することはしない。

> ＊佐藤幸治・現代国家と人権（有斐閣・2008年）の「第3章 憲法と『人格的自律権』」（77頁〜158頁）を参照。そこでは、「人格的自律権」が日本国憲法の解釈論の中核に据えられ、幸福追求権の意味・内容が「人格的自律権」から導かれ、説かれている。そして、その論説は、哲学的基礎のうえに展開されている。本書では、各所でふれてい

るように、存在する憲法秩序をなるべくありのままに描くことが目的であり、哲学的あるいは政治哲学的論議には立ち入らないことにしている。

　もう一つの考え方は、14条以下の人権保障規定にあげられている権利・自由に結びつかない権益については、一応幸福追求権に帰属せしめることとし、個別に憲法上の保護の対象とするか否かを検討するというものである。そして、判例上ある程度人権としての地位を得た権益については、幸福追求権の内容たる人権として語ることができるとする。たとえば、後述するようにプライバシーの権利は、判例上、幸福追求権から導かれる人権として今日確立した人権ということができる。

　この考え方は、幸福追求権の場合だけでなく、憲法が人権として保障している権利・自由に共通したところがある。たとえば、ある表現行為について、それが21条の表現の自由の概念に含まれる行為だとしても、憲法上の保護を与えるか否かは、その行為が問題とされている個別具体の事情との関係で検討されるのであり、21条の対象だと認定されることから直ちに保護が受けられることに結びつかないのである。

　こうして、幸福追求権のもとで人権として保護されるか否かを、判例の展開にてらして検討することは、意義あることだといえる。もちろん、判例で人権として認知されることになった由縁を追及しなければ、その作業は、人権について語ったことにならない。そこで、その由縁の考察は、本節の最後で行うことにする。

(2) 人格権　権利・利益の侵害については、民法709条の不法行為責任を問い、損害賠償の請求をすることができる。また、民法710条は、「身体、自由若しくは名誉」を侵害した場合や財産権を侵害した場合に、そのいずれかを問わず財産以外の損害についても賠償の請求をすることができることを定めている。判例上、その「身体、自由若しくは名誉」は例示であって、それは要するに財産権以外の人格権のことであり、人格権侵害に対しての賠償責任を民法が定めているとされてきた*。

　　＊これを示す判例の挙示は、能見善久＝加藤新太郎編・論点体系判例民法1総則［第2版］（第一法規・2013年）7（301頁以下）〔前田陽一執筆〕の参照に委ね、ここでは以下の論述であげるものに限定する。

この民法の不法行為責任法の伝統が基礎となっているためと思われるが、裁判所は、人格権の侵害に関連させた論議にはためらいがないようである。たとえば、後述する大阪空港公害訴訟に対して、第一審裁判所は、人格権に基づく午後10時から翌朝7時までの航空機の離発着の差止請求を認容している*。また、最高裁判所も、エホバの証人輸血拒否事件の判決**において、「〔輸血拒否の〕意思決定をする権利は、人格権の一内容として尊重されなければならない」と述べており、さらに、後述するパブリシティ権の侵害に関するピンク・レディー事件判決***においても、「人の氏名、肖像等……は、個人の人格の象徴であるから、当該個人は、人格権に由来するものとして、これをみだりに利用されない権利を有すると解される」と、説いている。

　　　*大阪地判昭和49・2・27判時729号3頁。
　　　**最三小判平成12・2・29民集54巻2号582頁〔Ⅲ-2-12〕。
　　　***最一小判平成24・2・2民集66巻2号89頁〔Ⅲ-2-7〕。

　このように、人格権は、私法領域で保護の対象となっており、また、それは、以下にみるプライバシー権やそこから派生する権利・利益の根源となっているといえる。しかし、人格権が憲法に根拠を置く人権といえるのか、という問題については、判例法上は未解決である。もっとも、最高裁判所は、13条後段の幸福追求権から人権保障規定に明示的でない権利を導くことを否認しているわけではない。人格権についてはともかく、後述するように、肖像権、喫煙の自由、指紋押捺拒否権、輸血拒否権などの権利を13条に根拠付けて主張すること自体を否認しているわけではない。これに加えて、13条とともに、31条の法定手続の原則違反の主張を排斥する裁判が多数あり（⇨第9章第2節〜第4節）、このことも、13条の幸福追求権をめぐる憲法秩序の実状として、視野に入れておかなければならない。

　(3)　公権力による規制と自由　　私法領域とは別に、公権力による規制について、それを人権保障規定の個別の人権の侵害としては主張し難いときに、幸福追求権に関連付ける場合もここでの関心の対象である。そのようなことは、日本国憲法施行後の初期の頃から兆候があった。その代表例が賭場開帳図利事件であり、そこでは、賭場開帳図利行為が13条にいう公共の福祉に反しない娯楽の自由に属すると主張された。これに対し、最高裁判所は、賭博行為が「一見各人に

任された自由行為に属し罪悪と称するに足りないようにも見える」と指摘しながらも、その行為がもたらす弊害、重大な障害、犯罪の発生をあげて、犯罪として罰する理由を説き、その主張を排斥している*。ただし、その当時、包括的人権としての幸福追求権という概念が定着していたわけでなく、国家や自治体が容認している娯楽としての競馬、競輪、宝籤（たからくじ）との関係で、合憲性を論じているにすぎない。したがって、自由な行為として幸福追求権の保障を受けることになるかという議論の兆しが認められるにとどまるともいえる。

　　*最大判昭和25・11・22刑集4巻11号2380頁〔Ⅲ-2-1〕。

　時を経て、公権力による規制に対して人権侵害を主張し、司法的救済を得ようとする傾向が高まってくると、幸福追求権への依拠の度合いが目立つようになってきた。その過程で、最高裁判所は、捜査当局により承諾なしにその容ぼうや姿態を撮影されたことについて、また、刑務所内で喫煙を禁じられたことについて、それぞれ肖像権とか喫煙の自由とかの名称はともかく、13条の幸福追求権の侵害だとして争うこと自体を容認するようになっている*。

　　*それぞれ、最大判昭和44・12・24刑集23巻12号1625頁〔Ⅲ-2-6〕と最大判昭和45・9・16民集24巻10号1410頁〔Ⅲ-1-6〕。

　しかし、1989（平成元）年の自己消費目的の酒類製造事件においては、人格的自律権の侵害が違憲の主張の一つとしてなされたのであるが、最高裁判所は、酒類製造を一律に免許の対象とし、免許を受けないで酒類を製造した者を処罰する根拠を酒税徴収の立法政策に置き、そこには立法裁量の逸脱や、著しい不合理性が認められないと判示した*。つまり、13条の人格的自律権についての最高裁判所の見解を展開することなく処理しており、最高裁判例の場面では、幸福追求権という人権保障の実現が進展しているとは言い難い状態である。

　　*最一小判平成元・12・14刑集43巻13号841頁〔Ⅲ-2-2〕。

　このように、判例上、公権力による自由の規制について、13条の適用が未だ不明確な動向だといわざるを得ない。唯一、ハンセン病訴訟に対する熊本地裁判決*において、らい予防法の適用を受けて隔離された状態を示したうえで、「このような人権制限の実態は、単に居住・移転の自由の制限ということで正当に評価し尽くせず、より広く憲法13条に根拠を有する人格権そのものに対するものととらえるのが相当である」と判示した例があるが、これは、例外というべきであ

ろう。
　　＊熊本地判平成 13・5・11 判時 1748 号 30 頁〔Ⅲ-2-3〕。

　このように、私法領域と対公権力との関係とでは、裁判所の姿勢に差異があることを認識せねばならない。そのうえで、以下では、プライバシーの権利、それから派生する権利、自己決定権、環境権などといった権利ごとに判例や法制度を観察していくこととする。

2　プライバシーの権利

（1）　私事を公開されない権利　　1964 年の「宴のあと」事件判決＊は、よく知られているように、プライバシーの権利に関する判例の展開における嚆矢である。そこでは、次のように説いて、プライバシーの権利を認知している。
　　＊東京地判昭和 39・9・28 下民 15 巻 9 号 2317 頁〔Ⅲ-2-4〕。

　「私事をみだりに公開されないという保障が、今日のマスコミュニケーションの発達した社会では個人の尊厳を保ち幸福の追求を保障するうえにおいて必要不可欠なものであるとみられるに至っていることとを合わせ考えるならば、その尊重はもはや単に倫理的に要請されるにとどまらず、不法な侵害に対しては法的救済が与えられるまでに高められた人格的な利益であると考えるのが正当であり、それはいわゆる人格権に包摂されるものではあるけれども、なおこれを一つの権利と呼ぶことを妨げるものではないと解するのが相当である。」

　この判示は、プライバシーの権利を法的権利として認め、また、日本国憲法の個人の尊厳の原理からこの権利の根源を説き起こし、さらに、この判示につづけて、プライバシー侵害の基準までも示すもので、裁判実務に大きなインパクトをもたらした。ただし、この事件は、控訴審段階で和解となり、最高裁判所の判断を生むことがなかったが、以後、プライバシー訴訟が盛んとなる源泉となったことは否定できない。

　そこで、注目すべきは、最高裁判例の動向である。そこでは、プライバシーということばが長年登場してこなかったことを特徴の一つとしてあげなければならない。つまり、最高裁判所は、プライバシーという概念に言及すること自体に慎重であった。やっとのことでという表現がおかしくないほど、最高裁判例にプライバシーのことばが現れたのは、1981 年の前科照会事件判決＊における伊藤正己

裁判官の補足意見においてであった**。もちろん、今日では、プライバシーへの言及が法廷意見の中にも、当たり前のようにみられる***。これは、プライバシーの権利が社会に定着したからだということができ、それを基盤に、裁判所は、プライバシーに言及しているのである。

> * 最三小判昭和56・4・14民集35巻3号620頁〔Ⅲ-2-5〕。これは、次の**(2)**で扱う。
> ** 最高裁判所は、伝統的に外国語をカタカナで判決文中に記すことを避けていた。しかし、今日では、そのような姿勢から脱却している。後述のピンク・レディー事件判決（最一小判平成24・2・2民集66巻2号89頁〔Ⅲ-2-7〕）では、「パブリシティ権」をためらうことなく語っている。
> *** たとえば、長良川事件に対する最二小判平成15・3・14民集57巻3号229頁〔Ⅲ-1-7〕や、次の**(3)**で扱う住基ネット訴訟判決（最一小判平成20・3・6民集62巻3号665頁〔Ⅲ-2-8〕）を参照。

社会に定着し、裁判所により認知されたプライバシーの権利は、「他者からのぞかれない権利」とか、「そっとしておいてもらいたい権利」などとも呼ばれるようになった*。名称はともかく、この権利は、他の権益や権利との衝突を生じ、その間の調整を必要とするようになることは、他の諸権利と変わりがない。その調整の役割を担う裁判所は、問題が民事紛争である場合には、比較的プライバシー保護に厚い判例傾向を示している。

> * privacyという英語に匹敵する日本語がないため、このように名称が人によって異なった使用をする事態となっている。プライバシーに匹敵する日本語がないということは、日本人の生活にはもともと存在しない概念であるということができ、社会への浸透、定着に時の経過を要したと説明される。

その例として、「石に泳ぐ魚」事件をあげることができる。これは、小説「石に泳ぐ魚」とこれに関連する文書をめぐって、その小説の作者の知己でその小説のモデルとされた女性からプライバシー侵害、名誉毀損、名誉感情の侵害を理由とした損害賠償とその小説の出版差止め等が請求された訴訟である。これに対する下級審裁判所は、損害賠償と出版差止めを認めたため*、上告がなされ、最高裁判所は、原審の判断がいずれも「憲法21条1項に違反するものでない」として上告を棄却した**。モデル小説をめぐるプライバシー事件であることは、「宴のあと」事件と同様であるが、そして事件内容を同一視できないところもあるが、言論・出版の自由とプライバシーの権利との比較衡量において、後者を優位に置

いたところは、大いに注目させられるのである。他に、プライバシー侵害等を理由とする出版差止請求にかかわる事件として、宝塚歌劇団のスターやジャニーズの追っかけマップ図書出版等差止請求事件がある。裁判所は、これらの事件においても、プライバシー保護のために出版の差止めを容認している***。

　＊第一審は、東京地判平成 11・6・22 判時 1691 号 91 頁、控訴審は、東京高判平成 13・2・15 判時 1741 号 68 頁。
　＊＊最三小判平成 14・9・24 判時 1802 号 60 頁。
　＊＊＊神戸地尼崎支決平成 9・2・12 判時 1604 号 127 頁、東京地判平成 9・6・23 判時 1618 号 97 頁。

　これらの判例の動向については、名誉毀損表現に対する事前差止めの場合と比べると、大きな違いをみせているのだが、これについて、後にふれることにする（⇨ 第 8 章第 4 節 3(3)ⅱ・ⅲ））。ここでは、前述したように、プライバシーが日本の伝統的社会に存在しなかった概念であることが、かえって、今日の社会において、その扱いに意識過剰となっているのではないかとの評価をさせられるのである*。

　＊本書では、たびたび断っているように、比較憲法的論述に至らないこととしているが、この提示は、たとえばアメリカの社会におけるプライバシーの扱いのことを念頭に置いている。日本の社会は、プライバシー侵害について過敏すぎるのではないか、あるいは、プライバシーを自分で守るというより周囲の者によって守ってもらうという意識がめだつのではないかとの問いかけも、無意味ではないと思われるからである。

　最後に、プライバシー侵害の問題領域の広がりについてふれておく。それは、とらわれの聴衆に関する問題として注目された事例にかかわる。すなわち、大阪市交通局が地下鉄内での業務放送と併せて商業宣伝放送を行ったことについて、それは列車内に拘束された乗客に対し商業宣伝放送の聴取を一方的に強制するもので人格権の侵害だとして争った訴訟に関するものである。これに対して、最高裁判所は、それを違法でないと判決*したが、伊藤正己裁判官の補足意見では、そのとらわれの聴衆の利益を、プライバシーと呼び、幸福追求権に含まれると解することもできないものではない、と論じられている。

　＊最三小判昭和 63・12・20 判時 1302 号 94 頁。

　この論述に対しては、とらわれの聴衆にかかる法益は、情報を受け取る自由、

つまり表現の自由に関係するといった異論が予想されるが、このようなとらえ方も可能であるということができ、そうであると、プライバシーとされる法益の範囲は、広くなる余地がある。

(2) 自己情報コントロール権　プライバシー権は、前述の私事を公開されない権利という意味から自己情報コントロール権へと変化したと、学説上はいわれている*。ここでもこの学説上の論議に参加するのではなく、個人に関する情報を法制度上保護するという従来なかった状況──これが自己情報コントロール権に関連する──との関連で、判例や法制度の様相をみることに主眼を置く。

> *その変化とは、私事を公開されない権利という意味合いが消失したのではなく、自己情報コントロール権という性格が加わったとみるのが実態に合致しているようである。また、プライバシーと個人情報との異同についても論議があるが、両者の区別が明確にはし難い場合があるという程度の理解をしておく。なお、プライバシーを主題とした研究は多いが、ここでは先駆的で多大の影響力を示した、佐藤幸治・現代国家と人権（有斐閣・2008 年）第 4 章への参照に委ねるにとどめる。

自己情報を承諾なしに他者が使用したことを争った事件として、前科照会事件がある。これに対して最高裁判所は、「前科及び犯罪経歴……は人の名誉、信用に直接にかかわる事項であり、前科等のある者もこれをみだりに公開されないという法律上の保護に値する利益を有する」と説いて、自治体が弁護士の照会に応じて前科歴を提供した行為に対して損害賠償を命じた原審判断を容認した*。その前科等をみだりに公開されない利益は、「宴のあと」事件判決にてらすと、プライバシー権といってよいはずだが、前述のように法廷意見はそれを避けている。しかし、前科等の個人情報の扱いに対して慎重であらねばならないことを判示したこの判決は、個人情報の保護にかかわる画期的なものだといってよい。

> *最三小判昭和 56・4・14 民集 35 巻 3 号 620 頁〔Ⅲ-2-5〕。その原判決は、大阪高判昭和 51・12・21 判時 839 号 55 頁。

ただし、この判決の基盤には、社会における個人情報の扱いにかかる意識の高まりが認められるようになっていたことを看過してはならない。そのことを反映して、政治部門においても、法律の改正をして、個人情報の扱いに規律を設ける傾向が増していた*。さらに、全国の自治体では、1990 年代頃より、個人情報保護の条例を制定する動きが盛んになっていた**。国においても、情報公開制度同様、

西欧や自治体より遅れてではあるが、個人情報保護法の制定がなされた***。

＊たとえば、貸金業法は、1983年の改正により、貸金業者またはその役員等に対して、信用情報の目的外使用を禁ずる規定を設け（41条の38）、2006年の改正では、指定信用情報機関の情報提供に関する規定を設けた（41条の24第1項）。また、割賦販売法の1984年の改正では、信用情報について目的外使用を禁ずるなどの適正な使用を命ずる規定を追加している（39条1項）。ただし、業界における個人情報の適正な扱いについて、全体としては、通商産業省からの通達に基づく秩序形成がなされていた。これに対して西欧諸国から批判を浴び、そのことが個人情報保護制度の法制化を後押しすることになったという事実もある。

＊＊都道府県では、1990年12月に、東京都個人情報の保護に関する条例が制定されたのにつづき、神奈川県ほかすべての自治体で、また市町村レベルでもほとんどの自治体で個人情報保護制度が設けられるようになった。

＊＊＊行政機関の保有する個人情報の保護に関する法律（平成15年法律58号）、および、独立行政法人の保有する個人情報の保護に関する法律（平成15年法律59号）が制定、施行され、個人情報の適正な扱いに関する理念をうたい、国や自治体の責務、および事業者の義務等の基本事項を定めた、個人情報の保護に関する法律（平成25年法律57号）が制定、施行されている。

この個人情報保護制度においては、自己情報コントロール権を具体化する規定が設けられていることに注目する必要がある。すなわち、行政機関の保有する個人情報の保護に関する法律では、自己情報について、開示請求権（同法12条）、訂正請求権（同法27条）、および、利用停止請求権（同法36条）が規定されている。これらの権利行使に対する運用は、不服申立て、審査会への諮問とその答申を経ることになっており、情報公開制度と同じような制度である（⇒本章第4節 **4(2)**）。また、個人情報の保護に関する法律では、利用目的の特定（同法15条）、利用目的による制限（同法16条）、取得に際しての利用目的の通知（同法18条）などが自己情報コントロール権を具体化したものである。

(3) 課題　プライバシーの内容や範囲が判例上明確ではないが、以上の判例、法制度の実状にてらすと、自己情報コントロール権ととらえられる権利がプライバシー権の内容を構成しているといってよさそうである。

ところが、自己情報コントロール権といえる権利は、法的保護を得るために司法上いかなる基準が設定されているかとの関心に対しては、明確な答えが得られ

ないようである。前述の(1)でみた判例の動向から、私法領域の紛争においては、裁判所は、従来からの比較衡量法によって判断しているということができる。しかし、比較衡量法は、判断基準といっても、個別の事案の個別の事実との関係で、プライバシー権とそれを侵害している側の法益とが衡量されていて、基準といえるほどの法則は認められない。保護の基準が生み出されるのは、公権力によるプライバシーや個人情報の侵害に関する紛争の場合だと予測される。そこで、公権力によるプライバシー侵害だとして争われる事例の一つである、住基ネット訴訟の場合をみることにする。

住基ネット（住民基本台帳ネットワークのこと）は、その管理、利用等がなされる本人確認情報として、氏名、生年月日、性別および住所の4情報に、住民票コードと変更情報を加えたものを対象とするが、これが13条の保障するプライバシー権その他の人格権を違法に侵害するとして、自治体の住民が争った訴訟が住基ネット訴訟と呼ばれるものである。それは各地で提起されたが、その一つに対して、最高裁判所は、次のように判決*している。すなわち、まず、京都府学連事件判決**を引用して、「憲法13条は、国民の私生活上の自由が公権力の行使に対しても保護されるべきことを規定しているものであり、個人の私生活上の自由の一つとして、何人も、個人に関する情報をみだりに第三者に開示又は公表されない自由を有するものと解される」と述べ、個人情報保護の権利が13条の保障の対象となることを正面から認めた。しかし、住基ネットで扱われる上述の4情報は、秘匿性の程度が低いものであり、その扱いにかかる具体的危険性も認められないとして、違憲の侵害とはいえないと判示している。

*最一小判平成20・3・6民集62巻3号665頁〔Ⅲ-2-8〕。
最大判昭和44・12・24刑集23巻12号1625頁〔Ⅲ-2-6〕。この判決は、後述の3(2)**で扱う。

この判示から、個人情報保護権は、13条のもとに保障される人権であることが明らかとなったが、その保障の基準は、どうやら個人情報の位置付けによって異なるといえるようである。すなわち、その訴訟においては、秘匿性の程度が高いといえないため、強い保護が与えられないとされたのである*。

*他に、Nシステム（自動車ナンバー自動読取りシステム）のプライバシー侵害が問題となった事件において、東京高判平成17・1・19判時1898号157頁は、ナンバープ

第2節 幸福追求権

レートが外部から容易に認識し得る状態であることをとらえて、秘匿されるべき情報といえないとされた例がある。これに対しては、アクセスの増大の観点から疑問だとの指摘がある。

確かに、個人情報保護制度においては、個人情報の扱いにおいて、情報の位置付けが前提となっている。センシティブ情報とされる情報は、取扱いの原則禁止がなされており*、秘匿性の程度が高い情報は、それに匹敵ないしつづく位置付けが与えられることになる。そこで、個人情報の取扱いにおいて、センシティブ情報や秘匿性の高い情報に対しては、裁判所は、厳格な審査のもとに保護をすることになると予想できる。ただし、それに該当する最高裁判例は、まだ、存在しない。それは、今後の課題となっている。

*たとえば、神奈川県個人情報法保護条例6条では、①思想、信条および宗教、②人種および民族、③犯罪歴、および、④社会的差別の原因となる社会的身分の個人情報——これらがいわゆるセンシティブ情報と呼ばれる——については、原則として取扱い禁止とされている。

司法的保護の基準とは別に、個人情報制度については、もう一つの課題が存在している。それは、個人情報の扱いが、社会では過剰ともいえるほど慎重な状態となっていて、個人情報保護制度の存在前と比べて、窮屈で不便な状況が生み出されているとの指摘にかかわるものである。これは、先に指摘したプライバシーの状況と同じことであるようだが、その原因をよく検討し、改善することが求められている。

3 人格権・プライバシーの権利から派生する権利

(1) パブリシティ権　判例では、人格権からプライバシーの権利が導かれるが、人格権とプライバシーの権利との関係やそれぞれの権利の範囲は、確定的でない。これが以上の考察で判明したことである。そこで、概念の整理に努めようとして、さらに関連判例に目を向けると、整理とは逆に、混迷が深まるようである。

まず、最高裁判所がパブリシティ権を認めた判決をみることにする。これは、歌手のピンク・レディーを被写体とする写真を、同人に無断で週刊誌に掲載したところ、パブリシティ権を侵害する不法行為だとして、損害賠償請求をした事件

に対する判決*である。そこでは、最高裁判所は、次のように判示している。

  *最一小判平成 24・2・2 民集 66 巻 2 号 89 頁〔Ⅲ-2-7〕。

 「肖像等は、商品の販売等を促進する顧客吸引力を有する場合があり、このような顧客吸引力を排他的に利用する権利（以下「パブリシティ権」という。）は、肖像等それ自体の商業的価値に基づくものであるから、……人格権に由来する権利の一内容を構成するものということができる。他方、肖像等に顧客吸引力を有する者は、社会の耳目を集めるなどして、その肖像等を時事報道、論説、創作物等に使用されることもあるのであって、その使用を正当な表現行為等として受忍すべき場合もあるというべきである。そうすると、肖像等を無断で使用する行為は、①肖像等それ自体を独立して鑑賞の対象となる商品等として使用し、②商品等の差別化を図る目的で肖像等を商品等に付し、③肖像等を商品等の広告として使用するなど、専ら肖像等の有する顧客吸引力の利用を目的とするといえる場合に、パブリシティ権を侵害するものとして、不法行為法上違法となると解するのが相当である。」

 このように判示したうえで、パブリシティ権侵害成否の判断基準について説き、結局、「被上告人が本件各写真を上告人らに無断で本件雑誌に掲載する行為は、専ら上告人らの肖像の有する顧客吸引力の利用を目的とするものとはいえず、不法行為法上違法であるということはできない」と結論している。

 この結論はともかく、パブリシティ権を人格権から導き、法的保護の対象となることを最高裁判所が初めて認めたことは、注目にあたいする。もっとも、パブリシティ権の侵害を争う訴訟は、この判決前にも登場していたが、最高裁判所は、物についてはそれを容認せず、斥けていた*。また、プライバシーの権利が認知されるまでの過程と比べると、このパブリシティ権については、迅速な認知であったということができる。そして、「専ら」肖像の有する顧客吸引力の利用を目的とするとの認定のもとに、パブリシティ権の侵害が認められるという判例法が形成されたことは、「専ら」の認定をめぐって議論が生じる余地はあるが、意義がある。

  *最二小判平成 16・2・13 民集 58 巻 2 号 311 頁。これは、競走馬の名称等を無断で利用したゲームソフトを製作、販売した業者に対して、その名称等が有する顧客吸引力などの経済的価値を独占的に支配する財産的権利（いわゆるパブリシティ権）の侵害を理

由とする当該ゲームソフトの製作、販売等の差止請求または不法行為に基づく損害賠償請求をなす訴訟であるが、最高裁判所は、その請求を排斥した。

また、人格権からなぜパブリシティ権が導かれるのかについては、次に考察するように、判決理由中で正面から説明されているわけではない。むしろ、社会では、この種の問題への関心が高まっていて、紛争に裁判所の介入が必要となっているとの背景事情の方が強く働いているとみることができるのである。

(2) 氏名・肖像権 前述の(1)でみたピンク・レディー事件判決では、パブリシティ権を導く根拠を次のように説いている。すなわち、「人の氏名、肖像等（以下、併せて「肖像等」という。）は、個人の人格の象徴であるから、当該個人は、人格権に由来するものとして、これをみだりに利用されない権利を有すると解される」と。そこで、氏名や肖像権がどのように法的保護の対象となっているのかをみることにする*。

　　＊氏名と肖像とを併せてとらえることが適切であるか否か、という問題があるが、最高裁判所は、断りなくそのように扱っている。

氏名について、この判決は、先例を引用しており、それは、NHKが韓国人の氏名を日本語読みしたことについて争われた事件に対するものである*。そこでは、「氏名は、社会的にみれば、個人を他人から識別し特定する機能を有するものであるが、同時に、その個人からみれば、人が個人として尊重される基礎であり、その個人の人格の象徴であって、人格権の一内容を構成するものというべきであるから、人は、他人からその氏名を正確に呼称されることについて、不法行為法上の保護を受けうる人格的な利益を有するものというべきである」と判示している。ただし、この意義付けのもとに、当該事件では保護が与えられてはいない**。

　　＊最三小判昭和63・2・16民集42巻2号27頁。
　　＊＊判決は、付けて次のように判示している。「しかしながら、氏名を正確に呼称される利益は、氏名を他人に冒用されない権利・利益と異なり、その性質上不法行為法上の利益として必ずしも十分に強固なものとはいえないから、他人に不正確な呼称をされたからといって、直ちに不法行為が成立するというべきではない」と。

こうして、氏名は、不正確に呼称されても司法的保護を受けられないこととなっており、氏名を人格権に基礎付けたこととの関連が不明確になっている。

他方、肖像につき、ピンク・レディー事件判決は、先例として京都府学連事件

判決*を引用している。この判決は、次のように判示したことで、大いに注目されている。すなわち、「憲法13条は、……国民の私生活上の自由が、警察権等の国家権力の行使に対しても保護されるべきことを規定しているものということができる。そして、個人の私生活上の自由の一つとして、何人も、その承諾なしに、みだりにその容ぼう・姿態……を撮影されない自由を有するものというべきである。……これを肖像権と称するかどうかは別として、少なくとも、警察官が、正当な理由もないのに、個人の容ぼう等を撮影することは、憲法13条の趣旨に反し、許されないものといわなければならない。」

  *最大判昭和44・12・24刑集23巻12号1625頁〔Ⅲ-2-6〕。

　これは、刑事事件で、肖像権を侵害したとされている者が公権力であるから、13条との関連が説かれていることは当然であるが、この判決が私法紛争のピンク・レディー事件判決で引用されていることに注目させられる*。

  *なお、この事件では、「しかしながら、個人の有する右自由も、国家権力の行使から無制限に保護されるわけでなく、公共の福祉のため必要のある場合には相当の制限を受けることは同条の規定に照らして明らかである」として、肖像権の侵害を認めていない。

　また、肖像権に関する先例として、写真週刊誌のカメラマンが刑事事件の法廷において被疑者の容ぼう等を撮影した行為を違法と判断した先例*も引用されている。これによると、撮影にかかる許諾の有無は、違法性判断の重要な考慮要素となるといえる。

  *最一小判平成17・11・10民集59巻9号2428頁。

(3) 課題　人格権やプライバシーの権利は、法的保護の対象となっており、この権利から派生すると思われる権利も、パブリシティ権や氏名・肖像権については容認されていることが確認できた。そこで、他にいかなる権益がそれらと同様の扱いを受けられるのか、関心を呼ぶ。しかし、判例の動向を分析して、何かの法則が導き出せる状態ではない。要するに、幸福追求権の及ぶ範囲は、人格権やプライバシーの権利およびそれから派生する若干の権利についてはその対象となっているといえても、明確な線を引いたり、範囲を画定する法則を示したりすることができない。一つ確実にいえることは、最高裁判所は、人格権、プライバシーの権利、パブリシティ権、氏名権、肖像権を13条のもとに、したがって、幸福追求権のもとに包含することを認めているということである。それは、明示

的に説いていないかもしれないが、それをはっきり否認する判示がなく、むしろ、13条に言及した先例を何の制約もなく引用していることにてらせば、間違いないといえる。

そこで、検討すべきことは、人格権やプライバシー権から、あるいは13条の幸福追求権から演繹的に法的保護の対象となる権益を導く必要があるかということである。この考察のために、さらにその近隣にあると思われる判例の動向をみることにする。

4 自己決定権

(1) 意味　人格権やプライバシーの権利の保障問題とならんで、自己決定権の保障問題が登場してきている。そして、この権利の概念についても、学説上論議が盛んであるが、必ずしもその意味内容に一致をみているわけではない。ここでは、一応、自己決定権の主張の意味を次のように理解しておく。すなわち、人は、自らのことを、他者によって干渉されることなく決定できるはずであり、これが権利として保護され、さらに、幸福追求権から派生する人権として保障されることである、と*。

> *これは、自己決定権の定義付けをしたのではない。以下にみる判例の動向との関係で、訴訟の一定領域をとらえる指標としているにすぎない。学説上は、プライバシーの権利と区別すること、「自らのこと」の範囲を画定すること、他者とは私人でなく公権力に限ること等をめぐって、さらにその哲学的意味付けについて議論が分かれているが、ここでは、それらに対抗した意味の提示をするものでもない。

(2) 自己決定権を認知しない判例傾向　自己決定権の侵害だとして争われた事件の例として、エホバの証人輸血拒否事件がある。それは、「エホバの証人」の信者である患者が、自己の信ずる宗教上の信念から輸血を拒否したにもかかわらず、医師が輸血をして手術したため、その患者が医師らを相手に精神的損害の賠償を求めた訴訟である。第一審では請求が棄却されたが、控訴審では、医師の説明義務違反により患者の自己決定権が侵害されたとして、不法行為の成立を認め、損害の賠償を命じた*。こうして、輸血拒否が自己決定権の行使の一例として注目されたが、最高裁判所は、「自己決定権」ということばを用いることなく、控訴審判決の結論を認める判断を下した**。そして、その判決理由中で、「患者

が、輸血を受けることは自己の宗教上の信念に反するとして、輸血を伴う医療行為を拒否するとの明確な意思を有している場合、このような意思決定をする権利は、人格権の一内容として尊重されなければならない」と判示しており、これが自己決定権を認めたことになるのか否かの議論を生むこととなった。また、ここでも人格権に言及されていること、しかし、それが13条に、あるいは幸福追求権に根拠を置くものであるか否かの判示がないことを認めることができ、これは、最高裁判所の変わらぬ判断姿勢である。

  ＊東京高判平成10・2・9判時1629号34頁。その第一審判決は、東京地判平成9・3・12判タ964号82頁。
  ＊＊最三小判平成12・2・29民集54巻2号582頁〔Ⅲ-2-12〕。

自己決定権を認知しない判例傾向は、上記の判決以前からみられたことである。たとえば、学校規則を争ういくつかの訴訟に対する最高裁判例がそれである。その一つとして、私立学校の校則でバイクに関する「三ない原則」（免許を取らない、乗らない、買わない）に違反した生徒に対する退学処分を争った事件において、その校則が13条、29条、31条が保障している自己決定権を侵害していると主張されたが、最高裁判所は、「憲法上のいわゆる自由権的基本権の保障規定は、……私人相互間の関係について当然に適用ないし類推適用されるものでない」と、人権侵害に違反するか否かの判断に立ち入らなかった＊。また、権益の主体が生徒であるためか、人格権の救済にも立ち入っておらず、学校内のことには司法的統制を控える姿勢をそこにみることができる。

  ＊最三小判平成3・9・3判時1401号56頁〔Ⅲ-2-13〕。なお、そこでは三菱樹脂事件判決（最大判昭和48・12・12民集27巻11号1536頁〔Ⅲ-1-8〕）が引用されている。同様に校則によるバイク規制を争った事件として、東京地判平成3・5・27判時1387号25頁（退学処分を違法と判決）、高知地判昭和63・6・6判時1295号50頁、高松高判平成2・2・19判時1362号44頁。他の校則関係判例として、女子中学生標準服着用事件の京都地判昭和61・7・10判自31号50頁やパーマ退学事件の東京地判平成3・6・21判時1388号3頁がある。なお、男子中学生丸刈り校則事件の熊本地判昭和60・11・13判時1174号48頁は、自己決定権侵害の主張がなされておらず、平等原則違反でないとして処理されている。

(3) 今後の展開　今日では、生命・倫理に関する分野で、自己決定権の主張がなされ、それに対する法的保護のあり方が議論の対象となっている。安楽死

や尊厳死を選ぶこと、また、生命維持装置を外すことなど、自己の生涯を終える決定を、他者の介入なしに行う自由を認めるべきかという問題がそれである*。これに関しては、悪用や弊害を防ぐために、法制度を設けるべきとの主張も強力であるし、倫理上の根本問題もかかわっている。ただし、憲法上の幸福追求権や自己決定権に結びつけた裁判法理は、形成途上だといえる。

> *安楽死や尊厳死に関連した裁判例として、川崎協同病院安楽死事件に対する最三小決平成21・12・7刑集63巻11号1899頁、東海大学病院安楽死事件に対する横浜地判平成7・3・28判時1530号28頁。

5 環境権とその限界

(1) 環境権保障の動向　公害が深刻な問題となり、さらに環境問題への対処の必要性が高まる過程で、環境権、すなわち、環境破壊を防ぎ、環境保全を図ることにより、よい環境を享受する権利が唱えられるようになった。そして、この権利が裁判により保護されるために、幸福追求権のもとに環境権なる人権を導き、その実現が主張された。この人権としての環境権を考察するためには、広く環境に関する法制度に目を向ける必要がある、しかし、ここではその指摘にとどめ、焦点を判例における環境権保障の動向に当てることとする*。

> *環境権については、広く環境に関する法の全体像をみる必要があるが、それについては、大塚直・環境法［第3版］（有斐閣・2010年）を参照せよ。

環境権保障の動向といっても、裁判において環境権なる権利が認知され、保護された例はないことをまず指摘せねばならない。環境権訴訟の筆頭にあげられる大阪空港公害訴訟に対して、すでに言及しているように（⇨本節1(2)）、裁判所は、控訴審が人格権保護に関連させて救済をしたものの、第一審から上告審の最高裁判所に至るまで、環境権を認めたり、それへの侵害を説いたりすることをしていない。また、この大阪空港公害訴訟判決後に、自衛隊や駐留アメリカ軍の基地における騒音に対して、各地で訴訟が提起され、環境権、人格権等の侵害についての救済が求められたが、環境権という人権の認知をした裁判例は一つもない*。

> *厚木基地騒音公害訴訟に対する最一小判平成5・2・25民集47巻2号643頁は、夜間の航空機の離着陸等の差止請求および損害賠償請求を排斥している。横田基地騒音公害訴訟に対する最二小判平成14・4・12民集56巻4号729頁は、アメリカ軍に対す

る夜間の航空機の離着陸等の差止め等の請求について、民事裁判権の免除を判示している。

　空港・基地の騒音に限らず、広く環境の破壊防止や環境保全を目的とした訴訟は、多様な問題との関連で登場している。そして、国立歩道橋事件に対する判決＊は、その動向中で初期のものであるが、環境権の司法権による保護についての考え方の基本がそこに示されているといえる。その事件は、国立市内の都道に歩道橋を設置する旨の決定をしたことに対し、住民らが、歩道橋が風致美観を害し、生活環境を破壊するとして当該設置処分の取消しを求めて訴えたものである。これに対して、裁判所は、生活環境をその受忍すべき限度を超えて破壊されないことについて有する利益は、法的保護に値する利益といえるが、その程度に達しない場合には、行訴法9条の「法律上の利益」にあたらないと判示した。また、歩道橋により風致美観が害されると感じるかどうかは、多分に主観的、情緒的価値評価の問題だとして、住民らの25条に根拠を置く環境権の主張を排斥した＊＊。このように、環境権の主張が主観的、情緒的価値評価の問題とされると、司法的救済はかなり困難となってしまう＊＊＊。

　　＊東京地判昭和48・5・31行集24巻4=5号471頁〔Ⅲ-2-9〕。
　　＊＊当時は、環境権の根拠規定を25条に求める見解がみられたが、生存権の性格に必ずしも結びつかないとの批判により、13条の包括的人権の内容とする考えに推移した。
　　＊＊＊その事件で問題とされた環境問題について、はたして受忍限度なるものが判定できるのか、それこそ主観的評価の問題でないのかという批判を投じ得る。ただし、この判決が行訴法9条を根拠に、訴えの利益ないし原告適格を否認し、却下しなかったことは、その後の訴訟の展開上注目すべきである。

(2) 環境権の限界　　環境権の司法的保護を難しくさせている要因は、(1)でみたように主観的評価の問題であることもその一つであるが、さらに、その権利内容を構成するにはあまりに多様な内容がかかわっていることもあげることができる。このことは判例の中でしばしば述べられており、その一例として、伊達火力発電所訴訟に対する札幌地裁判決＊の次の判示をみることにする。

　　＊札幌地判昭和55・10・14判時988号37頁〔Ⅲ-2-10〕。

「環境は、いま仮に原告らの主張自体に即して考えてみても、一定地域の自然的社会的状態であるが、その要素は、それ自体不確定、かつ流動的なものという

べく、また、それは現にある状態を指すものか、それともあるべき状態を指すものか、更に、その認識及び評価において住民個々に差異があるのが普通であり、これを普遍的に一定の質をもったものとして、地域住民が共通の内容の排他的支配権を共有すると考えることは、困難であって、立法による定めがない現況においては、それが直ちに私権の対象となりうるだけの明確かつ強固な内容及び範囲をもったものであるかどうか、また、裁判所において法を適用するにあたり、国民の承認を得た私法上の権利として現に存在しているものと認識解釈すべきものかどうか甚だ疑問なしとしない。人の社会活動と環境保全の均衡点をどこに求めるか、環境汚染ないし破壊をいかにして阻止するかという環境管理の問題は、すぐれて、民主主義の機構を通して決定されるべきものであるといえる。もとより司法救済は、現在、環境破壊行為が住民個人の具体的な権利、すなわち、生命、固有の健康、財産の侵害のおそれにまで達したときには、……個々人の人格権、財産権の妨害予防ないし排除として発動されるのであるから、これをもって足るものと考えられる。」

環境権の主張は、この判示でも示唆されているようにその内容が多種多様である。大気汚染、水質汚濁、騒音・振動、土壌汚染、廃棄物・リサイクル、日照・通風妨害、眺望・景観、自然保護、埋め立て・海岸保全、文化財・アメニティー、原子力などがそれである*。したがって、環境権訴訟で主張されていることは、判示にもいう民主主義の政治過程において、すなわち、立法を通じて解決することが適切である。そして、実際に、環境権訴訟が盛んになった頃から少々遅れてであるが、1993（平成5）年の環境基本法の制定など次第に立法上の対応がなされてきている**。

> *淡路剛久＝大塚直＝北村喜宣編・環境法判例百選［第2版］（有斐閣・2011年）における目次項目による。判例については、それの参照に委ね、ここでの列記を省略する。
> **環境法の具体的内容については、前掲の大塚・環境法に詳しい。また、法律制定の変遷を手っ取り早く知るためには、同書冒頭（9頁以下）の「環境法関連年表」が便利である。

(3) 課題 このように、環境権に司法的保護を与えることには困難な問題を伴うため、立法による解決を重要視するのであるが、それを促進するためには、国会の法制定能力の向上に期待するほかない。もっとも、国会での法制を促すの

は、議員の資質だけでなく、国民の意識である。それに関して、従来基本的な法制度が皆無であった景観保護について、正面から対処する姿勢が生まれ、2004年の景観法の制定として結実している*。これは、特筆に値することであり、それを基に、各自治体での景観条例が制定され、環境にかかわる状況に変化が生じている。

> *ただし、景観法（平成16年法律110号）は、景観権という主観的権利を規定しているわけではない。

今日、環境問題は、一国内だけでなく、地球規模で対処せねばならない問題である。とりわけ地球温暖化問題は、その対応策の構築が人類の生存にとって喫緊の課題となっている。それゆえ、環境権を人権として構成するとか、憲法改正の対象事項とするという提案などは、環境問題の本質からかけ離れているといわざるを得ない*。

> *憲法改正論において、環境権を人権規定の中に設けるべしとの提案は、環境権がそれほど政治イデオロギー的見解の対立を生まないため、憲法改正の環境づくりとする意図もある。ところが、これにより、環境権が政治的色彩を帯び、その本質から離れてしまう危険がある。

6 人権として認知される可能性

(1) 平和的生存権の場合　最後に、包括的人権としての幸福追求権から導き出された、あるいは、そこに帰属させる権利・自由が人権として認知される可能性を考えておきたい*。それは、従来認められていなかった権利・自由が幸福追求権から導かれる由縁を、あるいは、そこに帰属させる由縁を考察することでもある。そこで、具体例として、平和的生存権の場合を取り上げることにする。

> *幸福追求権から導き出された権利・自由というべきか、それとも幸福追求権に帰属させる権利・自由というべきかの考察を後述の(3)で行う。

平和的生存権は、9条関係訴訟の提起における事件争訟性を確保するために案出された。すなわち、自衛隊に関する国家の行為を9条に違反するとして裁判で争うために、具体的に権利の侵害を主張する必要があり、その権利として平和的生存権が唱えられたのである。そのことばは、憲法前文第2段における「平和のうちに生存する権利」に由来するが、人権の根拠規定として前文は適当でな

く、包括的人権である幸福追求権に根拠付けられた。

こうして、平和的生存権は、長沼ナイキ基地訴訟の原告らによりその侵害が主張されたが、第一審でそれが容認されたものの、控訴審で「裁判規範として、なんら現実的、個別的内容をもつものとして具体化されているものではない」と否認され、最高裁判所では言及されることもなかった*。その後百里基地訴訟においても、最高裁判所は、平和的生存権における平和の概念が「理念ないし目的としての抽象的概念」であることを強調し、裁判での判断になじまないとして斥けている**。

> *第一審は、札幌地判昭和 48・9・7 判時 712 号 24 頁〔Ⅱ-3〕。その控訴審は、札幌高判昭和 51・8・5 行集 27 巻 8 号 1175 頁〔Ⅱ-4〕。最高裁判決の最一小判昭和 57・9・9 民集 36 巻 9 号 1679 頁は、訴えの利益が失われたとして上告を棄却した。
> **最三小判平成元・6・20 民集 43 巻 6 号 385 頁〔Ⅱ-5〕。

このように、裁判所は、平和的生存権の主張を肯認したり正面から判断を加えたりすることをしない傾向をみせており*、平和的生存権の提唱の意図は、実現しないまま今日に至っている**。

> *沖縄代理署名訴訟に対する最大判平成 8・8・28 民集 50 巻 7 号 1952 頁〔Ⅵ-6〕も、簡単に主張を斥けている。
> **ただし、平和的生存権の主張をしての平和運動がまったく無意味だというわけではない。

(2) 幸福追求権の内容となるための要件　以上の考察から、ある権益が幸福追求権の内容とされ、一つの人権として確立するための要件を摘出することができる。

それは、社会で人権として受け入れられる状態となっていることである。プライバシーの権利は、外国の動向や学説上の議論により後押しされたことが影響していることを否定できないが、社会で私事をのぞかれたり、公開されたりすることを拒絶すべしとの意識が広まり定着したという実態があるからである。

次に、環境権のように、環境保全や良い環境の創出にかかる意識が社会に浸透しているといえる場合でも、その内容が多様であり、権利として構成し、裁判所による救済の対象とし難い場合には、幸福追求権の内容をなすとの認知は、得られない。

平和的生存権の場合には、環境権が充足していない要因に加えて、この権利の侵害だと主張されている事実の性格が司法判断になじまないことも関係している（⇨ 第4章第3節 **3**）。

　さらに、ある権益が法的救済の対象として裁判所で認められるには一定の時の経過を必要とすることを認めざるを得ない。裁判所は、独自の判断で法的権利を創出することはないのであるから、社会の変化に伴う法的救済の必要性は、まず、政治過程において対処することの方が近道である。法律によって実体的権利が認められれば、裁判所は、その権利を具体的事件との関係で実効化を果たすことができるのである。政治過程で、法的権利として構成し難いような権益については、景観法が行っているように、実体的権利をうたうことを避け、理念をうたって、その実現の担当者を指定する途もある。

　(3) 課題　　以上、幸福追求権の展開状況をみてきたところから、次のことを指摘することができる。

　まず、少々曖昧のままで論じてきたが、幸福追求権からプライバシーの権利などを導き出すという言い方は、実態をみる限り正確ではないというべきである。プライバシーを法的に、それも憲法のもとに保護する必要が生まれてきたときに、社会で、そして法の世界で、さらに司法過程でそれを認めることがなされているのである。そして、伝統的な人権のカタログにあてはまらない権益を幸福追求権の内容として読み込むことがなされているのである。つまり、プライバシーの権利を幸福追求権に帰属させることにより、憲法上の権利、つまり人権と呼ぶことにしているのである。

　前述の (2) でみた要件は、その帰属作業のための要件であるということができる。

　こうして、幸福追求権の実現のみならず、人権保障全般にかかる課題につながる教訓を得ることができるのである。すなわち、憲法にうたったり、憲法規定に根拠を置いたりすることで、めざす理念が論理必然的に実現できることはないということである。理念を具体化する法律の制定とその適用、および、司法過程での認知をとおして、憲法秩序といえるものが形成されるということである。

第3節　平等原則

1　意　義

(1) 14条の概要　14条1項は、法の下の平等をうたい、それを受けて、2項で、貴族制度の否認を、3項で栄典の授与に特権を伴わないことを定めている。このように14条が三つの項にわたって平等に関する規定を設けているのは、明治憲法にはなかった人権保障上の理念を日本国憲法のもとで確立しようとする趣旨だとみることができる＊。

> ＊明治憲法は、19条に公務就任権についての平等をうたうのみで、むしろ華族・貴族制度や家制度を軸とする不平等の憲法秩序であった。

平等は、近代立憲主義の人権宣言における自由と並ぶ基本の理念であるが、明治憲法には存在しなかったがゆえに、それをうたう14条1項のもとでの具体的実現をめぐって多大な関心が向けられてきた。その規定の体裁も、具体的に歴史上の代表的差別禁止事由を列挙して、その意義の重要性を示すものとなっている。また、これを反映して、立法、行政、および司法の場面でも平等実現をめぐる議論が盛んに展開されてきた。その展開の様相は、以下で示すように、全人権保障領域中で最も積極的な進展を遂げているということができる。

14条2項と3項は、明治憲法のもとでの体験に基づき、「法の下の平等」に反する制度の存在を否定して、1項の平等の理念の浸透を徹底させている。

さらに、24条の定める内容も、14条1項から導かれることであり、本章の最後でそれを確認する。

(2) 「法の下の平等」の意味　平等の概念については、古来、多くのさまざまな考察がなされてきた。14条の平等もその考察の成果を基盤とするが、憲法規範としては、「法の下の平等」を人権として保障するものであり、その保障をめぐる議論は、哲学や政治思想における議論を意識しつつもそれと同じではない。

「法の下の平等」とは、国が法律に基づき人を処遇するとき、それが平等であるようにと命じていることをいう。これを別言すると、国は、人を法的に処遇するとき、同じ状態にある者を同じように扱わなければならないということである。国による処遇の根拠法律を制定する立法府・国会は、制定する法律の内容が平等

の理念を実現させるものとしなければならない。また、その合憲性の統制を司法権の担い手である裁判所が行うことになっている（⇨ 第 2 章第 3 節、第 17 章第 4 節）＊。

＊判例の詳細については、判例憲法 1 の 118 頁〜 191 頁〔戸松秀典＝君塚正臣執筆〕参照。

なお、14 条 1 項の「法の下の平等」は、平等原則を定めているととらえるのが適当であり、そのことについてはすでにふれた（⇨ 本章第 1 節 1(3)）＊。

＊そこでもふれたように、「平等原則」か「平等権」かの議論は、生産的でないが、最高裁判例においても、両者がその区別を意識することなく使われていることを指摘しておく。また、最高裁裁判官については、「平等原則」と「平等権」の両者を用いた論述例として、平成 5 年議員定数不均衡判決（最大判平成 5・1・20 民集 47 巻 1 号 67 頁）における木崎裁判官反対意見、「平等原則」の語を用いた論述例として、国籍法違憲判決（最大判平成 20・6・4 民集 62 巻 6 号 1367 頁〔Ⅲ-3-15〕）における泉裁判官補足意見、平成 21 年議員定数不均衡判決（最大判平成 21・9・30 民集 63 巻 7 号 1520 頁）における金築裁判官補足意見などをみることができる。

(3) 相対的平等と形式的平等　　i）**相対的平等**　　14 条 1 項にいう平等とは、絶対的平等ではなく相対的平等のことを指す。これは、今日では判例上確立していることであり、その代表例をみておく。

すなわち、尊属傷害致死に関する刑法 205 条 2 項（平成 7 年の刑法改正で削除）の規定は憲法 14 条に違反しないとした 1950 年の最高裁判決＊がそれである。そこでは、次のように説いている。「おもうに憲法 14 条が法の下における国民平等の原則を宣明し、すべて国民が人種、信条、性別、社会的身分又は門地により、政治的、経済的又は社会的関係上差別的取扱を受けない旨を規定したのは、人格の価値がすべての人間について同等であり、従って人種、宗教、男女の性、職業、社会的身分等の差異にもとづいて、あるいは特権を有し、あるいは特別に不利益な待遇を与えられてはならぬという大原則を示したものに外ならない。奴隷制や貴族等の特権が認められず、又新民法において、妻の無能力制、戸主の特権的地位が廃止せられたごときは、畢竟するにこの原則に基くものである。しかしながら、このことは法が、国民の基本的平等の原則の範囲内において、各人の年令、自然的素質、職業、人と人との間の特別の関係等の各事情を考慮して、道徳、正義、合目的性等の要請より適当な具体的規定をすることを妨げるものではない。」

＊最大判昭和 25・10・11 刑集 4 巻 10 号 2037 頁〔Ⅲ-3-12〕。

このように、日本国憲法の要求する平等は、能力、年齢、財産、職業などが互いに異なることを前提に、同一条件の者は同一に、異なる条件の者は異なって扱うこと、つまり、相対的平等を意味するとされているのである。このことは、日本国憲法施行後の初期の頃から今日まで一貫して判示されており、確立した法となっている*。

　　*初期の頃の判決として、性格、年齢、境遇、情状の異なる犯情の類似した被告の科刑が異なることを当然とした最大判昭和23・10・6刑集2巻11号1275頁をはじめ最大判昭和33・3・12刑集12巻3号501頁、最大判昭和39・5・27民集18巻4号676頁〔Ⅲ-3-8〕、最大判昭和39・11・18刑集18巻9号579頁〔Ⅲ-3-1〕参照。また、尊属殺重罰規定違憲判決（最大判昭和48・4・4刑集27巻3号265頁〔Ⅲ-3-13〕）でもこの解釈が貫かれている。近年でも、先進医療であり療養の給付にあたらない診療（自由診療）である療法と保険診療を併用する混合診療部分について、保険給付を行わないことには一定の合理性が認められ、14条および13条、25条に違反しないとする判断（最三小判平成23・10・25民集65巻7号2923頁）がある。

ⅱ）　**形式的平等**　14条1項が相対的平等を保障していると理解すれば、それは、形式的平等の保障のことであり、本条から何かの請求権や実質的平等を実現する施策が導かれるものではないといえる*。

　　*これも判例では理解が定着しており、一例をあげるだけでよいだろう。すなわち、鉄道会社が車両に車いす対応トイレを設置していないことは、旅行の自由を保障する22条の趣旨に違背しているといえず、また、私人間の行為であることを考慮してもなお社会的に許容される限度を超えているともいえず、さらに、一義的には形式的平等を保障する14条の趣旨にも反しないから、不法行為等を構成しないとした判決（東京地判平成13・7・23判タ1131号142頁、東京高判平成14・3・28判タ1131号139頁）がそれである。

ⅲ）　**間接差別、積極的差別是正策**　形式的には差別的とは受け取れない中立的規定が現実には差別効果を生む場合について、これを間接差別（不利益効果の法理）として問題視する見解も近時有力である*。

　　*自らの肉声で発言することが困難な市議会議員に対して、市議会が第三者の代読による発言を認めなかったことにつき、市への損害賠償請求を認めた事案で、市議会の措置は「間接差別」であると言及した判決（名古屋高判平成24・5・11判時2163号10頁）がある。

男女雇用機会均等法7条は間接差別を定義し、厚生労働省令は三つのケースをあげて、合理的理由がない限り禁じられるとしている。また、差別を解消するため、過去に差別を受けてきた集団を優遇する施策を、積極的差別是正策あるいは積極的差別解消策（アファーマティヴ・アクション、ポジティヴ・アクション）という。14条は、この実質的平等を否認しているとはいえないが、命じているともいえない。男女雇用機会均等法8条は、男女の均等な機会・待遇を実質的に確保するために、事業主が、女性のみを対象とするまたは女性を有利に取り扱う措置は、同法違反とならないと定め、これを容認している*（⇨ 本節 2(3) ⅲ) e)）。

　　*積極的差別是正策が実際に採用されると、男性従業員の差別すなわち逆差別が生じることになる。アメリカで議論されているような訴訟例が日本にはまだ無いようであるが、裁判所は、許容される差別についての判断に迫られることになる。

(4) 合理的差別　　平等原則違反か否かについて判断するにあたり、裁判所は、不均等な法的扱いが合理的か否かを問うている。つまり、平等原則は、合理的差別*を容認しているということができる。これについても、日本国憲法施行後の初期の頃から一貫して最高裁判例において示され、維持されてきており、今日では確立した理解であるといえる。

　　*ここでいう差別とは、区別、分類すること、あるいは異なった扱いをすることをいう。つまり、没価値的表現だが、日常では差別ということばに何がしかの価値が込められてしまい、差別することはよろしくないことで、合理的差別などと、憲法が容認する差別を設定するのは認められないなどと非難される場合がある。そこで、区別とか分類ということばが使われるが、これも使われているうちに価値が込められてしまう。したがって、本書では、合理的差別という表現を維持する。

最高裁判例として、日本国とアメリカ合衆国との間の安全保障条約第3条に基く行政協定の実施に伴う関税法等の臨時特例に関する法律（昭和33年法律68号改正前の昭和27年法律112号）6条、11条、12条は、憲法14条に違反しないと判断した判決*をみることにする。そこでは、最高裁判所は、次のように判示している。「憲法14条は法の下の平等の原則を認めているが、各人には経済的、社会的その他種々の事実関係上の差異が存するものであるから、法規の制定またはその適用の面において、……事実関係上の差異から生ずる不均等が各人の間にあることは免れ難いところであり、その不均等が一般社会観念上合理的な根拠に基

づき必要と認められるものである場合には、これをもって憲法14条の法の下の平等の原則に反するものといえないことは、当裁判所の判例**とするところである。」

　　＊最大判昭和39・11・18刑集18巻9号579頁〔Ⅲ-3-1〕。
　　＊＊そこに引用の先例とは、最大判昭和25・6・7刑集4巻6号956頁、最大判昭和33・3・12刑集12巻3号501頁等である。

　このように、平等原則違反か否かは、当該法規定による処遇に合理的根拠があるか否かの判断を加えることを基本としている。そこで、何が憲法の容認する合理的差別にあたるのか、さらに、裁判所はその審査を行うときにいかなる姿勢をとっているのかといったことに関心を呼ぶ。その関心への答えは、単純ではなく、個別具体の事案との関連でそれを語るしかない。以下では、その様相をみることにしている。

2　14条1項に列挙の差別禁止事由

　14条1項では、五つの差別禁止事由をあげ、国民が「政治的、経済的又は社会的関係において、差別されない」と定めている。以下では、その差別禁止事由について、平等原則の実現の様相をみる＊。

　　＊およそ差別が生じているとき、それは、政治的、経済的、あるいは社会的関係でのそれだといえるので、それらの関係の意味について考察する必要はない。

　なお、五つの差別禁止事由については、憲法が特に掲げていることを無視できず、それゆえ、それらの差別を争う訴訟において、裁判所は、正当化の根拠を厳格に審査すべきと考えることができる＊。そのような考え方が判例上形成されているか否かも、以下での関心の対象である。また、それらの差別事由に該当しない場合は、裁判所の審査は、いかなる具合となっているかについても、注目する必要がある＊＊。

　　＊私見では、五つの差別禁止事由は、歴史上の体験にてらした代表的な差別事由であり、それを憲法が特に禁じているとの理解を基に、裁判所は、合理性の基準を適用する緩やかな審査ではなく、厳格度を増した審査をすべきと理解する。以下では、その理解を背景に、判例を中心とした法秩序の分析をする。なお、その差別禁止事由は、「疑わしい分類」と呼ぶのが適当だと思うが、学説上その採用例があるものの、判例に定着しているわけではない。なお、この用語は、アメリカでのsuspect classificationに由来するものである。戸松秀典・平等原則と司法審査――憲法訴訟研究Ⅰ（有斐閣・1990年）

47頁～53頁参照。

** 列挙されている差別禁止事由について、限定列挙か例示的列挙かの解釈論の対立は、現実や判例の展開をみれば有益な議論といえない。実際に、差別禁止事由の対象を柔軟に広くとらえたり、それに該当しない差別についても平等原則の実現がなされたりしているからである。

(1) 人種・外国人　i）**意義**　人種が差別事由の先頭にあげられているのは、平等問題においてそれが代表的だといえるからである。日本では、出身の国籍や地域による差別が問題とされ、関心が向けられることが多いため、人種による差別の領域に、外国人に対する差別問題をも取り込んで扱われている。それは、前掲（⇒本節**1(4)**）の 1964 年の大法廷判決*において示されており、最高裁判所は、当該事件の外国人である被告人との関連で、「憲法 14 条の趣旨は、特段の事情の認められない限り、外国人に対しても類推さるべきものと解するのが相当である」と説いている。このように、判例上は、人種による差別と外国人の差別とは、特段の事情がない限り、同じ範疇の扱いを受けることになっている。ただし、その特段の事情についての判例法が形成されているわけではない。

　　*最大判昭和 39・11・18 刑集 18 巻 9 号 579 頁〔Ⅲ-3-1〕。類推とは、明確な表現でなく、人種と外国人とは区別すべき概念であり、議論の余地があるが、判例上のこの扱いが今日まで維持されている。

　ii）**出入国管理**　外国人差別を人種差別と同視する判例傾向は、出入国管理行政に関する初期の頃の判例に示されていた。たとえば、「外国人登録令は、外国人に対する諸般の取扱の適正を期することを目的として立法されたもので、人種の如何を問わず、わが国に入国する外国人のすべてに対し、取扱上必要な手続を定めたものであり、そしてこのような規制は、諸外国においても行われていることであって何等人種的に差別待遇をする趣旨に出たものでないから論旨は理由がない」とした判決*がその代表例である。

　　*最大判昭和 30・12・14 刑集 9 巻 13 号 2756 頁。さらに、外国人登録法に対する最二小判昭和 34・7・24 刑集 13 巻 8 号 1212 頁、出入国管理令に対する東京高判昭和 35・9・19 東高刑時 11 巻 9 号 243 頁などを参照。

　これらの先例のもとで、外国人登録法や出入国管理令に関する判例が多数登場しているが、いずれも平等原則違反の主張が斥けられている。その中で、外国人

の指紋押捺制度を争う訴訟に関する判例が多い。しかし、今日、外国人の指紋押捺制度は、外国人登録法の改正により1993（平成5）年1月に廃止されているので、主要な判例をあげるにとどめることにする*。

　　＊最二小判平成10・4・10民集52巻3号776頁、最三小判平成10・11・10判自187号96頁。

　なお、外国人登録原票の登録事項の確認制度を定めた外国人登録法11条1項（昭和62年法律102号改正前）およびその罰則規定である18条1項1号（平成4年法律66号改正前）は、憲法13条、14条に違反しないとした判決＊もあるが、最高裁判所は、そこでも厳格な審査を行っていない。

　　＊最一小判平成9・11・17判タ959号159頁。

　iii）　**社会福祉立法**　　他の箇所でふれているように（⇨ 本節**4(2)**、第11章第2節）、社会福祉立法の憲法訴訟に対しては、立法府の裁量判断を広く尊重した審査をするのが判例傾向である。したがって、それは、社会福祉立法で外国人に対する国籍条項を設けて差別することとの関係でも変わりがない。

　その代表例として、年金関係について、国民年金法（昭和56年法律86号改正前）81条1項が受ける同法56条1項ただし書のいわゆる国籍条項の規定および昭和34年11月1日より後に帰化によって日本国籍を取得した者に対し、同法81条1項の障害福祉年金の支給をしないことは、立法府の裁量の範囲に属する事柄で、その合理性を否定することができず、25条および14条1項に違反しないとした判決＊をみることができる。

　　＊最一小判平成元・3・2訟月35巻9号1754頁。また、国民年金法の国籍要件については、元韓国籍の全盲女性の訴えを斥けた判決（最三小判平成13・3・13訟月48巻8号1961頁）を参照せよ。恩給の受給をめぐっては、恩給法9条1項3号の国籍条項は、昭和27年4月28日の平和条約の発効によって日本国籍を喪失した在日韓国人である旧軍人に、普通恩給を受ける権利を認めないが、日韓請求権協定（昭和40年条約27号）の締結後、彼らが日本国からも大韓民国からも何らの補償もされないまま推移したとしても、同条項を存置したことは、未だ立法府の裁量の範囲を逸脱したとはいえず、本件処分当時においても同条項が憲法14条1項に違反するに至っていたとはいえないとした判決（最一小判平成14・7・18判時1799号96頁。また、最二小判平成13・11・16判時1770号86頁）を参照せよ。

　さらに、戦後補償などの措置について、最高裁判所は、立法裁量論による処理

をしており*、外国人被爆者に対する補償問題についても、同様である**。

> *東京韓国人従軍慰安婦等訴訟上告審判決の最二小判平成 16・11・29 判時 1879 号 58 頁、BC 級戦犯公式陳謝等請求訴訟上告審判決の最一小判平成 13・11・22 訟月 49 巻 8 号 2173 頁などを参照。
>
> **広島地判平成 11・3・25 訟月 47 巻 7 号 1677 頁。

　生活保護法との関係では、同法が不法残留外国人を保護の対象としないことは、その規定と趣旨にてらして明らかであり、そのことは、25 条、14 条 1 項に違反しないとの判決*があるが、正当な在留外国人の扱いについても日本国民とは異なる扱いである（⇨ 第 11 章第 2 節 **1**）。

> *最三小判平成 13・9・25 訟月 49 巻 4 号 1273 頁。

　このように、この法領域では、立法裁量論が支配的であり、外国人に対する特別な扱いはみられない。

　iv）　**参政権、公務就任権**など　　国会議員の選挙権を日本国民に限っている公選法 9 条について、最高裁判所は、憲法 15 条、14 条に違反しないと判決*しており、この判例は、今日まで一貫して維持されている。しかし、地方議会議員選挙の投票権について、永住者等への選挙権付与を憲法は禁止しておらず、立法政策の問題であるとの注目すべき判断を下している**。これを受けて国会で公選法の改正が論議されたものの、今日まで、成立に至っていない。

> *ヒッグス・アラン事件に対する最二小判平成 5・2・26 判時 1452 号 37 頁〔Ⅲ-3-2〕、大阪高判平成 8・3・27 訟月 43 巻 5 号 1285 頁など。
>
> **最三小判平成 7・2・28 民集 49 巻 2 号 639 頁〔Ⅲ-3-3〕。

　住民投票は、公選法の対象外であるが、最高裁判所は、御嵩町における産業廃棄物処理施設の設置についての住民投票に関する条例（平成 9 年御嵩町条例 1 号）が投票資格者を日本国民たる住民に限定したことに対して、14 条 1 項、21 条 1 項に違反しないと判示している*。

> *最二小判平成 14・9・27 判タ 1106 号 80 頁。

　公務員の職については、外国人管理職選考受験拒否事件の最高裁判決*が注目される。最高裁判所は、普通地方公共団体が原則として日本国籍保有者の就任を想定する「公権力行使等地方公務員」の職と、これに昇任するのに必要な職務経験を積むために経るべき職とを包含する一体的な管理職の任用制度を構築したう

第 3 節　平等原則

えで、日本国民たる職員に限り管理職に昇任できるとする措置をとることは、合理的な理由に基づいて日本国民たる職員と在留外国人たる職員とを区別するもので、労働基準法3条にも憲法14条1項にも違反しないと判示している。

＊最大判平成17・1・26民集59巻1号128頁〔Ⅲ-3-4〕。その下級審判決の東京高判平成9・11・26判時1639号30頁、東京地判平成8・5・16判時1566号23頁をも参照せよ。

　国家賠償請求権の制限についても、平等原則違反の主張が容認されていない。すなわち、外国人による国家賠償請求について相互主義を定めた国家賠償法6条は、日本国民に対して国家賠償による救済を認めない国の国民に対し、日本国が積極的に救済を与える必要がないという衡平の観念に基づいており、また、外国における日本国民の救済拡充にも資するものであり、その趣旨および内容に一定の合理性が認められるから、17条、14条1項、98条2項に違反しないとした地裁判決＊がある。

＊東京地判平成14・6・28判タ1117号235頁。

　ⅴ）**社会生活**　　社会生活上、外国人が差別を受ける例が種々登場し注目される。そして、次にみる例のように、私生活上の差別問題は、私人間の法的紛争であるが、本書ですでに確認しているように（⇨第5章第3節**2**）、裁判所は、平等原則の趣旨をそこに浸透させる判断をしている。

　たとえば、外国人入浴拒否事件に対する判決＊がある。そこでは、14条1項、市民的及び政治的権利に関する国際規約26条、およびあらゆる形態の人種差別の撤廃に関する国際条約5条は、私法の諸規定の解釈の基準となり得るところ、私人が経営する公衆浴場が外国人の入浴を一律に拒否したことは、不合理な差別であり社会的に許容し得る限度を超えた人種差別であり不法行為にあたると判断したが、市が、入浴に対する差別撤廃条例を制定するなど当該差別を禁止し終了させる強制力をもった措置をとらなかったことについては、国家賠償法上の違法性はないと判示されている。

＊札幌地判平成14・11・11判時1806号84頁。

　また、福岡国体実施要項中の参加資格の国籍条項が11条、13条、14条に違反しないとした判決や、ゴルフクラブの法人会員の登録者の変更申請を日本国籍を有していないことを理由に認めなかったことが14条の趣旨にてらし、社会的

に許容し得る限界を超えるもので、違法であるとした判決*がある。

> *それぞれ、福岡地判平成5・8・31判タ854号195頁、東京地判平成7・3・23判タ874号298頁。

さらに、逸失利益の計算にかかる争いに対する判決*や、外国人からの住宅ローン融資の申込みについての判決があるが、平等原則違反との判示はなされていない。

> *それぞれ、東京高判平成7・1・19判タ886号244頁、東京高判平成14・8・29金判1155号20頁。

vi）**旧共通法における内地人・朝鮮人・台湾人等**　明治憲法のもとで制定された共通法は、日本国民の中に内地人・朝鮮人・台湾人の区別を設けていた。これに関連する訴訟に対して、最高裁判所は、平等原則違反ではないことを繰り返している*。

> *先例として、平和条約により日本国籍を失う者は、それまで日本の国内法上台湾人としての法的地位をもっていた人と解するのであり、そのことは、同条約の趣旨に反するとはいえないと判示した最大判昭和36・4・5民集15巻4号657頁および最大判昭和37・12・5刑集16巻12号1661頁があり、これらの趣旨にてらして以後処理されている。最二小判昭和38・4・5訟月9巻6号728頁、最二小判昭和58・11・25訟月30巻5号826頁参照。

また、近年でも、戦傷病者戦没者遺族等援護法附則2項および恩給法9条1項3号のもとで、第二次世界大戦下において戦死傷し、日本国と中華民国との間の平和条約の発効により日本国籍を喪失した台湾人およびその遺族らがその各法による給付を受けることができないことは、合理的な根拠があり、14条に違反しないとした判決*があり、さらに、共通法のもとでの強制徴兵徴用等について補償請求等した訴訟に対し、請求を斥けた判決がある**。

> *最三小判平成4・4・28判時1422号91頁。
> **東京地判平成8・11・22訟月44巻4号507頁、東京高判平成14・3・28訟月49巻12号3041頁。

vii）**その他**　北海道旧土人保護法*2条2項の定める土地売買の制限は、規定における呼称やその取扱いについては多少の問題はあるが、これをもって直ちに14条違反ということはできないとした判決**がある。また、二風谷ダム事件に対し、アイヌ民族に属する者に、市民的及び政治的権利に関する国際規約27

条に基づく少数民族の文化享有権を認めつつ、ダム用地収用裁決の取消請求を斥けた判決＊＊＊もある。

> ＊ 1997（平成9）年に「アイヌ文化の振興並びにアイヌの伝統等に関する知識の普及及び啓発に関する法律」（平成9年法律52号）が成立し、1899（明治31）年制定の北海道旧土人保護法は廃された。
> ＊＊ 札幌地判昭和50・12・26判タ336号307頁。
> ＊＊＊ 札幌地判平成9・3・27判タ938号75頁。

(2) 信条　　i）**信条の意味**　　14条1項にいう信条は、19条の思想・良心とどのような異同があるのかということについて、学説上の論議はともかく、判例では確立していない。19条の思想・良心に関する先例の謝罪広告事件の最高裁判決＊については、後に取り上げるが（⇨第8章第2節2）、そこでは、裁判官の間で見解が分かれ、栗山茂裁判官の補足意見のように、良心の自由は、信仰の自由のことで、倫理的な内心の自由ではないとする見解もあるし、田中耕太郎裁判官のように、宗教上の信仰に限らず広く世界観や主義・主張をもつことにも及ぶとする見解もある。いずれも思想と良心とを重ね合わせてとらえており、14条1項の信条も、思想・信条という言い方がなされる場合があり、概念の区別がなされていない。

> ＊最大判昭和31・7・4民集10巻7号785頁〔Ⅲ-4-1〕。

このことは、さらに、三菱樹脂事件の判決＊をみると明らかとなる。すなわち、その事件では、身上書に学生運動歴等についての虚偽申告や入社試験時での虚偽回答を理由に試用期間満了の際、本採用拒否の告知を受けたため、その告知を14条や19条に違反するとして争われたのであるが、最高裁判所は、14条や19条の規定は、直接私人相互間の関係に適用されるものではないから、企業者が特定の思想・信条を有する労働者をその故をもって雇い入れることを拒んでも、それを当然に違法とすることはできず、労働者を雇い入れようとする企業者が、その採否決定にあたり、労働者の思想・信条を調査し、そのためその者からこれに関連する事項についての申告を求めることは、違法とはいえないと判示している。したがって、この判決では、信条による差別の意味が正面から説かれたわけでなく、信条による差別のことを、思想による差別と区別することなく扱っていることが明らかとなっているだけである。また、下級審においても＊＊、初期の頃から

思想・信条による差別という表現がなされており、判例上は、信条による差別とは、思想による差別と同じことであるとされていると結論してもよさそうである。

*最大判昭和 48・12・12 民集 27 巻 11 号 1536 頁〔Ⅲ-1-8〕。

**内心の思想や信条に基づく差別待遇は憲法に違反するが、この思想が外部に表現され、または行動に移された場合は、その行為者に対し相応する処遇を与えることは妨げないと判示した名古屋地判昭和 25・12・28 裁時 75 号 7 頁、私立大学の学則違反を理由とする退学処分が、思想・信条による差別的扱いにあたるものとして、公序良俗に反し無効とはいえないとした東京高判昭和 42・4・10 行集 18 巻 4 号 389 頁、労働者の雇入れにあたって思想・信条によって差別することは、14 条にてらして許されないとした東京地判昭和 42・4・24 判タ 206 号 179 頁、いわゆる三里塚事件について、被告人らに対する公訴提起そのものが、その政治的思想信条を理由として一般の場合に比べ不当に不利益に扱われてなされたものでなく、14 条に違反しないとした千葉地判平成元・10・24 刑資 263 号 237 頁など。

ⅱ) **雇用関係**　雇用関係における信条の差別は、労働基準法 3 条が禁じており、これは、憲法 14 条 1 項の信条による差別の禁止を雇用関係に浸透させたものである。したがって、判例では、違法な差別か否かについての判断の根拠として、憲法 14 条と労働基準法 3 条とがあげられる、最高裁判所の憲法判断が出された例が少ない。

よく注目されているのが、日中旅行社事件の地裁判決*である。この事件は、日本と中国との間の交流を目的とする日中旅行社において、その会社の友好交流の相手国である中国共産党の路線と対立する日本共産党および日中友好協会に所属する従業員らが会社の幹部の説得に応じず、その党および団体から脱退しなかったため解雇され、これを争ったものであるが、裁判所は、政治的信条を理由とする解雇が憲法 14 条、労働基準法 3 条に違反し、したがって公序良俗違反として無効と判決した。そこでは、14 条にいう信条は、政治的信条を含むものであるが、それは政治的基本信念にとどまらず国の具体的な政治の方向についての実践的な志向を有する政治的意見をも含むと説かれている。

*大阪地判昭和 44・12・26 労民 20 巻 6 号 1806 頁〔Ⅲ-3-5〕。なお、大阪地判昭和 43・5・23 判時 537 号 82 頁も参照せよ。

この事件のように、会社の従業員が日本共産党員であることを理由として解雇などの不利益処分がなされたことを争った訴訟はいくつか存在する。最高裁判例

としては、連合国軍占領下における紡績会社で雇用されていた共産党員である従業員の解雇が、その従業員の企業の生産を阻害すべき具体的言動を根拠とするものであって、解雇当時の事情のもとでこれを単なる抽象的危虞に基づく解雇として非難することができないものと認められる場合には、このような解雇を共産党員であることもしくは単に共産主義を信奉すること自体を理由とするものということはできないから、14条違反の問題とはなり得ないとした判決がある*。

　　*最三小判昭和30・11・22民集9巻12号1793頁。

　下級審判決には、共産党員である労働者が企業により解雇されるなどの事例が多く登場しており、解雇を無効とした判決も少なくない*。

　　*共産党員である労働者が債務の本旨に適合する労務をなすべき義務に違反した場合には、会社がやむを得ない業務上の都合によるものとして解雇しても、憲法14条に違反しないとした大阪高判昭和29・3・10判時27号22頁。単に労働者が共産主義者であることを理由とする解雇の意思表示は、法の下の平等を明定した14条、思想の自由を保障した19条の精神に違反し公序良俗に反するものとして無効であるが、信条に基づく外部的言動において破壊的なものがある場合は、この限りでないとした金沢地判昭和31・2・24労民7巻1号58頁、共産主義者およびその同調者で、常に煽動的言動をし、他の従業員に悪影響を及ぼす者、円滑な事業経営に支障を及ぼす者またはそのおそれのある者および事業経営に協力しない者の行動を解雇基準とすることは、憲法14条、労働基準法3条、民法90条に違反しないとした佐賀地判昭和33・4・22労民9巻2号168頁など多数ある。なお、上掲の三菱樹脂事件と同様に試用者を本採用としなかったことを争った事件の判決として、東京地決昭和32・7・20労民8巻4号390頁（違法判断）や、東京地決昭和39・4・27労民15巻2号383頁（無効判断）がある。

　学校関係では、小学校教諭に対する免職処分が思想・信条ならびに組合活動を理由とする差別的取扱いにあたり、14条に違反するとした判決*をはじめ、信条による差別関連の下級審判例が存在する。

　　*静岡地判昭和41・9・20行集17巻9号1060頁。他に、教育委員会が教員の思想信条を理由にいわゆる僻地校へ転任させたのは憲法14条、19条、教育基本法の精神に反するとした札幌地判昭和46・11・19行集22巻11=12号1842頁。公立中学校教諭に対する転任処分が、いわゆる同和教育をめぐって生じた学校教育の混乱を収拾するためにとられたやむを得ない処置であり、23条、19条、14条に違反しないとした大

阪地判昭和51・6・21行集27巻6号875頁。大学の学生規則違反等の行為をした学生に対する無期停学処分は、21条1項、23条、14条、19条に違反しないとした水戸地判昭和59・6・19判タ528号143頁。

他に、公務員との関係*や、納税者との関係**で、信条による差別が争われた例がある。

*東京地判昭和44・6・5労民20巻3号504頁は、日本共産党の日刊機関紙「赤旗（アカハタ）」を職場で配布した公務員に対してされた免職処分が、「秩序をみだし又はみだす虞があると認められる」具体的活動があったと認めることができず、共産主義者であることのみを理由とするもので、憲法14条1項、労働基準法3条に違反し無効とした。東京地判昭和44・11・15訟月16巻2号180頁は、行政機関職員定員法附則3項、国家公務員法78条4号に基づく免職処分が、憲法14条、19条、労働基準法3条に違反するものでなく、有効とした。

**東京高判平成4・9・24税資192号554頁は、青色申告承認取消処分は、民主商工会（民商）の構成員である納税者を差別し、かつ民商を破壊する目的のためになされたものであるから、14条、21条に反し違法であり、また、納税者が修正申告に応じなかったことに対する報復措置であるから違法であるとの納税者の主張を、そのような事実は認められないとして排斥した。

ⅲ）**宗教上の信仰**　信条の概念が、宗教上の信仰といかなる関係にあるかについては、前述のように（⇨ⅰ）、判例上明確になっているわけではない。後にもふれるが（⇨第8章第3節2）、ここでは、次の例をあげておく。

一つは、奈良県文化観光税条例についての事件であり*、他は、日曜参観授業について争った事件である**。また、神戸高専剣道実技履修拒否事件の下級審決定***もあげておく。

*奈良県文化観光税条例が特定の寺院に入場する者についてのみ文化観光税を課することは、不合理な差別課税あるいは信条を理由とする差別課税といえず、14条に違反しないとした奈良地判昭和43・7・17行集19巻7号1221頁。

**公立小学校における日曜参観授業の実施が校長の裁量権の範囲内であって、出席しなかった児童を欠席扱いにしたことに、キリスト教徒を差別的に扱ったり、信仰の自由を侵害するなどの違法はないとした東京地判昭和61・3・20行集37巻3号347頁。

***市立神戸高等工業専門学校の学生がその信仰上の信条を理由に、必修とされている体育科目中の剣道実技を受講しなかったため、体育科目が不認定となったことを根拠に、同校校長が学則により学生に対してした原級留置の処分は、14条、20条、26条、

教育基本法9条に違反しないとした大阪高決平成3・8・2判タ764号279頁。なお、この事件の本案訴訟は、最二小判平成8・3・8民集50巻3号469頁〔Ⅲ-4-9〕において、校長の裁量権についてその範囲を超える違法なものと判決されている。

iv）　その他　　自治体の条例につき、それが信条による差別だとした判決がある＊。

＊広島地判昭和52・7・29行集28巻6=7号764頁。この判決では、同和地区の不良住宅の改修、住宅の新築などについて必要な資金の貸付けを行うことを定めた福山市住宅資金貸付条例（昭和43年福山市条例15号）、同施行規則（昭和43年同市規則16号）に基づく住宅資金借入申込みに際し、同和団体の役員または生活相談員の意見の付された借入希望調書を要するとした同市資金借入希望調書取扱要領は、信条による差別を生む不合理な制度であり、違法とされた。

(3) 性別　　i）　性差別の意味　　従来、男女の肉体的・生理的差異に基づく差別は合理的なものとして容認される、と説明されていた。しかし、時の経過とともに、男女の肉体的・生理的差異を根拠にした扱いについて再検討がなされ、そのような差異の一般化が疑問とされるようになっている。また、今日では、社会学的な意味での文化的性差を示す「ジェンダー」概念が提唱され、さらに、生物学的にも性別が遺伝子や性器の形状で判別できるとは限らないことも指摘されている。性別による差別の禁止は、このような進展を看過することができなく、判例もそのことを反映して展開している。

最高裁判例の先駆例として日産自動車事件の判決＊をみることができる。そこでは、「就業規則中女子の定年年齢を男子より低く定めた部分は、専ら女子であることのみを理由として差別したことに帰着するものであり、性別のみにより不合理な差別を定めたものとして民法90条の規定により無効であると解するのが相当である（憲法14条1項、民法1条ノ2〔現在は2条〕参照）」と判示している。また、入会権者資格差別事件に対して、最高裁判所が、「男女の本質的平等を定める日本国憲法の基本的理念に照らし」、社会での女性に対する差別的扱いを公序良俗に反する無効なものとした判決＊＊も、判例の発展の到達状況を表している。なお、これら二つの例は、いずれも私人間の法的紛争に14条の性差別禁止の理念を浸透させており、このこと自体が性差別論議の進展を物語っている。

＊最三小判昭和56・3・24民集35巻2号300頁〔Ⅲ-1-10〕。

＊＊最二小判平成 18・3・17 民集 60 巻 3 号 773 頁〔Ⅲ-1-11〕。

　以下は、性差別の多様な問題領域における判例の様相である。
　ⅱ）**夫婦間の差別**　　法令上、夫婦間で異なる扱いがなされる代表例は、民法 733 条の再婚制限規定の場合である。この規定が女性に対してのみ再婚を制限することにつき、今日では合理的根拠が失われており、その規定の改廃を怠っている国会の責任を問うという訴訟が提起されたが、これに対し最高裁判所は、その元来の立法趣旨が、父性の推定の重複を回避し、父子関係をめぐる紛争の発生を未然に防ぐことにあると解され、合理的根拠に基づくもので、憲法 14 条 1 項に違反せず、同規定を改廃しない国会ないし国会議員の行為が国家賠償法 1 条 1 項の適用上、違法の評価を受けるものではないと判決した＊。このように、裁判所は、民法 733 条の正当化根拠への再検討を求める訴えに対して、立ち入った審査をしていない。

　　＊最三小判平成 7・12・5 判時 1563 号 81 頁〔Ⅲ-3-7〕。これは、その訴訟の下級審判決（広島地判平成 3・1・28 訟月 37 巻 7 号 1166 頁、広島高判平成 3・11・28 訟月 38 巻 6 号 1013 頁）を肯認するものである。

　また、現在は廃止されている人事訴訟手続法について、その 1 条 1 項の規定は、離婚事件の管轄に関し、夫と妻との間に何らの差別を設けていないことが明らかであり、かつ、同条項が妻の居住・移転の自由に制限を加えたものとは認められないから、14 条 1 項、22 条、24 条 2 項に違反しないとした決定＊もある。

　　＊最一小決昭和 59・1・30 判時 1105 号 51 頁。

　ⅲ）**雇用関係**　　雇用関係における性差別問題は、定年・退職、結婚、賃金、昇格・昇進、その他の労働条件と多岐にわたっている。以下は、その判例の主要な動向である。

　　a）**定年・退職**　　先にふれた日産自動車事件の判決は、その判決時までに下級審裁判所において、女子若年定年制が公序良俗に違反し無効であるとする判決がいくつか登場しており、そのことを基盤としたものであることを看過できない＊。

　　＊主要な下級審判決を列記しておく。男子より 25 歳早い女子 30 歳定年制の定めを無効とした東急機関工業事件判決（東京地判昭和 44・7・1 労民 20 巻 4 号 715 頁）、事務雇用の定年を 31 歳とする就業規則が実質的に女子若年定年制で無効と判断した判決（盛岡

地判昭和46・3・18労民22巻2号291頁)、男子より5歳早い定年制を無効とした判決(東京高判昭和48・3・12労民24巻1=2号84頁、日産自動車事件の第一審の東京地判昭和48・3・23判タ291号168頁、東京高判昭和54・3・12労民30巻2号283頁(同控訴審)、名古屋地判昭和48・4・27判タ298号327頁)、男子より10歳早い定年制を無効とした判決(静岡地沼津支判昭和48・12・11判時756号111頁)、女子従業員の30歳退職制を無効とした名古屋放送事件判決(名古屋高判昭和49・9・30労民25巻6号461頁)、女子が男子より10歳早い退職制を無効とした伊豆シャボテン公園事件判決(東京高判昭和50・2・26労民26巻1号57頁)など。また、日産自動車事件判決後には、定年年齢を男子55歳、女子45歳と定めた就業規則を無効とした判決(仙台地判昭和58・12・28判タ516号195頁)。

　日産自動車事件の判決は、性差別問題に強いインパクトをもたらし、就業規則の改定の引き金となった。最高裁判所も同判決の浸透に努めており、それは、定年を男子62歳に対し女子57歳と定めた就業規則、およびその就業規則の定年を男女とも60歳と改定するにあたり、女子は3年、男子は13年かけて徐々に格差を解消する旨定めた経過措置が、ともに女子に対する不合理な差別であり、民法90条により無効であると判決*したところに現れている。また、下級審においても、この傾向の反映をみることができる**。

　　*最一小判平成2・5・28労働経済判例速報1394号3頁。その控訴審判決・広島高判昭和62・6・15判時1236号52頁も同趣旨。
　　**金沢地判平成13・1・15労判805号82頁は、地方自治体が定める退職勧奨制度で、行政職の女子の退職勧奨年齢を男子のそれより10歳も低くしているのは、その区別について合理的な理由があると認めるに足りる証拠がない場合、もっぱら女子であることのみを理由として差別的取扱いをするものであり、地方公務員法13条に反し違法であると判示している。

　b) **結婚**　私企業における結婚退職制は、性別による差別であり、公の秩序に違反し無効であるとした住友セメント事件判決*に代表されるように、結婚退職制、結婚を理由とする解雇や休職処分、結婚を要素とする希望退職基準などと関連する訴訟に対しては、無効の判決が出されている**。

　　*東京地判昭和41・12・20労民17巻6号1407頁。
　　**神戸地判昭和42・9・26労民18巻5号915頁、神戸地判昭和43・3・29労民19巻2号507頁、盛岡地一関支判昭和43・4・10労民19巻2号522頁、千葉地判昭和

43・5・20 行集 19 巻 5 号 860 頁、名古屋地判昭和 45・8・26 労民 21 巻 4 号 1205 頁、大阪地判昭和 46・12・10 労民 22 巻 6 号 1163 頁。

これらに対し、合理的理由を認定して、違憲、違法の主張を斥けた例もある*。

> *前橋地判昭和 45・11・5 労民 21 巻 6 号 1475 頁、東京高判昭和 51・8・30 労民 27 巻 3=4 号 445 頁は、既婚女子工員の解雇につき、その工員を企業合理化のための人員整理対象者に選定する合理的な理由が存在していたもので、憲法、労働基準法に違反するものではないとしている。

c）**賃金** 判例において、労働基準法 4 条は、「男女同一価値労働同一賃金」のことであると解釈されるようになった*。そこには、憲法 14 条 1 項による性差別禁止の趣旨が具体化されていることはいうまでもない。しかし、その具体化の程度、範囲については、単純な説明を許さない**。

> *秋田相互銀行事件に対する秋田地判昭和 50・4・10 労民 26 巻 2 号 388 頁は、男子と女子の職員にそれぞれ異なる本人給表を適用したことが労働基準法 4 条に違反するとされた。
>
> **その様相を主要な判例により示す。まず、産休・育休の女性労働者への賞与不払いは無効ではないとした東朋学園事件の最高裁判決（最一小判平成 15・12・4 判タ 1143 号 233 頁）。下級審判決として、家族手当受給者を世帯主とする規程、ならびに同規程の世帯主を実質上の世帯主すなわち一家の生計の主たる担い手とする被告会社の解釈および運用は、合理性を有し、女子従業員を不当に差別したものでないとした判決（東京地判平成元・1・26 労民 40 巻 1 号 1 頁）、労働基準法 4 条は、憲法 14 条 1 項の理念に基づき、これを賃金について具体的に規律・具現した強行規定であり、公序に関する規定であると解されるから、労働基準法 4 条に違反する就業規則およびこれによる労働契約の賃金条項は、民法 90 条により無効であるとの前提のもとに、家族手当の世帯主条項をめぐる性差別を認定した岩手銀行事件の判決（仙台高判平成 4・1・10 労民 43 巻 1 号 1 頁）。比較的近年の下級審判例として、女性であることのみを理由として男女間に格差のある昭和 56 年賃金表を会社が定め、これを是正することなく維持してきたことは、労働基準法 4 条にてらして違法であり、同会社はこの不法行為により女性従業員に生じた損害を賠償すべき義務を負うところ、女性従業員には、勤続年数・年齢において同等の男性従業員との賃金等との差額相当の財産的損害が生じたと認められる、とされた内山工業事件の判決（広島高岡山支判平成 16・10・28 労判 884 号 13 頁）、また、男女雇用機会均等法（平成 9 年法律 92 号改正前）8 条は、男女の均等取扱いについて事業者に対して努力義務を法律上課しており、その趣旨をみたしていない状況について

労働大臣は助言・指導等の行政的措置をとることができるのであるから、同条は単なる訓示規定ではなく、雇用差別にかかる不法行為の成否についての違法性判断の基準とすべき雇用関係についての私法秩序には、同条の趣旨が含まれるとの前提のもとに、企業の不行為責任を認定した昭和シェル石油女性賃金差別事件の控訴審判決（東京高判平成 19・6・28 労判 946 号 76 頁）。

　　d）　昇格・昇進　　昇進については、事の性格上、当該事件の個別の事情が強く働き、差別の認定が容易ではない。それゆえ、裁判所の判断が分かれがちである。それを鈴鹿市女子職員差別事件においてみることができる*。

　　　＊その事件の第一審裁判所は、地方公務員である女子職員に対する昇格につき、合理性を欠く性別による差別があったとして、国家賠償法 1 条による損害賠償請求を認めた（津地判昭和 55・2・21 労民 31 巻 1 号 222 頁）のに対し、控訴審裁判所は、地方公務員である女子職員を昇格させなかったことにつき、任命権者が性別による差別を行うなど、裁量権を逸脱しまたは濫用した違法は認められず、憲法 14 条に違反しないと判示している（名古屋高判昭和 58・4・28 労民 34 巻 2 号 267 頁）。なお、男子職員を勤務成績や能力に基づく選考をすることなく、勤続年数を唯一の基準として一律に昇格させる措置をとりながら、同一の昇格要件を満たしていた女子職員について男子職員と同等の昇格措置を講じなかったことは、性別による差別であるとした判決（東京地判平成 2・7・4 労民 41 巻 4 号 513 頁）がある。これに対し、14 条および男女雇用機会均等法は、一般的効力を有するにすぎないから、私企業において差別された女性職員による昇格・昇進請求権行使の根拠規定となり得ないとした判決（東京地判平成 8・11・27 労判 704 号 21 頁）もある。

　　e）　その他の労働条件　　以上の他にも、労働条件などに関する性差別問題が存在し、その様相は多様である。それをここでふれるゆとりがないが、男女雇用機会均等法*が制定され、それが 1999（平成 11）年に施行されると、裁判でもこれに対応した判断が下されるようになったことは示しておく。

　　　＊男女雇用機会均等法（正式名は、「雇用の分野における男女の均等な機会及び待遇の確保に関する法律」（平成 9 年法律 92 号改正））は、1985（昭和 60）年に勤労婦人福祉法（昭和 47 年法律 113 号）の全面改正（昭和 60 年法律 45 号）というかたちで制定されたが、当初は多くの規定が努力義務であり、改善は漸進的なものとされた。だが、同法は 1999 年に改正され（平成 11 年法律 87 号・104 号）、たとえば、男女いずれかのみの求人募集が禁止されたほか、アファーマティヴ・アクション（積極的差別是正）による女性の優先雇用は認められる場合があることが明文化された。

まず、野村證券事件の判決＊では、性別を前提に男女をコース別に採用し処遇する仕方は、原告従業員が入社した昭和32年ないし同40年当時はそれが公序に反していたとまではいえないが、男女雇用機会均等法が施行された平成11年以後は、その処遇が公序に反することになったとして、企業に対する慰謝料請求を認めている。また、住友金属工業事件の判決＊＊も、男女雇用機会均等法の平成11年4月の施行以前に被告会社が高卒事務職の募集・採用時に男女間でコース別取扱いをしたことは、14条の理念には沿わないものの直ちに公序良俗に違反したとはいえないが、採用後の高卒事務職の男女間の別異取扱いが採用時のコース別取扱いの差異に基づかないか、基づくとしても合理性を有しない場合には、公序に反して違法であるとしたうえで、本件格差を民法90条の公序に反する違法なものであると判示している。これらに対し、企業が行った職分制度、厚生給および系列転換制度について、いずれも違法な男女差別にあたらないとされた住友化学工業事件の判決＊＊＊もある。

＊東京地判平成14・2・20判タ1089号78頁。
＊＊大阪地判平成17・3・28判タ1189号98頁。
＊＊＊大阪地判平成13・3・28判タ1101号121頁。

この動向において、最高裁判所は、2014年に、女性労働者につき妊娠中の軽易な業務への転換を契機として降格させる事業主の措置に対して、男女雇用機会均等法9条3項の禁止する取扱いの該当性にかかる厳しい審査をする判決を下し＊、注目された。

＊最一小判平成26・10・23労判1100号5頁。これは、マタハラ（マタニティ・ハラスメント）訴訟判決と呼ばれ、女性の社会での活動を後押しする判決として歓迎されている。平等原則についての判示はないが、男女雇用機会均等法の趣旨を推し進め、平等原則の具体化をしたものとの意義を認めることができる。

iv）**社会的関係**　先にふれた入会権者資格差別事件（⇨ 前述 i ））は、社会的関係における性差別問題の代表例であるが、最高裁判所は、その事件の判決において、次のように判示している。すなわち、その事件における入会権の得喪について、入会権者の資格を原則として男子孫に限り、当該部落民以外の男性と婚姻した女子孫は離婚して旧姓に復しない限り入会権者の資格を認めないとする男子孫要件は、何ら合理性を有さず、男女の本質的平等を定める日本国憲法の基本的

理念にてらし、性別のみによる不合理な差別として民法90条の規定により無効である。

　＊最二小判平成18・3・17民集60巻3号773頁〔Ⅲ-1-11〕。

　また、財団法人「阪神・淡路大震災復興基金」が1995年の大震災の復興事業の一つとして1998年に創設した被災者自立支援金制度は、きわめて公共性の強い法人による高度の公益目的を有する制度であるところ、同制度実施要綱が定める「世帯主が被災していること」という、同支援金支給のための要件は、世帯間差別および男女間差別を招来し不合理な差別にあたるから、平等原則ないし公序良俗に違反し無効であるとした判決＊もある。

　＊大阪高判平成14・7・3判時1801号38頁。なお、その判決の対象は、阪神・淡路大震災後被災女性Aと結婚したXが財団Y（阪神・淡路大震災復興基金）に対して、自立支援金の支給申請をしたところ、Yが「世帯主が被災していること」という支給要件（世帯主被災要件）がみたされていないとして申請を却下したので、X（Yの控訴後死亡したのでAがXの地位を承継している）がYを相手に被災者自立支援金の請求をしたという事案である。

　さらに、漁業協同組合が、第三者から影響補償として交付された海砂利採取等による漁業補償金を正組合員に分配するにつき、女性にはこれを分配しない旨の決定を行ったことは、男女の不合理な性差別を禁止する憲法の趣旨に反するとして、補償金支払請求と慰謝料請求および女性正組合員がその配分を受ける地位にあることの確認請求を認容した判決＊がある。

　＊高松地判平成13・8・29判タ1116号175頁、高松高判平成14・2・26判タ1116号172頁。

　このように、前述した日産自動車事件判決以来の法理は、性差別分野によく浸透していることを知ることができる。

　ⅴ）**刑罰法規関係**　刑罰法規について性差別だとして争われた例は、多くは存在しない。刑法177条の強姦罪の規定について、女性のみを被害者としていることが憲法14条1項違反だと争われた事件に対して違憲の主張を斥けた判決＊ほか、若干の最高裁判例を掲げておく＊＊。

　＊最大判昭和28・6・24刑集7巻6号1366頁。そこでは、刑法177条が女性を被害者とする規定を設けたのは、「男女両性の体質、構造、機能などの生理的、肉体的等の事実的差異に基き且つ実際上強姦が男性により行われることを普通とする事態に鑑み、

社会的、道徳的見地から被害者たる『婦女』を特に保護せんがためであって、これがため『婦女』に対し法律上の特権を与え又は犯罪主体を男性に限定し男性たるの故を以て刑法上男性を不利益に待遇せんとしたものでないことはいうまでもないところ……」などと判示している。

** 尼崎市売春等取締条例（昭和27年条例4号）3条は、報酬を受け、もしくは受ける約束で性交またはこれと類似の行為をするものを処罰するものであり、女性のみを処罰の対象とするものではないから、本条に違反しないとした決定（最二小決昭和32・6・8刑集11巻6号1638頁）や、売春防止法5条は、女性のみを処罰の対象とするものでないから、本条に違反しないとした判決（最三小判昭和37・12・18刑集16巻12号1713頁）がある。

ⅵ）**問題と課題**　以上の性差別問題は、男女の別についてのそれである。これに対して、今日では、そのようなとらえ方に再検討が求められている。それは、性別について、性的マイノリティ（LGBT）*の存在を含めた把握をすべきとする指摘である。実際に、社会ではこれにかかる論議が展開するようになっており、判例にもその問題が登場するようになっている。

* LGBT とは、Lesbian（レズビアン）、Gay（ゲイ）、Bisexual（バイセクシュアル）、および、Transgender（トランスジェンダー）のことである。これらについて、性的指向と性自認・性同一性とが混同され、正しく認識されないところに問題が生じるとされる。後者の性自認・性同一性については、性同一性障害者の性別の取扱いの特例に関する法律（平成15年法律111号）2条の定義に従う診断のもとに、性同一性障害者とされる。

その一つは、東京都が設置・管理する府中青年の家における同性愛者の同室での宿泊を拒否した事件であり、裁判所は、その利用権を不当に制限したものと認定した*。他に、性同一性障害者につき性別の取扱いの変更の審判が認められるための要件として「現に未成年の子がいないこと」を求める性同一性障害者の性別の取扱いの特例に関する法律3条1項3号の規定は、現に子のある者について性別の取扱いの変更を認めた場合、家族秩序に混乱を生じさせ、子の福祉の観点からも問題を生じかねない等の配慮に基づくものとして、合理性を欠くものとはいえないから、国会の裁量権の範囲を逸脱するものということはできず、13条、14条1項に違反しないとした決定**がある。

* 東京高判平成9・9・16判タ986号206頁。

** 最三小決平成19・10・19家月60巻3号36頁。また、最一小決平成19・10・22

家月60巻3号37頁も参照せよ。

　この新たな動向との関係で、性差別問題の内容は、変化している。
　また、従来の性差別は、女性に対する問題が中心であったが、それも変化して、男性についても検討が求められている。それは、外貌醜状の労災認定につき争った訴訟の判決＊に表れている。

　　＊京都地判平成22・5・27労判1010号11頁は、外貌醜状の労災認定につき、労働者災害補償保険法施行規則別表第1に定める障害等級表の男女差を、14条1項に違反する男性差別と判断した。逆に、交通事故の傷害につき、自動車損害賠償保障法施行令の後遺障害別等級表の男女別の取扱いに準拠した例（秋田地判平成22・12・14裁判所ウェブサイト）も参照。

(4)　社会的身分　　i）　**意味**　　社会的身分とは何を指すかについて、最高裁判所は、「人が社会において占める継続的な地位」であると1964年の判決＊で定義し、それが今日まで維持されている。この定義によると、多種多様な人の地位が対象となり、実際に、判例ではそれが表れている。以下では、その主要なところを示すことにする。

　　＊最大判昭和39・5・27民集18巻4号676頁〔Ⅲ-3-8〕。これは、町長の行った職員への待命処分を争う訴訟の判決で、次のように判示している。すなわち、「憲法14条1項及び地方公務員法13条にいう社会的身分とは、人が社会において占める継続的な地位をいうものと解されるから、高令であるということは右の社会的身分に当らないとの原審の判断は相当と思われる」が、町長が町条例に基づき、過員整理の目的で行った町職員に対する待命処分は、55歳以上の高齢者であることを一応の基準としたうえ、その該当者につきさらに勤務成績等を考慮してなされたものであるときは、憲法13条、14条1項および地方公務員法13条に違反しない。

　なお、広い意味であるにしても、一定の限界があり、最高裁判所は、そのことを判例＊で示している。

　　＊最一小判昭和24・6・16刑集3巻7号1077頁は、判決中に「被告人は土木請負業関根組の最高幹部であった」と判示したからといって、それは本人の経歴を示したものにすぎず、直ちに被告人に対してその社会的身分または門地によって差別的取扱いをしたものと解することはできないと判示している。また、最大判昭和26・8・1刑集5巻9号1709頁は、刑法186条の賭博常習者は、14条にいわゆる「社会的身分」ではないとし、さらに、最一小判昭和30・8・18刑集9巻9号2031頁は、刑法253条の

業務上他人の物を占有するということについて、最二小判昭和43・6・14刑集22巻6号477頁は、盗犯等の防止及び処分に関する法律3条所定の常習累犯者について、憲法14条の「社会的身分」に該当しないと判示している。なお、最高裁判所裁判集に登載の判例であるが、裁判所が賭博開帳図利等の事件で、被告人がいわゆる博徒であるかどうか、博徒仲間においてどのような地位を占めているかを認定したことは犯意の強弱や情状の認定に必要だったためであり、博徒社会における地位による差別的処遇をしたものではないとした最三小決昭和43・4・23集刑166号765頁、「原判決が、『被告人はいわゆるてき屋あるいは露店商人の団体であるA会の総代の地位にあり、かねてから露店商人の仲間などとカブ賭博をするうち本引賭博を覚え』と判示しているのは、被告人が、賭博を覚えるにいたった経過を示したものにすぎず、被告人に対し、社会的身分又は門地により差別的取扱いをしたものではない」とした最二小決昭和47・2・16集刑183号147頁、業務上過失傷害事件における「自動車運転者」は「社会的身分」ではないとした最二小判昭和38・12・6集刑149号209頁がある。下級審判決においても、憲法14条にいう「社会的身分」とは、広く人が社会において有するある程度継続的な地位を指称し、人の成長に従って生ずる人の自然的状態である55歳以上の者ということは、14条の「社会的身分」にあたらないとした判示がある（富山地判昭和35・4・15行集11巻4号1146頁）。

ⅱ）**親族上の身分**　a）**尊属に対する犯罪の刑罰加重規定**　1995（平成7）年の刑法改正により、尊属に対する殺人、傷害致死、遺棄、および逮捕監禁の犯罪についての刑罰加重規定が削除された。これは、多数意見とは別に、尊属に対する犯罪を差別的に取り扱うこと自体が14条に違反すると説いた1973（昭和48）年最高裁大法廷判決＊における意見の趣旨が実現されたものである。

　　＊最大判昭和48・4・4刑集27巻3号265頁〔Ⅲ-3-13〕。

なお、この大法廷判決は、旧刑法200条について、それが尊属殺の法定刑を死刑または無期懲役のみに限っている点で、普通殺に関する刑法199条の法定刑に比し著しく不合理な差別扱いをするものであり＊、14条1項に違反すると判示し、先例を変更したものである＊＊。

　　＊この差別的取扱いについて、次のように判示している。すなわち、刑法旧200条が、自己または配偶者の直系尊属を殺した者は死刑または無期懲役に処する旨を規定しており、それが「被害者と加害者との間における特別な身分関係の存在に基づき、同法199条の定める普通殺人の所為と同じ類型の行為に対してその刑を加重した、いわゆ

第3節　平等原則

る加重的身分犯の規定であって……、このように刑法 199 条のほかに同法 200 条をおくことは、憲法 14 条 1 項の意味における差別的取扱いにあたる」と。なお、そこでは最一小判昭和 31・5・24 刑集 10 巻 5 号 734 頁を引用している。

** 先例は、最大判昭和 25・10・25 刑集 4 巻 10 号 2126 頁。しかし、この違憲判決後も、尊属傷害致死に関する刑法 205 条旧 2 項については、その法定刑が極端に重いものではなく、かつ同 1 項に比しても著しい差異はなく合理的根拠に基づく差別の域を出ないから、14 条に違反しないと判示した(最二小判昭和 51・2・6 刑集 30 巻 1 号 1 頁)。その先例は、最三小判昭和 50・11・28 判時 797 号 156 頁、最一小判昭和 50・11・20 判時 797 号 153 頁、最一小判昭和 49・9・26 刑集 28 巻 6 号 329 頁、最大判昭和 29・1・20 刑集 8 巻 1 号 52 頁、および最大判昭和 25・10・11 刑集 4 巻 10 号 2037 頁〔Ⅲ-3-12〕。

このように、尊属に対する犯罪の刑罰加重規定にかかる差別解消は、最高裁判決が引き金となったといえるものの、刑法改正という立法上の対応が強い役割を果たしたといえるのである。

b）**扶助料・軍人恩給等**　この分野では、平等原則違反の主張がすべて斥けられている。そして、軍人恩給に関して、恩給法の一部を改正する法律(昭和 28 年法律 155 号)附則 10 条 1 項 2 号は、憲法 13 条、14 条および 24 条に違反しないとした最高裁判決*の他は下級審判決による合憲判断なので、立ち入らない。

*最大判昭和 44・12・24 民集 23 巻 12 号 2595 頁。

c）**非嫡出子**　近年、嫡出子・非嫡出子*の法的扱いをめぐる論議が盛んになっている。そこで、以下では、民法の相続分の規定、民法や国籍法による認知・国籍の扱い、さらに、戸籍法による続柄記載要件について、判例の動向および立法上の対応をみる。

*最高裁判所は、後述の平成 25 年大法廷決定以降、「非嫡出子」でなく「嫡出でない子」という表現に変えている。

①相続分　非嫡出子の法定相続分を規定した民法 900 条 4 号ただし書の合憲性が大きな議論を呼んでいた。ところが、2013(平成 25)年に、最高裁判所は、民法の同規定が憲法 14 条 1 項に違反するとの判断を下した*。そこでは次の考えが示されている。すなわち、「昭和 22 年民法改正時から現在に至るまでの間の社会の動向、我が国における家族形態の多様化やこれに伴う国民の意識の変化、諸外国の立法のすう勢及び我が国が批准した条約の内容とこれに基づき

設置された委員会からの指摘、嫡出子と嫡出でない子の区別に関わる法制等の変化、更にはこれまでの当審判例における度重なる問題の指摘等を総合的に考察すれば、家族という共同体の中における個人の尊重がより明確に認識されてきたことは明らかであるといえる。そして、法律婚という制度自体は我が国に定着しているとしても、上記のような認識の変化に伴い、上記制度の下で父母が婚姻関係になかったという、子にとっては自ら選択ないし修正する余地のない事柄を理由としてその子に不利益を及ぼすことは許されず、子を個人として尊重し、その権利を保障すべきであるという考えが確立されてきているものということができる。」

　　＊最大決平成25・9・4民集67巻6号1320頁〔Ⅲ-3-14〕。

　これは、18年前の合憲決定＊を覆すものであり、その間の立法府における対応の鈍さに対抗して、最高裁判所が法秩序の形成に積極的姿勢を示したものと受け取ることができる。

　　＊最大決平成7・7・5民集49巻7号1789頁。そこでは、民法990条4号ただし書は、民法の法律婚主義のもとに合理的な根拠があり、その改正は、立法裁量の問題であると判示していた。ただし、半数以上の裁判官が同規定にかかる立法事実の変化を指摘し、5人の裁判官の補足意見と5人の裁判官の反対意見が付されていたことも看過できない。また、その当時、違憲の判断を下した高裁決定（東京高決平成5・6・23高民46巻2号43頁）も登場していた。他方、最高裁判所および下級審裁判所の合憲判断が多く存在していたが、ここではそれらの挙示を省略する。

　②認知・国籍　　国籍法の非嫡出子についての規定も、最高裁判所判決により変化が生じた。すなわち、1984（昭和59）年改正以降の国籍法2条は「出生の時に父又は母が日本国民であるとき」に、また、同法3条1項（当時）は「父母の婚姻及びその認知により嫡出子たる身分を取得した子」（準正による）について日本国籍取得を定めてきた。その結果、外国人母の非嫡出子で、日本人父から胎児認知ではなく生後認知がされたときは、日本国籍が出生取得できなかった。この状況にある子は、嫡出子や準正による場合、父が日本人で母が外国人の非嫡出子の場合と比べても不利益を受けていた。これを争う訴訟に対し、最高裁判所は、国籍法3条1項（当時）を違憲とし、残る要件をみたした上記の子らに国籍を付与するとの判決＊が登場した。そこでは、わが国を取り巻く国際的な社会的

環境等の変化が判断要素として強く働き、準正を出生後における届出による日本国籍取得の要件としておくことについて、立法目的との間に合理的関連性を見いだすことがもはや難しくなっていると判示されている。また、この平成20年判決は、立法裁量に委ねず、差別の直接的救済を図った点でも注目されている**。

　　＊最大判平成20・6・4民集62巻6号1367頁〔Ⅲ-3-15〕。なお、この判決前に、最高裁判所は、国籍法2条は、憲法14条に反しないとの判決を下している。最二小判平成14・11・22判時1808号55頁、その下級審判決・大阪地判平成8・6・28訟月43巻7号1591頁参照。

　　＊＊当該訴訟の原告・上告人は、国籍法3条1項（当時）の要件をみたしており、国籍を取得した、と判示されている。なお、平成20年判決を受けて、国会は、同年12月、国籍法3条1項（当時）の前記部分は「父又は母が認知した子」と、生後認知でも国籍取得を可能とするように改正し、同条の表題も「（認知された子の国籍の取得）」と変更された（平成20年法律88号）。併せて、虚偽の国籍取得届提出者を罰する規定も挿入された。

　民法787条が非嫡出子の父子関係に認知を求めていることは、13条や14条にも反しないと判決されている＊。

　　＊最大判昭和30・7・20民集9巻9号1122頁、最一小判昭和54・6・21家月31巻11号84頁。

　　③続柄記載　戸籍法49条2項1号が出生の届出に嫡出子または嫡出でない子の別を記載させることについて、不合理な差別的取扱いを定めたものとはいえないとし、違憲の主張を斥けている＊。また、戸籍法が嫡出子と非嫡出子を区別する戸籍の記載をしていたため、住民票の記載も区別されていたことが争われた事件に対しても、最高裁は、市町村長の職務上の注意義務違反を認めず、国家賠償請求を斥けている＊＊。

　　＊最一小判平成25・9・26民集67巻6号1384頁。

　　＊＊最一小判平成11・1・21判時1675号48頁。なお、下級審においても、記載の区別についての違憲の主張が斥けられていた（東京地判平成3・5・23行集42巻5号688頁や東京高判平成7・3・22判タ874号82頁、さらに、東京高判平成17・3・24判時1899号101頁とその原審の東京地判平成16・3・2訟月51巻3号549頁）。

　しかし、2004（平成16）年11月の戸籍法施行規則改正により、以後出生の非嫡出子の戸籍の続柄の記載も「長男」「三女」等と変更された＊。

＊ただし、非嫡出子は母との関係でのみ記載される点で、父母夫婦を単位とする嫡出子の場合と異なる。「嫡出子」「非嫡出子」の記載も出生届には残る。

iii) **職業**　社会的身分中の職業による差別も、公務員をはじめ、農地改革に伴う地主・小作人や営業者に対するものなどと多様である。

a) **公務員**　公務員については、その地位に関連した法制上の特別な扱いや、規律違反に対する刑罰などに対して訴訟が提起されていて、それに関する判例は少なくない。

まず、公務員の政治的行為を制限禁止した国家公務員法102条は、14条に違反しないとした判決＊をはじめ、一連の判決があるが、それについては、21条違反か否かの議論として展開され、本書ではその関連で扱っているので、ここでは立ち入らない（⇨第8章第4節**3(2)** i))。

＊最大判昭和33・3・12刑集12巻3号501頁、同趣旨の最大判昭和33・4・16刑集12巻6号942頁。

また、いわゆる自動失職制度を定める地方公務員法28条4項および16条2項は、憲法14条1項、13条、31条に違反しないとした判決＊や、禁錮以上の刑に処せられたため地方公務員法の規定により失職した地方公務員に対して、一般の退職手当を支給しない旨を定めた条例規定は、憲法13条、14条1項、29条1項に違反しないとした判決＊＊がある。

＊最三小判平成元・1・17判時1303号139頁〔Ⅲ-3-11〕。

＊＊最三小判平成12・12・19判タ1053号87頁。国家公務員についても同趣旨の最一小判平成19・12・13判時1995号157頁。

次に、農林漁業金融公庫法17条および19条2項の各規定は、農林漁業金融公庫の役職員または同公庫の委託業務に従事する金融機関の役職員に対して刑事責任を問う場合に限り公務員とみなすものであって、不合理であり、憲法14条1項に違反し無効であると争われた事件に対して、同公庫は、その性格上、行政機関に準ずるものといえるのであって、役職員の職務の威信と公正を確保すべき必要性も一般の公務員と比してさしたる逕庭があるものとは考えられないとして、そのような差別的扱いには合理的根拠が認められ、違憲とはいえないとした判決＊がある。

＊最三小判昭和36・7・25刑集15巻7号1216頁。また、国民金融公庫法17条につい

ての東京高判昭和 30・11・10 高刑 8 巻 10 号 1202 頁も参照。

　他に、公務員法上の扱いに関する下級審判決として、たとえば、心身の故障のため国家公務員としての職務の遂行ができない者や、官職に必要な適格性を欠く者を降任したり免職したりすることは、職務の能率およびその適正な運営の確保という公益目的から必要なことであり、合理性があるから、これを定めた国家公務員法 78 条 2 号・3 号は、憲法 14 条、25 条、27 条に違反しないとした判決*など多数あるが、いずれも違憲の主張が斥けられており、立ち入らない。

　　＊大阪高判平成 12・3・22 訟月 47 巻 7 号 1964 頁。

　刑法上の公務員の扱いが憲法 14 条違反だとの争点については、比較的早い時期に解決済みである*。

　　＊それを列挙しておく。公務員の収賄を処罰することを定めた刑法 197 条は、憲法 14 条に違反しない（最大判昭和 34・12・9 刑集 13 巻 12 号 3186 頁）。刑法 158 条 1 項の偽造公文書行使罪の法定刑が同法 161 条 1 項の偽造私文書行使罪のそれより重いのは、その保護法益である公文書の信用度が私文書のそれより高いことに基づくものであって、文書作成名義者の身分による差別ではない（最三小決昭和 34・9・22 刑集 13 巻 11 号 2985 頁）。刑法 156 条は信用度の高い公文書の無形偽造を、私文書と異なって特に処罰することにしたものであって、その保護法益は公文書の信用性にあり、行為者が公務員であるか否かによってその保護に軽重を設けた規定ではない（最二小判昭和 33・5・30 刑集 12 巻 8 号 1914 頁）。刑法 95 条は、公務員を特別に保護する規定ではなく、公務員によって執行される公務そのものを保護するものであって憲法 14 条に違反しない（最二小判昭和 28・10・2 刑集 7 巻 10 号 1883 頁、最三小判昭和 32・2・12 集刑 117 号 861 頁）。

　公務員であることを量刑上考慮することについて争われた事件も、日本国憲法施行後の初期の頃に集中していて*、最高裁判所が平等原則違反とした例はない。

　　＊量刑にあたり司法巡査であることを顧慮したとしても、14 条に違反しない（最三小判昭和 27・8・23 集刑 67 号 196 頁）、判決理由中に被告人の職業として郵便局事務員であったことを掲げたのは、単に被告人の経歴を示したにすぎず、執行猶予をしなかった判決の前提または背景としたものとは認められない（最二小判昭和 26・11・16 ジュリスト 3 号 39 頁）、量刑の当否を判断するにあたり、諸般の事情とともに被告人の公務員としての地位に伴う社会的道義的責任を斟酌しても、14 条に違反しない（最二小判昭和 26・5・18 刑集 5 巻 6 号 1175 頁〔Ⅲ-3-10〕）、公務員の犯行として最も忌憚すべき性質と認

めて、刑の執行を猶予しなかったとしても、14条に違反しない（最一小判昭和26・2・1集刑40号1頁）といった判決がそれである。なお、量刑上の問題でなく、裁判長が傍聴人である警察官に対してした退廷命令が、社会的身分・職業のみによって裁判傍聴の自由を奪う差別的待遇をしたものではないとされた事例（最二小決昭和35・7・11裁時309号5頁）がある。

　また、下級審判例においても、平等原則違反の判示をみることができなく、比較的最近の例においてもその動向に変わりがない＊。

　　＊無断で所定の帰隊時限後も帰隊せずに職務を離れるとともに、自衛官の制服を着用したうえで、国家政策としての自衛隊の沖縄配置および立川移駐を公然と非難してその政策の転換ないし中止を求める行為を行った自衛官に対し、その行為が自衛隊法46条1号および2号に該当するとしてした懲戒免職処分は、14条、21条、19条、31条に違反しないとした判決（東京地判平成9・3・27訟月44巻6号950頁）、いわゆる省庁間配置転換職員の昇任・昇格にあたり、勤務経験等を考慮し、配転先の在来職員と区別して取り扱うなどした任命権者の判断に裁量権を濫用した違法はなく、14条に違反しないとした判決（長野地判平成8・2・29訟月43巻2号720頁）、加入資格に制限を加えている市教職員厚生協会に対する公金の支出は、地方自治法232条の2、地方公務員法13条、41条および憲法14条、19条、28条に違反しないとした判決（神戸地判平成7・12・25判タ901号181頁）などをあげるにとどめる。

　b）　地主・小作人および農地関係　　かつての農地改革との関係では、自作農創設特別措置法による農地の買収・売渡しにおいて、地主と小作人との間で14条違反の差別処遇がなされたとして争われた訴訟がいくつか提起されたが、裁判所は、違憲の主張をすべて斥けている＊。

　　＊宇都宮地判昭和23・9・28行月8号45頁、静岡地判昭和28・3・21行集4巻3号422頁、東京高判昭和29・1・19東高民時5巻1号1頁、東京高判昭和29・1・29行集5巻1号41頁、東京高判昭和29・8・7行集5巻8号1769頁、東京高判昭和30・4・25行集6巻4号866頁。この列記中最後の判決は、さらに、農地委員会の構成が、農地改革の結果、従前の小作農で新たに自作農となった者の増加により、委員の大多数が農地改革前の小作的階層から選出されることとなったとしても、このことから地主的階層が不利に差別待遇を受け、14条1項の規定に違反するものということはできないこと、および、在村地主に保有小作地を認め不在地主にこれを認めないことは、同項に違反しないことも判示している。

　また、自作農創設特別措置法の実施により、実質的には利益を受けまたは不利

益を被る者が生じることになっても、憲法14条に定める平等原則に違反しないとした判決＊もある。

　　＊東京高判昭和35・10・11東高民時11巻10号250頁、東京地判昭和36・11・9行集12巻11号2197頁。

　最高裁判所は、農地等の賃貸借の解約等の制限を規定する農地法20条（当時）は、憲法14条に違反しないと判決＊し、また、下級審でも、農地法3条が小作農およびその世帯員とそれ以外の者とを同等に扱っていないとしても、その差別扱いは、公共の福祉に適合した合理的な制限というべきであるから、憲法14条に違反しないと判決されている＊＊。さらに、国有農地等の売払いに関する特別措置法2条の規制も憲法14条に反しないと判示されている＊＊＊。

　　＊最大判昭和35・2・10民集14巻2号137頁。
　　＊＊長野地判昭和36・2・28行集12巻2号250頁。
　　＊＊＊最大判昭和53・7・12民集32巻5号946頁〔Ⅲ-5-16〕。

　　c）　営業規制　　営業規制は、主として22条の問題であるが、平等原則違反の主張を伴うことがある。たとえば、公衆浴場の配置基準を規定する公衆浴場法2条および昭和24年奈良県条例2号公衆浴場法施行条例1条の2は、憲法22条、14条に違反しないとした判決＊がそれである。また、22条とは別に、14条違反が主張される例もある。医師に、ある範囲において調剤につき薬剤師と同等の取扱いが認められており、しかも薬剤師の薬局に対する規制と病院・診療所等における調剤所に対する規制とに差異があるとしても、このような措置は、薬剤師を不合理に差別する措置ではないから、14条に違反しないとした判決＊＊がそれである。

　　＊最一小判昭和35・2・11刑集14巻2号119頁。その原審判決の大阪高判昭和34・6・5刑集14巻2号123頁および大阪高判昭和33・3・6高刑特5巻3号85頁も参照せよ。
　　＊＊最大判昭和41・7・20民集20巻6号1217頁。

　他に、下級審判決として、風俗営業取締法による規制についてのものがいくつかみられる＊。

　　＊東京地判昭和25・7・19行集1巻6号892頁、福岡地判昭和41・6・7行集17巻6号634頁、名古屋高判昭和56・5・27行集32巻5号845頁など。いずれも14条違反の主張が斥けられている。

さらに、産業廃棄物の処理及び清掃に関する法律15条1項によって知事の許可を得ている事業者を町水道水源保護条例所定の規制対象事業場に認定することは、両規定におけるその目的と趣旨を異にするものであるから、憲法14条1項に違反しないとした判決*がある。

 *名古屋高判平成12・2・29判タ1061号178頁。

 このように、営業規制についての平等原則違反の主張に対して、特色ある裁判法理の形成がなされているわけでない。営業の自由の規制における展開との違いをみることができる（⇨第10章第2節**2**）。

  d） その他 職業は、多種多様であり、それにかかる社会的身分の差別問題は、以上に尽きるわけではない。しかし、網羅的にその状況を観察することは不可能なので、ここでは、裁判所の司法記者の扱いなどとの関係で存在するいくつかの判例をあげておく。憲法上の価値にかかる法秩序の構築度合いを知るために意義があると思われるからである。

 まず、最高裁判所は、レペタ法廷メモ訴訟の判決*で、法廷でメモを取ることを司法記者クラブ所属の報道機関の記者に対してのみ許可し、一般傍聴人に対して禁止した裁判長の措置は、14条1項に違反しないとした判決に注目させられる。また、下級審判例においても、裁判所における記者席の確保や判決要旨の配布をめぐって平等原則違反が主張された例がある**。

 *最大判平成元・3・8民集43巻2号89頁〔Ⅲ-4-41〕。その第一審判決・東京地判昭和
  62・2・12判タ627号224頁も同趣旨。
 **東京地判平成18・1・25判タ1229号234頁は、札幌地方裁判所による記者席の確
  保と判決要旨の交付は、国民に対する裁判の迅速かつ正確な報道に資するための司法
  行政上の便宜供与として行われており、同確保・交付を行うか否かおよびその対象者
  の範囲は裁判所の裁量に委ねられているところ、同地裁の職員が、同確保・交付につ
  いて、北海道記者クラブ加盟の報道機関の記者とフリーのジャーナリストである原告
  とを区別し、原告に対して不承認の取扱いを行ったことには合理的な理由があり、憲
  法14条1項に反せず国家賠償法上違法でないと判示している。同様の判示として、東
  京高判平成13・6・28訟月49巻3号779頁、その第一審判決の東京地判平成12・
  10・5訟月49巻3号789頁を参照せよ。

 ⅳ） **前科を有する者等** a） **科刑その他刑事法関係** 前科を有する者も社会的身分であり、それにかかわる平等原則違反問題がいくつか裁判されている。

科刑等についての判例は、初期の頃にみられ、最高裁判所は、立ち入った審査をすることなく、平等原則違反の主張を斥けている*。

> *累犯加重に関する刑法56条、57条は、憲法14条に違反しないとした判決（最三小判昭和25・1・24刑集4巻1号54頁、同趣旨の札幌高判昭和28・6・11高刑特32号31頁、最三小判昭和35・4・5刑集14巻5号521頁）、量刑上「前科者」であることを斟酌しても、憲法14条に違反しないとした判決（最三小判昭和27・3・18集刑62号527頁、同趣旨の最一小判昭和29・3・11刑集8巻3号270頁、最一小判昭和32・4・25刑集11巻4号1485頁）、刑法25条1項が、執行猶予の言渡しをすることの条件として、同項1号または2号にあたる者であることを必要とし、これとそうでない者との間に差異を設けても、憲法14条1項に違反しないとした判決（最一小判昭和33・6・19刑集12巻10号2243頁、同趣旨の札幌高判昭和33・4・22高刑特5巻5号184頁）、刑の適用において犯人の性格、経歴、環境および前科を考慮することは、憲法13条、14条および22条に違反しないとした判決（最三小判昭和39・2・4判タ160号77頁）。

また、裁判官在職中2件の刑事事件を犯して有罪判決を受けた者の弁護士登録の請求について、弁護士法12条1項前段に該当する事由があるとして進達を拒絶した日本弁護士連合会の裁決は、憲法13条、14条、22条、31条に違反しないとした判決*は、最近の判例である。

> *東京高判平成3・9・4行集42巻8=9号1431頁がある。

　b）　**選挙権・被選挙権の停止**　　公選法252条は、選挙に関する特定の犯罪について処断された者に対して、選挙権・被選挙権を停止する旨を定めているが、最高裁判所は、これを平等原則違反ではないと判決*している。

> *最大判昭和30・2・9刑集9巻2号217頁〔Ⅲ-8-1〕。また、最三小判昭和36・11・21刑集15巻10号1742頁、最二小判昭和30・5・13刑集9巻6号1023頁も参照せよ。下級審判決も同趣旨である。東京高判昭和28・8・5高刑6巻8号1065頁、東京高判昭和28・12・28高刑6巻13号1918頁、福岡高判昭和30・1・26行集6巻1号92頁、仙台高判昭和29・9・1ジュリスト68号54頁、大阪高判昭和29・12・9高刑特1巻13号712頁、東京高判昭和55・3・6東高刑時31号3号18頁。さらに、本書第3章第2節**1(2)**もみよ。

　c）　**その他**　　暴力団員が社会的身分とはいえないかもしれないが、暴力団員による不当な行為の防止等に関する法律による指定暴力団員の行為に対する規制を争った例をあげておく*。

＊那覇地判平成7・5・17行集46巻4=5号502頁は、規制が合理的な理由に基づくものであり、また、暴力団員による不当な行為の防止等に関する法律（平成5年法律41号改正前）3条2号による犯罪歴を有する者の結社の自由の制限は、合理的な理由のない差別的取扱いとはいえず、いずれも憲法14条1項に違反しないと判示している。

ⅴ）**課題**　以上のほか、社会的身分による差別だとして争う訴訟例がいくつかみられる。一例として、原判決は、聴覚障害者である被告人が健聴者であれば当然に保障される黙秘権や弁護人選任権等の告知が受けられなかったとしても、捜査官が告知の努力をしたのであるから捜査手続には違法があるとはいえないと判示したとの前提に立ち、かかる判示は、「聴覚障害者」という社会的身分により被告人を差別したものであって、14条に違反するとの主張がその前提を欠くとして排斥された事例があるが＊、いずれも裁判所は違憲の主張を斥けており、ここでは立ち入らない。

＊最三小決平成7・2・28刑集49巻2号481頁。その原判決は、広島高岡山支判平成3・9・13判時1402号127頁。

　以上から明らかなように、14条1項に掲げる差別禁止事由中、社会的身分は、かなり広い差別事例を取り込むことになっており、平等原則違反となる法秩序の構築に有効な裁判法理や法則を形成することが容易でない。今後の重要な課題である＊。

＊前述の(2)冒頭の＊欄において、五つの差別禁止事由については、裁判所が厳格度を増した審査をすべきとの私見を提示した。しかし、この社会的身分にかかる差別問題の広がりをみると、それは現実味のない考えであることが判明している。つまり、社会的身分の差別問題については、厳格な審査を必要とする類型を構築しなければならず、これは今後の課題である。

(5)　門地　14条2項により「華族その他の貴族の制度」が否認されており、門地すなわち家柄に基づく差別は存在せず、判例もない＊。

＊ただし、門地に言及ないし関連した例がある。最高裁判例で、「被告人は土木請負業関根組の最高幹部であった」と判示したからといって、それは本人の経歴を示したものにすぎず、直ちに被告人に対してその社会的身分または門地によって差別的取扱いをしたものと解することはできないとした最一小判昭和24・6・16刑集3巻7号1077頁がそれである。また、市が天皇の病気見舞いの記帳のための記帳所を設置したことは、社会通念上相当な範囲内のものであり、市が行う公共業務ということができるから、

前文、14条、19条、20条、92条に違反するとはいえないとした千葉地判平成2・4・23判タ756号185頁も参照せよ。

3 14条1項に明示的に例示されていない差別事由

14条1項に例示された差別禁止事由についての柔軟な解釈をしても、なおかつそれにあてはまらない差別事由が存在し、それをめぐって平等原則違反が主張される例は少なくない。国籍や年齢による差別、あるいは自治体間における差別、さらに、刑事・民事の法律における差別（行政法規関係は、次の4で扱う）がそれである。これらの差別事由は多様であって、必ずしも裁判所の厳格な審査を求めるのが適当であるとはいえない。

(1) 国籍　　国籍に基づく差別とは、外国人に対する差別のことであるが、前述したように（⇨本節2(1)）、それは、判例上、人種差別の領域の延長線上で語られているので、ここでは改めて取り上げることはしない。

(2) 年齢　　年齢に基づく差別は、年少者に対する場合と年長者に対する場合に分けてみることにする。そこには、日本社会における、年齢にこだわる習慣が関係しているが、判例では、その差別の根源には立ち入っていない。

ⅰ）**年少者**　　最高裁判所は、青少年の範囲をどのように定めるかということを立法政策に属する問題であるとし、福岡県青少年保護育成条例が18歳未満の者に対する性行為を禁止処罰の対象とし、年齢による差別的取扱いをしていることに平等原則違反を認めていない＊。

＊最大判昭和60・10・23刑集39巻6号413頁〔Ⅲ-6-3〕。

法制面の実際をみると、年少者に対する法的取扱いの差異については、立法政策的な要因の働きを認めざるを得ない。たとえば、未成年者飲酒禁止法や未成年者喫煙禁止法に代表されるように、年少者の精神的・肉体的未熟さを前提として、特定の規制や保護を行う場合がそれである。成人年齢を設け、当該権利自由を享受しまたは義務を負う年齢の下限を定めることは、合理的な線引きである限り、一般的には平等原則違反とは言い難いとされている。公選法9条が選挙権取得年齢を20歳とし、民法731条が婚姻年齢を男18歳、女16歳とするのがその例である。憲法も、児童が職業に就かないことを前提とし、その酷使を禁止しており（27条3項）、また、子どもが学習に励むことを予定している（26条）。これを

受けて、労働基準法は、満15歳に達してから最初の3月末日までの就労を原則として禁じ（同法56条）、親権者または後見人が未成年者に代わって労働契約を締結することを禁じ（同法58条）、深夜業や危険業務についても制限を加えている（同法60条～63条）＊。

> ＊ただし、日本鋼管賃金減額事件に対して、裁判所は、賃金減額の労働協約改訂における年齢による取扱いの差異を不合理とまではいえないと判示した例がある（横浜地判平成12・7・17 判タ 1091 号 240 頁）。

　最高裁判例には、少年法に関連したいくつかの判断をみることができる。すなわち、少年法23条2項による保護処分に付さない旨の決定に対しては、それが非行事実の認定を明示したものであっても、抗告が許されないと解することは、憲法14条、31条に違反しないとの決定＊や、少年審判の結果、成人事件の無罪判決にあたる不処分決定を受けた者が刑事補償を求めた事例で、補償を認めなくとも違憲ではないとの決定＊＊がある。これを受けて、少年補償法＊＊＊が制定されたが、そこでは、家庭裁判所の決定に対する抗告が認められていない。最高裁判所は、これについて、少年補償法5条1項の補償に関する決定は、刑事補償法上の裁判とは性質を異にするから、この決定に対する抗告を、刑事補償法19条1項の趣旨を準用ないし類推適用して行うことは許されず、そう解しても、憲法14条、32条に違反しないと判示している＊＊＊＊。また、少年法27条の2第1項の保護処分決定確定後の手続について、違憲の主張を斥ける判断が示されている＊＊＊＊＊。

> ＊最二小決平成2・10・30 家月 43 巻 4 号 80 頁。
> ＊＊最三小決平成3・3・29 刑集 45 巻 3 号 158 頁。
> ＊＊＊正式名は、「少年の保護事件に係る補償に関する法律」（平成4年法律84号）。
> ＊＊＊＊最二小決平成13・12・7 刑集 55 巻 7 号 823 頁。
> ＊＊＊＊＊最一小決平成3・5・8 家月 43 巻 9 号 68 頁。

ii）**年長者**　定年制についての争いが、年長者に対する年齢による差別問題の中心となっている。しかし、憲法自身と法律が定める定年制については、社会に浸透しており、これを変更することは容易ではない。

　すなわち、憲法は、79条と80条に明文で裁判官の定年制を予定しており、裁判所法50条において、最高裁判所と簡易裁判所の裁判官は70歳、その他の裁

第3節　平等原則

判官は65歳を定年と定められている。国家公務員法81条の2第2項は、定年を60歳とする（同項ただし書および各号には、それと異なる定年年齢も定める）。地方公務員については、それを基礎として条例で定めることとなっている（地方公務員法28条の2）。

最高裁判所は、地方公務員について、「高齢であるということ」は「社会的身分」に該当しないと判示し、その定年制を合憲と判断している*。また、そこでは、55歳以上であることを理由とする町長による待命処分も14条などに反しないとされた。

　　*最大判昭和39・5・27民集18巻4号676頁〔Ⅲ-3-8〕。

下級審判決でも、定年制が平等原則に違反するとの判断はみられない*。

　　*東京地判昭和27・7・24行集3巻6号1328頁は、公証人が70歳に達したことを免職事由とする公証人法15条1項3号について、東京地判平成9・4・14判時1617号140頁は、国立大学助手の60歳定年制について、東京高判平成8・8・26労民47巻4号378頁は、アール・エフ・ラジオ日本の55歳定年制について14条に違反しないと判断している。

なお、国立大学医学部医学科の入試で年齢の高さを理由に不合格とされたとの主張をして提起された訴訟に対して、裁判所は、年齢により差別されたかどうかは明白ではないと判示している*。

　　*東京高判平成19・3・29判タ1273号310頁。

(3) 自治体間　　地域の違いによる差別問題は、その多くが自治体間の条例にみられる取扱いの異なりについてである。

先例は、東京都売春取締条例違反事件の判決*である。それは、罰金刑を受けた被告人が、その取締りについて地域ごとに規定が異なるのは平等原則に反すると主張した事件の判決であるが、最高裁判所は、94条が地方公共団体に条例制定権を付与した以上、これを違憲とは言い難いとした。また、福岡県青少年保護育成条例事件判決**においても、最高裁判所は、地方公共団体が青少年に対する淫行につき、規制上各別に条例を制定する結果、その取扱いに差異を生ずることがあっても、14条に違反しないと判示している。下級審判決は、この先例に従い、自治体の条例間で生じる取扱いの違いを平等原則違反とせず***、この問題は、確定しているといってよい。

*最大判昭和 33・10・15 刑集 12 巻 14 号 3305 頁〔Ⅲ-3-25〕。
**最大判昭和 60・10・23 刑集 39 巻 6 号 413 頁〔Ⅲ-6-3〕。
***公安条例について昭和 33 年の最高裁大法廷判決に従った下級審判決がある。広島県公安条例についての広島地判昭和 39・3・19 下刑 6 巻 3=4 号 268 頁、東京都公安条例についての東京地判昭和 41・6・23 下刑 8 巻 6 号 897 頁や東京地判昭和 38・11・27 判タ 157 号 192 頁、神奈川県公安条例についての東京高判昭和 43・3・27 高刑 21 巻 3 号 233 頁。さらに、地域を異にする別個の地方公共団体(埼玉県、東京都および愛知県)が制定した条例を、制定目的、保護法益、構成要件等に共通性、類似性があることから、全国共通の法令であると観念し、そのうえで、各条例違反の罪について、一個の常習一罪の成否を判断すべきだというのは、各地方公共団体に自治立法権を認め、それぞれ独自に条例を制定し得るという憲法および地方自治法の趣旨に反する、などとして、刑訴法 337 条 1 号(「確定判決を経たとき」)を適用して免訴することなく有罪とした原判決に誤りがないとされた事例もある(東京高判平成 17・7・7 判タ 1281 号 338 頁)。

これらと異なり、住基ネット受信義務確認等請求事件では、自治体が 14 条違反を主張したが、これに対して、裁判所は、杉並区が、区民のうち通知希望者にかかる本人確認情報のみを東京都に通知し、非通知希望者にかかるそれは通知しない方式によって住民基本台帳ネットワークシステム(住基ネット)に参加することは、住民基本台帳法 30 条の 5 第 1 項・2 項に違反し許されないのであって、こうした住基ネット参加方式を正当化するための憲法 13 条のプライバシー権に基づく主張は採用できないし、同方式を横浜市には容認しながら杉並区には容認しない国の態度は憲法 14 条に違反するとの主張も採用できない、と判示している*。

*東京地判平成 18・3・24 訟月 53 巻 6 号 1769 頁。なお、この事件の上告審の最三小判平成 20・7・8 は、判例集未登載。

(4) 刑事法との関係　前科者等に対する差別については、社会的身分による差別のところですでに扱ったが、ここでは多少の重複をいとわず、刑事法との関係で生じる差別について争われた裁判例をみることにする。

ⅰ)　**共犯者・共同被告人**　共犯者や共同被告人との関係で、初期の頃の最高裁判決は、違憲の主張を斥けており*、その後は沈静化している。

*事実審裁判所が犯情により共同被告人の一人を他の被告人より重く処罰することにつ

いて（最大判昭和 23・10・6 刑集 2 巻 11 号 1275 頁）、共犯者の一人に関税法上の追徴を命じ、他の者に命じなかったことについて（最大判昭和 33・3・5 刑集 12 巻 3 号 384 頁）、共犯者中一人のみが起訴処罰されたことについて（最二小判昭和 33・10・24 刑集 12 巻 14 号 3385 頁）、犯罪貨物の所有者である共犯者が訴追を免れたため、同人に追徴を科することができない場合に、犯人である被告人に没収に代わる追徴を科したことについて（最大判昭和 39・7・1 判時 377 号 11 頁）、いずれも 14 条 1 項に違反しないと判示されている。その後は、これに関連した下級審判例として、東京高判昭和 61・5・14 判時 1205 号 61 頁、東京高判平成 7・10・25 税資 226 号 3182 頁がある。

ⅱ）**業務上の犯罪**　業務上の犯罪についても、初期の頃の最高裁判決で、14 条違反の主張が斥けられている*。

　　＊業務上横領に関する刑法 253 条について、それが 14 条に違反しないとした判決（最三小判昭和 29・9・21 刑集 8 巻 9 号 1508 頁）、刑法 253 条の業務上他人の物を占有するということは、犯罪者の属性による刑法上の身分であるが、14 条にいわゆる社会的身分と解することはできないとした判決（最一小判昭和 30・8・18 刑集 9 巻 9 号 2031 頁）、業務上過失致死の重罰を定めた刑法 211 条は、14 条に違反しないとした判決（最三小判昭和 32・3・26 刑集 11 巻 3 号 1108 頁）がそれである。

ⅲ）**類似の犯罪**　類似の犯罪についての判例でも、違憲の主張がすべて斥けられている*。

　　＊14 条違反でないとした最高裁判例を羅列しておく（ただし、14 条以外の規定も併せて扱われている場合もある）。多数の同種の違反者が検挙されずあるいは起訴されなかった場合に、被告人らのみが起訴処罰されたことについて（最二小判昭和 26・9・14 刑集 5 巻 10 号 1933 頁、また、最二小判昭和 44・11・21 集刑 174 号 53 頁）。他の同種の犯罪行為の点を無罪とする場合があったとしても当該犯罪行為を有罪とすることについて（最三小判昭和 28・11・10 刑集 7 巻 11 号 2067 頁）。同種の犯行の行為の時期によって刑罰規定に差異を設けることについて（最大判昭和 32・11・27 刑集 11 巻 12 号 3113 頁）。国家公務員または地方公務員として等しく昭和 23 年政令 201 号（昭和 23 年 7 月 22 日付内閣総理大臣宛連合国最高司令官書簡に基く臨時措置に関する政令）の適用を受けていた国鉄職員と市電バス従業員の両者が、ある時期において、前者についてはその争議行為につき上記政令 201 号の適用が排除されているのに、後者についてはなおその適用があることとなったことについて（最大判昭和 33・7・16 刑集 12 巻 12 号 2591 頁）。強制執行行為妨害を罰するにつき、刑法 96 条 2 項（平成 3 年改正前）が憲法 14 条 1 項と異なる行為を対象とすることについて（最二小判昭和 37・1・19 刑集 16 巻 1 号 1 頁）。刑の適用

において犯人の性格・経歴・環境および前科を考慮することについて（最三小判昭和39・2・4判タ160号77頁）。国鉄と民間鉄道とで、業務妨害に対する法律上の保護に差異があることについて（最大判昭和41・11・30刑集20巻9号1076頁）。自動速度監視装置により速度違反車両の運転者および同乗者の容ぼうを写真撮影することについて（最二小判昭和61・2・14刑集40巻1号48頁）。

iv）**審級制度** 審級制度についての争いも、初期の頃の判例で落ち着いているといってよい*。

> ＊最高裁判例のみを列記しておく（ただし、14条以外の規定も併せて扱われている場合もある）。大審院に係属していた事件を下級裁判所の管轄としたことについて（最大判昭和23・7・8刑集2巻8号801頁〔Ⅵ-18〕）。「日本国憲法の施行に伴う刑事訴訟法の応急的措置に関する法律」13条2項について（最大判昭和24・3・23刑集3巻3号369頁）。同法附則4項について（最二小判昭和24・4・16刑集3巻5号557頁）。簡易裁判所の事物管轄を定めた裁判所法33条1項1号、同2項ただし書について（最大判昭和25・4・26刑集4巻4号716頁）。刑事訴訟法施行法2条がすべて同類型の事件に同様の取扱いをなすことについて（最大判昭和25・7・19刑集4巻8号1429頁）。刑事訴訟法施行法3条の2について（最二小判昭和26・11・16刑集5巻12号2405頁）。刑事訴訟法施行法3条の2ならびに「旧刑事訴訟法事件の控訴審及び上告審における審判の特例に関する規則」（昭和25年最高裁判所規則30号）について（最二小判昭和27・2・29刑集6巻2号321頁）。裁判所法33条2項の規定が窃盗犯罪等につき例外的に簡易裁判所の管轄を認めていることについて（最三小判昭和35・4・5刑集14巻5号521頁）。刑事訴訟法施行法2条が新法施行前に公訴の提起があった事件について新法を適用しないと定めたことについて（最大決昭和37・10・30刑集16巻10号1467頁）。

v）**訴訟手続** 訴訟手続に関しては、いわゆる百日裁判について定めた公選法253条の2の規定は、憲法14条に違反しないとした判決＊があるほか、公訴権濫用との主張を斥けた下級審判決＊＊がある。また、検察官が別件の審理中、本件につき追起訴しないと明言した後改めて本件を起訴しても、その公訴の提起は、憲法14条1項、31条に違反し無効なものとはいえないとした判決＊＊＊がある。

> ＊最大判昭和36・6・28刑集15巻6号1015頁。
> ＊＊東京高判昭和56・6・18判タ454号160頁、福岡地判昭和58・3・18刑資246号642頁。
> ＊＊＊東京高判昭和58・3・16高刑速（昭58）76頁。

vi）**執行猶予・刑の執行** 執行猶予や刑の執行に関しても、初期の頃の最高

裁判所判決により、14条違反の主張が容認されないことが確定している*。

　　＊刑の執行猶予に関しては、最大判昭和23・5・26刑集2巻5号517頁（同趣旨の最二小判昭和24・7・2集刑12号23頁、最一小判昭和24・7・14集刑12号563頁、最三小判昭和24・10・18集刑14号245頁も参照）、や、最大判昭和25・3・15刑集4巻3号366頁、最二小判昭和37・11・16刑集16巻11号1562頁。刑の執行について、最大判昭和24・10・5刑集3巻10号1646頁や、最大判昭和25・6・7刑集4巻6号956頁。初期の判例とは別に、沖縄復帰との関係で、最大判昭和48・9・12刑集27巻8号1379頁を参照。

他に、刑務所内での処遇を14条違反として争った事件があるが、裁判所は、違憲の主張をすべて斥けている*。

　　＊東京地判昭和39・8・15行集15巻8号1595頁、横浜地判昭和47・12・25訟月19巻2号35頁、札幌地判平成12・8・25訟月47巻9号2699頁。

vii）　その他　　以上の他に、通告処分に公訴の時効中断の効力を認めた国税犯則取締法15条について*、大麻取締法4条、24条について**、死刑制度について***、いずれも違憲の主張が斥けられている。

　　＊最大判昭和39・11・25刑集18巻9号669頁。
　　＊＊最一小決昭和60・9・10判時1165号183頁。
　　＊＊＊最三小判平成2・4・17判タ727号212頁。

(5) 民事法との関係　　民法の規定が平等原則違反であるとして争われる例は少なくない。再婚禁止期間の規定（民法733条）や非嫡出子の相続分の規定（同法900条4号ただし書）との関係ではすでに判例の動向をみた（⇨ 本節**2(3)(4)**）。その他に、民事法との関係で生じる差別問題として、次のような例がある。

旧借地法8条の2は、事情変更による借地条件の変更や増改築の許可について定めるが、これが憲法14条や29条に違反するとした主張を最高裁判決*は、斥けている。また、「性同一性障害者の性別の取扱いの特例に関する法律」3条1項1号ないし5号に定める要件は、憲法13条、14条1項に違反しないとして、申立人に子がいることを理由として性別の取扱いの変更申立てを却下した原審判を維持した事例がある**。

　　＊最二小決昭和54・2・16金判577号42頁。
　　＊＊東京高決平成17・5・17家月57巻10号99頁。

次に、民訴法関係の最高裁判例があるが、平等原則違反の主張を深めた議論を

展開することなく斥けているので、列記するにとどめる*。

　　＊民事訴訟規則 50 条の定める上告理由書提出期間の遵守の有無を到達主義によって決しても、憲法 14 条に違反しない（最大決昭和 34・7・8 民集 13 巻 7 号 955 頁）。会社更生法 240 条 2 項は、憲法 14 条に違反しない（最大判昭和 45・6・10 民集 24 巻 6 号 499 頁）。会社更生法（昭和 42 年法律 88 号改正前）244 条が、更生債権者または更生担保権者の権利と株主の権利とを別異に扱っているのは、事柄の性質に即応した合理的な差別というべきであり、憲法 14 条 1 項に違反しない（最大決昭和 45・12・16 民集 24 巻 13 号 2099 頁）。嫡出否認の訴えおよびその訴えについて出訴期間を定めた民法 777 条は、憲法 13 条、14 条 1 項に違反しない（最一小判昭和 55・3・27 家月 32 巻 8 号 66 頁）。原審の適法に確定した事実関係のもとにおいて、信用組合が、預託金返還請求権につき取立命令を受けた者からの支払請求に対し、同組合の債務者に対する貸金債権を自働債権とする相殺をもって対抗することができるとした原審の判断は正当で、憲法 14 条 1 項に違反しない（最一小判昭和 56・3・26 金法 961 号 31 頁）。国選弁護人に支給すべき報酬額の決定は、刑事訴訟費用等に関する法律 8 条 2 項の規定に基づく裁判であって刑訴法上の裁判ではないから、これに対しては刑訴法に準拠する不服申立てをすることは許されず、そのように解しても、憲法 13 条、14 条、32 条、37 条 3 項、98 条 1 項に違反しない（最三小決昭和 63・11・29 刑集 42 巻 9 号 1389 頁）。

　労働法関係についてもすでに扱っているが（⇨ 本節 2(2) ii ）、そこに該当しない差別問題がさらにある。しかし、いずれも下級審において、平等原則違反の主張が排斥されているので、挙示を省略する。

4　行政法規による差別的扱い

　以上では、14 条 1 項が掲げる差別禁止事由との関係およびそれだけではとらえきれない事由との関係で、平等原則の実現状況をみたが、そこから漏れる差別問題においても、平等原則の実現が論議されている。それは、公選法、福祉立法、租税法などの行政法規の適用の過程で生ずる差別問題である。

(1)　公選法と投票価値の平等　　ⅰ）　先例　　投票価値の平等の問題は、人口の移動に伴い、選挙区間で選挙人の投票の価値が不均衡となっていることから生じる。その問題が生じないように、議会が時々にその不均衡を是正する公選法の改正をすればよいのだが、政治的利害関係がそれを阻んで、放置された状態がつづいていた。そこで、選挙人が裁判所にその是正を求めて訴えたところから、

投票価値の平等を実現する役割を司法権が担うこととなり、今日に至っている。

　衆議院議員選挙にかかわる投票価値の平等問題と、参議院議員選挙にかかわるそれとは、両院の存在意義や選挙制度の違いから同じでないところがあるので、まず、それぞれの先例を確認しておく。

　　a）　衆議院議員選挙に関する先例は、1976（昭和 51）年の最高裁大法廷判決*（以下では、「51 年判決」という）である。これは、いわゆる中選挙区制の時期の 1972（昭和 47）年 12 月に行われた衆議院議員選挙について、各選挙区間の議員一人あたりの較差が最大 4.99 対 1 に及んでおり、14 条 1 項に違反し、それゆえ当該選挙も無効であると主張して、千葉県第 1 区の選挙人が公選法 204 条に基づいて提起した選挙無効の訴え**に対するものである。

　　＊最大判昭和 51・4・14 民集 30 巻 3 号 223 頁〔Ⅲ-3-16〕。
　　＊＊公選法 204 条の選挙無効訴訟は、本来、議員定数不均衡訴訟を対象としていない。しかし、最高裁判所は、本判決で、「これを措いては他に訴訟上公選法の違憲を主張してその是正を求める機会はない」こと、および、「およそ国民の基本的権利を侵害する国権行為に対しては、できるだけその是正、救済の途が開かれるべきであるという憲法上の要請に照らして」、その訴えの方式を容認した。これ以来、議員定数不均衡訴訟は、この公選法 204 条の選挙無効の訴訟によることが定着している。後述のように、衆議院議員選挙で小選挙区制が導入されても変わりない。

　これに対して、最高裁判所は、その較差を憲法に違反する不平等だと判断した。その理由の主要な内容は、以下のようである。

　各選挙人の投票価値の平等は、憲法の要求するところであるが、それは、各投票が選挙の結果に及ぼす影響力が数字的に完全に同一であることまでも要求するものではない。「衆議院議員の選挙における選挙区割と議員定数の配分の決定には、極めて多種多様で、複雑微妙な政策的及び技術的考慮要素が含まれており、それらの諸要素のそれぞれをどの程度考慮し、これを具体的決定にどこまで反映させることができるかについては、もとより厳密に一定された客観的基準が存在するわけのものではないから、結局は、国会の具体的に決定したところがその裁量権の合理的な行使として是認されるかどうかによって決するほかなく、しかも事の性質上、その判断にあたっては特に慎重であることを要し、限られた資料に基づき、限られた観点からたやすくその決定の適否を判断すべきものでないこ

とは、いうまでもない。しかしながら、このような見地に立って考えても、具体的に決定された選挙区割と議員定数の配分の下における選挙人の投票価値の不平等が、国会において通常考慮しうる諸般の要素をしんしゃくしてもなお、一般的に合理性を有するものとはとうてい考えられない程度に達しているときは、もはや国会の合理的裁量の限界を超えているものと推定されるべきものであり、このような不平等を正当化すべき特段の理由が示されない限り、憲法違反と判断するほかはないというべきである。」

　最高裁判所は、このように説いたうえで、当該選挙については、定数表の改正が昭和39年の改正後本件選挙の時まで8年余にわたって一度もなされず合理的期間を徒過していること、また、定数規定は不可分一体のものとみるべきで、それは全体として違憲の瑕疵を帯びていると解すべきことを指摘した。ただし、事情判決の法理に依拠して、当該選挙の無効の請求を棄却し、当該選挙が違法である旨を主文で宣言する判決方式を示した。

　この判示には、投票価値の平等は、1対1の厳格な数理的平等をいうのでなく、選挙区割と議員定数の配分には立法裁量が働くこと、それゆえ、議会にはその配分の実現に合理的期間が許されることなど、基本的判断基準が提示されていることに注目させられる。

　b）　参議院議員の定数不均衡訴訟に対する最高裁判所の判断は、衆議院議員のそれより一足早く1964（昭和39）の判決＊（以下では、「39年判決」という）を出発点としている。そこでは、「議員定数、選挙区および各選挙区に対する議員数の配分の決定に関し立法府である国会が裁量的権限を有する以上、選挙区の議員数について、選挙人の選挙権の享有に極端な不平等を生じさせるような場合は格別、各選挙区に如何なる割合で議員数を配分するかは、立法府である国会の権限に属する立法政策の問題であって、議員数の配分が選挙人の人口に比例していないという一事だけで、憲法14条1項に反し無効であると断ずることはできない」と説かれた。

　　＊最大判昭和39・2・5民集18巻2号270頁〔Ⅲ-3-21〕。

　この判示における基本的判断基準については、衆議院議員選挙の投票価値の平等に対するものとは変わりがないが、後述するように、較差の許容範囲などに違いをみせて展開した。

ii) **衆議院議員定数不均衡訴訟・選挙区割再配分訴訟の展開**　先例の51年判決は、それ以降たびたび提起されるいわゆる衆議院の議員定数不均衡訴訟（1994（平成6）年の小選挙区比例代表並立制の導入後は、選挙区割再配分訴訟といった方がよい）に対する基本的考え方であり、その骨子は、今日まで維持されている。以下、その展開をたどる。

　1980（昭和55）年実施の衆議院議員選挙については、最大較差3.94倍であったところ、1975（昭和50）年の定数規定改正により2.92倍となって不平等状態が一時的に解消された後のことであり、違憲状態となってから合理的期間を徒過しているとはいえないとして、合憲の判断が示された*。ただし、速やかな改正への要望が傍論として付された。しかし、最大較差4.40倍の1983（昭和58）年の衆議院議員選挙について、合理的期間内に是正されたとはいえないとして違憲の判断が下された**。1986（昭和61）年の衆議院議員選挙については、最大較差2.92倍であったため合憲判決が下され***、1990（平成2）年の衆議院議員選挙での3.18倍は、違憲状態だが合理的期間内とする判断が下された****。以上を背景として、最高裁判所は、最大較差が3倍を超えると違憲状態と認識し、4倍超にまで放置すれば、合理的期間も経過したとして違憲判決を下していると受け取られた。

　　＊最大判昭和58・11・7民集37巻9号1243頁〔Ⅲ-3-17〕。
　　＊＊最大判昭和60・7・17民集39巻5号1100頁〔Ⅲ-3-18〕。
　　＊＊＊最二小判昭和63・10・21民集42巻8号644頁。
　　＊＊＊＊最大判平成5・1・20民集47巻1号67頁。

　その後、衆議院の選挙制度は小選挙区比例代表並立制に改められ、選挙区間の較差も改善され、1996（平成8）年の衆議院議員選挙の時点では、小選挙区の最大較差は2.309倍であった。そこで、合憲の司法判断がつづくこととなった*。これに対して、2倍を超える格差は、依然として憲法の容認するところでなく、各都道府県に定数1ずつを割り振ったことが1対1に近づけさせない、不均衡を持続させる原因だとして、2009（平成21）年の衆議院議員選挙について、先例を見直す判断を求める訴訟が、全高等裁判所に提起された**。これに対する高裁判決は、考え方が分かれ***、それらの上告審において、小選挙区間の最大較差2.30倍が違憲状態だとする判断が示された****。すなわち、「本件選挙時におい

て、本件区割基準規定の定める本件区割基準のうち1人別枠方式に係る部分は、憲法の投票価値の平等の要求に反するに至っており、同基準に従って改定された本件区割規定の定める本件選挙区割りも、憲法の投票価値の平等の要求に反するに至っていたものではあるが、いずれも憲法上要求される合理的期間内における是正がされなかったとはいえず、本件区割基準規定及び本件区割規定が憲法14条1項等の憲法の規定に違反するものということはできない」と。このように、区割基準のうち1人別枠方式について判断が加えられたところに、判例の進展をみることができる。さらに、2012（平成24）年の衆議院議員選挙についても、前回同様全国で提起され、これに対して、最高裁判所は、2000（平成12）年の衆議院議員選挙区画定審議会設置法による区画審議会の対処の経緯やそれをめぐる訴訟に対する最高裁判決の変遷を詳細にたどり、最大較差が2.425であることを違憲状態と判示したものの、当該選挙までに、1人別枠方式を定めた旧区画審設置法3条2項の規定の廃止、および人口較差を2倍未満に収めることに向けた改定の枠組みが定められていることを指摘して、合理的期間を徒過していないと結論した*****。

> *　最大判平成11・11・10民集53巻8号1441頁〔Ⅲ-3-19〕と最大判平成11・11・10民集53巻8号1704頁〔Ⅲ-8-9〕。これを先例とする最三小判平成13・12・18民集55巻7号1647頁や、最大判平成19・6・13民集61巻4号1617頁も参照せよ。
>
> **　全高等裁判所の全管轄地域において訴訟を提起するには、二つの弁護士グループの熱心な活動によるもので、最高裁大法廷判決の登場を不可避とさせる過去にはみられない裁判運動が展開されている。
>
> ***　違憲判断は、大阪高判平成21・12・28判タ1324号94頁、広島高判平成22・1・25判タ1343号112頁、東京高判平成22・2・24民集65巻2号875頁、福岡高那覇支判平成22・3・9判タ1320号46頁、福岡高判平成22・3・12（判例集未登載）、名古屋高判平成22・3・18（裁判所ウェブサイト）、高松高判平成22・4・8（判例集未登載）、仙台高判平成22・12・24（判例集未登載）。合憲判断は、東京高判平成22・3・11判時2077号29頁、札幌高判平成22・4・28（判例集未登載）。
>
> ****　最大判平成23・3・23民集65巻2号755頁。
>
> *****　最大判平成25・11・20民集67巻8号1503頁〔Ⅲ-3-20〕。

このように、最高裁判所は、51年判決を基盤としながらも、憲法の許容する較差を2倍未満とし、1人別枠方式を否認するなど、立法裁量を狭める判断を展

開してきているが、合理的期間論に依拠して、議会による是正を辛抱強く待つ姿勢を崩していない*。

> *大法廷判決を示すためには、最高裁判所裁判官が相当の労力を投じなければならないようだが、そのために他の重要な憲法訴訟の審理に影響を与えていないか気がかりとなる。本書が重視している憲法秩序の形成過程における重大な問題がそこにあることは確かである。

iii) **参議院議員定数不均衡訴訟**　参議院議員定数不均衡訴訟に対する最高裁判決は、39年判決を先例として、次のような展開をたどっている。

　1977（昭和52）年の参議院議員選挙について、最高裁判所は、地方選挙区の最大較差が5.26倍であったことに対し、違憲の問題が生じる程度の著しい不平等状態が生じていたといえないと判示し、1986（昭和61）年選挙の5.85倍についても、同様の判断を下した*。その後、最大較差が6.59倍となった1992（平成4）年選挙について、初めてこれを違憲状態と解し、違憲と明言する6人の裁判官の反対意見が付され、また、4増4減の定数是正で、最大較差が4.81倍に減少した1995（平成7）年選挙に対する判決においても、違憲の判断は下されなかった**。

> *それぞれ、最大判昭和58・4・27民集37巻3号345頁〔Ⅲ-3-22〕、最二小判昭和63・10・21判タ707号88頁。
> **それぞれ、最大判平成8・9・11民集50巻8号2283頁、最大判平成10・9・2民集52巻6号1373頁。

　このように、最高裁判所は、参議院議員の定数不均衡については衆議院議員の場合よりも許容較差の範囲を広く認めているが、それは、参議院議員選挙では、全国一区の比例区（以前の全国区）の存在、参議院の地域代表的性格、憲法の明示的な要求である半数改選方式による障害といったことにあるようだ。これに対して、投票価値の平等を超えてまで、二院制の存在を根拠にした正当化ができるかという学説上の批判がみられる。特に、選挙区（以前の地方区）を都道府県単位とすることに拘泥する理由が容認できるのか否かにつき懐疑的見解がみられる。これらの批判的見解を基に訴訟が提起されているが*、最高裁判所も、2007（平成19）年の選挙で、最大較差4.86倍であったのを合憲としつつ、「選挙制度の仕組みの見直し」を含む「国会における速やかで適切な検討」を求め、さらに、

2010（平成22）年の選挙で、最大較差が5.00倍であったことについて、違憲状態であることを認めたうえで、「都道府県を単位」とする「現行の選挙制度の仕組み自体の見直しを内容とする立法的措置を講じる」ことを国会に要請するとの判示をするに至っている**。つづく、2013（平成25）年の選挙に対する判決***も、違憲状態と判断しているが、議会の裁量権の逸脱であるとまでは判示していない。

　　＊この訴訟も、衆議院の場合同様、弁護士グループの活動に拠っている。

　　＊＊それぞれ、最大判平成21・9・30民集63巻7号1520頁、最大判平成24・10・17民集66巻10号3357頁〔Ⅲ-3-23〕（なお、この判決には、選挙無効とする3裁判官の反対意見がある）。

　　＊＊＊最大判平成26・11・26（裁判所ウェブサイト）。

　なお、参議院議員選挙においては、選挙区選挙の議員定数が1、2、3以上という3種類が存在しており、人口の少ない定数1の選挙区の結果が選挙全体に大きな影響を与えている点についても問題とされている。また、参議院議員の選挙制度についての根本的再検討が必要である（⇒第15章第2節**2(2)**）。

　ⅳ）**都道府県議会議員選挙**　都道府県議会議員選挙における投票価値の平等の問題は、上述の衆議院総選挙に関する先例を基盤として展開している。ただし、そこには、自治体の議会議員選挙にかかる特殊性、すなわち、公選法271条の特例選挙区＊にかかわる問題がある。

　　＊都道府県では、島嶼部のような地域について、公選法15条2項の制約を充足できない少数人口の場合でも、一選挙区とすることを認めている。

　その若干の例をあげる。最高裁判所は、最大較差7.45倍、特別区内の最大較差5.15倍の東京都議会選挙について違法の判断を下し＊、選挙区で人口規模の小さいものに「当分の間、条例で」設けられる特例選挙区を除き3.09倍の東京都議会議員選挙についても同じく違法としている＊＊。しかし、他の最高裁判例では、違憲・違法の判断に至ったものは存在しない＊＊＊。

　　＊最一小判昭和59・5・17民集38巻7号721頁。

　　＊＊最三小判平成3・4・23民集45巻4号554頁。

　　＊＊＊最一小判平成元・12・18民集43巻12号2139頁〔Ⅲ-3-24〕は、特例選挙区を除き2.81倍、全体では3.98倍の千葉県議会選挙については、合憲の判断を下した。最二小判平成5・10・22判タ838号71頁は、愛知県議会選挙における特例選挙区について、「当該区域の人口が議員一人あたりの人口の半数を著しく下回る場合」のみ違憲

の問題が生ずるにとどまるとしている。最一小判平成元・12・21民集43巻12号2297頁は、特例選挙区を含む最大較差5.02倍も合憲とし、兵庫県議会選挙について、特例選挙区の設置には、島嶼や隔絶された山間部であるなどの特別の事情を要しないと判示している。最二小判平成11・1・22判タ994号101頁は、東京都議会議員選挙について、都心の千代田区を特例選挙区としたことまでも合憲としている。最近では、最一小判平成27・1・15裁時1620号1頁が東京都議会議員選挙についての違憲、違法の主張を斥けている。

(2) 福祉関係立法による差別的扱い　福祉関係立法に対する憲法訴訟では、25条違反の主張をするのが通常であるが（⇒第11章第2節2）、14条の平等原則違反の主張がなされることも少なくない。司法部門による福祉行政への介入を控えるという観点からは、平等原則違反への審査の方が人権保障の役割の範囲内にあるといえる。そこで、裁判所がその役割を果たしているか、という関心のもとに、判例の動向を以下にみることにする。

　i）**児童扶養手当法**　堀木訴訟の第一審判決*は、平等原則違反の判断を下している。その訴訟は、「公的年金給付を受けることができるとき」には児童扶養手当の受給資格がないと定める児童扶養手当法4条3項3号（昭和48年法律93号改正前）のいわゆる併給禁止規定のため、離婚後に子どもを養育していた全盲の女性が同手当の受給を拒否され、それにかかる処分の取消しを求めたのであるが、裁判所は、同法の併給禁止規定を憲法14条違反と判決したのであった。

　　*神戸地判昭和47・9・20行集23巻8=9号711頁。

　その後、当該併給禁止規定は改正されたが、上訴され、控訴審判決*も、最高裁判決**も、憲法25条違反の争点について判断を下し、請求を斥けている（⇒第11章第2節2）。なお、その最高裁判決においては、判決理由の末尾で、「憲法25条の規定の要請にこたえて制定された法令において、受給者の範囲、支給要件、支給金額等につきなんら合理的理由のない不当な差別的取扱をしたり、あるいは個人の尊厳を毀損するような内容の定めを設けているときは、別に所論指摘の憲法14条及び13条違反の問題を生じうることは否定しえないところである」と述べているが、立ち入った審査をすることなく、当該併給禁止規定が不合理な立法とはいえないと結論している。しかし、14条違反のみを主張して、福祉立法を争うことは、検討する余地があるようだ。

＊大阪高判昭和 50・11・10 行集 26 巻 10=11 号 1268 頁〔Ⅲ-7-5〕。
　　＊＊最大判昭和 57・7・7 民集 36 巻 7 号 1235 頁〔Ⅲ-7-6〕。

ⅱ）　**児童扶養手当法施行令**　　最高裁判所が違憲ではなく違法で無効と判断した例がある。すなわち、児童扶養手当法施行令（平成 10 年政令 224 号改正前）1 条の 2 第 3 号が、その本文で、同法 4 条 1 項 1 号ないし 4 号に準ずる状態にある婚姻外懐胎児童を支給対象児童としながら、その末尾のかっこ書で、父から認知された婚姻外懐胎児童を除外することは、同法の趣旨、目的にてらし両者の間の均衡を欠き、同法 4 条 1 項 5 号の委任の趣旨に反しており、そのかっこ書は法の委任の範囲を逸脱した違法な規定として無効であるとした判決＊がそれである。

　　＊最一小判平成 14・1・31 民集 56 巻 1 号 246 頁〔Ⅳ-1〕。その下級審判決においては、第一審が 14 条違反とし（奈良地判平成 6・9・28 訟月 41 巻 10 号 2620 頁）、控訴審が立法裁量の範囲内で 14 条に違反しないと判決していた（大阪高判平成 7・11・21 行集 46 巻 10=11 号 1008 頁）。また、同様の争点について、別の訴訟でも下級審の結論が分かれていた。広島高判平成 12・11・16 訟月 48 巻 1 号 109 頁が違法判断、広島地判平成 11・3・31 判自 195 号 52 頁が合憲判断。なお、大阪高判平成 12・5・16 訟月 47 巻 4 号 917 頁は合憲判断。

ⅲ）　**健康保険・介護保険**　　福祉関係分野の最高裁大法廷判決として、もう一点、旭川市国民健康保険料条例訴訟に対するものがある＊。その判決で、最高裁判所は、旭川市国民健康保険条例（昭和 34 年旭川市条例 5 号）19 条 1 項が、当該年において生じた事情の変更に伴い一時的に保険料負担能力の全部または一部を喪失した者に対して保険料を減免するにとどめ、恒常的に生活が困窮している状態にある者を保険料の減免の対象としないことは、国民健康保険法 77 条の委任の範囲を超えるものでなく、また、著しく合理性を欠くとも、経済的弱者について合理的な理由のない差別をしたともいえないから、憲法 25 条、14 条に違反しないと判示している。

　　＊最大判平成 18・3・1 民集 60 巻 2 号 587 頁〔Ⅶ-3〕。

健康保険にかかわる下級審判決として、西宮市健康保険条例についてや、東京都世田谷区国民健康保険条例についてのものがあるが、いずれも 14 条に違反しないと判示している＊。

　　＊それぞれ、神戸地判平成 16・6・29 判自 265 号 54 頁、東京地判平成 11・2・24 判自 192 号 82 頁。

旭川市については、その介護保険条例についても争われ、最高裁判所の判断が次のように下されている。旭川市介護保険条例（平成12年旭川市条例27号、平成15年旭川市条例20号改正前）が、介護保険の第1号被保険者のうち、生活保護法6条2項に規定する要保護者で地方税法（平成16年法律17号改正前）295条により市町村税が非課税とされる者について、一律に保険料を賦課しないまたは保険料を全額免除する旨の規定を設けていないことは、関係諸法令が低所得者に配慮した規定を置いていること、また介護保険制度が国民の共同連帯の理念に基づき設けられたものであることにかんがみると、著しく合理性を欠くとはいえないし、また、経済的弱者について合理的な理由のない差別をしたといえず、憲法14条、25条に違反しない、と*。他の自治体の事例として、堺市介護保険条例は、5段階の介護保険料を設定し、生活保護受給者や低所得者である第1段階および第2段階に属する被保険者にも介護保険料を賦課するが、それが著しく合理性を欠くとはいえないし、経済的弱者について合理的な理由のない差別をしたものともいえないから、憲法14条に違反せず、また、介護保険法、同法施行令および本件条例が租税法律主義にも違反しないことは原判決の説示するとおりであるとした判決**がある。

　　＊最三小判平成18・3・28判夕1208号78頁。
　　＊＊大阪高判平成18・5・11判自283号87頁。

　iv）**国民年金法**　　国民年金法の定める制度をめぐっても、種々の憲法訴訟が提起されている。注目させられるのは、全国各地で同趣旨の訴訟が提起されたり、下級審において救済の判断が下されたりしていることである。

　　a）**学生無年金障害者訴訟**　　学生無年金障害者訴訟は、国民年金法（平成元年法律86号改正前）が20歳以上の学生について国民年金の強制加入者とせずに任意加入を認めるにとどめたため問題が生じ、全国各地で訴訟が提起されたものである。最高裁判所は、これについて、国民年金法のそのような措置が著しく合理性を欠くとはいえないので憲法25条に違反せず、また国民年金法のもとで保険料負担能力のない20歳以上60歳未満の者のうち20歳以上の学生とそれ以外の者との間の、国民年金への加入に関する取扱いの区別およびこれに伴う保険料免除規定の適用に関する区別は、両者の間に障害基礎年金等の受給に関する差異を生じさせてはいたが、前記区別が何ら合理的理由のない不当な差別的取扱いであ

るとはいえないので、14条1項に違反しないと判決した*。下級審での救済判決も、高等裁判所と最高裁判所とにおいて否認されることとなった**。

　　＊最二小判平成19・9・28民集61巻6号2345頁〔Ⅲ-7-9〕。
　　＊＊障害基礎年金不支給決定の取消請求を認容し、国家賠償請求を認容した判決（広島地判平成17・3・3判タ1187号165頁、東京地判平成16・3・24訟月52巻2号595頁）は、その控訴審では請求棄却となった（広島高判18・2・22判タ1208号104頁、東京高判平成17・3・25訟月52巻2号566頁）。また、名古屋地判平成17・1・27判タ1199号200頁は、請求棄却判決。初診日が20歳前であったとして救済した判決（東京地判平成17・10・27裁判所ウェブサイト）も控訴審で覆されている（東京高判平成18・10・26裁判所ウェブサイト）。

　b）　**老齢福祉年金**　　老齢福祉年金に関する訴訟も、最高裁判所においては違憲の主張が斥けられている。すなわち、国民年金法20条の規定の適用により、障害福祉年金を受ける地位にある者と戦争公務による公的年金を受けることができる地位にある者との間に、老齢福祉年金の受給に関して取扱いの差異を生ずることになるとしても、戦争公務による公的年金の法的性格にてらすと合理的な理由によるものであって、立法府に許容された裁量の範囲にあり、14条1項に違反しないとする判決*がそれである。また、国民年金法（昭和41年法律67号改正前）79条の2第6項、65条1項・3項・6項の規定の適用により、増加非公死扶助料を受けることができる地位にある者と戦争公務扶助料を受けることができる地位にある者との間に、老齢福祉年金の受給に関して差別を生ずるとしても、戦争公務扶助料の法的性格にてらすと、右差別が著しく不合理とはいえず、14条1項に違反しないとする判決**を示している。

　　＊最二小判昭和57・12・17訟月29巻6号1121頁。その下級審判決の大阪高判昭和54・5・23訟月25巻10号2633頁および京都地判昭和53・9・29訟月24巻12号2670頁も参照せよ。
　　＊＊最二小判昭和57・12・17訟月29巻6号1074頁。その下級審判決の札幌高判昭和54・4・27行集30巻4号800頁および札幌地判昭和50・4・22行集26巻4号530頁も参照せよ。

　下級審判決で違憲判断がなされた例として、牧野訴訟判決*がある。裁判所は、老齢福祉年金における夫婦受給制限を規定する国民年金法79条の2第5項は、その年金の性格、老齢者の生活実態から差別すべき合理的理由が認められないの

に夫婦者の老齢者を差別するものであって、憲法14条1項に違反し無効であると判示した。

 ＊東京地判昭和43・7・15行集19巻7号1196頁〔Ⅲ-7-4〕。

　しかし、それは、例外ともいえる判決であり、他は、違憲の主張を斥ける例の方が目にとまる。すなわち、老齢福祉年金の夫婦受給制限を規定する国民年金法79条の2第5項（昭和44年法律86号削除前）は、憲法14条、13条に違反しないとした判決＊、また、老齢福祉年金の受給権者が公的年金給付を受けることができるときは、その支給を停止する旨の国民年金法の規定およびこれに基づく老齢福祉年金支給停止処分は、憲法25条、14条に違反しないとした宮訴訟に対する判決＊＊、およびそれの控訴審判決＊＊＊もある。

 ＊大阪高判昭和51・12・17行集27巻11=12号1836頁。
 ＊＊東京地判昭和49・4・24行集25巻4号274頁〔Ⅲ-7-7〕。
 ＊＊＊東京高判昭和56・4・22行集32巻4号593頁。

　このように、福祉立法を争う憲法訴訟では、広い立法裁量論が働き、強い司法的統制の途は、期待できない。

　c）　その他　　最高裁判所は、国民年金法におけるいわゆる第2号被保険者による保険料納付について、昭和60年法律34号附則8条4項は、その人が60歳に達した月以後の期間を、老齢基礎年金の年金額算定の基礎となる保険料納付済期間に算入しない、という取扱いを規定するが、この取扱いと、60歳以上になってから国民年金に任意加入した者に対する取扱いとの違いは、合理的な理由のない不当な差別にはあたらず、14条に違反しないと判示している＊。

 ＊最一小判平成13・7・19金法1627号51頁。

　ⅴ）　労働者災害補償保険法　　労働者災害補償保険法に関する下級審判決がいくつか存在するが、いずれも違憲の主張を斥けている＊。注目すべきは、14条の平等原則違反のみが争点となっているわけではないことである。

 ＊労働者災害補償保険法（昭和61年法律59号改正後、平成2年法律40号改正前）8条の2第2項は、年金たる保険給付の給付基礎日額について労働者の年齢階層ごとに労働省令による最高限度額の定めを置いたが、この規定およびそれに基づく本件労働省告示は、同法施行日以降に新規に年金を受ける「本件改正法対象者」と同日の時点ですでに年金たる保険給付を受ける権利を有している「経過措置対象者」とを別異に処遇す

ることには合理的理由があるので、憲法14条に違反せず、また、同25条にも違反しないとした判決（名古屋地判平成14・7・9判タ1148号195頁）。労働者災害補償保健法の一部を改正する法律（昭和40年法律130号）附則15条2項（昭和51年法律32号による削除前）および労働者災害補償保健法施行規則の一部を改正する省令（昭和41年労働省令2号）附則5項（昭和55年労働省令32号による削除前）は、憲法14条、25条1項・2項、27条2項に違反しないとした判決（札幌地判昭和59・3・16労民35巻2号99頁、札幌高判昭和59・12・25労民35巻6号690頁）。労働者災害補償保険法に基づき支給する傷病補償年金と、厚生年金保険法に基づき支給する障害年金との間の併給調整を定めた労働者災害補償保険法別表第1第1号および同法施行令（昭和52年政令33号）2条、3条1項は、憲法29条、25条、14条に違反しないとした判決（札幌地判平成元・12・27労民40巻6号743頁）。労働者災害補償保険法に基づく再審査手続において、再審査請求人には審査関係書類等の閲覧申請権ないし閲覧請求権が認められないが、そのことは、憲法31条、13条、14条、32条に違反しないとした判決（東京地判平成7・12・13判タ915号83頁）。

vi）**その他**　　以上のほか、13条、25条、29条などとともに14条の平等原則違反の主張に応えた下級審判例＊があるが、いずれも違憲の主張を斥けるもので、立ち入った審査はなされていない。

　＊児童手当法に基づく児童手当の特例給付と名古屋市乳幼児医療費助成条例に基づく乳幼児医療費助成の受給資格にはいずれも所得制限規定が付いており、居住用土地が都市計画区域内に所在するためいずれ収用されると考えやむなく名古屋市に売却した代金を前記各所得制限規定の基準所得額から控除する解釈はとり得ないが、このような本件各所得制限規定は、憲法25条、13条、14条に違反しないとして、前記各受給資格の喪失・消滅を内容とする各処分が適法であるとされた事例（名古屋地判平成16・9・9判タ1196号50頁）。旧船員保険法が、脱退手当金について老齢年金等とは異なった支給要件、支給金額を定め、その限度で老後の所得に関する保障を行うこととしたことは、憲法14条、29条に違反しないとした判決（東京地判平成4・7・14労判622号30頁）。

(3) 租税関係立法　　i）**先例のサラリーマン税金訴訟判決**　　租税関係立法についての憲法訴訟では、14条違反の主張がなされることが多い。たとえば、初期の頃、国税犯則の通告処分につき、履行する資力がないと認めるときは通告を要しないで直ちに告発する旨を定めた国税犯則取締法14条は、憲法14条に違反しないとした判決＊があるが、そのような判断は、その後の多くの判例に表

れている。

　　　＊最大判昭和 28・11・25 刑集 7 巻 11 号 2288 頁。

　今日では、いわゆるサラリーマン税金訴訟（大島訴訟とも呼ばれる）に対する最高裁判決＊が先例となり、租税関係訴訟は、これに依拠して処理されている。

　　　＊最大判昭和 60・3・27 民集 39 巻 2 号 247 頁〔Ⅲ-3-10〕。

　その訴訟は要するに、大学教授であった原告が、所得税法（昭和40年法律33号改正前）中の給与所得にかかる課税規定が全体として憲法 14 条 1 項に違反し無効であり、また、その課税規定を根拠とする当該課税処分は違法であるとして、取消しを求めて訴えを提起したものである。その違憲の理由として、サラリーマンに対しては、給与所得控除について必要経費の実額控除を認めず、一律に定額を控除するのみで、収入額に対する割合が、他の事業所得に比べて低いこと、また、給与所得の捕捉率が他の事業所得よりも高いこと、さらに、他の事業所得には租税特別措置により優遇措置がなされていること等をあげたが、下級審において請求棄却の判決＊を受けたので上告した。これに対して、最高裁判所は、このような租税法規を争う訴訟に対する司法審査の基本的あり方を次のように説いている。「租税は、今日では、国家の財政需要を充足するという本来の機能に加え、所得の再分配、資源の適正配分、景気の調整等の諸機能をも有しており、国民の租税負担を定めるについて、財政・経済・社会政策等の国政全般からの総合的な政策判断を必要とするばかりでなく、課税要件等を定めるについて、極めて専門技術的な判断を必要とすることも明らかである。したがって、租税法の定立については、国家財政、社会経済、国民所得、国民生活等の実態についての正確な資料を基礎とする立法府の政策的、技術的な判断にゆだねるほかはなく、裁判所は、基本的にはその裁量的判断を尊重せざるを得ないものというべきである。そうであるとすれば、租税法の分野における所得の性質の違い等を理由とする取扱いの区別は、その立法目的が正当なものであり、かつ、当該立法において具体的に採用された区別の態様が右目的との関連で著しく不合理であることが明らかでない限り、その合理性を否定することができず、これを憲法 14 条 1 項の規定に違反するものということはできないものと解するのが相当である。」このように、最高裁判所は、単なる合理性の判断基準に基づいて、サラリーマンに対する取扱いが正当であり、著しい不合理性を認めることができないとし、棄却の判断を下して

いる**。

> *京都地判昭和 49・5・30 判時 741 号 28 頁、大阪高判昭和 54・11・7 判時 947 号 23 頁。
> **ここで問題とされた源泉徴収制度については、すでに合憲の判断が下されていた。最大判昭和 37・2・28 刑集 16 巻 2 号 212 頁参照。

　このサラリーマン税金訴訟判決（大島訴訟）は、以後、租税関係立法に関する憲法訴訟において主導的役割を果たす先例となっている。いわゆる総評サラリーマン税金訴訟に対しても、この先例のもとに棄却の判決がなされている*。ただし、大島訴訟が契機となって、給与所得者にかかる所得税についての法制上の変革がなされたことは看過できない**。

> *最三小判平成元・2・7 訟月 35 巻 6 号 1029 頁。
> **たとえば、1987（昭和 62）年 9 月の所得税法の改正で、給与所得者の特定支出のうち、給与所得控除額を超える部分の金額について、実額控除を選択することが認められるようになった。

ⅱ）**先例の踏襲**　サラリーマン税金訴訟判決（以下では「先例」という）以前においても、最高裁判所は、租税関係法規の合憲性の争いに立ち入った憲法判断を加えることをしていない*。

> *若干の例をあげる。最一小判昭和 59・7・5 税資 139 号 1 頁は、所得税法の資産所得合算課税に関する規定は、憲法 14 条 1 項、13 条、29 条 1 項に違反しないと判決。最一小判昭和 57・4・22 税資 123 号 154 頁は、租税特別措置法 65 条の 2 第 3 項（昭和 50 年法律 16 号改正前）の規定は、憲法 14 条および 29 条 3 項に違反しないと判決。最二小判昭和 56・1・19 税資 116 号 1 頁は、譲渡所得にかかる課税が平等原則に反する旨の納税者の主張を排斥した事例。最一小判昭和 53・10・26 訟月 25 巻 2 号 524 頁は、医療費控除を定める所得税法（昭和 45 年法律 36 号改正前）73 条の規定が憲法 14 条 1 項、25 条に違反する旨の主張は、その前提を欠くと判決。

　この先例の登場後に、判決の傾向が変わったわけではないが、「著しく不合理であることが明らかであるとはいえない」とか、「先例の趣旨に徴し、明らかである」とかの論述が目立つようになったことが特徴である。たとえば、事業を営む居住者と生計を一にする配偶者その他の親族が居住者と別に事業を営む場合であっても、そのことを理由に所得税法 56 条の適用を否定することはできないが、他方で同法が 57 条の定める場合に限って 56 条の例外を認めていることについ

て、それが著しく不合理であることが明らかであるとはいえないから、同法 56 条を適用してなされた更正処分および過少申告加算税賦課決定処分は、14 条 1 項に違反しないとした判決にそれが表れている＊。

　　＊最三小判平成 16・11・2 訟月 51 巻 10 号 2615 頁。他の例として次のものがある。扶養控除の対象となる扶養親族の範囲を定める所得税法（昭和 56 年法律 11 号改正前）2 条 1 項 34 号およびこれが引用する限りでの同項 33 号は、憲法 14 条 1 項、25 条に違反しないとした判決（最三小判昭和 60・12・17 判夕 595 号 48 頁）、土地の譲渡等がある場合の特別税率を定める租税特別措置法（昭和 57 年法律 8 号改正前）63 条 1 項は、憲法 14 条に違反しないとした判決（最三小判昭和 61・2・18 税資 150 号 325 頁）、所得税法（昭和 47 年法律 31 号改正前）が、必要経費の控除について事業所得者と給与所得者との間に設けた区別は、合理的なものであり、憲法 14 条 1 項に違反しないし、給与者にかかる源泉徴収制度を定める国税通則法および所得税法（昭和 47 年法律 31 号改正前）の規定も、憲法 14 条 1 項に違反しないとした判決（最三小判平成元・2・7 訟月 35 巻 6 号 1029 頁）、さらには、消費税法は、憲法 14 条、22 条、25 条、29 条、30 条、84 条に違反しないとした判決（最二小判平成 5・9・10 税資 198 号 813 頁）。

　なお、下級審においても、租税関係立法についての合憲性判断には、この先例に依拠したものが支配的である＊。

　　＊たとえば、福岡地判平成 6・12・26 税資 206 号 850 頁は、租税法の定立について、裁判所は、基本的には立法府の裁量的判断を尊重せざるをえなく、租税法の分野における所得の性質の違い等を理由とする取扱いの区分は、その立法目的が正当なものであり、かつ、当該立法において具体的に採用された区別の態様が目的との関連で著しく不合理であることが明らかでない限り、その合理性を否定することができず、憲法 14 条 1 項に違反するものということはできないとしている。

　iii) **条例による課税**　　東京都銀行税条例事件判決は、次にみるように、裁判所が憲法論議に至らないで訴えを処理したものであるが、そこで示された違法の判断の実質は、憲法秩序の形成上無視できない。

　東京都は、2000（平成 12）年 4 月 1 日に、「東京都における銀行業等に対する事業税の課税標準等の特例に関する条例」（平成 12 年東京都条例 145 号。以下「本件条例」という）を制定し、税収減による財源を回復するため課税標準を、各事業年度の「所得」（地方税法 72 条の 121 号ハ）から「業務粗利益」といういわゆる外形標準に変更し、その税率を原則として 3 パーセントとして課税をすること等を

内容とする政策を実施したところ、本件条例の適用を受ける大手銀行が原告となって東京都を相手として訴えを提起し、本件条例が憲法14条、31条、94条、地方税法（平成15年法律9号改正前）72条の19、72条の22、6条2項に違反し無効であるとの主張のもとに、本件条例の無効確認、納付した事業税の返還、損害賠償等を請求した。これに対して、第一審判決*も、控訴審判決**も、その理由は異なるが、銀行条例の課税が無効であるとの判断を下した。ところが上告中の2003（平成15）年10月8日に和解が成立したため最高裁判所の判断がなされないで終わった。それゆえ、上記下級審裁判所の判断において正面から説かれることのなかった14条をはじめとする違憲の主張にかかる司法判断の行方は、未解決のままとなっている。

> *東京地判平成14・3・26判時1787号42頁。裁判所は、銀行条例の処分性を否定し、その無効確認請求を却下したが、銀行業等については、所得が当該事業の担税力を適切に反映するものであるから、所得を課税標準とすべきであって、この場合に外形標準課税を導入することは許されず、地方税法72条の19が外形標準課税を許す「事業の情況」があるとも認められないから、銀行業等につき外形標準による法人事業税の課税を定める条例は同条に違反し無効であると判断し、納付した事業税の返還を認容した。
>
> **東京高判平成15・1・30判時1814号44頁〔Ⅷ-5〕。裁判所は、原告の銀行条例無効確認請求にかかる訴えについては不適法却下としたが、「本件条例は、地方税法72条の19には違反しないが、同法72条の22第9項には違反するものであり、憲法違反の主張等一審原告らのその余の主張について判断するまでもなく、違法なものである。そして、地方税法72条の22第9項の歯止め的な機能から見て、本件条例は、地方税法上与えられた条例制定権の範囲を超えて制定されたものであって、無効であるといわざるを得ない」と結論した。

5　家族生活における平等

(1) 24条の意義　24条は、1項で婚姻の自由と夫婦の権利が同等であることを、2項で家族生活の諸関係についての立法において基本に置くべき理念をうたっており、憲法第3章における他の人権規定にはみられない性格や特色をもっている。すなわち、個別の権利、自由の保障規定というよりも、民法の家族法における基本理念をうたった規定という性格が強い*。

＊日本国憲法の成立に伴い民法の根本的改正が必要となったが、憲法施行時までにそれが間に合わなかったので、とりあえず「日本国憲法の施行に伴う民法の応急措置に関する法律」（昭和22年法律74号）により憲法に抵触する規定の適用が停止され、ついで第1回国会（1947（昭和22）年）において、民法の親族編と相続編についての全面改正（昭和22年法律222号）がなった。

とりわけ、2項の「法律は、個人の尊厳と両性の本質的平等に立脚して、制定されなければならない」との定めは、13条や14条から導かれる意味である。そして、個人の尊厳の意義は、平等原則の中に取り込まれるのだから、結局、24条は、平等原則の制度化ないし具体的実現を示唆した規定として説明することができる。つまり、これは、家族に関する諸事項について、平等原則が浸透していなければならないことを立法上の指針として示し、その実現を法律に委ねている規定とみることができる＊。

＊この規定が日本国憲法に置かれたのは、連合国軍最高司令官総司令部（GHQ）民生局のベアテ・シロタ・ゴードンの提案に基づくものであることがよく知られている（ベアテ・シロタ・ゴードン（平岡磨紀子訳）・1945年のクリスマス—日本国憲法に「男女平等」を書いた女性の自伝（柏書房・1995年））。

(2) 具体的実現　24条の具体的実現は、民法の家族法においてなされている。また、家族法の定めについて、憲法理念の実現がなされていないとして裁判で争うときは、24条違反とともに、14条の平等原則違反の主張がなされるのが通常である。

実際に、民法731条以下の婚姻に関する規定、民法762条の夫婦別産制の定め、および、その他の家族に関する事項などに関する訴訟では、平等原則違反の争点が併せて主張されており、その動向については、前述しているので（⇨本節2(3)）、ここでは立ち入らない。

第4節　多元的権利・自由

1　居住・移転の自由

(1) 意義　居住・移転の自由は、職業選択の自由とともに22条1項で保障されているが、今日では、経済的自由に帰属させるだけではその意義をとらえ

たことにならない。もちろん、自由な経済活動は、活動の場を自由に移動させることなくしては可能とならないから、経済的自由としての意義を否定することはできない。しかし、それだけでなく、人は、他者との自由な意思の交換、情報の収集、催しへの参加などの活動をするために自由に移動しており、そこには信仰の自由、言論の自由、集会・結社の自由などの精神的自由への結びつきをも認めることができる。また、自己の好む生活の場を選び、移り住むことにより、満足のゆく生活を追求する側面もあり、これは、幸福追求権（13条）との結びつきとしてよい。あるいは、移動の自由は、身体の拘束がないことであるから、人身の自由の性格をみることができる。このように、居住・移転の自由は、多元的自由の筆頭にあげることができる＊。

> ＊最高裁判例には、居住・移転の自由の意義にふれたものはないようであるが、ハンセン病訴訟に対する第一審判決（熊本地判平成13・5・11判時1748号30頁〔Ⅲ-2-3〕）では、「居住・移転の自由は、経済的自由の一環をなすものであるとともに、奴隷的拘束等の禁止を定めた憲法18条よりも広い意味での人身の自由としての側面を持つ。のみならず、自己の選択するところに従い社会の様々な事物に触れ、人と接しコミュニケートすることは、人が人として生存する上で決定的重要性を有することであって、居住・移転の自由は、これに不可欠の前提というべきものである」と説いて、多元的自由であることを示している。

人は、22条1項が保障する居住・移転の自由の行使の結果、自己の生活の本拠、つまり、住所を設定する。住所とは、生活の本拠のことを指し、これは、最高裁判例により確立した定義である＊。そこには主観的要因が働いていることはいうまでもない。つまり、いかなる意図であろうとも、自己の生活の本拠をどこに設定しようとも自由であることが保障されている。

> ＊最大判昭和29・10・20民集8巻10号1907頁〔Ⅲ-8-2〕。これは、渡里村基本選挙人名簿訴訟に対する判決で、学生の選挙法上の住所が大学の付属寮にあるとされた。

(2) 居住・移転の自由の制限　居住・移転の自由を行使した結果である住所を指標として、国や自治体は、さまざまな処遇を行う。積極国家・社会国家の表れである。ところが、その処遇にあたり、この自由の行使の動機・意図をとらえてそれを行おうとすれば、対象者の居住・移転の自由の侵害ないし否認となる事態が生じることがある。そもそも、いかなる動機・意図のもとに居住・移転の

自由を行使したかなどということは、容易に認定し難いほど多様・複雑で、法的に対応できる性格をもたない。それゆえ、住所を指標としての処遇をしようとすれば、それは、生活の本拠として客観的に認識できることを対象とせざるを得ない*。ここから、居住・移転の自由をめぐる問題が発生する。そして、居住・移転の自由にかかわる法制上の処遇や制限は、多様であり、住民基本台帳法（以下「住基法」という）**がその基礎となっている。多様な処遇・制限について、上述のような多元的自由の性格を根拠に、その合憲性を判断しなければならない。

＊住所の認定について、主観説と客観説とがあるといわれているが、そのどちらでもない、あるいは、その両者によるとするのが適切である。たとえば、国税当局が住所の設定の目的・動機が課税を免れるためであったとし、渡航前の日本の住所にかかる課税をしたとき、たとえ節税目的があったとしても、生活の本拠が外国にあることを客観的に立証できるなら、住所設定の主観的要因は、課税上の住所の認定には作用しない。

＊＊住基法の1条は、その法律の目的を、次のように定めている。「この法律は、市町村（特別区を含む。以下同じ。）において、住民の居住関係の公証、選挙人名簿の登録その他の住民に関する事務の処理の基礎とするとともに住民の住所に関する届出等の簡素化を図り、あわせて住民に関する記録の適正な管理を図るため、住民に関する記録を正確かつ統一的に行う住民基本台帳の制度を定め、もって住民の利便を増進するとともに、国及び地方公共団体の行政の合理化に資することを目的とする。」

法制度上、居住・移転について、とりわけ住所について、さまざまな制限ないし措置がなされている。住基法は、住民に、転入、転居、転出等の届出を義務づけて（同法21条以下）、居住・移転の自由への制約を課している。また、刑事法や民事法上、さまざまな居住にかかる規定があり、それらは強い制限から弱い制約といえる程度のものまで多様であり、網羅的にあげることは容易でない*。しかし、今日では、人は、まったく制限・制約のない居住・移転の自由を享受することはないといってよい。

＊たとえば、刑事被告人の住居を制限して、勾留の執行を停止することができると定める刑訴法95条、未成年者に対する親権者の居住指定権を定める民法821条や夫婦の同居義務を定める同法752条、破産者に対する居住制限を課す破産法37条、さらに、感染症の患者を入院させることを定める「感染症の予防及び感染症の患者に対する医療に関する法律」（1998（平成10）年に伝染病予防法は廃止）の19条から21条等。

(3) 居住・移転の自由の実現　　居住・移転の自由は、上述のように、多様

な制限・制約を受けているが、これに対して、実際にはいかなる保障がなされ、具体的にその自由が実現しているかを、若干の裁判例に限らざるを得ないが、みることにする*。

> *前掲の「感染症の予防及び感染症の患者に対する医療に関する法律」22条の2では、「第17条から第21条までの規定により実施される措置は、感染症を公衆にまん延させるおそれ、感染症にかかった場合の病状の程度その他の事情に照らして、感染症の発生を予防し、又はそのまん延を防止するため必要な最小限度のものでなければならない」と、居住・移転の自由に配慮した規定を置いており、それに基づく運用の実際も、この自由の実現にかかわっていることを認識せねばならない。

まず、居住・移転の自由を正面から、また、直接的あるいは包括的に制限する法制度は、今日ではごく限られた場合しかない*。前掲のハンセン病訴訟の判決**は、らい予防法が伝染させるおそれがある患者の隔離を規定していることについて、居住・移転の自由を包括的に制限するものであるとし、国に対する損害賠償請求を認めた。

> *ここでは、直接的・包括的制限と間接的・付随的制限とに分けて考えているが、そのどちらか不明な場合もみられるので、あまり厳密な区分とはいえない。前者の制限の例として、かつての都会地転入抑制法(昭和22年法律221号、昭和23年12月31日失効)があるが、今日でも、昼間人口や夜間人口との間に大きな差がある自治体で、行政施策上の措置を検討する例がある。ただし、居住・移転の自由を制限する問題との関係で実施をみていない。
>
> **熊本地判平成13・5・11判時1748号30頁〔Ⅲ-2-3〕。なお、らい予防法は、「ハンセン病問題の解決の促進に関する法律」(平成8年法律28号)の制定により廃止された。

間接的・付随的制限と呼ばれる場合は、法目的達成のために設けた手段が居住・移転の自由に影響を及ぼすことをとらえている。その一例が成田新法訴訟に対する判決*に表れている。最高裁判所は、成田新法のもとで、工作物使用禁止令が適用された結果、多数の暴力主義的破壊活動者が当該工作物に居住することができなくなるにしても、その命令は、新空港の設置、管理等の安全を確保するという目的からなされた公共の福祉のための制限であり、必要かつ合理的なものであると判示している。このように、間接的・付随的制限とされる居住・移転の自由への制限については、制限する法目的に認められる公共の福祉の利益と比較衡量され、多くの場合は、制限の合理性が認容されることになる。しかし、はじ

第4節 多元的権利・自由

めに確認したこの自由の意義にてらすと、単純な正当化理由の容認は適切でない。もっとも、その多元的自由の性格ゆえに、制限の正当化も多様なものとならざるを得ない。

　　＊最大判平成 4・7・1 民集 46 巻 5 号 437 頁〔Ⅲ-6-8〕。

　若干例をみると、まず、路上生活者（ホームレス）に関する問題がある。都市公園内に都市公園法に違反して設置されたキャンプ用テントを起居の場所としていた者について、最高裁判所は、社会観念上、当該テントの所在地が客観的に生活の本拠としての実体を備えているとみることができないとして、住基法上の転入届の不受理を適法と判示した＊。ホームレスのテントに対しては、各地の自治体でそれの撤去がなされているが、この最高裁判決をはじめ、その実体に立ち入ってホームレスの居住状態を保護する判断はみられない。なお、ホームレスについては、生活保護の支給や選挙権の行使との関係でも問題が生じているが、25 条や 15 条の権利保障との関連で、あるいは、行政当局の対応の仕方との関係で議論される。

　　＊最二小判平成 20・10・3 判時 2026 号 11 頁。

　他に、根底には居住・移転の自由の問題があるが、それに至らずに処理される場合もある。その一例は、住基法 22 条の転入届の不受理事件であり、最高裁判決＊において、市町村長は、住基法上の転入届があった場合には、その者に新たに当該市町村の区域内に住所を定めた事実があれば、法定の届出事項にかかる事由以外の事由を理由として転入届を受理しないことは許されず、住民票を作成しなければならないと判示されている。

　　＊最一小判平成 15・6・26 判時 1831 号 94 頁。

　以上の裁判例にみられるように、居住・移転の自由の保障の場面では、この自由の多元的性格にてらした審査方法が確立しておらず、これは、今後の課題だということができる。

2　外国移住・国籍離脱の自由

(1) 意義　22 条 2 項は、外国に移住する自由と国籍離脱の自由を保障している。この自由について、今日では、それが経済活動にのみかかわるわけでないことはいうまでもなく、同条 1 項の居住・移転の自由と同様の意義付けができ、

それゆえ、多元的な自由である。

　この自由の享有主体は、日本国民であり*、日本国民には、この自由の享受が強く保障されていると理解できる。それは、1項と異なり公共の福祉による制限がうたわれていないという形式面からだけでなく、日本の地域から離れて活動することや自己の国家への帰属の決定という、もっぱら個人の生存の基本にかかわる自由であるからである。したがって、この自由に対する制限には、厳しい正当化理由が求められる。実際に、そのように扱われているかについて、以下では関心を向けている。

　　*外国移住とは、日本以外の国への移住であり、国籍離脱は、日本国籍の離脱であるから、この自由の享有主体が外国人となることはない。また、外国人の日本への入国については、法務大臣に広い裁量が与えられており、国際法上も、日本国憲法による保障が及ぶことはない。外国人が政治的理由により、本国における迫害を逃れて日本に亡命を求めてきたとき、それを保護するべきかという問題がある。世界人権宣言は、亡命権ないし難民の庇護請求権の存在をうたい（14条1項）、諸国の憲法には、これを保障する例がある。日本では、憲法上の保障はなく、出入国管理及び難民認定法61条の2以下に、難民の認定について定める。最高裁判所は、亡命権の憲法上の保障について消極的である（最二小判昭和51・1・26訟月22巻2号578頁）。

(2)　外国移住の自由の実現　最高裁判所は、1958（昭和33）年の旅券発給拒否事件の判決*で、外国移住の自由には外国への一次的な渡航も含まれると解釈している。この先例による海外渡航の自由の理解は、今日では、確立したものといってよい。ただし、その事件では、「外務大臣において著しく且つ直接に日本国の利益又は公安を害する行為を行う虞があると認めるに足りる相当の理由がある者」に対して、一般旅券の発給または渡航先の追加をしないことができるとの旅券法13条1項5号（現行法では7号）の規定を適用したことについて争われたのであるが、最高裁判所は、その規定について、「外国旅行の自由に対し、公共の福祉のために合理的な制限を定めたものとみることができ、……右規定が漠然たる基準を示す無効のものであるということはできない」と判示している。これは、海外渡航の自由の制限には、外務大臣の広い裁量を認めるものであり、前述した、この自由の保障を確保するための厳格な審査が排除されており、学説上の批判をもたらしている。ところが、その後、同じく旅券法13条1項5号によ

る旅券発給拒否事件に対して、最高裁判所は、一般旅券発給拒否通知書に付記すべき理由としては、いかなる事実関係に基づきいかなる法規を適用して一般旅券の発給が拒否されたかを、申請者においてその記載自体から了知し得るものでなければならず、単に発給拒否の根拠規定を示すだけでは十分でない、と判示している**。ここには、適用違憲をなす場合があることを推測させ、厳格な審査の方向への判例の変化が期待できそうである。

　　＊最大判昭和33・9・10民集12巻13号1969頁〔Ⅲ-5-1〕。
　　＊＊最三小判昭和60・1・22民集39巻1号1頁。

　ところが、旅券法19条は、外務大臣または領事官に旅券の返納を命じる権限を与えており、その権限行使がなされる事件が登場した。それは、「旅券の名義人の生命、身体又は財産の保護のために渡航を中止させる必要があると認められる場合」（同条1項4号）に該当したとの判断のもとになされたが＊、この処置を争う訴訟においていかなる判断が下されるのか、注目される。

　　＊これは、イスラム教スンニ派過激組織「イスラム国」による日本人の人質・殺害事件後間もなく、外務省は、取材目的でシリアへの渡航を計画していたフリーカメラマンに対し、その渡航を禁じ、旅券・パスポートの返納を命じた事件である（2015年2月7日各新聞）。

(3) 国籍離脱の自由　　国籍離脱の自由を認めることは、今日では、世界的な傾向である。世界人権宣言15条2項は、「何人も、ほしいままにその国籍を奪われ、又はその国籍を変更する権利を否認されることはない」とうたっているが、この趣旨が諸国に浸透している。

　憲法22条2項後段に規定するこの自由は、人の生存の基本にかかわるなどの多元的性格をもち、それゆえ、何らの制約もない保障であると理解されている。実際に、国籍離脱の自由を侵害されたという例は存在しない。ただし、日本国籍の離脱には他の国籍の取得が前提となっており（国籍法11条〜13条）、無国籍となる自由は認められていない。これは、現在の国際社会では、無国籍となることは本人の利益とならないからだとされている。

3　通信の秘密

(1) 意義　　21条2項後段は、「通信の秘密は、これを侵してはならない」と、

同項前段の検閲の禁止と同様、強い表現で通信の自由を保障している。

通信とは、郵便、電信・電話などの制度や設備を利用して、個人間で相互に意思や情報の伝達をしあうことをいうが、それは、21条1項の保障する表現行為の内容であるだけでなく、他の権利・自由との関連も無視できない。すなわち、通信の秘密を確保することは、人の意思形成や情報の獲得などの精神的自由の保障だけでなく、プライバシーや私生活上の安寧を守ること、さらに経済活動の発展にかかわることもあり、多元的性格を認めることができる。

ところが、今日では、通信のための手段が高度に発達していると同時に、通信過程への侵害手段もきわめて巧妙になっており、通信の秘密を保つための方法について工夫する必要性が高まっている。しかし、通信技術の発達に対応した法制度は、ともすれば弊害の発生を後追いすることになりがちである。

(2) 通信の秘密を確保する法制度 通信の秘密を保護する21条2項後段の趣旨は、従来の郵便や電信・電話の通信手段についてみると、法律において具体的に実現されている。

郵便法は、郵便の業務を日本郵便株式会社が行うと定め（2条）、その会社に対し郵便物の検閲を禁じ（7条）、さらに、会社およびその郵便業務の従事者に信書の秘密を守ることを命じている（8条）。電信・電話についても、電気通信事業法がそれと同様の定めをし（4条）、有線電気通信法も、有線電気通信の秘密を侵してはならないと定める（9条）。これらに違反した者には刑罰が科せられるが、電波法でも、無線局の取扱い中にかかる無線通信の秘密を漏らすことや窃用などを刑罰の対象としている（109条）。さらに、通信の業務とは関係のない一般人も、信書の開封が禁じられており、違反者は、刑法133条の信書開封罪に問われる。

(3) 通信の秘密の限界 通信の秘密は、憲法の規定上、強い保護が前提となっているといえるが、それにも限界がある。

まず、捜査手段としての電話の傍受は、重大犯罪との関係で正当化されることがあり、その限りでは、通信の秘密の保護が後退させられる。

最高裁判所は、1999年の覚せい剤密売電話傍受事件に対する決定*で、次のように判示している。すなわち、電話傍受は、通信の秘密を侵害し、ひいては、個人のプライバシーを侵害する強制処分であるが、重大な犯罪にかかる被疑事件について、被疑者が罪を犯したと疑うに足りる十分な理由があり、かつ、当該電話

により被疑事実に関連する通話の行われる蓋然性があるとともに、他の方法によってはその罪に関する重要かつ必要な証拠を得ることが著しく困難であるなどの事情が存し、犯罪の捜査上真にやむを得ないと認められる場合に、対象の特定に資する適切な記載がある検証許可状によって実施しても、憲法13条、21条2項、31条、35条に違反しないと判示されている。これは、覚せい剤取締法違反事件にかかわるものであり、その控訴審判決**も違法でないとしている。また、他の下級審判決***でも、犯罪捜査のため検証許可状により通話者双方に知られずに行われた電話の傍受、録音は、被疑事実が営利目的による覚せい剤譲渡という重大なもので、その嫌疑が明白であり、他の手段により的確な証拠を収集することが難しく、本件電話が覚せい剤密売の専用電話である疑いが濃厚であり、さらに、検証許可状において検証の期間、時間が限定され、覚せい剤密売に関係しない通話が傍受、録音されないように厳格な条件が付され、これらが遵守されているなどの本件事実のもとにおいては、憲法21条2項、31条、35条に違反しないと判示している。

　　＊最三小決平成11・12・16刑集53巻9号1327頁〔Ⅲ-4-63〕。
　　＊＊札幌高判平成9・5・15判タ962号275頁。
　　＊＊＊東京高判平成4・10・15高刑45巻3号85頁。さらに、甲府地判平成3・9・3判
　　　　時1401号127頁も参照。

　このように、犯罪捜査手段としての電話傍受は、厳格な要件をみたしたときに容認できるとするのが判例法であるといえる。ただし、この判決時には、通信傍受法＊が準備されていて、判決後の2000（平成12）年8月にそれが施行され、法律の内容は、判例法と矛盾するところがないといえる。

　　＊正式名は、犯罪捜査のための通信傍受に関する法律（平成12年法律79号）。

　他に、法律上、郵便物の押収、通信物の検査、授受の禁止などの処分を公権力に認める例があるが＊、これに対しては、前述の通信の秘密を保護する趣旨にてらして、その正当化理由が厳しく問われなければならない。しかし、法定手続の原則の箇所で詳細に示すように（⇨第9章第2節）、司法的統制が強く発揮されているとは言い難いのが現状である。

　　＊若干例をあげておく。刑訴法は、郵便物の押収を認め（100条1項・2項）、接見交通
　　　にかかる通信物の検査、授受の禁止、および押収ができるとしている（81条）。刑事収容

施設及び被収容者等の処遇に関する法律（平成17年法律50号。以前の監獄法に代わる法律）は、収容者に対して、信書の発受等について、検査をし、制限することを認め（126条〜144条）、刑事施設及び被収容者の処遇に関する規則（平成18年法務省令57号）もそれに対応した定めをしている（76条〜84条）。破産法は、破産者宛ての郵便物等の管理について定め（81条）、破産管財人にその開披を認めている（82条）。郵便法は、郵便物の開示を求めることができるとし（31条、32条）、関税法が郵便物の差押えを認めている（122条）。

インターネットは、広く普及し、今日では、その利用が日常生活で不可欠となっているといえるが、名誉毀損、プライバシー侵害をはじめとする弊害が頻繁に発生しており、それを防止するための措置を講じようとすると、通信の秘密の侵害を招くことにもなる。いわゆるプロバイダ責任制限法*は、それに関する法律であるが、困難な問題を伴っている。他に、サイバー犯罪による通信の秘密の侵害が問題とされているが、法的対応が困難な状況となっている**。

　*正式名は、「特定電気通信役務提供者の損害賠償責任の制限及び発信者情報の開示に関する法律」（平成13年法律137号）で、その4条には、発信者情報の開示請求について定めている。
　**「不正アクセス行為の禁止等に関する法律」（平成11年法律128号）は、法的対応の一例であるが、他に対処が必要であるものの、問題が国内だけで済まない性格もあり、解決は困難となっている。

4　情報公開請求権・知る権利

(1) 意義　以上の多元的権利・自由は、いずれもその根拠規定が憲法に明示されているものであるが、最後に取り上げる情報公開請求権・知る権利は、憲法の根拠規定について見解が分かれているところに特徴がある。そして、そのこと自体が、この権利が多元的性格を帯びていることを表している。

まず、この権利は、情報の保有者の偏在に関連して、主張されるようになった。すなわち、国家は、大量の情報の保有者であり、国民主権の原理を実効化する民主主義政治の展開のためには、国民がその情報にアクセスし、摂取して、自己の意思形成に役立てることが重要だとの認識が高まったことにかかわる。知る権利は、そのような国家状況において主張されるようになった。この知る権利は、情報の取得を内容とするため、21条の表現の自由に結びつけて構成する見解が登

場したが、情報の自由な流通を妨げたり、制限したりする公権力の行為に対して保障される知る自由とは異なる性格のものである。要するに、この知る権利とは、政府保有の情報の開示を請求する権利であるということができ、それは、政府による情報の開示ないし公開という行為によって実効化することになる。別言すれば、知る権利ないし情報公開請求権は、憲法のいずれかの規定に根拠付ければ、論理必然的にその具体的保障が導かれるものではなく、情報公開のための制度化を必要とするものである*。

> *「知る権利」の名称は、主張者によっては、何がしかの意味を込める場合がみられ、また、「知る自由」との混同もなされるので、「情報公開請求権」とした方が権利の性格をよく表しているといえる。

　日本では、その制度化は、アメリカをはじめとする西欧諸国より遅れ*、前世紀の末にようやく実現した。今日では、次にみるように、現在機能している情報公開制度との関係で、情報公開請求権の保障状況をみればよく、憲法の根拠規定をめぐる議論は有益でない**。

> *日本の情報公開制度は、まず1980年代の自治体での情報公開条例の制定に始まり、1999年になって国の制度が発足した。
> **後述の情報公開法や情報公開条例の中に、「知る権利」をうたうことを強く求める見解があるが、そうすることによって、情報公開請求権の行使の実体がおのずから変化するとはいえない。次にみるように、情報公開の実効性は、制度の運用のあり方にかかっている。

(2) 情報公開請求権の実現　　国の情報公開制度は、行政機関の保有する情報の公開に関する法律（平成11年法律42号）（以下、単に「情報公開法」という）の制定、施行によって実現した。その1条は、次のように情報公開制度の目的をうたっている。

　「この法律は、国民主権の理念にのっとり、行政文書の開示を請求する権利につき定めること等により、行政機関の保有する情報の一層の公開を図り、もって政府の有するその諸活動を国民に説明する責務が全うされるようにするとともに、国民の的確な理解と批判の下にある公正で民主的な行政の推進に資することを目的とする。」

　ここには、情報公開請求権が憲法の国民主権原理を根拠としていること、政府

が国民に説明責任を果たすこと、そして、民主的な行政が運営されることがうたわれている。この理念、趣旨のもとに、政府情報の開示を求めたい者は誰でもその請求をすることができ（情報公開法3条）、この請求に対しては開示が原則であり、情報公開法が規定する一定の場合に不開示の決定がなされる（同法5条）。また、開示決定に対しては、不服申立てができ、行政機関の長は、その不服申立てについて、情報公開・個人情報保護審査会＊に諮問することになっている（同法18条）。その審査会による諮問への答申を受けて、行政機関は、改めて開示決定をするが、不開示を妥当としない旨の審査会答申には従う慣行が確立しており、それにてらして、また、審査会答申の内容が行政機関の立場から独立したものであることにおいても、情報公開制度は、よく機能して今日に至っているといえる＊＊。

> ＊当初の名称は、「情報公開審査会」であったが、2003（平成15）年に個人情報保護制度が成立したことに伴い、この名称に改められた。
> ＊＊審査会の答申は、「情報公開・個人情報保護審査会答申データベース検索」〈koukai-hogo-db.soumu.go.jp〉により見ることができる。

こうして、情報公開請求権・知る権利は、憲法秩序における権利として認知され、具体的に実現しており、関心は、その実現の度合いに向ければよいことになっている＊。

> ＊なお、「独立行政法人等の保有する情報の公開に関する法律」（平成13年法律140号）のもとでの運用状況も併せて参照する必要がある。

(3) 情報保全と情報公開　情報公開制度が機能しているが、不開示となった政府情報がそのまま生まれてよいというわけではない。時の経過により不開示理由が成り立たなくなったとき、秘密とされていた情報が改めて検討され、民主主義政治の発展のための分析資料とされることがある。この意義にてらして、政府情報の保全が重要であり、そのための法制度が求められていた。2009（平成21）年の公文書管理法＊は、それを実現するものであり、これによる政府情報の保全は、情報公開制度と相まって＊＊、民主主義政治の発展のための基盤となっている。

> ＊正式名は、「公文書の管理に関する法律」（平成21年法律66号）。その1条が定める目的は、公文書管理の意義を示している。すなわち、「この法律は、国及び独立行政法人等の諸活動や歴史的事実の記録である公文書等が、健全な民主主義の根幹を支える国

民共有の知的資源として、主権者である国民が主体的に利用し得るものであることにかんがみ、国民主権の理念にのっとり、公文書等の管理に関する基本的事項を定めること等により、行政文書等の適正な管理、歴史公文書等の適切な保存及び利用等を図り、もって行政が適正かつ効率的に運営されるようにするとともに、国及び独立行政法人等の有するその諸活動を現在及び将来の国民に説明する責務が全うされるようにすることを目的とする。」

**「行政機関の保有する情報の公開に関する法律」、「行政機関の保有する個人情報の保護に関する法律」、およびこの「公文書の管理に関する法律」は、情報三法と呼ばれる。

以上の動向において、2013（平成25）年に制定された特定秘密保護法*については、せっかくの情報保全と情報公開が後退することになるのではないかとの懸念が投じられている。その適用や運用に向けた同法22条の定めるところ**が、十分実現されるか見守る必要がある。

*正式名は、「特定秘密の保護に関する法律」（平成25年法律108号）。2014年12月施行。

**同法22条1項は、「この法律の適用に当たっては、これを拡張して解釈して、国民の基本的人権を不当に侵害するようなことがあってはならず、国民の知る権利の保障に資する報道又は取材の自由に十分に配慮しなければならない」とし、また、その2項は、「出版又は報道の業務に従事する者の取材行為については、専ら公益を図る目的を有し、かつ、法令違反又は著しく不当な方法によるものと認められない限りは、これを正当な業務による行為とするものとする」と定める。

第8章
精神的自由

第1節 意　　義

1　概　　観

　人の精神作用にかかわる自由を広く精神的自由としてとらえる。憲法は、思想・良心の自由（19条）、信教の自由（20条）、および表現の自由（21条）（後述するように、学問の自由（23条）は、広い意味の表現の自由に含めている）を、この精神的自由の保障の対象としているが、その具体的内容はきわめて多様である。そもそも、人の精神作用といっても、内心にとどまるものから、外部に表明するものまでの広がりがあるだけでなく、人が思っていることを表明するために用いる手段や媒体、さらに表明の様式や態様との関係で、複雑、多岐にわたる様相となっている。

　ここで注目するのは、憲法が保障する精神的自由の具体的実現についてであり、それの現状である。日本国憲法のもとで、精神的自由は、明治憲法下のそれとは比較にならないほど自由にふさわしい状況を得ている。しかし、全体としてはそうだといえても、思想・良心、信教、表現の三つの自由の領域では、発展の度合いに違いをみせたり、問題解決に課題を堆積させたりしており、検討すべきことは多い。とりわけ、日本国憲法の保障する精神的自由の意味、別言するとその価値原理は、西欧的な意味・価値原理と同じだとする前提に立つと、現状は、説明や理解を困難とさせる要素を多分にみせている。本章では、そのことを常に意識しながら考察していくことにしている。

2　由来・歴史的背景

　現状の認識と考察のために、精神的自由の保障にかかわる背景を概略ながらみておく必要がある。もっとも、思想・良心、信教、表現の各自由にかかる由来・

歴史的背景については、それら各自由の考察の場面で、必要な限りでふれることになるので、ここでは、それら三つの自由に共通の背景に目を向けることにする。

　すでに言及したように、精神的自由における自由の観念は、その根源を日本古来のものとしてみることはできる（⇨第1章第1節3参照）。しかし、憲法秩序における精神的自由の展開の発端を明治憲法に置くことは、間違いではないといえる。それは、19条、20条、21条および23条の規定が明治憲法下での体験を強く意識して置かれているからである。たとえば、明治憲法下では、国家は、治安維持法により人の内心の自由にまで立ち入ったし、国家神道の支配の範囲内でしか信教の自由を認容しなかった。また、検閲制度のもとに、人の表現行為に対し、自由とは程遠い扱いをしていたし、大学での学問研究の内容に立ち入ろうとした。こうした歴史的体験を背景として、20条のように憲法の規定の仕方が特色あるものとなっており、また、精神的自由の規定の初期の頃の解釈において、その制限に対しては厳格度が強く求められるものとして展開した。

　今日、日本国憲法下で、精神的自由の実現にかかる論議は、すでに半世紀以上の時を経ている。この体験の成果として、精神的自由の意義が明治憲法時代よりはるかに社会で認識され、自由の価値が具体化され浸透しているといえる。その証拠として、アジア諸国の中で、日本は、最も精神的自由の享受が可能な国となっているし、欧米諸国と比べても、その自由の発展状況に遜色がないといってよい。そうではあるが、後にしばしば指摘するように、明治憲法下での体験が依然として影を落としていることもあるし、西欧のそれとは異なる受け取り方がなされる場面もある。なぜそうであるのかということが重要な考察要素となっている。

3　保障の実現

　精神的自由に対する公権力による制約については、その正当化根拠が厳しく求められる。これが精神的自由の保障を実現するための基本的要請である。その理由は、思想・良心、信教、表現の三つの自由それぞれが有する意義にからめて説明できるが、それは、次節以降で行うので、ここでは、共通するところを示しておかなければならない。

　精神的自由は、それが確保される度合いが民主主義社会の到達度を示すもので

あり、それに対する制約が強ければ、そこには民主主義社会の存在をみとめることができないという性質をもっている。そのことは、現在の世界の国々の実情をみれば明らかであるし、日本に限っていえば、歴史を遡ることにより容易に理解することができる。したがって、あえて具体例を出すまでもなく、この三つの精神的自由に共通する性格を認めることができるのである。そして、民主主義との結びつきが強いにもかかわらず、民主主義の基本原理である多数決主義になじまないことも、強調しておかなければならない。

多数決主義原理に拠らずして精神的自由を十分確保するために、憲法は、司法部に卓越した役割を与えている。精神的自由への侵害は、裁判所に救済を求めることにより、自由の保障が得られるようになっており、その保障の司法への依存度は、他の自由と比べ大きい。

そこで、以下の自由の現実をみる作業は、判例に現れている自由の保障状況を観察することとなっている。

第2節　思想・良心の自由

1　意　義

19条は、「思想及び良心の自由は、これを侵してはならない」と定める。思想および良心の自由（以下では、思想・良心の自由と記す）は、内心の自由であるとされ、内心の表明である言論等の自由の基礎をなすものと理解されている。しかし、その思想・良心とは、いかなる精神作用のことをいうのか、そして、思想・良心の自由への侵害とはいかなる状態をとらえるのかということについては、以下でみる実例が示しているように明確とはなっていない。

なお、20条で保障される信教の自由は、宗教上の内心における精神作用も含まれている。それゆえ、内心における宗教的要素は、20条のもとで考察すればよく、19条の思想・良心の自由の対象からはずしてよいのかという問題がある。

また、19条にかかわるとされている判例をみると、判示の中で、思想・良心が思想・信条と区別されることなく扱われる場合もあり、憲法上は、14条にのみ登場する信条がどうして19条でも現れるのか、という疑問も投じる必要がある。

このように、19条の保障にかかる思想・良心の自由の意義については、基本

的理解を容易にさせない問題が存在しており、最高裁判例ではその問題の解明が放置されたままであるため、思想・良心の自由は、不確実な憲法秩序となっているといわざるを得ない。

2　先例の謝罪広告事件判決

19条で保障されている思想・良心の自由の具体的実現は、謝罪広告事件に対する最高裁判決*で示されているとされている。

これは、名誉毀損行為に対する民事訴訟において、裁判所が名誉毀損行為者に対して謝罪広告を新聞紙上に掲載するよう命じたところ、それが19条で保障する思想・良心の自由を侵害するとして争われた事件に対する判決である。最高裁判所は、謝罪広告を命ずる判決が強制執行に適さず、命じられた債務者の思想・良心の自由を不当に制限することになるとの一般論を容認しつつも、「単に事態の真相を告白し陳謝の意を表明するに止まる程度のものにあっては、これが強制執行も代替作為として民訴733条**の手続によること」ができると判示している。この判示内容は、その判決での4人の裁判官の個別意見の存在にも現れているように、理解することが容易でなく、説得力があるとはいえない。

　　*最大判昭和31・7・4民集10巻7号785頁〔Ⅲ-4-1〕。
　　**現行の民事執行法171条。

そもそも謝るという行為は、謝ろうとする内心の意思、すなわち、判示における「陳謝の意」に直結しない限り意味がない。それゆえ、最高裁判所が指摘するところの「単に……陳謝の意を表明するに止まる」謝罪とは、日本の社会に通常みられる「すみません」との形式的、儀礼的、あるいは機械的表現を指していると理解せざるを得ない*。しかし、それでは謝るという行為の意義を希薄ないし無にしてしまうことになるなど、疑問の発生を止めることができない。

　　*ある企業において世間が注目する問題が生じたとき、その問題における違法性や責任が明らかになる前に、マスコミの前で、企業の代表者が「世間をお騒がせし、またご迷惑をおかけして申し訳ない」と謝る場面がよくみられるが、最高裁判所は、このような日本社会の謝る風習のレベルの事を指しているとみてよいのかもしれない。

こうして、謝罪広告にかかる内心の自由の侵害問題が不明確なままとなっているのだが、最高裁判所は、この先例を基盤にして、報道者に対して、その者の執

筆した記事の掲載誌に、その記事の誤りを謝罪する文の掲載を命ずる下級裁判所の判決を容認した＊。これにより、思想・良心の自由の保障の実現は、破綻することとなった。それは、当該事件が先例とは明らかに区別される事件であり、表現の自由ないし報道の自由の保障を問うべきであるにもかかわらず、最高裁判所は、先例を機械的に適用したからである。また、マスコミ界も憲法学界も、これをさほど問題視することなく過ごしており、その状況にてらすと、思想・良心の自由の保障は、未開拓のままとなっているといわざるを得ない。

＊大相撲八百長記事取消命令事件に対する最一小判平成22・10・21（判例集未登載）。その事件および判決については、「訴訟・裁判：大相撲八百長関連記事と週刊現代謝罪広告事件」学習院法務研究3号122頁（2011年）参照。喜田村洋一弁護士による上告理由に問題の所在が明示されている。

3　一連の国旗・国歌事件

1999（平成11）年に制定された「国旗及び国歌に関する法律」（平成11年法律127号）＊は、法律の形式としては奇異な存在であるが、その後に登場している国旗・国歌にかかわる一連の訴訟と裁判も、思想・良心の自由の保障にかかわる特異な問題を生み出している。

＊この法律は、数多い法律中で最も奇異な法律である。それは、「国旗は、日章旗とする」（1条1項）と「国歌は、君が代とする」（2条1項）だけからなり、それぞれの2項に示す別表として、日章旗の図と君が代の歌詞、音符が付されているもので、何を規範とし、いかなる法秩序を形成しようとするのか、まったく不明な法律であるからである。つまり、国旗・国歌に対する侮辱罪が定められているわけもなく、単に事実を記しただけでもあり、ここに、不明確であいまいな規範状態と呼んでよい日本の法秩序の様相の一端が表れている。

国旗・国歌訴訟の一つが君が代ピアノ伴奏職務命令拒否事件である。これは、入学式での君が代斉唱の際に校長の命令に従わずピアノの伴奏を拒否した教師が懲戒処分を受けたため、それが19条で保障されている自己の思想・良心の自由を侵害するとして争ったものである。最高裁判所は、その職務命令が直ちにその教師の歴史観・世界観それ自体を否定するものとはいえないとして、違憲の主張を斥けた＊。また、君が代のピアノ伴奏行為は、特定の思想の表明行為とはいえ

ないとも判示している。ここには、ピアノ伴奏という表現行為が内心の思想・良心に結びつくことを前提としつつ、その行為をなすよう命ずる職務命令が直ちに違法・違憲の侵害とはならないとの判断がみられるのである。

　　＊最三小判平成19・2・27民集61巻1号291頁〔Ⅲ-4-3〕。

　また、一連の国旗・国歌事件の一つである国歌起立斉唱職務命令違反事件に対する判決＊においても、最高裁判所は、思想・良心の自由に対する侵害の存在を認めていない。その事件も、公立学校の校長が教諭に対して卒業式における国歌斉唱の際に国旗に向かって起立し国歌を斉唱することを命じた職務命令が19条に違反するとして争われたものである。最高裁判所は、違憲の主張を斥ける理由として、当該職務命令が思想・良心の自由についての間接的な制約があるとの前提に立ったうえで、職務命令には、思想・良心に対する制約として許容し得る程度の必要性および合理性が認められることをあげている。これにつづく同様の争点に対する最高裁判決は、いずれも国旗・国歌にかかる職務命令が19条に違反するとの主張を斥けている＊＊。

　　＊最二小判平成23・5・30民集65巻4号1780頁〔Ⅲ-4-4〕。
　　＊＊他の同様の争点に関する訴訟に対する判決として、最一小判平成23・6・6民集65巻4号1855頁、最三小判平成23・6・14民集65巻4号2148頁、最三小判平成23・6・21判時2123号35頁、最一小判平成24・1・16判時2147号127頁、最一小判平成24・1・16判時2147号139頁がある。このように、三つの小法廷が同趣旨の判断を下しており、大法廷判決が下されたに等しい結果だともいえる。なお、最後から二番目の判決は、校長の職務命令に従わなかったことを理由とする停職処分が裁量権の範囲を超えるもので違法とされたが、19条違反を判示したわけではない。

　これらの判決をとおして、最高裁判所は、19条の保障する思想・良心の自由の意義について深く追究しているわけではない。その意義について論議すると、判決中における補足意見、反対意見にまさに現れているように多様な見解の登場をみることになる＊。そうであるからこそ、法廷意見は、意義の追究を避けているとみることができる。すると、日章旗・君が代を国旗・国歌とは認めないとする思想・信条等の正当性について立ち入らない最高裁判所の判断姿勢の意味が理解できないでもない＊＊。

　　＊平成23年の第二小法廷判決で、千葉勝美裁判官は、「歴史観等及びこれと不可分一体

の行動(……これらを「核となる思想信条等」という。)が憲法19条による直接的、絶対的な保障の対象となる」と論じているが、当該訴訟の原告・上告人の校長の職務命令に抗する行為が直接的、絶対的保障の対象だとのあてはめも可能となる余地がある。

** もし、最高裁判所が上告人らの主張を認めて職務命令の19条違反を判断したとして、それで争いの決着がつくわけでなく、社会では、政治化した紛糾が生ずるであろう。国旗・国歌問題は、政治の場面に発端があり、最高裁判所が、その政治の渦中に取り込まれるのを避けようとするのは、司法権の維持のためとる途で、他にも例がある。

4　社会における思想・信条の自由

　以上みた例の他に、社会生活で思想・信条に対する制約をめぐる訴訟例が少なからず存在する。ここで、思想・信条としているのは、労働者の政党所属調査事件に対する判決*で、最高裁判所が「企業内においても労働者の思想、信条等の精神的自由は十分尊重されなければならない」と説いているところに拠っている。ただし、思想・良心と思想・信条との異同については論じられていない。また、この事件では、企業が労働者に行った共産党とのかかわりについての質問およびそれに関連する行為がその労働者の精神的自由を侵害した違法行為であるということはできないと判示している。

　　*最二小判昭和63・2・5労判512号12頁〔Ⅲ-4-2〕。

　また、法人や団体とその構成員との間で、思想・信条の自由への侵害が問題とされる。寄附をするかしないかは、個人の内心の問題であり、それを思想・良心というより思想・信条というのが適当だと考えられているためかもしれないが、判例ではその説明がないまま思想・信条のことばが使われている。代表例として、南九州税理士会事件判決*と群馬司法書士会事件判決**とがある。いずれも、強制加入団体の構成員に課せられた臨時会費をめぐる争いであるが、前者は、団体の政治活動への支援資金であり、後者は、大震災復興活動を行う司法書士会への支援金という違いを根拠に、最高裁判所は、前者の徴収を否認、後者のそれを容認する判断を下している。

　　*最三小判平成8・3・19民集50巻3号615頁〔Ⅲ-1-4〕。
　　**最一小判平成14・4・25判時1785号31頁〔Ⅲ-1-5〕。

　さらに、労働組合が安保反対闘争実施等の費用として課した臨時組合費の徴収

について思想・信条の自由の侵害であるかが問われた国労広島地本事件判決*で
も、政治的意思表明にかかわることから、内心の信条の問題と受け止められ、組
合員の納入義務がないとされている。

＊最三小判昭和 50・11・28 民集 29 巻 10 号 1634 頁および最三小判昭和 50・11・28
民集 29 巻 10 号 1698 頁。

5　司法的解決の限界

　思想・良心の自由の保障を実現するためには、思想・良心という内心の精神作用について、公権力である裁判所がどこまで立ち入って、それにかかわる争いを解決できるのか、という問題を検討しなければならない。以上の諸事例の考察から明らかなように、最高裁判所は、立ち入った審査を避けているといえる。「単に……陳謝の意を表明するに止まる」謝罪とか、思想・良心の自由についての間接的な制約とかのとらえ方をしているところに、それが表れている。

　それではなぜ、最高裁判所は、思想・良心の自由の保護のために、その自由への侵害だとの主張に立ち入って審査をしないのであろうか。厳格な審査の可能性はないのであろうか。前述の 4 でみたように、最高裁判決での個別意見には、厳格な審査を説く例はある。国旗・国歌事件判決における千葉裁判官の補足意見がその一つであるし、君が代ピアノ伴奏職務命令拒否事件判決における藤田裁判官の反対意見もそれである。これらの意見に従って厳格な審査を実施する場面を想定することにより、その疑問への答えの一端が得られるようだ。

　厳格な審査をするとは、裁判所が当該思想・良心あるいは信条について、それがいかなる内容であるかを明らかにすることだといえる。それは、裁判所という公権力が思想・良心あるいは信条の内容に立ち入ることであるが、19 条は、そのことを禁じているのではないだろうか。つまり、思想・良心の自由の保護のために厳格な審査をすること自体に、19 条違反の問題が生ずるというジレンマが存在するのである。これが、最高裁判所が争点の中軸に立ち入らないことの根拠であるといえる。

　もちろん、侵害されたと主張する思想・良心の内容に立ち入らないで、侵害する側に正当化理由の厳しい提示を求め、裁判所が説得されないことをもって侵害を認定し、思想・良心の自由の保護を実現する審査方式もある。しかし、侵害す

る側は、思想・良心の内容に制限を加えるのでなく、何らかの内心から生じている外的行為に向けていると主張するはずである。これは、およそすべての人の行為、とりわけ表現行為が内心から発することに関係する。国旗・国歌事件で、最高裁判所は、国旗に向かって起立しないこと、国歌斉唱を拒絶する行為をとらえていて、その行為の動機や意図、あるいは歴史観・世界観といった内心について正面から、あるいは直接に判断を加えていないのである。つまり、国旗・国歌事件は、表現の自由の問題として審査すべき性格のものである。

このようにみてくると、思想・良心の自由の保障を裁判により実現することには限界があるといわざるを得ない。

第3節　信教の自由と政教分離原則

1　意　義

20条1項前段は、信教の自由を保障し、その後段と同条3項で、政教分離原則を保障している。この政教分離原則については、宗教団体が国から特権を受けることおよび政治上の権力を行使することを禁じ（1項後段）、また、国およびその機関が宗教教育その他の宗教的活動をすることを禁じて（3項）、宗教団体と国との分離を徹底した定めとなっている。これらの他にも、「何人も、宗教上の行為、祝典、儀式又は行事に参加することを強制されない」との規定をし（2項）、信教の自由と政教分離原則の保障から当然導かれることまでもうたっている。このような念入りな定めをしているのは、いうまでもなく明治憲法のもとで否認されていた宗教にかかる自由を確保するためである。また、実際に、明治憲法のもとでの体験がこの保障の具体的実現にも大きく影響している＊。

＊明治憲法28条は、「日本臣民ハ安寧秩序ヲ妨ケス及臣民タルノ義務ニ背カサル限ニ於テ信教ノ自由ヲ有ス」と規定していて、そのもとに、国民は、国家神道を強制され、およそ信教の自由なる自由の実質を奪われた。

以下の考察では、20条の保障する信教の自由と政教分離原則がいかなる法秩序となっているのかということについて、その現状をみることが主たる目的である。結論を先取りしていえば、信教の自由と政教分離原則の保障において、世界の諸国での様相にてらせば、日本は、良好な国だといえる。もちろん、そのよう

に結論するためには、諸国における信教の自由の保障状況との比較をせねばならないが、ここでは、それを行う余裕がないので、とりあえず、通常報じられているところを共通の認識とする*。

> *世界の信教の自由の状況は、イスラム世界での宗派の激しい対立、イスラム教とキリスト教の対立、さらにキリスト教国におけるイスラム教排撃運動の高まり、ユダヤ教とイスラム教との対立やパレスチナ問題などをみれば明らかである。たとえば、アメリカ国務省による「世界の信教の自由に関する2012年版報告書」参照。

また、もう一つ、先取りした結論を示すと、人権保障の分野の中で、この信教の自由と政教分離原則の分野は、裁判所、とりわけ最高裁判所が最も積極的な判断を下し、判例法理がよく展開しているところであり、それゆえ、憲法価値の具体的実現が進展している分野の一つである*。

> *これと並んで、すでにみたように、平等原則の実現もよくなされている（⇒第7章第3節）。判例の詳細は、判例憲法2の377頁～448頁〔高畑英一郎執筆〕を参照。

2 信教の自由

(1) 意義 信教とは、今日の日常で使われている宗教とか信仰のことを指す。信教のことばは、前掲の明治憲法28条のそれを引き継いでいるようだが、日本国憲法20条のそれは、その実質がまったく異なるので、宗教の自由とか信仰の自由とした方がよいともいえるが、以下では、今日の日常で受け止められているそうした自由のことだと意識しつつ、このままとする。

信教の自由を公権力が侵害するような事態は、日本国憲法の誕生後しばらくの間はほとんど問題とされることがなかった。せいぜいこの自由の許容範囲を超えて刑事罰の対象となる行為について、判例が登場しているだけである*。

> *精神異常平癒を祈願するため、線香護摩による加持祈禱を行ったところ、祈禱を開始して4時間後に急性心臓麻痺で死亡したため、祈禱師が刑法205条1項の傷害致死罪の有罪判決を受けたことについて、最高裁判所は、憲法20条1項の信教の自由の保障の限界を逸脱したものと判示した（最大判昭和38・5・15刑集17巻4号302頁〔Ⅲ-4-5〕）。これに対し、犯罪行為をした高校生を教会教育館内に宿泊させた牧師の行為が宗教行為でありかつ公共の福祉に奉仕する牧会活動にあたるとして、刑法103条の犯人蔵匿罪に該当しない正当な業務行為とした下級審判決（神戸簡判昭和50・2・20刑月7巻2号104頁〔Ⅲ-4-6〕）もある。

(2) 法制度上での宗教の尊重　　法制度面では、20条の趣旨を実現するための措置が多くとられている。その代表的例をあげておく。

　まず、教育基本法15条1項は、「宗教に関する寛容の態度、宗教に関する一般的な教養及び宗教の社会生活における地位は、教育上尊重されなければならない」と定めて、教育現場で20条の趣旨が浸透することを求めている。また、宗教法人法は、「宗教の教義をひろめ、儀式行事を行い、及び信者を強化育成することを主たる目的とする……団体」（2条）を宗教法人とし、それに法律上の能力を与えて、活動しやすくしている。そこでも、「憲法で保障された信教の自由は、すべての国政において尊重されなければならない」（1条2項）、とうたっている。また、税制面でも、宗教法人は、公益法人に属し、優遇措置を受けている＊。さらに、宗教の意義にてらして、それを尊重する内容の法規定が諸分野にみられる＊＊。

　　＊その概略は、次のようである。法人税において、宗教法人は、公益法人等の一つとして税務収益事業を行っている場合を除き非課税（法人税法4条1項、7条、別表第二）。また、収益事業については普通法人よりも低い法人税率で課税（同法66条3項など）。所得税においては、宗教法人が受け取る利子や配当は非課税（所得税法11条1項、別表第一）。所得課税の面からの宗教法人に関連する地方税として、道府県民税、市町村民税および事業税があり、これらの税金についても宗教法人は、税務収益事業を行っている場合を除き非課税（地方税法25条、296条、72条の5）。
　　＊＊その他若干の例として、建築基準法は、「神社、寺院、教会その他これに類するもの」を用地地域内の建築物の制限の対象から除いている（48条別表二（い）五）。国税徴収法75条1項7号や民事執行法131条8号は、「仏像、位牌その他礼拝又は祭祀に直接供するため欠くことができない物」を、差押対象物から除いている。

(3) 信教の自由への介入限度　　自衛官合祀訴訟は、個人の信教の自由に国家機関が介入したことになるか否かが問われた重大事件で、日本国憲法下での信教の自由の保障の行方が注目された。ところが、最高裁判所は、下級審の認定した事実とは異なる判断をして、国による信教の自由への侵害の問題の存在を否認する判示をした＊。すなわち、その訴訟では、公務従事中事故死した自衛隊員の妻が、隊友会山口県支部連合会とそれを支援した自衛隊山口地方連絡部職員（地連職員・国）とによる山口県護国神社への自己の夫を含む殉職自衛隊員の合祀申

請について、政教分離原則違反、自己の宗教上の人格権侵害などを主張していた。下級審で違憲の主張が容認されたため、国側が上告したのであるが、最高裁判所は、隊友会と地連職員との共同不法行為だとする下級審の認定を斥け、隊友会単独の合祀申請であったとし、問題が自衛隊員の妻と隊友会の間の宗教上の行為にかかる争いだとした。そして、その事件のような私人間の宗教上の争いについて、どちらの利益を優先するかの介入を裁判所が安易にすることはできないと説いたのであった。

　　＊最大判昭和63・6・1民集42巻5号277頁〔Ⅲ-4-7〕。その下級審判決は、山口地判昭和54・3・22判時921号44頁、広島高判昭和57・6・1判時1046号3頁。

　この最高裁判所の判断は、下級審の認定した事実を覆したともいえるので、そこに疑問が投じられたのであるが、結果としては、地連職員による合祀申請が認められれば違憲の判断が下されるとの含意を読み取ることができるから、以後、自衛隊員の国家機関による合祀は、憲法上許されないとの法が形成されたとみることができる。少なくとも、この判決以降今日まで、自衛隊による合祀行為が報じられてはいない。

　その他の裁判例として、オウム真理教解散命令事件に対する決定＊があるが、毒ガスのサリンの生成を企てた宗教団体のオウム真理教を、宗教法人法81条1項1号・2号前段に該当するとして、解散するよう命じたものであり、それは、必要やむを得ない法的措置であり、信教の自由の侵害という余地はない。

　　＊最一小決平成8・1・30民集50巻1号199頁〔Ⅲ-4-8〕。

　また、他の科目の成績は優秀であったのに、自己の信ずる宗教上の理由から体育授業の剣道を履修しなかったため、成績劣等として学校が下した停学・退学の処分を、裁量権の範囲を超える違法なものと判断した神戸高専剣道実技履修拒否事件の最高裁判決＊は、正面から説かれたわけではないが、信教の自由の保障にかかるよき法秩序を形成したといえる。

　　＊最二小判平成8・3・8民集50巻3号469頁〔Ⅲ-4-9〕。

　ところで、京都市や奈良県は、多くの参拝者や観光客が訪れることなどに対応するための行政施策上の財源を確保するため、特別の課税を条例で定め、寺院をその税の徴収義務者と指定したことがあるが、これを寺社の宗教活動に対する侵害として争った訴訟が登場している＊。下級審段階で激しい応酬が交わされたが、

最高裁判所に至る前に、一応の終息をみせている。京都や奈良の寺院は、観光施設ではなく、宗教施設であり、それへの来訪者を単純に観光客とみるべきでないこと、すなわち宗教性を軽視してはならないことがそこには認められる。

　＊京都市古都保存協力税条例事件の大阪高判昭和60・11・29行集36巻11=12号1910頁、京都地判昭和59・3・30判時1115号51頁、および、奈良県文化観光税条例事件の奈良地判昭和43・7・17行集19巻7号1221頁を参照。なお、京都・奈良両地裁は、条例を合憲としているが、大阪高裁は、訴えの利益の喪失を理由に斥け、実体判断をしていない。

　なお、自衛官合祀訴訟では、下級審が静謐な宗教的環境のもとで信仰生活を送る利益を、宗教上の人格権として法的保護の対象としたが、前述の最高裁判所は、これをはっきり否認したため、信教の自由の司法的保障には限界が設定されたことになる。これは、後述の政教分離原則との関連でふれる。

3　政教分離原則

(1)　意義　　最高裁判例では、政教分離原則について、次のように説明されている。すなわち、政教分離原則とは、国家と宗教＊との完全分離を理想とし、国家（地方公共団体を含む）は宗教そのものに干渉すべきでないとする、国家の非宗教性ないし宗教的中立性を意味する。これは、明治憲法のもとで、国家と神道が結びつき、種々の弊害が生じたことが背景にあり、信教の自由の保障を一層確実なものにするために、この政教分離の規定が信教の自由を保障する規定とともに20条に設けられ、さらに公の財産の利用提供等の財政的側面において徹底するため89条が設けられているとも説明されている＊＊。

　＊宗教とは何を意味するかの定義は、最高裁判所によって示されていない。裁判例中、津地鎮祭事件の高裁判決（名古屋高判昭和46・5・14行集22巻5号680頁）が、「超自然的、超人間的本質の存在を確信し、畏敬崇拝する信条と行為」と定義した例がある。しかし、このような定義を基に、論理必然的に政教分離原則違反の行為が導かれるわけではない。

　＊＊これは、以下であげる最高裁大法廷判決で説かれていることの要約である。

　また、最高裁判所は、1977年の津地鎮祭事件判決＊において、「元来、政教分離規定は、いわゆる制度的保障の規定であって、信教の自由そのものを直接保障

するものではなく、国家と宗教との分離を制度として保障することにより、間接的に信教の自由の保障を確保しようとするものである」と説き、以後、この政教分離原則が制度的保障であるとする性格付けが維持されている**。

　＊最大判昭和52・7・13民集31巻4号533頁〔Ⅲ-4-10〕。
　＊＊前述の自衛官合祀訴訟判決（最大判昭和63・6・1民集42巻5号277頁〔Ⅲ-4-7〕）、後述の箕面忠魂碑・慰霊祭訴訟判決（最三小判平成5・2・16民集47巻3号1687頁〔Ⅲ-4-11〕）、愛媛玉串料訴訟判決（最大判平成9・4・2民集51巻4号1673頁〔Ⅲ-4-13〕）など。

　政教分離原則が制度的保障であって人権保障そのものではないのであるから、政教分離原則違反であることを訴訟で訴えて、この憲法原則を実現しようとするときは、訴訟手続上の問題を克服しなければならない。しかし、自治体における政教分離原則違反については、地方自治法242条の2に定める住民訴訟の方式＊により、裁判所から実体判断を得ることが可能となっており、その問題は、解消されている。それゆえ、これが政教分離原則の実現にかかる判例法の発展をもたらしている。

　＊自治体の住民は、地方自治法242条に基づき監査請求をし、それに対する監査委員の監査の結果や勧告に不服があるときなどには、同法242条の2第1項により、裁判所に訴えを起こすことができる。ただし、同条第1項の1号から4号に定める訴えの請求内容については、2002（平成14）年に改正がなされている。

　ところが、国に対する政教分離原則違反の訴訟については、住民訴訟に匹敵する方法がないため、司法判断が限られたものとなっており、この不均衡が問題とされている。これについては、後述する（⇒(3)）。

　(2)　目的効果基準　　政教分離原則違反か否かを審査するとき、最高裁判所は、前述の津地鎮祭事件判決以来、目的効果基準を適用している。それは、①当該行為の目的が宗教的意義をもっていないか、②その効果が宗教に対する援助、助長、促進または圧迫、干渉等になっていないか、③それが宗教と過度のかかわり合いをしていないか、という三つの要素からなっている＊。そのうちのどれか一つでも充足していないと判断されると、政教分離原則違反となる。

　＊この目的効果基準は、アメリカ合衆国最高裁判所が1971年のLemon v. Kurtzmann（403 U.S. 602）で示した、レモン・テストとも呼ばれている基準に由来していることは確かである。しかし、津地鎮祭事件判決およびその後の判例で適用されているこの基準の分析において、アメリカでのその基準の展開と比較することはともかく、日本で

の適用内容について、「本来のアメリカの基準」と適用状態が異なるといった批判的指摘をなすことは、適切ではない。日本の判例法は、アメリカとは別の主権国で別途発展しているのであり、同一の法領域でないうえ、政教分離原則違反にかかる事情も異なるからである。また、アメリカでも、レモン・テストの妥当性が問題とされ、エンドースメント・テストなるものの導入が論議されているが、日本の判例で、それに似通った判断がなされていることを指摘できても、判例法として形成されているわけではない。

　ところで、津地鎮祭事件判決で、最高裁判所は、政教分離原則が国家と宗教との完全分離を理想とするが、宗教が実際には多方面にわたる外部的な社会的事象としての側面を伴うことが常であって、そのため国家は、完全な分離をしようとしても不可能であるし、完全さを貫こうとすると、かえって社会生活上に不合理な事態を生ずるとして、その具体的事例をあげて説いている。そこで、政教分離原則は、国家が宗教とのかかわり合いをもつことをまったく許さないとするものでなく、「宗教とのかかわり合いをもたらす行為の目的及び効果にかんがみ、そのかかわり合いが……諸条件に照らし相当とされる限度を超えるものと認められる場合にこれを許さないとするものであると解すべきである」とした。こうして、上記の③の要件が予め緩やかに適用されたうえで、①や②にかかる審査がなされるという方式が打ち出されたのである。その後の箕面忠魂碑・慰霊祭訴訟判決＊は、この方式のもとでの合憲判断だとみることができる。また、最高裁判所により政教分離原則違反の判断が下されることはないのではないかとの、批判的分析もなされた。

　　＊最三小判平成5・2・16民集47巻3号1687頁〔Ⅲ-4-11〕。

　しかし、過度のかかわり合いの要件は、その後の二度の最高裁大法廷判決では、変化をもたらしているとみることができる。その一つの愛媛玉串料訴訟では、愛媛県知事が靖国神社や県護国神社の春秋の例大祭に向け、公費から玉串料・献灯料、供物料等の名目での支出をしたことが政教分離原則違反として争われたのであるが、最高裁判所は、特定の宗教団体の挙行する重要な宗教上の祭祀にかかわり合いをもったことを強調して、違憲の判断を下している＊。また、他方の空知太神社事件では、最高裁判所は、砂川市の公有財産としての神社の存在やその神社での宗教行事を戦前からひきつづき容認していたことが違憲の利用提供行為だ

と判断したのであるが**、そこでは、宗教とのかかわり合いを解消しないままであることを重視している。この二つの違憲判断をみる限り、③の過度のかかわり合いの要件は、厳格度を伴う適用をしているとみることができる。

　　＊最大判平成9・4・2民集51巻4号1673頁〔Ⅲ-4-13〕。
　　＊＊最大判平成22・1・20民集64巻1号1頁〔Ⅲ-4-14〕。ちなみに、その事件と並行して提起された富平神社事件では、砂川市が富平神社の敷地となっている市有地を同神社のある町内会に無償で贈与したことが争われたのであるが、最高裁判所は、全員一致で合憲としている。最大判平成22・1・20民集64巻1号128頁。また、空知太神社事件の最高裁判決は、事件を原審に差し戻したが、差戻し控訴審に至る過程で、砂川市は、当該神社の氏子集団と一定の措置をとることで合意し、その措置を争う訴訟に対しては、控訴審も、最高裁判所も、違憲の主張を斥けている（札幌高判平成22・12・6民集66巻2号702頁、最一小判平成24・2・16民集66巻2号673頁）。

　以上に概観したところにてらすと、目的効果基準の有効性は、いかなるものとすることができるであろうか。学説上、それに疑問を投じる立場があるし、前掲の空知太神社事件での藤田裁判官の補足意見も、この基準の機械的適用に対して慎重さを求めている。しかし、この基準に代わる適切な判断基準は見当たらず、また、政教分離原則の実現を求める実態は、何か機械的に、判断基準を適用することによって結論が得られる性格のものではない。判例を通じて、また、裁判所の判断と政治的・行政上の判断との相互関係を経て、さらに、そこに社会で受容できる状態を加味して、具体的秩序が形成されるものとみるべきである＊。

　　＊たとえば、岩手県議会靖国神社公式参拝議決・玉串料訴訟控訴審判決（仙台高判平成3・1・10行集42巻1号1頁〔Ⅲ-4-12〕）では、当該訴訟の決着とは別に、県議会の行った靖国神社公式参拝に関する決議や県による靖国神社への玉串料等の支出が政教分離原則違反と判断されたが、それは、司法による憲法秩序に関する警告としての意義があり、以後、同様の決議や支出が抑制されることになる。また、白山比咩神社事件では、神社の行事における市長の祝辞が政教分離原則違反として争われたが、高等裁判所と最高裁判所とで判断が正反対となった（名古屋高金沢支判平成20・4・7判時2006号53頁、最一小判平成22・7・22判時2087号26頁）。これは、政教分離原則違反とされた行為が社会的・儀礼的行為の範囲内にあるか否かの判断をめぐる対立であり、明確な判断の基準を確立することは困難である。

(3) 問題と課題　　政教分離原則の実現においては、以上でみたように比較

的積極的な展開がみられる。ただし、それが自治体レベルのことであり、国の行為に対しては、司法的統制に限界があることも明らかになっている。もちろん、国が政教分離原則に配慮した行為を常にとればよいのだが、次にみるように、宗教性をまったく排除することが難しい場面もあり、これをいかに考えるかが課題となっている。

　国の行為について政教分離原則違反だとして争われている訴訟の代表例が内閣総理大臣の靖国神社参拝の問題である＊。前述したように、このような訴訟では、まず、訴訟手続上の問題が存在する。訴訟提起者が訴訟当事者として認められるために、宗教上の人格権の侵害であるとか、納税者としての立場からの訴えがなされているが、最高裁判所により否認されている。また、皇室による儀式や宗教行事の遂行についても同様である＊＊。

　このような動向に対して、立法による解決が考えられる。しかし、現在の政治勢力の状況にてらすと、住民訴訟同様の客観訴訟の道を拓く立法に踏み切ることは予想できない。また、最高裁判所にとっても、靖国神社にかかわる訴訟への実体判断を求められ、司法が政治的争いの渦中に取り込まれることになるのを避けるという従来からの傾向にてらすと、そのような訴訟手続法の制定は歓迎されないものといえる。

　総じて、政教分離原則や信教の自由の保障においては、すべての問題が司法的解決に委ねられてよいわけでなく、司法権には、紛争解決上、一定の限界があることを認識すべきである。社会における自律的解決、人々の間での宗教上の寛容さの涵養、政治や行政の分野での宗教に対する意識の向上など、司法部の外の状況に依存する度合いは少なくない。

　　＊内閣総理大臣小泉純一郎の靖国神社参拝により宗教上の人格権が侵害されたとして損害賠償請求をした訴訟に対し、最二小判平成18・6・23判時1940号122頁は、その主張を斥けている。

　　＊＊昭和天皇の逝去に伴う大喪の礼（平成2年11月12日）、今上天皇の皇位継承を祝う即位の礼（平成2年11月12日）および大嘗祭（平成2年11月22日、23日）について、最高裁判所は、違憲の主張を斥けている（最二小判平成16・6・28裁時1366号4頁など）。また、抜穂の儀違憲訴訟に対する最三小判平成14・7・9判時1799号101頁も参照。

第4節　表現の自由

1　表現の自由の意義

(1)　基本的観点　憲法21条1項は、「集会、結社及び言論、出版その他一切の表現の自由はこれを保障する」と定め、表現の自由を保障している。これは、人が表現することを他者が制限してはならないことを意味していると、簡略に説明することができる*。しかし、およそいかなる制限も許さないという絶対的制限を意味するものでないことは明らかであるし、また、表現とは何を指すかということ自体、説明が容易ではない。さらに、なぜ表現の自由の保障がなされるのか、表現の自由の保障がもたらす機能は何かということまで考察する必要もある。表現の自由にかかる今日の憲法秩序を示そうとするとき、これらの主要な論点にふれることが不可避である。そして、最高裁判所による表現の自由の保障が必ずしも満足のゆく傾向を示していないことは、しばしば指摘されていることであるが、この現状を分析するためにも、個別具体の問題を取り上げる過程で、この主要な論点を常に意識しなければならない。

　　*ここにいう他者とは、公権力が筆頭であることはいうまでもないが、それに限られないいさまざまな主体が含まれる。このことは、本節の各所でふれる。

　ところで、表現の自由の保障にかかる個別具体の問題に立ち入る前に、この領域においては、未だ最高裁判所による違憲判断が一度も登場していないことに注目すべきである。これは、平等原則（14条）や経済的自由（22条、29条）の保障の場合と比べて、さらに、同じ精神的自由に属する信教の自由・政教分離原則の保障の場合にてらしても、際立つ現象であるといってよい。そこで、まず、最高裁判所は、表現の自由の保障について、基本的にいかなる姿勢であるか、ということに注目する*。

　　*判例の詳細については、判例憲法1の442頁〜504頁〔市川正人執筆〕参照。

(2)　最高裁判所の基本姿勢　最高裁判所の判例中に表現の自由の侵害だとして違憲の判断を下した例はないが、最高裁判所が表現の自由の価値を低いものとしているわけではない。むしろ、表現の自由が社会で発揮している機能面に注目しつつ、それを重要視しているとみることができる。その機能にかかる要因と

して、個人の自己実現、真理への到達、民主制の維持ないし政策形成への参加、および社会の安定と変化の間の均衡をあげることができる*。

> *表現の自由の保障にかかる意義として、しばしば民主制の維持と個人の自己実現とがあげられる。特に、司法試験などの資格試験に向けたいわゆる受験界の議論は、この二点に絞って、表現の自由の価値の根源、あるいはその重要性の根拠として、機械的といってよいほど繰り返し語られるが、なぜその二点なのかについての追究はない。ここでは、最高裁判所の判例傾向を示すため、四つの要因をあげた。これは、日本の表現の自由の論議に強い影響をもたらした THOMAS I. EMERSON, TOWARD A GENERAL THEORY OF THE FIRST AMENDMENT (1966)(その翻訳書:小林直樹=横田耕一訳・表現の自由(東京大学出版会・1972年))に依拠している。なお、この四つの要因は、表現の自由の伝統的教義から導き出された価値である。

表現の自由の保障に認められる第一の機能は、個人の人格形成にかかわることである。最高裁判所は、これについて、「およそ各人が、自由に、さまざまな意見、知識、情報に接し、これを摂取する機会をもつことは、その者が個人として自己の思想及び人格を形成・発展させ、社会生活の中にこれを反映させていくうえにおいて欠くことのできないものであ〔る〕」と、説いている*。このように、最高裁判所は、表現の自由を、「自由に、さまざまな意見、知識、情報に接し、これを摂取する」ことだととらえているのだが、確かに、人は、そのような表現の自由が確保されているところで、知識を得、教養を身につけて成長し、社会生活を営んでいる。社会生活上、自由な表現が可能となっているならば、人々は、豊かな人格形成を行うことができるはずである。ただし、その自由の程度をみると、自由を確保する環境や他者との関係などによる制約を排除できず、この機能を絶対視することはできない。

> *未決拘禁者の新聞閲読の自由制限事件に対する最大判昭和58・6・22民集37巻5号793頁〔Ⅲ-4-39〕や、レペタ法廷メモ訴訟に対する最大判平成元・3・8民集43巻2号89頁〔Ⅲ-4-41〕を参照。

次に、表現の自由は、真理に到達するために保障されなければならないとされる。歴史的に、これが真理だとして説かれた言論に対し弾圧が加えられた例をみることができるが、そのような不幸な体験から、言論と言論とが自由に闘わされるなかから真理が得られるという「思想の自由市場(free market of ideas)」の考えが生まれた。最高裁判所は、この思想の自由市場の考えを基盤に判断を下してい

る。すなわち、裁判所が行った出版物の仮処分による事前差止めに対して提起した損害賠償請求事件＊において、「表現行為に対する事前抑制は、新聞、雑誌その他の出版物や放送等の表現物がその自由市場に出る前に抑止してその内容を読者ないし視聴者の側に到達させる途を閉ざし又はその到達を遅らせてその意義を失わせ、公の批判の機会を減少させるものであ〔る〕」などと説いて、事前抑制は、厳格な要件のもとにおいてのみ許容されるものであることを強調している＊＊。最高裁判所も判断の基礎に置くこの思想の自由市場の考えは、コンピューターの発達により、ネットワークを利用した情報の摂取、意思の発信や交流が可能となっている今日の社会では、ますます意義深いものとなっている。ただし、それに伴う弊害や不都合にも配慮せざるを得なく、立ち入った考察を必要とさせている。

　　＊北方ジャーナル事件の最大判昭和61・6・11民集40巻4号872頁〔Ⅲ-4-31〕。
　　＊＊また、家永教科書検定訴訟に対する最三小判平成5・3・16民集47巻5号3483頁もみよ。

　さらに、表現の自由は、民主制を維持するために強く保障されなければならないとされる。このことについて最高裁判所は、「憲法21条の保障する表現の自由は、民主主義国家の政治的基盤をなし、国民の基本的人権のうちでもとりわけ重要なものであり、法律によってもみだりに制限することができないものである」と、説いている＊。民主制と表現の自由とが密接な関係にあることは、非民主的な国家において自由な表現行為が厳しく制限されていることをみれば明らかとなる。とりわけ、政治的意見表明の自由がよく確保されていることが、民主制の成熟度合いを示すものであることは、多くを語るまでもなく、広く認識されている。もっとも、この機能面についても、最高裁判所が説くとおり、「法律によってみだりに制限することができない」状態が確保されているか否かについて、分析や検討が必要である。

　　＊猿払事件に対する最大判昭和49・11・6刑集28巻9号393頁〔Ⅲ-4-49〕。

　以上の三つの機能の他に、表現の自由の保障が社会の安定と変化の間の均衡という機能をもっていることにも注目すべきである。ただし、これについては、以下で取り上げる多様な表現の自由の問題の存在と、その問題に対処する法制度およびその合憲性についての司法判断を総合して語ることが適当であるから、ここでは、ごく要約したかたちで示すにとどまらざるを得ない。そして、表現の自由

への侵害だと主張する訴えに対して、最高裁判所は、社会の安定と変化の間の均衡という機能を表現の自由の保障における要因としていかようにとらえているのか、ということに関心を及ぼす必要があり、以下の考察では、この関心を常に投じることにしている。

(3) 表現の自由の優越的地位と「二重の基準」の法理　このように、最高裁判所の基本姿勢をみると、表現の自由は、憲法の保障する人権の中でも、特に強い保護が与えられるべき地位にあるといってよい。つまり、表現の自由は、人権中で、優越的地位＊を占めており、最高裁判所はそのことを前提にした判断を下しているといえる。

　＊優越的地位とは、preferred position [status] の訳語で、アメリカの表現の自由の保障にかかる議論によっている。以下の裁判法理についても同様である。なお、裁判法理の発想の元がアメリカにあるからといって、いったん導入された裁判法理は、その導入時から日本の法体系の中で展開するものであり、アメリカの裁判法理の変化、変容に左右されるわけでない。前節でも指摘したように、「本来のアメリカの法理」との違いを指摘して批判するのは適切な議論の仕方とはいえない。

　最高裁判所は、表現の自由の優越的地位を、憲法が保障する他の自由や権利との関係から、「二重の基準（double standard）」の法理＊において体現させている。すなわち、この法理は、経済的自由の制限立法に対する場合と精神的自由の制限立法に対する場合との間で、その合憲性判断をする司法審査の厳格度が異なるとし、前者の場合より後者の場合には、合憲性推定の原則を排した厳格な審査がなされるべきとするものである。そこでいう精神的自由の内容として、表現の自由がとりわけ重要なことはいうまでもない。

　＊「二重の基準（double standard）」の法理は、合衆国最高裁判所の判例において生まれ、日本の憲法論議に導入されたものである。その端緒は、United States v. Carolene Products Co., 304 U.S. 144（1938）において、ストーン裁判官による法廷意見が脚注4で説いたところにあり、以後の判例の中で形成、確立された。その発展の過程で、表現の自由が優越的地位（preferred position [status]）を占めることも説かれた。

「二重の基準」の法理が採用されている最高裁判例をみると、経済活動の自由の制限立法についての合憲性を判示するにあたり、「個人の経済活動の自由に関する限り、個人の精神的自由等に関する場合と異なって、これに一定の合理的規

制を講ずることは、もともと、憲法が予定し〔ている〕」と説き＊、また、「職業の自由は、それ以外の憲法の保障する自由、殊にいわゆる精神的自由に比較して、公権力による規制の要請がつよく」と述べたうえで＊＊、経済的自由の規制立法について緩やかな審査基準で合憲性の審査をしていることを知ることができ、そこから、最高裁判所は、精神的自由の規制立法については、厳格度を増した司法審査を行うつもりであることを読み取ることができる。つまり、最高裁判所は、「二重の基準」の法理に基づく司法審査をすることに否定的ではないということができるのである。しかしながら、最高裁判所の判例の中に、この法理を積極的に示して、表現の自由の制限立法に対して厳格な審査をした例をみることはできない。そこで、日本の憲法秩序において、この表現の自由の優越的地位は、基本理念としては定着しているといえても、その具体的実現について課題が存在しているといえる。これについては、次節以降で考察することにする。

＊いわゆる小売市場事件に対する最大判昭和47・11・22刑集26巻9号586頁〔Ⅲ-5-7〕。

＊＊薬局開設距離制限事件に対する最大判昭和50・4・30民集29巻4号572頁〔Ⅲ-5-10〕。

なお、表現の自由を保障するために、種々の裁判法理、審査基準、テストと呼ばれるものが語られている。注意すべきは、それらをある表現の制限立法や行政行為等にあてはめると、問題の解決が機械的にできるわけではないということである。裁判法理等は、表現の自由の保障にかかわる個別の問題ごとに、その解決をするために生み出されているのである。以下では、その経緯を重視して、個別の問題ごとに裁判法理等を取り上げていくことにしている。

（4）表現の自由の制限　　表現の自由は、憲法の保障する権利や自由の中でとりわけ高い価値をもっているということができるにしても、憲法がこの自由に対する制限を一切認めていないというわけにはいかない。ある人の表現が他者の自由や権利を侵害したり、社会的な利益と衝突したりすることがあるからである。それが実際どのように生じて、憲法が保障する表現の自由はどこに限界を設けることになるか、ということについては後に具体的に考察することにするが、ここでは、表現の自由を制限することにかかる基本的な考えについて目を向けておこう。

一つの考え方は、表現の自由といえども、「公共の福祉」による制限を受けるとするものである。これは、最高裁判所が日本国憲法の施行の時以来、繰り返し述べていることである。たとえば、初期の例として、「新憲法の保障する言論の自由は、旧憲法の下において、日本臣民が『法律ノ範囲内ニ於テ』有した言論の自由とは異なり、立法によっても妄りに制限されないものであることは言うまでもない。しかしながら国民はまた、新憲法が国民に保障する基本的人権を濫用してはならないのであって、……常に公共の福祉によって調整されなければならぬのである」とする判示がそれである*。そして、最高裁判所は、その後今日に至るまでたびたび、表現活動といえども、絶対無制限に許容されるものではなく、「公共の福祉」に反し、表現の自由の限界を逸脱するときには、制限を受けるのはやむを得ないものである、と説いてきている。したがって、表現の自由が「公共の福祉」による制限を受けることは、確立した法となっているということができるのであるが、これで、制限の内容が明確になっているとはいえず、次に、「公共の福祉」とは具体的に何を指しているのかということを明らかにしなければならない（⇨第5章第2節1）。それは、一般的な説明では不可能であり、制限をする法令について、制限の目的や根拠が何であるのかを個別に検討していかなければならない。

　　*食糧緊急措置令違反事件判決の最大判昭和24・5・18刑集3巻6号839頁〔Ⅲ-4-24〕。

　ところが、このように表現の自由が「公共の福祉」による制限を受けるとする説明に反対する考え方がある。その例は、「悪徳の栄え」事件判決*における田中二郎裁判官の反対意見である。それによると、表現の自由を含めた精神的自由は、「公共の福祉」の要請という名目のもとに、立法政策的ないし行政政策的な配慮によって制限してはならず、その自由に必然的に伴う内在的制約によってのみ制約を受けるとみるべきだとする。ここには、「公共の福祉」による制限と内在的制約との性格を別個のものとしてとらえることが前提となっている。おそらく、この前提のもとで、内在的制約——それが何かを明らかにする作業が残っているが——は、公共の福祉による制限より狭い内容を意味しており、そのことは、最高裁判例における制限の正当化より厳格度の強い正当化を求める考えであることを示している。

　　*最大判昭和44・10・15刑集23巻10号1239頁〔Ⅲ-4-27〕。

なお、表現の自由の高い価値にてらして、この自由に対する法律の制限を一切認めるべきでない、という絶対主義の考え方がある。この考えのもとでも、およそすべての表現行為に対する制限を否認するわけでなく、ある制限について、それがもはや憲法の保障する表現の自由の範囲外にあるとの正当化理由を説く。すると、結果としては、上記の「公共の福祉」論や内在的制約説と大きく異なるわけでないといえるようである。ただし、この考えのもとで、政治的言論について、憲法は、絶対無制限であることを求めていると説く場合、政治的言論の保護について、実際には、上記の二つの考え方とは異なる結果をもたらすことになる。

2　集会・結社の自由
(1)　意義　　i）集会・結社の自由の特徴
21条1項が保障する集会・結社の自由は、言論・出版の自由等とともに表現の自由を構成しているが、他とは区別できる特徴をもっている。まず、集会・結社は、複数の人が共通の目的をもって集まり、組織する行為であり、そのことを基盤として、個人の集会・結社の自由を考えなくてはならない。また、集会の場合は、公共の施設を独占的に使用することがあるため、秩序を保ったり、他者の利益との調整をしたりすることが必要である。さらに、集会・結社は、時には政府を批判、攻撃し、政府からは嫌われる存在となることがある。そのため、集会・結社の行為は、歴史上、政府から厳しい弾圧を受けたことがあり、日本でも、明治憲法下に、その例がみられた*。このような特徴がみられるため、集会・結社の自由が21条1項で保障を受ける表現の自由を構成する一内容であっても、別個に取り上げて検討する必要がある。

　　＊明治憲法下で、集会・結社の自由が厳しい制限を受けていたことは、次のような法規制の面において現れていた。すなわち、1900（明治33）年の治安警察法は、それまでの集会条例（1880年）、保安条例（1887年）、集会及政社法（1890年、1993年）を継承し、総合するものとして制定され、これにより、当時、盛んになってきた労働運動や社会運動が厳しく抑圧されることとなった。政治的集会・結社は、警察への届出を義務付けられ、軍人・警察官・教員・学生・婦人は、政治結社への加入が禁止された。また、集会を警察官が監視する制度である臨監制を設け、「安寧秩序ヲ保持スル為必要ナル場合ニ於テ」という漠然とした根拠のもとに、警察官は、屋外集会・多衆運動を、

また、内務大臣は、結社を禁止する権限をもった。実際にこれらの権限はしばしば行使され、結局、明治憲法29条が「法律ノ範囲内ニ於テ」認めていた集会・結社の自由は、人権としての実質を得ることができなかった。

　これらの法律とならんで、1925年に、普通選挙法とともに制定された治安維持法は、共産主義運動、社会主義運動を抑圧する力を発揮した。同法は、「国体ヲ変革シ又ハ私有財産制度ヲ否認スルコトヲ目的」とする結社の組織・指導、それへの加入等の行為、さらには、そのような結社の「目的遂行ノ為ニスル行為」一般を重い刑罰をもって禁止した。この法律の特徴は、国体変革および私有財産否認の目的をもつことやその目的遂行にかかわる行為が犯罪の対象となるというように、誠に広汎で不明確な構成要件を設け、そうした目的の思想や政治観をもつこと自体を犯罪とすることにある。そのため、特高警察による厳しい取締りのもとに、共産主義運動のみならず、反戦運動、労働運動、宗教・文化活動等までも対象として、広く反体制的・反政府的な思想をもつ者およびその運動が抑圧されることとなった。

第4節　表現の自由

　さて、集会・結社の自由を保障することの意義は、広く表現の自由を保障することの意義についてみたところ（⇨本節1）と共通しているので、ここでは、二つの点を特に強調しておくにとどめる。第一は、民主制との関係である。これについては、最高裁判所が集会の自由の意義について説明しているところを引用するのが適当であろう（結社の自由についても、同様に説くことができる）。すなわち、「現代民主主義社会においては、集会は、国民が様々な意見や情報等に接することにより自己の思想や人格を形成、発展させ、また、相互に意見や情報等を伝達、交流する場として必要であり、さらに、対外的に意見を表明するための有効な手段であるから、憲法21条1項の保障する集会の自由は、民主主義社会における重要な基本的人権の一つとして特に尊重されなければならないものである」*。

　＊成田新法訴訟に対する最大判平成4・7・1民集46巻5号437頁〔Ⅲ-4-16〕。

　第二は、集会・結社という表現手段の利用可能性についてである。すなわち、集会や結社は、現代の社会で、もっぱら情報の受け手の側に置かれがちな一般大衆にとって特に重要な表現の手段となっているとの意義付けがなされてきた。大きな資本や組織を必要とするマス・メディアと異なり、集会や結社は、大衆にとって比較的利用しやすい表現手段ということはできる（⇨本節3(2)ⅳ）の「大衆の表現行為」）。しかし、コンピューターをはじめとする電子機器の利用が浸透している今日、伝統的意義付けが維持されているとはいえても、代替手段の存在に

てらして、それを見直すことが必要となっている。

　また、従来の意義付けとの関連で、集会や結社の自由を行使するときには、他者の自由や社会的利益との調整を必要とする場合が多く、言論のみによる表現に対するのとは異なる観点を持ち込むことも考えなければならない*。

　　＊表現の自由を保障する法理として、言論と行動の区分論を説く例がある。すなわち、純粋な言論（pure speech）の段階にある表現と、行動（conduct）の側面が現れている表現とに区分して、保護のための司法審査の厳格度を前者については強く、後者についてはそれより緩めてよいとする考え方である。集会の自由の行使の場合、行動の面が強く現れることがあり、そのこととの関係で制限を加えることの正当性は、純粋な言論に対する場合よりも強いとみることができるからである。もっとも、言論と行動とが混じり合っている場合、あるいは、純粋な言論とはいえない場合（speech-plus）には、それをどのように考えるのかという問題が生ずる。これに対して、言論と行動のどちらの要素が強いかによって決すると答える立場と、それゆえこの二分論は説得力がないとする立場がある。

　なお、結社の自由とは、設立した結社の行動に対してばかりでなく、結社の設立に至る過程についても、公権力の介入を排除することを意味する。

　日本国憲法のもとでの議会政治を考えるとき、政党の存在を無視することができないが（⇨第15章第2節5）、ドイツ憲法のように政党の存立を根拠付ける規定が特に置かれていない。そこで、政党結成と政党活動の自由は、この結社の自由から導かれると解釈されている。

　他にさまざまな結社が存在するが、28条が別個に保障する労働組合を除き、それにかかわる問題は、21条1項に結びつけて議論される。

　　ⅱ）　**集会・結社の自由の内容**　　a）　集会は、一定の場所に多数人が共通の目的をもって集まることを指しているが、憲法の保障する集会の自由は、それにとどまらず、集団行進とか集団示威運動（デモ）といった集団行動の自由を、動く集会としてとらえる考え方がある。もっとも、これとは別に、集団行動の自由が21条1項の「その他一切の表現の自由」に含まれるとすることもできるが、そう考えても、21条によって保障されている表現の自由の内容であることには変わりない。ただし、制限の態様をみると、後述するように、公安条例は、集会とともに集団行動を規制しているので、ここでは、両者を考察の対象とすることに

している。

　次に、集会の自由は、道路、公園、広場、その他の公共の施設を自由に利用する権利を内容としているということができる。パブリック・フォーラム論*は、集会の自由の意義にてらして、そのような公共の場における表現活動を特に強く保護するために説かれている。

　　*パブリック・フォーラム（public forum）の理論は、アメリカで合衆国最高裁判所が説いたところによっている。日本でも、最高裁判例の中で、伊藤正己裁判官が、鉄道営業法によるビラ配りの規制を合憲とした判決（最三小判昭和 59・12・18 刑集 38 巻 12 号 3026 頁〔Ⅲ-4-45〕）において、道路、公園、広場等のように「一般公衆が自由に出入りできる場所は、それぞれその本来の利用目的を備えているが、それは同時に、表現のための場として役立つことが少なくない」から、「パブリック・フォーラムが表現の場所として用いられるときには、所有権や、本来の利用目的のための管理権に基づく制約を受けざるをえないとしても、その機能にかんがみ、表現の自由の保障を可能な限り配慮する必要があると考えられる」と説いている（また、大分県屋外広告物条例違反事件に対する最三小判昭和 62・3・3 刑集 41 巻 2 号 15 頁における伊藤補足意見もみよ）。このように、ビラ配り、ビラ貼りとの関連でパブリック・フォーラム論が説かれているのだが、その趣旨は、パブリック・フォーラムにおける表現行為には強い保護が与えられるべきということにあり、その保護の対象たる表現行為には集会や集団行動が当然含まれている。ただし、伝統的なパブリック・フォーラムと公民館や市民会館のように集会に利用されることを目的として設けられた準パブリック・フォーラムとの類型がなされる。これに、公共駐車場や商店街のモールなどが該当するのか議論されるが、判例上はまだ確立していない。

　さらに、集会の自由は、公権力による集会への介入を排除するという消極面だけでなく、公共の場の利用を積極的に要求する権利も含むと考える見解もある。たとえそのような構成が可能であるにしても、いかなる場所、施設を整え、その利用を調整するかについては、国や自治体の裁量権を排除することはできないであろう。なお、地方自治法は、自治体が公の施設の設置義務を負うこと、条例でその利用法などを定めること、利用権に対する処分についての不服申立て等について定めている（244 条～244 条の 4）。

(2)　集会の自由の展開と限界　　ⅰ）**「公共の福祉」による制約**　　集会の自由は、前述したように集団行動の自由を含め、民主主義社会において、しばしば

大衆によって行使されるのであるが、他の表現の自由と同じく、あるいはそれ以上に制限を受けている。その制限の正当化の根拠は、どこに求められるのであろうか。最高裁判所は、次のように述べる。すなわち、「集会の自由といえどもあらゆる場合に無制限に保障されなければならないものではなく、公共の福祉による必要かつ合理的な制限を受けることがあるのはいうまでもない。そして、このような自由に対する制限が必要かつ合理的なものとして是認されるかどうかは、制限が必要とされる程度と、制限される自由の内容及び性質、これに加えられる具体的制限の態様及び程度等を較量して決めるのが相当である」と*。ここには、他の表現の自由に対する制限の場合と同様に、「公共の福祉」論が説かれ、制限立法の合憲性審査の基準として、比較衡量法が示されている。このように公共の福祉にかかる利益との比較によって、集会の自由を保護する判断方式によると、公共の福祉の利益が重視されがちとなり、集会の自由の特徴としてすでにみたところとの整合性が失われる。そこで、学説上は、厳格度を増した審査基準の適用が求められるが、この判例傾向の確立度合いは高いといえる。

> *成田新法訴訟に対する最大判平成4・7・1民集46巻5号437頁〔Ⅲ-4-16〕。この成田新法訴訟は、成田新法（正式には「成田国際空港の安全確保に関する緊急措置法」（昭和53年法律42号））3条1項が、集会の自由への侵害のほか、居住移転の自由、財産権、適正手続原則、住居の不可侵等を侵害ないし違反するとの主張をし、争った訴訟である。この法律は、成田空港建設に反対する集団の団結小屋等を撤去し、活動を抑えるために制定された。その主要な内容は、「暴力主義的破壊活動者」が一定の規制区域内の工作物を、「集合の用」（3条1項1号）、「爆発物、火炎びん等の物の製造又は保管の用」（同条2号）、「航空機の航行に対する妨害の用」（同条3号）のいずれかの目的に使用することを禁止することにある。このように、この法規定は、広く市民の集会の自由等を規制するのではなく、成田空港に限った、それにかかわる「暴力主義的破壊活動者」にのみ向けたものである。したがって、その最高裁判決については、単純な比較衡量法によるのでなく、この法律の特殊な性格にてらした判断をすべきだった。

ⅱ）　**公安条例と集会の自由**　　a）　**最高裁判例**　公安条例は、日本国憲法制定後、全国の自治体が次のようなほぼ共通した内容を盛り込んで制定した条例である。すなわち、規制の対象は、公共の場所における集会、集団行進、集団示威運動に向けられ、そこには、非政治的なもの*が除外されている。それらの集団行動をする場合、主催者ないし代表者は、事前に公安委員会に申請して許可を受

けなければならない。公安委員会は、許可するにあたり集団行動に条件をつけることができる。このような規制に対して、大学生などによる政治活動が活発であった1960年代頃には、同条例を文面上違憲だとし、あるいは、条例の適用が違憲だとして、数多くの訴訟・事件が登場した。これに対して、最高裁判所は、これまで三度大法廷を開いて、いずれも合憲の結論を維持している**。

> *東京都の公安条例1条では、「学生、生徒その他の遠足、修学旅行、体育、競技」（同条1号）と「通常の冠婚葬祭等慣例による行事」（同条2号）が対象外とされている。
> **新潟県公安条例事件判決（最大判昭和29・11・24刑集8巻11号1866頁〔Ⅲ-4-19〕）、東京都公安条例事件判決（最大判昭和35・7・20刑集14巻9号1243頁〔Ⅲ-4-20〕）、および徳島市公安条例事件判決（最大判昭和50・9・10刑集29巻8号489頁〔Ⅲ-4-21〕）がそれである。

公安条例が合憲であることは、三つの最高裁大法廷判決により確定しているといってよい*。今日では、政治社会の情勢が変化したことに伴い、公安条例の合憲性を争う訴訟も激減している。憲法秩序上ここで注目しておくべきことは、それら大法廷判決および下級審判決を通じて生み出された集会の自由の保障にかかわる法理についてである。

> *ただし、先例としての意義は、新潟県公安条例事件判決と徳島市公安条例事件判決である。東京都公安条例事件判決は、新潟県公安条例事件判決が打ち出した基準を適用して、公安条例を違憲とする下級審判決が登場したことを背景としているのだが、最高裁判所は、その判断基準を厳格に適用させたり、発展させたりする意欲を示すことなく、当該条例に対して緩やかな審査を加えて合憲の結論を下した。とりわけ、集団行動についての暴徒観は、その当時、安保条約の改定をめぐって、反対派が激しく政府に抗議し、攻撃する集団行動を展開させていたことを背景にしているのかもしれないが、集団行動の基本的意義を看過する説得力の欠ける説明であるとの強い批判を呼ぶこととなったし、次の徳島市公安条例事件判決では、引用がなされていない。

b）**公安条例判決と裁判法理**　前掲の新潟県公安条例事件判決は、公安条例について憲法判断を下した最初の最高裁大法廷判決であるが、三つの合憲性判断基準を示したので、注目され議論の対象となった。それは、要するに、公安条例に定める行動の規制については、①届出制を定めることはともかく、一般的な許可制を定めて事前に抑制することは憲法上認められなく、②公共の秩序を保持し、公共の福祉が著しく侵されることを防ぐため、特定の場所または方法につき、

合理的かつ明確な基準のもとに、予め許可を受けしめ、または届け出をなさしめても憲法上許容され、③公共の安全に対し明らかな差し迫った危険を及ぼすことが予見されるときは、その行動を許可せず、または禁止することができる、というものである。これら三つの判断基準は、アメリカの判例法理から学んだことが明らかであり*、以後、下級審の判断に影響を与えた。しかし、最高裁判所は、これらの判断基準のもとに違憲の判決をしたことはなく、前掲の東京都公安条例判決ではこれを無視したかのような判示をした。

 *①は、アメリカの判例によるまでもなく、本来自由である行為を一律に禁止して一定の要件に適うものだけを認めるという許可の概念によれば当然のことである。②については、内容中立の規制の法理と呼ばれ、アメリカの判例において、表現の内容に中立な規制、すなわち、表現の内容にかかわりなく一律に、時、場所、方法（time, place, manner）について合理的な根拠に基づく法的規制を加えているとき、合憲性の司法審査は、内容規制の場合ほど厳格でなくてよいとされている。③は、アメリカにおける裁判法理の「明白かつ現在の危険（clear and present danger）」の基準（テスト）に類似している。本書では、比較憲法的論述を避けているが、この明白かつ現在の危険の基準については、多少ふれておかねばならない。

 この基準（テスト）は、1910年代から20年代にかけて、ホームズ裁判官やブランダイス裁判官が少数意見の中で唱えたことに端を発し、言論や集会を取り締まり、刑罰を科する法律の合憲性判断のために適用された。このテストの基礎には、表現の自由を強く尊重し安易に制限してはならないという考えがみられ、個々の表現が、政府として放置し得ないほどの害悪を生じせしめる明らかな、差し迫った危険を構成する場合にのみ刑罰をもって取り締まることができるとするものである。したがって、取締り法規の文面上の合憲性判断でなく、その適用についての合憲性判断を行う基準としての役割が考えられていた。この基準は、1930年代末から40年代にかけて、表現の自由の優越的地位の考えと結びついて、合衆国最高裁判所の多数派により採用され、有効な働きをみせた。しかし、1940年代には、表現によりもたらされる害悪が重大になればなるだけ、その害悪の発生の蓋然性が乏しくとも、言論に対する制約が正当化されると説かれ、また、法律そのものの合憲性判断基準としても用いられるようになった。こうして、「明白かつ現在の危険」の基準は、表現の自由を保護する役割を失い、その有効性が疑われるようになった。

 特に、②の基準は、「明白かつ現在の危険」の基準と呼ばれ、以後、広く表現

の自由に対する規制立法の合憲性判断のために適用されるべしと説かれた。下級審判決の中には、その適用例をみることができるが*、最高裁判所は、この基準の採用に消極的であり、この基準のもとに違憲の結論を導いた例はない。

＊破壊活動防止法38条2項2号の適用について、札幌高判昭和31・3・30判時74号21頁、名古屋高判昭和37・12・24下刑4巻11=12号1001頁、大阪高判昭和41・4・21下刑8巻4号571頁、また、文面違憲との関係で、公選法の戸別訪問禁止規定を違憲とした、東京地判昭和42・3・27判時493号72頁、妙寺簡判昭和43・3・12判時512号76頁、受刑者に対する新聞・図書の閲読制限について、大阪地判昭和33・8・20行集9巻8号1662頁、広島地判昭和42・3・15判時478号53頁。

ところで、前掲の徳島市公安条例事件判決において、最高裁判所は、集会・集団行動を規制する立法を争う際、法の規定が不明確であるがゆえに無効だとの主張の仕方が可能であることを認めた。この主張の仕方は、明確性の法理と呼ばれ、31条の定めとも関係するが（⇒第9章第2節(3)）、これも、アメリカにおける「漠然性」の法理とか「過度の広汎性」の法理と呼ばれるものに類似している*。それは、表現を規制する立法の規定が漠然とした内容であるとか、過度に広汎な内容であるとき、本来合憲・有効だとして行うことのできる表現行為を控えてしまう効果すなわち萎縮的効果を生むから、違憲・無効だとする法理である。

＊アメリカでは、「漠然性」の法理（vagueness doctrine）や「過度の広汎性」の法理（overbreadth doctrine）は、司法権と立法権との関係上、合憲性判断において常に採用されるものでなく、合憲限定解釈が可能ならそれによるべきで、それによることができないほどの法の規定に対して適用されるべきとされている。

最高裁判所は、上記の徳島市公安条例事件判決において、合憲限定解釈を行い、当該条例の規定が不明確だとの主張を斥けている。最高裁判例の傾向にてらすと、この方式が選ばれ、明確性の法理のもとに違憲の結論を出すことはめったにないということができる。

その他の法理ないし手法も登場した。それは、最高裁判所が公安条例の文面上違憲の主張を排斥し、もはやこれを覆す余地がなくなると、下級裁判所の中には、集団行動を行った者に対する同条例違反の有罪判決を出さない工夫をした判決がみられるようになった。その一つとして、同条例の合憲を前提としつつ表現の自由の重要性にてらして、当該事件の行為については、当該公安条例が意図してい

た違法な行為といえない、あるいは、可罰的違法性がないとして無罪とする手法がある*。また、公安条例の運用状況をみると違憲な適用のされ方をみることができ、当該事件もそれにあたるから違憲だとする運用違憲の手法もある**。これらは、最高裁判所に上告されると否認されている。

> *たとえば、東京地判昭和44・12・18判時583号24頁、東京高判昭和46・2・15判時621号3頁。
> **東京地判昭和42・5・10下刑9巻5号638頁。ただし、この運用違憲の手法は、本判決限りで、他に例はなく、またその判示内容が説得的でないので、判断手法の一例に数えるのも適切でないといえる。

あるいは、公安委員会の付した条件についての執行を停止するという手法もある*が、これに対しては、内閣総理大臣の異議が出され、執行停止の効力は取り消されることになっている（行訴法25条、27条）。そのような行政権の行使は、司法権に対する侵害だとする批判が学説上で強く投じられているが、2004（平成16）年の行訴法の改正の際にも見直しがなされなかった。

> *東京地決昭和42・6・9行集18巻5=6号737頁。

c）**道路交通法上の許可制**　集会や集団行動は、公安条例の他に道路交通法による規制を受ける。道路交通法（昭和35年法律105号）は、「道路における危険を防止し、その他交通の安全と円滑を図り、及び道路の交通に起因する障害の防止に資することを」目的としている（1条）。道路上での集会や集団行動は、その目的、すなわち道路交通秩序の維持ということとの調整が求められる。そこで、道路交通法は、道路の使用許可制度を設けているのだが（77条）、これに対して、街頭演説やそれに伴う街頭集会を行う場合と、道路上の工事や物品販売の場合とを同列において、一般的許可制としていることは、表現の自由の保障上疑問だとされ、前者の表現行為については、その高い価値にてらして他と区別した扱いをすべきだという。しかし、実際の運用上、また、それを争った事件に対する最高裁判例には、そのような観点が現れていない*。もっとも、その観点を取り入れた判断をする際には、集会などの内容により区別することとなり、そのこと自体が容認できない司法判断である。

> *最一小判昭和35・3・3刑集14巻3号253頁〔Ⅲ-4-23〕や最三小判昭和57・11・16刑集36巻11号908頁〔Ⅲ-4-22〕参照。なお、前者は、現行の道路交通法の前身

の道路交通取締法に関するもの。

d) **公共施設の使用制限** 集会を行うとき、公園や公会堂などの公の施設を使用することが多いが、その際、施設管理者より使用拒否処分を受けることがある。これに対して、集会の自由の侵害となるのはどのような管理者の権限行使があった場合なのかが問われる。

　国の施設との関係では、初期の頃の最高裁判決があり、その後の事件に影響を与えている。それは、1953年の皇居外苑使用不許可事件の判決*であるが、事件は、5月1日開催のメーデーの集会に対する皇居外苑使用申請が不許可となったため、処分取消しの訴えをしたところ、裁判所に係属中に開催日が過ぎ、訴えの利益が失われたため、訴えが却下となっている。このように、集会開催の不許可処分を争っても、行訴法9条の求める法律上の利益を維持することができず、通常は、処分取消しの訴えとともに、あるいは、別途、損害賠償請求訴訟を提起することになっている**。

　　＊最大判昭和28・12・23民集7巻13号1561頁〔Ⅲ-4-15〕。最高裁判所は、その傍論で、「管理権に名を藉り、実質上表現の自由又は団体行動権を制限するの目的に出でた場合は勿論、管理権の適正な行使を誤り、ために実質上これらの基本的人権を侵害したと認められうる場合には、違憲の問題が生じうる」との一般論を述べるにとどまった。
　　＊＊国家賠償法に基づく損害賠償請求がはたして集会の自由・表現の自由の救済に適切であるかについては疑問の余地があるが、他に適当な訴えの道がないので、実際にはこれによっている（⇨第12章第4節**3**）。

　集会開催のために市民会館の使用許可申請をしたところ不許可となったので損害賠償請求訴訟を提起した例として、泉佐野市民会館使用不許可事件があり、それに対する1995年の最高裁判決*が注目されている。それは、集会の自由に対する制限の合憲性判断基準として、制限される集会の自由の重要性と、当該集会の開催により侵害される他の人権の内容や侵害の発生の危険性の程度を比較衡量するという判断手法によりつつも、その危険性の判断において、「明らかな差し迫った危険の発生が具体的に予見されることが必要」として、集会の自由の価値を重視する判断を示したからである。これは、前掲の新潟県公安条例事件判決**で示された明白かつ現在の危険の基準を引用するものであるが、当該事件については、危険の予見が明らかであるとして、処分の違憲、違法が認められてい

ない。

 ＊最三小判平成 7・3・7 民集 49 巻 3 号 687 頁〔Ⅲ-4-17〕。
 ＊＊最大判昭和 29・11・24 刑集 8 巻 11 号 1866 頁〔Ⅲ-4-19〕。

 そこで、その後の展開が注目されたのであるが、その翌年の上尾市社会福祉会館事件に対して、最高裁判所は、この判決を引用することなく、社会福祉会館使用不許可処分を違法と判断しており＊、審査基準の進展は生じなかった。

 ＊最二小判平成 8・3・15 民集 50 巻 3 号 549 頁。この判決は、憲法判断をしないで事件を解決できるなら、あえて憲法判断をしないでもよいという憲法判断回避の方式によったといえるが、小法廷の間でこのような憲法秩序の形成上の違いがあってよいものか、疑問である。この判決において、明らかな差し迫った危険が認められないとして、不許可処分の違法を判示してもよかった。

 さらに、広島市暴走族追放条例事件判決＊に注目すべきであり、この事件では、公共の広場に、市条例の定める規定に反して、いわゆる暴走族が集まり、市長の退去命令に従わなかったため起訴されたのであるが、争点は、条例中の「公衆に不安又は恐怖を覚えさせるような集又は集会を行うこと」といった規定等が 21 条や 31 条に違反する違憲の規定だというものであった。最高裁判所は、これに対して、合憲限定解釈を加えて違憲の主張を斥け、下級審の有罪を支持している。その合憲限定解釈は、「定義規定の強引な解釈」との藤田裁判官の厳しい批判を受けたように、そのような合憲限定解釈を行ってまで、集会の自由への制限規定を維持せねばならない正当化根拠は何であるか、問われる＊＊。

 ＊最三小判平成 19・9・18 刑集 61 巻 6 号 601 頁〔Ⅲ-4-18〕。
 ＊＊この判決は、表現の自由の保障領域における最高裁判所の消極的姿勢の一端をみせるものであるが、また、条例に対する合憲性の統制が緩やかであることにも結びつき、問題の中心はこちらにあるのかもしれない。つまり、条例に対して、積極的な憲法判断をすると、歯止めがきかなくなるおそれの存在である。

 (3) 結社の自由の展開と限界 ⅰ) 結社の自由の今日的意義 日本国憲法のもとでは、前述したような明治憲法下における厳しい結社の取締りは当然のことながら存在しない。しかし、結社の自由がまったく無制限であるということはできず、たとえば、犯罪をなすことを目的とした反社会性をもつ結社や憲法秩序を根底から暴力により破壊することを目的とした結社に対しては、憲法は保護を与えない。しかし、そのような場合でも、法律により、合理的根拠と具体的方

法を内容とする事後規制でなければならない。現在、一定の組織・団体に向けた規制立法として、破壊活動防止法（昭和27年法律240号）や暴力団員による不当な行為の防止等に関する法律（平成3年法律77号）がある。

政党に対しては、すでにみたように（⇨第3章第3節）、議会政治における役割などの観点から法的規制の問題を考える必要がある。

結社内部の紛争については、裁判所は、基本的に結社の自律性を重んずる姿勢をとっている*。逆に、結社に対する外からの圧力、たとえば、市民の団体の活動を妨害したり圧力をかけたりする行為については、裁判所が十分な救済をなすことが求められる**。

<blockquote>
＊政党の自律性について、最三小判昭和63・12・20判時1307号113頁〔Ⅵ-4〕参照。

＊＊たとえば、税務調査の過程で生じたいわゆる中野民商事件について、東京地判昭和43・1・31下民19巻1=2号41頁参照。
</blockquote>

なお、結社の自由は、団体・組織への加入を強制されないことをも意味すると理解することができる。すると、弁護士会、司法書士会、税理士会等への加入を法律により強制されていることが、結社の自由の消極的な面の侵害だということができる。しかし、それは、職業選択の自由への侵害とみればよく、最高裁判所も、そのように判断している*。

<blockquote>
＊最一小判平成4・7・9判タ804号82頁。
</blockquote>

ⅱ）**破壊活動防止法**　結社の自由を正面から規制する法律としてすでにふれた破壊活動防止法がある。この法律は、占領下の1949年に発せられた団体等規正令*を母体とし、それが講和成立に伴い廃止されことを受けて、1952年に制定された。規制は、暴力主義的活動を行った団体に向けられ、一定期間および一定地域での集会や集団行進などを禁止する権限を公安審査委員会に与え（破壊活動防止法5条1項1号）、また、公安審査委員会は、その団体の解散の指定ができることになっている（同法7条）。これらは、集会・結社の自由を直接制限するものであるから、適用上の注意規定を設けている（同法2条、3条）。これに対して、学説上違憲の疑いをかける見解が少なくない。ただし、実際にこれの適用を受け、裁判所で争った例が未だない**。

<blockquote>
＊これは、秘密的・軍国主義的・暴力主義的・反民主主義的な団体の結成、および、占領政策に反対すること等の行為を禁止した。
</blockquote>

＊＊サリン事件等を生じさせたオウム真理教に対しての適用が検討されたが、宗教法人法による法人の解散にとどめられた（⇨本章第3節2(3)）。

　ⅲ）　**テロ対策**　2001年9月11日の同時多発テロ事件以降、テロリズム（単にテロという）を行う団体への規制は、国際的連携のもとになされるようになり、条約に基づく法律が制定されると、結社の自由の制限が論議の対象となる＊。

　＊テロリズムに対する資金供与の防止に関する国際条約（平成14年条約6号）に関連して、公衆等脅迫目的の犯罪行為のための資金の提供等の処罰に関する法律（平成14年法律67号）が制定され、施行されている。

　国内では、オウム真理教によるテロの発生後、無差別大量殺人行為を行った団体の規制に関する法律（平成11年法律147号）が制定された。この法律のもとで、実際に、オウム真理教の系譜を引く団体が観察処分の対象とされている＊。

　＊東京地判平成13・6・13訟月48巻12号2916頁や、東京地判平成16・10・29訟月51巻11号2921頁は、この法律に対する違憲の主張を斥けている。

3　言論・出版・その他の表現の自由

(1)　広い内容の表現の自由　21条1項は、集会、結社、言論、出版といった人の表現行為の代表的なものだけでなく「その他一切の表現」をあげ、表現の自由の保障内容が広範囲に及ぶものであることを明示している。確かに、人は、ことばを音声にした「言論」により、文字を印刷した「出版」により、あるいは、多数人を集めた「集会」や一定数の人の組織的結びつきである「結社」という方法により、意思を表明したり、情報を伝えあったりするが、人は、これら以外にもいろいろな表現の仕方をする。たとえば、映画・演劇・歌曲などのようにことばを使いながらそれにのみ頼らない方法、絵画・写真・彫刻・音楽・舞踏のようにことばを用いないで人の聴覚や視覚にうったえる方法、あるいは、点字のように触覚をとおして表現する方法といったように。さらに、今日では、科学技術の発達により、電波・光を媒体として、あるいは電子媒体を使って、さまざまな表現方法を用いるようになっており、そこには便利さ、巧みさ、迅速性、時には複雑さなどの諸要素がからみあっている。このように、21条にいう「その他一切の表現」ということには、多種多様なものが含まれていることを知ることができるのである。

表現の自由は、表現の方法に広がりを認めることができるだけでなく、表現の内容についても、人の思想や意見といえるものから、思想や意見を形成するために必要となる情報をはじめいろいろな要素をあげることができ、簡単な定義付けを許さないほどである。特に、今日の社会は、情報化社会と呼ばれ、人々の生活にとって情報の授受ということが大きな働きをなしているが、これも、表現の自由と密接な関連をもっている。

　このように、表現の自由は、その内容に大変な広がりをもっているが、以下では、すでにみた集会・結社の自由以外について、その実情をみることにしている。

(2) 言論・出版・その他の表現の自由の展開　　ⅰ）政治的表現　　a）公務員の政治的行為　　国民には広く政治的行為をする自由が保障されていることは、憲法が基本原理の一つに置く国民主権原理から当然導かれることである。最高裁判所は、1974（昭和49）年の猿払事件判決＊において、「およそ政治的行為は、行動としての面をもつほかに、政治的意見の表明としての面をも有するものであるから、その限りにおいて、憲法21条による保障を受けるものであることも、明らかである」と説いている。ところが、公務員法は、公務員の政治的意見表明にかかる行為に対して厳しい制限を加えている。猿払事件は、この制限を正面から争った事件であった。すなわち、その事件では、公務員の政治的行為を禁止する国家公務員法102条1項およびこれを受けて禁止の対象となる政治的行為を詳細に定めた人事院規則14-7「政治的行為」の合憲性が問われたのであったが、全体の奉仕者であり、政治的中立性が要求される公務員の地位の特殊性を強調して、最高裁判所は、公務員の政治的表現行為に高い価値を認めず、それへの制限に厳格な審査を加えることを拒否した。そこに示された判示は、その下級審判決と対照的な内容であった＊＊。

　　＊最大判昭和49・11・6刑集28巻9号393頁〔Ⅲ-4-49〕。
　　＊＊猿払事件の第一審判決（旭川地判昭和43・3・25下刑10巻3号293頁〔Ⅲ-4-48〕）では、国家公務員は、全体の奉仕者であって一部の奉仕者でないから、その表現の自由について、ある程度の制約を受けざるを得ないが、「政治活動を行う国民の権利の民主主義社会における重要性を考えれば国家公務員の政治活動の制約の程度は、必要最小限度のものでなければならない」との基本的観点から、「法の定めている制裁方法よりも、より狭い範囲の制裁方法があり、これによってもひとしく法目的を達成することがで

きる場合には、法の定めている広い制裁方法は法目的達成の必要最小限度を超えたものとして、違憲となる場合がある」とのいわゆるLRA（より制限的でない他に選び得る手段）の基準によって、国家公務員法102条1項の罰則規定である110条1項19号が被告人に適用される限りにおいて、同号が憲法21条および31条に違反するとされた。この判断は、第二審判決（札幌高判昭和44・6・24判時560号30頁）において支持されたが、最高裁判所は、これを否認し、国家公務員法102条1項および人事院規則14-7の合憲性判断にあたって、「禁止の目的、この目的と禁止される政治的行為との関連性、政治的行為を禁止することにより得られる利益と禁止することにより失われる利益との均衡の三点から検討し」、合憲の結論を導いた。そこには、比較衡量法、合理的関連性のテスト、行動類型の基準が採用され、政治的表現の自由の高い価値にてらした厳格な審査基準が用いられていない。

　猿払事件判決から38年を経た2012（平成24）年に、最高裁判所は、その先例の変更がなされるのかと注目された二つの事件に対して、形式上は、先例を維持した＊。ただし、その一つでは、原審の無罪判決を先例違反だと主張して上告したのであるが、最高裁判所は、当該事件が先例とは事案を異にする判例を引用するものであり、上告理由にあたらないとして棄却の判決を下したため＊＊、実質的には判例変更がなされたのではないかとの受け取りをなす見解がある＊＊＊。

　　＊いわゆる世田谷事件に対する最二小判平成24・12・7刑集66巻12号1722頁と、堀越事件に対する最二小判平成24・12・7刑集66巻12号1337頁〔Ⅲ-4-51〕。
　＊＊前掲の堀越事件判決がそれであるが、最高裁判所は、社会保険庁東京社会保険事務局目黒社会保険事務所に年金審査官として勤務していた厚生労働事務官が行った政治的行為と、猿払事件の被告人が特定の地区の労働組合協議会事務局長である郵便局職員として行った政治的行為とを区別している。原審の有罪判決を維持した世田谷事件では、厚生労働省本省の総務課長補佐としていた厚生労働事務官が行った政治的行為が対象である。
＊＊＊実質的な判例変更という見方は適切でないともいえる。黙示の判例変更という見方も同様で、判例変更は、判例変更と明示されたもの以外あり得ないとの理解ができるからである。いずれにせよ、明確な理解をさせない判決内容であり、近い将来に判例変更がなされる予兆なのかもしれない。

　b）　**選挙運動の自由**　公務員ではない一般国民にとって、政治的表現の自由は、強く保障されているのだろうか。一般国民が政治的意見を表明する場面は、

国民の代表を選ぶ選挙過程に顕著に現れることはいうまでもない。ところが、公選法は、選挙運動という概念を設けて、事前運動や戸別訪問を禁止し（129条、138条）、選挙用文書・図画に細かな制限・禁止を定めて（142条以下）、自由な選挙運動を厳しく制約している。これらの規定の合憲性を争う訴訟において、最高裁判所は、政治的表現の自由に高い価値を認めて厳格な審査を行うという手法をとらずに、選挙の自由と公正を確保することにかかわる利益と制限される自由とを比較衡量し、合理性の基準で審査する方法をとっている。特に、戸別訪問禁止規定についてみると、最高裁判所は、上掲の猿払事件最高裁大法廷判決を引用して、戸別訪問禁止が「単に手段方法の禁止に伴う限度での間接的、付随的な制約にすぎない反面、禁止により得られる利益は、戸別訪問という手段方法のもたらす弊害を防止することによる選挙の自由と公正の確保であるから、得られる利益は失われる利益に比してはるかに大きい」と判示している＊。

＊最二小判昭和56・6・15刑集35巻4号205頁〔Ⅲ-4-55〕。また、最三小判昭和56・7・21刑集35巻5号568頁における伊藤正己裁判官の補足意見をみよ。なお、戸別訪問禁止については、最大判昭和25・9・27刑集4巻9号1799頁以来、最高裁判所の合憲判断がつづいている。公選法129条の事前運動の禁止規定についても、最大判昭和44・4・23刑集23巻4号235頁〔Ⅲ-4-52〕は、その昭和25年の先例を引用して、合憲判断を下している。公選法142条以下の文書図画の頒布・掲示禁止規定については、最大判昭和30・4・6刑集9巻4号819頁も同様である。

今日、国民の日常生活のさまざまな機会をとらえて、国家が国民の行う政治的表現を取り締まるような事態は、存在していないといってよい。全体としてみれば、人々は、自由に政治的意見を表明しており、その意味では政治的表現の自由は保障されているといってよいのかもしれない。しかし、先にみた公務員の政治的行為や選挙運動の自由への制約に対する最高裁判例の法理をみる限り、憲法のもとで、政治的表現の自由が強い保護を受けているとは言い難い。

　ⅱ）**知る権利と報道の自由・取材の自由**　　a）**報道の自由**　今日の社会では、人々は、コンピューターの利用による様相の変化がみられるものの、情報の受け手となる度合いが高い。つまり、知る自由・知る権利の確保が社会生活で強く求められている。それゆえ、表現の自由の保障は、この自由の内容である知る権利が確保されることにかかっている。実際に、知る権利は、新聞や放送などの

報道機関が提供する、論評をまじえた、あるいは、まじえない事実の報道によって充足されている。そこで、「新聞が真実を報道することは、憲法21条の認める表現の自由に属し、またそのための取材活動も認められなければならない」*と、報道の自由が表現の自由に含まれることは当然とされている。さらに、なぜ、報道の自由が表現の自由の内容として保障されるのか、ということについては、博多駅テレビ・フィルム提出命令事件において、最高裁判所は、次のように明快に説いている**。すなわち、「報道機関の報道は、民主主義社会において、国民が国政に関与するにつき、重要な判断の資料を提供し、国民の『知る権利』に奉仕するものである。したがって、思想の表明の自由とならんで、事実の報道の自由は、表現の自由を規定した憲法21条の保障のもとにあることはいうまでもない」と。そして、この判示は、その後の判決でもたびたび引用され、確認されている。このように、報道の自由が21条のもとで保障される根拠を、国民の知る権利の充足ということに求める意義付けは、よく浸透したものとなっている。

　　*最大決昭和33・2・17刑集12巻2号253頁〔Ⅲ-4-34〕。
　　**最大決昭和44・11・26刑集23巻11号1490頁〔Ⅲ-4-35〕。

　　b）　**取材の自由**　　ところが、「報道のための取材の自由も、憲法21条の精神に照らし、十分尊重に値いする」（上掲の昭和44年最高裁決定）とされた取材の自由については、それは特権ではなく、対立する利益との関係でしばしば制約を受けることとなっている。上掲の博多駅事件においては、公正な裁判という利益を重くみて、取材したテレビ・フィルムの提出を求めた裁判所の命令は違憲ではないとされた。そこで用いられた比較衡量による判断手法は、その後の最高裁判決で常に踏襲され、結果として、取材の自由に対する制約を容認することとなっている。また、国民の知る権利に仕えるための報道の自由・取材の自由という観点からすれば、国の保有する情報への取材活動は、強い保護が与えられてよいとも考えられるが、最高裁判所は、正当な取材活動の範囲が社会観念によって決められるとして、強い保護を認めない判断を下している*。

　　*司法警察員がテレビ放送会社のビデオテープを差し押さえ押収したTBS事件で、最高裁判所は、比較衡量法によって、「公正な刑事裁判を実現するために不可欠である適正迅速な捜査の遂行という要請」を重くみる判断を下した（最二小決平成2・7・9刑集44巻5号421頁〔Ⅲ-4-36〕。また、日本テレビ事件の最二小決平成元・1・30刑集43巻1号

19頁もみよ)。また、沖縄密約電文漏洩事件に対する判決で、最高裁判所は、「〔取材〕の手段・方法が一般の刑罰法令に触れないものであっても、取材対象者の個人としての人格の尊厳を著しく蹂躙する等法秩序全体の精神にてらし社会観念上是認することのできない態様のものである場合にも、正当な取材活動の範囲を逸脱し違法性を帯びる」と説き（最一小決昭和53・5・31刑集32巻3号457頁〔Ⅲ-4-37〕）、国民の知る権利との関連で当該取材行為の正当性を追究することを回避している。

取材の自由は、具体的には、上にみたように、報道機関が報道のために取材した情報の源を明らかにすることを公権力より求められたときそれを拒絶する権利、すなわち、取材源秘匿の権利として現れる。最高裁判所は、かつて、1952（昭和27）年の石井記者事件判決＊において、記者の証言拒絶権に憲法上の保護を与えることを拒んだ。しかし、2006（平成18）年のNHK記者証言拒否事件に対する判決＊＊に至って、最高裁判所は、民事事件における記者の証言拒絶に正当な理由があることを認めた。すなわち、最高裁判所は、取材源の秘密が民訴法197条1項3号にいう職業の秘密にあたるものであり、「当該取材源の秘密が保護に値する秘密であるかどうかは、当該報道の内容、性質、その持つ社会的な意義・価値、当該取材の態様、将来における同種の取材活動が妨げられることによって生ずる不利益の内容、程度等と、当該民事事件の内容、性質、その持つ社会的な意義・価値、当該民事事件において当該証言を必要とする程度、代替証拠の有無等の諸事情を比較衡量して決すべき」と、判示した。こうして、今日では、取材の自由の行使としての証言拒絶権は、憲法上の特別の保護が与えられることとなったが、これに至るには、下級審判例の動向が関係していたことを看過できない＊＊＊。

　　＊最大判昭和27・8・6刑集6巻8号974頁。この判決で、最高裁判所は、21条1項が「未だいいたいことの内容も定まらず、これからその内容を作り出すための取材に関しその取材源について、公の福祉のため最も重大な司法権の公正な発動につき必要欠くべからざる証言の義務をも犠牲にして、証言拒絶の権利までも保障したものとは到底解することができない」と、冷淡な判断を下した。
　　＊＊最三小決平成18・10・3民集60巻8号2647頁〔Ⅲ-4-38〕。
　　＊＊＊刑訴法149条や民訴法197条1項（改正前の281条1項）の認める証言義務の免除の中に、新聞記者があげられておらず、上記の石井記者事件判決の趣旨は、訴訟法上にも現れている。しかし、1979年に、新聞記者の取材源が旧民訴法281条1項3号にいう「職業ノ秘密」に該当するとして、記者である証人の証言拒絶を認めた下級審

決定（札幌高決昭和 54・8・31 判時 937 号 16 頁および札幌地決昭和 54・5・30 判時 930 号 44 頁）が登場した。これについての特別上告に対して、最高裁判所は、何ら実質的判断を加えず却下したので（最三小決昭和 55・3・6 判タ 408 号 56 頁）、その下級審決定が確定した。すなわち、その事件限りでは、石井事件判決とは異なる法状態が生まれたことになっている。

c） **報道機関への法的規制**　報道の主体が放送機関の場合には、電波の有限性ないし周波数の稀少性、放送が与える影響力の多大性といったことから、公平原則が働くべきだとして、放送法、電波法等などの法的な規制がなされてきた*。しかし、放送のための電波が多様化し、有線放送・CATV やインターネットなどのように電波以外の媒体を利用した放送手段が開発されている今日では、法的規制のあり方について新たな観点をとりいれる必要性が説かれている。

＊公職選挙の立候補者は、無料でその政見を放送することができるが（公選法 150 条 1 項）、ある立候補者による政見放送の録音・録画の中に、身体障害者に対する差別発言があり、それが政見放送としての品位を損なう言動（同法 150 条の 2）にあたるとして、NHK がその部分を削除して放送したことを争った事件がある。最高裁判所は、NHK の行為が不法行為にあたらず、また、検閲にもあたらないとした（最三小判平成 2・4・17 民集 44 巻 3 号 547 頁〔Ⅲ-4-62〕）。この事件には、差別的言論、放送、選挙といったこととの関連で、微妙な問題がみられる（⇨ 前述(3)ⅵ)）。

新聞については、選挙に関して中立を要求されているが（公選法 148 条の 2）、他に明治憲法下でみられたような法的規制はなく、新聞報道機関の間の自律性に委ねられている。

d） **自律的規制**　放送の分野では、公権力の介入を防ぐ自律的な組織運営機関として、BPO すなわち放送倫理・番組向上機構が存在する*。これは、NHK と民放連（日本民間放送連盟）によって設置された第三者機関で、放送における言論・表現の自由を確保しつつ、視聴者の基本的人権を擁護するため、放送への苦情や放送倫理の問題に対応する機関である。実際に、視聴者などから問題があると指摘された番組・放送を検証して、放送界全体、あるいは特定の局に意見や見解を伝え、一般にも公表し、放送界の自律と放送の質の向上を促している。

＊活動内容、歴史的経緯などは、BPO のホームページ〈http://www.bpo.gr.jp/〉を参照。

ⅲ） **知る権利・アクセス権**　a） **情報公開制度**　表現の自由の保障には、知る権利の保障が含まれていることをこれまでに確認してきた。ところが、この

知る権利は、他者から妨げられずに自由に知るという消極面だけでなく、情報を保有する主体に対して、情報の開示や提供を求めるという積極的性格をもたせた構成をすべきと考えられるようになった。この意味の知る権利は、情報の保有者にアクセスすることも伴うため、アクセス権の実現ということも検討されるようになった。現在では、情報公開制度がこの知る権利の具体的実現を果たしているが、この権利の性格は、もはや自由権のそれにとどまらない性格を有しているので、本書では、別に扱っている（⇒ 第7章第4節 **4**）。

　　b)　**反論権**　　マス・メディアに対するアクセス権の行使は、政府情報へのアクセスとは別に考えなければならない。もし、公権力によるアクセス権の行使を容認する立法がなされたり、裁判所がこの権利を保護したりするならば、公権力による報道の自由への介入を許すことになり、結局は、国民の知る権利を公権力が侵害するおそれも生ずることとなるから、慎重な対応が必要である。

　このアクセス権の具体的行使として、マス・メディアに対する反論権を主張した例がある。最高裁判所は、21条の規定から直接反論権が生ずるものでないとして、慎重な対応をみせている＊。

＊サンケイ新聞意見広告事件の判決（最二小判昭和62・4・24民集41巻3号490頁〔Ⅲ-4-40〕）参照。これは、サンケイ新聞紙上の自民党による意見広告が党の名誉を毀損したとして、日本共産党が同新聞に無料で反論のための意見広告掲載を求めた事件に対する判決である。最高裁判所は、「私人間において、当事者の一方が情報の収集、管理、処理につき強い影響力をもつ日刊新聞紙を全国的に発行・発売する者である場合でも、憲法21条の規定から直接に、……反論文掲載の請求権が……生ずるものでない」とし、さらに、条理や人格権に基づいて反論文掲載請求権が生ずるとの主張も否認した。

　　c)　**法廷でメモを取る権利**　　裁判へのアクセスについては、32条で裁判を受ける権利を保障し、また、82条で裁判の公開を定めているから、憲法が明確にこれを保障しているということができる。それでは、裁判の公開が保障されていることを根拠に、裁判を傍聴する権利や法廷でメモを取る権利が保障されていると主張できるのであろうか。このことを争ったレペタ法廷メモ訴訟の判決＊で、最高裁判所は、裁判の公開が制度として保障されているのであり、裁判を傍聴する権利や法廷でメモを取る権利を保障しているのではないとした。また、21条1項は、メモを取る権利を直接保障しているのではないとも判示した。ところが、

この判決を契機に、裁判の傍聴者は、法廷で自由にメモを取れるようになっている。ただし、このことは、同判決の趣旨によれば、最高裁判所の司法行政の運用によるのであって、憲法上の権利の保障を実現するためではないということになる**。

　　*最大判平成元・3・8民集43巻2号89頁〔Ⅲ-4-41〕。
　　**ここにも、最高裁判所が表現の自由の保障を狭いところにとどめておこうとする傾向をみることができる。

　ⅳ）　**大衆の表現行為**　　a）　ビラ貼り・ビラ配り　　出版や放送といったメディアを利用することに比べて、ビラ貼り、ビラ配り、戸別訪問といった行為は、誰でも容易にできる表現行為である。そこで、これらを大衆の表現行為ということができる。

　しかし、これらの行為もまったく自由となっているわけではない。すなわち、ビラ貼りについては、屋外広告物法（昭和24年法律189号）およびそれに基づいて制定されている自治体の条例によって規制を受けている。これの合憲性を争った事件において、最高裁判所は、その法律と条例が「美観風致を維持し、および公衆に対する危害を防止するために、屋外広告物の表示の場所および方法ならびに屋外広告物を掲出する物件の設置および維持について必要な規制をしているのであり」、これが公共の福祉のための必要かつ合理的な制限であるといえるから、21条に違反しない、と判示している*。また、ビラ貼りは、その行為者が軽犯罪法1条33号前段の定める「みだりに他人の家屋その他の工作物にはり札をし……た者」にあたるとして取り締まりの対象となるが、最高裁判所は、これについても、「この程度の規制は、公共の福祉のため、表現の自由に対し許された必要かつ合理的な制限」だとして、違憲の主張を斥けている**。これらの判示には、ビラ貼りが大衆の表現行為であるとの観点をみることができないのであるが、当該行為の目的、態様、他の伝達手段の存否などを慎重に勘案して、法令違憲とはいえなくとも、適用違憲の手法を用いる場合があってよいと思われる***。ビラ配りについては、道路交通法による規制を受けることがあるが、上記と同じく、その行為の態様、方法など具体的事実と関連させて、保護がはかられるべきである****。

　　*最大判昭和43・12・18刑集22巻13号1549頁〔Ⅲ-4-42〕。
　　**最大判昭和45・6・17刑集24巻6号280頁〔Ⅲ-4-43〕。

***これについて、大分県屋外広告物条例違反事件に対する最三小判昭和62・3・3刑集41巻2号15頁における伊藤裁判官補足意見を参照せよ。
****その点、東京地判昭和40・1・23下刑7巻1号76頁〔Ⅲ-4-44〕による無罪判決に注目せよ。

ところが、近年、ビラ配布行為が刑法130条の住居侵入罪に問われる事件が登場し、大衆の表現行為の限界が顕著になっている。

その一例は、自衛隊官舎に立ち入り、イラク派兵に関する内容のビラを集合郵便受けや各室玄関ドアの新聞受けに投かんしたため、刑法130条の住居侵入罪に問われた事件であるが、最高裁判所は、その事件についての事実を詳細に示したうえで、立ち入った場所が防衛庁職員およびその家族の私的生活を営む場所であり、ビラ配布行為が私的生活を営む者の私生活の平穏を侵害するものであるとして、有罪を認めた*。他の例は、民間のマンションに立ち入って政党のビラを配布した行為について、最高裁判所は、マンション住人の私生活の平穏を害するものであるとして、住居侵入罪の成立を認めている**。いずれの判決においても、最高裁判所は、ビラ配布行為が表現の自由の行使であることを認めているが、ビラ配布行為という表現手段を処罰することの憲法適合性を問うているのだと判示している。これに対して、今日の日常生活では、郵便受けや玄関新聞受けなどへのビラ配布行為は、頻繁になされており、私生活の平穏維持という法益保護が説得力あるものか、疑問が投じられている。しかし、最高裁判所がそのようなビラ配布行為を、表現の自由の保護の対象とし、違法といえないと宣告したときのインパクトも無視できない。

*最二小判平成20・4・11刑集62巻5号1217頁〔Ⅲ-4-46〕。
**最二小判平成21・11・30刑集63巻9号1765頁。

b) **戸別訪問** 選挙に関連して、戸別訪問、ビラ貼り、あるいはビラ配りが行われるが、これらについて、公選法が厳しい規制をしており、これについてはすでに言及した（⇨ 前述(2)ⅰ)b)）。

c) **集団行進、集団示威運動（デモ）、集会** 集団行進、集団示威運動（デモ）、集会といった行為も大衆の表現行為ということができるが、これらについては、すでに考察した（⇨ 本節2(1)ⅱ)a)）。

d) **ネット社会** 今日の社会では、人々は、コンピュータや携帯電話・

スマートフォンなどを利用して、多様な表現活動を行っている。このいわゆるネット社会においては、大衆の表現行為は、従来とは比べものにならないほどに自由さを享受しているといえる。その限りでは、表現の自由はよく浸透しているといえるが、それに伴う問題も多く生じている。その問題にかかる表現の自由の法理は、基本的には従来のものと異なるわけではない。困難さは、表現媒体の特性、すなわち科学技術面の特徴にどう対処するかということにある*。

> *たとえば、名誉毀損、プライバシー侵害などの問題と表現の自由の保護との関係にかかる法理は、基本的には変わらないが、その行為の主体や関与者、被害者の把握などにおいて、従来の表現媒体とは異なる面が多分にある。

ⅴ) その他の展開　表現の自由は、これまでみてきた場面以外にもさまざまな展開をみせている。以下は、現代社会における特徴的なものである。

　　a) 営業活動と表現　営業広告は、従来、営業活動に含まれるもので、表現の自由とのかかわりが薄いとされていた。しかし、それは、今日では人々の社会生活を営むうえで、重要な情報源となっており、情報を自由に獲得するという知る自由・知る権利の側面から意義付けを行う必要が生まれている。また、意見表明を目的とした広告もよく利用されるようになっており、この意見広告は、まさに表現の自由の領域に属することである。こうして、今日では、営業活動にかかわる表現の領域を、商業的言論、営利的言論、営業的言論、コマーシャルスピーチなどと呼ぶようになっている*。

> *このように、内容は同じなのに、名称が異なることが憲法学上（他の法分野も同様かもしれないが）しばしばあり、それが議論の効率を低下させる原因となっているようで、検討すべきである。

判例では、灸の適応症・効能記載ビラ配布事件に対する 1961 年の判決*がある。そこでは、現代社会における広告の意義について立ち入って判断していない。しかし、補足意見の垂水裁判官が「広告は一の経済活動であり、財産獲得の手段」だと性格付けたのに対して、反対意見の奥野裁判官は、広告も 21 条に包含されると解するべきであり、当該法規定（下記*参照）が「真実、正当な適応症の広告までも一切禁止したことは不当に表現の自由を制限した違憲な条章であって無効である」と論じている。その後、これらの意見の展開が判例上はみられないが、学説上は、商業的言論の法規制に対する司法審査は、営業活動の法規制に対する

それと同等であってはならないと説かれるようになっている。

> ＊これは、あん摩師、はり師、きゆう師及び柔道整復師法 7 条（現在は、あん摩マッサージ指圧師、はり師、きゆう師等に関する法律 7 条で、柔道整復師法が別にある）は、それらの業務に関する広告において適応症を記載することを禁じていたが、これが憲法 21 条に違反すると争った事件で、最高裁判所は、その制限が公共の福祉を維持するためやむを得ない措置であり、合憲だと判示した（最大判昭和 36・2・15 刑集 15 巻 2 号 347 頁〔Ⅲ-4-33〕）。

法制面では、不当景品類及び不当表示防止法（昭和 37 年法律 134 号）の 4 条は、供給する商品や役務の取引について、不当な表示を禁止しており、医療法（昭和 23 年法律 205 号）の 6 条の 5 は、医業、歯科医業、病院、診療所に対して、そこに掲げる一定の事項以外の広告を一切禁止しているなど、多くの法律に広告規制が定められている。弁護士広告については、かつては日本弁護士会の内部取り決めとして、厳しい制限をしていたが、現在では、弁護士の業務広告に関する規程（平成 12 年 10 月 1 日施行）により、制限が解かれている。これは、広告について、情報を得る側に立ってその意義が見直された結果である。それと同様の見直しが既存の法制度についても求められている場合が少なくない。

b）**政府言論** 政府は、国民の表現の自由を保障する立場にあり、自らが表現の自由の主体となることはない。これは、21 条から導かれる基本的意味である。ところが、社会国家ないし福祉国家の理念に基づき、政府が国民の表現の自由を財政支援や施設提供等をとおして支えることが多々みられる。たとえば、芸術活動への政府の財政支援によって、その希少性、良質さ、伝統などが維持されることがある。ところが、そのような支援の際に、政府の一定の価値観や見解などを反映させようとするとき、そこには政府の言論活動、表現活動の存在をみることになるのだが、これを政府言論と呼ぶことにして、それは、表現の自由の保障領域でいかに扱えばよいのかの問題が存在している。

最高裁判所は、政府言論なる概念に対して正面から判断を下してはいないが、公立図書館の図書廃棄事件において、図書館員の図書廃棄行為をその図書の著作者の人格的利益を不当に損なうものだとして、廃棄行為の違法性を認めている＊。

> ＊最一小判平成 17・7・14 民集 59 巻 6 号 1569 頁〔Ⅲ-4-56〕。他に、天皇コラージュ事件判決（富山地判平成 10・12・16 判時 1699 号 120 頁〔Ⅰ-2〕）は、富山県立美術館が

ある作家のコラージュ連作版画を購入、所蔵していたが、圧力にあい、それを売却するとともに、その作品を収録した図録を焼却したことが争われた。

c) **象徴的言論** 現代社会における少数派にとっては、政府や社会に向けてその意思・意見の表明をしようとするとき、伝統的な言論、出版、その他の媒体は無力だとし、他の効果的方法が選択されることがある。たとえば、政府への抗議を焼身自殺や国旗を焼くことによって行う、公衆に向けて人種差別を抗議するため飲食店に坐り込む、競技会の表彰台で拳を突き上げる、戦争に反対して徴兵カードを公衆の面前で焼くとか黒い腕章をつけて登校する、といったように、ある行為によって意思・意見の表明をすることがそれである。この象徴的言論 (symbolic speech) と呼ばれる表現方式は、日本ではそれほど問題となっていないが*、アメリカでよく議論されているように、表現の自由の問題であることは確かである。

*一例として、国民体育大会の少年男子ソフトボール競技会の開会式中に、球場外野スタンドスコアボード屋上のセンターポールに掲揚されていた日の丸旗を引き降ろし、火をつけたうえ球場内の人々に掲げて見せるなどし、その半分を焼失させる行為について、表現の自由の保護を主張した事件がある。これに対して、福岡高裁は、その行為が表現の自由といえない違法なものと判示している（福岡高判平成7・10・26判時1555号140頁）。この判決は、確定したため最高裁判所の判断は示されていない。

(3) 言論・出版・その他の表現の自由の限界　　i) **表現の自由の範囲**　前述の(2)で、憲法が保障する表現の自由は、その自由を行使し、享受する主体や表現の形態との関係で、広い展開をみせていることを知った。また、この自由は、実際にはさまざまな制限を受けることもみた。そこで、次に、憲法は、表現の自由を一定範囲のものに限って保障しているのか、別言すれば、憲法の保障している表現の自由には限界があり、その限界を超えるともはや憲法上の保護が与えられなくなっていると考えてよいのか、ということを検討する。

この問題について、表現といえても一定の範疇に属する場合は、憲法が保障の対象外としているとする考え方がある。これによると、名誉毀損の表現、わいせつの表現、煽動、商業上の言論、差別的表現といった範疇がその例にあたるとする。この考え方に対しては、そもそもなぜそれらの範疇が憲法の保障の対象外になるのか、また、ある表現がそれらの範疇に該当するのか否かということを明確

に示し難い場合があること、あるいは、それらの範疇の中には、社会の変化、人々の意識の変化によって範囲が変容するものがあることなどの難点を指摘することができる。他方、およそ表現といえるものはすべて憲法の保障の対象となるが、そのなかには低い価値の表現があって、それについては憲法が強い保護を与えない、とする考え方がある。もちろん、これに対しても、ある表現がなぜ価値が低いのか、その判断根拠は何か、という問題を解決しなければならない*。いずれによるにせよ、最高裁判例をみると、ある表現行為に対する法令の制限を、表現の自由の限界であるとして正当化している例をみることができる。以下、便宜上、上にあげた範疇にそって考察してみることにする。ただし、商業上の言論については、前述の(2)ⅴ)a)の営業広告と意見広告について述べたところを参照せよ。

> *表現の自由の限界の具体例として、いわゆる暴騒音条例の場合を取り上げて、考察してみるとよい。大音量の拡声機を使って街宣活動をしている右翼の行為を取り締まるため、自治体の中には、暴騒音条例を制定しているところがある。不快感のみを与えもはや言論活動とはいえない右翼の街宣活動は、表現の自由の限界を超えているから、暴騒音条例は合憲だと考えることができるかもしれない。しかし、問題はそれほど単純ではない。条例の合憲性判断にあたっては21条1項や31条違反の主張に答えることになるといえるが、条例が何をもって暴騒音としているのか、条例の目的は何であり、その目的を達成するためいかなる手段により規制しようとしているのか、さらに、取り締まられた当該行為の具体的事実は何か、といった点について立ち入って検討しなければならない。すると、表現の自由の保障を受けない暴騒音が一義的に定まっているわけでないことが判明し、暴騒音という範疇によって表現の自由の限界の一例を説明することは適切でないということができる。

ⅱ) **名誉毀損の表現**　公然と他人の名誉を害する表現を故意に行えば、刑法230条の名誉毀損罪に問われ、また、民事上の不法行為（民法709条、710条）の責を負う。これは、いうまでもなく、人の名誉が法的保護の対象とされていることの表れである。しかし、名誉毀損の表現にこれら刑事・民事の責任を厳しく問うことにすると、表現の自由にかかわる利益が大きく損なわれるおそれが生ずる。刑法は、日本国憲法の制定を契機に条文を追加し（230条の2）、この間の調整をした。すなわち、刑法230条に該当する表現であっても、「公共の利害に関する事実に係り、その目的がもっぱら公益を図ることにあったと認める場合には、事

実の真否を判断し、真実であることの証明があったときは、これを罰しない」(230条の2第1項) とし、また、公訴提起前の人の犯罪行為に関する事実は、そこにいう「公共の利害に関する事実」とみなし (同条2項)、さらに、公務員または公選による公務員の候補者に関する事実は、真実であることの証明があれば罰しない (同条3項) と定めた (条文は、平成7年の口語化の表記のもの)。こうして、これらの規定は、「人格権としての個人の名誉の保護と、憲法21条による正当な言論の保障との調和をはかったもの」*と性格付けることができる。

　　*夕刊和歌山時事事件に対する最大判昭和44・6・25刑集23巻7号975頁〔Ⅲ-4-29〕。

　ところが、刑法230条の2について厳格な解釈を加え、これを適用したならば、依然として表現者側は、その自由を強く制約されることとなる。とりわけ、取材源を秘匿しなければならない新聞社にとっては、真実の証明が困難であり*、真実の証明ができなければ、たとえ誤信したことに相当の理由があったと主張しても、犯罪が成立する**。このような結果をもたらす厳格解釈は、表現の自由を保障する憲法の趣旨を実現していないとして、強い疑問が投げかけられていた。そこで、最高裁判所は、夕刊和歌山時事事件判決 (前掲) において、先例を変更し、「事実が真実であることの証明がない場合でも、行為者がその事実を真実であると誤信し、その誤信したことについて、確実な資料、根拠に照らし相当の理由があるときは、犯罪の故意がなく、名誉毀損の罪は成立しない」と判示した***。

　　*最二小判昭和30・12・9刑集9巻13号2633頁は、そのことを配慮しなかった。
　　**最一小判昭和34・5・7刑集13巻5号641頁。
　　***民事責任については、これより早く、同趣旨の判断を下している。最一小判昭和41・6・23民集20巻5号1118頁参照。なお、この名誉毀損表現に関しては、アメリカの判例からの影響を看過できないので、簡略にふれておく。

　　　アメリカでは、合衆国最高裁判所の1964年の判決 (New York Times Co. v. Sullivan, 376 U.S. 254) において、「現実の悪意 (actual malice)」の法理が打ち出され、表現者とりわけプレスの側を強く保護する傾向を示している。この法理は、公務員やその他の公的人物 (public figure) に対する名誉毀損の場合には、名誉を害した者つまり表現者が虚偽であることを知っていたか、またその真否をまったく意に介さないで表現したことを被害者の側が立証しない限り、名誉毀損が成立しないとするものである。その後、公的人物の範囲や私人の場合等について判例の展開をみせているが、表現者側を保護する点で、日本の判例よりも強い姿勢を打ち出しているのが特徴である。ただし、ア

メリカでは、名誉毀損が成立すると、表現者側は、多額の賠償を支払わなければならず、そこにみられる制裁効果は、日本の不法行為の成立の場合よりはるかに大きいことにも注目すべきである。

ところで、上記条項の「公共の利害に関する事実」について、最高裁判所は、「私人の私生活上の行状であっても、そのたずさわる社会的活動の性質及びこれを通じて社会に及ぼす影響力の程度などのいかんによっては、その社会的活動に対する批判ないし評価の一資料として刑法230条ノ2第1項にいう『公共ノ利害ニ関スル事実』にあたる場合があると解すべきである」*と説き、そこには憲法上の論議が一言もみられないが、結果として、公的人物に対する名誉毀損の表現については、表現者にとって有利となる判断を示している。

　　*月刊ペン事件に対する最一小判昭和56・4・16刑集35巻3号84頁〔Ⅲ-4-30〕。条文の記載は、改正前のもの。

名誉毀損の表現について、表現者の利益すなわち表現の自由を重視した法の適用が主張されるのに対して、人の名誉は、いったん侵害されたら回復が困難だから、事前の救済も考えるべきという主張もある。北方ジャーナル事件において、最高裁判所は、「その表現内容が真実でなく、又はそれが専ら公益を図る目的のものでないことが明白であって、かつ、被害者が重大にして著しく回復困難な損害を被る虞があるとき」という要件のもとに、例外的であることを強調して、事前差止めを認めた*。このような例外的救済を許すことへの正当化の根拠として、最高裁判所は、その要件を充足する「表現行為はその価値が被害者の名誉に劣後することが明らかである」からだとするが、これでは表現の自由の優越的地位が崩れるおそれがあるとの批判も強い。

　　*最大判昭和61・6・11民集40巻4号872頁〔Ⅲ-4-31〕。

今日では、インターネットへの書き込みによる名誉毀損問題がしばしば登場している。それを争った事件に対して、最高裁判所は、「インターネットの個人利用者による表現行為の場合においても、他の場合と同様に、行為者が摘示した事実を真実であると誤信したことについて、確実な資料、根拠に照らして相当の理由があると認められるときに限り、名誉毀損罪は成立しないものと解するのが相当であって、より緩やかな要件で同罪の成立を否定すべきものとは解されない」と判示し*、インターネットに関連することによる特別な配慮をしない姿勢を示

している。

　　　＊最一小決平成22・3・15刑集64巻2号1頁〔Ⅲ-4-32〕。

　ⅲ）　**プライバシー侵害の表現**　　プライバシー侵害の表現に対する法的救済の問題は、名誉毀損の表現の場合と類似した側面がある。ただし、プライバシー侵害の表現に対して刑罰が科せられるわけでなく、問題は、多くの場合、民事上の不法行為責任を負うこととの関係で登場する。訴訟上の救済にあたって、基本的には、表現者の利益とプライバシー保護利益との間の比較衡量によって判断することになるであろうが、そこに働く判断基準は、事案の個別の性格によらざるを得ない＊。

　　　＊「宴のあと」事件に対する東京地判昭和39・9・28下民15巻9号2317頁〔Ⅲ-2-4〕や「エロス＋虐殺」事件に対する東京高決昭和45・4・13高民23巻2号172頁参照。

　プライバシー侵害の表現に対する差止請求に対して、名誉毀損に対するそれと同様に、表現の自由を重視した対応を裁判所はすべきといえるであろうか。これについては、プライバシー侵害に対して名誉毀損の場合のような真実性の要件を求める必要がないので、別途、ルールを確立する必要がある。しかし、裁判所は、プライバシー侵害の主張にかかる出版の差止請求を比較的容易に認める傾向を示しており、北方ジャーナル事件判決で打ち出された表現の自由を重視する姿勢が貫かれていない＊。

　　　＊「石に泳ぐ魚」事件では、小説などによるプライバシー侵害、名誉毀損、名誉感情の侵害を理由に、損害賠償と当該小説の出版差止めの請求がなされたが、最高裁判所は、下級審判決による請求容認を是認している（最三小判平成14・9・24判時1802号60頁、東京高判平成13・2・15判時1741号68頁、東京地判平成11・6・22判時1691号91頁）。また、宝塚歌劇団のスターやジャニーズの追っかけマップ図書出版等差止請求事件判決（神戸地尼崎支決平成9・2・12判時1604号127頁、東京地判平成9・6・23判時1618号97頁）も、差止めを容認している。

　ⅳ）　**わいせつの表現**　　刑法175条は、わいせつの文書・図画等を頒布、販売、公然陳列する行為が刑罰の対象となることを定めている。そこで、わいせつの表現に、憲法21条の保護が及ばないのかが問題となる。この問題について、すべての人を納得させる答えを示すことは容易でない。

　最高裁判所は、チャタレー事件の判決＊で、表現の自由も絶対無制限でなく、

公共の福祉による制限を受ける、とのよく言及する前提を述べたうえで、「性的秩序を守り、最少限度の性道徳を維持することが公共の福祉の内容をなす」として、刑法175条の正当性を説いた。

　　＊最大判昭和32・3・13刑集11巻3号997頁〔Ⅲ-4-26〕。

　わいせつの表現の規制に対しては、「わいせつ」とは何を指すのかということを明らかにしなければならない。これについて、このチャタレー事件判決は、大審院時代からの定義付けを踏襲して、「徒らに性欲を興奮又は刺戟せしめ、且つ普通人の正常な性的羞恥心を害し、善良な性的道義観念に反するものをいう」とした。この定義には納得できないとの見解は少なからずみられるが、以後今日まで最高裁判例では維持されている。そして、この判決は、わいせつ概念には、性行為非公然性の原則が基礎となっており、そのような意味のわいせつにあたるか否かの判断は、法解釈の問題として、「一般社会において行われている良識、すなわち社会通念」を基準として、裁判所が行うべきことであると説いている。

　この判決の後十余年を経て、最高裁大法廷は、再び刑法175条の合憲性について判断を下した。それは、「悪徳の栄え」事件判決＊であるが、この判決の法廷意見には、わいせつ性の判断を「文書全体との関連において」行うべきだ、としたところ以外に、チャタレー事件判決から進展したところがみられない。注目すべきは、5人の裁判官が反対意見を示したことである。とりわけ、田中二郎裁判官が、表現の自由の高い価値を前提にして、「文書等の猥褻性は、その科学性・思想性・芸術性との関連において、相対的に判断されるべき」等とわいせつ概念の相対性の理論を詳しく説いたことである。この見解を高く評価する学説は多い。

　　＊最大判昭和44・10・15刑集23巻10号1239頁〔Ⅲ-4-27〕。

　判例とは対照的に、社会におけるわいせつ関連の文書・図画等の頒布・販売・陳列の実情はかなり変容しているといってよい。最高裁判所がそれに対応させようとしたのか否かは不明であるが、「悪徳の栄え」事件判決から約10年後の「四畳半襖の下張」事件判決＊において、次のように、わいせつ性判断の基準を示した。すなわち、「当該文書の性に関する露骨で詳細な描写叙述の程度とその手法、右描写叙述の文書全体に占める比重、文書に表現された思想等と右描写叙述との関連性、これらの観点から該文書を全体としてみたときに、主として、読者の好色的興味にうったえるものと認められるか否かなどの諸点を検討することが必要

であり」、これらの諸点を総合して、社会通念にてらしながら、先にみたチャタレー事件判決にいうわいせつ概念にあてはまるか否かを判断すべきである、と。これによると、この判決の原審判決**が指摘しているように、もはや二つの大法廷判決で対象となった書物（『チャタレイ夫人の恋人』と『悪徳の栄え』）は、わいせつとはいえず、実際に、完訳本が販売されている。また、わいせつ性の判断基準は、「四畳半襖の下張」事件判決によってやや進展し、わいせつ規制が春本、ハード・コア・ポルノおよびそれに類する文書に限られるようになっているといえる***。

＊最二小判昭和55・11・28刑集34巻6号433頁〔Ⅲ-4-28〕。
＊＊東京高判昭和54・3・20判時918号17頁。
＊＊＊「四畳半襖の下張」事件判決のわいせつ性判断基準が現在の判例法だといってよいが、そうかといって、社会において、春本、ハード・コア・ポルノおよびそれに類する文書が刑法175条による規制を受ける法秩序が確立しているとは言い難い。法と実態との間の乖離が大きいことは、否定できない。

以上では、刑法175条によるわいせつ文書の規制についてみたが、他に映画のわいせつの問題があり、これには、映倫による自主規制の制度がかかわっている。外国からのわいせつ物持ち込みについては、後述の税関検査の箇所（⇨ 本節 4(2)ⅰ)）をみよ＊。

＊また、インターネットの発達により、出版物でなくネットをとおした画像のわいせつ問題が生じており、これに対する規制が容易でなくなっており、判例法と現実との乖離が大きい。

さらに、青少年育成条例による有害図書規制は、有害図書をわいせつ文書より広い範囲の文書を対象とした出版物への規制であるが、最高裁判所は、「青少年の健全な育成を阻害する有害環境を浄化するための規制に伴う必要やむをえない制約」であるとして、合憲判決を下している＊。

＊岐阜県青少年保護育成条例について最三小判平成元・9・19刑集43巻8号785頁〔Ⅲ-4-58〕。

ⅴ）**煽動の表現**　　煽動とは、ある言論が言論としての性格を維持しているが、一定の行為をなすようにあおることを内容としているものを指し、いくつかの法律がこれを犯罪としている＊。これは、表現の自由の保障のもとで、いかに正当化できるのであろうか。たとえば、最も初期の例として、農民大会において、

生産した米を供出するなと演説した行為を、食糧緊急措置令11条にいう「主要食糧ノ政府ニ対スル売渡ヲ為サザルコトヲ煽動」する行為にあたるとして下級審で懲役刑を宣告された者が、その規定は、言論の自由を封ずる違憲無効のものだとして上告した事件がある。最高裁判所は、当該言論が単なる政府批判にとどまらず、「国民として負担する法律上の重要な義務の不履行を慫慂し、公共の福祉を害するものであ〔り,〕新憲法の保障する言論の自由の限界を逸脱」するとして、違憲の主張を斥けた**。この事件では、戦後の厳しい食糧事情があり、国家は国民全体の主要食糧を確保するための施策の一つとしてその法律を制定したという事情がある。

 *たとえば、破壊活動防止法38条1項、39条、40条、国家公務員法110条1項17号、東京都公安条例5条等。
 **最大判昭和24・5・18刑集3巻6号839頁〔Ⅲ-4-24〕。

 そこで、煽動が犯罪として表現の自由の保障を受けられなくなるのは、それによって一定の行為が実行されるかどうかに関係なく、国家や社会の重要な利益が侵害されるおそれがあるからだといえよう。具体的にどのようなおそれなのかは、それぞれの法律の内容によって異なる性質をもっている。煽動罪適用にあたっては、法律の解釈がとりわけ重要であり、法律の禁止する煽動を緩やかに解釈するならば、表現の自由を保障した意味が損なわれてしまう。

 比較的最近の例として、破壊活動防止法39条および40条が定める煽動罪の適用を受けた事件がある。最高裁判所は、当該煽動が「公共の安全を脅かす現住建造物等放火罪、騒擾罪等の重大犯罪をひき起こす可能性のある社会的に危険な行為であるから、公共の福祉に反し、表現の自由の保護を受けるに値しないものとして、制限を受けるのはやむを得ないものというべき」として、前掲の昭和24年の先例等を引きながら、21条1項違反の主張を否認している*。このように、煽動罪を規定する法律が文面上違憲ということはできないにしても、当該行為がその規定の煽動にあたるか否かの判断は、別個に慎重に行う必要がある。その判断を行うために、「明白かつ現在の危険」のテスト（⇨ 本節 2(2)ⅱ)b)）を適用すべきという主張がある**。

 *最二小判平成2・9・28刑集44巻6号463頁〔Ⅲ-4-25〕。
 **最二小判昭和27・8・29刑集6巻8号1053頁や最大判昭和30・11・30刑集9巻

12号2545頁における栗山裁判官の少数意見をみよ。

テロを規制する法律においては、扇動罪が設けられるはずである。

ⅵ) **差別的言論・ヘイトスピーチ**　特定人種や特定の宗教団体など個人ではない集団に向けてなされる差別的言論は、表現の自由として保護される対象からはずすべきとの考えがある。その差別的言論は、差別意識を言論に体現させて、不快感や憎悪を含むもので、これを規制しようとする世界的施策がみられる。国際人権規約や人種差別撤廃条約がそれである*。日本は、後者の4条が定めるヘイトスピーチ（憎悪言論）の犯罪規定の批准を留保している。

 ＊1966年の国際人権規約の一つ「市民的及び政治的権利に関する国際規約」は、その20条2項において、「差別、敵意または暴力の煽動となる国民的、人種的又は宗教的憎悪の唱道は、法律で禁止する」と定め、条約加盟国に対して差別的言論をその国の法律で禁止することを求めている。また、1965年に採択された人種差別撤廃条約の4条は、「人種的優越又は憎悪に基づく思想のあらゆる流布」罪、「人種差別の煽動」罪、「(特定の少数者)集団に対するあらゆる暴力行為の煽動」罪、「人種差別を助長し煽動する団体の活動」の罪、「人種差別を助長し煽動する組織的宣伝活動及びその他すべての宣伝活動」の罪、「人種差別を助長し煽動する団体又は活動への参加」の罪をあげて、差別的言論を犯罪として法律により処罰することを当事国に求めている。

これらの条約には、人種差別の解消を積極的に進めようとする意図がみられるが、他方、そのような差別的表現に対する犯罪類型化は、表現の自由の保障原理にとって果たして容認できることなのか、という問題を提起している。従来、日本では、この問題に正面から取り組むことを避ける傾向がみられたが*、近年、ヘイトスピーチ事件が発生し、判決も登場するに至り**、重要な検討課題となっている。

 ＊公選法150条に基づくある立候補者の政見放送の録音・録画中に身体障害者に対する差別発言があるとしてNHKがそれを削除したことが争われた事件があるが、最高裁判所は、この問題に立ち入った議論を行っていない（最三小判平成2・4・17民集44巻3号547頁〔Ⅲ-4-62〕）。

 ＊＊人種差別的意図をもってなされた被告団体による街頭での示威活動およびその映像をインターネットを通じて公開したことが不法行為に該当し、これにより原告の学校法人が損害を被ったとして、被告団体らに対し、その損害の賠償を求めるとともに、法人の人格権に基づき同様の活動の差止めを求めた事件につき、京都地裁は、賠償およ

び差止めの一部を認容した（京都地判平成25・10・7判時2208号74頁）。

4　検閲の禁止
(1)　検閲の概念　21条2項前段は、「検閲は、これをしてはならない」と強い調子の禁止を定めている。この検閲について、最高裁判所は、次のように定義している。すなわち、「『検閲』とは、行政権が主体となって、思想内容等の表現物を対象とし、その全部又は一部の発表の禁止を目的として、対象とされる一定の表現物につき網羅的一般的に、発表前にその内容を審査した上、不適当と認めるものの発表を禁止することを、その特質として備えるものを指す」*と。この定義は、後のいくつかの判決で引用され、維持されており、確定したものといってよい。

　　*札幌税関訴訟に対する最大判昭和59・12・12民集38巻12号1308頁〔Ⅲ-4-60〕。

　この最高裁判所の示した検閲概念に対して、それでは狭すぎると批判する見解がある。これによると、検閲の主体を行政権に限らず、司法権などすべての公権力も含めるべきで、また、検閲の対象を思想内容だけでなく広く表現内容とすべきであり、さらに、検閲の時期を発表前でなく、表現が受け手に達する時を基準にして、受領前の抑制はもちろん、事後規制であっても発表を抑制する効果をもつならば、それも検閲に含めるべきとする*。

　　*第二次家永教科書検定訴訟の第一審判決（いわゆる杉本判決）・東京地判昭和45・7・17行集21巻7号別冊1頁〔Ⅲ-7-10〕では、検閲の定義を「公権力によって外に発表されるべき思想の内容を予め審査し、不適当と認めるときは、その発表を禁止する〔行為〕」としている。ただし、その判決でも教科書検定制度については、検閲に該当しないとされ、当該検定処分が検閲にあたると判示されている。

　ところで、表現の自由は、発せられた表現が他者に到達するようになっていること――実際にそれが到達したか否かは問わない――を前提としている。つまり、表現を事前に抑制することは許されないのである*。したがって、21条1項における表現の自由の保障それ自体から、「事前抑制の禁止」の原則を導き出すことができる。

　　*前掲の北方ジャーナル事件判決でも、最高裁判所は、これを前提としている。

　検閲の禁止は、検閲の概念をいかように設定しようとも、事前抑制の禁止の中

身となっていることは確かである。次の**(2)**でみるいくつかの判例において、最高裁判所もそのような理解を示している。そして、前述の3でみたように、最高裁判所は、21条2項で禁止されている検閲を事前抑制のうちでも行政権が行う特別な制度——それは、明治憲法時代に存在した——であるとして、限定的な意味にとらえ、憲法はそれを絶対的に禁止しているとみているようである。つまり、検閲にあたらないときでも、21条1項から導かれる事前抑制禁止の原則として検討する余地は残っているのである。

結局、表現の自由の保障にかかる裁判法理がよく形成され、確立していて、表現の自由の優越的地位が確保されているならば、国家による表現に対する事前の抑制が21条2項前段の検閲にあたるか否かを問題にする意味は大きくない。しかし、現状は、そのようになっているとは言い難い。

(2) 検閲概念の適用　ⅰ）税関検査　前掲の最高裁判所による検閲の定義は、いわゆる税関検査を争う事件においてであった。税関検査は、現在、関税法69条の11第1項7号において（かつては、関税定率法21条1項3号）、輸入してはならない貨物として「公安又は風俗を害すべき書籍、図画、彫刻物その他の物品」を定め*、税関長は、この規定に基づいて、書籍等の表現物についてその内容を検査して、その規定に該当すると判断したとき、輸入されようとするものを廃棄したり、積戻しを命じたりすることができ、相当の理由があるときには、その旨を輸入しようとした者に通知すること等の手続も定められている（同条2項・3項、旧規定の3項〜5項）。これが税関検査（または税関検閲）と呼ばれている制度であるが、最高裁判所は、前掲の札幌税関訴訟判決において、前述のように検閲概念について定義付けを示したうえで、税関検査が検閲にあたらず違憲ではないと判示したのであった。また、検閲にあたらなくても21条1項違反になるとの主張に対しては、「風俗を害すべき書籍、図画」等の輸入規制を、わいせつ表現物を規制する趣旨だと限定解釈することができるから、当時の関税定率法21条1項3号は明確性に欠けるものでなく合憲だと判示した。ここに示された、明確性の理論にかかわる合憲限定解釈については、上記の検閲概念とともに、学説上、疑問が投じられている。

　　*児童ポルノについては、別個に掲げて（同項8号）、輸入してはならない貨物としている。

なお、札幌税関訴訟判決によると、税関検査は、国外で既発表の表現物の輸入

を禁止するのであって、事前に発表そのものを禁止するわけでないこと、また、関税徴収手続の一環として、これに付随して行われ、思想内容等それ自体を網羅的に審査し規制することを目的としていないこと、さらに、行政権たる税関によって行われているが、その職務内容が特に思想内容等を対象として規制を加えることを独自の任務としていないこと、の三点を根拠に、検閲にあたらないとする*。

> *関税定率法や関税法の上記規定により輸入規制品ないし輸入してはならない貨物にあたるとされたため、日本国内に持ち込むことができなかった書籍等は多数あるが、これを争って最高裁判所の判断を仰ぐに至った訴訟はきわめて少ない。上記の昭和59年の大法廷判決以前に、税関長の行った通知は観念の通知であり、行訴法の抗告訴訟の対象たる処分にあたらないとした下級審判決が登場し、最高裁判所がそれを覆し、処分性を認めた判決(最三小判昭和54・12・25民集33巻7号753頁〔Ⅲ-4-59〕)がある。

　ところで、近年、税関検査により風俗を害すべき物品と認められ国内持込みができないとする通知処分について、最高裁判所が、その通知処分は、取消しを免れないとしたメイプルソープ事件の判決*が登場していることに注目させられる。それは、当該物品が日本ですでに頒布・販売されている表現物であることに特色があるとしても、税関検査の運用に対する最高裁判所の判断姿勢に変化が生じているように受け取れる**。

> *最三小判平成20・2・19民集62巻2号445頁〔Ⅲ-4-61〕。
> **米国出身の写真家ロバート・メイプルソープの写真集を販売していた会社の取締役が商用のため渡航していた米国から帰国した際、新東京国際空港所在の税関検査場にて、同写真集に対する規制を受けた。最高裁判所は、上述のように、その写真集がすでに日本国内で頒布・販売されていたことを根拠に、処分取消しの判断をしたのであるが、最高裁判所は、それ以前にメイプルソープの当該写真集中の一部が掲載されている写真集・カタログを税関検査により輸入規制したことを容認しており(最三小判平成11・2・23集民191号313頁)、両判決に整合性があるものか疑わしい。そこで、10年近くの間に、最高裁判所が変化したともいえるのである。なお、この判決は、平成11年の判決を根拠に、当該税関検査が国家賠償法上違法であるとはいえないとしており、さらに理解を難しくさせている。

ⅱ)　**教科書検定**　　学校教育法は、高等学校以下の学校では、文部大臣の検定を経た教科用図書(いわゆる教科書)を使用しなければならないと定める(34条、

49条、62条：2007年の改正前は、21条、40条、51条）。これに基づいて、文科省（旧文部省も同様）は、出版社から申請のあった図書について検定を行い、合格に至るまでに、しばしば内容についての修正を求めている。この教科書検定制度が憲法の禁止する検閲にあたるとして争った訴訟の代表が、いわゆる家永教科書検定訴訟である。最高裁判所は1993年に判決を下し、前述の札幌税関訴訟判決を引用しながら、教科書検定は、「一般図書としての発行を何ら妨げるものではなく、発表禁止目的や発表前の審査などの特質がないから、検閲に当たらず」、違憲でないと判示した*。最高裁判所の示す、狭く限定した意味の検閲概念に基づく限り、この結論に到達することになる。また、21条1項に関する最高裁判所の諸先例に依拠すれば、教科書検定が事前抑制にあたるということができず、また、「〔教科書〕検定による表現の自由の制限は、合理的で必要やむを得ない限度のものという」ことになる。学説上は、これに対して疑問を投じる見解が少なくない。

＊最三小判平成5・3・16民集47巻5号3483頁。この最高裁判決は、家永教科書検定訴訟のうちの第一次訴訟に対する判決である。それは、元東京教育大学教授家永三郎の執筆した教科書『日本史』が検定不合格となったことについて、同教授が国に対して損害賠償の請求をした訴訟である。下級審判決（東京地判昭和49・7・16判時751号47頁〔Ⅲ-7-12〕、東京高判昭和61・3・19判時1188号1頁）は、ほぼ上記最高裁判決と同趣旨の判断のもとに、家永教授の主張を斥けた。第二次訴訟は、検定不合格処分の取消しを求めるもので、その第一審判決（東京地判昭和45・7・17行集21巻7号別冊1頁〔Ⅲ-7-10〕）は、「教科書検定は思想審査を本来の目的とするものでもなく、また、あらかじめ審理する制度でもないから、憲法21条2項のいわゆる検閲に当たらない」としたうえで、本件の検定は思想内容に及んでいるから違憲であるとした。第二審判決（東京高判昭和50・12・20行集26巻12号1446頁〔Ⅲ-7-11〕）も、本件の検定不合格処分が裁量の範囲を逸脱し違法であるとして、原判決を維持した。これに対し、最高裁判所は、1976（昭和51）年4月からの新学習指導要領実施との関係で、訴えの利益が失われていないか否かを具体的に検討する必要があるとして原審に差し戻した（最一小判昭和57・4・8民集36巻4号594頁）。これを受けた差戻し審（東京高判平成元・6・27判時1317号36頁）は、訴えの利益が失われたと判断した。さらに、第三次訴訟が提起され、第一審判決（東京地判平成元・10・3訟月36巻6号895頁）は、教科書検定制度を違憲とする主張を斥けたが、付された修正意見について、裁量権の逸脱の違法を認定し、その控訴審も、別の点について裁量権の逸脱の違法を認定した（東京高判平成5・

10・20判時1473号3頁)。これに対する最高裁判決は、先例の趣旨を維持しつつも、一定の修正意見について裁量権の範囲を逸脱した違法があると判示した(最三小判平成9・8・29民集51巻7号2921頁〔Ⅲ-7-13〕)。時の経過に伴い、教科書検定制度の運用も、それに対する裁判所の審査姿勢も変化が生じた。

ⅲ) **出版の事前差止め**　すでにふれたように(⇨本節3(3)ⅱ))、最高裁判所は、北方ジャーナル事件の判決*で、例外的救済として、名誉毀損の出版物に対する事前差止めを認めた。そこでは、やはり先例の札幌税関訴訟判決における検閲概念を引用して、「仮処分による事前差止は、表現物の内容の網羅的一般的な審査に基づく事前規制が行政機関によりそれ自体を目的として行われる場合と異なり、個別的な私人間の紛争について、司法裁判所により、当事者の申請に基づき差止請求権等の私法上の被保全権利の存否、保全の必要性の有無を審理判断して発せられるものであって」検閲にはあたらない、と説いている。これも、先例の検閲概念に基づく限り当然導かれる結論といえよう。しかし、これに対して、検閲の主体に司法権も含めるべきとの批判とともに、表現の自由の価値の軽視という点での疑問が投じられている。

　　*最大判昭和61・6・11民集40巻4号872頁〔Ⅲ-4-31〕。

また、プライバシー侵害の出版物に対する差止めについて、裁判所は、名誉毀損のそれについて確立された厳格な基準によることなく、容認する傾向であり、それについてもすでにふれたが(⇨本節3(3)ⅲ))、そこでは、検閲の禁止が適用されないことは当然視されている。

ⅳ) **刑事施設収容者(在監者)に対する措置**　刑事収容施設及び被収容者等の処遇に関する法律(平成17年法律50号)(従来は、監獄法(明治41年法律28号))は、被収容者(監獄法では在監者)に対して、書籍等の閲覧を認め(同法69条、206条、258条)、外部との交通のための信書の発受を原則として自由とするものの(同法126条、221条、269条)(監獄法にはその原則をうたっていない)、書籍、信書等の内容を検査して、制限することができる旨定めている(同法70条、71条、127条〜130条、207条〜209条、259条、260条、270条〜273条)(監獄法31条2項、46条、47条、具体的内容は監獄法施行規則等に委ねている)。この制限は、表現の自由、とりわけ知る権利への制限であり、表現物についての事前の規制ないし検閲にあたるということができる。これについて、監獄法の時期の最高裁判所は、監獄内の規律および秩序

の維持という目的を達成するために真に必要と認められる限度にとどめられているならば合憲であるとし、その判断のために、「〔右の自由〕を許すことにより監獄内の規律及び秩序の維持上放置することのできない程度の障害が生ずる相当の蓋然性があると認められることが必要であり、かつ、その場合においても、右の制限の程度は、右の障害発生の防止のために必要かつ合理的な範囲にとどまるべき」との基準を示しており＊、この広い裁量を認める基準は、以後変わることなく維持されている＊＊。この判断基準は、刑事収容施設・監獄という特殊性を重視し、施設の長・監獄管理者の裁量が働く余地を広く認めるものであり、表現の自由の高い価値は後退させられている。

　　　＊よど号ハイジャック記事墨塗り事件に対する最大判昭和58・6・22民集37巻5号793頁〔Ⅲ-4-39〕。
　　　＊＊さらに、通信の秘密の箇所（⇨第7章第4節3）参照。

5　学問の自由

(1)　意義　23条は、学問の自由を保障している。この規定が22条の職業の自由の保障規定の後に置かれていることについて、何か明確な根拠はないようである。しかし、それが精神的自由の一つであることは確かであり、また、その自由の具体的内容を表現の自由に結びつけて説明できるから、本書では、ここで扱うことにしている。

　もっとも、この自由の歴史的背景との関係では、23条が一つの人権規定として存在することの意味を理解することができる。すなわち、明治憲法のもとでは、表現の自由は厳しい制約のもとに置かれていたため、学問の自由、それも特に大学における学問の自由については、その制約から免れようとする努力がなされた。大学関係者は、大学が自由な学問研究の拠り所となるよう、理論面でも実践面でも尽力した。その体験のもとに日本国憲法の制定過程で、この自由を特に別個にうたうこととなったのである。実際に、日本国憲法制定後しばらくの間は、学問の自由から導かれる大学の自治が強く主張されていた。23条に関する唯一の最高裁大法廷判決であるポポロ事件判決＊も、「〔憲法23条〕の学問の自由は、学問的研究の自由とその研究結果の発表の自由とを含むものであって、同条が学問の自由はこれを保障すると規定したのは、一面において、広くすべての国民に対し

てそれらの自由を保障するとともに、他面において、大学が学術の中心として深く真理を探究することを本質とすることにかんがみて、特に大学におけるそれらの自由を保障することを趣旨としたものである」と説いている。

 ＊最大判昭和38・5・22刑集17巻4号370頁〔Ⅲ-4-64〕。この事件は、1952（昭和27）年に起きたもので、「ポポロ劇団」という学生演劇団が大学の教室で一般公開の演劇を上演していたところに私服の警察官を発見し、身柄を拘束したうえ、暴行を加えたり、警察手帳を取り上げたりしたため、その行為に及んだ学生が暴力行為等処罰ニ関スル法律1条違反で起訴された事件である。最高裁判所は、学生の行為が大学の自治への侵害を実効的に防止するためだとする主張を斥け、警察官の立ち入りが大学の学問の自由と自治を犯すものではないと、判示した。この当時、公権力の侵入を強く排除し、産学共同も大学に相応しくないとする大学の自治が主張されたが、今日の大学ではそのような主張は後退している。

 しかし、今日では、大学の自治を中軸とした学問の自由を説く意義は失われており、また、学問の追究において、国家から完全に自由であることのみを求めるのではなく、国家との相互関係が不可欠となっている。そのことを次にみる。

(2) 今日的問題と課題 ⅰ）**学問の自由の限界** 今日では、学問の自由の主体を、大学などの研究機関やそれに属している者にのみ焦点を当てることは適当でなく、広く国民に保障されていると理解するのが適当である。それゆえ、表現の自由の一分野としてみればよいといえる＊。

 ＊明治憲法下での学問の自由や大学の自治の侵害を基盤とした論議は、今日では、現実的でないといえるからである。日本国憲法の60年余の体験を基盤として、実効性のある議論をした方がよい。たとえば、教科用図書、すなわち教科書の執筆について、学問の自由の保障が及ぶとの主張がなされたが、最高裁判所は、これを否認しており（最三小判平成9・8・29民集51巻7号2921頁〔Ⅲ-7-13〕）、学問の自由の特殊化が回避されている。

 また、学問研究を進めるためには、自然科学分野について特にいえることだが、研究遂行のための多額の資金を必要とし、国からの支援が不可欠となっていることも否定できない。研究機関は、大学だけでなく、企業において、また、企業と連携した組織としても存在しており、それらにおける学問研究も無視できない。かつて否定的にとらえられていた産学共同は、現在では、当然のこととされ、重要視されている。

さらに、研究内容については、先端科学技術研究や先端医療技術研究において、研究の方が先行し、それに伴う弊害、不都合などの問題を抑制する法制度が追い付かず、あるいは、対応不能の状態である*。研究内容によっては、政府がそれを禁止したり、制限したりする必要を求められている場合が少なくないが、政治過程の欠陥がそこにも現れ、対応が遅れがちである。このような状況において、政府による、研究内容への禁止、制限、抑制が学問の自由の侵害となるか否かが論点となり得るが、その正当化根拠を得ることは容易でない**。

　　*遺伝子結合、遺伝子治療などの分野がその一例で、いわゆるクローン技術規制法（平成12年法律146号）が生命科学の技術研究における禁止を定め、クローン技術について処罰の対象としている。他の分野では、ガイドラインを設定してそれに従うことを求める程度で、法制度の制定に至っていない。保木本一郎・遺伝子操作と法（日本評論社・1994年）、核と遺伝子技術の法的統制（日本評論社・2001年）等の一連の研究や、山本龍彦・遺伝情報の法理論（尚学社・2008年）等参照。

　　**科学技術の進歩発展には、人間にとってそれが幸せをもたらすことになるかの問題が常に存在していて、学問研究の限界は、未解決であるといってよい。しかし、2011年3月11日における福島第一原子力発電所の崩壊の体験が如実に示しているように、人間が制御できないことに足を踏み入れてしまったことを知ったとき、科学技術の進歩への信頼を維持できるものか、問われていると思うが、社会全体としては、そのような思考に熱心ではない。

　ⅱ）　**大学の自治の変容**　　ポポロ事件の判決で、最高裁判所は、「大学における学問の自由を保障するために、伝統的に大学の自治が認められている」と判示している。しかし、そこにいう伝統が現在の大学に存続しているか疑わしい。ここでは、それにかかる論議を展開する場面ではないので、大学の実態への観察に委ね、次のことを強調しておく。

　すなわち、日本国憲法のもとでは、およそ社会における組織、団体には、基本的に自律性が認められており、大学も変わりがなく、その自律性を大学の自治というならば、社会の組織、団体には、それぞれの自治が認められ、存在している。それゆえ、大学の自治のみが、学問の自由のもとに特別に憲法上の保護が与えられねばならない正当化根拠は、今日では認められない。現実に、大学の自治の憲法上の保護を求める訴訟も登場していない。

第9章 人身の自由

第1節 意　義

1　人身の自由の構成

　人身の自由は、関係する憲法条文が多く、その内容も多様である。そこで、その構成について整理し、概観しておかねばならない。

　まず、31条が定める法定手続の保障＊は、刑事裁判手続に関する総則としての意味をもち、その具体化が33条から39条に保障する権利であると理解されている。また、この法定手続の保障は、刑事訴訟の分野だけでなく、行政訴訟分野への適用が判例上認められている。さらに、法定手続の保障は、法律の手続のみならず実体についての適正さを命じているとの解釈論が展開している。それゆえ、すでにみたように（⇨第6章第2節、第7章第1節1(4)）、包括的人権の類型に含める余地もある。しかし、解釈論としてはともかく、判例上は、それにふさわしい展開がみられるとまでいえないので、人身の自由における総則規定としての認識にとどめておく。

　　＊この呼称が分かれていることについては、次節の1でふれる。

　次に、33条から39条で保障する刑事裁判手続に関する諸権利は、刑事事件の被疑者が享有する権利と、被告人が享有する権利に分類することができる。33条の逮捕、34条の抑留・拘禁、および35条の住居侵入、捜索・押収についての保障は、主として被疑者に向けられ、37条の迅速な公開裁判を受ける権利、証人尋問権、弁護人依頼権、38条の不利益供述強要の禁止と自白の証拠能力の定め、39条の遡及処罰の禁止と一事不再理の原則は、主として刑事被告人に向けられている。

　さらに、拷問および残虐刑の禁止を定める36条は、刑事裁判手続上の権利の

保障というより、公権力に向けた禁止規定である。

また、18条の奴隷的拘束・苦役の禁止は、歴史上存在した身体への最も過酷な拘束を禁止するものであり、今日の国家における法秩序上ではありえないことだが、意義を確認するために置かれた規定である。

このように、人身の自由は、多様な権利の構成となっているが、それは、歴史的背景に強いかかわりがあり、とりわけ明治憲法における刑事裁判手続上の権利に対する保障の欠如がかかわっている。人身の自由の保障を実現するにあたり、このことは基本的に意識しなければならない。

2　人身の自由の保障の実現

人身の自由の保障を実現するためには、上記のような内容の構成を反映して、他の人権保障の場合と異なる事情があることに目を向けなければならない。これは、特に、刑事裁判手続にかかわる権利の保障についてである。

まず、刑事裁判手続の保障が日本国憲法の誕生により登場したことをあげなければならない。日本国憲法の誕生に合わせて刑訴法が制定され、さらにその細則の刑事訴訟規則が最高裁判所により定められ、これらを中軸とする諸法令の適用のもとに刑事裁判にかかる人権保障が具体化されている。そして、刑事事件では、憲法の権利保障理念が具体化された法令の規定を検察官・司法警察職員が適用し、その適用場面から憲法問題が発生する。こうして、憲法規定に宿るはずの理念が法律に活かされているか、さらに、法令の規定の適用場面で、憲法理念に即しているかというように、二段階において憲法判断が求められることになる。ところが、その各段階で、憲法理念の変容がみられるとの批判がなされることが少なくない。その当否はともかく、その批判的指摘が生ずる原因は、何が憲法理念であるかが論者により異なるところにある。

そこで、何が憲法理念であるかをどのように確定するかの問題が生ずる。これは、人権保障全体に共通する問題でもあるが、ここでみる刑事裁判手続の権利については特に検討の対象となる。それは、31条をはじめとする規定に定める刑事裁判手続上の権利は、その具体的内容が刑事実務をとおして形成される余地が大きいからである。

その実務の積み重ねをとおしての憲法秩序の形成に主要な役割を果たすのは裁

判所である。現実には、裁判所がその二段階の憲法判断をとおして憲法秩序の形成に積極的でないとの批判が投じられている。明治憲法下で、裁判官が検察官と同等な地位に置かれていて、その伝統ゆえに、裁判官が検察の判断に厳しい判断を加えることを控えがちだともいわれる。刑事裁判における当事者主義の浸透がなされていないともいわれる。

こうして、刑事裁判手続の権利が憲法秩序としては不満足な実現状態だとされている*。

　　*この項での叙述が「いわれている」とか「……だとされている」といった表現になっているのは、筆者が刑事訴訟法学の分野にまで踏み込んだうえでの認識ができていないからである。本書が憲法概説書としての性格を維持しようとしているため、一応、憲法規定のすべてにふれた論述をすることにしているが、アメリカの憲法概説書のように、刑事裁判手続についての論述をその守備範囲から除いた方がよいのかもしれない。

3　課　題

刑事裁判手続上の正義の実現が、日本国憲法のもとでの 60 年余の体験を経てもなお不満足な状態であると性格付けてよいものか。これが本章において検討すべき第一の課題といってよい。しかし、この課題については、刑事訴訟法学の成果を取り入れた考察を必要とし、本書での限界を超えるので、ごく概括的な論述にとどまらざるを得ない*。

　　*それゆえ、とりわけ本章の第 3 節、第 4 節は、主要な判例の動向を示すにとどめている。

刑事裁判手続上の権利は、その具体的保障を裁判所の判断に負うところが大きい。しかし、刑訴法の制定がアメリカ刑事司法からの影響を受けたことから、裁判において、アメリカの裁判法理や学説に当事者が言及する度合いが高かった*。しかし、そうでありながら、アメリカの刑事裁判法理が日本の刑事実務に色濃く浸透したとまではいえないようである。日本独自の発展をなしてきており、その実際は、アメリカの法理にてらしてみると、しばしば違いが際立ち、憲法上の権利の保障という観点から失望、期待外れなどといった評価がなされることがある。詳しい分析は、刑事訴訟法学に委ねざるを得なく、そのような評価の当否を考察することも、本章での課題にあげるべきであるが、これも指摘にとどめざるを得ない**。

＊ただし、明治憲法下でのフランス法やドイツ法からの影響も残っていることも無視できない。明治維新後の 1880（明治 13）年に制定された治罪法は、フランス法の影響を受け、それが明治憲法の制定に伴い 1890（明治 23）年の刑事訴訟法に移行し、さらに、ドイツ法への関心の高まりのもとに 1922（大正 11）年の刑事訴訟法へと変遷していることが背景にある。
　　＊＊このように、人身の自由の保障領域においては、憲法概説書で扱えることの限界があり、これをいかに克服するかということも課題である。前述のように、憲法概説書の対象範囲から除くという方法もある。

第 2 節　法定手続の原則

1　法定手続の意義

（1）　呼称と由来　31 条は、「何人も、法律に定める手続によらなければ、その生命若しくは自由を奪われ、又はその他の刑罰を科せられない」と定めており、これを、法定手続の保障の規定という。ただし、法定手続ではなく、適法手続とか適正手続と呼ぶ論者もあり＊、また、その内容についても、その由来との関係ゆえに＊＊、かつては理解が分かれていた。しかし、今日では、31 条のもとで、手続の法定と適正とともに、法令の実体についての法定と適正が要求されるとの判例法が確立している。このように、法定手続の定めは、人権保障規定ではあるが、何か個別の権利や自由ではなく、すでにみた 14 条の平等原則と同様に、原則というのが適切である。この法定手続の原則が人権保障のために作用する実際の様相を以下で確認するが、判例の展開をみると＊＊＊、この原則の適用が広範囲の法領域に及んでいることも知ることができる。

　　＊ここでは、成田新法訴訟判決（最大判平成 4・7・1 民集 46 巻 5 号 437 頁〔Ⅲ-4-16〕）における最高裁判所の呼び方に従って法定手続と呼ぶことにしている。
　　＊＊ 31 条の保障する法定手続の原則は、アメリカ合衆国憲法の due process of law に由来する。アメリカ合衆国憲法第 5 修正や第 14 修正では、法定手続（due process of law）——これを、法の適正な過程、法の適正手続、あるいは法の正当な手続などと訳するところに、名称の違いが生まれる原因がある——によらずして生命、自由、財産を奪ってはならない、との定めをしており、生命、自由、刑罰をあげる日本国憲法との違いがあること、また、合衆国最高裁判所の判例で、手続の法定と適正ばかりでなく、法令

の実体についても法定と適正が求められるとの解釈が確立している。このことが、31条の解釈論議に影響を与え、また解釈内容の違いをもたらしている。さらに、日本法がヨーロッパ大陸法系の影響を受けてきたから、それと英米法系の考え方との調整をする必要性も解釈論議に認められる。

＊＊＊この原則の実情についても、判例法の展開をみることが重要であるが、以下ではその主要な動向について示し、詳細は、判例憲法2の281頁〜338頁〔戸松秀典＝武田真一郎＝川岸令和執筆〕を参照。

(2) 適用範囲 　法定手続の原則は、まず、権利を侵害、制限する法律において、それにかかる手続が法律に定められていることを求める。このことは、関税法118条1項を適用して第三者の所有物を没収する場合、その没収に関して当該所有者に対し、何ら告知・弁解・防御の機会を与えることなく、その所有権を奪うことが31条に違反すると判示した1962（昭和37）年の最高裁大法廷判決＊をはじめとする判例で示されている。

＊最大判昭和37・11・28刑集16巻11号1593頁〔Ⅲ-6-2〕。なお、この判決後、「刑事事件における第三者所有物の没収手続に関する応急措置法」（昭和38年法律138号）が制定され、没収がなされる手続が法律に定められることとなった。

　また、この原則は、権利侵害・制限を内容とする法律の手続が適正に法定されることだけでなく、手続の執行についても適正であることを求める。その具体例については、後述の刑事手続に関する例でみる（⇨本節3）。

　さらに、この原則は、法律の規定内容の適正を求めており、そのことを肯認した最高裁判決をみることにより（⇨本節2）、それが確定した意味であることを知ることができる。

　このように、法定手続の原則は、法的正義の実現のための原則となっているということができるが、具体の事例において、その意味内容が論理必然的に、あるいは、31条から演繹的に導かれるわけでない。その意味内容は、他の人権保障規定と併せて、特に刑事手続上の人権保障の問題については33条から39条の規定が具体化させているところと併せて、当該事件で適用される法令との関連で検討されることにより、形成されるのである。つまり、法律による具体化とその適用についての判断をした判例をとおして、意味内容が明らかになる。

　なお、法定というのは、法律だけでなく、条例もその対象となっている＊。ま

た、刑事事件との関係で、法定手続の原則は、罪刑法定主義をも意味するか否か が論議されたことがあるが、罪刑法定主義の憲法上の根拠を求めようとするなら、 31条以外に、適当な根拠規定がないから、それを肯定するのが適切である。し かし、罪刑法定主義は、刑事法分野での当然の原理であるから、憲法上の根拠付 けの必要がないともいえる。

 ＊徳島市公安条例事件の判決（最大判昭和50・9・10刑集29巻8号489頁〔Ⅲ-6-4〕）をは じめ、諸判例で示されている（⇨本節2(4)）。

 この法定手続の原則は、刑事事件の手続にとどまらず、広い範囲の法分野にお いて求められ、以下では、刑事手続について（⇨本節3）の他に行政手続につい ても（⇨本節4）その様相をみるが、さらに、非訟事件手続にも及ぶことが最高 裁判所によって認められていることも指摘しておく＊。

 ＊最大決昭和41・12・27民集20巻10号2279頁〔Ⅲ-8-15〕を参照せよ。そこでは、 非訟事件手続法による過料の裁判は、もとより法律の定める適正な手続による裁判と いうことができ、それが31条に違反するものでないことは明らかであると判示してい る。ただし、非訟事件手続による裁判について、法定手続の原則に違反していないと の判断を示した例がみられるのであって、違憲の判断はない。最三小決昭和59・3・ 22家月36巻10号79頁や、最二小判昭和61・9・8訟月33巻7号1920頁を参 照。

2 実体法と法定手続の原則

(1) 法令の刑罰規定 実体法について、法定手続の原則は、どのように働 くかが本項での関心の対象である。

 まず、法定手続の原則のもとで、法令に根拠のない刑罰は無効となる。これは、 罪刑法定主義の原則が意味することでもあり、今日では、これを争う訴訟例が登 場する余地はないといえる＊。

 ＊初期の判例として、昭和25年農林省令19号4条により改正された農林省令機船底曳 網漁取締規則27条の併科規定は、憲法31条に違反し効力を有しないとした判決（札 幌高判昭和25・11・8高刑3巻4号549頁）があり、そこでは、31条は、刑罰を科する には法律で定めた手続によらなければならないということだけではなく、いかなる行 為にいかなる刑罰を科するかの刑罰規定は、法律によって定めなければならないとい うことを定めたものである、と説いている。

ただし、かつて占領期においては、今日とは別の事情にあったが*、平和条約発効後は、日本国憲法のもとでの法秩序が固まった**という経緯が存在することを指摘しておく。

> *大阪高判昭和25・6・19高刑特15号59頁は、昭和21年勅令311号（連合国占領軍の占領目的に有害な行為に対する処罰等に関する勅令）につき、それが占領下の変則的状態のもとで定められたものであり、連合国最高司令官の指令や命令も同勅令の刑罰法令の内容となり国民を拘束するとした。また、静岡地判昭和27・3・13行集3巻2号369頁は、昭和20年勅令542号（「ポツダム」宣言ノ受諾ニ伴ヒ発スル命令ニ関スル件）につき、それが立法権を全面的に行政機関に委任する白地授権ではなく、連合国最高司令官の要求にかかる事項を実施するために特に必要がある場合に限って命令に委任したもので単なる包括委任ではないとした。
>
> **札幌高判昭和27・10・16高刑5巻11号1969頁においては、平和条約発効後は、連合国最高司令官の指令の定めるところを法規範としこれに違反する行為をもって処罰の対象とする昭和25年政令325号（占領目的阻害行為処罰令）の規定は、31条に違反すると判示している。

また、かつて、条例で刑罰規定を設け、刑罰を科すことが認められるか否か論議されたが、これも、今日では、肯定する判例法が確立しており*、実際上も、地方自治法14条3項のもとで、条例に刑罰規定が設けられ、その適用がなされている。問題とされるのは、後述するように（⇨(4)）条例の刑罰規定の内容についてである。

> *最大判昭和37・5・30刑集16巻5号577頁〔Ⅷ-4〕。その判示内容は後述する（⇨(4) iv)）。この先例の趣旨に沿った下級審判例として、東京地判昭和37・6・27下刑4巻5=6号542頁、横浜地判昭和43・6・29下刑10巻6号675頁、東京地八王子支判昭和44・2・28刑月1巻2号172頁、東京高判昭和48・4・4高刑26巻2号113頁など参照。

(2) 下位法規への刑罰の委任　法律が下位法規に刑罰の定めを委任するとき、それが法定手続の原則のもとで許容されるか否かについて問題とされている。以下は、その主要な例であり、全体として、最高裁判所は、厳しい判断を示していない。

ⅰ）**国家公務員法と人事院規則**　国家公務員法102条1項に基づき制定されている人事院規則14-7の政治的行為について、21条や31条に違反するとして

争われた事件がいくつかある。1974年の猿払事件最高裁判決*は、その代表例であり、重要な先例となっている。そして、そこでは、次のように判示されている。「政治的行為の定めを人事院規則に委任する国公法102条1項が、公務員の政治的中立性を損うおそれのある行動類型に属する政治的行為を具体的に定めることを委任するものであることは、同条項の合理的な解釈により理解しうるところである。そして、そのような政治的行為が、公務員組織の内部秩序を維持する見地から課される懲戒処分を根拠づけるに足りるものであるとともに、国民全体の共同利益を擁護する見地から科される刑罰を根拠づける違法性を帯びるものである……から、右条項は、それが同法82条による懲戒処分及び同法110条1項19号による刑罰の対象となる政治的行為の定めを一様に委任するものであるからといって、そのことの故に、憲法の許容する委任の限度を超えることになるものではない」と。しかし、この判決については、15条や21条との関係での判示の場合と同様、最高裁判所の消極的審査姿勢に対する学説上の批判は強い（⇒第8章第4節 **3(2)** ⅰ））。

  *最大判昭和49・11・6刑集28巻9号393頁〔Ⅲ-4-49〕。この判決前にも、最一小判昭和33・5・1刑集12巻7号1272頁において、委任の範囲を逸脱していないと判示していた。この判決後に猿払事件判決を踏襲した判例として、最一小判昭和56・10・22刑集35巻7号696頁や最二小判平成24・12・7刑集66巻12号1337頁〔Ⅲ-4-51〕がある。

 ⅱ） **食糧管理法** 食糧管理法については、初期の頃、その適用に関して、法定手続の原則に違反するとの主張がよくなされたが、それを容認した判例はない。すなわち、1951（昭和26）年の最高裁判決*において、食糧管理法施行令11条は、食糧管理法9条の委任を受けて主要食糧に関する移動の制限という具体的な一定の枠を定めたものであり、同法施行規則29条は、その枠の範囲内で法律の委任に従って移動に関する制限規定を設けたものであると判示し、違憲の主張を斥けている。

  *最大判昭和26・12・5刑集5巻13号2463頁。下級審例として、仙台高判昭和27・11・29高刑5巻13号2384頁、小倉簡判昭和38・8・27下刑5巻7=8号799頁、福岡高判昭和39・3・7下刑6巻3=4号155頁参照。

 ⅲ） **道路交通法** 道路交通取締法は、現在の道路交通法の前身であるが、

それについての最高裁判例がある。すなわち、道路交通取締法施行令41条、72条の規定は、空白刑法的のものでないとした判決*がそれである。

> *最大判昭和37・4・4刑集16巻4号345頁。そこでは、道路交通取締法施行令41条に基づき新潟県道路交通取締規則8条による第2種原動機付自転車の2人乗りの禁止が廃止されたのであるが、その廃止前の違反行為について、同施行令72条3号の刑の廃止があったとはいえないと判示されている。

下級審判例としては、道路交通法77条1項4号が、集団行進の許可条件を警察署長に委任しその条件違反に罰則を付しても、罪刑法定主義に反しないとした判決*や、速度規制に関する道路交通法22条1項前段の規定は、規制の内容を公安委員会の告示に全面的に委任したものであるからといって、罪刑法定主義に反する違憲、無効のものではないとした判決**がある。

> *金沢地判昭和48・1・20刑月5巻1号82頁。
> **東京高判昭和53・4・17高刑31巻1号59頁。

近年の下級審判例として、いわゆるNシステムに関して争った例がある。それは、もっぱらNシステムによる捕捉を逃れることを目的として赤外線吸収装置を装着した運転行為に対して東京都や千葉県の規則を適用しても、道路交通法71条6号による委任の範囲を逸脱しないとした判決*である（⇨第7章第2節 **2(3)**）。

> *東京高判平成17・1・19判時1898号157頁。そこでは、いわゆるNシステムが取得する情報は、警察を含む公権力に対して秘匿されるべき情報ではないから、Nシステムによる走行車両のナンバーデータの記録保存は、13条の保障する個人の私生活上の自由を違法に侵害しないことを併せ考えると、東京都道路交通規則8条13号および千葉県道路交通法施行細則9条9号を、オービス（赤外線による自動速度違反取締装置）による取締りを逃れる意図はなくもっぱらNシステムによる捕捉を逃れることを目的として赤外線吸収装置を装着した運転行為に対して適用しても、道路交通法71条6号による委任の範囲を逸脱しないと判示されている。

iv）**司法的統制の限界**　以上のほか、種々の法令について、下位法規への刑罰規定の委任を法定手続の原則に違反するとして争う例が存在するが、違憲の主張を容認した判例は存在しない*。このように裁判所がおしなべて委任罰則規定の意味について立ち入った判断に至っていないのは、刑罰規定の制定について、立法裁量を認めているからだということができる。別言すれば、この領域には、強い司法的統制を行使しないという実情がみられるのである。

＊たとえば、最二小判昭和49・12・20判時767号107頁は、漁業法について、同法65条および水産資源保護法4条が都道府県知事に罰則を制定する権限を賦与したことは、憲法31条に違反しないとしている。下級審判例として、東京高判昭和48・6・8高刑26巻3号298頁では、漁業法および水産資源保護法が漁業調整のため必要と認める事項に関してその内容を具体的に特定し、刑罰の種類・程度を限定して罰則を制定する権限を都道府県知事に付与したことは、憲法31条に違反するとはいえないと判示した例があるほか、種々の委任法規定についての判断がある。

(3) 規定内容の漠然・不明確性ないし不合理性　　法律の規定について、その内容が漠然としている、不明確である、あるいは、合理的根拠がないと指摘し＊、それゆえ法定手続の原則違反だと主張する訴訟例は、多くの法令分野にみられる。これは、要するに法令規定内容の適正さを求めるものであるが、立法府の法律制定目的と対立した見解を裁判所に求めるものであり、司法審査権行使の基本にかかわる。実際には、裁判所は、合憲解釈を加えて規定内容の効力を維持するなどの慎重な姿勢をとっている。

　　＊判例では、漠然・不明確というより、あいまい・不明確という場合が多くみられる。これは、漠然性の法理（vagueness doctrine）や過度の広汎性の法理（overbreadth doctrine）というアメリカにおける判例法理の影響を受けている。しかし、日本の判例中では、以下にみるようにあまり発展はしていない。

ⅰ) 公選法　　公選法の規定を違憲だとして争う訴訟では、憲法21条や15条の違反が争点とされることが多いが、憲法31条違反の主張例も少なくない。その一例として、公選法251条の2および211条が、当選人に故意過失がなくても、総括主宰者の選挙犯罪により当選を無効とする連座制について、不明確な規定であり、憲法13条、15条、31条などに反すると争った事件に対し、最高裁判所は、それらの規定の趣旨が「公職選挙が選挙人の自由に表明せる意思によって公明且つ適正に行われることを確保」せんとするものであるとして、違憲の主張を斥けている＊。この連座制は、年を経るにつれ強化され、拡大連座制と呼ばれるが、それについても違憲の主張を斥けている＊＊。また、公選法252条（昭和37年法律112号改正前）は、選挙権・被選挙権の停止につき、その法律上の要件・基準を明確に定めていると解されるとして、違憲の主張を斥けた決定＊＊＊もある。

　　＊最大判昭和37・3・14民集16巻3号537頁〔Ⅲ-8-8〕。

**最一小判平成 8・7・18 判タ 921 号 106 頁、最一小判平成 9・3・13 民集 51 巻 3 号 1453 頁、最三小判平成 9・7・15 判タ 952 号 176 頁、最三小判平成 10・11・17 判時 1662 号 74 頁。

***最三小決昭和 38・10・22 刑集 17 巻 9 号 1755 頁。同趣旨の最二小判昭和 35・12・2 刑集 14 巻 13 号 1786 頁、最二小決昭和 30・10・5 集刑 109 号 171 頁も参照。

選挙運動の制限・禁止規定について争う訴訟例も多い。最高裁判所は、公選法 239 条 1 号の罪の構成要件である同法 129 条にいう選挙運動とは、特定の選挙の施行が予測され、あるいは確定的となった場合、特定人がその選挙に立候補することが確定しているときはもちろん、その立候補が予測されるときでも、その選挙につきその人に当選を得させるため投票を得または得させる目的で、直接または間接に必要かつ有利な周旋、勧誘もしくは誘導その他もろもろの行為をすることをいうのであって、その意義が不明確であるとはいえないと判示し、31 条違反の主張を斥けている*。他に、事前運動の禁止を定めた公選法 129 条、戸別訪問の禁止を定めた公選法 138 条、法定外文書頒布禁止を定めた公選法 142 条等、およびその罰則規定について、最高裁判所は、合憲の判断を繰り返している**。なお、選挙運動については、21 条との関係でみている（⇨ 第 8 章第 4 節 **3(2)** ⅱ））。

*最三小決昭和 38・10・22 刑集 17 巻 9 号 1755 頁。

**最一小判昭和 41・4・21 刑集 20 巻 4 号 275 頁、最二小判昭和 59・1・20 刑集 38 巻 1 号 1 頁、最三小判昭和 59・2・21 刑集 38 巻 3 号 387 頁、最三小判昭和 60・11・12 判時 1211 号 145 頁、最二小判昭和 61・7・7 判時 1211 号 143 頁、最三小判平成 14・9・10 判時 1799 号 176 頁。

ⅱ）**刑法・軽犯罪法等**　わいせつ物頒布等の罪を定める刑法 175 条が憲法 21 条に違反しないとの最高裁判断は、チャタレー事件判決*以来定着している。判例中には、わいせつ概念が漠然、不明確であり 31 条違反だと争った事件も存在するが、いずれにおいても違憲の主張は否認されている**。

*最大判昭和 32・3・13 刑集 11 巻 3 号 997 頁〔Ⅲ-4-26〕（⇨ 第 8 章第 4 節 **3(3)** ⅳ））。

**最二小判昭和 55・11・28 刑集 34 巻 6 号 433 頁〔Ⅲ-4-28〕、最二小判昭和 55・11・28 判タ 426 号 67 頁、最一小判昭和 58・10・27 判時 1097 号 136 頁、最一小判昭和 58・10・27 刑集 37 巻 8 号 1294 頁。

他の刑法規定について、漠然・不明確であるから本条違反だと主張した事件例として、刑法 234 条の威力業務妨害罪の規定、また、刑法 106 条の騒擾罪の規定、

さらに、刑法240条の強盗致傷罪について、争われた例があるが、裁判所は、いずれも斥けている*。

   ＊それぞれ、大阪地判昭和45・4・4刑月2巻4号381頁、東京高判昭和47・11・21高刑25巻5号479頁と名古屋高判昭和50・3・27判時775号21頁、仙台高秋田支判昭和57・12・7高刑速（昭57）607頁。

軽犯罪法については、同法1条31号については、その規定自体において犯罪の構成要件を明らかにしていると認められるから、罪刑法定主義に違反しないとした決定＊があり、さらに、同法1条33号前段について、憲法31条違反ではないことが判示されている＊＊。また、国民公園管理規則3条に違反した者に対する処罰は、軽犯罪法1条32号によってなされるから、罪刑法定主義に反しないとした判決＊＊＊がある。

   ＊最一小決昭和29・6・17刑集8巻6号881頁。
  ＊＊最二小判平成4・6・15刑集46巻4号289頁。
 ＊＊＊東京高判昭和32・12・19高刑特4巻24号663頁。

さらに、死刑の確定裁判を受けた者が、刑法11条2項に基づき監獄に継続して拘置されている場合には、死刑の時効は進行しないとした原審の判断は正当であり、憲法31条に違反しないとした決定＊がある。

   ＊最一小決昭和60・7・19判時1158号28頁〔Ⅲ-6-35〕。

以上の最高裁判例同様、下級審判例においても、刑罰規定の不明確性等の主張を容認した例がみられない。

　ⅲ）　**公務員法等**　　すでに言及した猿払事件判決＊は、31条違反の主張に対して次のように判示している。「国公法が……罰則を設けたことについて、政策的見地からする批判のあることはさておき、その保護法益の重要性にかんがみるときは、罰則制定の要否及び法定刑についての立法機関の決定がその裁量の範囲を著しく逸脱しているものであるとは認められない。特に、本件において問題とされる〔人事院規則14-7の〕5項3号、6項13号の政治的行為は、特定の政党を支持する政治的目的を有する文書の掲示又は配布であって、……、政治的行為の中でも党派的偏向の強い行動類型に属するものであり、公務員の政治的中立性を損うおそれが大きく、このような違法性の強い行為に対して国公法の定める程度の刑罰を法定したとしても、決して不合理とはいえず、したがって、右の罰則が憲

法31条に違反するものということはできない。」

*最大判昭和49・11・6刑集28巻9号393頁〔Ⅲ-4-49〕。

　最高裁判所は、また、公務員の労働基本権の制限について、31条のほか28条や21条にかかわる違憲の主張を斥けており、それについてはすでに扱っている（⇨第11章第5節**3**）。

　さらに、いわゆる自動失職制度を定める地方公務員法28条4項、16条2号についても、最高裁判所は、消極であるし*、起訴休職についても、下級審判決で違憲の主張が斥けられている**。

*最三小判平成元・1・17判時1303号139頁〔Ⅲ-3-11〕がある。
**国会職員法13条1項2号・3項、14条1項に基づく国会職員について東京地判昭和47・11・7行集23巻10=11号794頁。地方公務員法28条2項2号に基づく地方公務員について東京地判平成元・10・26判タ729号133頁。

　なお、自衛隊法46条2号の「隊員たるにふさわしくない行為のあつた場合」との文言は、きわめて広範かつ不明確とはいえず、憲法31条等に違反しないとした判決*がある。

*東京高判平成5・9・6労民44巻4=5号771頁、東京地判平成元・9・27行集40巻9号1263頁。なお、行政手続との関係で後述するところを参照（⇨本節**4(2)**ⅴ））。

　ⅳ）**団体等規正令・破壊活動防止法**　　いわゆるポツダム勅令の一つである団体等規正令については、同令2条7号後段、3条の規定に違反した者を罰する同令13条1号は、憲法の保障する罪刑法定主義に抵触せず、思想・表現の自由を侵すものではないとした最高裁判決*が存在していたが、同令廃止後に、それを引き継ぐものとして制定された破壊活動防止法をめぐる違憲の主張がいくつかの訴訟でなされた。その主張は、同法39条、40条が定める扇動罪の規定があいまい・不明確であり、憲法31条に違反するというものであるが、最高裁判所は、「〔同条の〕せん動の概念は、同法4条2項の定義規定により明らかであって、その犯罪構成要件が所論のようにあいまいであり、漠然としているものとはいい難い」として排斥している**。なお、それら最高裁判決の下級審判決は、いずれも詳細に論じて違憲の主張を斥けている***。

*最大判昭和36・12・20刑集15巻11号2017頁。
**最二小判平成2・9・28刑集44巻6号463頁〔Ⅲ-4-25〕。同趣旨の判決として、最

二小判平成 2・9・28 刑資 263 号 1047 頁、最一小決昭和 45・7・2 刑集 24 巻 7 号 412 頁参照。

*** 東京地判昭和 60・3・4 刑月 17 巻 3=4 号 165 頁、東京地判昭和 60・10・16 刑月 17 巻 10 号 953 頁、東京高判昭和 62・3・16 高刑 40 巻 1 号 11 頁、東京高判昭和 63・10・12 判タ 685 号 268 頁。

ⅴ) **出入国管理法・外国人登録法**　現行の出入国管理及び難民認定法の前身である出入国管理令については、同令 50 条 1 項に定める特別在留許可を与えるかどうかの判断が法務大臣のきわめて広範囲の裁量に属するとし、憲法 31 条違反の主張を排斥する判例傾向を示していた*。そして、出入国管理及び難民認定法になってからも、それは変わりがない**。

*大阪地判昭和 53・10・26 訟月 24 巻 12 号 2679 頁をはじめ、東京高判昭和 48・4・26 高刑 26 巻 2 号 214 頁、東京高判昭和 37・7・25 下刑 4 巻 7=8 号 636 頁を参照。

**最一小判平成 8・2・22 訟月 43 巻 2 号 754 頁。

また、旅券法 (昭和 52 年法律 82 号改正前) 13 条 1 項 3 号の規定は、憲法 22 条 2 項、14 条 1 項、31 条の各規定に違反しないとした判決*がある。

*東京高判昭和 55・5・1 高刑 33 巻 2 号 165 頁。

外国人登録法の指紋押捺制度について、法定手続違反の主張がなされた事件があるが、下級審でいずれも斥けられている*。最高裁判所の判断は、14 条に関連してすでに扱った (⇨ 第 7 章第 3 節 **2(1)** ⅱ))。なお、そこでも指摘しているように、指紋押捺制度は、現在では廃止されている。

*東京高判昭和 61・8・25 判時 1208 号 66 頁、神戸地判昭和 61・4・24 判タ 629 号 212 頁、岡山地判昭和 61・2・25 判タ 596 号 87 頁、大阪地判昭和 62・2・23 判タ 641 号 226 頁、東京地判昭和 63・1・29 判タ 691 号 250 頁、名古屋高判昭和 63・3・16 判タ 674 号 238 頁、神戸地判平成 4・12・14 判タ 815 号 150 頁等参照。

外国人登録法については、他に、在日朝鮮人を同法に基づき処罰することは憲法 31 条に違反しないとした判決*、外国人に対して登録確認制度を定め、その違反者を罰する外国人登録法 11 条 1 項、18 条 1 項 1 号は、憲法 13 条、14 条 1 項、31 条に違反しないとした判決**がある。

*大阪高判昭和 56・1・26 刑月 13 巻 1=2 号 41 頁。

**大阪高判平成 3・2・7 高刑 44 巻 1 号 8 頁。

vi） **道路交通法等**　道路交通法違反事件に対する最高裁判決でも、上述の場合同様、他の人権規定と併せて憲法31条違反の主張が扱われており、法定手続の原則に焦点を当てた法理の発展がみられない。

　最高裁判例のみをあげると、自動速度監視装置により速度違反車両の運転者および同乗者の容ぼうを写真撮影することは、13条、14条、21条、31条、35条に違反しないとした判決*、公安委員会の行った駐車禁止規制は裁量の範囲を逸脱しているとはいえないから13条、14条、31条に違反しておらず、また、道路交通法において、交通反則金納付の通告処分に対する不服申立ての途がないことは、13条、32条に違反しないとした判決**、あるいは、公安委員会の行った駐車禁止規制は裁量の範囲を逸脱しているとはいえず、11条、13条、31条に違反しないとした判決***がある。

　　*最二小判昭和61・2・14刑集40巻1号48頁。
　　**最二小判昭和61・9・11判時1274号147頁。
　　***最二小決昭和62・9・17判時1274号150頁。

　なお、自動車の保管場所の確保等に関する法律5条2項は、道路交通の円滑化と道路使用の適正を図るための規制であって、憲法31条に違反しないとの判決*があるが、同法の執行自体に批判的な論議があるにもかかわらず、争う例は少ない。

　　*東京高判昭和46・8・5高刑24巻3号493頁。

vii） **営業規制法**　この分野では、営業上の規制を受けた者の主張には、それなりの正当性がなくはないように思われる事例が存在するが、司法的統制は、消極的である。

　最高裁判所判例として、あん摩師、はり師、きゅう師及び柔道整復師法12条にいう「医業類似行為」の概念は、不明確であるとはいえないとした判決*、歯科医師法17条にいう「歯科医師業」の意義は不明確でなく、憲法31条に違反しないとした判決**、私的独占の禁止及び公正取引の確保に関する法律89条から91条までの罪にかかる訴訟の第一審の裁判権を東京高等裁判所に専属させ、それらの罪につき二審制を定めている同法85条3号の規定は、憲法14条、31条、32条に違反しないとした判決***のほか、薬理作用上の効果のない「つかれず」および「つかれず粒」が薬事法2条1項2号の「医薬品」にあたるとされ、

それを許可なしに販売したため下級審において有罪とされた事件の上告審において、最高裁判所が、同号にいう「医薬品」とは、その物の成分、形状、名称、その物に表示された使用目的・効能効果・用法用量、販売方法、その際の演述・宣伝などを総合して、その物が通常人の理解において「人又は動物の疾病の診断、治療又は予防に使用されることが目的とされている」と認められるものをいい、これが客観的に薬事作用を有するものであるか否かを問わないと解釈できるから、憲法31条、21条1項、22条1項に違反しないとした判決****がある。その後、この最高裁判決を引きながら、薬事法2条1項2号または3号にいう「医薬品」の意義があいまいだとはいえず、厚生省の発した通知も同法の趣旨を逸脱するものだとはいえないから、それらの規定は、同法84条5号、24条1項の犯罪構成要件の内容をなすものとして、憲法31条に違反するような明確さに欠けるものとはいえないとした判決*****がある。

　　＊最一小判昭和39・5・7刑集18巻4号144頁。
　　＊＊最三小判昭和56・11・17判タ459号55頁。
　　＊＊＊最二小判昭和59・2・24刑集38巻4号1287頁。
　　＊＊＊＊最三小判昭和57・9・28刑集36巻8号787頁。
　　＊＊＊＊＊東京高判平成12・1・25東高刑時51巻1〜12号3頁。

　他のこの分野の下級審判決が多く存在するが、いずれも31条違反の主張を斥けている。その判例の動向にてらすと、31条の法定手続の原則から、この分野の法秩序を形成する実体的価値が構築できるものか、という課題が存在しているといえる。

　ⅷ）**各種規制・取締法**　規制ないし取締を内容とする法律について31条の法定手続の原則違反だとして争う訴訟例は少なくない＊。しかし、最高裁判例は、わずかである。

　　＊かつての取締法という法律名は、取締の名称を使わないように変化しているが、31条の趣旨が進展したわけでもないようである。

　その一例として、ストーカー行為等の規制等に関する法律の目的は正当であり、同法による規制の内容は合理的で相当なものであると認められることにかんがみれば、同法2条1項・2項、13条1項は、憲法13条、21条1項に違反せず、また、同法2条2項の「反復して」の文言は、つきまとい等を行った期間、回数

等にてらしおのずから明らかになるから不明確であるといえず、憲法13条、21条1項、31条に違反しないとした判決*がある。また、爆発物取締罰則1条の「治安を妨げる目的」という概念が不明確だとして争う訴訟がいくつかあるが、最高裁判所はそれを斥けており**、下級審も同様である***。さらに、通貨及証券模造取締法1条の「紛ハシキ外観ヲ有スルモノ」との文言は、日常用語として合理的に解釈することが可能であり、社会通念に従い通貨に紛らわしい外観を有するものであるかどうか判断でき、あいまい・不明確とはいえないとした判決****がある。

　　*最一小判平成15・12・11刑集57巻11号1147頁。
　　**最三小判昭和62・3・24集刑245号745頁。
　　***長野地飯田支判昭和35・8・18下刑2巻7=8号1124頁、東京地判昭和60・3・13刑資246号834頁、東京地判昭和61・7・4判時1214号34頁、東京高判昭和63・4・19高刑41巻1号84頁。
　　****最二小判昭和45・4・24刑集24巻4号153頁。

　他に、下級審判例としては、総じて不明確性の主張を斥ける結果となっている。一例だけ、次のような興味深い判決があるが、説得力ある結論であるか疑問を投ずる余地もあるようだ。すなわち、ごみ集積場等に放置されたパソコンを分解し部品を取り出して中古パソコン店に売る目的で、深夜にドライバーをリュックサック内に携帯した行為が、業務その他正当な理由による場合を除き指定侵入工具の隠匿携帯を禁止する特殊開錠用具の所持の禁止等に関する法律4条の適用対象となり、刑事責任を問われるとしても、同規定の立法目的には合理性があり、規制対象行為および法定刑もそれに見合ったものであるから、同規定等は憲法31条、11条、13条に違反しないとした判決*がそれである。

　　*東京地判平成16・5・17判時1888号159頁。

ix）　**税法**　　税法にかかる訴訟は、争点が多岐にわたり、違憲の主張も、31条の法定手続の原則だけでなく、いくつかの人権保障規定などとの関連でなされる。たとえば、所得税法関連で、質問検査権について定める所得税法63条（昭和40年法律33号改正前）は、憲法13条、30条、31条、35条、38条、84条に違反しないとした判決*がそれを示している。その他の所得税法関係の判例として、所得税法234条1項に規定する当該職員の質問検査権は、同法242条8号の罪の構成要件としてその意義が明確を欠くものではなく、したがって憲法31条に

違反するとの主張はその前提を欠き、不適法であるとした決定**、旧所得税法3条の2の法条は、同法規制定前から税法上条理として是認されていたものを明文化したにすぎず、同法規制定前における事実に実質課税の原則を適用して犯則の成立を認め、刑罰を科しても憲法31条、39条には違反しないとした判決***、税法上古くから条理として是認されていた実質課税の原則を適用することは、旧所得税法3条の2を遡及適用したものではないから、違憲の主張はその前提を欠くとした判決****がある。

> *最一小判昭和58・7・14訟月30巻1号151頁。
> **最三小決昭和48・7・10刑集27巻7号1205頁、および、最三小決昭和52・3・25税資98号31頁。
> ***最一小判昭和39・9・17税資43号332頁。
> ****最三小判昭和39・6・30税資42号486頁、その控訴審判決・広島高判昭和36・4・28下刑3巻3=4号224頁。

次に、法人税法については、同法159条1項にいう「偽りその他不正の行為」の文言は、あいまいであるということはできず、同条項は、憲法31条に違反しないとした決定*や、法人税法127条2項の規定による青色申告の承認の取消処分については、その処分の内容、性質にてらし、その相手方に事前に告知・弁解・防御の機会が与えられなかったからといって、憲法13条あるいは31条の法意に反するものとはいえないとした判決**がある。

> *最二小決平成9・7・3税資225号2075頁。
> **最一小判平成4・9・10税資192号442頁。

また、酒税法について、同法7条1項、54条1項により自己消費目的の酒類製造の自由を規制することは、立法府の裁量権を逸脱し、著しく不合理であることが明白であるとはいえず、憲法13条、31条に違反しないとした判決*がある。なお、酒類販売業の免許制については、後述の箇所（⇨第10章第2節 **2(3)**）を参照。

> *最一小判平成元・12・14刑集43巻13号841頁〔Ⅲ-2-2〕。その第一審判決の千葉地判昭和61・3・26判タ593号141頁は、詳しく論じて、最高裁と同趣旨の結論となっている。

さらに、関税法や関税定率法との関係では、21条2項の検閲禁止違反が問題

とされているが、31条違反の主張についても判示されており、それを列記しておく。関税法113条の2の規定は不明確とはいえず、憲法31条に違反しないとした決定*。関税法（平成6年法律118号改正前）109条により、わいせつ表現物の単なる所持を目的とした輸入行為まで処罰の対象としても、同条は、憲法13条、31条に違反しないとした判決**。関税定率法（平成6年法律118号改正前）21条1項3号が憲法21条2項にいう検閲にあたらず、また、税関検査によるわいせつ表現物の輸入規制が憲法21条1項に違反せず、さらに、関税定率法の同規定が憲法31条に違反しない等と判示した先例の大法廷判決を踏襲して、輸入写真集が関税定率法の同規定に掲げる貨物に該当する旨の税関長の通知が適法とされた事例***。

　　*最三小決平成5・3・12税資196号714頁。
　　**最一小判平成7・4・13刑集49巻4号619頁。
　　***最三小判平成11・2・23集民191号313頁。なお、下級審判決として、東京地判昭和56・7・6刑月13巻6=7号473頁、東京地判昭和60・6・20訟月32巻3号589頁、東京高判平成7・9・27高刑速（平7）102頁参照。

また、これらとは異なる争点について、いわゆる差額関税の逋脱事件について、関税法118条2項（昭和42年法律11号改正前）の規定に従い輸入貨物全体の価格に相当する金額を追徴することは、36条、29条、31条に違反しないとした判決*がある。

　　*最一小判昭和56・4・30刑集35巻3号135頁。

このように、税法分野では、法定手続の原則が積極的に適用されたり、その原則の法理の発展を試みたりする余地がないことは、他の法分野より一層強いように受け取れる。

　x）　**その他**　　以上の他にも種々の法律について、規定内容のあいまい・不明確性ないし不合理性が争われている。それらの例を列挙しても何か有益な法理を抽出できそうもないので、以下に若干目を引くもののみをあげておく。

その一つは、31条違反と判断した下級審判決で、電磁的記録である総勘定元帳ファイルが旧破産法374条3号にいう「商業帳簿」に該当するとした原判決の法解釈は、憲法31条の保障する罪刑法定主義に反するとした判決がそれであるが、その上告審で破棄されている*。

＊東京高判平成12・10・3刑集56巻1号59頁、最三小判平成14・1・22刑集56巻1号1頁。

　他に、最高裁判断として、逃亡犯罪人引渡法10条1項3号の決定に対しては、不服申立てをすることは許されず、この決定の性質にかんがみると、このように解しても憲法81条に違反しないとして、この決定が31条、76条3項、98条2項に違反するとの主張が排斥された事例＊、自衛隊法46条の規定は、同法第5章4節の隊員の服務に関する規定を前提として解釈すべきものであることが明らかであるところ、同節の各規定が定める隊員の義務の内容自体は不明確であるとはいえず、社会通念にてらせば、通常の判断能力を有する隊員の理解において、具体的場合に当該行為が同条1項2号にいう「隊員たるにふさわしくない行為」にあたるか否かはおのずから明らかとなるものということができ、憲法31条に違反しないとした判決＊＊をあげるにとどめる。

＊最一小決平成2・4・24刑集44巻3号301頁。
＊＊最一小判平成7・7・6訟月42巻2号329頁。

(4)　条例の規定の不明確性ないし不合理性　　ⅰ）**公安条例**　公安条例の合憲性については、21条の保障する集会の自由を侵害するか否かにその争点の重点が置かれているが（⇨第8章第4節**2(2)**ⅱ））、法定手続の原則違反の主張がなされる例も少なくない。しかし、裁判所は、総じて、31条違反の主張を斥けており、ここでは、先例として重要な徳島市公安条例事件判決＊に焦点を当てることとする。

＊最大判昭和50・9・10刑集29巻8号489頁〔Ⅲ-6-4〕。

　これは、デモ行進を規制することになる「交通秩序を維持すること」という徳島市公安条例の規定があいまいであると争われた事件に対するものであるが、最高裁判所は、刑罰法規に明確性が求められる理由を次のように示した。すなわち、「刑罰法規の定める犯罪構成要件があいまい不明確のゆえに憲法31条に違反し無効であるとされるのは、その規定が通常の判断能力を有する一般人に対して、禁止される行為とそうでない行為とを識別するための基準を示すところがなく、そのため、その適用を受ける国民に対して刑罰の対象となる行為をあらかじめ告知する機能を果たさず、また、その運用がこれを適用する国又は地方公共団体の機関の主観的判断にゆだねられて恣意に流れる等、重大な弊害を生ずるからであ

る」と説いた。これにつづけて、法規が一般に多かれ少なかれ抽象性を有することを指摘したうえで、「ある刑罰法規があいまい不明確のゆえに憲法31条に違反するものと認めるべきかどうかは、通常の判断能力を有する一般人の理解において、具体的場合に当該行為がその適用を受けるものかどうかの判断を可能ならしめるような基準が読みとれるかどうかによってこれを決定すべきである」と判断基準を提示した。そのうえで、「交通秩序を維持すること」という当該条例規定については、「道路における集団行進等が一般的に秩序正しく平穏に行われる場合にこれに随伴する交通秩序阻害の程度を超えた、殊更な交通秩序の阻害をもたらすような行為を避止すべきことを命じているものと解される」とし、「通常の判断能力を有する一般人が、具体的場合において、自己がしようとする行為が右条項による禁止に触れるものであるかどうかを判断するにあたっては、その行為が秩序正しく平穏に行われる集団行進等に伴う交通秩序の阻害を生ずるにとどまるものか、あるいは殊更な交通秩序の阻害をもたらすようなものであるかを考えることにより、通常その判断にさほどの困難を感じることはないはずであり、例えば各地における道路上の集団行進等に際して往々みられるだ行進、うず巻行進、すわり込み、道路一杯を占拠するいわゆるフランスデモ等の行為が、秩序正しく平穏な集団行進等に随伴する交通秩序阻害の程度を超えて、殊更な交通秩序の阻害をもたらすような行為にあたるものと容易に想到することができるというべきである」と判断した。このように、当該「文言が抽象的であるとのそしりを免れない」とはされながら、「殊更な交通秩序の阻害をもたらすような行為であるかどうかは、通常さほどの困難なしに判断しうる」として、31条違反とはいえないと結論した。

この徳島市公安条例事件判決で、あいまい・不明確さを31条に基づき争う方式自体が容認され、また、それに対する判断基準が示されたため、以後、重要な先例としてよく引用されるようになっている。もっとも、この判決以前にも、東京都公安条例5条について、京都市公安条例6条について、最高裁判所は、31条違反の主張を斥けている*。

 ＊それぞれ、最一小判昭和41・3・3刑集20巻3号57頁、最大判昭和44・12・24刑集23巻12号1625頁〔Ⅲ-2-6〕。

ⅱ）**青少年保護育成条例** 18歳未満の青少年に対する「淫行」を禁止処罰

する福岡県青少年保護育成条例10条1項、16条1項の規定が不明確でありまた過度に広汎であるとして争われた事件で、最高裁判所は、「淫行」の意味につき、「広く青少年に対する性行為一般をいうものと解すべきではなく、青少年を誘惑し、威迫し、欺罔し又は困惑させる等その心身の未成熟に乗じた不当な手段により行う性交又は性交類似行為のほか、青少年を単に自己の性的欲望を満足させるための対象として扱っているとしか認められないような性交又は性交類似行為をいうものと解するのが相当」であるとの限定解釈を施し、この解釈は、「通常の判断能力を有する一般人の理解にも適うもの」として、同規定が憲法31条に違反しないと判決した*。そこでは、判示された合憲限定解釈が解釈の限界を超えているとの伊藤裁判官の反対意見による批判もある。

　　*最大判昭和60・10・23刑集39巻6号413頁〔Ⅲ-6-3〕。

　他に、青少年に対する「みだらな性行為」につき岐阜県青少年保護育成条例で処罰規定を設けることは、憲法13条、31条に違反しないとした判決*をはじめ、京都府青少年の健全な育成に関する条例、兵庫県青少年愛護条例、香川県青少年保護育成条例について、いずれも憲法31条に違反しないとした判決**がある。

　　*名古屋高判昭和53・10・25家月32巻9号71頁。
　　**それぞれ、京都地判平成5・11・19判タ874号176頁、その控訴審の大阪高判平成6・7・29判自128号57頁、大阪高判昭和48・5・9刑月5巻5号899頁、高松地判昭和43・5・6下刑10巻5号567頁。

　このような裁判所の消極的姿勢については、改めて後述する（⇨(7)）。

　ⅲ）**不良行為等の防止条例**　　これは、前述の青少年保護育成条例の趣旨と重なるところがあるが、別個にみることにする。

　広島市暴走族追放条例事件では、暴走族対策としてその集会の段階で市長が中止や退去を命ずることができるとする市条例が争われ、「暴走行為をすることを目的として結成された集団又は公共の場所において、公衆に不安若しくは恐怖を覚えさせるような特異な服装若しくは集団名を表示した服装で、い集、集会若しくは示威行為を行う集団をいう」とする条例の暴走族の定義が過度に広汎であるとして違憲無効を申し立てられた。最高裁判所は、暴走族を条例の定義にもかかわらず、その文言どおりの適用では規制対象が広範に及びすぎ、憲法21条1項

および31条との関係で問題があるとの認識に立ち、「暴走行為を目的として結成された集団である本来的な意味における暴走族の外には、服装、旗、言動などにおいてこのような暴走族に類似し社会通念上これと同視することができる集団に限られるもの」と限定解釈し、集会規制を憲法21条1項、31条に違反するといえない、と判決した*。ここでも、前掲の福岡県青少年保護育成条例事件判決におけると同様に、合憲限定解釈が加えられ、それについて、藤田裁判官の反対意見における強い批判がみられる。

　　＊広島市暴走族追放条例事件・最三小判平成19・9・18刑集61巻6号601頁〔Ⅲ-4-18〕。

　他に、公衆に著しく迷惑をかける暴力的不良行為等の防止に関する条例（昭和37年東京都条例103号）7条2号の「客待ち」行為を処罰する同条例8条の規定は、憲法31条に違反しないとした判決*がある。

　　＊東京地判昭和39・10・29下刑6巻9=10号1084頁。

　ここでも、法定手続の原則は、司法的統制の強い道具として働いていない。

　iv）**売春取締条例**　　条例の刑罰規定が憲法31条の法定手続の原則に違反しないとした大阪市売春取締条例事件に対する1962年の最高裁判決*についてはすでにふれた（⇨前述(1)）が、ここで、その判示内容をみることにする。

　　＊最大判昭和37・5・30刑集16巻5号577頁〔Ⅷ-4〕。

　その事件では、地方自治法が条例中に条例違反者に対し刑を科する旨の規定を設けることができるとし、その授権の範囲が不特定かつ抽象的で具体的に特定されていない結果、一般に条例でいかなる事項についても罰則を付することが可能となり罪刑法定主義を定めた31条に違反するとの主張がなされていた。最高裁判所は、次のように判示している。「憲法31条はかならずしも刑罰がすべて法律そのもので定められなければならないとするものでなく、法律の授権によってそれ以下の法令によって定めることもできると解すべきで、このことは憲法73条6号但書によっても明らかである。ただ、法律の授権が不特定な一般的の白紙委任的なものであってはならないことは、いうまでもない。」そして、地方自治法で刑罰を科すことができるとしている「事項は相当に具体的な内容のものであるし、同法14条5項による罰則の範囲も限定されている。しかも、条例は、法律以下の法令といっても、……公選の議員をもって組織する地方公共団体の議

会の議決を経て制定される自治立法であって、行政府の制定する命令等とは性質を異にし、むしろ国民の公選した議員をもって組織する国会の議決を経て制定される法律に類するものであるから、条例によって刑罰を定める場合には、法律の授権が相当程度に具体的であり、限定されておればたりると解するのが正当である。」そうしてみれば、地方自治法が定めるように「相当に具体的な内容の事項につき、同法14条5項のように限定された刑罰の範囲内において、条例をもって罰則を定めることができるとしたのは、憲法31条の意味において法律の定める手続によって刑罰を科するものということができるのであって、所論のように同条に違反するとはいえない。従って地方自治法14条5項に基づく本件条例の〔刑罰規定〕も憲法同条に違反するものということができない。」このように判示して、条例の刑罰規定の不明確性を否定している。

　他に、横須賀市風紀取締条例は、憲法31条、地方自治法14条に違反しないとした最高裁判決*があり、売春のために他人を自己の管理する家に居住させた者を処罰する静岡県売春取締条例6条は、憲法22条1項および31条に違反しないとした判決**がある。

　　　*最一小判昭和34・4・23刑集13巻4号450頁。
　　　**東京高判昭和30・2・21高刑8巻1号99頁。

　ⅴ）　その他　　以上の他に、「所定の場所」の文言を用いた世田谷区清掃・リサイクル条例31条の2第1項は、刑罰法規の構成要件として不明確とはいえず、条例の委任により計画的に技術的細目的事項を定めることが構成要件の委任として許されないものではないとして、同条項が憲法31条に違反するとの被告人の主張を排斥した決定*が注目にあたいする。しかし、最高裁判所は、その下級審と異なり立ち入った判断を示しておらず、その裁判姿勢の根拠を検討する必要がある。

　　　*最一小決平成20・7・17判時2050号156頁。その原判決の東京高判平成19・12・18判時1995号56頁は、詳しく論じており、注目にあたいする。

　また、公衆に著しく迷惑をかける暴力的不良行為等の防止に関する条例（北海道条例）2条の2第1項4号にいう「卑わいな言動」とは、社会通念上、性的道義観念に反する下品でみだらな言語または動作をいい、日常用語としてこれを合理的に解釈することが可能であり、不明確ではないから、同号の規定は憲法31

条および39条に違反しないとした決定*も、条例に対する司法的統制の意味について考えさせられる。そのことを含めた考察は、後に行う（⇨ 後述 **(7)**）。

　　*最三小決平成 20・11・10 刑集 62 巻 10 号 2853 頁。

(5)　改正法令の経過規定と法定手続の原則　　法定手続の原則は、改正法令の附則で改正前の罰則を定めることを許容するか、という問題がかつて論議されたことがある。

これについて、漁油の統制を廃止した昭和25年農林省令23号の附則で「本令施行前ノ行為ニ対スル罰則ノ適用ニツイテハ尚従前ノ例ニヨル」と定めた規定は、憲法31条に違反しないとした判決*、および、日米安全保障条約等の締結に伴う関係法令の整理に関する法律附則15条により、「本法施行前にした行為」について改正前の刑事特別法を適用することは、憲法31条に違反しないとした判決**がある。

　　*札幌高函館支判昭和 25・9・25 高刑特 13 号 207 頁。
　　**東京地判昭和 36・3・27 判時 255 号 7 頁。

また、改正法令の附則で改正後の法令を遡及適用することが容認されるのか否かも、この問題に関連して問われる。これについて、最高裁判所は、公選法改正法附則（昭和27年法律307号）2項が、同改正によって新たに設けられた公選法209条の2を現に裁判所に係属している事件に適用すべきものとしたのは、憲法31条に違反しないと判決している*。

　　*最大判昭和 30・4・27 民集 9 巻 5 号 582 頁。

なお、遡及立法にかかる問題については、後述の箇所を参照（⇨ 本章第4節 **3**）。

(6)　刑罰と法定手続の原則　　死刑の刑罰については、日本国憲法の施行時から31条や36条に違反しないかと争われているが、これについての議論は、36条の残虐な刑罰禁止に関する箇所で扱う（⇨ 本章第5節 **3(2)**）。

(7)　問題と課題　　以上、網羅的とはいえないが、かなりの程度個別の分野にわたる判例の展開状況をみてきた。この観察作業は、法定手続の原則にかかる法秩序の実情をよく認識することが目的となっている。学説上、実務の現状から離れて抽象的ないし一般的にこの原則の意義を説いても、現実の社会の法秩序の中にそれが活かされなければ意味がないといえるからである。

実情の観察から、次のような問題や課題の存在を認めることができる。

まず、法定手続の原則のもとで、個別具体の法的紛争を解決する価値が判例上形成されているか、ということを問題とする必要がある。たとえば、法令の規定があいまい不明確だと争われているとき、裁判所は、その争いの仕方について、すなわち、法定手続違反であるとの主張そのものを否認していない。しかし、法令の合憲限定解釈のもとに、違憲の主張を斥けており、法定手続の原則は、司法的統制の道具としての役割を発揮していない。そこで、いかなる主張、立証をすれば、法定手続の原則違反を導くことになるのか、という課題が認められるのである。

　この問題と課題は、前述の**(4)**でみたように、条例に法定手続の原則を適用する際に、顕著となっているといえる。それは、反対意見の強い批判にもかかわらず、なぜ、強引ともいえる合憲限定解釈を最高裁判所は採用しているのか、という問題である。この最高裁判所の手法が、適法手続の原則を適用する基盤であるとすると、他の法分野では、到底厳格な適用が期待できなくなるといえる。現実に、圧倒的な数の31条違反の排斥例がそれを示している。

　また、訴訟の当事者による法定手続違反の主張の仕方についても問題がある。たとえば、31条の法定手続の原則違反を主張するときに、11条、13条、14条に違反することも主張する場合が通例だといってよい。そのような包括的で、一般的ともいえる人権保障価値を含む条文の列挙に対して、裁判所は、個別具体の問題解決に対して、人権保障の哲学や思想の開陳を求められているといえるのではないか。そのような極端な例ではなく、他の個別の人権保障規定と併せて31条の法定手続の原則違反を主張する場合についても、裁判所の対応内容について考えさせられる。つまり、個別の人権保障規定違反の主張に集中できるのならば、法定手続の原則を持ち出す必要がないと思えるからである。特に、33条から39条の規定は、前述したように、31条を具体化した規定であるのだから、源泉に戻る必要がないと考えられる。

　このように考えることによって、31条の法定手続の原則に依拠せねば解決が難しいような具体の紛争領域が形成されることになる。こうして、上述したような広範囲の展開が整理されることになる。つまり、法定手続の原則を道具として使用した司法的統制の領域が限定され、判例法の形成の展開が期待できる。それは、立法者に対して、立法裁量の範囲を画定する働きかけになることも期待でき

る。

3 刑事手続と法定手続の原則

(1) 刑事訴訟手続に関する立法措置 法定手続の原則は、後述するようにそれが行政手続にも及ぶが（⇨本節4）、主として刑事手続についての原則であり、実際に、刑事手続との関係で適用され、救済をもたらす論拠とされることが多い。ただし、これは、あくまでも原則であるから、その具体的実現をみるためには、33条から39条までの憲法自身が定めたところと、刑事訴訟法や刑事訴訟規則などの法令との関連を取り込んで、具体的に検討しなければならない。つまり、憲法規定の解釈論のみで、この原則の刑事手続面での法秩序を語ることはできない。この事情ゆえに、以下では、31条が登場した具体例を、網羅的とはいかないが、なるべく多く示すことにしている。

ⅰ）**公判手続・判決** 初期の頃の最高裁判決は、公判手続や判決にかかわる基礎を築いている。

次の3例は、37条が保障する刑事被告人の権利にかかわるものである。まず、31条、37条3項は、すべての被告事件を必要的弁護事件としなければならないという趣旨ではないとした判決＊。次に、いかなる被告事件を必要的弁護事件とすべきかは、もっぱら刑訴法によって決めるべきであり、31条、37条3項によって定まるものではないとした判決＊＊。さらに、刑訴法400条ただし書の規定は、控訴審が自ら事実の取調べをする場合に第一審の無罪判決を破棄して有罪となし得る趣旨であって、31条および37条の保障する権利を害するものではないとした判決＊＊＊。これらから、最高裁判所は、刑訴法が具体化したところにてらした刑事手続の運用を重視しているといえる。

＊最大判昭和25・2・1刑集4巻2号100頁。
＊＊最三小判昭和30・1・11刑集9巻1号8頁。
＊＊＊最一小判昭和35・12・8刑集14巻13号1818頁。同趣旨の最二小判昭和41・1・28判タ187号150頁も参照。

他に、刑訴法390条について、それがただし書の場合以外に被告人の公判期日での出頭を要しないと定めていることを憲法31条に違反しないとした判決＊をあげておく。

＊最一小判昭和32・3・28刑集11巻3号1306頁。

　今日の公判手続・判決についての問題としては、特に、遮へい状態での証人尋問に関する論議に注目させられるが、それは、後述する（⇨本章第4節1(2)）。
　ⅱ）　**簡易公判手続**　　刑訴法に定めた簡易公判手続について、東京高裁による違憲の主張の排斥判決をみることができる＊。

　　　＊東京高判昭和32・9・30高刑特4巻20号527頁、東京高判平成元・1・26東高刑時
　　　　40巻1～4号3頁。

　ⅲ）　**刑訴応急措置法**　　刑訴応急措置法（正式には、「日本国憲法の施行に伴う刑事訴訟の応急措置に関する法律」）についての争いは、今日では意義がほとんどないので、憲法31条にふれた最高裁判所判決＊の存在のみを記しておく。

　　　＊最大判昭和23・11・17刑集2巻12号1565頁〔Ⅵ-9〕、最二小判昭和24・4・16刑
　　　　集3巻5号557頁、最二小判昭和26・9・21刑集5巻10号1941頁。

　ⅳ）　**その他**　　他に、次のような判例の存在により、法定手続の原則が刑事手続について適用されているものの、積極的な働きをしていない状況を知ることができる。

　公訴時効の中断については、国税犯則取締法15条の規定が憲法14条、31条に違反すると争われたが、それを否認した判決＊。犯罪貨物等を没収することができない場合等においては、その犯行時の価格相当の金額を犯人から追徴する旨を規定した関税法118条2項（昭和42年法律11号改正前）は、憲法31条、29条に違反しないとした判決＊＊。沖縄復帰に伴う特別措置法について労働基本権の侵害など種々の違憲の主張がなされたが、憲法31条違反を含めてすべて排斥した判決＊＊＊。少年法23条2項による保護処分に付さない旨の決定に対しては、それが非行事実の認定を明示したものであっても、抗告が許されないと解することは、14条、31条に違反しないとした決定＊＊＊＊。

　　　＊最大判昭和39・11・25刑集18巻9号669頁。
　　　＊＊最大判昭和45・10・21刑集24巻11号1480頁。
　　　＊＊＊最大判昭和48・9・12刑集27巻8号1379頁。
　　　＊＊＊＊最二小決平成2・10・30家月43巻4号80頁。

　(2)　刑事訴訟手続に関する処分　　ⅰ）　**捜査手続**　　a）　**手続の基本**　　下級裁判所の判例において、刑事訴訟手続の基本にかかわる次のような判示がある。

任意捜査を建前とする被疑者または第三者の取調べに際し、司法警察員または検察事務官の立会いを要する旨の規定がなくても、憲法に違反しない*。民事たると刑事たるとを問わず、裁判によって不利益を受ける者が、その手続過程において、その裁判確定前に、当該事件につき当事者として自己の意見を表明する機会を与えられることは、31条の保障するところである**。現行犯逮捕の要件も緊急逮捕の要件もない状況で、令状なしに捜索差押えをすることは35条に違反するから、このようにして差し押さえられた証拠およびその証拠に基づき得られた他の証拠を有罪認定の資料として用いることは、31条に違反する***。

　　*東京高判昭和31・11・12高刑特3巻21号1037頁。
　　**東京高判昭和39・7・31下民15巻7号1880頁。
　　***横浜地判昭和46・4・30刑月3巻4号594頁。

　また、捜査手続に重大な違法行為がある事案につき、31条を根拠として公訴棄却が言い渡された事例や、捜査段階における差別的取扱いが14条および31条に違反するとして、公訴が棄却された事例*がある。

　　*それぞれ、大森簡判昭和40・4・5下刑7巻4号596頁、広島高松江支判昭和55・2・4判タ409号56頁。

　さらに、現行犯逮捕の現場から約1キロメートル離れた警察署において、令状によらず被逮捕者の身体を捜索して差し押さえた爆竹は、憲法35条ならびに刑訴法220条1項2号所定の令状主義とその例外規定に違反して収集された証拠物であって、これを罪証に供することは憲法31条の趣旨にてらして許されないとした判決*に注目させられる。

　　*大阪高判昭和49・11・5判タ329号290頁。

　なお、外国人による犯罪が増すにつれ、取調べに通訳を使うことにかかわる問題が生じている。その一例は、被告人らに対する刑事手続上の防禦権の保障がまっとうされているかどうかは、刑事手続の各段階を通じて全体的に考察すべきであり、捜査段階の取調べにおける通訳の適否の問題が直ちに訴訟手続の法令違反を招来するものではないとして、原判決には、31条から導かれる「言語的デュー・プロセス」に違反する訴訟手続の法令違反があるとの主張を排斥した事例である*。

　　*東京高判平成4・7・20判時1434号143頁。

b）**採尿・採血**　採尿や採血について争う事件においては、事実が重要な要素である。しかし、それについてまで立ち入るゆとりがないので、ここでは裁判の結論についての記述にとどめる。

だまし採った尿であるとして、その鑑定書の証拠能力が否定された事例*があり、これは確定している。他に、31条にふれるまでもなく、採尿行為を違法として証拠能力を否定する例はいくつかある。

　　*東京地判昭和49・1・17判タ304号129頁。

また、採尿手続に先立つ保護手続に違法があるが、令状主義を没却するほどの重大な違法ではなく、採尿手続自体も任意捜査の範囲内であるとして、尿の鑑定書の証拠能力を肯定し、手続上の違法が量刑上被告人に有利に考慮された事例*があり、別の事件で、最高裁も、職務質問に付随する所持品検査および現行犯逮捕手続に違法があり、引き続いて行われた採尿手続も違法性を帯びるが、その違法は重大とはいえず、尿の鑑定書の証拠能力は肯定できるとしている**。

　　*浦和地判平成3・9・26判タ797号272頁。
　　**最三小決平成7・5・30刑集49巻5号703頁。

採血については、失神状態にある被疑者からアルコール濃度測定のため鑑定処分許可状なしに採血したことが、令状主義に反するとされ、血液の鑑定書の証拠能力が否定された事例*があり、これは確定している。

　　*仙台高判昭和47・1・25刑月4巻1号14頁。

これに対して、カテーテルにより尿を採取した手続は、31条、35条に違反しないとされ、証拠能力が認められた事例*もある。

　　*大阪地決昭和54・11・22判タ416号179頁。

最高裁判所では、違憲の主張が否認される傾向が目立つ。だまし採った尿の採取が違法でないとして、31条、37条1項違反の主張がその前提を欠くとした決定や、強制採尿の過程に適切な条件を付した捜索差押令状によらなかった不備があっても31条に違反しないとした決定がその例である*。

　　*それぞれ、最三小決昭和49・12・3判時766号122頁、最一小決昭和55・10・23
　　　刑集34巻5号300頁。

なお、採尿が違法か否かの判断において、裁判所が31条の法定手続の原則に言及しない場合が少なくなく、上記であげた下級審判例は、問題状況のごく一部

を示すものである。

c）**おとり捜査** 捜査官憲によるおとり捜査は、前文、13条、14条および31条に違反しないとした判決*をはじめとし、覚せい剤不法所持の事案において、いわゆる「おとり捜査」により犯意を誘発された結果犯行に及んだ旨の主張が斥けられた事例**、いわゆるおとり捜査が、密売のために覚せい剤を所持するに至った者の犯罪の成否および公訴提起手続に影響を与えない捜査方法であり、31条、14条に違反しないとされた事例***などがあるが、違憲違法とされた例がなく、厳しい司法的統制がみられない。

　＊高松高判昭和35・9・20高刑13巻7号523頁。
　＊＊東京高判昭和54・8・7東高刑時30巻8号109頁。
　＊＊＊東京高判昭和57・10・15判時1095号155頁。

d）**電話傍受** 電話傍受は、法定手続の原則のほか通信の秘密（21条2項）やプライバシー権（13条）などにかかわるので、多元的権利としての通信の秘密の箇所で扱った（⇨第7章第4節**3**）。

e）**速度違反自動取締装置** 高速自動車道の整備、発展に伴い、速度違反取締装置（RVSとかオービスなどと呼ばれる）が道路に設置され、それが法定手続の原則違反などと争われる事件が1980年代から登場するようになっている。裁判所は、どの事件についても、違憲の主張を斥けているが*、訴訟の登場と並行して、道路上に取締装置の設置を明示するようになって、法定手続の対処がなされている。

　＊若干の判例をあげる。名古屋簡判昭和55・5・15判時974号134頁、東京高判昭和59・7・17判時1138号155頁、東京簡判昭和55・1・14判タ406号67頁。

ⅱ）**逮捕・勾留・召喚等** これらの訴訟手続を争う訴訟は多い。以下に、最高裁判例を列挙して、その様相を示す。

甲事実について逮捕・勾留の理由と必要があり、甲事実と乙事実とが社会的事実として一連の密接な関連がある場合、甲事実について逮捕・勾留中の被疑者を、同事実について取り調べるとともに、これに付随して乙事実について取り調べ証拠能力を認めても、違憲とはいえないとした決定*。警察官が犯人逮捕の際に暴行陵虐を行ったとしても、そのために公訴提起手続が31条に違反し無効となるものではないとした判決**。公判期日の通知が被告人になされていれば同期日に

対する被告人の召喚がなくても、31条に違反しないとした判決***。勾留更新決定が、勾留期間満了の3日ないし12日前になされたとしても、31条の規定に抵触することはないとした判決****。このように、刑事訴訟手続に強い司法統制を及ぼすより、刑事実務の遂行を優先させる傾向が認められる。

　*最二小決昭和52・8・9刑集31巻5号821頁〔Ⅲ-6-10〕。
　**最一小判昭和41・7・21刑集20巻6号696頁。
　***最一小判昭和27・12・25刑集6巻12号1401頁。
　****最大判昭和24・2・9刑集3巻2号151頁。

　この傾向とは異なり、別件逮捕に関する事件に対して司法的統制が働いて、取調べの違法が認定された例がある。すなわち、別件逮捕勾留中の被疑者に対する本件についての取調べが実質的に令状主義を潜脱するものであるとされ、別件逮捕勾留中およびその後の本件による逮捕勾留中に作成された自白調書の証拠能力が否定された事例*や、覚せい剤事件の逮捕・勾留は、令状主義を潜奪する違法な別件逮捕・勾留にはあたらないが、その期間中に行った殺人事件の取調べと、覚せい剤事件の起訴後勾留中に行った殺人事件の取調べとは、許される余罪取調べの限界を逸脱した違法なものであり、このような取調べにより得られた供述調書は、31条、38条1項・2項の趣旨にてらし証拠能力を欠くから、同調書を重要な疎明資料とした請求に基づく殺人事件の逮捕・勾留は違法であり、その間に作成された供述調書も証拠能力を欠くとされた事例**がそれである。

　*福岡高判昭和61・4・28判時1201号3頁。
　**福岡地判平成12・6・29判タ1085号308頁。

　他方、31条の法定手続の原則違反の主張が否認された例は、少なくない。そこから、積極的な法理を導くことが期待できないので、次の一例の挙示にとどめ、他は省略する。

　すなわち、レバノンで政治亡命申請を却下され国外退去強制に付され、移送先のヨルダンで入国拒否を通告された後、日本政府がチャーターしたアエロフロート機で日本に送還された後逮捕されたという一連の経緯において、レバノンとヨルダンの主権に基づいて行われた諸処分の適否は日本における逮捕手続の適法性に影響せず、レバノンの犯罪人引渡手続によらない身柄拘束ではあったがその逮捕手続は違法でなかったとされた事例*が注目される。

＊東京高判平成14・9・5高刑速（平14）75頁、東京地判平成14・1・15判時1782号162頁。

iii）**公訴**　公訴に関する最高裁判例はみあたらない。しかし、下級審ではよく議論されており、その若干の例を列記しておく。

　日本語のできない被疑者・被告人にかかわる二つの事件に注目させられる。すなわち、日本語を理解できない勾留中の者（被拘束者）に対する公訴提起に際し、翻訳文の添付された起訴状謄本が裁判所に提出されず、また、被拘束者に対する起訴状謄本の送達に際し、翻訳文が添付されなかった場合、その被拘束者の身柄拘束を違法ということができず、さらに、実質的にみても、本件公訴提起または起訴状謄本の送達が憲法および刑訴法の規定する適正手続の保障に違反するといえないとした決定＊、および、日本語の通じない外国人の被告人に起訴状謄本を送達するにあたり、被告人の理解できる言語による訳文を添付しなくても、公判手続の全体を通じて、被告人が自己に対する起訴事実を明確に告げられ、防御の機会を与えられていると認められるときには、適正手続にいう「告知と聴聞」の機会は与えられているということができ、31条に違反しないとした判決＊＊がそれである。

　　＊東京地決平成2・9・28判時1362号61頁。
　　＊＊東京高判平成2・11・29高刑43巻3号202頁。

　他に、法人税法違反により被告会社および被告人を起訴し、税理士を起訴していないことは、法人税法上の本来の処罰の対象者となっているか等の違いに基づくものであり、憲法14条、31条に違反せず、また、起訴裁量権の範囲を逸脱した違法なものであるとはいえないとした判決＊も、司法的救済に消極な例である。

　　＊東京地判平成5・3・12税資226号3281頁。

　公訴権の濫用だとの主張がなされる事件例は少なくないが、たとえば、詳細な事実認定をしたうえで、主張を排斥した事例＊と、労働争議の過程で行った組合員の違法行為につき起訴したことは、公訴権の濫用といえず、28条、14条、31条に違反しないとした事例＊＊が参考になる。

　　＊東京高判昭和56・6・18判タ454号160頁。
　　＊＊福岡地判昭和58・3・18刑資246号642頁。

　さらに、議論の多様さを示す判例を列記しておく。東京地検検事正および検事

総長により共犯者に対する刑事免責がなされていても、被告人に対する公訴提起は、14条、31条に違反しないとした判決*、逮捕状記載の被疑事実以外の事実につき、逮捕時にまったく告知せず、また事前に取り調べることなく起訴したとしても、刑訴法203条、憲法31条に違反しないとした判決**、検察官が別件の審理中、本件につき追起訴しないと明言した後改めて本件を起訴しても、公訴の提起は、憲法14条1項、31条に違反し無効なものとはいえないとした判決***。

　　*東京高判昭和61・5・14判時1205号61頁。
　　**福岡地判昭和58・3・18刑資246号642頁。
　　***東京高判昭和58・3・16高刑速（昭58）76頁。

　iv）　**証拠調べ・公判手続等**　これに関する判例は、その性格上多様であるのは当然だが、司法的統制の様相を示す次の最高裁判所判例をあげる。

　弁護人との接見交通権の制限を含めて検討しても自白の任意性に疑いがなく、自白調書を証拠としたことに、31条、34条、38条違反は認められないとした決定*。公選法違反（戸別訪問）被告事件の証人が公判廷で証言をするにあたり、被告人から訪問を受けた日時・目的等について記憶を喪失し、またはその記憶が薄らいで正確な供述ができないため、検察官が証人の記憶を呼び起こさせるため、やむを得ず証人が前に検察官に対して供述した内容に基づいて尋問しても、これをもって特に不当な尋問ということはできないとした決定**。公判期日において刑訴法146条により証言を拒んだ証人ならびに供述をした証人の検察官に対する各供述録取書および被告人の司法警察職員に対する供述録取書を、検察官が証拠として提出したのに対して、弁護人から証人のその供述録取書は同法321条1項2号に定める要件を備えていないものであり、被告人のその供述録取書は同法322条により証拠能力を有しないとの主張があった場合に、これを証拠書類として受理することができるかどうかは、もっぱら同法321条および322条の解釈いかんによるものであって、憲法上の問題ではないとした決定***。

　　*最二小決平成元・1・23判タ689号276頁。
　　**最一小決昭和30・2・17刑集9巻2号321頁。
　　***最三小決昭和24・9・7刑集3巻10号1573頁。

　下級審判決として注目されるのは、いわゆるロッキード事件丸紅ルート控訴審判決*である。

その事件では、外国の裁判所における嘱託証人尋問に際し、日本国において刑事訴追を受けるおそれがあることを理由に証言を拒否することが予想される外国人の証人に対し、東京検察庁検事正において、証人が証言した事項につき刑事訴追を受けるおそれのある状態を消滅させる意図のもとに、刑訴法248条に基づき、公訴を提起しない旨の不起訴宣明をしたことにより嘱託尋問調書を取得したことが争われていた。これについて、東京高等裁判所は、当該事情のもとにおいては、憲法38条に違反することなく、またその嘱託尋問調書に証拠能力を付与したことは、憲法31条に違反しないと判断した。また、刑訴法226条による証人尋問の請求を受けた裁判官は、国内の他の裁判所の裁判官に嘱託する場合と同一の要件のもとに、外国の裁判所に対し証人尋問の嘱託をする権限を有するのであり、そのように解しても、憲法31条、37条に違反しないとも判断した。しかし、その上告審において、憲法は、その刑事手続等に関する諸規定にてらし、いわゆる刑事免責の制度の導入を否定しているものとまでは解されないが、刑訴法は、その制度を採用しておらず、刑事免責を付与して得られた供述を録取した嘱託証人尋問調書を事実認定の証拠とすることは許容されないと最高裁判所は判示し**、高裁判断が否認された。

　　＊東京高判昭和62・7・29高刑40巻2号77頁。
　　＊＊最大判平成7・2・22刑集49巻2号1頁〔Ⅴ-3〕。

　他に多様な争点をめぐる下級審判例が存在するが、証拠調公判手続等との関係で31条の法定手続の原則に違反すると判示されたものはみあたらない。

　ⅴ）　**量刑その他判決手続にかかる事項**　これに関し、初期の頃の最高裁判決に、被告人の権利保護のための判示をした例がある。すなわち、第一審判決が被告人の犯罪事実の存在を確定せず無罪を言い渡した場合に、控訴裁判所が何ら事実の取調べをすることなく第一審判決を破棄し、訴訟記録ならびに第一審裁判所において取り調べた証拠のみによって、直ちに被告事件について犯罪事実の存在を確定し有罪の判決をすることは、被告人の憲法上（31条、37条）の権利を侵害することとなるから、刑訴法400条ただし書の許さないところであると判示している＊。同じく初期の判例として、訴訟費用について、判決において、訴訟費用は被告人等の連帯負担とする旨言い渡しただけで、その訴訟費用の額を明示しないからといって、その判決は、検事に対し訴訟費用に関する実質的な裁判をす

ることを許したものではないと判示したもの**や、旧刑訴法485条6号後段にいわゆる「原判決ニ於テ認メタル罪ヨリ軽キ罪ヲ認ムヘキトキ」とは、原判決が認めた犯罪よりその法定刑の軽い他の犯罪を認むべき場合を意味するものと判断した決定は、憲法11条ないし13条、31条、97条、98条に違反しないとした決定***が注目される。

　　*最大判昭和31・7・18刑集10巻7号1147頁。
　　**最大判昭和26・5・16刑集5巻6号1157頁。
　　***最大決昭和25・4・21刑集4巻4号666頁。

　量刑について、最高裁判所は、起訴されていない犯罪事実をいわゆる余罪として認定し、これを実質上処罰する趣旨で重い刑を科することは、31条、38条3項に違反するとした判決*のように厳格な裁判の例をみるが、他方で、起訴されていない犯罪事実を実質上処罰する趣旨で量刑の資料とすることは許されないが、その犯罪事実を量刑のための一情状として考慮することは、必ずしも禁ぜられるものではないとした判決**、あるいは、初期のものだが、被告人が別事件で有罪判決を受け控訴中であるとしても、その事実を量刑に参酌することは、合法の手続によらない違憲のものであるとはいえないとした判決***のように、必ずしも厳格さが貫かれているわけではない。

　　*最大判昭和42・7・5刑集21巻6号748頁〔Ⅲ-6-5〕。
　　**最大判昭和41・7・13刑集20巻6号609頁。
　　***最一小判昭和25・5・4刑集4巻5号756頁。

　下級審判決には、積極的な司法的統制がなされた例がある。それは、起訴されていない犯罪事実を実質上処罰する趣旨で量刑をした疑いがある第一審判決は、訴訟手続の法令違反にあたるとした判決*や、いわゆる余罪について被告人の刑事責任を問い、これをも実質的に処罰した第一審判決の量刑態度は、現行の刑事訴訟の構造上許されず、31条に抵触するとした判決**があり、いずれも確定している。

　　*東京高判平成3・10・29高刑44巻3号212頁。
　　**大阪高判平成3・11・14判タ795号274頁。

　いわゆる共謀共同正犯の理論について、最高裁判所は、31条に違反しないと判断している*。

＊最一小判昭和 38・10・17 刑集 17 巻 10 号 1795 頁、最一小判昭和 34・7・30 刑集 13 巻 8 号 1215 頁を参照。

なお、国選弁護人選任に関しては、後述する（⇨ 本章第 4 節 1(3)）。

vi) **没収・追徴その他科刑上の措置**　関税法 118 条 1 項の規定により第三者の所有物を没収することは、憲法 31 条および 29 条に違反するとの判決＊については、冒頭でふれた（⇨ 本節 1(2)）。この判決前に、最高裁判所は、第三者の所有権侵害について主張することについては否認の判断を下しており＊＊、この違憲判断は、その先例を変更するものであった。また、これにつづいて、最高裁判所は、輸出の目的で買い受けた貨物の所有権が売買契約の解除により売主に復帰したものと認められる場合に、被告人以外の第三者であるその者に告知・弁解・防御の機会を与えることなく当該貨物を没収することは、31 条および 29 条に違反するとの判決＊＊＊のほか一連の判決が登場していることに注目させられる＊＊＊＊。

＊最大判昭和 37・11・28 刑集 16 巻 11 号 1577 頁。

＊＊最大判昭和 35・10・19 刑集 14 巻 12 号 1574 頁、最一小判昭和 35・12・22 刑集 14 巻 14 号 2183 頁。

＊＊＊最大判昭和 38・6・19 判時 341 号 41 頁。

＊＊＊＊それを列挙しておく。被告人に対する附加刑として第三者の所有物を没収する判決を言い渡すには、当該第三者について法律の定める手続に従い、あらかじめ告知・弁解・防御の機会を与えることが必要であり、これなくして第三者の所有物を没収することは、31 条および 29 条に違反するとの判決（最大判昭和 38・12・4 刑集 17 巻 12 号 2415 頁）、旧関税法 83 条 3 項は、憲法 31 条および 29 条に違反しないとの判決（最大判昭和 39・7・1 刑集 18 巻 6 号 290 頁）、関税法 118 条 2 項は、憲法 29 条および 31 条に違反しないとの判決（最大判昭和 39・7・1 刑集 18 巻 6 号 323 頁）、関税法 118 条 2 項による追徴をする場合に、犯罪貨物を取得した第三者を訴訟手続に参加させなくても、憲法 31 条、29 条に違反しないとの判決（最二小判昭和 39・10・30 刑集 18 巻 8 号 517 頁）、および、関税法違反の犯罪貨物が共有物である場合において、公訴外共有者に対し、告知・弁解・防御の機会を与えずにした没収処分は、憲法 31 条、29 条に違反するとの判決（最大判昭和 41・5・18 判時 445 号 15 頁）。

また、関税法とは別に、第三者に対して弁解・防御の機会を与えないで、刑法 197 条の 4 により、情を知った第三者から賄賂に代わる価額を追徴することは、憲法 31 条、29 条に違反するとした判決＊、さらに、保釈保証金没収決定は、こ

れに対し事後に不服申立ての途が認められれば、あらかじめ告知・弁解・防御の機会が与えられていないからといって、31条、29条に違反するものではないとの決定**を下し、この先例を受けて保釈保証金没収決定に対し事後に不服申立ての途が認められれば、あらかじめ告知・弁解・防御の機会が与えられていなくても、31条、29条に違反しないと判断している***。

 *最大判昭和40・4・28刑集19巻3号203頁。
 **最大決昭和43・6・12刑集22巻6号462頁。
 ***最二小決昭和52・4・4刑集31巻3号163頁。

 このように、31条と29条との関係で、第三者の権利の保障がなされているが、他の人権保障との関係にまでこの判例法理が展開しているわけではない。したがって、第三者の憲法上の権利が保障されるための議論を、上記の第三者所有物没収事件を根拠に、一般化して語ることには慎重でなければならない*。

 *その一般化した説明が司法試験問題との関係でなされている例をみるが、これも試験文化の弊害の一例であり、実務にてらすと、乱暴な議論といわざるを得ない。

 vii）**その他** 以上の他に、次の判決も、31条違反の主張の排斥例としてあげておく。

 関税逋脱事件につき税関長が懲役の刑に処するのを相当として、通告処分をすることなく告発したときは、後に罰金に処する旨の判決があったからといって、その告発がさかのぼって不適法にはならず、また、法人のために行為する者について、税関長が懲役の刑に処するのを相当として直接告発する場合においては、法人に対しても通告処分をすることなく告発することができるのであり、そのいずれも31条に違反しないとした判決*。また、最高裁判所で開催された刑事事件担当裁判官会同で原判決が紹介され、会同員による協議がなされたとしても、31条に違反しないとした判決**。

 *最二小判昭和34・5・8刑集13巻5号657頁。
 **東京高判昭和50・2・24東高刑時26巻2号41頁。

 （3）問題と課題 法定手続の原則の意義は、とりわけ、刑事手続に対して適用される憲法上の原則であることにある。このことは、以上でみたさまざまな刑事手続にかかわる判例の展開をみれば、最高裁判所も下級裁判所もよく認識していることだということができる。また、この憲法原則が刑事手続の実際に働い

ている様相から、基本的意義については実現されているともいえる。しかし、法定手続の原則が高い評価を得るほどの判例法理の展開をこの分野でみせているというわけではない。被疑者や被告人の側からの批判的論議が生ずるのは事の性格上当然であるとしても、実務のあり方を問う見地からは、むしろ問題点の存在の方が際立っているといえるようである。

　刑事訴訟法学分野で論じられている問題点の参照は、ここでの役割でないが、たとえば、捜査手続のさまざまな場面において（⇨前述(2) i)）、捜査権限行使に認められた違法性が弱いものであるときは、法定手続の原則による抑制が加えられておらず、司法的統制の厳格度が低くなっている*。もっとも、司法的統制が厳しくなると、犯罪が見過ごされるおそれが大きくなるとの反論が登場し、その間の調整が必要となる。ただし、その答えを法定手続の原則が示してくれるわけではなく、有効な内容の原則へと築き上げることが求められている。

　　＊たとえば、詳細には立ち入っていないが、捜査手続における採尿・採血については（⇨前述(2) i) b)）、裁判所の厳しい統制の必要性が指摘されている。

　もう一つの問題点は、法廷手続の原則のもとに打ち出された法理があまり発展しないことである。その代表例が、第三者の憲法上の権利の保護に関する法理である。最高裁判所は、この法理を第三者の財産権について示したが（⇨前述(2) vi)）、他の人権についても及ぶのかについては沈黙している。そこで、なぜ発展しないのかということが課題となっている。

　また、前述の**2**の最後でも、問題・課題として指摘したことであるが、法定手続の原則が広範囲の多様な法領域や紛争においてその適用を求められており、それを整理し、他の人権保障に集中できないような法領域・紛争に限定して活用できる道具として形成していく必要があることを、ここでも指摘しておく。

4　行政手続と法定手続の原則

(1)　意義　　i)　**適用の意味**　　行政手続についても法定手続の原則が適用されることは、判例で確立した法理となっている。その先例は、成田新法訴訟に対する1992年の最高裁判決*である。成田新法**は、その3条で、運輸大臣（当時）が規制区域内に所在する工作物の使用禁止を命令し、さらに当該工作物の封鎖、除去をすることができる旨規定していたが、工作物の所有者等に対して事前

に理由の告知や聴聞を行う旨の規定がなかった。そこで、同法に基づく使用禁止命令を受けた原告が憲法31条違反等を理由として命令の取消しおよび国家賠償を請求したのがその訴訟である。最高裁判所は、これに対し、次のように判示している。

　　＊最大判平成4・7・1民集46巻5号437頁〔Ⅲ-6-8〕。
　　＊＊当時の名称は「新東京国際空港の安全確保に関する緊急措置法」で、その後、「成田国際空港の安全確保に関する緊急措置法」（昭和53年法律42号）と名称変更。

　まず、「憲法31条の定める法定手続の保障は、直接には刑事手続に関するものであるが、行政手続については、それが刑事手続ではないとの理由のみで、そのすべてが当然に同条による保障の枠外にあると判断することは相当ではない」と説き、行政手続にも本条が適用される場合があることを認めた。しかし、「一般に、行政手続は、刑事手続とその性質においておのずから差異があり、また、行政目的に応じて多種多様であるから、行政処分の相手方に事前の告知、弁解、防御の機会を与えるかどうかは、行政処分により制限を受ける権利利益の内容、性質、制限の程度、行政処分により達成しようとする公益の内容、程度、緊急性等を総合較量して決定されるべきものであって、常に必ずそのような機会を与えることを必要とするものではないと解するのが相当である」と判示した。

　このように、最高裁判所は、31条の法定手続の原則が行政手続にも適用されることを認めている。しかし、それは、行政手続に必ず適用されるわけでなく、適用すべきか否かは比較衡量法により決定されるとする。さらに、不利益な行政処分をする際に、事前に告知や聴聞等の手続を設けるかどうかは、立法裁量の問題であることが前提となっていることを看過できない＊。したがって、法定手続の原則が行政手続に適用されるといっても、厳しい司法的統制に委ねられることを意味するわけではない。

　　＊行訴法30条は、裁量処分については、裁量権の逸脱・濫用があった場合に限り、裁判所が当該処分を取り消すことができると定め、裁量処分に対する厳格な司法統制を前提としていない。

　ⅱ）**行政手続法**　成田新法判決では、行政手続にかかる立法には立法裁量が働くとされたが、その判決の2年後の1994年には行政手続法＊が施行され、今日では、不利益処分をする際の事前手続は、これに従うことになっており、立

法上解決されている。すなわち、同法により、行政庁は、申請に対して処分をする際には審査基準を定めるものとし（5条1項）、不利益処分をする際には、行政庁は、処分基準を定め、それを公にすること（12条）、聴聞の実施または弁明の機会を付与すること（13条1項）、および、理由の提示をすること（14条1項）が義務付けられている。

　　＊行政手続法（平成5年法律88号）は、それを明示的にうたってはいないが、憲法31条の法定手続の原則を行政手続面に具体化するものであるといってよい。行訴法におけるのと同様、主要かつ重要な行政法規であるにもかかわらず、憲法への言及がないことに注目させられる。

(2) 行政手続における適正手続の実現　行政手続にも31条の法定手続の原則が適用されることを前提として、次に、具体的にどのような行政手続が求められることになるのか。これを示す主要な判例の動向を以下に示す。

　ⅰ)　**処分基準の設定**　行政手続法では、前述したように、処分基準にかかる法定手続の原則の要請が規定されている。しかし、行政手続法の施行前にも、最高裁判所は、個人タクシー事件の判決＊でこれについて判示していた。すなわち、その判決において、最高裁判所は、道路運送法に基づいて個人タクシー事業免許処分をする際には、「事実の認定につき行政庁の独断を疑うことが客観的にもっともと認められるような不公正な手続をとってはならない」として、法令が抽象的な審査基準を定めているにすぎない場合には、「さらに、その趣旨を具体化した審査基準を設定し」、「右基準を適用するうえで必要とされる事項について、申請人に対し、その主張と証拠の提出の機会を与えなければならないというべきである」と判示した。さらに、被上告人（原告）に対してこのような機会が与えられていたとすれば、「上告人がさきにした判断と異なる判断に到達する可能性がなかったとはいえないであろうから、右のような審査手続は、前記説示に照らせば、かしあるものというべく、したがって、この手続によってされた本件却下処分は違法たるを免れない」と結論した。この判決では、手続の違法性はそれがなければ異なる結果となった可能性がある場合に処分の取消事由となることを判示しており、これは、法定手続の原則の具体化がなされたものとして、注目されている。

　　＊最一小判昭和46・10・28民集25巻7号1037頁〔Ⅲ-6-7〕。

ⅱ) **諮問機関への諮問**　道路運送法に基づいて路線バス（一般乗合旅客自動車運送事業）の事業免許を付与する際には運輸審議会に諮問し、公聴会を開催して審理するものとされているが、これにかかわる判例として、群馬中央バス事件の最高裁判決*がある。その判決では、運輸審議会の公聴会における審議手続は、「関係者に対し、決定の基礎となる諸事項に関する諸般の証拠その他の資料と意見を十分に提出してこれを審議会の決定（答申）に反映させることを実質的に可能ならしめるようなものでなければならないと解すべきである」と説かれている**。しかし、このように一般原則を述べるものの、当該事件での具体的救済には至っていない。

　　＊最一小判昭和50・5・29民集29巻5号662頁。
　　＊＊最高裁判所は、その判決で、「本件公聴会審理が上告人〔原告〕に主張立証の機会を与えるにつき必ずしも十分でないところがあったことは、これを否定することができない」としつつも、結論としては、その事件では上告人が運輸審議会の決定を左右する意見および追加資料を提出する可能性があったとはいえないとして、その事件の審議手続に上記のような瑕疵があったとしても当該却下処分を取り消す理由にはならないとしている。

ⅲ) **不利益処分と告知・聴聞**　上述したように、今日では、行政手続法により、不利益処分に対しては原則として告知と聴聞が義務付けられることになっている。しかし、そこでは立法裁量が前提とされており、現在でも行政手続法の適用が除外されているために不利益処分であっても聴聞や弁明の機会の付与が行われない処分がある。

　その一例として、国税に関する法律に基づいて行われる処分には行政手続法第2章および第3章の適用が除外されており（国税通則法74条の14）、青色申告承認の取消処分には同法は適用されていない場合がある。このことについて、東京地方裁判所は、それらの処分に際して聴聞が行われないとしても憲法31条に違反しないと判示している*。

　　＊東京地判平成16・10・15税資254号順号9780。

　また、土地所有者に対して事前に十分な告知・弁解・防御の機会を与えることなく、アメリカ軍基地として使用するための土地の使用権原を国に認めている法令の規定が本条に違反するかどうかが争われた事件がある。その事件では、「日本国とアメリカ合衆国との間の相互協力及び安全保障条約第6条に基づく施設

及び区域並びに日本国における合衆国軍隊の地位に関する協定の実施に伴う土地等の使用等に関する特別措置法の一部を改正する法律」（平成9年法律39号）附則2項および同特別措置法15条は、一定の要件に該当する場合には、新たな行政処分を介在させずに、国に当然に土地の使用権原が発生するものとしており、これらの規定が憲法31条に違反するかどうかが争われたのであるが、最高裁判所は、31条の法定手続の原則を浸透させることをせず、違憲の主張を斥けた*。

> ＊最一小判平成15・11・27民集57巻10号1665頁。最高裁判所は、その理由において、先にみた（⇨ 前述 (1)）成田新法訴訟判決を引用して、それを踏襲するとしたものの、違憲の主張を斥けた。

これらの事例をみると、行政手続法の施行後においても、不利益処分ないしこれと同様な法的効果が発生する行政手続に、常に告知と聴聞が義務付けられているわけではないとする裁判所の立場が依然として維持されていることを知ることができる。

ⅳ）　**処分理由の提示・理由付記**　　行政手続の適正さを確保をするためには、行政処分の理由を示すことが必要である＊。行政手続法は申請を認容する処分には理由の提示を義務付けていないが＊＊、拒否処分および不利益処分をする場合には理由を示さなければならないとしている（8条1項、14条1項）。

> ＊書面による処分では、「理由付記」とか「理由附記」という。たとえば、情報公開請求に対する不開示処分では、理由付記が求められる。
>
> ＊＊ただし、開発許可のように第三者にも影響がある処分について第三者が理由を知り得ないという問題がある。

行政手続法制定・施行前において、最高裁判所は、更正処分（増額更正処分）のような国民に義務を課す処分についても、憲法31条が処分理由の提示を義務付けているとはいえないとして、理由の提示を義務付けるかどうかは立法政策に委ねられるという立場をとっていた＊。

> ＊最三小判昭和62・7・7税資159号51頁。この判決では、所得税法が青色申告以外の更正通知書に理由の付記を要求していないことについて、「理由の記載を更正処分の手続上の要件とするかどうかは立法府の決定に委ねられているものと解すべきであるから、憲法違反の問題を生じない」と判示している。

ところが、前述したように（⇨ ⅲ）、行政手続法が施行された今日でも国税に

関する法律に基づいて行われる処分には行政手続法第2章および第3章の適用が除外されており（国税通則法74条の14）、青色申告以外の更正通知書に理由付記は義務付けられていない。これについて、東京高等裁判所は、その正当性を説いて、憲法31条や32条違反の主張を斥けている*。

*東京高判平成17・5・18税資255号順号10033。

これに対して理由の提示が義務付けられている場合には、理由の提示の程度が問題となる。これに関して最高裁判所*は、行政手続法の制定以前に、「一般に、法が行政処分に理由を附記すべきものとしているのは、処分庁の判断の慎重・合理性を担保してその恣意を抑制するとともに、処分の理由を相手方に知らせて不服の申立に便宜を与える趣旨に出たものであるから、その記載を欠くにおいては処分自体の取消を免れないものといわなければならない」と判示して、理由の提示（付記）には恣意抑制機能と争訟便宜機能があるとし、これらの機能を果たすとは認められない程度の形式的な理由しか記されていない青色申告更正処分を取り消した。このように、法定手続の原則の実現を示す例の存在をみることができる。

*最二小判昭和38・5・31民集17巻4号617頁。

ⅴ）　**処分の根拠法規の明確性**　前述したように（⇨本節2(3)）、法定手続の原則から、刑罰について、法律で明確に定められなければならないとの要請が導かれるが、このことは、行政手続にも及ぶかが論議の対象となっている。

その具体の例として、自衛隊法46条1項2号が自衛隊員に対する懲戒処分の要件として「隊員たるにふさわしくない行為のあった場合」と規定しており、この規定が不明確で憲法31条に違反するとして争われた事件がある。これに対して、最高裁判所は、次のように判示している*。

*最一小判平成7・7・6訟月42巻2号329頁。

「自衛隊法（以下「法」という。）46条の規定は、法第5章第4節の隊員の服務に関する規定を前提として解釈すべきものであることが明らかであるところ、同節の各規定が定める隊員の義務の内容自体は不明確であるとはいえず、社会通念に照らせば、通常の判断能力を有する隊員の理解において、具体的場合に当該行為が同条2号にいう『隊員たるにふさわしくない行為』に当たるか否かはおのずから明らかとなるものということができる。同号の規定が広汎かつ不明確である

ことを前提とする所論憲法31条違反の主張は、その前提を欠く。／そして、原審の適法に確定した事実関係によれば、上告人らが昭和47年4月27日に防衛庁正門付近において行った行為及び同月28日に芝公園で開催された『四・二八沖縄返還協定粉砕、自衛隊沖縄派兵阻止、日帝の釣魚台略奪阻止、入管二法粉砕中央総決起集会』において行った行為は、……隊員としての信用を傷つけ、又は自衛隊の威信を損するものであることは明らかである。これが法46条〔1項〕2号の定める懲戒事由に当たるとした原審の判断は正当として是認することができる。」

この判示には、31条違反の主張に対して正面から応えてはいないが、行政処分の要件を定める根拠法規の規定は明確でなければならず、不明確な場合には31条違反となることを当然の前提としているといってよい。したがって、行政手続についても、法定手続の原則のもとで、明確性の法理の適用があるということができる。

(3) 行政訴訟における手続的審査　近年、行政訴訟において、手続的審査の重要性が認識されるようになっており、司法過程にそれが反映されている。この手続的審査とは、処分の実体的な適法性よりも手続の適正を重視する審査手法であり、法定手続の遵守について審査する狭義の手続的審査とともに、処分の判断過程全体の合理性を審査する広義の手続的審査――判断過程審査という――を意味している＊。

> ＊判断過程審査をした例として、すでに公務員の懲戒処分にかかる裁量審査についての最三小判昭和52・12・20民集31巻7号1101頁にもみることができる。もっとも、判断過程審査は、司法権による行政権の裁量統制が積極性を増したものであり、司法国家における司法審査のあり方としては、当然のことであるともいえる。

この手続的審査を行った代表例として伊方原発訴訟に対する最高裁判決＊がある。そこでは、まず、狭義の手続審査がなされ、原子力基本法や「核原料物質、核燃料物質及び原子炉の規制に関する法律」（原子炉等規制法）が原子炉設置許可処分に際して周辺住民に告知と聴聞の機会を与えなかったこと、また、原子炉等規制法が定める原子炉の設置許可基準が抽象的であることが憲法31条の法定手続の原則に違反するとはいえないと判示している。しかし、それにとどまらず、なぜ安全と判断して許可処分したのかという処分理由について、処分庁に説明責

任を果たさせる審査、すなわち、判断過程審査をも行っている。

　　＊最一小判平成4・10・29民集46巻7号1174頁。

　裁判所は、原子炉設置許可処分の実体的な適法性については、専門技術的な内容であるため必ずしも適切に審査することはできないが、処分に至る手続や判断過程の合理性についてはより適切に審査できるはずであるから、手続的審査の手法は、裁判所の機能に適合しているということができ、今後、その役割が注目される＊。

　　＊厚生労働省が制定した医薬品の郵便等販売（インターネットによる通信販売）を規制する省令の一部がその授権法である薬事法の委任の範囲を超えて違法無効と判示した最二小判平成25・1・11民集67巻1号1頁〔Ⅳ-2〕においても、判断過程審査がなされている。

第3節　被疑者の権利

　本節は、刑事事件の被疑者に対して憲法が定める保護の様相を考察することが目的である。その憲法規定は、前述の法定手続の原則（31条）を具体化する3か条、すなわち、逮捕の要件についての33条、抑留や拘禁の要件についての34条、および住居の不可侵、捜索・押収の要件についての35条である。以下では、これらの規定のもとに、被疑者の権利の保障がいかに具体的に実現されているかということに関心を向けるが、そのためには、それら3か条を具体化した刑訴法や刑事訴訟規則をはじめとする法令の規定と、その適用の場面を示す判例をみなければならない。しかし、前節でみたように、その全貌は広範囲にわたっており、以下では、その概容を示すにとどめる＊。

　　＊判例の詳細は、判例憲法2の349頁～389頁〔喜田村洋一執筆〕を参照。なお、以下の被疑者の権利が被告人にも保障される場合がある。

1　逮捕の要件

　(1)　令状主義　　33条は、逮捕の要件として、逮捕令状によらなければならないこと、そして、その令状には、逮捕の理由となっている犯罪が明示されていなければならないことを定め、令状なしの逮捕を現行犯逮捕に限定している。

捜査活動には、被疑者の身柄の拘束つまり逮捕を伴うことを避け難く、この令状主義は、裁判所がその必要性を判断し、捜査機関による逮捕権限の濫用を抑制する制度である。逮捕令状に記載すべき事項は、刑訴法200条1項が定めている。

(2)　現行犯逮捕と緊急逮捕　　33条は、令状主義の例外として、現行犯逮捕の場合を定めている。現行犯とは、刑訴法212条1項が定めるように、「現に罪を行い、又は現に罪を行い終わつた者」のことである。また、同条2項では、そこにあげられた場合*に該当する者が、「罪を行い終わってから間がないと明らかに認められるときは、これを現行犯とみなす」と、準現行犯について定めている。現行犯を令状主義の例外としたのは、逮捕権の濫用がないこと、捜査目的の達成上必要であることがその根拠だといえるが、準現行犯については、その運用に対して厳格な司法上の統制が求められる。

　　＊それは、①犯人として追呼されているとき、②贓物（ぞうぶつ）または明らかに犯罪の用に供したと思われる凶器その他の物を所持しているとき、③身体または被服に犯罪の顕著な証拠があるとき、④誰何（すいか）されて逃亡しようとするとき、である（刑訴法212条2項1号〜4号）。

　ところが、刑訴法では、さらに緊急逮捕についても令状主義の例外を設けている。これは、一定の重大な犯罪について、その「罪を犯したことを疑うに足りる充分な理由がある場合で、急速を要し、裁判官の逮捕状を求めることができないときは、その理由を告げて被疑者を逮捕することができる」（210条）とするものである。ただし、逮捕後に直ちに令状を求める手続をとらなければならず、令状が発せられないときは、直ちに、被疑者を釈放しなければならないとの制約が付されている。この緊急逮捕の制度については、当初より憲法33条の趣旨に反するとの批判がなされていたが、最高裁判所は、違憲の主張を斥けている*。今日でも、実際に緊急逮捕がなされる例は少なくなく、合憲の判断が定着しているといえる。

　　＊最大判昭和30・12・14刑集9巻13号2760頁〔Ⅲ-6-9〕。

(3)　別件逮捕　　これは、本来追及しようとしている犯罪事件について逮捕に至るだけの証拠がないとき、同じ被疑者の他の事件——本来の事件より軽微であることが通常であるが——について逮捕・勾留して、本来の事件についてまで

取り調べることを指す。刑訴法に根拠規定があるわけでなく、令状主義の潜脱のおそれがある。最高裁判所は、狭山事件の決定＊で、違憲の主張を斥けている。

> ＊最二小決昭和52・8・9刑集31巻5号821頁〔Ⅲ-6-10〕。なお、下級審判決に、別件逮捕で得た証拠の証拠能力を否認した例がある（福岡高判昭和61・4・28判時1201号3頁、福岡高判昭和52・5・30判時861号125頁、東京地判昭和45・2・26刑月2巻2号137頁）。

2 抑留・拘禁の要件

(1) 34条前段　34条は、被疑者の逮捕後になされる身柄の拘束、すなわち抑留・拘禁に関する要件や制度を定めている＊。

> ＊抑留は、身柄の一時的拘束のことをいい、刑訴法ではこれを留置とし、拘禁は、比較的継続して拘束することをいい、刑訴法ではこれを勾留と呼んでいる。

まず、同条の前段は、抑留・拘禁の要件として、理由が直ちに告げられること、および、弁護人に依頼する権利を与えられることを保障している。この規定のもとに、刑訴法は、その39条1項で、身体の拘束を受けている被疑者（被告人も同様）に弁護人と立会人なく接見できる権利、すなわち、接見交通権を保障し、その3項で、捜査のため必要があるときは、捜査機関は、接見の日時、場所および時間を指定できると定めている。この接見指定については、訴訟で争われる場合が少なくない。これについて、最高裁判所は、憲法34条前段の弁護人依頼権の保障の趣旨を実質的に損なうものでないと判示している＊。これも、憲法が保障する被疑者・被告人の権利が法律および判例をとおして狭められている例に属する＊＊。

> ＊最大判平成11・3・24民集53巻3号514頁〔Ⅲ-6-26〕。
> ＊＊接見指定書に関する無理な検察官の取扱いに対して、合理性を欠く違法なものと判断した判決（最三小判平成3・5・10民集45巻5号919頁）がある。その例に代表されるように、接見指定書の扱いについての問題は少なくなかったが、一般指定書の制度は、1988（昭和63）年に廃止され、通知書に改められた。その後、通知書の扱いのもとに、被疑者との接見をめぐって弁護人側と捜査当局との間でトラブルの発生が少なくなっているとのことである。

国選弁護人は、刑事被告人に対しては憲法が保障する権利（37条3項後段）であるが、その趣旨を被疑者に及ぼす刑訴法改正が2004（平成16）年になされた＊。

＊刑訴法37条の2参照。

(2) 34条後段　34条後段は、拘禁について、正当な理由がなければならないこと、および、要求があればその理由を公開の法廷で示すべきことを定めている。これを受けて、刑訴法は、勾留理由開示の制度を定めている（同法82条～87条）。勾留理由開示の裁判は、したがって、拘禁の理由を単に告知するのではなく、拘禁の理由の有無や当否を実質的に判断する場である。しかし、実際には、形式的・機械的に理由を告げるだけの制度となりがちであり、運用の改革が求められている。

(3) 人身保護法　不当な身柄の拘束から迅速かつ容易に解放させる制度として、人身保護法（昭和23年法律199号）による場合がある。しかし、人身保護規則4条は、人身保護法による救済を、違法が顕著であり、他に救済方法がないときに限っているため、被疑者に対する拘禁について適用され拘束が解かれることが少ない。今日では、幼児の引渡しに利用されることが多く、本来の趣旨が生かされていない＊。

＊34条の理念は、アメリカのヘイビアス・コーパス（habeas corpus）の制度にならったものであり、人身保護法は、それを具体化するものである。しかし、日本では、その活用が浸透しないまま今日に至っている。

3　住居の不可侵、捜索・押収の要件

(1) 35条の意義　35条は、住居、書類および所持品について、侵入、捜索および押収に関する対物強制処分を規制し、被疑者等を保護する定めをしている。すなわち、被疑者等は、現行犯逮捕の場合を除いては、正当な理由に基づいて発せられ、かつ捜索する場所および押収する物を明示する令状がなければ、そうした対物処分を受けることがないことを権利として保障している。これは、住居の不可侵という人権保障の伝統的基本理念を具体的にうたうものであるが＊、実際には、捜査機関によるその侵害を争う例が少なくない。

＊住居は、人の生活の拠点であり、個人を尊重する人権理念の基本に結びつく。明治憲法23条でも、法律の留保のもとにではあるが、許諾なしに住居侵入および捜索がなされないことがうたわれていた。

住居への侵入および捜索・押収については、逮捕の場合と同じく令状主義の要

件が課せられている。ただし、刑訴法220条は、逮捕状による被疑者の逮捕の場合や現行犯逮捕の場合には、令状なしに差押え、捜索・検証をすることができると定めている。

(2) 違法収集証拠排除の原則　捜索・押収についての要件も、35条の趣旨を実現する判例法の発展が重要な意味をもつ。特に、違法な手続、手段を用いた捜索・押収については、得られた証拠の証拠能力を否認することによって被疑者の保護を実現することができる。つまり、判例の積み重ねにより、違法収集証拠排除の原則が構築されることが期待されている。しかし、判例の動向をみると、違法な手段よりも得られた証拠の効力に目を向けがちとなり、個別の事案ごとに厳しい審査をして違法収集証拠の証拠能力を否認する傾向を認めることができない。

　たとえば、最高裁判所は、所持品検査に関する事件において、「証拠物の押収等の手続に、憲法35条およびこれを受けた刑訴法218条1項等の所期する令状主義の精神を没却するような重大な違法があり、これを証拠として許容することが、将来における違法な捜査の抑制の見地からして相当でないと認められる場合においては、その証拠能力は否認される」と判示している*。これは、一般論として当然のことを述べているのであり、実際には、そこにいう重大な違法であるといえるか否かの判断について、捜査当局に厳しい姿勢をとるか、被疑者の保護を重くみるか等の諸要因にかかる判例上の法則の形成が求められる**。

*ポケット所持品検査事件（最一小判昭和53・9・7刑集32巻6号1672頁〔Ⅲ-6-15〕）。
**たとえば、バッグ所持品検査事件（最三小判昭和53・6・20刑集32巻4号670頁〔Ⅲ-6-14〕）では、銀行強盗事件の発生の連絡を受けていた警察官が職務質問の際にバッグを開けたところ札束が見え、さらに鍵のかかったアタッシュケースをドライバーでこじ開け、札束を発見し、緊急逮捕したという事実について、最高裁判所は、その所持品検査の違法性を認めなかった。このように、違法収集証拠排除の原則の構築といっても、事件の個別性を基盤とせねばならないので、容易ではない。

　なお、捜査手続についての適正さをめぐる判例の動向については、その一端をすでにみている（⇨ 本章第2節 **3(2)** ⅰ））。

(3) 行政手続への適用　法定手続の原則が刑事手続だけでなく行政手続にも及ぶことは、すでに確認した（⇨ 本章第2節 **4**）。そして、最高裁判所は、35条

の令状主義の原則が所得税法に基づき収税官吏の行う調査にも及ぶことを川崎民商事件の判決で認めている*。しかし、そこで違憲の主張の対象となった税務調査については、「あらかじめ裁判官の発する令状によることをその一般的要件としないからといって、これを憲法35条の法意に反するものとすることはできず、」違憲の主張は理由がないと判示している。

*最大判昭和47・11・22刑集26巻9号554頁〔Ⅲ-6-13〕。

第4節　被告人の権利

　本節は、刑事事件の被告人に対して憲法が定める保護の様相を考察することが目的である。その憲法規定は、前述の法定手続の原則（31条）を具体化する3か条、すなわち、迅速な公開裁判を受ける権利、証人尋問権、弁護人依頼権についての37条、不利益供述強要の禁止と自白の証拠能力についての38条、および遡及処罰の禁止と一事不再理の原則を定める39条である。以下では、これらの規定のもとに、被告人の権利の保障がいかに具体的に実現されているかということに関心を向けるが、そのためには、それら3か条を具体化した刑訴法や刑事訴訟規則をはじめとする法令の規定と、その適用の場面を示す判例をみなければならない。しかし、第2節でみたように、その全貌は広範囲にわたっており、以下では、その概容を示すにとどめる*。

*判例の詳細は、判例憲法2の404頁～452頁〔喜田村洋一執筆〕を参照。

1　37条の権利保障

　(1)　裁判を受ける権利　37条1項は、「すべて刑事事件においては、被告人は、公平な裁判所の迅速な裁判を受ける権利を有する」と定めている。裁判を受ける権利は、すべての国民に保障されているが（⇨第12章第3節）、刑罰を科す刑事事件では、被告人にこの権利を保障することが特に重要であり、その意義にてらして規定されたものと理解される。

　ⅰ）**公平な裁判所の裁判**　この被告人の裁判を受ける権利は、公平な裁判所の裁判であることが要件となっている。その具体的意味については、初期の頃の最高裁判決で明示されている。すなわち、公平な裁判所の裁判とは、「偏頗や不

公平のおそれのない組織と構成をもった裁判所による裁判」を意味し、「個々の事件につきその内容実質が具体的に公正妥当なる裁判を指すのではない」と判示されている*。

 ＊最大判昭和23・5・26刑集2巻5号511頁。さらに、最大判昭和23・5・5刑集2巻5号447頁〔Ⅲ-6-19〕も参照。

 刑事事件の裁判をする裁判官は、憲法自身がその職権の独立およびその身分を保障し（76条3項、78条）、その報酬が在任中に減額されないことを保障しており（79条6項、80条2項）、これが裁判の公平さを担保するものである。また、これを受けて、裁判所法は、裁判官の身分保障の規定を設け（48条）、刑訴法は、除斥や忌避の制度（20条、21条）により公平な裁判所の構成がなされるようにしている*。また、2005（平成17）年から採用されている公判前整理手続の制度（刑訴法316条の2以下）により、裁判官が一方的な心証の形成をするおそれが解消されている。

 ＊ただし、刑訴法21条の定める忌避の制度について、忌避が認められる例はほとんどない。それは、公平さが疑われることがないように担当裁判官を充てるようになっているからでもある。

 近年問題とされたのは裁判員による裁判についてである。すなわち、職業裁判官とともに一般市民から選ばれた裁判員が審理・評決に加わることが37条1項の「公平な裁判所」を構成しないのではないか、また、裁判員裁判の対象となる事件の被告人が職業裁判官のみによる裁判を選択できないことは、37条が保障する被告人の権利を侵害するのではないかという問題点が指摘された。これに対して、最高裁判所は、裁判員法において、裁判員の職権の独立、不公平な裁判をするおそれのある裁判員を排除する手続、評議における裁判員への裁判長による配慮義務、さらに、裁判員の保護等について定められており、37条1項等の憲法の趣旨に反するとはいえないと判示している*。

 ＊最大判平成23・11・16刑集65巻8号1285頁〔Ⅵ-14〕。なお、他の争点について、本書の第12章第3節**1(1)**、第17章第3節**2(2)**を参照。

 ⅱ）**迅速な裁判** 被告人の裁判を受ける権利には、迅速な裁判という要件も求められている。

 この要件について、最高裁判所は、検察官立証の段階で約15年間まったく審

理が行われなかった高田事件において、次のように判示した*。すなわち、37条1項は、「単に迅速な裁判を一般的に保障するために必要な立法上および司法行政上の措置をとるべきことを要請するにとどまらず、さらに個々の刑事事件について、現実に右の保障に明らかに反し、審理の著しい遅延の結果、迅速な裁判をうける被告人の権利が害せられたと認められる異常な事態が生じた場合には、これに対処すべき具体的規定がなくても、もはや当該被告人に対する手続の続行を許さず、その審理を打ち切るという非常救済手段がとられるべきことをも認めている趣旨の規定である」と。そして、この趣旨にてらして、「刑事事件が裁判所に係属している間に迅速な裁判の保障条項に反する事態が生じた場合において、……判決で免訴の言渡をするのが相当である」と結論した。

　　*最大判昭和47・12・20刑集26巻10号631頁〔Ⅲ-6-20〕。

　この画期的な判決は、しかしながらその後進展することなく、事案の審理に第一・二審において合計約25年を要した峯山事件においては、高田事件ほどの異常な事態を生じていたとまではいえないとして、審理の打ち切りを認めていない*。したがって、高田事件判決は、例外的存在である。

　　*最一小判昭和55・2・7刑集34巻2号15頁〔Ⅲ-6-21〕。この判決には、高田事件と同様の異常な事態だとする団藤裁判官の反対意見がある。

　ただし、今日では、司法制度改革の成果の一つである裁判の迅速化に関する法律（平成15年法律107号）のもとで、民事事件も刑事事件も迅速な裁判が行われるようになっており*、また、前述の公判前整理手続の制度が運用されているため、かつてのような長期にわたる例は、なくなっている。

　　*その2条は、「裁判の迅速化は、第一審の訴訟手続については2年以内のできるだけ短い期間内にこれを終局させ、その他の裁判所における手続についてもそれぞれの手続に応じてできるだけ短い期間内にこれを終局させることを目標として、充実した手続を実施すること並びにこれを支える制度及び体制の整備を図ることにより行われるものとする」と定めている。

　(2) 証人尋問権　37条2項は、「刑事被告人は、すべての証人に対して審問する機会を充分に与へられ、又、公費で自己のために強制的手続により証人を求める権利を有する」と定めている。この証人尋問権──反対尋問権・証人喚問権、証人審問権・喚問権などとも呼ばれる──は、憲法が保障する重要な被告人

の権利であるが、実際には、被告人またはその弁護人の証人請求がことごとく認められず、証人の採否については、裁判所の裁量的判断に委ねられる*。そのような性格であるため、裁判所の証人採否にかかる判断をめぐる論議は盛んである。

 *もっとも、裁量権限行使は、経験則に反するようなものであってはならない。最大判昭和23・7・29刑集2巻9号1045頁、最大判昭和23・6・23刑集2巻7号734頁参照。また、第三者の供述に関する証人尋問請求事件に対する最大判昭和23・7・19刑集2巻8号952頁〔Ⅲ-6-23〕も参照。

近年では、刑訴法の2000（平成12）年の改正で、刑事裁判での遮蔽措置・ビデオリンク方式が設けられ*、これをめぐって被告人の証人尋問権を侵害する違憲の制度だとして争われた。最高裁判所は、遮蔽措置によっても被告人が供述を聞き、自ら尋問できるし、弁護人が証人の供述態度等の観察を妨げられないこと、また、ビデオリンク方式による尋問も、被告人が証人の姿を見ながら供述を聞き、自ら尋問できることを指摘し、違憲の主張を斥けている**。

 *刑訴法157条の3第1項・2項、157条の4。
 **最一小判平成17・4・14刑集59巻3号259頁〔Ⅲ-6-22〕。

また、被告人の権利の保障に対して、犯罪被害者の人権の保護にも関心を寄せるべきだとの批判が強くなり、それを受けた証人尋問権の性格を変容させる法制度の改革と刑事裁判の運用の変化*に注目させられる。

 *2004年の犯罪被害者等基本法（平成16年法律161号）の制定や、被害者が公判手続において心情等を陳述することが可能となった（刑訴法292条の2）ことがそれで、刑事裁判の基本理念の変化に疑問を投ずる見解もある。

(3) 弁護人依頼権　37条2項は、刑事被告人に弁護人依頼権を保障し、被告人が自ら弁護人を依頼することができないときには国がこれを付する、と定めている。この弁護人依頼権および国選弁護人の制度の憲法上の保障は、刑訴法において具体化され、「裁判所は、公訴の提起があつたときは、遅滞なく被告人に対し、弁護人を選任することができる旨及び貧困その他の事由により弁護人を選任することができないときは弁護人の選任を請求することができる旨を知らせなければならない」と定められている（272条1項）。また、今日の裁判実務において、裁判官は、当該事件の被告人に対して、私選弁護人の選任について尋ね、同時に、国選弁護人の依頼の意図があるかについても確認する扱いとなっていると

のことであり、初期の頃の最高裁判所による取扱い上の見解*が変化している。

 ＊最大判昭和24・11・30刑集3巻11号1857頁、および、最大決昭和32・7・17刑集11巻7号1842頁参照。

　弁護人依頼権の行使、とりわけ国選弁護人の選任にかかわる問題は、個別の事情との関係で判断せねばならず、判例において何らかの法理やルールが形成されているとはいえない。

　注目しておくべきことが一つあり、それは、効果的な弁護を受ける権利に関する判例法の形成についてである。

　効果的な弁護を受ける権利とは、弁護人が被告人に対する職責を果たしていないときに、37条の弁護人依頼権の実質を実現するため主張する権利である。弁護人が被告人の弁護を怠るような職責行使が認められれば、被告人は、その弁護人に損害賠償の請求が可能となる。もちろん、何をもって効果的な弁護であるかを認定することには困難が伴う。これにかかわる訴訟例は存在するが、判例上、効果的な弁護を受ける権利が認知された例はない*。

 ＊ただし、最三小決平成17・11・29刑集59巻9号1847頁における上田裁判官の補足意見が注目される。そこでは、弁護人選任権を侵害する違法の存在の余地が指摘され、その違法は、「当事者主義の訴訟構造の下において検察官と対峙し被告人を防御すべき弁護人の基本的立場と相いれないような場合に限られる」と説かれている。また、被告人が原告となり、控訴審の国選弁護人を被告とした事件で、損害賠償請求を認めた東京地判昭和38・11・28下民14巻11号2336頁を参照せよ。なお、この効果的な弁護を受ける権利を具体的に実現しているアメリカ合衆国の場合と比べて、日本ではきわめて未発展であるといわざるを得ないが、この権利の形成により、弁護活動の質が向上するであろうし、そのような責任を問われることを基盤として、弁護士の職責に憲法上の保護が与えられることとなる。

2　38条の権利保障

(1)　不利益供述強要の禁止　38条1項は、「何人も、自己に不利益な供述を強要されない」と定めている*。この不利益供述強要の禁止は、刑訴法において黙秘権の保障として具体化されている。すなわち、「被告人は、終始沈黙し、又は個々の質問に対し、供述を拒むことができる」と規定している（同法311条1項）**。また、最高裁判所は、この憲法38条1項について、「何人も自己が刑事

上の責任を問われる虞ある事項について供述を強要されないことを保障したもの」であると判示している***。

> *これは、合衆国憲法修正5条の自己負罪拒否特権（privilege against self-incrimination）に由来する。
> **なお、刑訴法は、不利益供述強要の禁止の趣旨を、被疑者に対する捜査官の義務（198条2項）や被告人に対する裁判官の義務（291条3項）の関係でも定めている。
> ***最大判昭和32・2・20刑集11巻2号802頁〔Ⅲ-6-27〕。

　ところで、行政目的の強制的行為が黙秘権の侵害になるとして争われる例がある。その代表例が前述の川崎民商事件の場合である（⇨本章第3節 **3(3)**）。最高裁判所は、収税官吏の質問に対する回答の強制が黙秘権の侵害だとの主張に対し、前掲の昭和32年の先例を引いたうえで、黙秘権の保障は、「純然たる刑事手続においてばかりではなく、それ以外の手続においても、実質上、刑事責任追及のための資料の取得収集に直接結びつく作用を一般的に有する手続には、ひとしく及ぶものと解するを相当とする」と判示しながらも、収税官吏による質問の性質にてらすと「自己に不利益な供述」の強要にあたらないと結論している*。これは、黙秘権の保障の範囲を広く設定しながらも、行政目的との関係で、黙秘権の侵害といえる状態を狭めているとみることができる。同様の方式は、道路交通法が定める自動車運転者の事故報告義務（同法72条1項後段）についてもとられている**。

> *最大判昭和47・11・22刑集26巻9号554頁〔Ⅲ-6-13〕。
> **道路交通法の前身の道路交通取締法について示された合憲判決・最大判昭和37・5・2刑集16巻5号495頁〔Ⅲ-6-28〕は、道路交通法の報告義務についても維持されている（最三小判昭和50・1・21刑集29巻1号1頁など参照）。

　(2)　自白法則　38条2項は、「強制、拷問もしくは脅迫による自白又は不当に長く抑留もしくは拘禁された後の自白は、これを証拠とすることができない」と規定している。この自白排除の法則は、刑訴法319条1項に具体化され、そこには、自白の証拠能力が任意性の有無によって判断されることが規定されている。そこで、自白の任意性にかかる判例法に関心を向けなければならない。それは、取調べの時間、身柄拘束期間、手錠をしたままの取調べ、ポリグラフ検査の結果、約束あるいは偽計による自白、捜査官の暴力、被告人の病気などさまざ

まな要素との関係で判例が登場している＊。

＊ここではその詳細に立ち入らない。判例憲法2の426頁～428頁〔喜田村洋一執筆〕を参照。

さらに、38条の3項は、「何人も、自己に不利益な唯一の証拠が本人の自白である場合には、有罪とされ、又は刑罰を科せられない」と規定している。これは、補強証拠の法則と呼ばれ、自白偏重を避け、誤判の危険を防ぐことが目的となっている＊。そこで、補強証拠の法則の実際の様相についても判例法に注目すべきである＊＊。

＊自白は証拠の王といわれるように、捜査機関は、ともすれば自白を得ることに熱心となり、また、事実認定でそれが重視されがちである。また、実際に、自白に強く依存したことが原因となって、冤罪、誤判を生むことになっている。そこで、警察や検察の取調べを録音・録画する制度を採り入れ、取調べの可視化を義務化すること（その対象を一部の事件とするか全部とするか議論が分かれたが）が検討されてきた。2015年1月の通常国会には、この取調べの可視化および司法取引の導入などを柱とした刑事司法の改革に関する刑訴法などの改正案が提出された。

＊＊共同被告人の供述については、かつて盛んな議論の対象となった。最高裁判所は、共犯者または共同被告人の自白について、「被告本人との関係においては、被告人以外の者であって、被害者その他の純然たる証人とその本質を異にするものではないから」、共犯者の自白を「本人の自白」と同一視またはこれに準ずるものとすることができないとした（最大判昭和33・5・28刑集12巻8号1718頁）。ところが、この解釈によると、共犯者に対する自白の強要を生じさせ、自己の責任を軽減ないし回避するための供述を生みやすくさせるなど、38条3項の趣旨を狭めるとの批判を招いた（関連判例として、最一小判昭和43・5・2刑集22巻5号393頁、最一小判昭和51・2・19刑集30巻1号25頁、最一小判昭和51・10・28刑集30巻9号1859頁）。今日では、共同被告人の存在する事件について、利害対立などの特別の事情があるときは分離して審理する扱いとなっているので、自白の有無で利害対立がある場合には、別々の事件に切り離して審理されているとのことである。

3　39条の権利保障

(1)　遡及処罰の禁止と一事不再理の原則　　39条は、遡及処罰の禁止と一事不再理の原則を定める。この被告人に向けた権利保障については、条文の文言上

の意味を確認する必要がある。

　まず、遡及処罰の禁止——事後法の禁止ともいう——は、「何人も、実行の時に適法であった行為……については、刑事上の責任を問はれない」との定めを指す。人は、自己の行為時に刑事上の責任が問われないとの認識に基づいて、自由に行動するのであり、それは、刑事法の原則である罪刑法定主義が意味するところであり、また、法定手続の原則（31条）から当然導かれることでもある。

　次に、39条は、「何人も、……既に無罪とされた行為については、刑事上の責任を問はれない」との定めをするが、さらに、「同一の犯罪について、重ねて刑事上の責任を問はれない」と規定していて、一見すると同じ内容を繰り返しているように受け取れる。これは、それが大陸法に由来する概念の一事不再理の原則のことをいうとされ、あるいは、英米法における二重の危険（double jeopardy）の禁止の原則に該当するともいわれる。それゆえ、二つの概念が混在するといってよいようだが、二つの規定を区別して説明する見解もある*。

　　＊刑訴法では、判決の扱いが異なる。確定判決を得ているのに公訴された場合は、免訴となり（337条1号）、公訴されているのに、さらに同一裁判所に公訴が提起されたときは棄却となる（338条3号）。

　最高裁判所は、初期の頃には、39条の意味、解釈を示す判断を下して、上記のような文言上の議論に応えている。すなわち、検察官による上訴は、「被告人を二重の危険に曝すものでもなく、従ってまた憲法39条に違反して重ねて刑事上の責任を問うものでもない」とした判決*、また、第一審で無罪となった事実を控訴審で有罪とすること、あるいは、控訴審が事実の取調べをすることなく、第一審の訴訟記録を書面審査しただけで判決することについても、39条に違反しないとした判決**などがそれである。

　　＊最大判昭和25・9・27刑集4巻9号1805頁〔Ⅲ-6-37〕。また、最三小判昭和46・2・23集刑179号97頁も参照。
　　＊＊最大判昭和25・11・8刑集4巻11号2215頁、最一小判昭和33・1・23刑集12巻1号34頁。

　また、課税は刑罰でないから、課税と刑罰は併科し得るとの判断*に示されるように、刑罰以外の制裁を受けたことが、その後に刑罰を科すことの妨げにならない。これに関連した訴訟例は少なくないが、39条違反と判示された例はない。

＊最一小決昭和 26・7・12 集刑 49 号 901 頁。

(2) 刑事実体法以外の法規定と遡及効　39 条の理念は、刑事実体法以外の法分野にも及ぶものか議論されてきた。最高裁判所は、初期の頃から「民事法規については憲法は法律がその効果を遡及せしめることを禁じてはいない」との判断を示し＊、それが維持されている。

＊最大判昭和 24・5・18 民集 3 巻 6 号 199 頁〔Ⅲ-8-16〕。また、最二小判昭和 33・4・25 民集 12 巻 6 号 912 頁も参照。

しかし、刑事実体法ではないことを理由に遡及効を常に容認することは、39 条の理念に基づく憲法秩序として適切ではない。事案によっては、刑事法の制裁に準ずるものが存在し、一般的合理性ないし必要性にてらすと遡及効を否認すべき場合があるからである＊。とりわけ、課税処分については、租税法律主義（84 条）の趣旨として、遡及課税の禁止が原則として適用があり、その例外は、厳しい正当化理由を求められるべきである＊＊。

＊たとえば、退職手当の返納規定の交付日前に遡及させることを無効とした高知地判平成 4・10・13 労民 43 巻 5=6 号 1096 頁参照。

＊＊後述するように（⇨ 第 15 章第 4 節 2）、この観点から、近年の最高裁判決（最一小判平成 23・9・22 民集 65 巻 6 号 2756 頁〔Ⅶ-5〕および最二小判平成 23・9・30 判時 2132 号 39 頁）は、厳しい正当化理由の追及を怠ったものとして、強い疑問が投じられる。

第 5 節　拷問・残虐刑の禁止

1　36 条の意義

36 条は、公務員による拷問や残虐な刑罰を禁じている。それも、「絶対にこれを禁ずる」と規定して、正当化や例外の余地をまったく認めない定めをしている。憲法規定中にこれほど強い禁止をうたっている規定はなく、この禁止の実現は徹底してなされなければならない。

このような強い禁止規定が置かれた背景には、明治憲法下での忌まわしい体験への反省に基づくものであるが、現行憲法下でも、検討すべき問題がある。

2 拷問の禁止

初期の頃の最高裁判例に、警察での被告人の供述が強制、拷問によるものであることを思わせる十分な理由があるとした判決*がみられるが、以後、今日まで、拷問がなされたことを正面から認定した最高裁判例は存在しない。ただし、事件の取り調べ中に、警察・検察官から拷問にあたる行為を受けたとの主張がなされる例は、かなりの程度登場しており、判例の不存在をもって拷問の絶対的禁止が実現されていると断定することができない。実際には、裁判での立証が困難であるためか、裁判官の消極的姿勢ゆえなのか、あるいは、別の理由のためかなどを検討し、絶対的禁止の趣旨を真に実現させねばならない。

*最大判昭和 26・8・1 刑集 5 巻 9 号 1684 頁。

なお、この拷問の禁止にかんして、刑法上は、特別公務員暴行陵虐罪（195 条 1 項）が、裁判、検察、もしくは警察の職務を行う者またはこれらの職務を補助する者に対して科せられる。また、公務員から拷問を受けた被告人、被疑者は、民事上、国家賠償請求ができる（⇨ 第 12 章第 4 節）。

3 残虐刑の禁止

(1)「残虐な刑罰」の意味 「残虐な刑罰」の定義は、初期の頃の最高裁判決で示されている。すなわち、「残虐な刑罰」とは、「不必要な精神的、肉体的苦痛を内容とする人道上残酷と認められる刑罰を意味する」*とされている。また、それは、刑罰そのものの種類または処罰の方法を指し、被告人からみて科された実刑が過重であると受けとめることとは別である**。

*最大判昭和 23・6・30 刑集 2 巻 7 号 777 頁。

**最三小判昭和 24・3・29 集刑 8 号 405 頁、最二小判昭和 23・9・25 集刑 4 号 163 頁。

(2) 死刑 死刑が残虐刑にあたり 36 条違反ではないか、という問題は、日本国憲法制定時以来論議されてきたが、最高裁判所は、次のように有名な論述を展開しつつ、違憲の主張を斥けている*。すなわち、「生命は尊貴である。一人の生命は、全地球よりも重い。死刑は、まさにあらゆる刑罰のうちで最も冷厳な刑罰であり、またまことにやむを得ざるに出ずる窮極の刑罰である。それは言うまでもなく、尊厳な人間存在の根元である生命そのものを永遠に奪い去るものだからである」と。そして、憲法 13 条が生命に対する国民の権利については、立

法その他の国政のうえで最大の尊重を必要とする旨を規定しているが、「同時に同条においては、公共の福祉に反しない限りという厳格な枠をはめているから、もし公共の福祉という基本的原則に反する場合には、生命に対する国民の権利といえども立法上制限乃至剥奪されることを当然予想しているものといわねばならぬ。そしてさらに、憲法第31条によれば、国民個人の生命の尊貴といえども、法律の定める適理の手続によって、これを奪う刑罰を科せられることが、明かに定められている。すなわち憲法は現代多数の文化国家におけると同様に、刑罰として死刑の存置を想定し、これを是認したものと解すべきである。」こう述べたうえで、36条の違反の主張に対して、次のように判示した。「しかし死刑は、冒頭にも述べたようにまさに窮極の刑罰であり、また冷厳な刑罰ではあるが、刑罰としての死刑そのものが、一般に直ちに〔36〕条にいわゆる残虐な刑罰に該当するとは考えられない。ただ死刑といえども、他の刑罰の場合におけると同様に、その執行の方法等がその時代と環境とにおいて人道上の見地から一般に残虐性を有するものと認められる場合には、勿論これを残虐な刑罰といわねばならぬから、将来若し死刑について火あぶり、はりつけ、さらし首、釜ゆでの刑のごとき残虐な執行方法を定める法律が制定されたとするならば、その法律こそは、まさに憲法第36条に違反するものというべきである。」

　　＊最大判昭和23・3・12刑集2巻3号191頁〔Ⅲ-6-34〕。

　この先例の論述が説得力をもつものか、疑問とする見解が少なくない。それは、「生命は尊貴である。……」との格調高い論述部分と、その後の「死刑そのものが、一般に直ちに……残虐な刑罰に該当するとは考えられ〔ず〕」との箇所に整合性が認められないからである。また、死刑の方法について、残虐といえるか否かの判断に至っては、その実態に目をつむり、観念的にしか考えていないといわざるを得ないと論難されている＊。

　　＊絞首刑の残虐性を否定できないことは、よく指摘されており、それを示す文献を参照すれば逆の結論になるはずである。

　死刑の存置・廃止をめぐる議論は、世界的にかつ歴史上展開されてきて、今日では、西欧のみならず世界の諸国で廃止がなされ、現在、死刑廃止国が多数を占めているのが実情である。なぜ、日本では、その論議が低調であるうえ、時期尚早という政府見解が繰り返されているのか、ということが根本的問題であるが、

ここでは、そこに日本の人権保障に対する意識のレベルが現れているとの指摘をするにとどめておく*。

＊私見を記しておく。すなわち、死刑は、直ちに廃止すべきであり、それは多数決原理になじむものではなく、また、世論の動向で決する問題でもなく、人権保障の基本原理に基づくものである。そこで、まず、死刑執行を停止する法律を制定し、それにつづけて、国会で死刑廃止を議決するのがよい。2011年は、19年ぶりに死刑の執行がなかったが、その現実を国会議員はよく観察すべきであった。最高裁判所の違憲判決の登場に委ねるのは、政治部門が無責任であるといわざるを得ない。

最高裁判所の合憲の結論は、以後一貫して維持されており*、死刑そのものに加え、絞首刑による死刑の執行が違憲であるとの主張についても、最高裁判所は、それを斥けている**。

＊最三小判昭和23・9・7集刑4号5頁、最一小判昭和24・8・18刑集3巻9号1478頁。
＊＊最大判昭和36・7・19刑集15巻7号1106頁〔Ⅲ-6-6〕、さらに、最三小判昭和62・3・24集刑245号745頁、最二小判平成16・10・13判タ1174号258頁。

また、絞首刑による死刑の執行が法律に基づいていないことを争った訴訟に対して、東京地裁は、次のように判示している*。すなわち、31条が刑罰の執行につき法定の手続を保障している趣旨は、刑罰の実行は直接人の生命・自由・財産等を害する重要な事項であるゆえに、刑罰の執行を執行者の恣意に任せず、必要最小限度にとどめ、かつそれが残虐な方法に陥ることのないよう担保することにあるから、法律においてこれらの諸点が確保されている限り、執行の具体的細目に至るまでことごとく定められなくとも、31条の要請をみたすものと解するのが相当である。そして、絞罪器械図式（明治6年太政官布告65号）は、死刑の執行方法について執行者の実際に遵守すべき執行上の準則を定めた命令にすぎず、法律をもって規定すべき事項に関するものとは解せられない。このように判示しているが、その説得力については、疑問とする見解が強い。

＊東京地判昭和35・9・28行集11巻9号2753頁。

さらに、死刑が違憲ではないとの判例法を基礎とした次の事例もある。すなわち、現行の死刑制度は、日本国憲法に違反しないから、死刑の確定裁判を受けて東京拘置所に拘置されている者の拘置場所変更の請求は、人身保護請求の要件を

欠く、とされたのがそれである*。

 ＊東京地決平成 11・12・20 訟月 47 巻 7 号 1860 頁。

 なお、無期懲役についても、最高裁判所は、前掲の昭和 23 年 3 月 12 日の大法廷判決に言及し、「その理由中に、憲法 13 条、31 条を引用して死刑の合憲性を判示し、死刑についても右憲法法条に違反しないとしているのであるから、右大法廷判決の趣旨に徴すれば論旨を採用し得ないことおのずから明らかである」と判示している*。

 ＊最三小決昭和 31・12・25 刑集 10 巻 12 号 1711 頁。

(3) 死刑以外の刑の量定 死刑以外に、刑の量定が残虐な刑罰にあたるとの主張がなされたり、罪刑の定めについて同様の主張がなされたりする例がある。これについては、刑罰をいかに定めるかは立法政策の問題であること、また、前述のように、死刑およびその執行方法が違憲でないとされていることを基盤とすると、そのような主張は、裁判所により斥けられるのが当然となる*。

 ＊判例は、初期の頃に多く登場しており、ここではその挙示を省略する。

(4) その他 刑事施設内の処遇について、残虐な刑罰にあたるとして争われる例は多いが、刑事施設内の処遇に対しては、施設の長の裁量を広く認めるのが判例の傾向であり、それを反映して、違憲の判断が下された例はない。

第 6 節 奴隷的拘束・苦役からの自由

1 意 義

 18 条に定める奴隷的拘束・苦役からの自由は、すでに言及しているように、今日の人権保障論議の場面では、主役となることはない歴史的遺産とでもいうものである。しかし、憲法秩序において、奴隷的拘束を受ける状態は強く否認され、犯罪に対する国家による処罰の場合を除いて意に反する苦役に服させられることがあってはならない。

 訴訟例では、他の人権侵害と併せて 18 条違反の主張がなされているが、それが、訴訟中で中軸の違憲の主張となっているわけではない。また、18 条違反の問題を正面から扱った最高裁判例はない。

2　奴隷的拘束の禁止

　18条前段の奴隷的拘束の禁止については、他の人権保障規定違反と合わせて争った訴訟例が存在する。

　その一例として、シベリア抑留者が長期の抑留や強制労働を課せられたことを、18条違反だとして国に対して損害賠償や補償の請求をした訴訟において、11条、13条、14条、17条、29条3項、および40条違反を合わせて主張した訴訟があるが、裁判所は、請求を斥けている*。

　　＊最一小判平成9・3・13民集51巻3号1233頁。

　また、18条の趣旨について、奴隷的拘束からの解放のみならず、自由意思による労働関係の場合においても、労務の不提供を刑罰の対象とすることを禁止したものと解するのが相当であると判示した下級審判決*が存在する。ただし、そこで18条違反が容認されたわけではない。

　　＊大阪高判昭和43・3・29下刑10巻3号254頁、福岡高判昭和42・12・18刑集25巻2号173頁、仙台高判昭和44・2・19刑集30巻5号1564頁、東京高判昭和60・11・20高刑38巻3号204頁など。

　刑罰法規との関係では、罰金・科料等の不完納の場合に労役場に留置することを定める刑法18条、また、単純逃走罪を定めた刑法97条について、奴隷的拘束にあたらないとした判決*がある。

　　＊それぞれ最三小判昭和33・5・6刑集12巻7号1351頁、および、東京高判昭和28・11・5高刑6巻11号1572頁。

　私人間で奴隷的拘束状態が存在すれば、監禁罪などの刑事犯罪となり、18条の趣旨は当然実現される。

3　意に反する苦役からの自由

　18条後段の意に反する苦役からの自由についても、前段の場合と同様、他の違憲の主張と合わせてその侵害が主張される例が存在する。

　最高裁判例としては、裁判員制度の合憲性を争った訴訟に対する判決*がある。その訴訟では、裁判員としての職務に服すること、または裁判員候補者として裁判所に出頭しなければならないことが18条違反の意に反する苦役だと主張されたが、最高裁判所は、裁判員の職務等が国民に参政権同様に司法参加の権限を付

与するものであり、また、負担軽減の諸措置を設けていることなどを根拠にその主張を斥けている。

　＊最大判平成23・11・16刑集65巻8号1285頁〔Ⅵ-14〕。

　公務員の争議行為を禁止する法規定を違憲だとして争った一連の訴訟においても、意に反する苦役からの自由を侵害するとの主張が28条違反等の主張とともになされているが、すでにみた判例の動向にてらせば、18条違反が容認される余地はない（⇨第11章第5節**3(2)**）。

　他に、刑務所内での喫煙禁止が意に反する苦役にあたらないとした判決＊や、船員が外国において脱船した場合に処罰する旨を定めた船員法128条4号が憲法18条に違反しないとした判決がみられる＊＊。

　＊高知地判昭和40・3・31民集24巻10号1413頁。
　＊＊福岡高判昭和33・11・5高刑特5巻11号444頁。

　このように、若干みられる例も大分以前のものであり、18条に関する人権保障論議は、今日では、関心を寄せる余地がない。

第10章 経済的自由

第1節 意　義

1　経済的自由の構成

　経済的自由は、22条と29条において保障され、職業選択の自由、それから派生する営業の自由、財産の自由・財産権、および、公用収用・損失補償がその構成内容となっている。なお、22条には、居住移転の自由と外国移住・国籍離脱の自由が規定されているが、それらは、今日では、多元的自由の一つとしてとらえるのが適切であり、これについては前述した（⇨第7章第4節1・2）。

　本章で扱う経済的自由は、職業選択・営業の自由と財産権との二つの人権であり、一見したところでは単純だといえるが、その内容に立ち入ってみると、視野に収まらないほどの多種多様な展開がなされていて、22条と29条の規範をどこまでとらえるのが適当か戸惑うことになる。職業選択・営業の自由も、財産権も、憲法による保障を基盤として、自然人と法人による多種多様な経済活動の展開を生み出しており、広大といっても過言でない分野における法秩序が本章での関心の対象となっている。

　広大な分野である経済的自由の法秩序であるため、次節以下では、主要な様相について焦点を当てて論述している。

2　経済的自由の性格

　本章の目的は、単純なようであって実際には多種多様な展開をみせる経済的自由について、その実際の保障状況を観察し、形成されている憲法秩序を把握するとともに問題・課題を認識することである。この目的のために、経済的自由の性格を確認しておくことが肝要である。

確認すべき性格は、22条にも29条にも存在する「公共の福祉」ということばに表れている。公共の福祉による制限は、経済的自由に限らずすべての人権にかかわることであるが、とりわけこの自由にとって免れないことである。歴史上、自由な経済活動は、資本主義経済発展の推進力であったが、同時に、資本主義経済の存続を危うくする弊害ももたらした。この歴史的体験から、経済的自由には、制限が伴うことを前提とするようになり、22条と29条にそれが反映されている。

経済的自由への制約は、次章でみる社会権の保障と密接な関係にあることも、この自由の性格として看過できない。社会権の保障の理念を実現するために、経済活動への制限がなされる場面は、次節以下の実例において確認することとなる。

3　経済的自由の保障の実現

経済的自由の性格が上記のものであることを基盤に、この自由の保障のあり方を考察しなければならない。

この自由には公共の福祉のための制約が伴うのであり、その制約は、いうまでもなくこの自由の行使にかかわる法律に規定されている。したがって、この自由の保障問題は、法律による公共の福祉のための制限が合理的であるか、この自由の理念に合致しているか否かの判断を求めることである。この判断を担う裁判所は、次節以降の実例に表れているように、その役割を積極的に果たしている。

先に、本書の第8章でみた精神的自由の保障の動向と比べ、この経済的自由の保障場面においては、判例において裁判法理がよく発展しており、それをめぐる議論も盛んである。この自由が多種多様であることを反映して、裁判所は、立法裁量論を基盤としつつも、政治部門に対する合憲性の統制を単純化することなく、審査基準を構築している＊。

＊判例の詳細については、判例憲法2の6頁〜55頁、180頁〜276頁〔松本哲治執筆〕参照。

第2節　職業選択・営業の自由

1　職業・営業の自由の意義

22条1項で保障されている職業選択の自由および営業の自由＊（以下では、「職業・営業の自由」という）は、その内容が多種多様であり、それに課せられる制限

も多様である。このことを1975（昭和50）年の薬事法違憲訴訟に対する最高裁判決**は、次のように述べている。

「職業は、……本質的に社会的な、しかも主として経済的な活動であって、その性質上、社会的相互関連性が大きいものであるから、職業の自由は、それ以外の憲法の保障する自由、殊にいわゆる精神的自由に比較して、公権力による規制の要請がつよく、憲法22条1項が『公共の福祉に反しない限り』という留保のもとに職業選択の自由を認めたのも、特にこの点を強調する趣旨に出たものと考えられる。このように、職業は、それ自身のうちになんらかの制約の必要性が内在する社会的活動であるが、その種類、性質、内容、社会的意義及び影響がきわめて多種多様であるため、その規制を要求する社会的理由ないし目的も、国民経済の円満な発展や社会公共の便宜の促進、経済的弱者の保護等の社会政策及び経済政策上の積極的なものから、社会生活における安全の保障や秩序の維持等の消極的なものに至るまで千差万別で、その重要性も区々にわたるのである。そしてこれに対応して、現実に職業の自由に対して加えられる制限も、あるいは特定の職業につき私人による遂行を一切禁止してこれを国家又は公共団体の専業とし、あるいは一定の条件をみたした者にのみこれを認め、更に、場合によっては、進んでそれらの者に職業の継続、遂行の義務を課し、あるいは職業の開始、継続、廃止の自由を認めながらその遂行の方法又は態様について規制する等、それぞれの事情に応じて各種各様の形をとることとなるのである。」

　　＊職業選択の自由とは、人が自己の選択した職業に就くことと、選択した職業を遂行することとの両者について国家により妨げられないことをいう。この理解については、今日では広く認められ、営業の自由も当然これに含まれることは、最高裁判例で述べられている（最大判昭和47・11・22刑集26巻9号586頁〔Ⅲ-5-7〕）。
　　＊＊最大判昭和50・4・30民集29巻4号572頁〔Ⅲ-5-10〕。

　ここで指摘されている職業の種類、性質、内容、社会的意義および影響がきわめて多種多様であることに対応した規制は、これを整理すると、この引用判示の最後の部分にもふれられているように、次のように一応の類型化ができる。すなわち、①反社会的性質、内容にてらして禁止されるもの、②国家の独占事業とされるもの、③公益事業であり、国によりそれを営むことが認められた者のみが行えるもの、④国により資格が認められた者のみが行えるもの、⑤許可制とされて

いるもの、⑥その他、一定の条件に従えば営むことができるものである。これらの類型に属する職業・営業は、前述の最高裁判決が説くように多種多様であって、その具体例を網羅的にあげながら職業・営業の自由に関する法秩序を示すことは不可能である*。そこで、以下では、司法的統制のもとに、いかなる憲法秩序が形成されているかについて注目する。

> *また、この類型から、制限の態様とそれにかかわる法秩序のあり方が自動的に導かれるわけではなく、個別の検討を要する。また、制限根拠を公共の福祉に求めることも、広すぎて説得力に欠ける。そこで、ここでは、各類型に属する職業・営業の若干の具体例をあげるにとどめる。①売春防止法12条の禁止する管理売春や、刑法186条2項の禁止する賭博場の開帳。②かつての塩専売制や郵便事業（現在でも、たばこの製造は、国ではないが、日本たばこ産業株式会社の独占とされている）。③電気、ガス、鉄道等の公益事業。④医師、歯科医師、看護師、薬剤師、弁護士、司法書士、税理士、公認会計士ほか多くの職業。⑤薬局、公衆浴場業、小売市場、古物商、旅館、飲食店、風俗営業など（その他、これに属するものは多い）。⑥営業の場所、方法、時間についての規制を受けるもの。

なお、最高裁判所は、上記判示において、職業・営業に対する規制目的は、積極的なものから消極的なものに至るまで千差万別であると描いている。これにてらすと、積極的規制目的と消極的規制目的とに二分して論じているいわゆる規制目的二分論は、最高裁判断を反映したものではない。最高裁判所は、そのような二分類をしているわけでなく*、千差万別だとしているところに注目すべきである。そうしたうえで、次の**2**でみるように、司法的統制を加えている。

> *このような単純化した議論傾向は、本書の各所で指摘している試験文化の弊害の表れである。

2　職業・営業の自由の保障

(1)　二重の基準と立法裁量論　職業・営業の自由に対する制限は、このように多種多様さに応じた内容であるが、最高裁判所は、これに対する司法審査の基本的姿勢を次のように説いている。すなわち、1972（昭和47）年の小売市場事件に対する判決*において、「個人の経済活動の自由に関する限り、個人の精神的自由等に関する場合と異なって、これに一定の合理的規制措置を講ずることは、もともと、憲法が予定し〔ている〕」と説き、また、上掲の薬事法違憲訴訟判決に

おいても、「職業の自由は、それ以外の憲法の保障する自由、殊にいわゆる精神的自由に比較して、公権力による規制の要請がつよ〔い〕」と述べて、経済的自由すなわち職業・営業の自由の規制立法に対しては、精神的自由の規制立法に対する司法審査とは異なること、つまり、緩やかな審査基準で司法審査をすることを示唆している。また、そこでは、二重の基準の法理が基盤となっている（⇨第8章第4節**1(3)**）。

　　＊最大判昭和47・11・22刑集26巻9号586頁〔Ⅲ-5-7〕。

　さらに、薬事法違憲訴訟判決では、前掲の判示箇所につづけて、次のように説いているところも重要である。

　「それ故、これらの規制措置が憲法22条1項にいう公共の福祉のために要求されるものとして是認されるかどうかは、これを一律に論ずることができず、具体的な規制措置について、規制の目的、必要性、内容、これによって制限される職業の自由の性質、内容及び制限の程度を検討し、これらを比較考量したうえで慎重に決定されなければならない。この場合、右のような検討と考量をするのは、第一次的には立法府の権限と責務であり、裁判所としては、規制の目的が公共の福祉に合致するものと認められる以上、そのための規制措置の具体的内容及びその必要性と合理性については、立法府の判断がその合理的裁量の範囲にとどまるかぎり、立法政策上の問題としてその判断を尊重すべきものである。しかし、右の合理的裁量の範囲については、事の性質上おのずから広狭がありうるのであって、裁判所は、具体的な規制の目的、対象、方法等の性質と内容に照らして、これを決すべきものといわなければならない。」

　このように、ともすれば規制する側の正当化根拠を是認する結果となる比較衡量法という緩やかな審査基準の適用をうたい、さらに、「立法政策上の問題としてその判断を尊重すべき」と、立法裁量論の手法を採用することも示唆している。もっとも、この立法裁量論には、広狭があることも示唆しており、これが次にみるように、司法審査がそれほど単純でない展開をなしていることに結びつき、この人権領域の特徴となっている。

　(2) 二段の基準　　最高裁判所は、上掲の小売市場事件判決や薬事法違憲訴訟判決において、すでに指摘しているように、職業・営業の自由の制限立法における目的に着目した司法審査のあり方を示している。すなわち、「国民経済の円

満な発展や社会公共の便宜の促進、経済的弱者の保護等の社会政策及び経済政策上の積極的なもの」（これを積極的規制目的という）と「社会生活における安全の保障や秩序の維持等の消極的なもの」（これを消極的規制目的、あるいは警察的措置という）とで、司法審査の厳格度を変えている。厳格度といっても、上述のように、基本的には緩やかな審査の範囲内のことであるが、積極的規制目的の法律に対しては、「立法府がその裁量権を逸脱し、当該法的規制措置が著しく不合理であることの明白である場合に限って」違憲・無効と判断するのに対し、消極的規制目的・警察的措置の法律に対しては、それよりは立ち入った審査をすると説いている。この二段の基準*の適用により、小売市場事件判決では、小売商業調整特別措置法による許可規制が著しく不合理でないとする合憲判断がなされ、薬事法違憲訴訟判決では、薬事法およびそれに基づく条例が設けた薬局開設の適正配置基準の許可規制に対して、必要かつ合理的な規制とはいえないとし、違憲・無効の判断が下された**。

* この他に、二又の基準とか二岐の基準と呼んでもよいが、二重の基準と呼ぶのは適切でない。前述したように（⇨(1)）、精神的自由の規制立法と経済的自由の規制立法に対する司法審査の厳格度を変える二重の基準（⇨第8章第4節1(3)）とは、性格が異なるからである。

** 小売市場事件判決では、明白性の原則を適用しているのに対し、薬事法違憲訴訟判決では、適正配置基準という手段が薬事法の目的と関連性がないことを立法事実に立ち入って審査しているところに特徴がある。また、薬事法違憲訴訟判決を先例として引用している判決として、たばこ事業法によるたばこ小売販売業の距離制限についての最二小判平成5・6・25判時1475号59頁、司法書士法が司法書士の登録制を定めていることについて最三小判平成12・2・8刑集54巻2号1頁がある。

この二段の基準による審査は、それらの判決に至るまでに示されていた判断手法よりは、職業・営業の自由の制限にかかる正当化理由を明らかにする意義をもち、司法的統制の役割を果たしているとみることができる。従来の公共の福祉論は、たとえば、あん摩師、はり師、きゆう師及び柔道整復師法に違反する医業類似行為を禁止し処罰すること、古物営業法が古物営業を許可制にしていること、道路運送法の定める自動車運送事業の免許制に反して白タク営業をした者に刑罰を科していることなどをいずれも、公共の福祉による制限として合理的であり、

22条に違反しないと判示しており*、その公共の福祉の内容に立ち入った審査をしていなかった。

> *それぞれ、最大判昭和35・1・27刑集14巻1号33頁〔Ⅲ-5-4〕、最大判昭和28・3・18刑集7巻3号577頁〔Ⅲ-5-5〕、最大判昭和38・12・4刑集17巻12号2434頁〔Ⅲ-5-6〕。

(3) 多様な審査基準　すでに指摘しているように、最高裁判所は、多種多様な職業・営業の制限立法に対し、上記の二段の基準を常に適用しているわけではない。二段の基準から派生する、あるいはそれとは別個の基準を適用して審査している。

その代表例として、公衆浴場事件の判決をあげることができる。最高裁判所は、上述の二段の基準を打ち出す前には、公衆浴場法およびそれに基づく条例が定める適性配置基準の規定について、それが国民保険および環境衛生のうえからなされる措置であるとして22条に違反しないと判示していたが*、自家風呂の普及に伴い公衆浴場の経営状況が変化していることをも勘案して、消極的目的だけでなく、公衆浴場業者の経営の安定を図るという積極的目的をも取り入れた合憲判断に変化している**。つまり、二段の基準でなく積極的・消極的規制目的の両者を用いる基準の適用をみせている。

> *最大判昭和30・1・26刑集9巻1号89頁〔Ⅲ-5-8〕をはじめ、最三小判昭和32・6・25刑集11巻6号1732頁、最一小判昭和35・2・11刑集14巻2号119頁、最二小判昭和37・1・19民集16巻1号57頁、最一小判昭和41・6・16刑集20巻5号471頁、最二小判昭和47・5・19民集26巻4号698頁を参照。
> **最三小判平成元・3・7判時1308号111頁〔Ⅲ-5-9〕。

さらに、酒類販売業免許制違憲訴訟に対する判決*では、二段の基準とは異なる審査基準を適用して合憲の結論に至っている。それは、酒税法が酒類販売業について免許制を定め、距離制限や人口基準が要件とされていることを争った訴訟に対する判決であるが、最高裁判所は、審査基準について、次のように判示している。すなわち、「租税の適正かつ確実な賦課徴収を図るという国家の財政目的のための職業の許可制による規制については、その必要性と合理性についての立法府の判断が、右の政策的、技術的な裁量の範囲を逸脱するもので、著しく不合理なものでない限り、これを憲法22条1項の規定に違反するものということは

できない」と説いているのである。そこでは、先例として、サラリーマン税金訴訟判決**が引かれており、二段の基準は無視されている。もっとも、著しい不合理性の存在を要件とすることでは、積極的規制目的と同等だといえるかもしれないが、そのことには言及されておらず、別途の判断手法とみるべきである***。

 *最三小判平成4・12・15民集46巻9号2829頁〔Ⅲ-5-11〕。その後の一連の判決でも、この判決と同趣旨の判断が下された。最三小判平成10・3・24刑集52巻2号150頁、最一小判平成10・3・26判時1639号36頁、最二小判平成10・7・3判時1652号43頁、最一小判平成10・7・16判時1652号52頁、最三小判平成14・6・4判時1788号160頁等参照。ところが、酒類販売業の許可にかかる実務上の扱いは、国税長官通達「酒類販売業免許等取扱要領」に定める需給調整要件について、距離制限が平成12年9月1日、人口基準が平成15年9月1日をもって全廃され(「酒類販売業免許等取扱要領等の一部改正について」平成10年3月31日付課酒3-3(例規)課法3-5)、その結果訴訟の登場がなくなった。

 **最大判昭和60・3・27民集39巻2号247頁〔Ⅲ-3-9〕。

 ***ただし、判決理由の最後の箇所の括弧書きの中で列記する諸先例の一つに、小売市場事件判決があげられているが、それは関連判例を列記するお決まりの手法であり、特別の法意を読み取ることはできない。

このように、若干の代表例をみただけでも、職業・営業の自由の保障は、二段の基準の適用によるだけでなく、規制目的との関係で、あるいは、職業・営業の態様の変化に応じて、多様な審査基準の適用がなされており、図式的あるいは機械的なとらえ方は適切でないといえる。

3 職業・営業の自由保障の課題

(1) 多種多様さの変化 職業・営業の実態は、多種多様であるが、その自由の保障を実現する判例の動向を概観すると、その多種多様さに応じた司法審査の展開がみられ、人権保障の全体の中でも比較的判例による法秩序の形成がよくなされているということができる。しかし、検討し打開すべき課題もある。それは、全体として、時の経過とともに、規制の様相が変化するため、判例法のもとで形成されている法秩序も変容せざるを得なく、従来の基準や法理に拘泥しているわけにいかないことに関連する。これは、職業・営業に伴う特性であるといえる*。

＊前述の2でみたように、公衆浴場業や酒類販売業の許可制の実態は変化しているし、小売市場事件に関連した大型店舗の進出規制問題も政治過程では論議されている。また、商店街がシャッター街と呼ばれるようになっている実情への対処の問題もある。

　その変容は、前述した規制類型（⇨本節1）との関係でみることができる。たとえば、そこであげた②や③の類型における国の独占事業や公益事業が民間の営業形態に移行し＊、④に属する職業が増したり、⑤の許可制にかかる条件が改廃されたり＊＊といったことが生じている。

＊その一端は、労働基本権の保障との関係でふれている（⇨第11章第5節3(1)）。
＊＊それに関する例の一端を次の(2)でみるが、ここでは、2014年1月に成立した議員立法の「特定地域及び準特定地域における一般乗用旅客自動車運送事業の適正化及び活性化に関する特別措置法」（平成21年法律64号）を一例としてあげておく。それは、「タクシーサービス向上法案」と呼ばれ、「特定地域における一般乗用旅客自動車運送事業の適正化及び活性化に関する特別措置法」の改正法で2013年11月に成立したものであるが、その名称を体現するようなサービス向上を必ずしももたらさず、一定のタクシー業者の利益確保を目指しているとの批判が投じられていた。しかし、自由民主党、公明党、民主党の議員による議員立法として成立し、22条にかかる憲法論議は不在といってよい状態であった。

　ところが、そのような変化の過程で、職業・営業の自由の保障の意義との関係がよく論議されているかというと、必ずしもそうでなく、それゆえ、判例による法秩序の形成にとって、いろいろな課題が常に存在しているといわざるを得ない＊。

＊これまでの考察で登場していない職業・営業分野として、農林水産業がある。この分野の変化も大きく、政治過程でも対処法について論議があるものの、22条との関係で注目にあたいする最高裁判例が存在しない。ただし、減反政策を争ったが主張が排斥された東京地判平成13・8・24判時1785号12頁。また、29条の財産権の保障とも関係した例は、次節で考察している。

(2) 社会の変化と規制の見直し　人権保障については、社会的変化を考慮の対象とせずして、その実情を把握することができない。職業・営業の自由もその例外ではなく、社会的変化は、特に注目を要する要因である。

　ここでもその具体例の一つをあげて、課題の所在の認識に努めることにする。それは、風営法（正式名は、「風俗営業等の規制及び業務の適正化等に関する法律」（昭和23年法律122号））の場合であるが、同法に基づく許可を受けずに客にダンスをさせる

クラブを経営したとして起訴された事件に対して大阪地方裁判所が無罪の判決＊を下したことにその一端が現れている。同判決も契機の一つとなって、同法の営業規制が今日の社会の実情に合致しないことが政治過程でも取り上げられるようになり、政府の規制改革会議も、2014年5月に、客にダンスと飲食をさせる営業とダンス教室について、風営法が定める風俗営業から外すべきとの提言をまとめており、2014年10月24日に改正案が閣議決定されている。

> ＊大阪地判平成26・4・25（裁判所ウェブサイト）。この判決は、風営法の規定（49条1号、3条1項および2条1項3号）が憲法21条1項、22条1項、31条に違反する無効なものだとの主張を斥けているが、当該無許可によりダンスをさせ、酒を提供した営業行為が風俗の乱れにつながる行為といえず無罪だとしている。その控訴審判決は、大阪高判平成27・1・21（判例集未登載）。

風営法は、戦後の社会情勢のもとで制定された営業規制立法であるが、それが今日の社会の実態に適応しないといった問題は、他にも少なからず存在するようである。そこでは、営業の自由の保障を実現するという課題をみることができるが、立法裁量論に委ねている限り、実現の機会は遅れがちである。

(3) 新たな営業形態への対処　新たな営業形態が登場し、それに法的規制が対応できていない場合も、今日的課題の一つである。その代表例は、インターネットを利用した販売、すなわちネット販売である。

最高裁判所は、2013（平成25）年の判決＊で、ネット販売の禁止を内容とする薬事法施行規則の新たな規制が新薬事法の委任の範囲を逸脱した違法なものであり、無効と判示したため、注目された。そこでは、営業の自由に対する侵害問題が正面から取り上げられているわけではないが、その原審の判断をもみれば＊＊、また、その最高裁判決が社会にもたらしたインパクトをみれば＊＊＊、営業の自由の保護にかかわることは間違いない。

> ＊最二小判平成25・1・11民集67巻1号1頁〔Ⅳ-2〕。
> ＊＊原審の東京高判平成24・4・26判タ1381号105頁では、新施行規則による規制は、ネット販売等を行う事業者の営業の自由を制限するものであるから、その授権規定には明確性が求められるところ、新薬事法にはネット販売等を禁止または制限する趣旨を明確にした規定がないなどとして、ネット販売等を制限する新施行規則は新薬事法の委任の範囲を超えて違憲無効だと判示されている。
> ＊＊＊政府によるネット販売規制の動きに対して、業界からの強い反発が生じて、規制の

試みは後退している。

インターネットを活用した営業活動は、今後ますます盛んになると思われるが、そこから生じる消費者保護に向けた規制がいかにあるべきかという課題が存在している。

第3節　財産権

1　財産権の意義

29条は、財産権を保障している。その第1項は、「財産権は、これを侵してはならない」と定め、第2項では、「財産権の内容は、公共の福祉に適合するやうに、これを法律で定める」と規定している。そこで、この両規定の解釈をいかにするのが適切であるかが問われる。観念的には、解釈が分かれる余地があるが、ここでも本書の基本姿勢である現実との整合性のもとに理解する。すなわち、今日では、財産権は、およそ国家による制限を免れないのであり（⇨本章第1節2）、このことを前提として、財産権の制限に関する正当化理由を分析し、財産権保障を考えるのが適切である*。

　　*29条1項のもとで私有財産制が保障され、それをまったく否認するような国有化は想定されていないこと、また、1項と2項とを合わせて、財産権保障を検討すべきこと等は、今日では解釈論としては確立しており、本節では立ち入らない。

この財産権の基本的性格は、2002年の証券取引法164条合憲判決*（以下では、単に「証券取引法判決」という）において、最高裁判所が次のように述べているところに示されている。すなわち、「財産権は、それ自体に内在する制約がある外、その性質上社会全体の利益を図るために立法府によって加えられる規制により制約を受けるものである。財産権の種類、性質等は多種多様であり、また、財産権に対する規制を必要とする社会的理由ないし目的も、社会公共の便宜の促進、経済的弱者の保護等の社会政策及び経済政策に基づくものから、社会生活における安全の保障や秩序の維持等を図るものまで多岐にわたるため、財産権に対する規制は、種々の態様のものがあり得る。このことからすれば、財産権に対する規制が憲法29条2項にいう公共の福祉に適合するものとして是認されるべきものであるかどうかは、規制の目的、必要性、内容、その規制によって制限される財産

権の種類、性質及び制限の程度等を比較考量して判断すべきものである。」

> *最大判平成14・2・13民集56巻2号331頁〔Ⅲ-5-17〕。なお証券取引法は、現在では金融商品取引法となっている。

　この判示は、すでにみた職業・営業の自由の性格について最高裁判所が述べたところに近似している（⇨本章第2節1）。また、財産権は、その内容が職業・営業と同様に多種多様であり、類型としては、物権、債権、知的財産権（無体財産権とも呼ばれる）が主なもので、人格権や身分権に該当しない権利のことを指す。

　このように、多種多様の財産権であるため、これに対する規制も多岐にわたるから、財産権の保障を実現する場面は、容易にはとらえきれない。そこで、財産権の保障の現状についての考察は、次の**2**で行うように、主要なところに注目するにとどめざるを得ない。

2　財産権の保障

(1) 規制目的の合理性　　財産権保障のあり方は、先に引用した証券取引法判決で示されており、それが現在の判例法となっている。すなわち、「規制の目的、必要性、内容、その規制によって制限される財産権の種類、性質及び制限の程度等を比較考量して判断す〔る〕」というものである。そして、当該訴訟において争われた、インサイダー取引の規制を定めた証券取引法164条1項について、その規制目的の合理性を判断して合憲の結論を導いている。また、当該規定の立法目的を達成するための手段についても審査し、それが必要性または合理性に欠けるものであるとはいえないとも判示している*。

> *その手段とは、証券取引法164条1項において、上場会社等の役員または主要株主が同項所定の有価証券等の短期売買取引をして利益を得た場合には、同条8項に規定する内閣府令で定める場合にあたるときまたは類型的にみて取引の態様自体から役員もしくは主要株主がその職務もしくは地位により取得した秘密を不当に利用することが認められないときを除き、当該取引においてその者が秘密を不当に利用したか否か、その取引によって一般投資家の利益が現実に損なわれたか否かを問うことなく、当該上場会社等はその利益を提供すべきことを当該役員または主要株主に対して請求することができるものとした規定である。

　このように、財産権を制限する法律の合憲性審査は、立法目的と目的達成の手

段について合理的であるか否かを問う緩やかなものであることが確認できる。比較衡量法を用いることも示唆しているが、それは、緩やかな合理性の基準に伴う手法であり、立法裁量に立ち入って審査することを予測することができない。ただし、一件のみ最高裁判所による違憲判断が存在しており、その意味については後述する（⇨(3)）。

(2) 二段の基準 　合憲性の判断基準について関心を呼ぶのは、職業・営業の自由の保障場面と同様に、二段の基準を適用するのかということである。それは、証券取引法判決をみると、財産権の規制目的は、「社会公共の便宜の促進、経済的弱者の保護等の社会政策及び経済政策に基づくものから、社会生活における安全の保障や秩序の維持等を図るものまで多岐にわたるため、財産権に対する規制は、種々の態様のものがあり得る」と説いており、そこに、積極的規制目的と消極的規制目的の二分論*が意図されているように受け取ることができるからである。しかし、その判決理由中の他の箇所には、それを明示する論述がみられないうえ、財産権制限の司法審査を行った先例がまったく引用されておらず**、この判決のみでは審査基準のことが明らかではない。

　　＊最高裁判所が二分論に限定しているわけでないことについては、すでにふれた（⇨本章第2節2）。
　　＊＊証券取引法判決は、大法廷判決であるが、それまでの関連判例を先例として引用するのが通例であるにもかかわらずそれがなされておらず、あたかもこの人権分野の新判例であるかのような存在となっている。このことに関しては、次の**(3)**も参照せよ。

　ところが、後述するように、違憲の判断を下した1987年の森林法共有林事件判決*では、その判決理由の前段において二段の基準の存在についてふれていることを看過できない。しかし、その基準を適用した結果での違憲判断とはいえないため、その判決から財産権保障における審査基準の法則を語ることができない。また、その後の1990年の西陣ネクタイ訴訟判決**において、小売市場判決***を引用しつつ、積極的規制目的立法の司法審査における緩やかな合理性の基準のもとに判断を下しているが、そこでは、財産権制限立法であるとともに営業の自由規制立法の審査基準として判断が下されており****、財産権制限に限定した審査基準の例として理解することができない。

　　＊最大判昭和62・4・22民集41巻3号408頁〔Ⅲ-5-13〕。

**最三小判平成 2・2・6 訟月 36 巻 12 号 2242 頁〔Ⅲ-5-12〕。
***最大判昭和 47・11・22 刑集 26 巻 9 号 586 頁〔Ⅲ-5-7〕。
****西陣ネクタイ訴訟は、海外の安価な生糸が大量に輸入されるようになったことに対し、国内の養蚕絹業者の保護を図る目的で、1976（昭和 51）年になされた繭糸価格安定法の改正が司法審査の対象であり、京都の西陣の絹ネクタイ業者は、同法による憲法 22 条、25 条、29 条違反の立法行為についての国家賠償請求をした。

　このように、財産権制限立法に対して、二段の審査基準が適用されているとは断言できず、証券取引法判決による合理性の基準が、財産権制限立法に対する司法審査基準だといえるにとどまる。そこで、多種多様な財産権の制限に対しては、裁判所は、基本的に立法府の政策判断を尊重し、限られた場合しか、立法裁量に対する立ち入った審査を行わないと、理解するのが適当である。その限られた場合について、次にみる。

（3）　特異な存在の森林法共有林事件判決　　森林法共有林事件は、森林法 186 条（昭和 62 年改正前）が「森林の共有者は、民法……256 条第 1 項……の規定にかかわらず、その共有に係る森林の分割を請求することができない。ただし、各共有者の持分の価額に従いその過半数をもって分割の請求をすることを妨げない」と定めていたことについて、憲法 29 条違反であると争われたものであるが、最高裁判所は、森林法 186 条の分割請求権の否認が同条の立法目的との関係において、合理性と必要性のいずれをも肯定することができないことが明らかであるとし、29 条 2 項違反で無効であると判決した*。そこでは、前述したように、判決理由の前半で言及している二分論の法理の存在が、当該事件解決の判断にいかに関係しているかは明らかでなく、単純に、緩やかな審査基準のもとでも違憲・無効であると判示したと受け取ってもよい。

　　*最大判昭和 62・4・22 民集 41 巻 3 号 408 頁〔Ⅲ-5-13〕。なお、この事件では、訴訟当事者の兄弟が二分の一ずつ森林を共有していて、弟が兄に対して分割請求をしている。

　このように、森林法共有林事件判決は、違憲判断であるものの、他の違憲判断の判例と比べて、特異な存在であるといってよい。それゆえ、前述の証券取引法判決でも引用されることがなかったと思われる*。

　　*学説上は、この判決の意義について種々の見解が示されている。他方で、学説レベルとは別に、その特異性を語る「矢口長官の置き土産」説がある。それは、実力者の矢

口長官の在任中に違憲判決が一つもないことに調査官らが配慮して、下級審ではまったく注目されていなかったその事件を選び出し、違憲判決を生み出したというものである。

(4) 課題 ⅰ) **立法政策** 以上の財産権にかかる司法的保障の様相は、ごく代表的な場面に限られているが、そこから判明することは、財産権が時々の国の政策による強い影響を受けることである。

日本国憲法誕生時に遡れば、農地改革による財産権制限の例にその典型をみる。それは、自作農創設特別措置法（昭和21年法律43号、昭和27年に廃止）のもとで、「耕作者の地位を安定し、その労働の成果を公正に享受させるため自作農を急速且つ広汎に創設し、又、土地の農業上の利用を増進し、以て農業生産力の発展と農村における民主的傾向の促進を図ることを目的」（同法1条）としてなされた改革である。そこでは、明治憲法下での懸案でありながら実行に移せなかった小作農民の自作農化を、敗戦を機に一気に達成させ、農業革命と呼んでよいほどの大きな改革が実施されたのであった。そこでなされた農地の買い上げは、29条3項の命ずる正当な補償といえるか否か、一大問題となり、訴訟の提起がなされた。それについては次の**3**で扱うが、以後の日本国憲法の展開過程では他に例をみない国による財産制限の政策であった*。

> *その後今日までの政府による農業政策は、問題への対応が不十分なまま過ぎてきており、今日では、農民の高齢化に伴う諸課題と併せて早急の対処が求められている。これには、財産権保障のあり方に新たな発想が必要だといえる。

この農地改革について、最高裁判所は、自作農創設特別措置法によって生じた「農地所有権の変化は、自作農創設を目的とする一貫した国策に伴う法律上の措置であって、いいかえれば憲法29条2項にいう公共の福祉に適合するように法律によって定められた農地所有権の内容であると見なければならない」と判示している*。このように財産権制限が国の政策であり、29条2項の公共の福祉に適合するとの立法政策尊重の判断姿勢は、他の農地関連の訴訟に対しても貫かれている**。

> *最大判昭和28・12・23民集7巻13号1523頁〔Ⅲ-5-20〕。
> **農地交換分合計画事件の判決（最大判昭和35・12・21民集14巻14号3157頁〔Ⅲ-5-14〕）や、後法による財産権の内容変更事件に対する判決（最大判昭和53・7・12民集32

巻5号946頁〔Ⅲ-5-16〕）を参照。また、条例による財産権制限について問われた奈良県ため池条例事件（最大判昭和38・6・26刑集17巻5号521頁〔Ⅲ-5-15〕）もみよ。

　他にも、多くの財産権制限にかかる国の政策実施が裁判で争われているが、それに対する司法的救済は、広い立法裁量論のもとに処理され、財産権保障に関する法秩序は、政治部門が主導的役割を発揮しているといえる。とりわけ、租税制度における財産権制限の問題については、司法的統制がほとんど望めず、憲法秩序形成場面における重要課題となっているが、それについては、他の箇所でふれている（⇨第7章第3節 **4(3)**、第15章第4節 **2**）。

　ⅱ）　**知的財産権**　　知的財産権は、29条の対象となる財産権であり、これに対する法的保護の必要性は、今日では憲法制定時とは比べものにならないほど高い。それゆえ、2002年に知的財産基本法が制定され、さらに、司法的保障の役割を強めるために、東京高等裁判所に知的財産に関する事件を専門的に取り扱う知的財産高等裁判所が設けられ＊、裁判を行うようになっている。

　　＊これは、2004年制定の知的財産高等裁判所設置法（平成16年法律119号）に基づくものである。

　この権利保障については、財産権としてだけでなく、表現の自由をはじめとする他の人権とのかかわりの問題があるが、実際には、あまり立ち入った論議がなされておらず、これも課題の一つということができる。

　ⅲ）　**安全の確保と災害・危険への備え**　　財産権保障にとっての現在の最大の課題は、自然災害の脅威や人為的自然破壊に伴う危険にいかに対処すべきか、そして、その対処に伴う個人の財産権への制限をどのように調整すべきか、ということである。

　たとえば、近年では、東日本大震災後の復興との関係で＊、個人の財産権の保障と将来の災害発生に備えた財産権制限をいかに調整するかの課題が存在している。あるいは、今後発生することが予想される大震災に備え、被害を最小限にとどめるための個人の財産権への強い規制の問題もある＊＊。さらに、少子高齢化に伴い、都市部でも山間部でも共通の現象となっている空家や廃屋をめぐる問題も緊急の課題となっている。

　　＊法制面では、東日本大震災復興基本法（平成23年法律76号）をはじめとする諸法律の制定、および内閣に設置された復興庁（同法24条）のもとに復興の実施がなされてい

るが、財産権の保障にかかわる問題をはじめとする種々の困難な問題に出会い、従来の行政方式では迅速かつ効率のよい処理ができないこともあり、復興の実現度合いがきわめて低いと指摘されている。

＊＊一例をあげると、大都市における「狭あい道路」問題がある。建築基準法42条2項の規定により建築基準法上の道路とみなされる道、すなわち通称の「2項道路」について、消防車や救急車による災害対応が後手にまわらないよう、従来の緩やかな規制から強い規制に転換することがある。4メートル道路を確保するためにセットバックさせている私有地の道路使用を現実に確保するにあたり、憲法29条の許容する財産権制限が可能か問われている。具体例として、杉並区のホームページ〈http://www2.city.suginami.tokyo.jp/guide/guide.asp?n1=80&n2=100&n3=600〉における「狭あい道路拡幅整備事業」を参照。

3 正当な補償

(1) 意義　29条3項は、私有財産を公共のために用いたとき、すなわち公用収用に対して補償をすべきことを国に命じている。これは、財産上の損失についての補償、すなわち損失補償とされ、国の違法な行為から生じた損害に対する賠償である国家賠償と区別され（⇨第12章第4節）、また、40条の定める刑事補償（⇨第12章第5節）とも異なる。

公用収用を受けた者は、必ず補償を得られるというわけではない。多くの場合、補償の対象となる趣旨が個々の法律に規定されており、それに該当するか否かは、29条2項にいう公共の福祉による財産権制限より狭く、特別の犠牲を強いているか否かの判断に基づいてなされる＊。その特別の犠牲といえるか否かは、個別の事実の検討によるもので、最終的には司法判断に委ねられる。そこで、損失補償についても、判例法の動向の分析を必要とするが、それも多様な様相であるため、代表的なものに限り次の**(2)**でみることにする。

＊特別の犠牲に対して損失補償がなされることについては、最大判昭和43・11・27刑集22巻12号1402頁〔Ⅲ-5-19〕などで判示されている。市営と畜場廃止違憲訴訟の判決（最三小判平成22・2・23判時2076号40頁〔Ⅲ-5-21〕）は、この先例を引用しつつ、「本件と畜場は、と畜場法施行令の改正等に伴い必要となる施設の新築が実現困難であるためにやむなく廃止されたのであり、そのことによる不利益は住民が等しく受忍すべきものであるから、利用業者等が本件と畜場を利用し得なくなったという不利益は、憲法29条3項による損失補償を要する特別の犠牲には当たらないというべきである」

と判示している。

　なお、法律に補償規定がないときには請求が拒否されるのかという問題がある。これについて、最高裁判所は、河川附近地制限令の規定に損失補償の定めがないからといって、「〔それが〕あらゆる場合について一切の損失補償を全く否定する趣旨とまでは解されず、……別途、直接憲法29条3項を根拠にして、補償請求をする余地が全くないわけではない」と判示した＊。この判示を根拠に、損失補償の請求は、29条3項を直接根拠としてなし得ると説明されている。しかし、実際には、公用収用に関する法律は、補償規定を備えるようになっており、29条3項を直接の根拠とした補償請求は、例外的な場合である。

　　＊最大判昭和43・11・27刑集22巻12号1402頁〔Ⅲ-5-19〕。ただし、当該事件で、補償が認容されたわけではない。

(2) 補償の実現　　ⅰ）**正当な補償**　　29条3項は、公用収用に対して正当な補償をなすべきことを命じている。そこで、この正当な補償とはいかなる内容であるかが問われる。

　すでにふれた農地改革においては、農地の買収対価の算定価格が当時の経済事情からみて著しく低いとの主張のもとに、対価の増額を請求する事件がいくつか登場した。これに対して最高裁判所は、「正当な補償とは、その当時の経済状態において成立することを考えられる価格に基き、合理的に算出された相当な額をいうのであって、必しも常にかかる価格と完全に一致することを要するものでない」と説いた＊。そこで、正当な補償とは、相当な補償をいうとの説明がなされるようになった。

　　＊最大判昭和28・12・23民集7巻13号1523頁〔Ⅲ-5-20〕。

　しかし、農地改革は、前述したように、全国的規模でなされた特別な改革であり、当時の農地の時価総額に合致した価格で買収することが不可能であったことを勘案すると、正当な補償は、相当な補償をいうとの解釈を一般化することは適切ではないといえる。そこで、学説上は、農地改革における補償を例外的存在とし、29条3項は、完全な補償を求める趣旨だとする見解が支配的となっている。最高裁判所も、その後、昭和28年の先例を踏襲しているものの、正当な補償とは完全な補償を要求しているとの説明を否認してはいないと受け取れる判示をするようになっている＊。とりわけ、公用収用の現実は、公共事業の促進のために、

完全補償に等しい補償がなされている。もっとも、何をもって完全というのかということを問う必要があるが、個別の事例ごとに考察せざるを得なく、一般化した説明は不可能である**。

　　＊土地収用法71条の適用に関する最三小判平成14・6・11民集56巻5号958頁、および、それを踏襲した最一小判平成15・12・4訟月50巻10号2952頁を参照。
　　＊＊実際の補償は、個別の事例ごとに実態に存するさまざまな要因が考慮され、適用される公用収用の関係にてらしたうえで決定される。したがって、相当な補償か完全な補償かの性格づけは　二者択一の問題というより、目安というべきである。

　ⅱ）　**補償の判定**　　補償の請求に対して、それが正当か否かの判定をする裁判所は、いくつかの判定要素を検討している。それは、補償の時期、補償算定の基準時、補償金額、金銭でない補償方法の余地などである。ここでその具体例を観察するゆとりはないが＊、それらの判定要素の検討を経たうえで、29条3項の法秩序が形成されていることは指摘しておかなければならない。

　　＊判例憲法2の266頁〜276頁〔松本哲治執筆〕を参照。

（3）補償の課題　　ⅰ）　**生命身体に対する特別の犠牲**　　損失補償は、主として財産の損失を対象としているが、国の行為により生じた不利益が必ずしも財産の損失とはいえず、また、国家賠償請求の問題といえるか不確かであるとき、29条3項の補償請求の対象とすることができるか問われる問題がある。それは、ワクチン予防接種事件＊であり、生命身体に対する特別の犠牲についても、補償請求を認めるべきとの主張がなされた。これに対して、1984年の東京地方裁判所判決＊＊は、「生命、身体に対して特別の犠牲が課せられた場合においても、……憲法29条3項を類推適用し、かかる犠牲を強いられた者は、直接憲法29条3項に基づき、被告国に対し正当な補償を請求することができると解するのが相当である」と判示したが、上級審は、この判断を認めず、国家賠償法1条の責任を認めた＊＊＊。

　　＊これは、予防接種ワクチン禍集団訴訟と呼ばれ、1952（昭和27）年から1974（昭和49）年にかけて、予防接種法に基づき、各地で実施され、あるいは国の行政指導に基づき地方公共団体が勧奨した予防接種を受けた結果、ワクチンの副作用により死亡した乳幼児の両親ら、ならびに重篤な後遺障害を残すに至った被害児とその両親らが、1971（昭和46）年3月から6次にわたって国に対して国家賠償・損失補償を求めた訴訟である。秋山幹男＝河野敬＝小町谷育子・予防接種被害の救済（信山社・2007年）参照。

**東京地判昭和59・5・19判時1118号28頁〔Ⅲ-5-23〕。
***東京高判平成4・12・18判時1445号3頁。これは、最二小判平成3・4・19民集45巻4号367頁の趣旨に従ったもので、その判決では、予防接種によって重篤な後遺障害が発生した場合には、禁忌者を識別するために必要とされる予診が尽くされたが禁忌者に該当する事由を発見することはできなかったこと、被接種者が後遺障害を発生しやすい個人的素因を有していたこと等の特段の事情が認められない限り、被接種者は禁忌者に該当していたものと推定すべきであると判示している。

したがって、生命・身体に対する特別の犠牲についての補償が容認されていないが、次のⅱ）でみるような政治的対処との間の均衡や、損失補償の基本理念との関係で、検討課題となっていることは否定できない。

ⅱ）**政治的補償・見舞金・支援金**　29条3項の定める損失補償とは別に、政府や政党は、社会での注視の的となっている災害や被害などに対して、国家資金を投入することがある。それは、既存の法律とは別に、あるいは、新たに法律を制定して、それを根拠に支給され、それを政治的補償とか、見舞金とか、支援金などと呼んでいる。そのような法律の制定については別途ふれているが（⇨第15章第1節**2(2)**ⅰ））、そこで具体例として示した口蹄疫対策特別措置法の場合に表れているように、29条3項との整合性について論議、検討されることなく多額の金が支給され、憲法秩序の不在を感じさせられる。

このような正当な補償の領域とは別の国家資金の支給の存在は、29条3項に関する重要な課題である。

ⅲ）**占領中の被害と補償**　占領期間中に連合国軍兵士から受けた被害について補償請求がなされた事件がある*。これに対して、最高裁判所は、「論旨がその前提とする平和条約19条(a)項による所論請求権の放棄に対し、国は憲法29条3項によってその損失を補償すべきであるとの見解は、同条約14条(a)項2(Ⅰ)による在外資産の喪失による損害が憲法29条3項の補償の対象とならないとする当裁判所の判例〔最大判昭和43・11・27民集22巻12号2808頁〕の趣旨に照らして採りえないことが明らかである」と判示した**。

*これは、かつて占領期間（1945年から1949年）に、連合国軍兵士の不法行為により親や家族を失った者が提起した訴訟であり、そこでは、原告らは、平和条約に基づく請求権放棄により損害賠償請求権が失われたことについて国に損害賠償を請求し、また、

日本国の独立回復のための特別な犠牲を負担したとして損失補償を請求したものである。

**最二小判昭和44・7・4民集23巻8号1321頁〔Ⅲ-5-22〕。

なお、在外財産に関する請求権の放棄についての国の補償義務については、この判示に引用の最高裁判決が請求を否認している。

第11章 社会権

第1節　意　義

1　社会権の性格

　社会権とは、生存権（25条）、教育を受ける権利（26条）、勤労の権利（27条）、および労働基本権（28条）の総称である。これらの権利は、前章までで考察した自由権とは異なる性格をもっており、そのことを確認したうえで、それらの権利の保障の実情を観察しなければならない。

　まず、これらの権利は、現代国家に登場した人権であり、近代憲法の誕生時には諸国の人権保障規定の中に明示的には存在していなかった。近代国家の発展に伴い、資本主義経済の矛盾や病理現象を背景に、国家が自由な経済活動にある程度の介入をしつつ、これらの権利の保障とその実現につとめるようになったことが基盤となっている。これを憲法における社会国家の理念の存在ととらえることができる。本書の性格上、そのような歴史的経緯には立ち入らないが、次節以下でみる社会権の具体的実現の過程では、この社会国家の理念のことを看過できず、時にはそこに立ち返る必要があることを確認しておく。

　次に、それらの権利は、生きる自由、教育の自由、あるいは働く自由という自由と密接なつながりがあるが、その自由を確保できるように、国家が責務を果たすことを求めるという性格をもっている。論者の中には、このことを基に、自由権的側面として、それらの自由の保障を社会権の保障の場面で強調する例がある。しかし、それぞれの自由権の保障は、人権規定の別のところでその実現を検討するべきであり、そのようなとらえ方は、判例においても受け入れられていない。

　さらに、それぞれの社会権の享有主体も、自由権のそれとは異なる様相を示している。すなわち、社会権の享有主体は、広く国民一般が想定されているわけで

なく、経済力の不足のため自らの生活を維持できない者、社会で生活していくための人格形成の教育を必要とする子ども、企業に労働力を提供して生存している労働者などといった一定の社会層が前提となっている。ただし、外国人については、日本国民と同程度に社会権を保障しないことが違憲となるわけでないとされており、その意味で、外国人は、原則として、社会権の享有主体とはされていない*。

> *外国人が社会権の享有主体でないことを根拠に、外国人には何ら施策をしなくてよいというわけではない。その詳細は、個別の社会権ごとにみる。

また、社会権の享有主体に向けて、国家は、それぞれの権利の性質に応じた施策を構築し、それを実施しなければならない。その施策は、国会の制定する法律として形作られ、その法律に基づいて行政権が実行する。このように、社会権の具体的実現のためには、国家の作為義務を伴う。これは、自由権の保障にはみられない場面である。

2 社会権の保障の実現

このように、憲法は、自由権とは異なる性格の権利を人権としてうたい、その保障を国に命じており、それゆえに、その実際の保障の場面も、自由権とは区別できる状態となっている。

前述のように、社会権は、それを規定する25条から28条の解釈により論理必然的にその具体的内容が導かれるわけではない。具体的内容は、法律によって定められ、それを実施することが必要である。つまり、社会権の具体的内容の形成は、立法政策に委ねられている。その立法政策が社会権の享有主体にとって不十分であったり、納得のいかないものであったりするとき、裁判所に救済を求めることとなる*。そこでなされる違憲の主張は、国が社会権実現のためになすべき施策をしていないとか、なされた施策が不十分であるとか、なされた施策に自己が取り込まれていないといった内容である。

> *社会権の法的性格を、従来の学説では、プログラム規定説、具体的権利説、抽象的権利説に分けて論議していた。ここでは、それらの説のどれが適切かという議論は、社会権保障の実際を語るのに有効とはいえないし、判例にも活かされていないので扱わない。

そこで、社会権の保障の問題場面においては、立法府が社会権の具体的実現のために打ち出した政策について、裁判所が人権保障の観点から違憲の主張の正当性について審査することになるが、現実には、社会権の具体化に伴う諸要因との関係で、司法権が政治部門の政策判断に立ち入ることができないとか、あるいは、敬譲の姿勢をとるべきだとかの立法裁量論の法理が支配的となりがちである。その具体例の検討を次節以降でなすことにしており、ここでは、立法裁量論の適用の様相を分析することが社会権保障の実態の考察における主たる作業であることを確認しておく。

　この分析手法によると、司法権による社会権の保障に限界があることを認識せざるを得ない。これに対して、社会権規定の憲法的解釈に基づき、判例批判をすべきとの立場がある。しかし、社会権の性格についてみたとおり、社会権規定から論理必然的に権利の具体的内容が導かれるわけでなく、権利の具体化にかかる諸要因を考慮に入れなければならず、司法権は、その関係で制約を受けることとなる。

　そうではあるが、司法権は、政治部門の裁量統制の役割を担っており（⇨ 第14章第2節、第17章第2節3）、社会権という人権の保障を実現する役割を果たさなければならない。そこで、考察の関心は、司法権の担い手の裁判所が立法裁量論を、時には狭く、あるいは、それを排除して社会権の実現をできるのはいかなる場合かということである。以下の各所で、この関心のもとに考察することにしている＊。

　　＊先に指摘したように、社会権の享有主体は、一定の社会層であり、それにかかるとるべき施策の実情の把握は容易でない。行政府の把握する実情とそれに矛盾したり対立したりする事実との間の齟齬を司法的紛争では解決するのであるが、そこに分析者自身の価値観――これをまったく排除することは不可能かもしれないが――に基づいた論議をしても、法秩序の現実を把握し、形成することにつながらない。次節以下の考察では、この基本的観点が基盤となっている。

3　課　題

　社会権に属する四つの権利は、後述するように、その保障において、それぞれ特有の課題を抱えている。ここでは、それらに共通する課題を予めみておくことにする。

人権保障の問題の考察において、政治、経済、社会の変化との関連を抜きにすることはできない。社会権も同様であるが、この変化との関連は、社会権についてはとりわけ重要な考慮要素である。かつては激しい論争が裁判の過程で交わされた問題が、現時点では沈静化し、それに立ち入ってふれる必要がなくなっている例も少なくない*。社会権の保障については、この変化の把握と、現時点および今後に向けての関係を見極めなければならない。

 ＊以下の考察では、そのような問題領域についてはなるべく簡潔に扱うことにし、現時点での法秩序の実情を描くことにしている。

この変化は、立法府の政策判断に必然的に体現されるが、その政策判断の主体のありようにも注視せねばならない。一般論としては、社会権の保障に力点を置く政党が政権を担い、一定の施策を実施した後、社会権の保障より経済活動の支援を重視する政党が政権を担うといった変動が一定の年数を経て繰り返されると、社会権実現のための政策判断もバランスを維持することができるはずである。しかし、日本国憲法下の政治状況はそのような変動をみせていない。そうであるため、裁判をとおしての社会権の具体的実現に限界が生じ、その結果、司法権への期待が希薄とならざるを得ない。このことも課題の一つにあげておかねばならない。

さらに、人権保障について一国の中での問題を検討すればよいというわけではなく、国際人権の動向は常に国内の人権保障問題に影響をもたらす。社会権についてもそれは変わりがないが、その保障の具体化においては、世界の国々でのレベルが同じではないため、これにいかに対処すべきかが難しい課題となっている。

第2節　生存権

1　生存権の意義——その性格と保障のあり方

生存権とは、25条1項で定める「健康で文化的な最低限度の生活を営む権利」のことをいう*。同条は、さらにその2項で、「国は、すべての生活部面について、社会福祉、社会保障及び公衆衛生の向上及び増進に努めなければならない」と定めている。そこで、この規定をめぐり、そこに人権としての生存権が定められているにしても、その性格はいかなるもので、また、この権利の保障を国がいかに

なすのかということに関する議論が交わされてきた。しかし、現時点では、最高裁判例により、その議論に一応の決着がつけられているから、そのことを確認したうえで、この権利がいかに具体的に実現されているかについて注目する。

> *論者によって、これを生存権的基本権と呼んだり、25条の権利のほか、26条から28条までの権利を含めて、つまり、本書での社会権のことを生存権と呼んだりする例がある。そこには、単なる呼称上の違いにとどまらない、理念上の問題がなくはないが、基本的考え方は、すでに言及した（⇨ 本章第 1 節 **2**）

最高裁判所は、1982年の堀木訴訟判決*において、生存権の性格とともに、生存権の保障に対する審査のあり方を次のように判示した。

「憲法25条の規定は、国権の作用に対し、一定の目的を設定しその実現のための積極的な発動を期待するという性質のものである。しかも、右規定にいう『健康で文化的な最低限度の生活』なるものは、きわめて抽象的・相対的な概念であって、その具体的内容は、その時々における文化の発達の程度、経済的・社会的条件、一般的な国民生活の状況等との相関関係において判断決定されるべきものであるとともに、右規定を現実の立法として具体化するに当たっては、国の財政事情を無視することができず、また、多方面にわたる複雑多様な、しかも高度の専門技術的な考察とそれに基づいた政策的判断を必要とするものである。したがって、憲法25条の規定の趣旨にこたえて具体的にどのような立法措置を講ずるかの選択決定は、立法府の広い裁量にゆだねられており、それが著しく合理性を欠き明らかに裁量の逸脱・濫用と見ざるをえないような場合を除き、裁判所が審査判断するのに適しない事柄であるといわなければならない。」

> *最大判昭和 57・7・7 民集 36 巻 7 号 1235 頁〔Ⅲ-7-6〕。

この判示の趣旨は、以後、生存権の保障を求める訴訟に対して一貫して適用されており、現時点では、確立した法理となっているといってよい。すなわち、25条の生存権は、きわめて抽象的・相対的な概念である「健康で文化的な最低限度の生活」を実現する権利であるから、立法により具体化されざるを得ず、具体化された権利内容が25条の趣旨を実現しているか否かについての司法判断は、広い立法裁量論による、というものである。これにより、その原審判決が示した25条の1項・2項峻別論*はもとより、学説上の具体的権利説、抽象的権利説、プログラム規定説などは、すべて採り入れられていない**。

＊大阪高判昭和50・11・10行集26巻10=11号1268頁〔Ⅲ-7-5〕では、25条2項は、国に防貧施策の義務を、1項は、2項の防貧施策を事後的、補足的、かつ個別的になす救貧施策の義務を国に命じていると解釈する。そこにいう防貧、救貧とは、まことに観念的なとらえ方で、現実面にそれをあてはめようとしても難しく、その解釈論は理解し難い。

　＊＊そうであるにもかかわらず、学説上、依然としてそれらの説に基づく説明をする例がある。考え方としてはともかく、現実の法を語るためには有効ではない。

　なお、生存権の憲法上の保障は、外国人に対して及ぶものではなく（⇒本章第1節1参照）、最高裁判所もそれを確認しているが＊、外国人が生活保護をまったく受給できないわけではない＊＊。

　＊最二小判平成26・7・18判自386号78頁。この判決において、外国人は、行政庁の通達等に基づく行政措置により事実上の保護の対象となり得るにとどまり、生活保護法に基づく保護の対象となるものではなく、同法に基づく受給権を有しない、と判示している。なお、国籍要件との関係で、障害福祉年金の特別支給の請求を否認した第一次塩見訴訟判決（最一小判平成元・3・2訟月35巻9号1754頁）、および第二次塩見訴訟に対する大阪高判平成8・7・26判自176号69頁〔Ⅲ-7-8〕も参照。

　＊＊前掲の最高裁判決の対象となった訴訟は、日本永住の在留資格を有する外国人が生活保護法上の生活保護の申請をしたところ、市の福祉事務所長による却下決定を受け、それに対する県知事への審査請求に対してもその却下決定が行政不服審査法上の処分に該当しないとして却下の裁決を受けた事件であるが、裁判所は、その却下決定に処分性を認め、審査請求適格を認めた（大分地判平成22・9・30判時2113号100頁）。その事件で、国は、外国人に対して国民と同程度に生存権を保障するものでないとの前提に立ち、「現在、保護の実施機関は、生活保護法を準用して、永住者等の外国人の生活保護申請を受理し、保護の要否を決しているが、これは同受給権があることを前提としたものでなく、行政上の措置にすぎない」と主張している。なお、厚生労働省は、この判決後、「生活保護に係る外国籍の方からの不服申立ての取扱いについて」（平成22年10月22日社援保発1022第1号厚生労働省社会・援護局保護課長通知）という通知を全国の自治体に通知し、外国人の生活保護の不服申立てに対しては、外国人であることを理由にこれを棄却する扱いがなされることとなっている。

2　生存権保障の具体的実現

（1）　社会福祉立法　　生存権は、その保障を実現するためにはまず法律が制

定されることを必要とする。制定された法律との関係で、25条の権利保障の趣旨に合致するか否かが問われるのであるが、前述の1で確認したように、生存権保障を求める訴訟（以下ではこれを「生存権訴訟」と呼ぶ）における司法的統制は、広い立法裁量論のもとに処理され、裁判による救済の余地は、かなり限られたものとなっている。その実情の一端を示すと次のようである。

生活保護法（昭和25年法律144号）は、25条の理念に基づき、「国が生活に困窮するすべての国民に対し、その困窮の程度に応じ、必要な保護を行い、その最低限度の生活を保障するとともに、その自立を助長することを目的とする」(1条)法律であり、生存権の保障の具体化をする代表的法律である。そこにいう必要な保護は、生活困窮者のほぼ全生活場面に対してなされるようになっている*。

*生活保護法が定める扶助の種類は、生活、教育、住宅、医療、介護、出産、生業、および葬祭の扶助となっている（同法11条）。

生活保護を必要とする者には、多方面の扶助が用意されているが、事の性質上、要保護者が不満足感を抱くことは避け難く、裁判所に救済を求める事例は少なくない*。かつての有名な朝日訴訟**ほか、今日までに多くの訴訟が提起されているが、最高裁判所は、一貫して政府の生活保護施策に積極的な介入をすることを避けている。近年の例として、生活保護の老齢加算の廃止が25条1項、生活保護法3条、8条、9条、56条等に違反するとして保護変更決定の取消しを求めた訴訟が各地で提起されたことに注目させられるが、これに対して、最高裁判所は、請求を否認する姿勢を崩していない***。そこでは、生活保護法56条が規定する不利益変更の禁止が適用されるのか注目されたが、最高裁判所は、老齢加算の廃止にかかる事情に詳しく立ち入りながら、保護基準の改定について、裁量権の逸脱・濫用であるとは判断しなかった。この消極の判断は、先例の堀木訴訟判決と同様、生存権保障についての司法権の限界を再認識させたものとなっている（⇨後述(2)）。

*生活保護に関する処分に対しては、審査請求前置主義がとられており、いきなり訴訟を提起することはできない。

**朝日訴訟は、肺結核のため国立療養所に入所中の原告・朝日氏が厚生大臣（当時）の定めた生活扶助基準の月額600円が25条の趣旨に反するとして訴えた事件であるが、一審の裁判官が岡山の療養所に出向いて実情を見聞したうえで、生活保護法に違反す

るとの積極的な判決（東京地判昭和35・10・19行集11巻10号2921頁〔Ⅲ-7-2〕）を下したため、一躍注目を浴びることとなった。最高裁判所は、生活保護受給権が一身専属の権利であるとの性格付けを根拠として、朝日氏の死去による訴訟の終了を宣告した（最大判昭和42・5・24民集21巻5号1043頁〔Ⅲ-7-3〕）。その判決では、傍論で、生存権訴訟に対する最高裁判所の見解が示されたが、それは、先例となり得ず、それゆえ、前掲の堀木訴訟判決が生存権訴訟の先例となっている。なお、堀木訴訟判決は、ずっと以前の食糧管理法違反事件判決（最大判昭和23・9・29刑集2巻10号1235頁〔Ⅲ-7-1〕）に言及して、当然のことながら朝日訴訟判決を引用していない。

＊＊＊最三小判平成24・2・28民集66巻3号1240頁。最二小判平成24・4・2民集66巻6号2367頁は、同種訴訟中で唯一原告勝訴判決であった福岡高判平成22・6・14判時2085号76頁を破棄差戻ししている。

　国民年金法（昭和34年法律141号）も、25条の理念を実現する法律の代表である。その1条は、「国民年金制度は、日本国憲法第25条第2項に規定する理念に基き、老齢、障害又は死亡によって国民生活の安定がそこなわれることを国民の共同連帯によって防止し、もって健全な国民生活の維持及び向上に寄与することを目的とする」と規定する。この法目的のもとに、多様な施策が設けられており、それにかかわる訴訟も多い。その一例として、学生無年金障害者訴訟に目を向けると、最高裁判所は、国民年金制度の概要や、20歳以上の学生についての任意加入制度について立ち入って説明しつつ、そこに制度の合理性を認め、20歳以上の学生について国民保険の強制加入被保険者とする措置を講じなかったことに違法がないなどと判示している＊。この判決も、前述の生活保護老齢加算廃止訴訟の判決同様、国民年金制度の内容に詳しく審査を及ぼしつつも、政府の政策決定を尊重する姿勢を維持している。

＊最二小判平成19・9・28民集61巻6号2345頁〔Ⅲ-7-9〕。近年の生存権訴訟に対する判決において、最高裁判所は、法制度の内容についてかなり立ち入った制度趣旨の説明をしていることは、結論はともかく、判断手法の特徴だということができる。

(2) 司法的統制の余地　このように、判例の動向をみると、最高裁判所が社会福祉立法の規定やその適用について違憲の判断を下した裁判はない＊。つまり、堀木訴訟判決以降は、広い立法裁量論のもとで、違憲の判断を期待することはできない状態が支配的となっている。そこで、生存権保障の領域では、司法的統制の余地はないと受けとめねばならないのであろうか。

＊ただし、行政機関による福祉関係処分について違法の判断を下した裁判例はある。本項の最後の＊欄を参照。

　この問題を検討するにあたり、下級審判決において、生存権訴訟に積極的な判断を下している例に注目して考察することが考えられる。たとえば、堀木訴訟も、その第一審判決は、児童扶養手当法の併給禁止規定が、障害福祉年金を受給している母子世帯と、父がそれを受給し健全な母が児童を養育する世帯との間に差別を設けるものであり、平等原則違反だとの主張を容認している＊。また、国民年金法に基づく老齢福祉年金の受給について、同法の夫婦受給制限規定の不合理性を争った牧野訴訟に対しても、東京地方裁判所は、差別すべき合理的理由が認められないとし、主張を認めている＊＊。さらに、学生無年金障害者訴訟に対して、東京地方裁判所は、不合理な差別的扱いの立法措置を指摘して、不支給処分の取消しや国家賠償請求の認容をする判断を下している＊＊＊。

　＊神戸地判昭和47・9・20行集23巻8=9号711頁。この積極的判断が強い関心を呼び、以後の上訴の段階で、生存権訴訟としての支援運動団体が生まれ、25条論が争点の中心を占め、平等原則違反の論調が弱くなったといえる。
　＊＊東京地判昭和43・7・15行集19巻7号1196頁〔Ⅲ-7-4〕。この判決後の昭和44年に、当該規定の国民年金法80条2項の削除がなされ、この判決は、確定した。なお、同様の争点（昭和44年削除前の規定）についての松本訴訟に対しては、牧野訴訟とは反対の判断が下級審裁判所によって下されている（神戸地判昭和49・10・11行集25巻11号1395頁、大阪高判昭和51・12・17行集27巻11=12号1836頁）。
　＊＊＊東京地判平成16・3・24訟月52巻2号595頁。

　これらの例から、14条の平等保護原則を主張したほうが有効だとの理解を即断するのではなく、裁判所の判断内容が25条違反の主張と異なる性格を帯びていることに注目したい。後述するように、生存権訴訟は、政治部門の社会福祉政策を攻撃し、対決する性格を帯びがちであるが、14条の性差別問題とすると、すでに展開しているその分野での法理に結びつけられ、また、当事者の個別の事情に焦点を当てた審査がしやすいといえるからである。堀木訴訟の最高裁判決も、その判決理由の最後に、言葉少なく14条違反にふれているが、それは、当事者の主張が弱かったためだとみることができる＊。

　＊論者の中には、14条違反の主張に対しても広い立法裁量論が適用されるから、25条論と変わりがないとの指摘がある。しかし、本書ですでにみているように、性差別につ

いて、広い立法裁量論は、適用されていない（⇨ 第 7 章第 3 節 **2(3)**)。

　また、詳細は省くが、生存権訴訟に対して、第一審裁判所のほうが、上級審、とりわけ最高裁判所の上告審よりは、原告の主張を容認する度合いが高いといえる。それは、下級審裁判所が原告にかかる状態を詳細かつ具体的に審査する事実審としての役割を発揮することに関係しているとみることができる＊。それと対照的に、最高裁判所は、社会福祉訴訟に対する司法政策をも考慮する立場にあり、また、生存権訴訟の性格——これについては次の **3** でふれるが——との関係で、当該訴訟に特化した判断を避けがちとなり、原告の主張が排除されることとなる。このことを、次の **3** でさらに考察する。

> ＊前掲の朝日訴訟の第一審判決はその典型だといえる。また、前述の学生無年金障害者訴訟に対して、不支給処分の取消しと国家賠償を認めた第一審判決（東京地判平成 16・3・24 訟月 52 巻 2 号 595 頁）も参照せよ。さらに、生活を厳しく切り詰めて生活保護費等を蓄えた預貯金について収入と認定して、保護費を減額する保護変更処分に対して違法と判断した加藤訴訟判決（秋田地判平成 5・4・23 行集 44 巻 4=5 号 325 頁）ほか保護廃止処分、生活保護開始決定処分、生活保護変更処分について違法と判断した諸判決（福岡地判平成 10・5・26 判タ 990 号 157 頁、名古屋地判平成 8・10・30 判タ 933 号 109 頁・名古屋高判平成 9・8・8 訟月 44 巻 9 号 1516 頁、金沢地判平成 11・6・11 判タ 1059 号 68 頁・名古屋高金沢支判平成 12・9・11 判タ 1056 号 175 頁）も参照。

3　生存権保障の課題

(1)　広い立法裁量論の克服　　前述の **2** での考察で、生存権訴訟において、訴訟の提起者が満足のいく救済を得ることはきわめて困難であることが判明した。救済が得られるのは、社会福祉立法が 25 条違反といえる場合だが、それは、当該立法が、著しく合理性を欠き明らかに裁量権の逸脱・濫用とみざるを得ないような場合でなければならない。また、社会福祉立法を適用する行政機関の処分について、違憲・違法の司法判断を得ようとしても、同じく裁判所による裁量統制権の積極的行使が望めない＊。そこで、生存権保障の分野では、堀木訴訟判決が示した広い立法裁量論をいかに克服するかということが課題となっている。

> ＊これまでふれている生存権訴訟の多くが社会福祉行政処分の取消請求訴訟である。

　広い立法裁量論を打ち出した堀木訴訟判決では、広い立法裁量論の要因として、

財政事情、高度の専門技術性、および、それらに基づいた政策的判断があげられている。そこで、これらの要因について考察することが、広い立法裁量論の克服の前提となる。

(2) 広い立法裁量論の要因　ⅰ）国の財政事情と生活状況の変化　社会福祉行政の実施には一定の財源を確保する必要がある。このことは確かであり否定することはできない。また、国の財政事情は、時とともに変化し、それは人々の社会生活の状態が変化することと密接な関係をもつ。国の経済状態がよい時と悪い時とで、たとえば生活保護受給者数に変化が生ずることも、多くを語るまでもなく明らかなことである*。これに対して、国家予算の社会保障に充てる額は、財政事情との関係で政治部門が決定することであり、司法権による統制がおよそ及ばない性格のものだといってよい**。

> *たとえば、生活保護の受給世帯は、平成景気(平成元年～3年頃)のもとで59万世帯と最低を記録したが、2012年に212万人を超え、戦後最高となり、2013年では159万余世帯と増加傾向にある（厚生労働省のホームページ〈http://www.mhlw.go.jp/toukei/list/74-16.html〉参照）。
> **社会保障費の国家予算に占める割合は、西欧諸国と比較するときわめて低いことがよく指摘されているが、そうかといってこれは、司法権が介入できる問題ではない。

このように、財政事情には顕著な変化を伴うが、それと同時に、人々の意識の変化も生じており、生活保護受給の身分となることに抵抗感が薄れているとの指摘がよくなされるようになっている*。このことも、司法権が積極的に介入できない現象といわざるを得ない。

> *これには、家族構成や家族間の結びつきが薄れていることも関係している。民法877条は、直系血族および兄弟姉妹に扶養の義務があることを定め、特別の事情があるときには、3親等内の親族間においても家庭裁判所により扶養の義務を負わせることができると定める。生活保護法は、これを受けた支給条件を定めている（1条、4条、77条）が、行政の現場では、それとの関係で難しい問題が生じている。また、不正受給者問題もよく報道され得るようになっている。

ⅱ）高度の専門技術性　堀木訴訟最高裁判決であげられている二つ目の要因は、高度の専門技術性であるが、同訴訟との関係では、これにそれほど説得力があるとはいえないようである。国民年金法に基づく障害保険受給者である母親に対して、児童扶養手当法に基づく児童扶養手当の併給禁止を適用することに、高

度の専門技術性が働いているとはいえそうもないからである。実際に、同判決では、このことに立ち入って説明されてはいない。これは、他の社会福祉政策の策定に該当するようであり、たとえば、前述の生活保護老齢加算廃止訴訟判決＊において、最高裁判所は、生活保護の制度内容について詳しく説明する過程で、次のように述べている。

　　＊最三小判平成 24・2・28 民集 66 巻 3 号 1240 頁。

「（前略）保護基準中の老齢加算に係る部分を改定するに際し、最低限度の生活を維持する上で老齢であることに起因する特別な需要が存在するといえるか否か及び高齢者に係る改定後の生活扶助基準の内容が健康で文化的な生活水準を維持することができるものであるか否かを判断するに当たっては、厚生労働大臣に……専門技術的かつ政策的な見地からの裁量権が認められるものというべきである。なお、同法9条は、保護は要保護者の年齢別、性別、健康状態等その個人又は世帯の実際の必要の相違を考慮して有効かつ適切に行うものとすると規定するが、同条は個々の要保護者又はその世帯の必要に即応した保護の決定及び実施を求めるものであって、保護基準の内容を規律するものではない。また、同条が要保護者に特別な需要が存在する場合において保護の内容について特別な考慮をすべきことを定めたものであることに照らせば、仮に加算の減額又は廃止に当たって同条の趣旨を参酌するとしても、上記のような専門技術的かつ政策的な見地からの裁量権に基づく高齢者の特別な需要の存否に係る判断を基礎としてこれをすべきことは明らかである。」

　これは、要するに、生活保護基準の改定にあたって社会福祉施策にかかるさまざまな事情を斟酌せねばならず、そのような判断をする役割をもっているのが厚生労働大臣であって裁判所でないことを、専門技術的かつ政策的な見地からなす裁量権の行使だと説いているのである。ここには、専門技術的な判断をなすにあたっての限界については、著しく合理性を欠き明らかに裁量権の逸脱・濫用に至らないものであることが含意されている。もちろん、高度な専門技術的判断においては、そのような限界を超えることはきわめてまれであるといえるのだが。

　iii）　**政策的判断**　　堀木訴訟判決は、広い立法裁量論の要因の最後に、政策的判断をあげている。

　政治過程の実際をみると、時々の政府の社会福祉行政に対する政策が社会福祉

立法の制定過程に強く働いていることは否定できない。そこで、政策の決定過程で、25条の理念をいかように実現するかの判断が重要な意義をもっているのであるが、社会福祉政策についての政治理念が異なる政治勢力が交替で政権をとるならば、バランスのとれた社会福祉行政が形成され、遂行されることになるはずである。しかし、日本の政治は、なかなかその状態を確立できないでいる。

また、司法的救済との関係では、生存権訴訟の基本的性格を理解する必要がある。それは、堀木訴訟の弁護団が唱えていたように、政府の社会福祉行政を糾弾するという訴訟遂行の目的に体現されている。かつての朝日訴訟以来、広く注目される度合いの高い生存権訴訟であればあるほど、ほとんどがそのような政府との対決型の訴訟の性格を帯びている。このような生存権訴訟の性格ゆえに、最高裁判所は、社会福祉政策の内容に立ち入らず、不干渉の司法政策をとっているとみることができる＊。

＊これは、争点に大きな違いがあるにもかかわらず9条関係訴訟と同様の性格をもっている。

(3) 生存権訴訟のインパクト　　最後に、生存権訴訟提起のもたらすインパクトについて注目しておく。

堀木訴訟を例にみると、その訴訟の提起により、児童扶養手当法に併給禁止規定を設けることに対して、国会での論議が尽くされていない、いや、野党がそれについての追及を怠っていたことが明らかになった。また、同訴訟の一審判決後、国会は、当該規定の廃止措置をした＊。また、先にふれた朝日訴訟の第一審判決が生活保護基準につき違法との判断を下した後、保護基準は、常に社会状態にてらして変更されるようになっている。他の生存権訴訟についても、その詳細にふれる余裕がないが、全体として、訴訟の提起が、政府の社会福祉行政のあり方に何がしかのインパクトを与えていることは確かである。したがって、広い立法裁量論の適用を根拠に、生存権訴訟の提起が無意味だとはいえないことを確認することが重要である。

＊しかし、最高裁判所の合憲判決が出ると、併給禁止が復活した。ただし、現在は、児童扶養手当法4条3項2号がそれで、母、父、養育者について同等に扱われている。

なお、東日本大震災後の政府の対応との関係で、25条の実現にかかる主張がなされたが、そのような緊急事態への対処について、25条から政策内容が論理

必然的に導かれるわけではなく、施策決定過程で具体的内容が形成されていくものであることを認識すべきである。

第3節　教育を受ける権利

1　意　義

26条は、1項で、教育を受ける権利を保障するとともに、2項で、子どもに教育を受けさせる親の義務を定めている。その意味について、旭川学力テスト事件に対する最高裁判決*は、次のように説明している。

> *最大判昭和51・5・21刑集30巻5号615頁〔Ⅲ-7-14〕。この旭川学力テスト事件判決は、教育を受ける権利について、また、教育権の所在や親の教育の自由と国の教育内容の決定権の関係などについてまで丁寧に説かれており、説得力に満ちた内容の判決だとの高い評価を受けている。

「福祉国家の理念に基づき、国が積極的に教育に関する諸施設を設けて国民の利用に供する責務を負うことを明らかにするとともに、子どもに対する基礎的教育である普通教育の絶対的必要性にかんがみ、親に対し、その子女に普通教育を受けさせる義務を課し、かつ、その費用を国において負担すべきことを宣言したものであるが、この規定の背後には、国民各自が、一個の人間として、また、一市民として、成長、発達し、自己の人格を完成、実現するために必要な学習をする固有の権利を有すること、特に、自ら学習することのできない子どもは、その学習要求を充足するための教育を自己に施すことを大人一般に対して要求する権利を有するとの観念が存在していると考えられる。換言すれば、子どもの教育は、教育を施す者の支配的権能ではなく、何よりもまず、子どもの学習をする権利に対応し、その充足をはかりうる立場にある者の責務に属するものとしてとらえられているのである。」

この判示において、教育を受ける権利とは、要するに、福祉国家理念に基づく権利、すなわち社会権に属するものであること、「国民各自が、一個の人間として、また、一市民として、成長、発達し、自己の人格を完成、実現するために必要な学習をする固有の権利」であり、とりわけ、子どもの学習する権利がその権利の中軸をなすものだということが説かれ、今日では、この意義付けが広く受け

入れられているといってよい＊。

> ＊この判示に至る背景として、文部省（現在は、文部科学省）実施の教科書検定や学力テストに関連して展開された教育権論争がある（⇨ 本節2(2)）。

そもそも教育については、古今東西多様な理念が説かれ、その意義付けについて誰もが満足する内容を得ることは容易でない＊。26条の教育は、そのことを背景としつつも、国民各自が一市民として社会で生活できるように、国家が支援する意味をもっている。つまり、公教育制度を設け、学校での教育を子どもに受けさせることが中軸にある。それゆえ、最高裁判所は、子どもの学習権を、26条の教育を受ける権利から導いている＊＊。

> ＊教育の理想、理念、哲学は、多くの哲学者、思想家などによって説かれているばかりでなく、人々は、それぞれ自己の理想とする教育理念を抱いている。ところが、近代以降、国は学校を設け、公教育を実施するようになると、教育のあり方をめぐる議論は、社会での理念の交錯だけでなく、対国家との関係でも盛んとなり、時には先鋭化している。それゆえ、教育を受ける権利の保障について、司法権は、自由権の保障とは異なる姿勢をもたざるを得ない。
>
> ＊＊子どもの学習権は、第二次家永教科書検定訴訟の第一審判決（東京地判昭和45・7・17行集21巻7号別冊1頁〔Ⅲ-7-10〕）でもふれているが、本判決以降、麹町中学校内申書訴訟の下級審判決（東京地判昭和54・3・28判時921号18頁〔Ⅲ-7-15〕、東京高判昭和57・5・19高民35巻2号105頁）、第三次家永教科書検定訴訟第一審判決（東京地判平成元・10・3訟月36巻6号895頁）などで認められている。

また、26条1項では、「法律の定めるところにより」、国民が教育を受ける権利を有すると定めており、これは、国がその権利の具体的実現をなす施策をとおして権利の具体的実現がなされることを示している。法律による権利の具体的実現は、他の社会権と同じ性格をもつものであり、司法権は、法律により具体化された教育を受ける権利の内容について、独自の見解を投入することを控え、対立する教育理念の調整役を果たすこととなる。

2 教育を受ける権利保障の実現

(1) 法律による具体化の概要　教育を受ける権利は、法律により具体的実現がなされるが、そもそも権利対象の教育は、すでに指摘しているように、その理念、内容が一律に定まらないがゆえに、法制度の構築にあたっては、何か基本

とする拠り所が必要である。そこで、日本国憲法制定とともに、この教育についての特別な法秩序の基本が設定された。それが教育基本法（昭和22年法律25条）である。この基本法のもとに、教育関係法規が制定されており、これを総称する教育法は、独立した法分野となっている。

ところが、この教育基本法自体が教育をめぐる理念の衝突を生む元となった。政治部門での激しい論議を経て、2006（平成18）年に全面改正がなされて施行され、今日に至っている。それとともに、教育を受ける権利を具体化する中心的法律の学校教育法（昭和22年法律26号）も改正され、学習指導要領*にも改訂が加えられている。その過程には、法律を制定して権利の具体化をすることに伴いがちな政治的要因が働いている。

＊学習指導要領は、学校教育法施行規則52条（小学校対象）、74条（中学校対象）、84条（高等学校対象）で定めることとされ、教育分野の所管庁である文部科学省が告示する教育課程の基準であるが、法規としての性質を有するとされている（最一小判平成2・1・18判時1337号3頁参照）。

その教育への政治的要因の介入につき、前掲の旭川学力テスト事件最高裁判決は、次のように説いている。

「もとより、政党政治の下で多数決原理によってされる国政上の意思決定は、さまざまな政治的要因によって左右されるものであるから、本来人間の内面的価値に関する文化的な営みとして、党派的な政治的観念や利害によって支配されるべきでない教育にそのような政治的影響が深く入り込む危険があることを考えるときは、教育内容に対する右のごとき国家的介入についてはできるだけ抑制的であることが要請されるし、殊に個人の基本的自由を認め、その人格の独立を国政上尊重すべきものとしている憲法の下においては、子どもが自由かつ独立の人格として成長することを妨げるような国家的介入、例えば、誤った知識や一方的な観念を子どもに植えつけるような内容の教育を施すことを強制するようなことは、憲法26条、13条の規定上からも許されないと解することができる……」と。

ただし、最高裁判所は、このように説示しつつも、「これらのことは、……子どもの教育内容に対する国の正当な理由に基づく合理的な決定権能を否定する理由となるものではないといわなければならない」とも判示し、国の施策の正当性、合理性については、立ち入った審査をしているわけではない。

(2) 教育権の所在　　教育を受ける権利の保障についての論議においては、権利の対象たる教育の内容や方法についての決定権をどこがもっているのか、ということをめぐる激しい論議が交わされた*。国家教育権説と国民教育権説とが対立したいわゆる教育権論争がそれである。両説については、これも旭川学力テスト事件の最高裁判決が要約するところによる。

*文部省（当時）の実施した教科書検定（⇨ 第8章第4節 **4(2)** ii ）や学力テストにかかわる訴訟・裁判およびそれに関連して、その論議が展開した。

まず、国家教育権説は、「子どもの教育は、親を含む国民全体の共通関心事であり、公教育制度は、このような国民の期待と要求に応じて形成、実施されるものであって、そこにおいて支配し、実現されるべきものは国民全体の教育意思であるが、この国民全体の教育意思は、憲法の採用する議会制民主主義の下においては、国民全体の意思の決定の唯一のルートである国会の法律制定を通じて具体化されるべきものであるから、法律は、当然に、公教育における教育の内容及び方法についても包括的にこれを定めることができ、また、教育行政機関も、法律の授権に基づく限り、広くこれらの事項について決定権限を有する、と主張する。」これに対し、国民教育権説は、「子どもの教育は、憲法26条の保障する子どもの教育を受ける権利に対する責務として行われるべきもので、このような責務をになう者は、親を中心とする国民全体であり、公教育としての子どもの教育は、いわば親の教育義務の共同化ともいうべき性格をもつのであって、それ故にまた、教基法10条1項も、教育は、国民全体の信託の下に、これに対して直接に責任を負うように行われなければならないとしている、したがって、権力主体としての国の子どもの教育に対するかかわり合いは、右のような国民の教育義務の遂行を側面から助成するための諸条件の整備に限られ、子どもの教育の内容及び方法については、国は原則として介入権能をもたず、教育は、その実施にあたる教師が、その教育専門家としての立場から、国民全体に対して教育的、文化的責任を負うような形で、その内容及び方法を決定、遂行すべきものであり、このことはまた、憲法23条における学問の自由の保障が、学問研究の自由ばかりでなく、教授の自由をも含み、教授の自由は、教育の本質上、高等教育のみならず、普通教育におけるそれにも及ぶと解すべきことによっても裏付けられる、と主張するのである。」

この二つの見解に対して、最高裁判所は、「いずれも極端かつ一方的であり、そのいずれをも全面的に採用することはできないと考える」と判示したのであるが、これにより、教育権論争には結着がつけられたといえるし、これが最高裁判決に対する評価の理由の一つとなっている。

　教育権論争には結着がついたからといって、論争の根底にある教育内容や方法について決定されるところにまで議論が収束したわけではない。最高裁判所は、教育の内容や方法について、親、学校・教師、国の三者に権限が分担されることにより具体的実現がなされると説いているのである。これは、本書の各所で述べているように、憲法秩序の形成という側面であり、妥当だと評するべきである*。

　　＊これに対して、最高裁判決が「玉虫色の判決」だと評する見解がある。しかし、最高裁判所が何か決定的解答をすることは、最高裁判所という公権力による教育への介入を生じさせることとなるから、玉虫色の判示こそ最高裁判所のとるべき姿勢だとの良い評価をすべきである。

　(3) 義務教育の無償　　26条2項後段では、義務教育の無償が規定されている。国が義務教育制度を担い、教育を受ける権利の実現に責任をもっているのであるから、無償とするのは当然といえるが、それは、義務教育にかかる費用のどこまでを指すのかが問題となる。

　最高裁判所は、かつて、教科書代金を徴収していた頃、それが憲法違反だと主張した訴訟に対して、憲法の定める義務教育の無償とは、「国が義務教育を提供するにつき有償としないこと、換言すれば、子女の保護者に対しその子女に普通教育を受けさせるにつき、その対価を徴収しないことを定めたもの」と、判示した*。そして、「国が保護者の教科書等の費用の負担についても、これをできるだけ軽減するよう配慮、努力することは望ましいところであるが、それは、国の財政等の事情を考慮して立法政策の問題として解決すべき事柄」だと説いた。

　　＊最大判昭和39・2・26民集18巻2号343頁〔Ⅲ-7-16〕。

　ところが、その判決の前年に、教科書の無償提供が実現しており*、訴訟の提起が政治部門にインパクトを与えたとみることができる。最高裁判所の立法裁量論に依拠した判示は、前述の教育権の場合と同様に、この分野の司法権の限界を表すものといえる。

　　＊義務教育諸学校の教科用図書の無償措置に関する法律（昭和38年法律182号）参照。

なお、義務教育過程における諸費用を親が負担することについて、さらに、進学率の高くなった高校教育履修にかかる費用について*、依然、問題とされている。

> *現在、公立高等学校については、学校教育法6条本文の規定にかかわらず、授業料を徴収しないものとされている。公立高等学校に係る授業料の不徴収及び高等学校等就学支援金の支給に関する法律（平成22年法律18号）の2条2号、3条1項参照。また、私立の高等学校についても支援金が支給されている。同法2条1号、4条1項、6条を参照。

(4) 教育行政権　26条にいう教育は、学校におけるそれを主として指すが、それに限られない。教育基本法は、学校以外の教育として、生涯学習（3条）、家庭教育（10条）、社会教育（12条）について定めており、それらについても、国や地方公共団体が必要な施策を講じ、振興に努めるべきことをうたっている。こうした広い範囲の教育について、教育行政がなされるのであるが、教育基本法16条は、その教育行政の基本理念を定めている。そして、その理念どおりに個々の教育行政が実行されているか、教育を受ける権利を侵害していないか等についての問題に対しては、立法裁量論に依拠するがゆえに、司法的統制は、ほとんどなされない。

3　教育を受ける権利の保障の課題

(1) 概観　教育を受ける権利の保障については、最高裁判所が教育権論争に一応の結着をつけたこと、また、政治、経済、社会のすべての場面で変化がみられたこともあり、かつてほどの議論が交わされなくなっているといえる。また、教育を受ける権利の具体的保障内容が26条から論理必然的に導かれるものではなく、論議をとおして憲法の意味が形成されていくものであることを、ここでも確認することが重要である。

(2) 課題の対象　現状にてらし、教育を受ける権利の課題の主要なものとして、次のような点を指摘することができる。

まず、少子化の問題がある。子どもの学習権を充実させることは、当然だとしても、高齢化社会との関係で、教育の内容や方法に大きな改革が求められている。それと同時に、生涯教育の意義についても、見直し、再検討が必要である。

また、コンピューター化、電子化した社会に対応させた教育方法の検討が進行中であるが、これも政治部門の政策に委ねられるところが大きく、26条の教育を受ける権利をそれらとの関係でいかに具体的に実現していくべきかといった議論は、展開し得ない。

　さらに、外国人の子どもに教育を受ける権利を保障する問題がある。他の社会権と同じく、26条や教育基本法は、日本国籍を有する者を直接の対象としている。しかし、国際人権規約や外国との関係にてらして、公立の小学校、中学校等では入学を希望する外国人の子どもを無償で受け入れる等の措置を講じており、これらの取り組みにより、外国人の子どもの教育を受ける権利は、行政実務上実現している。

　このように、教育を受ける権利にかかる課題は、将来に向けて、新たな工夫や発想を必要とするが、憲法規範として語る余地は、後追いのかたちでしかなし得ない。

第4節　勤労権

1　意　　義

　27条1項は、勤労の権利を保障している。そこでは、勤労の義務も規定しているが、それは後述するように国民に精神的指示を与えるという意味合いであり（⇨第13章第3節）、ここで関心を向けるべきは、人権としての勤労の権利（以下では、「勤労権」あるいは「労働権」という）である。そして、勤労権の保障は、契約の自由を基盤にし、そこに国が勤労者を保護したり支援したりする施策を法律によりなすことを意味しており、個々の国民が国に対して就労の機会を与えるように請求できるわけではない。

　そのことは、27条2項で、「賃金、就業時間、休息その他の勤労条件に関する基準」について法律で定めることをうたっていることに表れている。これは、社会権の一つである勤労権を具体的に実現するために、国が果たすべき法律制定の義務の内容を示したものであると理解できる。これを受けて、労働基準法、労働契約法、最低賃金法、職業安定法などの法律が実際に制定されている。ただし、勤労権の法的性格を確認ないし確定することによって、それらの法律の内容が論

理必然的に決まっているわけではない（⇨本章第1節2）*。むしろ逆であり、これらの法律の内容をみることにより、勤労権の具体的意味を知ることができるのである。つまり、勤労権の具体的実現過程には、立法府の政策的要因が多分に働いている。しかし、次の2でみるように、広く人権保障上の要請、とりわけ判例によって形成される人権保障法理は、その立法府の政策決定に影響を与えるので、立法府の政策決定が無制約であるというわけではない。つまり、勤労権の具体的実現も、憲法秩序形成過程の一場面であることは、他の人権分野と変わらない。

　　*勤労権の法的性格論についても、生存権について述べたように関心を向けない。

　なお、27条は、もう一つ、児童の酷使を禁ずる規定を置いているが（3項）、これは、児童を過酷な労働環境で労働させた資本主義経済の発展過程でみられた体験を繰り返させないための警告である。この規定を実効化するために、労働基準法（昭和22年法律49号）は、特に年少者の労働に関する規程を置き（56条〜64条）、さらに、児童福祉法（昭和22年法律164号）は、年少者の労働問題にとどまらず、児童が心身ともに健やかに生まれかつ育成され、また、その生活が保障されて愛護されなければならないとの理念に基づく（1条）定めをしている。

2　勤労権保障の実現

(1) 労働契約と労働契約法　　勤労権は、企業・使用者と労働者とが結ぶ契約、すなわち労働契約に基づいて行使される。この労働契約は、両者が対等であれば法律関係に問題が生じない。しかし、使用者側のほうが強い立場にあるため、労働者側の権益が不合理な扱いを受けることになる。勤労権の保障を憲法でうたい、その実現のための法律制定事項まで規定しているのは、歴史的に現実に生じたそのような労使間の不合理性を背景としている。

　実際に生まれた労働契約をめぐって、その合理性、妥当性が裁判をはじめとするさまざまな機会に議論され、検討されてきた。それを集約するかたちで、2007年に労働契約法（平成19年法律128号）が制定されている。その1条（目的）は、次のようにうたっている。「この法律は、労働者及び使用者の自主的な交渉の下で、労働契約が合意により成立し、又は変更されるという合意の原則その他労働契約に関する基本的事項を定めることにより、合理的な労働条件の決定又は変更が円滑に行われるようにすることを通じて、労働者の保護を図りつつ、個別

の労働関係の安定に資することを目的とする。」この目的につづき、労働契約の原則を定め（同法3条）、使用者が労働条件や労働契約の内容について、労働者の理解を深めるようにすることを規定しており（同法4条1項）、他方、そこに刑罰規定がみられず、行政機関による監督規定もないことにてらすと、27条のもとで展開し、形成されてきた法秩序を確認するという意義をみることができる*。

> *労働契約法のどこにも憲法27条がふれられてはいない。つまり、労働者の権利・勤労権にかかる法秩序がもっぱら民事規範の場面で扱われているところに特色があるが、これも27条のもとの憲法秩序だということはできる。

(2) 労働基準法 労働基準法（昭和22年法律49号）は、憲法27条2項の趣旨を実現する代表的な法律である。また、前述の**(1)**でみた労働契約法は、この労働基準法のもとで形成されている法秩序を基盤としている。

この法律は、「労働条件は、労働者が人たるに値する生活を営むための必要を充たすべきものでなければならない」と、労働条件の原則をうたい（1条1項）、さらに、この法律が定める基準は、「最低のものであるから、労働関係の当事者は、この基準を理由として労働条件を低下させてはならないことはもとより、その向上を図るように努めなければならない」と、基準の意味を明示している（同条2項）。

特に、賃金、労働時間その他の労働条件について、憲法14条1項の平等原則を適用し（3条、4条）、使用者に対し労働者の選挙権の行使を保障するように命ずる（7条）など、人権保障の実現を使用者と労働者の関係に求めている。また、監督機関を置いて、労働基準の遵守を浸透させる制度も設けられている（同法97条～105条）。

3 勤労権保障の課題

社会権は、法律によりその保障が実現するが、以上で確認しているように、勤労権についても例外ではない。勤労権にかかわる法律が常にその保護を目的とするものならば問題ないが、現実には、労働者にとって不利益な内容の法制度が制定されることが少なくない。そして、これもすでに指摘したように、政治部門において、異なる政治理念の政党が交替して政権を維持するようになっていれば、労働者を保護する政策の実現の余地が生ずる。しかし、現実には、経済力の成長

や効率を優先する政党が政策決定を長期に継続しており、そのようなバランスの形成が危うくなっている*。

> *近年の例として、いわゆる解雇規制特区構想がある。これは、2013年発足の安倍政権が規制緩和の目玉の一つとしたもので、国家戦略特区の中で、解雇ルール、労働時間法制、有期雇用制度の3点を見直し、外国企業や新興企業の誘致に結びつけようとしたものである。しかし、厚生労働省が、「憲法上、特区内外で労働規制に差をつけられない」と主張したため、特区は実現しなかった。対立する政党でなく、行政機関が憲法を根拠にした抑制力を発揮しているところに注目させられる。

27条の権利保障についての紛争は、最終的には、司法権により解決されるのが司法国家の理念上当然のことである。しかし、上述のような勤労権の性格によるためか、みるべき最高裁判例は存在しない。その背景を見極めることも、課題の一つである。

第5節　労働基本権

1　意　義

28条は、勤労者・労働者の団結権、団体交渉権、およびその他の団体行動権を保障している。これら三つの権利は、資本主義経済の歴史的発展過程で、雇用者・使用者より弱い地位になりがちな労働者を保護するために構築された基本的人権である。すなわち、この労働基本権の享有主体は、労働者であり、国は、労働者の保護のために、この労働三権の保障を実現する責務を負っている。その責務は、他の社会権同様、法律を制定することにより権利保障の具体化に努めることである。その法律の代表が労働組合法（昭和24年法律174号）や労働関係調整法（昭和21年法律25号）であり、他の関連する諸法律により、労働法という法分野を構成している*。

> *前述の27条が保障する勤労権にかかる諸法律とこの労働基本権にかかる諸法律とで労働法の法分野が形成されている。つまり、勤労権や労働基本権の保障の具体的実現は、前章までに考察してきた他の社会権同様、それらの諸法律によりなされており、その実際の適用状態が憲法秩序といえるのである。ここでも、28条から論理必然的に労働基本権の具体的内容が導き出されるわけではないことを確認しておく。そうかといって、以下で、労働法分野の法状況をつぶさに扱うことは不可能であるため、28条をめ

ぐって、通常、憲法問題だとされているところを扱うことにしている。

労働基本権の保障の趣旨は、労働組合法（以下、「労組法」という）の目的を定めた同法の1条1項に示されている。すなわち、「労働者が使用者との交渉において対等の立場に立つことを促進することにより労働者の地位を向上させること、労働者がその労働条件について交渉するために自ら代表者を選出することその他の団体行動を行うために自主的に労働組合を組織し、団結することを擁護すること並びに使用者と労働者との関係を規制する労働協約を締結するための団体交渉をすること及びその手続を助成すること」が労働基本権の保障内容である。また、ここにあげる目的を達成するためにした、労働組合の団体交渉等の行為であって、それが正当なものであると、刑法35条の規定が適用され、刑事責任が問われない（労組法1条2項）。そして、「いかなる場合においても、暴力の行使は、労働組合の正当な行為と解釈されてはならない」と、同規定のただし書において労働組合の行為の限界が定められている。また、正当な争議行為については、刑事免責とともに民事免責も認めている（労組法8条）。

労組法は、この法目的の規定のもとに、労働基本権の保障を実効化する規定を置いており、使用者の不当労働行為となる行為を定め（7条）、使用者委員、労働者委員、および公益委員の三者からなる労働委員会が労働者と使用者の間で生ずる紛争等に対処することになっている。労働委員会は、不当労働行為事件の審査などや労働争議のあっせん、調停、仲裁を行う（20条）＊。

<small>＊労働委員会は、このように準司法的機能をもっている。そこで、労働委員会の判断が司法的統制においてどの程度拘束力をもっているかが関心の対象である。</small>

2 一般労働者の労働基本権の保障

(1) 保障の実現 　ⅰ）**労働者** 　労働者とは、労組法3条が定めるように、「職業の種類を問わず、賃金、給料その他これに準ずる収入によって生活する者」である。職業の種類を問わずとあるから、公務員も労働者といえるし、判例においても、そのように理解されているとみてよい＊。しかし、法制度上、後述するように、公務員労働者については、労働三権の保障上、異なる扱いがなされている。そこで、ここでは、公務員を除いた一般労働者の労働基本権の保障についてみることにし、公務員については、別途の扱いとする（⇨本節3）。

＊政令 201 号事件の最大判昭和 28・4・8 刑集 7 巻 4 号 775 頁〔Ⅲ-7-20〕や全逓名古屋中郵事件の最大判昭和 52・5・4 刑集 31 巻 3 号 182 頁〔Ⅲ-7-26〕など。ただし、後述の全農林警職法事件判決（最大判昭和 48・4・25 刑集 27 巻 4 号 547 頁〔Ⅲ-7-24〕）では、公務員が私企業の労働者と異なることが強調されている。

　一般労働者にとって、労働三権は、28 条で保障されている基本的人権であるが、社会権としての性格を反映した具体的保障状況をみなければならない。ただし、生存権のように個別の法律による保護の場面で立法政策とのかかわりをみせる度合いは少ないが、政府の労働政策の影響は、避け難い。また、国際的な労働者の保護の動向とも関連があり、それに対応する政府の労働政策も看過できない＊。

＊スイスのジュネーブに本部を置く国際労働機関（ILO）は、国際連合の専門機関の一つで、その総会や理事会は、加盟国の政府代表に加え、使用者代表と労働者代表の三者により構成され、総会が条約案および勧告を採択して加盟国にその採択を促し、理事会や総会がその履行を監視する活動をしている。

ⅱ）　**団結権**　　団結権とは、労働組合を組織する権利である。労組法 2 条は、労働組合とは、「労働者が主体となって自主的に労働条件の維持改善その他経済的地位の向上を図ることを主たる目的として組織する団体又はその連合団体をいう」と定めている＊。

＊除外すべき団体組織や活動目的を同条のただし書に定めている。なお、労働組合を憲法 21 条の結社の自由に結びつけて説明する例があるが、この団結権は、労働者に認める社会権としての権利であり、精神的自由の内容である結社の自由とは性格が同じとはいえず、その説明は適切でない。また、28 条で保障する人権であることで十分であり、他の条文への参照の必要はない。

　団結権を実現するために、労働組合への加入強制や組織強制が許容されるかが問題とされる。その一つがユニオンショップ協定の効力についてである。これは、労働者を企業などに採用した後、一定期間内に特定の労働組合に加入しない者、あるいは脱退・除名により組合資格を失った労働者を使用者が解雇する旨を定める労使間の協定である。最高裁判所は、このユニオンショップ協定を、「労働組合の組織の拡大強化をはかろうとする制度であり、……制度としての正当な機能を果たすものと認められるかぎりにおいてのみその効力を承認することができる」と判示し＊、その協定の存在を容認している。しかし、解雇の威嚇のもとに特定の労働組合への加入を強制することや＊＊、脱退の自由を奪うことは＊＊＊、民

法90条の公序良俗違反であり無効と判断し、その限界を示している。

　　＊最二小判昭和50・4・25民集29巻4号456頁。
　　＊＊最一小判平成元・12・14民集43巻12号2051頁。
　　＊＊＊最二小判平成19・2・2民集61巻1号86頁。

　団結権は、内部統制を強めることによってその力を発揮できるが、それは、労働組合の目的（上述の労組法2条参照）を達成するための必要かつ合理的な範囲であることが求められる＊。

　　＊三井美唄労組事件の最大判昭和43・12・4刑集22巻13号1425頁〔Ⅲ-7-17〕では、立候補の自由を制限することが組合の統制権の限界を超えるとされた。国労広島地本事件に対する最三小判昭和50・11・28民集29巻10号1634頁も参照。

　ⅲ）　**団体交渉権**　団体交渉権は、労組法6条に定めるように、「労働組合の代表者又は労働組合の委任を受けた者」が、「労働組合又は組合員のために使用者又はその団体と労働協約の締結その他の事項に関して交渉する権限」のことである。この権利は、労働組合あるいはその委任を受けた者と企業との間で行使されることを前提としているから、大衆が集合して役所等に対して要求や交渉をすることは対象とならない＊。

　　＊板橋造兵廠食糧デモ事件に対する最大判昭和24・5・18刑集3巻6号772頁。最高裁判所は、その判決で、大衆の生活擁護同盟が生活物資の譲渡方を財団法人と交渉したことについて、28条の保障する勤労者の団体行動権の行使には該当しないと判示している。

　使用者は、団体交渉に応ずる法律上の義務があり、正当な理由がないのに団体交渉を拒絶すれば、不当労働行為とみなされ、労働委員会による救済または刑事罰の対象となる（労組法7条2号、27条、28条、32条）。また、団体交渉の結果、労働協約が結ばれることになるが、それには法規としての効力がみとめられ、「労働協約に定める労働条件その他の労働者の待遇に関する基準に違反する労働契約の部分は、無効」（労組法16条）となる。これは、労働協約の法規的効力と呼ばれる。

　このように、団体交渉権は、通常の契約の自由とは異なる社会権的性格を有している。

　ⅳ）　**争議権**　28条の「その他の団体行動をする権利」は、争議権と呼ばれ

ている。労働関係調整法7条は、「この法律において争議行為とは、同盟罷業、怠業、作業所閉鎖その他労働関係の当事者が、その主張を貫徹することを目的として行ふ行為及びこれに対抗する行為であつて、業務の正常な運営を阻害するものをいふ」と定めている。この規定によると、使用者による作業場閉鎖すなわちロックアウトも争議行為に含まれるが、それを除いた労働組合が行う労働争議が28条の保障する争議権・ストライキ権の行使だと理解できる。

すでに確認しているように、ストライキ権の行使に対しては、刑事・民事の免責が保障されているが、それは正当な行為でなければならない。したがって、政治目的のために争議を行う場合は、争議行為の正当な範囲を超え、違法だとされる*。また、労働者側が企業者側の私有財産の基幹を揺るがすよう争議手段である生産管理を行うことは、争議権の限界を超えるとされる**。

> *全逓東京中郵事件判決（最大判昭和41・10・26刑集20巻8号901頁〔Ⅲ-7-21〕）、全司法仙台事件判決（最大判昭和44・4・2刑集23巻5号685頁〔Ⅲ-7-22〕）、全農林警職法事件判決（最大判昭和48・4・25刑集27巻4号547頁〔Ⅲ-7-24〕）参照。また、政治ストについて、七十七銀行事件の仙台地判昭和45・5・29労民21巻3号689頁〔Ⅲ-7-19〕。
>
> **山田鋼業事件の最大判昭和25・11・15刑集4巻11号2257頁〔Ⅲ-7-18〕。

(2) 今日の課題　28条の労働基本権の保障状況は、以上のようであるが、そこには、次のような今日的課題が存在していることを注視しなければならない。それは、組合加入者数や組合組織率が低下していることである。労働組合法が施行された当時（1949年）には、50パーセントを超えていたのに、現在では、20パーセントに至らない値となっている*。そのことは、非正規社員の数が増したり、労働条件が個別に決定される傾向が増したりしていることに現れている。これでは、労働基本権の保障を規定している憲法の意義が希薄となってしまうと懸念されている。

> *厚生労働省のホームページの統計箇所〈http://www.mhlw.go.jp/toukei/list/13-23.html〉を参照。

3　公務員の労働基本権の保障

(1) 労働基本権の制限　公務員は、一般労働者と異なり、労働基本権について法律により厳しい制限が加えられており、そのことをめぐる論議が交わされ

てきた。

　まず、公務員の職に就いている者はすべて、争議権が否認されており、これが一般労働者との決定的違いとなっている*。この争議権の全面一律禁止をめぐって裁判で争われてきたが、次の**(2)**でみるように、最高裁判所は、多少の変化をみせたものの、一貫して違憲の主張を斥ける判断を維持し、今日では合憲判断が定着している。もっとも、かつては、三公社五現業**の公共企業体の職員も、公務員の範疇にあり、この労働基本権制限のもとに置かれていたが、民営化がなされ、あるいは、独立行政法人に編成替えがなされ、盛んに展開されていた憲法論議に変化が生じていることを、今日の状況として認識しなければならない。

　　　*国家公務員法98条2項・3項、108条の2第5項、108条の5第2項、110条1項17号、地方公務員法37条、52条5項、55条2項、61条4号、自衛隊法64条1項、119条1項2号、独立行政法人の労働関係に関する法律17条、地方公営企業等の労働関係に関する法律11条参照。

　　**三公社五現業とは、日本専売公社、日本国有鉄道、日本電信電話公社の三公社、および郵便事業、国営林野事業、日本銀行券等の印刷事業、造幣事業、アルコール専売事業の五現業を指し、それらが民営化ないし独立行政法人化した。適用法律は、公共企業体労働関係法（昭和23年法律257号）からはじまり、公共企業体等労働関係法、国営企業労働関係法、国営企業及び特定独立行政法人の労働関係に関する法律、特定独立行政法人等の労働関係に関する法律、あるいは特定独立行政法人の労働関係に関する法律（平成15年4月1日施行）と変遷している。

　(2)　判例の概要　　1973（昭和48）年の全農林警職法事件に対する最高裁判決（以下、これを「全農林判決」という）*は、すでに言及しているように、判決時から30年余も経た現在、判例法として定着しているといわざるを得ない。その判示内容の概略は、以下のようである。

　　　*最大判昭和48・4・25刑集27巻4号547頁〔Ⅲ-7-24〕。

　公務員は一般労働者と異なることを強調し、このことを判決理由の出発点に置く。そうであるから、公務員の労働基本権は、「勤労者を含めた国民全体の共同利益の見地からする制約を免れない」とし、「公務員の地位の特殊性と職務の公共性」にてらして、その「労働基本権に対し必要やむをえない限度の制限を加えることは、十分合理的な理由がある」との緩やかな審査基準のもとに合憲の結論に導いている。これは、その7年ほど前に全逓東京中郵事件判決等*で提示され

た合憲限定解釈の適用を拒絶するもので、判例変更がなされることとなった。

＊最大判昭和41・10・26刑集20巻8号901頁〔Ⅲ-7-21〕。この判決で採用された合憲限定解釈は、公務員の労働基本権に対する制限をなるべく狭く解釈することにより、その権利保障を実現させようとするものであった。それは、都教組事件に対する最大判昭和44・4・2刑集23巻5号305頁〔Ⅲ-7-23〕や全司法仙台事件に対する最大判昭和44・4・2刑集23巻5号685頁〔Ⅲ-7-22〕にも導入された。このような判決の登場は、最高裁判所裁判官の陣容の変化やILOからの日本政府への勧告などの要因が働いている。

　結局、全農林判決は、大筋では、その20年前の政令201号事件に対する判決＊に戻ったに等しい判決内容となった。また、これにつづいて、この判例変更の立場は、岩手県教組学力テスト事件判決や全逓名古屋中郵事件判決＊＊に投入され、全農林警職法事件判決の趣旨が固まった。しかし、この短期間での判例変更のあり方や、同じ時期の同様の事件でありながら、結論が正反対になるなどの点について、批判的意見が投ぜられた＊＊＊。

＊最大判昭和28・4・8刑集7巻4号775頁〔Ⅲ-7-20〕。なお、政令201号は、公務員の争議権などの禁止を規定するもので、占領期に発せられ、独立回復後は、上掲の公務員法の中に取り込まれた。

＊＊それぞれ、最大判昭和51・5・21刑集30巻5号1178頁〔Ⅲ-7-25〕、最大判昭和52・5・4刑集31巻3号182頁〔Ⅲ-7-26〕。

＊＊＊全農林事件は、その判決理由の論調だけでなく、特に、全司法仙台事件の先例を適用しても有罪の結論は変わらないとか、全逓名古屋中郵事件は、無罪となった全逓東京中郵事件と同じ時期の争議であったのに、判決時期がおくれたために有罪となったことなどが批判の対象とされた。

(3)　労働基本権保障の課題　公務員の労働基本権は、現在、28条の規定にもかかわらず権利保障がなされているとはいえない状態である。しかし、そうはいっても、一般労働者と同じ保障の実現が望ましいわけではない。全農林判決の説くところは、すべての公務員でなく一定の者については、あてはまるといえるからである。つまり、法律が公務員を一律にとらえて、労働基本権の制限をしているところに問題の根本がある。全農林判決がいう「公務員の地位の特殊性と職務の公共性」は、職種や地位などによって異なるはずである。この点に焦点を当てて、法律による制限の見直しをすることが必要である。

しかし、全農林事件判決以後、状況は停滞しているといってよい。公務員の労働基本権の保障のあり方を見直し、大きく変えようとする動きはない。公務員の労働基本権をめぐる法秩序は変化することなく今日に至っている。

　もっとも、このままでよいとの雰囲気が継続的に支配しているわけではなく、行政改革推進本部専門調査会が 2007（平成 19）年 10 月に「公務員の労働基本権のあり方について」の報告を公表しており、そこに、改革についての検討がなされている。すなわち、一定の非現業職員に対して、協約締結権を付与すること、第三者機関の勧告による決定制度を排し、労使が自律的に決定する仕組みを構築することなどが取り上げられ、改革の方向性が提示された。ただし、政治部門の全体にみられる改革意欲の弱さがここでも反映され、公務員制度改革の進行は鈍いといえる。これは、他の社会権の状況観察において指摘したように、政党政治のあり方に関係している。

第12章 国務請求権

第1節 意　義

　国務請求権は、選挙権（15条）、請願権（16条）、裁判を受ける権利（32条）、国家賠償請求権（17条）、刑事補償請求権（40条）の総称であるが、すでに指摘したように（⇨第6章第2節2）、学説上は、別な類型化がなされており、必ずしも名称として適切とはいえないところがある。共通点は、国家の存在が前提となっている憲法上の権利であり、国家以前の自然状態を前提にして説かれる人の本来的人権・自然権とは異なる性格であるところにある。しかし、今日の人権保障問題は、国家の存在を抜きにしてはあり得ず、その性格上の特性も、人の本来的人権・自然権の保障の場合と比べ、決定的違いとは言い難いともいえる。また、これら五つの権利は、それぞれ特有の性格と今日的問題を抱えており、類型化にかかる疑問にこだわるよりもそこに注目した考察をすることに意義がある。以下の各節では、この分析姿勢のもとに考察を展開する。

　なお、選挙権については、これが国民主権原理に直結し、また、これを実現する選挙制度と密接な関連があるので、すでに本書の第Ⅰ部において扱った（⇨第3章第2節）。

第2節　請願権

1　意　義

　16条は、政府に対して請願する権利を保障している。請願という語は、絶対君主制の時代に、国王、君主など為政者に対して被統治者が願い出をすることを指して用いられたが、近代国家においても、人権の一つとして取り入れられた。

しかし、今日では、この権利は、その重要性が高いものとはいえない。それは、国民が政府に何らかの請求をしようとするとき、この権利の行使によってその請求が実現する余地が低いうえに、国民は、選挙権や表現の自由の行使をすることにより、あるいは、種々の法制度を利用して、政府への請求を行うことができるからである。

2 請願の制度

請願権の保障を具体化するために、請願法（昭和22年法律13号）が制定されている。それによると、請願は、文書で、官公署または内閣になすことになっている。また、国会に対する請願手続は、国会法（79条～82条）、衆議院規則（171条～180条）、参議院規則（162条～172条）に定められ、地方議会に対しての請願は、地方自治法（124条、125条）に定められている*。

　　*旧監獄法7条においては、在監者に情願の制度が認められていたが、これは請願の一種といえる。現行の刑事収容施設及び被収容者等の処遇に関する法律（平成17年法律50号）は、その情願に代わり苦情の申出の手続を設けている（同法166条、167条）。

国会や地方議会に請願書を提出するときは、議員の紹介によらなければならない。したがって、請願の内容について、紹介議員と請願者との見解が同じであることが事実上の要件となっている。

3 請願権の行使への処置

請願法5条では、請願は、「官公署において、これを受理し誠実に処理しなければならない」と規定している。しかし、実際には、請願書は、衆議院・参議院の慣行として、会期末に一括処理され、会期不継続の原則のもとで、審査未了・廃案となる。

請願権の行使について、最高裁判所が積極的な判断を下した例はない。また、請願は、実務上の扱いとして、それを受理した官公署に対して法的拘束力を有するものでない、処理の経過や結果を告知する義務がない、議会への法案提出を検討するなどの義務はない、といった理解のもとになされており、下級審においても、請願権侵害の主張に対する司法的救済の判例傾向は、そのような理解に基づいていることが認められる*。

*詳しい判例の動向については、判例憲法 1 の 281 頁～289 頁「第 16 条」〔工藤達朗執筆〕参照。

第 3 節　裁判を受ける権利

1　意　義

(1)　裁判所の裁判を受ける権利　32 条は、裁判所において裁判を受ける権利を保障している。この権利について、最高裁判所は、管轄違いの裁判所の裁判について争った事件において、「〔32 条は、〕憲法または法律に定められた裁判所においてのみ裁判を受ける権利を有し、裁判所以外の機関によって裁判をされることはないことを保障したもの」と、初期の頃に判示しており*、この説明は異論なく、今日まで維持されてきた。

*最大判昭和 24・3・23 刑集 3 巻 3 号 352 頁〔Ⅲ-8-11〕。

　ところが、裁判員裁判の制度が実施されると、それが裁判を受ける権利を侵害し、違憲であるとの主張がなされ、最高裁判所は、上記先例での「裁判所においてのみ裁判を受ける権利」についての説明を深めることが必要となった。すなわち、32 条は、37 条とともに裁判所における裁判*について権利保障をしており、明治憲法の裁判官の裁判**と異なること、また、憲法は、一般的には国民の司法参加を許容していること、そして、適正な刑事裁判を実現するための諸原則が確保されている限り、陪審制とするか参審制とするかを含め、その内容を立法政策に委ねている、と説いた。こうして、「憲法は、最高裁判所と異なり、下級裁判所については、国民の司法参加を禁じているとは解されな〔く〕、……裁判官と国民とで構成する裁判体が、それゆえ直ちに憲法上の『裁判所』に当たらないということはできない」と結論している。さらに、31 条や 37 条違反の主張に対しても、すでにふれているように（⇨第 9 章第 2 節 **2**、同第 4 節 **1(1)**）、憲法の定める諸原則が確保されているとして、それを斥けている。

*最大判平成 23・11・16 刑集 65 巻 8 号 1285 頁〔Ⅵ-14〕。
**明治憲法 24 条は、「日本臣民ハ法律ニ定メタル裁判官ノ裁判ヲ受クルノ権ヲ奪ハルルコトナシ」と定めていた。そこで、裁判官による裁判と、裁判所による裁判との違いを説いているのだが、裁判の担い手は裁判官であり、裁判所の裁判といっても裁判官

がそれを行うのであるから、この違いの指摘はあまり説得的ではない。

なお、その後、刑事被告人に、裁判官による裁判と裁判員裁判との間の選択を認めないことが32条および37条に違反するとの争点が提起されたが、最高裁判所は、刑事裁判に憲法の定める諸原則が確保されているとの上記の平成23年大法廷判決を引用してそれも斥けている*。

＊最二小判平成24・1・13刑集66巻1号1頁。

(2) 裁判の意味　非訟事件の裁判は、非公開で審理されるが、これについて、82条の裁判の公開の原則に違反し、裁判を受ける権利の侵害だとして問題とされる。そこで、同じく裁判といっても、82条の裁判と32条の裁判とは異なる意味なのかが問われる。

最高裁判所は、訴訟を純然たる訴訟事件と非訟事件とに区別しており、それに基づくと、32条で保障される権利は、非訟事件を含め、広く訴訟を提起して裁判所からの判断を仰ぐ権利であり、82条の裁判を純然たる訴訟事件に対するものとして理解すれば、非訟事件の裁判が公開審理でなされなくても違憲とはいえないことになる。82条にかかわる最高裁判所の判示からそのように理解できるように思われる（⇨第17章第3節3）。しかし、2008年の最高裁決定＊において、非訟事件を提起する権利は、本条の裁判を受ける権利の対象でないとする判示がなされている。すなわち、32条所定の裁判を受ける権利は、性質上固有の司法作用の対象となるべき純然たる訴訟事件につき裁判所の判断を求めることができる権利をいうものであり、本質的に非訟事件である婚姻費用の分担に関する処分の審判に対する抗告審において手続にかかわる機会を失う不利益は、同条所定の裁判を受ける権利とは直接の関係がないというべきである、と説いている。これは、裁判を受ける権利についての適切な理解とはいえず、同判決での那須裁判官の反対意見の方が説得力をもつものというべきである。

＊最三小決平成20・5・8家月60巻8号51頁。

なお、裁判は、まず訴訟要件が充たされていることが必要であり、そのうえで本案の審理を受ける。原告適格、訴えの利益、その他の争訟手続上の要件が充たされていないため訴えが却下となる例は少なくない。その際、本案の裁判が受けられないのであるが、これをもって裁判を受ける権利の侵害であるとの主張は、認められない*。

＊最大判昭和 35・12・7 民集 14 巻 13 号 2964 頁〔Ⅲ-8-12〕。

2 権利の実効化の制度

(1) 法律扶助・法テラス　裁判を受ける権利は、これを行使することを支援する制度を必要とする。それは、裁判には訴訟費用や弁護士費用が伴い、それを支払う余裕のない者にとっては、この権利の行使が不可能であるからである。現在、裁判を受ける権利の行使を支援する制度として、日本司法支援センター（愛称「法テラス」）が設けられて、業務を行っている。これは、司法制度改革（⇨ 第17章第1節 **1(2)**）の過程で、従来の法律扶助＊に代わるものとして、総合法律支援法（平成16年法律74号）に基づき2006年10月2日から実施されている制度である。

> ＊法律扶助は、法律の専門家による援助や裁判費用を援助することを目的として、財団法人法律扶助協会が事業として行っていたが、法テラスの開始に伴い、2007年3月末に解散した。

(2) 地域司法計画　地方自治の制度は、憲法のもとでの民主制の発展に不可欠であり、実際に、住民の代表による議会政治と地方行政の運用がなされている（⇨ 第18章）。しかし、司法権については自治体に認められておらず、地方住民が自らにかかわる法的紛争について自治体を基盤とした裁判で解決する道は認められていない。そこで、地域の司法を検討すべきとの問題提起がなされている。

それは、日本弁護士連合会（日弁連）の提起するものである。すなわち、日弁連は、裁判官制度改革・地域司法計画推進本部を置き、地域に根ざした法曹の人的・物的施設の拡充を目指し、支部所在地に暮らす市民の裁判を受ける権利を実質的に保護する見地からの活動をしている＊。

> ＊日弁連のホームページの「地域に根ざした法曹の人的・物的施設の拡充を目指して（裁判官制度改革・地域司法計画推進本部）」〈http://www.nichibenren.or.jp/activity/justice/shibu.html〉参照。

また、地方裁判所支部の権限の拡大も求めている。現状では、労働審判手続は、裁判所支部管轄内の住民がそれを受けようとすると裁判所本庁に出向かねばならず、裁判を受ける権利について不平等な扱いを受けているとの主張がなされている。

さらに、地域司法充実基本法（仮称）の制定の運動もみられる。

このように、地域住民の裁判を受ける権利の実効化ということは、今後の重要な課題となっている。

第4節　国家賠償請求権

1　意　義

17条は、国または公共団体に対して損害賠償を求める権利を保障している。この国家賠償請求権*は、その保障の具体化が法律に委ねられており、国家賠償法がその法律の代表である。その1条は、「国又は公共団体の公権力の行使に当る公務員が、その職務を行うについて、故意又は過失によって違法に他人に損害を加えたときは、国又は公共団体が、これを賠償する責に任ずる」と定める。これは、民法715条が不法行為について使用者責任を定めるのと同様に、公務員の使用者である国や公共団体が公務員の行為により生じた損害を賠償するものである。また、国家賠償法の2条は、道路、河川その他の公の営造物の設置管理の瑕疵についても、国や公共団体は、損害賠償の責任を負うと定めている。これは、民法717条の工作物責任に似ているが、それより広い責任とみることができるものの、単純な比較は適切でない**。さらに、この国家賠償法の他に、個別の法律でもこの権利の行使を認める規定を置いている。

> ＊国家賠償請求権と呼んでも、地方公共団体に対する損害賠償請求権を含めている。なお、17条や国家賠償法で公共団体というのは、92条以下でいう地方公共団体と同じであり、憲法上の用語の不統一にすぎない。
>
> ＊＊営造物の設置管理の瑕疵についての責任が無過失責任だと説明されることがある。しかし、国家賠償法2条1項にかかる多くの判例の動向をみると、国が責任を負う瑕疵の範囲は、無過失責任といえるほど広いわけでなく、また、個別の事例に対応した分析が必要である。先例との国道56号落石訴訟に対する最一小判昭和45・8・20民集24巻9号1268頁をはじめとする判例がその分析対象であるが、その詳細は、行政法概説書への参照に委ねる。

2 国家賠償請求権の実現と立法裁量論

17条が国家賠償請求権の保障の具体化を法律に委ねていることから、この権利の保障には、立法裁量の法理（立法裁量論）が働くものと理解できる。そこで、裁判所は、どのように立法裁量論を適用することになるのかということが問われる。広い立法裁量論の適用が原則とされると、国家賠償請求権の司法的救済の余地は狭いものとなってしまう。ところが、最高裁判所は、2002年の大法廷判決＊において、立法裁量論が適用される場合について踏み込んだ判断を示したため、国家賠償請求権の司法的救済の余地がにわかに注視されるようになった。すなわち、最高裁判所は、国家賠償責任を負う場合について、立法裁量論の適用を前提としつつも、「当該行為の態様、これによって侵害される法的利益の種類及び侵害の程度、免責又は責任制限の範囲及び程度等に応じ、当該規定の目的の正当性並びにその目的達成の手段としての免責又は責任制限を認めることの合理性及び必要性を総合的に考慮して判断すべきである」と説いた。この判断手法に基づき、その訴訟で争われた郵便法68条、73条の規定について詳しく立ち入った審査をしたうえで、「〔両規定〕のうち、特別送達郵便物について、郵便業務従事者の軽過失による不法行為に基づき損害が生じた場合に、国家賠償法に基づく国の損害賠償責任を免除し、又は制限している部分は、憲法17条に違反し、無効であるというべきである」と結論した。このように、郵便法のもとでの国家賠償責任の免責・責任制限について、厳格度を増した審査をしたのであった。

＊郵便法違憲訴訟に対する最大判平成14・9・11民集56巻7号1439頁〔Ⅲ-8-18〕。

個別の法律による国家賠償については、この郵便法違憲訴訟判決が先例として働くものといえるが、国家賠償法に基づく損害賠償請求に関しては、侵害されたとされる権利や利益にかかる諸要因が関連して、一定のルールが確立しているとはいえない。ただし、国家賠償請求訴訟は、憲法上の権利・自由の司法的救済を得る方法として広く活用されており、人権保障の実現にとっては、重要な領域となっている。

なお、国家賠償法6条は、外国人について相互主義をとっているが、日本国民が外国から受けた被害についてその外国に賠償請求できることを前提とした政策であり、合理的な立法裁量の範囲にあるといえる。

3　行政訴訟の補完機能

　権利・自由に対する公権力による制限、禁止等については、行政訴訟の提起による司法的救済が基本である。しかし、訴訟手続上の要件が充足されないため、裁判所から実体判断が得られない事態が生ずることが少なくない。そこで、国家賠償請求訴訟が利用される。

　その一例は、集会の開催に対する不許可処分を取消訴訟で争おうとして、その訴訟の係属中に集会開催期日が過ぎ、訴えの利益が喪失して実体判断が得られなくなる場合がある。その当該不許可処分に対する司法の合憲性の統制を求めるためには、集会の自由の行使ができなかったことを理由とする国家賠償請求訴訟の方式が選ばれるのである。これは、訴訟手続上、他に適切な方式がないためよく利用されている*。それゆえ、国家賠償請求訴訟は、行政訴訟の補完機能を発揮しているということができる。しかし、この訴訟に対する裁判は、損害額の算定をすることが主たる目的であるから、権利・自由の救済という本来の目的に合致するものとはいえない。

　　*たとえば、泉佐野市民会館使用不許可事件（最三小判平成7・3・7民集49巻3号687頁〔Ⅲ-4-17〕）や上尾市社会福祉会館事件（最二小判平成8・3・15民集50巻3号549頁）を参照。

　この疑問を際立たせたのが在外日本人選挙権制限規定違憲訴訟の場合である*。すでにみたように、最高裁判所は、選挙権についての救済をしたうえで、損害賠償請求についても応え、一人5000円の賠償額を認定した。これについては、その訴訟で救済を求められた選挙権が純粋な個人的権利と性格が異なること、また、その損害額算定の根拠の合理性に疑問があることなど、問題点の指摘がなされている**。

　　*最大判平成17・9・14民集59巻7号2087頁〔Ⅲ-8-5〕。
　　**特に、その判決における泉裁判官の反対意見を参照。

　このように、国家賠償請求権の行使については、人権の司法的救済の方法に関する問題が存在している。

第5節　刑事補償請求権

1　意　義

　40条は、刑事手続において、抑留または拘禁という身柄の拘束をなされた後に、最終的に無罪の裁判を受けた者は、被った不利益に対する補塡が得られることを権利として保障している。

　この刑事補償請求権の保障は、刑事補償法（昭和25年法律1号）により具体化されている。また、次のような諸規定に補償が定められている。まず、法廷等の秩序維持に関する法律は、同法による制裁を取り消された者に対して、刑事補償法の規定を準用して補償を認めている（同法8条1項・3項）。次に、刑訴法では、無罪の判決が確定したとき、国は、その裁判に要した費用を補償することになっている（同法第1編第16章）。さらに、被疑者として抑留または拘禁されたが起訴されなかった者は、刑事補償法の対象とはされていないが、一定の要件のもとに、被疑者補償規程（昭和32年法務省訓令1号）により補償がなされる。なお、少年の保護事件についても、少年の保護事件に係る補償に関する法律（平成4年法律84号）が制定され、審理事由の存在が認められなかった少年に対して、身体の拘束等による不利益に対して補償がなされるようになっている（⇨本節2）。

2　刑事補償の範囲と限界

　40条によると、抑留または拘禁された被疑事実が不起訴となった場合は、無罪の裁判を受けたことに該当しないから、刑事補償の問題が生じない。しかし、いわゆる別件逮捕事件にみられるように、不起訴となった被疑事実の逮捕または勾留中に逮捕状または勾留状に記載のない他の被疑事実について取調べを受け起訴された後に無罪の裁判を受けたときに、刑事補償の対象となるかが問題となる。これについて、最高裁判所は、「憲法40条にいう『抑留又は拘禁』中には、無罪となった公訴事実に基く抑留または拘禁はもとより、たとえ不起訴となった事実に基く抑留または拘禁であっても、そのうちに実質上は、無罪となった事実についての抑留または拘禁であると認められるものがあるときは、その部分の抑留及び拘禁もまたこれを包含するものと解するを相当とする」と判示し*、刑事補

償の趣旨を具体化させた。

　　＊最大決昭和31・12・24刑集10巻12号1692頁〔Ⅲ-8-19〕。

　しかし、裁判所の法解釈上の限界を示した例がある。それは、少年審判手続において、少年法23条2項に基づき、非行事実なしとして不処分決定を受けた少年が、7日間の身体の拘束を受けた審判による費用出費を余儀なくされたとして、刑事補償法・刑訴法による補償を求めた事件の場合であるが、最高裁判所は、少年審判手続による不処分決定が刑事補償法1条1項にいう「無罪の裁判」にはあたらないとして抗告を棄却した＊。しかし、憲法40条の趣旨にてらして、このような不救済の実体が放置されてよいものか疑問視され、上述のように、少年の保護事件に係る補償に関する法律が制定されるに至った。

　　＊最三小決平成3・3・29刑集45巻3号158頁。

3　問題と課題

　上述のように、抑留または拘禁された被疑事実が不起訴となった場合は、無罪の裁判を受けたことに該当しないから、刑事補償の対象とならない。しかし、捜査機関の裁量的判断に左右される逮捕または勾留の後に不起訴とされた場合、そのことによる精神的および物質的な損害については何ら補塡されないでよいわけでない。これについては、被疑者の扱いを受けた者には、前述の国家賠償請求権行使の途がある。しかし、現実には、公務員の故意や過失を立証せねばならず、容易ではない。

　また、実際の刑事補償は、補償金の交付によってなされる（刑事補償法4条）。しかし、再審裁判で無罪となった例が顕著に示すように、金銭では償いきれない事態が存在している。

　なお、戦争損害あるいは戦後補償について、40条に基づき賠償を請求する訴訟例がいくつかみられるが、裁判所は、一貫してそれを斥けている＊。

　　＊最一小判平成9・3・13民集51巻3号1233頁は、その一つであり、最高裁判所は、補償の要否およびあり方は国政全般にわたった総合的政策判断をまって初めて決し得るものであり、憲法の条項に基づいて一義的に決することが不可能であり、立法府の政策判断に委ねられる問題だと判示している。他の判決もほぼ同様であり、その詳細を省略する。

第13章 国民の義務

第1節 意　義

　日本国憲法第3章の表題が「国民の権利及び義務」となっており、その義務の方を反映する教育の義務（26条2項）、勤労の義務（27条1項）、納税の義務（30条）の三つの義務が定められている。権利・自由への国家による侵害を排除するという人権保障の趣旨にてらせば、人権保障規定中に義務をうたうことは本筋ではない。しかし、人権保障を実現することにかかわる基本的な義務をうたい、それが法律の定めるところに従って賦課されることを示す規定の存在は、人権保障の意義を低めるものではなく、それを支える面もある。

　国民は、憲法が保障する権利・自由については、それの保持義務・濫用禁止義務を負っており、これは、国民の主体的責任というべきものであり（12条）、法的義務というより道徳ないし倫理の領域に属することである。ただし、国民は、一般に国権に服する地位にあり、国法に従うこととなっているから、法律の定めるさまざまな義務を果たさなければならないことがある。その意味での国民の義務は、憲法のあげる三つに限定されるわけではない。もちろん、法律の課す義務が、憲法の保障する権利・自由を侵害することになってはならないのであり、その間の調整が人権保障問題における検討対象であることを、前章までにみてきた＊。

　　＊人権保障のあり方について、権利ばかりでなく責任や義務を伴うことを強調する見解があるが、そこにいう責任や義務が、国民が主体的に判断し行動する責任や義務から離れた人権と同位の法的義務のことを指しているのなら、それは、人権保障の基本的意義を理解していないものであり、日本国憲法制定後の60年余の体験から何も吸収していない空虚な考えといわざるを得ない。自民党の憲法改正草案12条の後段の「国民は、これを濫用してはならず、自由及び権利には責任及び義務が伴うことを自覚し、

常に公益及び公の秩序に反してはならない」との箇所が国民の心構えをうたったものであるなら、それは当然のことであり、問題視する必要はない。

第2節　教育の義務

1　普通教育を受けさせる義務

26条2項は、「すべて国民は、法律の定めるところにより、その保護する子女に普通教育を受けさせる義務を負ふ」と定めており、これを受けて、学校教育法がその義務の具体的規定をしている*。すなわち、その16条は、保護者**に対して、子に9年の普通教育を受けさせる義務を課し、次の17条で、就学年限の具体的年齢などを定めている。こうして、憲法26条1項に保障する教育を受ける権利の主体が具体化されており、それゆえ、教育の義務は、教育を受ける権利の保障を実効化する意義をもっている（⇨第11章第3節）。なお、保護者に対して教育の義務を怠ったことに対して法的制裁を科し、それが争われたという裁判例は存在しない***。

　　*教育基本法5条も、これを受けて義務教育の目的と国および地方公共団体の役割分担、責務などについて定めている。
　　**子に対して親権を行う者（民法818条の定める父母または養親）であり、親権を行う者のいないときは、未成年後見人がこれにあたる。
　　***アメリカの例であるが、農耕を通じて教育することを重視する宗教上の理由から、16歳までの義務教育を定めた州法の合憲性を争った父母の主張が認められた判例がある（Wisconsin v. Yoder, 406 U.S. 205（1972））。

2　教育の義務の具体的実現

保護者が教育の義務を果たすためには、経済面をはじめとする負担がかかる。憲法は、26条2項後段で、「義務教育は、これを無償とする」と定め、これを受けて、教育基本法が、「国又は地方公共団体の設置する学校における義務教育については、授業料を徴収しない」と規定し（5条4項）、学校教育法も、義務教育について授業料を徴収することができないと定めている（6条）。しかし、授業料が無償とされても保護者の経済的負担はなお存在するため、かつては、教科書を

無償とすべきとの主張がなされた訴訟例がある。これに対して、最高裁判所は、上記法律上の規定をあげて、義務教育の無償とは、授業料不徴収の意味だと判示している*。ただし、同判決も、教育の義務の意義にてらして、「国が保護者の教科書等の費用の負担についても、これをできるだけ軽減するよう配慮、努力することは望ましいところであるが、それは、国の財政等の事情を考慮して立法政策の問題として解決すべき事柄であ〔る〕」と述べており、国の財政事情が上記訴訟時より進展した今日では、教科書の無償給付が実現している**。

　　*最大判昭和39・2・26民集18巻2号343頁〔Ⅲ-7-16〕。
　　**1963（昭和38）年の「義務教育諸学校の教科用図書の無償措置に関する法律」を参照せよ。上記最高裁判決時には、この法律のもとに教科書代金を保護者が負担する必要がなくなっていた。

第3節　勤労の義務

1　勤労の権利と義務

　27条1項は、「すべて国民は、勤労の権利を有し、義務を負ふ」と定め、勤労の権利と義務を対にしてうたっている。勤労の権利は、すでにみたように（⇨第11条第4節）、社会国家の理念に基づき、それを実際に保障するための法制度を設けているが、それに対応させて、この義務は、国民にいわば精神的指示を与えるものである。つまり、明治憲法のもとでの戦時にみられたような、強制的労働を課す徴用制度のことを指すものではない。

2　勤労の義務の具体的実現

　憲法は、国民が自律して自力で社会生活を送っていくことを前提としており、そこには社会に貢献する労務の提供を自発的になす場合も含まれていると理解することができ、それを、勤労の義務ととらえてよい。もちろん、それは、道徳的規範としての意味である。
　また、社会国家的理念に基づく社会福祉立法において、この勤労の義務の趣旨が現れている場合がある。その代表例は、生活保護法4条1項において、「保護は、生活に困窮する者が、その利用し得る資産、能力その他あらゆるものを、そ

の最低限度の生活の維持のために活用することを要件として行われる」と定められているところがそれである。このように、社会国家的給付には、勤労の義務を果たすことが条件となっており、それは、給付に伴う当然の要請である。

第4節　納税の義務

1　30条の趣旨

　30条は、国民が納税の義務を負うことを定める。その趣旨について、最高裁判所は、地方税法の解釈を行う際に、「おもうに民主政治の下では国民は国会におけるその代表者を通して、自ら国費を負担することが根本原則であって、国民はその総意を反映する租税立法に基いて自主的に納税の義務を負うものとされ〔る〕（憲法30条参照）」*と述べており、これは、30条の一般的理解を示したものといえる**。

　　＊最大判昭和30・3・23民集9巻3号336頁。また、サラリーマン税金訴訟に対する最大判昭和60・3・27民集39巻2号247頁〔Ⅲ-3-9〕も参照せよ。
　　＊＊金子宏・租税法［第20版］（弘文堂・2015年）21頁。

　また、下級審判例においても、30条の趣旨について、国民の納税義務の内容は法律で定めるという主義を宣明したものであり、これによって初めて国民に納税義務を負担させたものではなく、国家が国民に納税義務を負わせることは国権の作用上当然であり、あえて憲法の条文にまつものではないと説いている例がある*。このような理解は、支配的となっているといってよく、30条の趣旨については、次のような展開を別として、今日では論議の対象となっていない。なお、法律に定めるところに従って納税することは、租税法律主義にかかわるが、これについては後述する（⇨第15章第5節）。

　　＊東京高判昭和28・1・26東高刑時3巻1号18頁。

　なお、30条が国民の納税義務を定めていることについて、日本国民に限らず外国人も納税者であり、違憲ではないとされている。

2　納税の義務関係訴訟

　30条を根拠に違憲の主張がなされた訴訟例がある。

まず、自衛隊が9条2項に違反することを争うために、30条を根拠規定とする訴訟がいくつか存在する。それは、納税者の納付すべき所得税額のうち防衛関係費が国家予算に占める割合に相当する部分については、自衛隊が違憲であることを理由に納税を拒否したり停止したりして争うものであるが、これに対して、裁判所は、国民の納税義務と予算および国費の支出とはその法的根拠を異にするから、その主張を認めることができないと判示し、最高裁判所もその原審判断を正当としている*。また、国家予算中の自衛隊関係費の割合相当分の所得税を納付拒否したため滞納処分を受け、それを違憲だと争った訴訟においても同様に容認されていない**。さらに、税務署長の所得税徴収処分に対して、国の支出のうち違憲の自衛隊に関する分の割合に相当する所得税額の返還請求をした訴訟も棄却されている***。

　　＊浦和地判昭和60・3・25税資144号666頁、東京高判昭和60・8・8税資146号457頁、最三小判昭和61・2・18税資150号331頁。
　　＊＊東京地判平成15・12・2税資253号順号9480。
　　＊＊＊仙台高判昭和58・9・30判タ510号122頁。

　ところで、30条のもとに納税拒否権や納税者基本権を導き、その権利の保障を求めるという訴訟も存在する。その納税者基本権とは、30条のもとで、国政に携わる国務大臣等の公務員が憲法99条に従って国民が納付した税金を正当な目的に使用しているかどうかを監視し、批判し、点検する権利をも保障していると説くものである。そして、この権利は、国民主権の支柱の一つをなすものであり、国民は、納付される税金が憲法違反の目的に使用される場合には、この権利の行使としてその分の納税を拒否することができるとする考えである*。このような主張も実質は、上掲の訴訟と変わりなく、裁判所は、一貫して主張を斥けている**。

　　＊その代表として、北野弘久・納税者の権利（岩波新書・1981年）、納税者基本権論の展開（三省堂・1992年）。
　　＊＊名古屋地判昭和55・11・19税資115号551頁、東京地判昭和63・6・13判タ681号133頁、東京高判平成3・9・17判タ771号11頁、浦和地判平成2・6・18税資176号1276頁。

　なお、1990年の湾岸危機に伴う政令の制定公布、湾岸平和基金の支出および

自衛隊のペルシャ湾への派遣について、納税者基本権等の侵害だと主張した訴訟に対する判決*や、国連平和維持活動に協力するために行ったカンボジアへの自衛隊派遣およびそのための財政支出が納税者基本権等の侵害だと主張した訴訟に対する判決**でも同じく請求が斥けられている。

 *大阪地判平成8・3・27判タ927号94頁。
 **大阪地判平成8・5・20訟月44巻2号125頁、東京地判平成9・3・12判時1619号45頁。

第Ⅲ部

統治機構

第14章 統治機構の原理

第1節 統治機構概観

1 統治機構への視点

　日本国憲法は、第3章につづく五つの章で統治機構について定めている。そこでは、立法、行政、司法の作用をそれぞれ担う国会、内閣、および裁判所について、その権限、組織、活動などの基本を規定している。さらに、地方自治の担い手の自治体についての定めも統治機構の規定だといえる。この国会、内閣、裁判所、および地方自治体が日本の統治主体であり、広い意味の政府を構成している*。日本国民は、この政府に、統治を委ねており（前文第一段落の「信託」）、これらの統治主体は、国民主権の原理に支えられ、民主主義の理念を反映するものであることが前提となっている。そこで、次章以下で統治の主体にかかわる憲法状況をみる前に、統治機構の存在を支えるとされている原理・原則との関連を概観しておく。

> ＊政府とは、通常、内閣のもとにある行政機関を指すが、国の統治の主体全体を指す場合もある。これは、英語の government（政府）が立法、行政、司法など国の統治作用を担う主体を指す語として用いられていることに倣っている。

　なお、統治機構を支える原理・原則とは、国民主権原理ないし民主主義の原理や権力分立の原則であるが、ここで目を向けるべきは、その原理・原則のもとに、いかなる実態が存在しているかということである。その原理・原則の意味をその由来に遡って追究することは、本章の概観における目的ではない。国民主権原理の基本概念についてはすでにみたし（⇨第3章第1節）、権力分立の原則は、後述するように（⇨本節3）、それによって統治機構の実際を語ろうとしても限界がある*。

＊憲法概説書の統治機構を解説する箇所では、各国（といっても、欧米主要国についてであるが）の統治機構との比較がなされる例が多い。ただしそれによっては、日本の統治機構との形式上の違いを示し得ても、実際の機能上の違いにかかる由縁を把握することは容易でない。それぞれの国の歴史的経緯をはじめとするさまざまな要因を分析しなければならないからである。そこで、ここでは統治機構の国別比較に立ち入らない。国別の統治機構の違いを手早くみるには、君塚正臣編著・比較憲法（ミネルヴァ書房・2012 年）72 頁以下参照。

2　国家現象

　一般に、憲法のもとに展開する国家の様相は、憲法の特徴を現出するものだといえる。とりわけ、統治機構がもたらす国家現象として、立法国家、行政国家、司法国家、あるいは政党国家と呼ばれることがあり、ここでまず、これに注目することにする。たとえば、天皇主権の原理を基とする明治憲法のもとでは、天皇制国家が展開したということができ、これについては、多くを語るまでもなく異論のないことであろう。それでは、日本国憲法のもとでの国家現象はいかなるものと呼ぶのが適当であろうか。少なくとも、象徴天皇制を採用して 60 年余を経た実情にてらすと、政府が天皇制国家の権限作用をみせてきたとはいえない。

　一つの見方は、立法国家というものである。日本国憲法のもとでは、すべての国の政策は、国会の制定する法律のかたちで形成され、その適用が行政、司法の作用をとおしてなされるのであるから、立法を源として国家が運営されているといえる。これは、帝国議会の制定する法律と並んで、天皇の発する勅令が国の法の基本となることがあった明治憲法の場合と比較すれば、大きな特色であり、日本は立法国家になっているといってよい。しかし、この立法国家の実情に立ち入ってみてみると、果たしてその呼称をもって日本国の姿だとしてよいか、疑問とされる諸問題を認めざるを得ない。その様相に着目しながら、次章で、国会と立法権について考察する。

　次に、今日の政府は、行政権が中軸となって、政策の提起・立案をし、法律の制定を嚮導し、成立した法律の細則を設けて執行している。このことからも、上掲の立法国家が後退しているのではないかとの指摘が可能であるのだが、事実として、行政権が国の政治や経済の主導権をにぎり、さらには、国民生活の広範囲

な領域に立ち入って施策をなしている様相にてらすと、日本国は、行政国家と呼ぶにふさわしいように思える。これに対して、確かに実情はそうであるが、憲法秩序としては、それを全面的に容認してはならない問題を観察することもできる。このことを念頭において、後述の内閣と行政権の箇所（第16章）での考察を進めることにしている。

さらに、憲法は、司法国家の確立を予定しているとみることができる。その意義は、すでに最高裁判所を頂点とする裁判所が憲法保障の役割を担っていることとの関連でふれている（⇨第2章第3節）。明治憲法のもとでは司法権による憲法保障の余地がなかったため、日本国憲法発足後、しばらくは模索状態がつづいていたが、今世紀に入ってようやく最高裁判所を中軸とする司法権は、司法国家にふさわしい活動を開始するようになっている*。

> *その具体例は、人権保障の分野についての考察においてふれている。選挙権の保障（⇨第12章第2節1）、投票価値の平等（⇨第7章第3節4(1)）、嫡出でない子の平等扱い（第7章第3節2(4)ⅱ)ｃ)）などを参照。

以上に加えて、政党国家という呼び方も可能である。憲法が設けた制度上は、国民の代表、すなわち議員が国会において国の政策を決定する制度になっているが、実際は、国民と国会との間に政党が存在して活動しており、今日の議会制民主主義は、政党抜きでは考えられない。このことは、すでに言及した（⇨第3章第3節）。したがって、その状態に焦点を当てれば、統治機構は、政党国家となっているということができる。しかしながら、理想とされる二大政党体制は誕生せず、政党間での離合集散がたえず、法制度上の準国家機関化の意義を結実させていないことなどをみると、この呼称も決定的ではない。

このように、以上言及した国家現象のどれかが日本国憲法のもとでの統治の主流だとして決めつけるべきでなく、憲法の具体的実現について、何に焦点を当てて論ずるかによって、いずれの呼び方も可能となることが重要である。本書では、どちらかといえば、司法国家の場面に関心を寄せた論述となっている。

3 権力分立の実態

日本国憲法のもとで、統治機構は、権力分立の原則に基づいていると広く説明されている。憲法の第4章以下の規定が三つの権力主体について順に配置され

ていることからも、そのとおりであるし、近代憲法の性格を体現している。すなわち、国家の権力主体を分散させて、民主主義の理念を実現させるものとなっている。しかし、権力分立の原則から、政府の活動内容が論理必然的に導かれるわけではないし、この原則のもとに権力主体の活動内容を機械的、形式的に説明しても、統治の様相を明確に示したことにはならない*。

> *中等教育において、権力分立は、正三角形の各頂点に国会、内閣、裁判所を置き、各頂点を結ぶ線に抑制・均衡の事項を記すという図で説明される。この機械的、形式的な図式説明が、三権の実態を無視し、生きた姿を捨象してしまっており、そうした教育過程を経たためか、大学生の議論は、まったく実情無視の観念論となっている。これは、日本の憲法教育の弊害の代表例である。

　実際には、権力分立の原則を基盤として存在する統治主体が現出させている権力作用は、機械的、形式的説明では到底とらえきれない複雑な躍動をみせている。その様相のなかから憲法秩序が生まれていることに注目しなければならない。次章以下では、この観点からの考察を行う。

第2節　政治部門と司法部門

1　意　義

　以上で確認したように、憲法のもとで実際に機能している統治機構を観察することが次章以下での関心点であるが、この関心によると、統治機構は、政治部門と司法部門とからなっているととらえるのが適切である。政治部門は、国会と内閣により構成され、これに地方自治体をも含めることができる。他方、司法部門は、最高裁判所を頂点とする裁判所の組織機構を指す。

　両部門の決定的違いは、その存立が国民の意思に直接または間接に結びついているか否かである。すなわち、政治部門は、選挙をとおして国民の意思と結びついているのに対し、司法部門は、そのようなことがほとんどない*。また、民主主義の理念の実現の仕方に違いがある。政治部門は、議会制民主主義を体現しているのに対し、司法部門は、それ自体が民主主義の理念に反するかもしれないが、後述するように（⇨第17章）、民主主義を維持することをその役割としている。さらに、政治部門と司法部門を隔てる壁は、政治部門内の国会と内閣を仕切る壁

と比べ厚いとの例えをすることが可能である**。

> *まったくないわけでなく、これについては、後述する（⇨ 本節3、第17章第3節2）。
> ** 政治部門内の壁が薄いとの例えをしたことについては、議院内閣制の箇所を参照（⇨ 本章第3節）。

なお、政府は、法治国家ないし法の支配の原理に基づいて行為するのであるから、政治部門が政治の領域であり、司法部門が法の領域であるといった機械的説明をするべきではない。政治部門も法に従い法を形成するし、司法部門も政治的配慮のもとに司法の権限を行使することがあるから、両部門とも法と政治の両方の領域にかかわっている。重要なことは、両部門の間の相互関係によって憲法秩序が形成されているということである。次の**2**以下においてこの様相の概略をみたうえで、次章以下で立ち入ってその具体的内容を観察する。

2　政治部門

国会、内閣、および自治体が政治部門を構成するが、その主たる役割は、政策決定を行うことである。そこに注目して政治部門と呼んでいる。そして、その担い手は、国民が選出した議員であり、国会の議員が選出した内閣総理大臣および内閣総理大臣の任命した大臣、住民の選んだ首長および議員である。このように、政治部門の担い手は、国民の意思に結びついており、その決定するところや行為の正統性は、国民主権の原理や民主主義の理念に支えられている。もっとも、政治部門の活動は、それら議員、大臣、首長ばかりか多数の公務員の働きなくしてはあり得ない。しかし、公務員は、国民全体の奉仕者であり（15条2項）、その行動は、法律に基づき、法律に従ってなされることになっていて、なされた政策決定を実施する任務を果たしている。

政治部門の政策決定は、多数決原理に基づいてなされ、これが民主主義の理念と結びついている。しかし、それが常に望ましい決定内容となっているわけではなく、そこに司法部門の介入が求められ、あるべき憲法秩序が生み出されることとなっている。

なお、政党は、すでに確認しているように（⇨ 第3章第3節1）、この政治部門において国家機関に準ずる存在であるが、政治的判断には敏感であるといえても、憲法秩序に対する法的意識についてしばしば問題をみせており、これが課題と

なっている。

3　司法部門

　司法部門の機関である裁判所は、後にみるように（⇨第17章第1節）、具体的な紛争について法を適用してそれを解決することを役割としており、法秩序の担い手となっている。しかし、その任にあたる裁判官は、その地位を国民の意思に基づかせていない。つまり、選挙で選ばれることとなっていない。それゆえ、司法部門は、非民主主義的存在だということもできるが、前述したように、政治部門の政策決定に対して、民主主義の維持のために行為することになっており、その意味では、文字どおりの非民主主義的存在とはいえない*。司法部門までも民主主義化して多数決原理を持ち込まないことによって、民主主義が維持されているといえるのである。このことの具体的事情は、人権保障の判例の動向からみてとれることである。

　　＊司法権と民主主義の理念との関係については、後にさらに考察する（⇨第17章第1節6）。

　なお、自治体を政治部門の一つととらえたが、それは、憲法制度上、司法作用が与えられていないことによる。また、統治主体としての地位は、国レベルより下位に置かれている。

第3節　議院内閣制

1　意　義

　政治部門では、議院内閣制という制度がとられている。これは、国民の代表者で構成する議会での多数派が行政権の担い手である内閣を形成し、国政が議会と内閣との相互作用のもとに行われる制度である。日本国憲法の統治機構の特徴の一つは、この議院内閣制を採用していることに表れている。諸外国では、これとは異なる大統領制ないし首長制をとっている例がある。また、議院内閣制といっても、それを採用している国の間で異なりをみせている。すでに言及したように、一国の統治機構は、その国の歴史的体験を経て築きあげられているから、同じ制度というものはあり得ない。ただし、ここでも比較憲法的検討には立ち入ら

ない*。

> *世界の国々では、アメリカ合衆国のように大統領制をとる国や、イギリス、ドイツ、フランスなどのように議院内閣制をとっている国の例をみる。ただし、フランスやドイツでは、大統領職が存在するし、イギリスの国王（女王）は、日本の天皇と異なり実質的権限をもっている。このような違いについて比較して検討することは興味深いことだが、本書のような概説書では立ち入る余裕がない。たとえば、大石眞「議院内閣制」樋口陽一編・講座憲法学(5)――権力の分立(1)（日本評論社・1994年）239頁以下を参照するとよい。

諸外国の議院内閣制の様相はともかく、日本のそれは、明治憲法下での内閣制度を背景とし発展してきているといってよい。それは、官僚内閣制とよばれ、主権の保持者である天皇――国の元首であり統治権を総攬するとされていた（明治憲法4条）――を輔弼する役割をもっていたが、内閣が通常の行政権の行使をする過程については、今日の内閣の行為に引き継がれているところがあるといえる。いや、そのような伝来的要因の追究をしようとすると、江戸幕府ないしそれ以前の日本の統治主体についての分析が必要となるかもしれない。これは、もはや法的論議の領域を超えることなので、指摘にとどめざるを得ない*。

> *日本の憲法学上展開されてきた議院内閣制の研究は、圧倒的に、西欧主要国の議院内閣制との比較研究であったが、日本国憲法下で展開されてきた議院内閣制の様相をとらえるのに、それだけでよいのか、日本の歴史的伝統は無関係なのかとの疑念を抱いている。

2 議院内閣制の本質論議の効用

日本国憲法が採用している議院内閣制は、次の要素をもっている。

内閣は、国会を基盤としていて、その存立に他者からの介入がない。また、内閣は、国会に責任を負っており（66条3項）、国会からの支持を失うとき、総辞職するか、議会（衆議院）を解散する（69条）かのどちらかをとらなければならない。司法権は、議会の自律性を尊重し、内閣の解散権行使に判断を加えない*。

> *苫米地訴訟判決（最大判昭和35・6・8民集14巻7号1206頁〔Ⅵ-21〕）参照。

これらの要素について、学説上、どれが本質かと問い、論議が展開されたことがある。つまり、内閣と国会つまり議会――比較憲法論議において説かれるので、議会との比較――との関係で、均衡が本質か責任が本質かを問うものである。こ

れは、特に、内閣が議会を解散する権限との関係で問題とされているのだが、本質がどちらでなければならないというものではない。実際の活動状況にてらして、均衡が本質だと説明され、あるいは、責任が本質であるとされる。あるいは、論者が抱くあるべき議院内閣制の理想として、そのどちらかをもって本質だと説かれているとみることができる。

　このように、議院内閣制の本質論は、法的効果にかかわるものでない。また、日本国憲法下で登場した内閣が事実として国会に対する責任を重くみて、あるいは、国会との均衡を重んじて行動したかを観察した結果として、どちらかを本質だと語ることはできるであろうし、そこから何かの改革論議が生まれるかもしれないが、それは、本書の関心から外れる問題である。

3　課　題

　議院内閣制について検討すべきは、憲法秩序の形成にとっていかなる課題を抱えているかということである。

　若干の例外があるものの、これまで誕生した内閣は短命であり、政治状況が不安定であるため、経済、社会の変化に伴い必要とされる法制度の整備が遅れたり、不十分のままだったりする。内閣は、ともすれば政党間の政治的調整に終始し、議会制民主主義の本来の活動が停滞しがちである。この状態に対して、制度改革の必要性が指摘されてきた。

　議院内閣制の制度改革は、憲法改正まで視野に入れて行おうとすれば打開されるのかもしれないが、現行の制度を維持してなそうとすると、限界につきあたる*。

　　*たとえば、大統領制に転換するという改革は、現状の大変換をもたらすから、議院内閣制に伴う問題が解消されるかもしれない。しかし、そのためには憲法改正が必要なので、それに至らない首相公選制をとることが提唱されたことがあるが実現していない。なお、以上に関する文献はここであげるゆとりがなく、大石「議院内閣制」（前掲）への参照にとどめる。

第15章
国会と立法権

第1節　国会に属する立法権

1　国会の地位

　41条は、国会が国権の最高機関であり、国の唯一の立法機関であると定めている。ここにいう「最高」とか「唯一」といったことばは、65条の内閣や76条の裁判所についての規定と比べると、統治機関の中で突出した存在であるように受け取れる*。しかし、実態をみると、国会がこの文言どおりの存在であるとはいえないし、他の統治機関の機能にてらしても、「最高」とか「唯一」という表現を和らげて理解する必要がある**。

　　*　76条の「すべて司法権は……」という定めの「すべて」と比べると、それほど特異でないといえるかもしれないが、実態に目を向けることを重視している本書では、そのようなことばの違いにあまり拘泥しない。

　　**　このことについて判断した裁判例として、第一次国会乱闘事件第一審判決（東京地判昭和37・1・22判時297号7頁〔Ⅳ-4〕）がある。そこでは、「国会の最高機関性」について、国会が他の2機関（内閣と裁判所）に対して法的に絶対的優位にあるものと解することができないと判示している。最高裁判例には、参照にあたいするものがない。

　すでに確認しているように（⇨第14章第1節）、統治機関として、国会、内閣、裁判所、および地方自治体があり、それらにより、統治権限が分散されており、国の権力構造の様相を語るためには、それぞれのどれかに焦点を当てて観察することがよくなされる。国会を中心にしてみれば、国会が国民の代表者の集まりであり、国民主権原理に強く結びつくし、また、立法権の行使は、他の統治機関より卓越した状態であって、内閣、裁判所、地方自治体がみせる立法作用を凌ぐものである。その意味では、国会は、「最高」の機関だということができるし、立

法作用も、「唯一」というのは過剰かもしれないが、まったく不適当な表現ともいえない。また、明治憲法のもとでの立法機関であった帝国議会と比べれば、国会は、そのような表現をするにふさわしい存在となっている。

41条についてのこのような理解のもとに、注目すべきは、「最高」とか「唯一」といったことばに込められた期待が現実にはどのような様相を示しているか、ということである*。

> *41条についての伝統的な学説上の解釈は、国会の意義をほめたたえて「最高」とか「唯一」という表現をしているとする政治的美称説が支配的であったといえる。他に、総合調整機能説や最高責任地位説もあり、どれも魅力的であり、説得力があるといえるが、ここでもそれらの説の違いの分析にかかわらない。

2 立法権の意義と限界

(1) 立法権の意義 立法権すなわち法制定の権限は、国の諸機関にみられる。国法の体系は、憲法以下の条約、法律、予算、条例、命令、規則によって形成されているが、憲法より下位のそれらの法規範を形成する主体は、国会に限られない。しかし、憲法は、法律については、国会を構成する衆議院と参議院で可決して成立したものに限っているので（59条）、国会が制定する法形式を法律と呼ぶことになる。そこで、この形式的意味の法律について、個別、具体に、それが果たして法律というにふさわしいかが問題となる。ここに、実質的意味の法律概念にかかわる検討をする余地が生じるのである。

実質的意味の法律とは、権利・義務を定める一般的・抽象的規範だと定義されている。この定義のもとで、国会が制定する法律の範囲や限界が論理必然的に説明できるのであろうか。具体例を参照しながら検討してみると、この問いに対する解答は容易でない。

なお、憲法は、必要的法律事項を定めており、国会は、それに応えて法律を制定しなければならない。このことについてはすでにふれているが（⇒第1章第3節3）、この法律についても、法律としてふさわしいか、という問題を免れるわけではない（⇒後述 (3)）。

(2) 法律の意味 制定された法律が果たして法律としてふさわしいものか、すなわち、実質的意味の法律といえるか否かについて、措置法、委任立法、行政

組織法、議員立法の場合に問題とされる。

　ⅰ）**措置法**　　措置法とは、処分的法律とか個別的法律とも呼ばれるように、特定の事象、事態に対処するため制定された法律であり、必ずしも一般的・抽象的規範とはいえないもののことをいう。このような性格の法律は、近年数が増しているということができ、それは世界的傾向だともいえる。ただし、個別性と一般性・抽象性との区別が明確にできないこともあり、措置法であるからといって、その法的効力を否認できない場合が少なくない。若干の具体例について、それをみることにする。

　まず、措置法に該当し違憲だとして争われた訴訟例があるが、裁判所は、その違憲の主張を容認していない。その一つは、日米安保条約に基づき米軍基地用土地等の使用等の目的で制定されている特別措置法＊の規定について、その適用を受けた者が自己所有の土地のみを適用対象とする個別法律であり、41条に違反するとして争った米軍楚辺通信所（象のオリ）用地等暫定使用違憲訴訟である。これに対する2003年の最高裁判決＊＊は、法律としての、一般性、抽象性を欠くものではないとして、違憲の主張を斥けている。また、「無差別大量殺人行為を行った団体の規制に関する法律」（平成11年法律147号）は、一般的・抽象的法規範としての性格を有しており、宗教団体オウム真理教を唯一の適用対象とする措置法であるということができないと判示した2001年の東京地裁判決＊＊＊がある

　　＊その正式名は、「日本国とアメリカ合衆国との間の相互協力及び安全保障条約第6条に基づく施設及び区域並びに日本国における合衆国軍隊の地位に関する協定の実施に伴う土地等の使用等に関する特別措置法の一部を改正する法律」（平成9年法律39号）である。
　　＊＊最一小判平成15・11・27民集57巻10号1665頁。
　　＊＊＊東京地判平成13・6・13訟月48巻12号2916頁。

　このように、判例では、一般的・抽象的法規範といえない個別の性格の法律は41条の法律とはいえない、とする理解が根底にあるといえる。そのうえで、当該措置法として問題とされている法律が解釈上どちらとなるかの判断が加えられることとなっている。その際には、当該法律を制定することとなった動機——契機ないし由縁なども含む——は、違憲を主張する側が問題とするものの、裁判所は、審査の対象としていない＊。

＊立法の動機は、司法審査の対象とならないとするのが基本原則だといってよい。それは、裁判所が立法者の立法にかかる動機を明らかにしようとしても、それが不可能であったり、確証が得られなかったりするからである。それゆえ、法律の解釈は、そこに規定された目的についてなすべきで、目的の背後にある動機にまで至らないことになっている。

次に、2010年に制定された「口蹄疫対策特別措置法」（平成22年6月4日法律44号）の例がある。これは、同年に宮崎県で発生した口蹄疫により家畜農家が大被害を受けたことを救済するため、議員立法の方式で急きょ制定されたもので、その2年後には廃止された法律である。その当時、家畜伝染病予防法（昭和26年法律166号）が存在していたが、それによる手当金（同法58条）の支給では不十分だとして、憲法29条3項の損失補償の問題に関する論議不在のまま、多額の救済金が家畜農家に支給されることとなった＊。翌年の2011年には家畜伝染病予防法が改正され、損失補償規定などが設けられ、この特別措置法は廃止となった。したがって、憲法論議がほとんど不在のままで成立し、短期間存続しただけなので、訴訟の提起のもとに司法的統制が加えられる余地がなく、終息している。

＊与野党の議員は、かなり熱心にその措置法の成立に向けまい進した結果、短期間で国会での成立に至ったが、明らかに選挙目当てであるとの見方が支配的であった。

このように、与野党の議員がこぞって被害の救済のために法的論議、とりわけ憲法適合性の問題につき深く追究しないままに、特別な措置を法律に盛り込んだ例として、いわゆる薬害C型肝炎被害救済法＊の場合をあげることができる。そこでは、その法律による救済の対象から洩れたC型肝炎患者や他の多くの感染症患者との均衡の問題、すなわち、14条の平等原則に違反しないかの問題について、立ちいった検討がなされないまま特別な措置を内容とする法律の制定に至っている。そして、これへの司法権による合憲性の統制は加えられていない。

＊正式名は、「特定フィブリノゲン製剤及び特定血液凝固第IX因子製剤によるC型肝炎感染被害者を救済するための給付金の支給に関する特別措置法」（平成20年法律2号）である。

これら若干の例をみるだけでも、措置法が実質的意味の法律と区別して41条違反となるとの結論を導くのは容易ではない。とりわけ、法律の適用対象が個別的か一般的かの線引きは、誰もが納得できるほど明確に行うことができない。そこには、法律制定の必要性という要素も強く働くからである＊。そして、必要性

が先行するためか、合憲性ないし憲法秩序のあり方についての論議が看過されがちとなっている。

> *1995年に、5年間の時限立法として「阪神・淡路大震災復興の基本方針及び組織に関する法律」（平成7年法律12号）が制定、即日施行されたが、それは措置法の性格がないとはいえないものの、制定の必要性は高かった。その後の2011年の東日本大震災の発生にてらすと、いっそうそのことを感じさせられる。

ⅱ) **委任立法**　委任立法とは、法律がその内容の実施の詳細を政令や条例など下位の法規に委ねることである。その例は多く、具体例については、人権保障の判例の考察において、政令の制定権者との関係で（⇨第16章第3節**3(1)**）、さらに、地方公共団体の条例制定権との関係で（⇨第18章第3節**2(1)**）みている。

委任立法に対する司法的統制は、委任している法律自体について審査する場合と、委任された、あるいは委任されたと受けとめて定められた下位法規が法律による授権の範囲にあるといえるか否かについて審査する場合、さらに前二者がからんでいる場合がある。最高裁判所は、この委任立法の司法審査において、積極的な判断傾向をみせるようになっているが、それは、受任政令の合法性についてであって、委任した法律自体については、立法府の裁量を尊重する傾向を維持している*。

> *たとえば、地方自治法施行令115条、113条、108条2項および109条の各規定において、公選法89条1項の準用により、公務員が地方議会議員の解職請求代表者になることを禁止している部分は、解職投票に関する規定である地方自治法85条1項に基づく政令の定めとして許される範囲を超えたものであり、無効であるとした最大判平成21・11・18民集63巻9号2033頁。法律の委任の範囲を逸脱した命令については、第16章第3節**3(1)**を参照。

ⅲ) **行政組織法**　行政組織法とは、国の統治の機構のうち行政機関の組織編成について定める法律のことを指し、国家行政組織法、内閣府設置法をはじめとする各省の設置法などがその具体例である。これらの法律は、国民の権利や義務について定めているわけではないが、伝統的に法律により定めることになっている。

憲法73条4号は、「官吏に関する事務を掌理すること」を内閣の事務の一つにあげ、それは、「法律の定める基準に従〔う〕」ことになっているので、ここに

組織法の憲法上の根拠をみることができる。しかし、行政組織法がその詳細を政令の定めに委ねることについては、何ら制約がない。また、行政組織法の制定範囲についても、明示の定めや根拠はない。

　ⅳ）**議員立法**　これは、以上の三つの場合と異なり、法律案の国会への提出主体に注目した法律の問題である。法律案の国会への提出は、後述するように（⇨ 本章第2節 **4(2)**）、議員本来の活動の一つである。しかし、実践過程で生じた問題を解消するため、一定の制約が設けられているものの（⇨ 本章第2節 **4(2)**）、近年、議員立法の例は増加する傾向にある＊。そして、前述したように、措置法の制定が議員立法としてなされるとき、内閣提出の法律案が内閣法制局で精査されるほどには、衆議院・参議院の法制局で検討されるわけではないようであり＊＊、前述したような問題を抱えている（⇨ ⅰ））。

> ＊衆議院法制局のホームページ〈http://www.shugiin.go.jp/internet/itdb_annai.nsf/html/statics/housei/html/h-seiritsu.html〉に掲げてある、年ごとに成立した議員立法の表を参照。
>
> ＊＊両院の法制局でも法律案の精査がなされるが、その精査結果を議員がそのまま受容するわけでないというべきかもしれない。議員立法が両院の法制局においてどのように扱われて国会への提出に至るかについては、公開された記録などが存在しない。衆議院・参議院の立法過程にかかる情報公開制度を検討すべきである。これは、議会の公開との関連もある（⇨ 本章第3節 **3**）。

(3) 立法権の限界　国会に帰属する立法権には、国会が最高機関であり、唯一の立法機関であるにもかかわらず、限界が存在することを確認しておく。

　まず、憲法自身が命じている必要的法律事項に応えた法律の制定であっても、司法権による合憲性の統制を免れない。ただし、必要的立法事項の立法には、基本的に、立法府の裁量が働き、司法府は、立法府の政策決定に敬譲の姿勢をとる。しかし、そこには限界があり、最高裁判所が立法裁量を排して違憲・無効の判断を下すときもある＊。

> ＊10条に基づき制定されている国籍法についての最大判平成 20・6・4 民集 62 巻 6 号 1367 頁〔Ⅲ-3-15〕や、47条に基づき制定されている公選法についての最大判平成 17・9・14 民集 59 巻 7 号 2087 頁〔Ⅲ-8-5〕などがその例。

　また、必要的法律事項にあたらない法律についても、司法権による合憲性の統制を免れない（⇨ 第17章第4節 **2**）。

このように、司法権による合憲性の統制があるがゆえに、立法権の行使にあたって、判例の形成している法秩序に抵触する立法ができないこととなっている。あるいは、既存の法秩序に抵触する立法をしようとするときには、その正当化を確立したうえで行わなければならない。

　以上のほか、世論とか世界の情勢あるいは政党政治に伴う障壁など、立法権に及ぶ抑制力も立法権の限界をもたらす要因である。

3　課　題

　近代立憲主義における議会の役割は、立法をめぐって、また、国政全般について、審議や討議を尽くしたうえで議決することである。しかし、この審議や討議の場面が形骸化し、儀式化することが少なくなく、これが今日の検討すべき課題となっている。政党政治がもたらす妥協や取引が、この課題の背後にある。

　議会主義の理念の後退については、また、それが行政国家現象の深まりとかかわっていることを認識せねばならない。すなわち、国会が担う法律制定の主導的権限は、肥大化する行政権に握られるようになっているのである（⇨第16章第3節1）。内閣のもとでの行政機関は、その行政活動を通じて行政事情をとらえているから、法令の制定においては立法事実を把握できる立場にあり、また、それが有する法制定技術を駆使して、整った法律案を国会に提示できる。さらに、法律案の国会への提出に先立ち、各政党に提示して、政党の意向に関する調整も果たしている。こうして、国会の場では、審議・討議がともすれば儀式化せざるを得なくなっているといえる。

　政党政治と議会主義との関係については、政党内部の政策決定のあり方を検討の対象としなければならない＊。政党は、予め法律案についての党の方針を決めていて、党員にその決定に従うことを義務付ける。この党議拘束のために、議員個人についてみると、上記の議会主義の理念を生かした、自由で活発な審議の展開を抑制せざるを得なくさせられている。政党の構成員である議員は、その数において存在意義があり、多数決主義の駒としての存在となっている。

　　＊衆議院・参議院内での活動は、政党でなく会派としてなされる（⇨本章第2節**5**）。

　以上、概略ながらみた国会の立法権行使にかかわる課題は、次節以下でふれる事項の背景に存在していることを看過してはならない。

第2節　国会の構成・組織・権能

1　二院制

　国会は、衆議院と参議院で構成され、それぞれの院が全国民を代表する議員で組織されることになっている（42条、43条1項）。憲法は、これだけを定め、両議院議員の定数や、議員の選出方法などの詳細は、もっぱら法律の定めるところに委ねている（43条2項、44条）。ただし、選挙にかかる定めが完全に国会の立法裁量に委ねられてよいわけでなく、人権保障上の制約がかかり、そのことが記されている（44条ただし書）。これは、当然のことを規定しているといえるが、実際にはそれが問題となり、判例が多く存在する（⇨第3章第2節 **1**、第7章第3節 **4(1)**、第8章第4節 **3(2)** ⅰ ））。

　今日問われているのは、この両議院のあり方についてである。両議院は、近代立憲主義のもとで採用された二院制を踏襲するものであることは確かである。しかし、明治憲法においては、国の基本体制上、衆議院と貴族院の二院が設けられたことの理由を説明することができたが、日本国憲法のもとでは、貴族制度が廃止されたのだから、二院制を採用する必然性はなかったといえる＊。ところが、日本国憲法の制定過程で、総司令部の示した一院制案に対し、それを容認できないとする日本側の強い主張により、二院制を維持することとなった。ただし、第二院の参議院については、制憲議会で十分論議されたうえでその設置根拠についての合意が得られたわけではない。次の **2** でみるように、衆議院について、法律の制定等の権能を参議院より優越させたほか、衆議院議員とは異なる選出方式を参議院議員に採用したものの、参議院の存在意義については不確定のまま出発し、今日に至っている＊＊。

　　＊二院制を採用している諸国の例をみると、連邦制国家において、連邦を構成する州・邦の代表者が第二院の議員となる場合が多く、他は、イギリスの上院や明治憲法での貴族院のように、一般国民・庶民の代表者とは異なる階層者で成り立っている例をみる。したがって、参議院のように、議員の選出方式だけが少しばかり異なる二院制は、特異な例であり、連邦制や貴族制のない多くの国では、一院制を採用する方が通常であるといってよい。総司令部の一院制案に反対した有力な理由は、先進諸国が二院制で

あり、それに倣うべしとするものであった。

＊＊二院制の存在意義として、片方の院の行き過ぎを抑制すること、また、一院では不十分なところを補うことがあげられる。この抑制と補充の機能は、きわめて観念的な説明であり、現実の政党政治では、政治的取引や妥協が支配し、そのような理想的行動が生じる可能性がない。

2　衆議院と参議院

(1)　衆議院の優越　憲法は、二院制を採用したが、衆議院と参議院の間に次のような違いを設けている。

法律案は、衆議院および参議院で可決したとき法律となる（59条1項）が、衆議院が可決した法律案について参議院がそれとは異なる議決をしたときは＊、衆議院で出席議員の3分の2以上の多数決により可決すれば、法律となる（同条2項）。しかし、衆議院で3分の2以上の多数を得られない場合があるし、たとえそれが可能であっても他の解決法を探るのが適当なときには、国会法84条の定めるところに従って両院協議会を開くことができる。その場合でも、衆議院の優越は維持されている（国会法84条2項ただし書）。

＊衆議院と参議院との間でなされる議案の扱い方については、国会法83条以下を参照せよ。

予算の議決や条約の承認についても、衆議院の優越が定められている。すなわち、予算は、衆議院が先議し（60条1項）、参議院が衆議院と異なった議決をした場合に、国会法の定めるところにより（国会法85条1項、88条～98条）両院協議会を開いても意見が一致しないとき、または、衆議院の可決した予算を受け取った後、参議院が国会休会中の期間を除いて30日以内に議決しないときは、衆議院の議決を国会の議決とすることになっている（憲法60条2項）。条約の承認についても、予算と同じ衆議院の優越がとられている（61条）。

この衆議院を参議院より優越させる憲法理念は、両院の活動の実際場面をとおして浸透することになっているのだろうか。各院における多数派の状態が一致しないいわゆるねじれ現象が生じたとき、その理念どおりには事態が推移しなかった。衆議院での多数派である与党の意向が参議院の多数派である野党の抵抗にあい、推し進められなかったのである。

(2) 参議院の存在意義　前述したように、参議院は、その存在意義が確立されないままに出発し、今日に至っており、これについての検討が課題となっている*。かつて、衆議院での行き過ぎに抑制をかける良識の府であることがその存在意義であるとして、緑風会という会派に参集した参議院議員がその実現に向け活躍した時期もあった。しかし、政党政治の進展とともに、その気風が消滅し、衆議院の政党勢力と参議院でのそれとが近接するようになると、参議院は、衆議院での勢力図をそのままを引き継ぐだけの存在となってきた。衆議院のカーボンコピー化と揶揄される現象がそれである。また、このことと、前述したねじれ現象が生じたときを併せてみると、参議院の存在意義の検討は、今日のもっとも重要な課題となっている。

> ＊参議院の存在意義の確立のためには、現状を大きく変える変革が必要である。その変革は、地方自治制度の改革と併せてなすべきというのが私見である。すなわち、道州制を採用し（⇨ 第18章第2節1）、各道州から、その人口数とは関係なく、一律の定数の参議院議員を選出するというものである。これは、参議院を連邦制の国での第二院に近いものとする構想である。

3　議院の権能

(1) 国政調査権　憲法が定める議院の権能の一つとして、国政調査権がある（62条）。この国政に関する調査の権限は、議院の基礎的権能であるとされ、憲法の明文の規定を待つまでもなく、立憲主義における当然の権能だとされている。これにより、議院自らが国政上の情報を入手して、それを政策決定の判断材料とし、また、行政権に対する国会の統制を実効的に行い、さらに、国政に関する情報の国民への提供という機能も有している（国会法103条〜106条参照）。

議院は、国政調査に関して「証人の出頭及び証言並びに記録の提出を要求することができる」と憲法に定められているが（62条後段）、これを受けて、議院証言法＊が制定されている。その1条に基づく委員会での証人喚問を、委員会主義のもとでの国政調査権の行使として適法であるとされ＊＊、また、証言拒否罪の適用が容認された事例がある＊＊＊。

> ＊正式名は、「議院における証人の宣誓及び証言等に関する法律」（昭和22年法律225号）。
> ＊＊東京地判昭和56・11・5刑月13巻10=11号577頁。

＊＊＊東京地判昭和54・12・14判時969号136頁。

　この国政調査権は、明治憲法下でも議員法によって認められていたが（同法73条、75条）、事実上否認されていたこともあり、日本国憲法発足後、この権能の性格について論議された。その論議の端緒となったのが1949（昭和24）年の浦和事件＊であり、補助的権能だとする理解が支配的となったが、その後、補助的という意味付けに再検討を加える見解が登場している。今日では、その運用の積み重ねを得て、その性格についての論議は、沈静化している。

　　＊浦和事件とは、昭和24年の参議院法務委員会において、生活苦から3人の子どもを絞殺した母親に対する心中未遂の刑事裁判が調査対象とされ、その事実認定および量刑を失当とする報告書を参議院議長に提出したことに端を発するものである。最高裁判所は、この種の調査について、司法権の独立を侵害し、憲法上国会に認められた国政調査権の範囲を逸脱するとの申し入れをした。ここから国政調査権の性格をめぐる論議が展開することとなった。多大の論議を湧き起こしたこともあり、この事件後は、そのような個別の裁判に関する調査がなされることはなくなった。なお、公訴提起後も国政調査を継続したことが問題とされた二重煙突事件の裁判では、国政調査の扱いが直ちに裁判官に予断を抱かせるものとはいえないと判示している（東京地判昭和31・7・23判時86号3頁〔Ⅳ-8〕）。

　国政調査権の性格をめぐる議論は、この権能の範囲・限界にかかわるものであるといってよい。これについて、国政調査権の行使は、司法権の独立ないし刑事司法の公正にふれる危険性があると認められる場合に限って自制が要請されるとの原則が説かれている＊。国政調査権の具体的範囲・限界は、この原則のもとに個別の事例ごとに形成されることとなる。

　　＊日商岩井事件の東京地判昭和55・7・24刑月12巻7号538頁〔Ⅳ-10〕。

　なお、国政調査権の発動は、院内の多数会派の主導のもとになされるため、少数会派にとって国政調査権の行使が縁遠いことになる。これに対して、1998（平成10）年から予備的調査制度（衆規56条の2、56条の3、86条の2）が導入され、少数会派もこれを利用できるようになった。ただし、それは、国政調査権の行使そのものではない。

(2) 自律的権能　両院は、それぞれ独立してその権能を行使し、そこでは行政権や司法権などの他の国家機関による介入のみならず、議院相互間における干渉も排除することが原則となっている。58条は、この議院自律権について、

議院の内部組織や運営を自主的に決定する権限（組織自律権、運営自律権）が存在することを明示し、その権限の行使をそれぞれの院が定める規則に従って行うこととしている。この規則制定権がいかなる性格であるかについては、国会の活動の様相をみるときに考察することにする（⇨本章第3節1）。

議院の運営自律権の行使として議員の懲罰があるが、それが58条2項に明文で認められていることから、それの実施は、議院の判断が最終であり、司法的統制には服さないと理解されている。実際に、議員の懲罰に関する判例は存在しない。ただし、地方議会議員の懲罰について、出席停止のごとき懲罰は、内部規律の問題であって司法審査の対象とならないが、除名処分については議員の身分の得喪に関する重大事項であって、単なる内部規律の問題ではないとした最高裁判例がある*。これは、地方議会についての判示であり、国会の両議院とはその自律権の性格が区別されるとも考えられる**。

　　*最大判昭和35・10・19民集14巻12号2633頁〔Ⅵ-3〕。また、その判決で引用の最大判昭和35・3・9民集14巻3号355頁も参照。
　**国会議員の懲罰については、国会法の121条～124条に、地方議会議員の懲罰については、地方自治法134条～137条に定めがある。懲罰に自律的性格をもたせるためには、法律で定めるのが適切でないとも考えられる。

議事手続も運営自律権の内容をなすものであるが、これについては注目すべき判例がある。すなわち、1954（昭和29）年に、警察法改正法案を成立させるため、与党は、会期延長を図ったところ、これに反対の野党の抵抗にあい、それにもかかわらず強行して成立させたことが争点となった訴訟に対して、最高裁判所は、「〔警察法〕は両院において議決を経たものとされ適法な手続によって公布されている以上、裁判所は両院の自主性を尊重すべく同法制定の議事手続に関する所論のような事実を審理してその有効無効を判断すべきでない」と判示した*。これによると、議事手続についての司法的統制は、完全に排除されることとなる。この完全自律権と呼ぶことのできる議事手続の扱いは、憲法理念を実現するものと理解することができる。そこで、国会の両院は、全体としてその理念どおりの活動をしているか否か関心を呼ぶが、それについては、後に検討する（⇨本章第3節1）。

　　*最大判昭和37・3・7民集16巻3号445頁〔Ⅳ-7〕。なお、この判示中で、「同法制定

の議事手続に関する所論のような事実」とは、与党が警察法改正案の成立のために会期延長を意図したが、野党の抵抗にあい衆議院議長が議場に入ることができなかったところ、議長席背後の扉の隙間から衛視に抱えられた議長が指を2本差し入れ、議場にいた与党議員がそれをもって2日間延長の議決をしたとするものである。警察法改正案は、その衆議院での可決成立につづき参議院でも議決され、警察法（昭和29年法律162号）として成立した。しかし、この警察法の有効性について問題とされ、この最高裁判例は、大阪府の住民が大阪府議会の可決した予算中の警察費について、それが無効の会期延長議決による警察法に基づくものだとして争った住民訴訟に対するものである。

他の自律的権能として、55条に定める議員資格争訟の裁判がある。これも、自律権の一つに数えることができるが、実例はない。それは、公選法および国会法のもとで兼職禁止などの規定が整備されていて、議員の資格について問題が生じる余地がないからである*。

> *議員の資格は、主として兼職との関係で問題が生じるといえるが、兼職禁止に関する定めとして、国会法18条、31条、公選法90条を参照せよ。

4 国会議員の地位と活動

(1) 議員の地位　両議院の議員は、公選法の定める選挙の方式に従って国民の中から選出され、憲法43条では、その地位が「全国民の代表」であるとうたわれている。「全国民の代表」とは、命令的委任に対する理念であり、議員が選出母体や特定の集団の代表であってはならないことを意味し、近代立憲主義の誕生過程で確立したものである。そこには、民意の公正かつ効果的な反映がなされるべきとの要請が込められており、公選法は、その要請を実現するために選挙のルールを定めている。そして、憲法は、その制定を国会に委ねるとともに、基本的制約も規定している（43条2項、44条、47条）。

選挙制度の実施の現実をみると、「全国民の代表」という理念が生かされているのかについて問題とされるところが多い。本書では、15条の選挙権保障や14条の投票価値の平等の保障との関係で、その問題を扱っているが（⇨第3章第2節1(1)、第7章第3節4(1)）、ここでは、最高裁判例をとおして、「全国民の代表」の理念がいかように具体化されているかについて概観しておく。

まず、投票価値の平等についての基本先例となっている昭和51年判決*では、「全国民の代表」の理念を実現するための選挙制度は、「国民の利害や意見が公正かつ効果的に国政の運営に反映されること」を目標としつつも、国の事情に即して、具体的に決定されるのであり、何か特定の政治形態を要請するものでなく、制度の採用においては国会の政策的考慮が憲法上認められていると説いている。また、この先例を踏襲する平成11年判決**においても、最高裁判所は、「全国民の代表」に命令的委任の禁止の意味があることを確認している。それと同時に、その判決では、衆議院の1人別枠方式、すなわち、都道府県にその人口数に関係なく一人の議員を充てるという方式について、これによって選出された議員が全国民の代表者であるという性格と矛盾抵触することにならないと判示している。その後の平成19年判決***もその趣旨を引き継いでいたが、平成23年判決****に至って、1人別枠方式が「全国民の代表」の理念に矛盾すると判示し、従来の見解を変更するようになった。そこでは、選出された議員は、地域代表でなく、全国的視野に立って国政に関与すべきことが強調されている。

　　*最大判昭和51・4・14民集30巻3号223頁〔Ⅲ-3-16〕。
　　**最大判平成11・11・10民集53巻8号1577頁〔Ⅲ-3-19〕。
　　***最大判平成19・6・13民集61巻4号1617頁。
　　****最大判平成23・3・23民集65巻2号755頁。

　衆議院について、さらに、小選挙区制のもとに議員が選挙されること、比例代表制によっても選挙されること、さらに、重複立候補制において復活当選させることが「全国民の代表」の理念に反すると争われているが、いずれについても、最高裁判所は、それを斥けている*。

　　*前出の最大判平成11・11・10を参照。

　参議院議員についても、その選出方法ないし投票価値の不平等状態をめぐり、「全国民の代表」の理念が害されているとの違憲の主張が提起されているが、最高裁判所は、一貫してその主張を容認していない*。

　　*先例の最大判昭和58・4・27民集37巻3号345頁〔Ⅲ-3-22〕を踏襲した投票価値の平等に関する一連の判決を参照（⇨第7章第3節 **4(1)** b）ⅲ）の*欄（〔*・**〕）。特に、非拘束名簿式比例代表制との関連で、最大判平成16・1・14民集58巻1号1頁〔Ⅲ-8-10〕参照。なお、参議院を改革して連邦制に近い道州制から参議院議員が選出され

るとしたとき、その議員は、全国民の代表であるとともに道州の代表という意味をももつ。しかし、現在でも都道府県代表の意味をみることができ、その改革によって43条の意義が変わるわけではない。

(2) 議員の活動　国会議員は、その所属する議院の構成員として、また、所属会派の一員として活動する。その活動は、議案の発議(国会法56条1項、57条)、質問(同法第8章)、質疑(衆規118条、参規108条など)、討論(衆規135条以下、参規93条以下)、表決(憲法57条3項)である。

なお、発議は、議員単独で行うことができず、衆議院では議員20人以上、参議院では10人以上の賛成を要し、特に予算を伴う法律案を発議するには、衆議院では議員50人以上、参議院では20人以上の賛成を得なければならない(国会法56条1項)。

(3) 国会議員の特権　国会議員には、憲法により、歳費を受ける権利、不逮捕特権、および免責特権の三つの特権*が認められている。

　　＊特権とは、一般国民に保障されている権利より厚い保護を受けることで、憲法は、この三つに限って認めている。判例上も、これ以外に認められた特権はない。報道機関について、第8章第4節 **3(2)** ii)参照。

ⅰ）**歳費を受ける権利**　国会議員は、「国庫から相当額の歳費を受ける」権利を保障されている(49条)。この権利の具体化を「国会議員の歳費、旅費及び手当等に関する法律」(昭和22年法律80号)が定めており、歳費は、一般職の国家公務員の最高額が支給され、その額において国民代表としての意味を保持させている。これらの定めにてらし、議員の歳費は、議員としての職を維持するための生活保障、つまり報酬であるとの性格付けがなされている。

ⅱ）**不逮捕特権**　国会議員は、経済面での保障とともに、議員としての活動にかかわる身体の自由が保障されている。50条の不逮捕特権の保障がそれであり、国会議員は、「国会の会期中逮捕されず、会期前に逮捕された議員は、その議院の要求があれば、会期中これを釈放しなければならない」と規定している。ただし、「法律の定める場合を除いては」と例外を認め、これを受けて、国会法33条は、院外における現行犯逮捕の場合を除くことを規定している。また、参議院の緊急集会中の参議院議員についても、この保障が及ぶと定められている(国会法100条)。

不逮捕特権にかかわる院による逮捕許諾の例は、衆議院、参議院それぞれにおいて一桁にとどまり、裁判例も下級裁判所によるものだけである＊。

> ＊逮捕を許諾しておきながらその期間を制限することは、逮捕許諾権の本質を無視した不法の措置であると判示した東京地決昭和29・3・6判時22号3頁〔Ⅳ-3〕や、不逮捕特権には不起訴特権を包含していないと判断した、第一次国会乱闘事件に対する東京地判昭和37・1・22判時297号7頁〔Ⅳ-4〕を参照。

ⅲ）**免責特権**　国会議員は、「議院で行った演説、討論又は表決について、院外で責任を問はれない」権利、すなわち免責特権が認められている（51条）。これは、議員が議会内で自由な発言をすることを保障することにより、議員としての活動や職務遂行を活性化させる意義をもっている。歴史的には、この特権は、国王、政府、議会多数派などからの議員活動への干渉や議会内少数派への発言抑圧の体験を克服するために築かれたという背景がある。

注目される裁判例として、議院での発言について国会議員に対して損害賠償請求が可能かという問題が争われた訴訟に対する1997（平成9）年の最高裁判決＊がある。そこでは、質疑等により個別の国民の名誉を低下させることがあったとしても、当然に国家賠償法上の違法性が認められるわけでないとし、その訴訟での議員の責任を問わなかった。ただし、議員の行為に特別な事情があるときは責任を問う余地があるとも述べたため、この判決では、免責特権の絶対性が認められたわけではないとの理解が可能となった＊＊。

> ＊最三小判平成9・9・9民集51巻8号3850頁〔Ⅳ-6〕。その訴訟は、衆議院社会労働委員会での議員の発言が元で自殺した病院長の妻が、その議員および国に対して損害賠償請求をしたものである。
>
> ＊＊その判示にいう特別の事情は、それがあり得ないほど例外的な要件を指しているのなら問題ないであろうが、いったん特別の事情なるものを認めると、免責特権の意義は喪失することになりかねない。

免責特権の対象となる「演説、討論又は表決」は、厳格に、狭く限定した意味とするべきでなく、議員の職務に密接に関連する職務上の言論活動と一体不可分的に行われた職務付随行為にも及ぶと理解されている＊。

> ＊第一次国会乱闘事件に対する東京地判昭和37・1・22判時297号7頁〔Ⅳ-4〕や、第二次国会乱闘事件に対する東京地判昭和41・1・21下刑8巻1号44頁および東京高判昭和44・12・17高刑22巻6号924頁〔Ⅳ-5〕を参照。

なお、最高裁判所は、地方議会の議員の発言には、憲法上、免責特権が保障されていると解するべきでないと判断している*。確かに、地方議会議員に免責特権を保障する根拠規定が憲法にはないが、国会議員にこれが保障されている趣旨を地方議会議員にも及ぼすことによって、地方議会の地位を高めることができるはずで、そのような運用が期待される。

　　*最大判昭和 42・5・24 刑集 21 巻 4 号 505 頁。

5　政党・会派

　政党は、日本国憲法の規定上、国会ないし衆議院・参議院の構成主体であることが明示されていない。しかし、実際の場面をみれば明らかなように、事実として、これを抜きにしては語れない。院内では、政党は、その政党名でなく、会派*として活動する。

　　*会派は、2 人以上の議員が政治理念や政策を共通にして院内での活動をともにする院内団体のことを指す。政党がそのまま会派となる場合と、複数の政党が同一会派を構成することがあり、政党に無所属の議員は、他の無所属議員とともに、一つの会派を結成して院内活動をすることが多い。

　各会派の所属議員数は、常任委員会と特別委員会の委員を割り当て・選任するための基礎とされているから（国会法 46 条 1 項）、会派の所属議員数の比率が有利なものとなるように会派の編成をする必要がある。また、法案への賛否は、会派の決断によりなされる。このように、議会運営は、会派が中心になって行われている。前述した議員個人としての活動が制約されていることと併せてみると、今日の議会主義は、本来の姿を大きく変えているといってよい。

第 3 節　国会の活動

1　完全自律権の意義

　先に、国会は、各議院に認められた完全自律権のもとに議事などが運営されていることをみた（⇨ 本章第 2 節 **3(2)**）。ところが、その自律性は、司法的統制との関係で、完全だとの性格付けをしたのであり、このことの意義をまず検討する必要がある。

検討の対象は、司法的介入の余地を残さなくてもよいのか、ということである。すなわち、議院の議事手続への司法的介入を極力避けることがその自律性を尊重することになるとの前提のもとでも、今日の議会報道の実情にてらすと、国民の目からみて明らかに規律違反だといえる場合には*、裁判所は、証拠の客観的明白性にてらして、手続の無効を判断すべきではないかということである。すでにみた先例の警察法改正無効訴訟判決は、証拠の客観的明白性にてらして判断することも拒否したと受け取れる。その意味では、完全自律権そのものを認めたと理解できるが、それでよいのかというのが検討の焦点である。しかし、そのような最高裁判所と異なる立場は、客観的に明白な証拠とはいかなるものかの論議を引き起こし、その議論自体が院に自律的機能を認めたことと矛盾することになる。それゆえ、その先例は正しかったというべきである。

　　*たとえば、国会中継のテレビ報道によれば、本会議や委員会の定足数が明らかに充たされていない状態を把握できるが、この指摘は、そのようなことを指す。

　次に、憲法上は、「会議その他の手続及び内部の規律」について、各院に規則制定権を認めており、この排他的所管事項ともいうべき規則制定事項については、法律であってもそれについて定めることは、認められないのではないかという問題がある。実際に、各院は、その規則制定権を行使して、衆議院規則と参議院規則を定めているが、同時に、国会法も、規則制定事項について定めている。そこで、規則優位説と法律優位説の対立が従来から存在している。しかし、両院の規則と国会法との間で、ある規定をめぐって矛盾・衝突が生じた具体例をめぐって、その対立が生じたわけではない。実際には、矛盾・衝突が生じないように両者間での調整を経て制定がなされているといってよい。実態を観察していえることは、憲法が予定していた規則制定事項を国会法という法律で定めてしまい、憲法58条の趣旨とは異なる運用がなされていることである。そのこととの関連では、完全自律権の性格が認められないのである*。

　　*同様なことは、最高裁判所の規則制定権について指摘できる（⇨ 第17章第2節 **3**）。

　このように、完全自律権は、文字どおりの完全さがみられないのであり、その原因は、各院の自律性にかかる自覚が欠如していて、それは、二院制の存在意義、すなわち、参議院の存在意義の不確立に問題の根源があるとみる。

2　国会の会期

　国会は、会期制度のもとに活動する。憲法は、それを具体的に定めており、毎年1回召集される常会（通常国会）（52条）、内閣の判断で、あるいはいずれかの議院の総議員の4分の1以上の要求に基づき内閣が召集する臨時会（臨時国会）（53条）、および衆議院の解散後の総選挙後に召集される特別会（特別国会）（54条）がそれである。

　通常国会は、毎年同じ頃召集され、その会期は、150日間である（国会法1条2項、2条、10条）。臨時国会や特別国会の会期は、両議院一致の議決で決定され（同法11条）、それには衆議院の優越が認められ（同法13条）、両者とも2回まで延長が認められている（同法12条2項）。

　このように、国会は、会期ごとに独立した議会が活動するとのいわば擬制のもとに、それぞれの会期期間で議事や議決が終了するという設定がなされている。ここに会期不継続の原則が認められる。この原則を前提として、国会法68条は、「会期中に議決に至らなかった案件は、後会に継続しない」と定める。したがって、会期末までに本会議での議決に至らなかった法律案は、審議未了、廃案となる。後の会期で同じ法律案を成立させようとするときには、改めて手続、審議を経なければならず、無駄が多く、不合理だとの指摘がある。しかし、野党は、この原則を利用して、賛同し難い法律案を会期末までに廃案とすべく与党との攻防を繰り広げることが少なくないが、そこでは、審議、討論といった本来の議会主義の理念が失われがちとなる。こうして、会期制度についての改革が強くとなえられるようになっている。それは、立法期を単位とした議事・議案の継続性という考え方である＊。

　　＊大石眞・議会法（有斐閣・2001年）136頁や佐藤幸治・日本国憲法論（成文堂・2011年）446頁参照。本書も、これに賛同するが、改革志向の乏しい日本の政治現場では、このような考えの実現に期待がもてない。

　なお、閉会中でも継続審査とすれば（国会法47条2項・3項）、会期不継続の原則の不都合が解消できるが、そのためには面倒な手続を経なければならず、あまり利用されない。

3　国会の議事

　両議院は、議事を開き議決することがその活動の主たる内容であるが、56条では、そのための定足数を定めている。すなわち、両議院それぞれの総議員の3分の1以上がその要件であり、総議員とは、現在議員数ではなく法定議員数を意味するとして、実際には運営されている。また、議決は、憲法が定める特別な場合以外、出席議員の過半数でなされ、可否同数のときは、議長が決する（同条2項）。これら、憲法が定めること以外については、各院の自律性に委ねられる。その自律性の意義については、すでにみた（⇨ 本節1）。

　両議院の会議は、原則として公開することになっているが、秘密会を開く権限も認められている（57条1項）。秘密会を開くための要件は、出席議員の3分の2以上の多数の議決である。しかし、国政に関する情報を主権者たる国民に提供するという会議公開の原則との関係で、会議録の保存とその公表を義務付けることは、民主政治の重要な要請であるから、秘密会についても、特に秘密の必要性が認められるもの以外は公表をしなければならないと規定されている（同条2項）。なお、委員会については原則公開とされず、議員以外の者は、委員長の許可を得なければ傍聴することができないとされている（国会法52条1項）。

　今日では、テレビによる会議の報道が公開原則を補完し、国民が直接傍聴できる状態をもって公開の実施とはいえないことになっている。また、インターネットによって国会の会議録の検索システムを利用できることも、従来の官報による会議録の公表と一般頒布の代替の役割を果たしている。

4　衆議院の解散と参議院の緊急集会

　衆議院は、内閣の不信任決議案の可決または信任決議案の否認を契機に解散される（69条）。この解散の日から40日以内に衆議院議員の総選挙が実施され、その選挙の日から30日以内に特別国会が召集される（54条1項）。衆議院が解散されると、参議院は同時に閉会となる（同条2項）。こうして、国会の活動は休止状態となる。

　近年の新たな事態として、参議院における内閣総理大臣の問責決議が可決され、それが引き金となって内閣総辞職あるいは衆議院の解散を生む例が生じている*。この問責決議は、憲法に定めがないことであり、法的には根拠がない政治的現象

である。しかし、無視はできない憲法秩序が形成されたといえる。

　　＊参議院で問責決議が可決された内閣総理大臣は、福田康夫（2008年6月11日）、麻生太郎（2009年7月14日）、野田佳彦（2012年8月29日）、安倍晋三（2013年6月26日）である。最後の安倍首相は、決議直後の7月の参議院選挙で与党が勝利したため、退陣を求める政治的効果を受けなかった。

　衆議院が解散されると、参議院は閉会となるが、「内閣は、国に緊急の必要があるときは、参議院の緊急集会を求めることができる」（54条2項ただし書）。そして、緊急集会で採られた措置は、次の国会で開会後10日以内に衆議院の同意がないと、その効力が失われる（同条3項）。緊急集会の内閣による要求をはじめとする手続等については、国会法で定められている（99条以下）。ただし、これが適用された緊急集会の例はない＊。

　　＊参議院の緊急集会が開かれた例は、旧参議院緊急集会規則によるもので、1952年8月31日と1953年3月18日～20日の2度だけである。このことも、参議院不要論や参議院改革論の根拠の一つとなる。

5　弾劾裁判

　国会には、弾劾裁判所が置かれる（64条）。これは、裁判官は、公の弾劾によらなければ罷免されない（78条）との規定を受けたものとはいえるが、立法府たる国会の当然の役割であるわけではない。裁判官という公務員の責任追及を民主主義的に行うためには、全国民の代表者の集まりである国会がその任務を果たすのに適当だと判断されたからだといえる。

　64条では、弾劾裁判所が両議院の議員で組織されることのみを定めていて、弾劾に関する手続などは法律により定めることとしている。これを受けて、裁判官弾劾法が制定されており、また、国会法でもその弾劾裁判所に関する章を設けている（同法第16章の125条～129条）。

　弾劾裁判は、裁判官訴追委員会による訴追を受けて、裁判官弾劾裁判所による弾劾審理がなされる＊。これは、司法裁判所とは別に、独立の機関により裁判する制度であって、司法裁判所がその裁判権を行使できないこととなっている＊＊。

　　＊実例については、判例憲法3の81頁～86頁〔柳瀬昇執筆〕参照。
　　＊＊訴追請求人が不訴追決定を不服としてその決定の取消しを求めた訴訟に対して、不適

法却下とした東京地判昭和29・2・24行集5巻2号400頁や東京地判昭和43・6・13判夕225号194頁参照。

第4節　国会と財政

1　財政の民主化

　国は、国政の運営のために財力を必要とする。その財力の入手、管理、使用の働きを財政というが、83条は、この財政について、国会中心主義をうたって、財政についての基本原則を示している。

　財政は、国民の重大関心事であり、国民のコントロールを及ぼす必要がある。したがって、憲法が財政についての一章を設け、その最初の条文において財政の国会中心主義をうたっているのは、財政の民主化を租税や予算等の制度において徹底させるためであるということができる。

　財政の民主化を具体化するために、財政法（昭和22年法律34号）が制定されており、「国の予算その他財政の基本に関しては、」この法律に従うことになっている（同法1条）。

　問題となったのは、財政法3条についてである。その規定は、憲法83条の趣旨に従い、国の独占に属する事業における専売価格もしくは事業料金について法律または国会の議決に基づいて定めなければならないとしている。これに対して、「財政法3条の特例に関する法律」（昭和23年法律27号）において、政府は、法律の定めや国会の議決によらないで、財政法3条に規定する価格、料金等を決定したり、改定したりすることができると定めており、それが憲法83条違反だとして争われた訴訟がある。これに対して、裁判所は、「〔そのような〕事業料金について法律又は国会の議決に基いて定めるよう立法することも、その適用除外の特例を設けることも、憲法上は自由であり、単なる立法政策の問題にすぎないというべきである」と判示して、違憲の主張を斥けている*。これは、高裁判決であるが、次の2でもみるように、財政関連の訴訟において、判例は、立法裁量論により処理する傾向をみせているといえる。財政の民主化の原則は、そのような扱いでよいといえるものか、検討を要する。

　　＊東京高判昭和57・10・28訟月29巻4号727頁。

ところで、財政の民主化の理念を、公の財産の支出または利用に対して及ぼすため、89条は、次のように二つの分野において制限を課している。その一つは、宗教上の組織・団体に対する国の財政援助の禁止である。これは、20条の信教の自由の保障と政教分離原則の趣旨を財政面で具体化する意味をもっているが、それに関する判例の動向についてはすでにみている*（⇨ 第8章第3節 3）。

> *なお、明治憲法の時期からの沿革上の問題を含む国有地の社寺への譲渡について、最大判昭和33・12・24民集12巻16号3352頁〔Ⅶ-6〕は、89条違反の主張を斥けている。

他は、公の支配に属しない慈善・教育・博愛の事業に対する国の財政支援の禁止である。この規定の趣旨については、憲法発足時から解釈が分かれていた。また、実務上、行政国家化（⇨ 第16章第3節 1）の進展に伴い、この規定部分を厳格に解釈すると政府の施策を違憲・無効といわざるを得なく、不都合となるため、この定めの解釈、適用は、厳格に行わないことに落ち着いている*。

> *89条後段の定めがいかなる趣旨であるかについて、とりわけ、「公の支配」に属する慈善・教育・博愛の事業とは何かについて、学説上も下級審判決においても議論が分かれていたし、それに決着をつける最高裁判決もない。今日では、私立学校には、政府からの多額の助成金が支給されており、それは、私立学校法59条および私立学校振興助成法に基づくもので、この法制度のもとでの実態の前には、違憲論は説得的でなくなっている。近年では、公立幼稚園の代替施設である幼児教室への町の補助金交付が89条違反とはいえないとした裁判例がある（東京高判平成2・1・29高民43巻1号1頁〔Ⅶ-7〕）。

2 租税法律主義

84条は、租税の賦課や現行租税の変更をするには、法律によらなければならないこと、すなわち租税法律主義を定めている。租税は、国民の財産権に対して負担を強いるものであるから、財政の基本原則が当然及ぼされる。そもそも、83条の財政についての国会中心主義のもとでは、租税法律主義は、あえて規定するまでもないことであるが、近代憲法の誕生の経緯に基づき、これをうたうことが伝統となっている。すなわち、「代表なくして課税なし」との租税に関する民主主義の原則は、現代国家でも確実に実現されねばならないという意義をもっ

ているのである。実際には、租税に関する訴訟が多く登場しており、そのことは、今日でも検討を要する課題が存在していることを示唆している。

その代表例が不利益遡及効を定めた租税法規の合憲性を争った訴訟に対する2011年の最高裁判決*である。それは、財産取引時には課税の対象でなかった行為に対して、租税特別措置法の規定を改正したうえ、制定・施行時から遡って課税することにした政府の措置を租税法律主義に違反するとして争った事件に対するものであるが、最高裁判所は、違憲の主張を斥けた。そこでは、租税法規の変更や適用についての合理性は、それにかかわる諸事情を総合的に勘案して判断されるべきもので、その判断手法によると、当該争点となっている規定には合理性が認められるというものである。これによると、租税法律主義の原則の実現は、立法者の広い裁量に委ねられ**、司法的統制が期待できず、財政の民主化には限界があることを認めざるを得ない。

 *最一小判平23・9・22民集65巻6号2756頁〔Ⅶ-5〕および最二小判平23・9・30判時2132号39頁。前者の判決での補足意見は、84条違反の疑いがあることを論じて、限りなく反対意見に近い論述を示していることに注目させられる。
 広い立法裁量論については、サラリーマン税金訴訟に対する最大判昭和60・3・27民集39巻2号247頁〔Ⅲ-3-9〕に関連してふれている（⇨第7章第3節 **4(3)）。

租税法律主義は、人権保障規定ではなく、この原則から具体的な国民の権利・自由を導くことはできない。このことも、この原則を実現するための限界をもたらしている。とりわけ、司法的救済において、裁判所は、この原則から派生する救済基準を導き出すことに慎重とならざるを得ないのかもしれない。ただし、判例上、次のような意味を租税法律主義のもとで導いていることは確認しておかなければならない。

まず、租税とは何を指すのかということである。最高裁判所は、次のように意義付けをしている。「租税は、国家が、その課税権に基づき、特別の給付に対する反対給付としてでなく、その経費に充てるための資金を調達する目的をもって、一定の要件に該当するすべての者に課する金銭給付である」*。この意義付けは、租税関係訴訟において、広く浸透している。

 *サラリーマン税金訴訟に対する最大判昭和60・3・27民集39巻2号247頁〔Ⅲ-3-9〕。

ところが、最高裁判所は、この租税の意義を前提としたうえで、市町村が行う

国民健康保険の保険料について、それが租税でなく、84条の原則が直接適用されないとしている。ところが、最高裁判所は、国民健康保険が強制加入であり、保険料が強制徴収され、賦課徴収の強制の度合いにおいては租税に類似する性質を有することを指摘して、84条の趣旨が及ぶと判示している*。84条が直接適用されることと、その趣旨が及ぶということとの間の違いはどのようなものかについて、関心を呼ぶ。また、国や地方公共団体が徴収する租税以外の公課、手数料にも租税法律主義の原則が及ぶのかという問題もある**。

 *旭川市国民健康保険条例事件に対する最大判平成18・3・1民集60巻2号587頁〔Ⅶ-3〕。
 **西伊豆町指定ごみ袋事件に対する静岡地下田支判平成21・10・29判タ1317号149頁は、指定ごみ袋の代金に含まれるごみ処理手数料および調整金に租税法律主義が適用され、84条違反だとする主張を斥けている。

　また、租税法律主義が及ぶ範囲について、最高裁判所は、租税の創設・改廃、納税義務者、課税標準、徴税の手続のすべてを法律で定めることを意味すると説いている*。ところが、通達を契機として従来非課税とされてきた物品に課税されるようになった事例において、最高裁判所は、通達という法律に基づかない租税創設だとの指摘を容認せず、通達を契機としたとしても、それが正しい法令の解釈に基づいていれば租税法律主義に違反していないと判示した**。

 *最大判昭和30・3・23民集9巻3号336頁。
 **パチンコ球遊器事件に対する最二小判昭和33・3・28民集12巻4号624頁〔Ⅶ-1〕。

　なお、地方公共団体の課税権に対しても租税法律主義が及ぶかという問題がある。これについての最高裁判所の判断は存在しないが、下級審判決において、憲法は、地方公共団体に課税権を認めているが、それは、法律の範囲内での権限であるとの限定を付した判断が示されている*。

 *大牟田市電気税事件に対する福岡地判昭和55・6・5訟月26巻9号1572頁。

　租税法律主義から導かれる基本的原則として、課税要件と租税の賦課・徴収手続は、法律によって定められなければならないとする課税要件法定主義がある。また、法律や法律の委任に基づく行政立法は、課税要件や租税の賦課・徴収手続をできる限り一義的で明確な定めとしなければならないとする課税要件明確主義も導かれる。これらの原則については、裁判において取り込まれ、よく審理されている*。

＊課税要件法定主義については、東京高判平成 7・11・28 行集 46 巻 10=11 号 1046 頁
　　　を、課税要件明確主義については、秋田市国民健康保険税条例事件に対する仙台高秋
　　　田支判昭和 57・7・23 行集 33 巻 7 号 1616 頁を参照。

　租税法律主義の原則は、租税の賦課・徴収にかかわる手続についても法律で規定することを求めている。これは、31 条の法定手続の原則を租税分野に及ぼすものである（⇨ 第 9 章第 2 節 **2(3)** ix））。

3　国の支出行為と予算制度

(1)　国費の支出・国庫債務負担行為　　85 条は、財政の基本原則（83 条）の趣旨を、国の支出の面に及ぼしている。すなわち、国費の支出と国の債務負担については、国会の議決に基づく必要があるとし、財政の民主化をここでも具体化させている。また、国費の支出については、86 条で、予算の方式によることを定めている。

　明治憲法のもとでは、国の予算および債務の負担について、帝国議会の協賛を経なければならないとされていたが、その例外を認めていた（明治憲法 64 条）。86 条では、そのような例外を認めず、国会中心主義を徹底している。

(2)　予算制度　　i）**予算**　　予算の議決は、法律のそれと並んで国会の重要な権限である。それゆえ、86 条は、予算についても、財政の基本原則（83 条）を及ぼしている。また、予算については、すでにふれたように、衆議院の優越が認められている（⇨ 本章第 2 節 **2(1)**）。なお、86 条は、他の財政に関する規定同様、国民の権利義務には直接の関係がない＊。

　　　＊予算の一部の費目が違憲、違法だとして、納税義務不存在の確認を求めた訴訟例があ
　　　るが、京都地判昭和 28・11・21 行集 4 巻 11 号 2794 頁は、不適法却下としている。

　ii）**予備費**　　予見し難い予算の不足に充てるための予備費について、87 条 1 項は、国会の議決によりこれを設けて、内閣の責任で支出できることを定めている。予備費の支出についても、財政の基本原則（83 条）ゆえに、内閣に国会での承認を義務付けている（87 条 2 項）。

　iii）**皇室財産・皇室費用**　　88 条は、すべての皇室財産が国に帰属すること、および、皇室の費用については、予算に計上して国会の議決を経ることを義務付けている。これも、83 条の国会中心主義を皇室財政に及ぼし、明治憲法のもと

での皇室財産制度が変更されている。皇室経済についての8条と同趣旨である。

4　決算の検査と内閣の財政報告

　憲法は、財政民主主義の要請に基づき、予算の執行およびその結果について、国会および国民に対して明らかにすることを内閣に命じている。

　まず、予算の執行の結果としての収入および支出の結果を、決算として示し、これを毎年会計検査院が行った検査報告とともに、次年度に、内閣は、国会に提出することが義務付けられている（90条1項）。その手続については、財政法が定めている（財政法37条〜41条）。国会は、これを適正であるか否か審査して、承認または不承認の議決をする。ただし、不承認であっても、事後審査であるから、すでになされた収入や支出の効力に影響がなく、内閣の政治責任が問われることとなる。

　会計検査院は、予算の執行が適正に行われたか否かを検査するため憲法自身が設置を義務付ける独立の行政機関である。会計検査院の組織および権限は、法律で定めることが求められ（90条2項）、会計検査院法がその法律である。そこでは、その所掌事務の性格にてらして、会計検査院が内閣に対して独立の地位を有し（会計検査院法1条）、検査官の任命が両議院の同意人事として内閣によりなされ（同法4条）、その身分保障が強められている（同法8条）。

　次に、内閣は、国会および国民に対して、国の財政状況について報告しなければならない（91条）。上述したように、予算の執行の結果や決算報告については国会へ報告がなされるので、この定めは、国民に対する報告を求めていることに意義がある。その報告は、予算編成が年度ごとであるので、少なくとも年1回とされている。

　財政法は、これを受けて、財政状況の報告について、次のように定める（同法46条）。すなわち、内閣は、予算が成立したときは、直ちに予算、前前年度の歳入歳出決算ならびに公債、借入金および国有財産の現在高その他財政に関する一般の事項について、印刷物、講演その他適当な方法で国民に報告しなければならなく（同条1項）、また、その他に、内閣は、少なくとも毎四半期ごとに、予算使用の状況、国庫の状況その他財政の状況について、国会および国民に報告しなければならない（同条2項）。この国民に対する報告の方法については、今日では、

内閣のホームページをはじめとする多様な広報媒体が存在するので、それを利用し、広く国民が見聞できるようにすることができる。

第15章　国会と立法権

第16章 内閣と行政権

第1節 内閣に属する行政権

1 行政権の意味

65条は、「行政権は、内閣に属する」と規定しており、この簡潔な定めから行政権が内閣に帰属していることを読みとれるが、行政権とは何かについては、別途考えなくてはならない。かつて、行政権という内閣への帰属権限の内容を語るため、その定義ないし概念について議論されたことがある。しかし、積極的な定義付けが容易でないため、国家作用のうち、立法、司法の作用を除いたものという控除説が広く採用されるようになった。ここでも、その説明に従うことにする*。

> *何か定義付けした概念のもとに演繹的に細部を説明するという論法においては、定義付けが重要な意味をもつ。しかし、そのような論法をとらない本書においては、従来の定義付けをめぐる議論を追跡したり分析したりすることはしない。以下では、行政権の内容が今日いかなるものに形成されているかということに関心を向けることにしている。ただし、国会に帰属する立法権や、裁判所に帰属する司法権についても、行政権とは異なるほどの格別に明確な概念設定ないし定義付けがなされているわけでなく、それらについても実践をとおしての形成内容を観察することが重要である。

なお、最高裁判例において、行政権概念をいかなるものとしているかということに関心を向けてみても、これを直接示す判例が見当たらず、そのことは、行政権概念に依拠しなくとも、行政権の行使をめぐる紛争を解決できることを物語っているといってよい。しかし、立法権や司法権との衝突の場面で、すなわち、行政権と他の二権との作用領域を調整する問題場面で、行政権の概念、というよりもその権限領域について議論されることがある。これは、要するに権力分立原則の適用の問題であるが、すでに指摘したように（⇨第14章第1節**3**）、この原則が

問題解決を必然的にもたらすことはない。具体例を後にみることにする（⇨ 本節3）。

ここで確認しておくべきことは、内閣が行政権の主体であり、行政事務処理の中枢機関となっていることである。そして、内閣のもとに置かれた行政各部の機関が実際には複雑・多彩な作用を行っており、それを何らかの概念でまとめて説明することは不可能であるし、意味がない。なお、天皇の国事行為への助言と承認をすることにより象徴天皇制の実現の役割を果たしていることも（3条、7条）*、内閣の有する行政権の内容としてとらえておかなければならない。

  ＊明治憲法下での官僚内閣制においては、各国務大臣が統治権の総攬者たる天皇を輔弼することになっていた（明治憲法55条）。

2　独立行政委員会

内閣は、行政組織上の頂点に位置し、すべての行政機関が内閣の指揮監督に服することになっている。しかし、会計検査院のように憲法自身が認めた例外（90条）の他にも、内閣をはじめとする上級行政機関から独立した機能を果たすことが認められている行政機関がある。それは、独立行政委員会と呼ばれ（以下では、単に「行政委員会」という）、当初、65条等に違反して違憲ではないかとの論議があったが、今日ではそのような疑問は解消されている*。

  ＊現在、行政委員会に属するのは、国家公務員法3条1項に基づく人事院、独占禁止法27条1項に基づく公正取引委員会、警察法4条1項に基づく国家公安委員会、および国家行政組織法3条2項・4項、別表第一に定める公害等調整委員会、公安審査委員会、中央労働委員会、運輸安全委員会である。

   行政委員会は、アメリカの制度にならって導入され、日本国憲法の発足時には多く設けられたが、日本の行政部門の伝統になじまないところがあり、次第に整理されて今日に至っている。なお、違憲の疑義は、66条3項の「内閣は、行政権の行使について、国会に対し連帯して責任を負ふ」との定めとの関連で、あるいは、72条の「内閣総理大臣は、内閣を代表して……行政各部を指揮監督する」との定めとの関連でも議論された。裁判例としては、人事院を合憲と判示した東京高判昭和33・2・11判時139号5頁や福井地判昭和27・9・6行集3巻9号1823頁〔Ｖ-1〕がある。

行政委員会は、内閣ないし内閣総理大臣の所轄のもとに置かれてはいる。しかし、一般行政機関と異なり、その構成員の任命には両議院の同意が必要であること、委員に身分保障が与えられ、原則としてその意に反して罷免されないこと、

独立してその権限を行い、内閣はそれを統制することができないこと、さらに、準立法的・準司法的機能を併せもつことを特質としている。そのような特質が与えられているのは、内閣からある程度独立することによって、政党政治の規律を排除し、政治的中立性、公平性、技術性などを維持するという要請に応えるためである。ただし、そのような特質や特質を支える要請は、個々の行政委員会ごとに、その職務の特殊性との関係で力点の置きどころが異なって現れ、一律に論じることはできない。

　このような性格にてらすと、行政委員会の合憲性については、次のような根拠のもとに正当化できる。まず、権力分立の原則のもとでも、行政機能の一切を内閣に集中させなくてはならないわけではないから、65条に違反するとはいえない。また、行政委員会の構成員の任命権を内閣がもち、予算権も内閣に留保され、内閣に対する報告義務が法定されるなどの消極的監督権が認められており、それらの点で、内閣がその行政に責任を負う建前がとられている。さらに、行政委員会の構成員の任命に国会の同意権を与え、ときには訴追権を認めていることは、国会の民主的コントロールを行わせるものであり、民主政治の原理が損なわれることなく維持されている。なお、後述するように（⇨本節3(3)）、行政委員会は、準立法的・準司法的機能をもっているが、それは私権の保護を促進する。

　行政委員会の準立法的・準司法的機能についてみる前に、行政権が国会の立法権や裁判所の司法権とどのような関係にあるのかを考察しておかなければならない。

3　国会・裁判所との関係

(1)　行政権と立法権　内閣は、すでに議院内閣制について確認しているように（⇨第14章第3節）、国会との関係が密接であるが、内閣に帰属する行政権は、国会の制定した法律に基づき、法律の定めるところに従って行使されることになっている。すなわち、法律による行政の原理がそこに働いており、行政権と立法権との間には常に相互関係が存在していることに注目する必要がある。また、法律案の策定、それの国会への提出において、内閣は、主導的な権限行使をしてきている。今日、議員立法の例が増しているとはいえるが（⇨第15章第1節2(2)ⅳ））、行政権行使の過程で得られる法秩序の実態把握をもとに、法律の制定、改

廃などにおいて、内閣は、支配的地位を占めている。さらに、内閣の有する政令の制定行為は、立法権との関係を無視してはありえない（⇨第15章第1節**2**）。

このように、行政権は、立法権と相互依存関係にあるということができ、対立関係となる場合はほとんどないといえるが、そうであるがゆえに、法秩序形成のあり方に問題を生じさせている。その一部は、法律制定にかかる今日的問題としてすでにふれたし（⇨第15章第1節**2**）、司法権との関係では、以下で考察する。

(2) 行政権と司法権　裁判所との関係では、内閣は、裁判官の任命権を有しているが（79条1項、80条1項）、司法権の独立ないし裁判官の独立の要請との関係で、その任命権に内閣の意向が強く働くわけではない。これについては、後述する（⇨第17章第2節**2**）。ここで注目すべきは、内閣に帰属する行政権の行使に対する司法的統制についてである。

憲法保障の制度のもとで、行政権の行使に対して、裁判所による合憲性の統制を受けることはいうまでもない（⇨第2章第3節**2**）。さらに、内閣のもとに置かれている行政機関の行為に対して、司法的統制が加えられ、憲法秩序ないし法秩序が維持され確立する。行政機関は、法律に基づき、法律で認められた裁量の範囲内で行政活動をするが、これに対して、司法的統制が加えられるのである。この行政権行使における裁量権の逸脱・濫用を統制する司法権の役割は、司法国家と呼ぶにふさわしい機能である*。

 ＊行訴法30条は、「行政庁の裁量処分については、裁量権の範囲をこえ又はその濫用があった場合に限り、裁判所は、その処分を取り消すことができる」と定め、裁判所の裁量統制権限を明示している。そして、いかなる処分が裁量権の逸脱・濫用にあたるかの基準は、判例において形成されている。なお、かつての学説上、行政権の独立ないし行政庁の第一次的判断権を根拠として、司法権の行政権への介入を排除しようとした司法権の限界論が存在したが、今日では、その議論は、立法上および司法実務上解消されている。

2004（平成16）年の行訴法の改正は、行政権との関係で、司法国家化を前進させたということができる。すなわち、裁判所は、義務付け訴訟において、行政庁に対し特定の処分をすることを義務付けたり、差止訴訟において、行政庁に特定の処分をすることを禁止したりすることができる制度がそれである（行訴法3条6項・7項）。詳細に立ち入るゆとりはないが、この制度の活用が進展している*。

＊この行訴法改正前においても、勤評長野事件の最高裁判決（最一小判昭和47・11・30民集26巻9号1746頁）は、特段の事情が認められるときには、行政権の行使に対して事前の救済を求める訴訟を許容する余地があることを判示している。

　他に、地方自治法245条の8第3項に基づく法定受託事務の代執行手続を定めるいわゆる法定受託事務代執行訴訟において、裁判所は、訴訟提起をする各大臣の指示内容の違法性を実質的に審査することができるようになっているが、そのことは、憲法65条の行政権侵害となるか否かの問題がある。これは、1999（平成11）年の地方自治法改正によって設けられた訴訟制度であるが、それ以前の職務執行命令訴訟（平成11年改正前の地方自治法151条の2第3項）にならって規定されたものである。その職務執行命令訴訟の裁判例＊によると、最高裁判所は、命令に対する実質的な審査権を裁判所が有しているとの判断を示しており、それは現行の法定受託事務代執行訴訟についてもいっそう妥当することだといえるので、問題は解決されているといってよい。

＊砂川事件に対する最二小判昭和35・6・17民集14巻8号1420頁、および、沖縄代理署名訴訟に対する最大判平成8・8・28民集50巻7号1952頁〔Ⅵ-6〕を参照。

　さらに、内閣総理大臣の異議の制度（行訴法27条）も、司法権と行政権の衝突の問題であるが、それについてすでにふれた（⇨第8章第4節 **2(2)** ⅱ）b））。

（3）　行政委員会の準立法的・準司法的機能　　行政委員会は、準立法的・準司法的機能を有しており、行政委員会の有する立法や司法に準ずる機能については、それが個々の行政委員会の担当する職務の特殊性と関連付けて理解されなくてはならない。それゆえ、この機能にかかる問題は、65条のもとでの内閣との関係でだけに限られるわけではない。

　準立法機能について、たとえば、人事院の制定する規則（とりわけ人事院規則14-7「政治的行為」）のように、憲法の人権保障規定との関係で合憲性が問われることがあり、また、それを含めた広汎な委任立法の問題は、立法権のあり方との関連から考察されなければならない（⇨第15章第1節 **2(2)** ⅱ））。

　準司法的機能については、それが前審としてのものであって、終局的には裁判所の判断に委ねられるのであるから、直ちに司法権の侵害だとすることはできない。また、その機能が、迅速性や簡易性という長所をもち、原状回復に伴う困難さが少ないといった点をみせており、私権保護の観点から評価できるのであるが、

その制度の実際の運用上、検討すべき課題を多く含んでいる（⇨ 第17章第2節 3）。

第2節　内閣の組織

1　内閣の構成

（1）法律による組織形成　66条において、内閣は、首長たる内閣総理大臣とその他の国務大臣で組織すると定め（1項）、さらに、内閣総理大臣も国務大臣も文民でなければならないこと（2項）、および、行政権の行使について連帯して国会に責任を負うこと（3項）を規定するが、その他の詳細は、法律の定めるところに委ねている。その法律の主要なものとして、内閣法、内閣府設置法、国家行政組織法、各省の設置法などがある。

法律により形成された内閣の構成は、内閣総理大臣と国務大臣の他に副大臣・大臣政務官を加えた一定数である＊。大臣については、後にさらにその役割や権限をみることにしているが、副大臣・大臣政務官は、近年設けられたもので、行政の場面で活躍するようになっている。すなわち、1999（平成11）年7月に制定された「国会審議の活性化及び政治主導の政策決定システムの確立に関する法律」により、国家基本政策委員会が設置され、政府委員制度を廃止するとともに副大臣が設けられた。これにより内閣府と各省には副大臣と大臣政務官が、国務大臣が充てられる庁（国家公安委員会）には副長官と長官政務官が置かれている＊＊。

　　＊それぞれの定数については、内閣法2条2項、国家行政組織法5条1項、別表第三を参照。

　　＊＊近年、政府の諸活動との関連で副大臣や大臣政務官が報道の場面に登場するようになっているのは、この制度改革の反映である。

（2）補助機関　内閣の権限行使や多様な事務を補助するための機関が置かれている。この補助機関は、内閣の構成・組織上重要な役割を発揮している。その主要なものは、内閣官房、内閣法制局、国家安全保障会議、人事院などである＊。

　　＊それぞれの設置根拠規定は、順に、内閣法12条、内閣法12条4項および内閣法制局設置法、国家安全保障会議設置法、国家公務員法3条以下である。

これらのうち内閣法制局は、憲法秩序の形成にとって重要な役割を発揮してい

る。その任務は、内閣提出の法案のほか、政令、条約について、憲法および既存の法律と矛盾しないかについて審査し、条文表現や用字・用語の妥当性を点検することである。法令に関する閣議決定は、内閣法制局によるその作業を経たうえでなされる。また、内閣を補佐する立場から、憲法および法令に関して、内閣や首相、閣僚に意見を述べる役割も負っている。憲法解釈についての政府統一見解は、この部署で作成されるから、政治部門における憲法の番人と呼ばれている。国会において、法制局長官が憲法や法令の解釈について政府見解を答弁することもなされる*。このような内閣法制局の存在について、時々の政府担当者の交代ごとに法秩序が急変することは、法治国家として望ましくなく、法的安定性を保つために設けられた制度とされてきた**。

> *2009年発足の民主党政権は、この慣行を変えて、政治家主導の道を開こうとしたが、成功しなかった。なお、内閣法制局の示す憲法解釈は、あくまでも内閣の憲法解釈であって、最終の憲法判断者――それゆえ、憲法の番人――は、最高裁判所である。
> **集団的自衛権について、日本は、国際法上、その権限をもっているが日本国憲法上その行使は許されないとの見解を歴代の内閣法制局長官が国会で答弁してきた。しかし、2012年12月発足の安倍内閣は、これを変更しようとし、論議を呼んでいる。

2 内閣総理大臣と国務大臣

(1) 内閣総理大臣 　内閣は、内閣総理大臣と国務大臣で構成される合議体であるが、後述するように閣議によってその職務が行われ、その中軸となっているのが内閣総理大臣であり、それが有する権限は、他の国務大臣と同列に置けない強さである（⇨本章第3節2）。

　憲法の規定上、内閣総理大臣は、次の過程を経てその地位に就く。すなわち、国会議員のなかから指名され、天皇が任命する（67条1項、6条1項）。その指名は、衆議院と参議院が独立に行い、異なった議決をした場合には、両院協議会にかけ、そこでの調整がつかないとき、また、衆議院の指名の議決後国会休会中の期間を除き10日以内に参議院が指名の議決をしないときは、衆議院の議決が国会の議決となる（67条2項）。

　実際の指名の過程では、指名の候補者選びの段階で、政党政治の現実が強く影響する。議院内閣制の通例として、与党の党首が内閣総理大臣の指名候補となり、

国会で内閣総理大臣として指名される。その限りでは、多数決主義に支えられた民主主義の原理が生かされるといえる。しかし、時には、その党首選びないし指名候補者選びの過程で、政治的取引や策略が水面下で繰り広げられ、民主的な手続とは言い難い様相を帯びることがあった。そのことも背景となって、内閣総理大臣の選出過程を改革することが論議されたことがある*。

> *党首選び・指名候補選びは、それに先立つ内閣総理大臣の退陣という事情も影響するし、与党内や与党と野党との関係、連立の可能性などさまざまな要因が働く。それは、まさに政治の場面のことであって、法的分析の対象外のことであるが、憲法秩序・法秩序の形成がそのような政治からの影響を受けることは看過できない。なお、内閣総理大臣の選出過程に国民が直接関与する道を開く首相公選制の導入をめぐる議論もあったが、今日では沈静化している。

（2）　国務大臣　　国務大臣は、内閣総理大臣によって任命され、その過半数は国会議員のなかから選ばれる（68条1項）。その人数は、14人とされ、特別に必要があるときには、3人を限度にその数を増やし、17人以内とすることができる（内閣法2条2項）。各大臣は、国家行政組織法が定める省*の長として、行政事務を分担管理する（内閣法3条1項）。ただし、無任所の国務大臣を置くことも認められている（同条2項）。

> *国家行政組織法3条の別表第一には、総務省、法務省、外務省、財務省、文部科学省、厚生労働省、農林水産省、経済産業省、国土交通省、環境省、防衛省が掲げられている。

　国務大臣は、担当する省の長として行政事務を管理するのであるから、その事務内容に通じた優れた資質を有する者であることが望ましい。実際に任命された国務大臣のなかには、まさにそれに匹敵する人物と評価でき、優れた活躍をする例をみることができるが、他方、議員としての経歴や党内の派閥の均衡などの配慮のもとに任命され、担当事務については官僚の助けに依存するばかりの者の例も少なからずある。

　なお、国務大臣は、その在任中、内閣総理大臣の同意がなければ訴追されない、と定められ（75条）、その地位の保護がなされている。

（3）　文民要件　　大臣の資質については、憲法にはもちろん法律にも何ら制約規定はないが、唯一、文民であることが求められている（66条2項）。

　文民とは、civilianの訳で、軍人でない者という意味だと理解されている。こ

れは、明治憲法のもとで、軍人が大臣（陸軍大臣、海軍大臣あるいは内閣総理大臣）となり、内閣を支配する影響力を発揮し、戦争への道を進んだという体験の反省に基づくものである。日本国憲法では、9条のもとに戦争を放棄し、軍隊をもたないから、軍人が内閣の一員となる余地はないといえる。しかし、現実には、自衛隊が存在し、それが実質的には軍隊に匹敵するともいえるから、現役の自衛官が対象となるといってよい。政府は、そのように理解している*。

> *日本国憲法制定後の初期の頃には、明治憲法下で軍人であった者が大臣となる余地があった。年数を経た今日では、問題とし、強く警戒をすべきことは、現職の自衛隊関係者が内閣の政治、行政にかかわることについてである。現在では、かつてほど文民統制の理念に配慮しなくなっていることを危ぶむ見解がある。

3　閣　議

内閣法は、内閣がその職務を行うのは、閣議によるものとすると定める（4条1項）。つまり、閣議において内閣の意思決定がなされる。そこでは、内閣総理大臣が会議を主宰し、内閣総理大臣は、内閣の重要政策に関する基本的な方針その他の案件を発議することができる（同条2項）。各国務大臣も、案件の如何を問わず、内閣総理大臣に提出して閣議を求めることができる（同条3項）*。

> *昭和電工疑獄事件の控訴審判決（東京高判昭和33・2・11判時139号5頁）では、国務大臣は、他の国務大臣の主任として管理する分掌事務について閣議を求め、また、閣議における審議、決定に関与する職務権限を有すると判示している。

このように、内閣の意思決定は、内閣総理大臣の主導のもとに閣議においてなされるのであるが、実際の運営は、慣例に従ってなされていることが多いようである。全員一致の意思決定であるとか、全員が集合しての参集閣議に限らず、各閣僚のもとに閣議書を持って回り押印を得る持ち回り閣議の方式とか、閣議の議事録は作成しないといったことなどがそれである。

閣議についての以上のような概容にてらせば、閣議は内閣総理大臣を軸とした自律性が全面的に支配しているとみるべきである。また、そこに司法的統制が及ぶことはない*。

> *閣議決定の違法性・合憲性を争う訴訟を提起しても、それが取消訴訟の対象となる行政処分にあたらないとされる。自衛隊の掃海艇等をペルシャ湾に派遣することを内容

とする閣議決定について、その処分性を否認した大阪高決平成3・6・6訟月37巻12号2197頁。また、同閣議決定に基づいて防衛庁長官に対してなした海上自衛隊の掃海艇等をペルシャ湾に派遣する旨の指揮命令および、その指揮命令に基づく防衛庁長官による防衛庁海上幕僚長に対する執行命令についても、処分性を否認した大阪高決平成3・10・29訟月38巻4号761頁参照。

第3節　内閣の権限

1　行政国家における内閣の役割

(1)　行政権の肥大化　内閣の職務は、複雑多様であり、その内容を端的に描くことが不可能に近く、また、行使されている行政権限の実態もやはり容易にはとらえ難いほどの様相をみせている。それは、行政権行使のもととなっている行政法の数量が他の法領域をはるかに凌ぐものとなっていることをみただけでも、確認できる*。つまり、内閣は、行政権の肥大化現象を伴う行政国家において、政府に認められた権限の圧倒的保有者となっているのである。この行政権の肥大化現象は、20世紀の半ば頃から世界の先進立憲主義国家に共通の現象であり、今日、その展開の進行が止まらない。

*近年出版された行政法概説書や入門書では、その冒頭で、法律の大半が行政法に属することが強調されている。

(2)　肥大化の要因　行政権の肥大化をもたらしている行政国家の様相を端的に描くことが困難であるにしても、そこに働いている主たる要因については摘出することが可能である。それは、すでにみた人権保障にかかる判例の動向の背景にある事情を認識するのに役立つことにもなる。

まず、第二次世界大戦後の先進諸国に共通することであるが、積極国家、社会国家、福祉国家などと呼ばれるような国の政策実施場面に働いている要因がある。政府は、国民の経済・社会生活面に積極的に介入する傾向をみせ、そこでは、当然のことながら行政権の行使が経済政策について、あるいは国民の生活福祉にかかる政策について盛んに行使されるようになっている。

その傾向は、国民の文化・芸術面についてもみられるようになり、政府の支援のもとに振興が図られ、あるいは歴史的遺産の維持がなされるようになっている。

これは、本来公権力を排除する風土に変化をもたらすものであり、公的支援なしには文化・芸術の発展・維持が考えられないようになっている。そこにかかわる行政権のありようは、新たな課題を抱えている。

また、20世紀末から顕著となっているコンピューターの発達にかかわる要因がある。IT技術分野に代表される科学技術および医療技術の急激な進歩は、人々の生活や生存のあり方に変化をもたらし、社会での人々の自由な状態ないし自律性に委ねておくことができない困難な問題を生み出している。そこでは、ともすれば法制度の整備が後追い状態となり、行政権の対応が強く求められている。

さらに、自然災害や地球温暖化現象への対処、あるいは、国際テロ対策についても、従来の施策ではカバーできない困難な課題が突き付けられており、内閣のもとでの行政権の責務は増大する一方である。

(3) 行政改革 このように主要な行政権肥大化の要因をみると、伝統的な行政権のあり方ではとうてい賄いきれない問題が存在していることが判明する。つまり、行政組織の改革により諸問題に効率よく対処することが求められているのである。20世紀には、行政改革の必要性が認識され、迅速とは言い難いが、世紀末にそれが一応達成された。

いわゆる省庁再編がそれであり、1998（平成10）年に中央省庁等改革基本法として形をなし、この法律が2001（平成13）年1月6日に施行されて、中央省庁の再編統合がなされた。その結果、行政組織としては、1府22省庁から1府12省庁へと変容を遂げたのであった。これは、省庁間の壁をなくして、行政の無駄や非効率を解消しようとすることが目的の一つとされていたのだが、その成果が注目されている＊。

　　＊これにつづいて、地方自治の改革や司法改革がなされた。それぞれについて、後の第17章と第18章でふれる。

2　内閣総理大臣の権限

(1) 強い権限 72条は、内閣総理大臣の権限について定める。それは、内閣を代表して議案を国会に提出すること、一般国務および外交関係について国会に報告すること、および行政各部を指揮監督することである。そして、内閣総理大臣の権限は、これだけでなく、国務大臣の任免権を有するし（68条）、衆議院

の解散もその専権事項となっている（69条）。

これらの権限の存在を総合してみると、内閣総理大臣は、強い権限の持ち主であり、内閣において、他の大臣より突出した地位に就いているといえる。そのことを、解散権と指揮監督権とについての具体例にてらして確認しておく。

(2) 衆議院の解散権限　衆議院の解散は、内閣総理大臣の専権事項であり、内閣総理大臣の内閣における地位を象徴するものだといえる。

憲法の規定上は、69条で、内閣が衆議院の決議で信任が得られなかったときの対抗手段として衆議院の解散の道を選び得ることが定められ、7条で、内閣の助言と承認のもとに天皇の国事行為の一つとして衆議院を解散することがあげられている。そこで、69条のみが解散の根拠か、7条により内閣の不信任と関係なく解散できるかの解釈問題が生じていた。しかし、60余年の体験を経て、69条だけでなく7条に基づく解散がなされることは定着しており、これが解散についての確立した憲法秩序だといってよい。

その解散の決定は、閣議において正式になされる、すなわち全閣僚の署名・捺印がなされるのが形式的手続であるが、そこに至る決断は、内閣総理大臣が行い、他の国務大臣でそれに強く反対する者がいれば罷免権を行使することになる。それゆえ、衆議院の解散は、内閣総理大臣の専権事項だといえるのであり、実際にもそのようになっている＊。その権限行使に対して、司法的統制は及ばない＊＊。

　　＊政治情勢や内閣総理大臣の党内における勢力図などに関連する要因が働いて、その専権の行使の仕方はさまざまだが、閣議を主宰する内閣総理大臣が解散の決断をしない限り、事態は進まない。

　　＊＊苫米地訴訟の最高裁判決（最大判昭和35・6・8民集14巻7号1206頁〔Ⅵ-21〕）は、解散権の行使に対して、司法審査権が及ばないことを判示している（⇨第17章第4節1(3)）。

(3) 指揮監督権　内閣法6条は、「内閣総理大臣は、閣議にかけて決定した方針に基いて、行政各部を指揮監督する」と定めている。この規定によると、内閣総理大臣は、行政各部の指揮監督権の行使を必ず閣議決定に基づいてしなければならないのだろうか。この論点は、いわゆるロッキード事件（丸紅ルート）での重要な争点となり、最高裁判所は、前述の憲法および内閣法の規定を根拠にして内閣総理大臣の権限が強力であり、職務権限が広く及ぶことを説いて、その

当時内閣総理大臣であった田中角栄を有罪とする原判決を容認した＊。ただし、この裁判は、収賄罪の規定である刑法197条1項の適用との関係で、内閣総理大臣のした指示が職務にあたるとしたものであり（「準職務行為」とされる）、そのような指示が国家行政組織法における内閣総理大臣の所掌事務に属するとの理解が確立したといえるかは疑問だとする見解もある。

 ＊最大判平成7・2・22刑集49巻2号1頁〔V-3〕。その下級審判決は、東京地判昭和58・10・12判時1103号3頁、東京高判昭和62・7・29高刑40巻2号77頁。なお、これは、内閣総理大臣の田中角栄がアメリカの航空会社ロッキード社の製品の販売代理店である丸紅の社長らから全日空の旅客機購入について協力の依頼を受け、報酬の趣旨で5億円を受領したことが受託収賄罪にあたるとして、他の関与者とともに起訴された事件である。最高裁判所は、下級審の有罪判決を容認し、上記の論点について、次のように判示している。「内閣総理大臣が行政各部に対し指揮監督権を行使するためには、閣議にかけて決定した方針が存在することを要するが、閣議にかけて決定した方針が存在しない場合においても、内閣総理大臣の……地位及び権限に照らすと、流動的で多様な行政需要に遅滞なく対応するため、内閣総理大臣は、少なくとも、内閣の明示の意思に反しない限り、行政各部に対し、随時、その所掌事務について一定の方向で処理するよう指導、助言等の指示を与える権限を有するものと解するのが相当である。」

　また、内閣総理大臣の行政各部に対する指揮監督権の行使を求める義務付け訴訟を提起できるか、という問題がある。これに関する判例として、下級裁判所のものがあるが、法律上の争訟性が認められず、抗告訴訟の対象として認められていない＊。行政権行使に対する司法的統制の限界の一端がそこに認められる。

 ＊東京高判平成19・7・26訟月54巻12号3044頁。

3　73条列挙の権限とその他の権限

（1）　73条列挙の権限　73条は、内閣が担当する行政上の事務のうち代表的なものを列挙している。1号から5号の事務は、行政権の担い手である内閣の性格上当然のものといってよい。すなわち、その1号に定める法律の執行、行政上の施策の実施、国の行政の統括といったことは、内閣の最も基本的な職務であり、2号の外交関係の処理や、3号の条約の締結も内閣の本来の職務である。ただし、条約の締結については、国会の承認を経ることを要件としている（3号

ただし書)。4号に定める国家公務員に関する人事行政も、内閣の事務であるが、法律の定める基準に従うことを前提としている。それゆえ、国会議員や裁判官などの国会および裁判所にかかわる人事面は、内閣の職務から除外されることになり、また、国家公務員が政治から中立であるべしとの要請を実現するため、人事院の担当に委ねる制度を生み出している。さらに、5号では、予算案の作成が内閣の専権であることを規定しているが、これも予算が行政の執行と密接な関連をもつことから当然である。ただし、予算の決定権と予算執行の検査権が国会にあることは、すでにみた(⇨ 第15章第4節)。

6号に定める政令制定権については、論議を生じさせる。その規定によると、政令は、憲法および法律の規定を実施するためのものであるから、政令制定権の行使には一定の許容範囲があるはずであり、それが何かということが一つの問題である。また、そのただし書では、政令には、法律の委任がある場合を除いて、罰則を設けることができないとされており、これについても、許容範囲が問われる。そこで、政令制定権の行使については、司法的統制に服することになる。

最高裁判所は、公務員の政治的行為に対して広範囲の禁止・制限を規定している人事院規則14-7が国家公務員法102条の委任の範囲を超え、違憲であると争われた猿払事件に対する判決*において、違憲の主張を斥けているが、その内容についてはすでにふれている(⇨ 第8章第4節 **3(2)** ⅰ))。

　　*最大判昭和49・11・6刑集28巻9号393頁〔Ⅲ-4-49〕。

ところが、制定された政令について、法律の授権範囲を合理的に解釈したといえるか否かについて、最高裁判所は、立ち入った審査姿勢を示すようになっている*。

> *その代表的な判例をあげておく。
>
> まず、薬事法の改正(これを新薬事法という)に伴い制定された薬事法施行規則が一定の医薬品にかかる郵便販売を一律に禁止する規定を設けたことについて、新薬事法の趣旨に適合しないとした最高裁判決(最二小判平成25・1・11民集67巻1号1頁〔Ⅳ-2〕)がある。この判決は、医薬品のネット販売についての論議を引き起こし、その市場にも影響をもたらした。
>
> 次に、児童扶養手当の受給資格について定めた政令の規定が委任の範囲を超えており、無効と判示された例がある(最一小判平成14・1・31民集56巻1号246頁〔Ⅳ-1〕)。

すなわち、児童扶養手当法（平成22年法律40号改正前）4条1項は、その1号から5号で支給対象となる児童について規定し、その5号では「その他前各号に準ずる状態にある児童で政令で定めるもの」としていたところ、これを受けて定めた児童扶養手当施行令（平成10年政令224号改正前）1条の2の支給対象児童の規定中、「母が婚姻（婚姻の届出をしていないが事実上婚姻関係と同様の事情にある場合を含む。）によらないで懐胎した児童（父から認知された児童を除く。）」（3号）としていたため、児童扶養手当受給資格喪失処分を受けた者が同処分の取消訴訟を提起したのであった。最高裁判所は、上記3号の括弧書は、児童扶養手当法4条1項5号による委任の範囲を超えており、無効だとの主張を容認した。また、最二小判平成14・2・22訟月49巻11号3173頁も同様である。

さらに、旧監獄法（平成19年6月1日廃止。現在は、「刑事収容施設及び被収容者等の処遇に関する法律」）50条を受けた監獄法施行規則（法務省令）120条が14歳未満の者が在監者と接見することを一律に禁止していたことにつき、委任の範囲を超えているとして、同120条を無効と判示した判決（最三小判平成3・7・9民集45巻6号1049頁）がある。

他に、命令が法律の委任の範囲内にあると判示した判例もいくつか存在する。それらをとおして、何らかの審査のルールが形成されているかにつき関心が及ぶが、個別の法律解釈における個別の合理性判断としての性格が強く、ルールは見つけられない。ただし、関連する憲法訴訟の動向との関連はあるということができる。

最後の7号は、「大赦、特赦、減刑、刑の執行の免除及び復権を決定する」権限を定めている。これは、要するに、本来、君主・国王の権限とされていた恩赦の決定権を、日本国憲法では、内閣に帰属させた規定である。恩赦は、刑事手続によらずに国家の刑罰権の全部または一部を消滅させるものであるから、この権限を行使する内閣には、裁量権の逸脱・濫用がないことが強く求められる。

（2） その他の行政権限　73条は、「他の一般行政事務の外」と定めているから、そこに列挙のもの以外の行政事務の存在を当然の前提としている。憲法が個別に規定している権限として、天皇の国事行為への助言と承認（3条、7条）をはじめ、国会に対する権限（53条、54条、63条、72条）や裁判所に関係する権限（6条2項、79条、80条）が存在するが、それぞれについて本書の各所でふれている。

なお、74条では、成立した法律および政令に、それを所管する国務大臣、すなわち主任の国務大臣が書名し、内閣総理大臣が連署することが義務付けられてい

る。これは、法律や政令にかかる責任を明らかにする趣旨であり、その効力発生要件ではない。

第 17 章
裁判所と司法権

第 1 節　裁判所に属する司法権

1　司法権の意味と司法制度改革

(1)　司法権の意味　76条1項は、司法権が最高裁判所および法律の定める下級裁判所に属することを定める。この規定には、「すべて司法権は」とあるので、裁判所以外の国家機関に司法権を認めない趣旨である。ただし、そこには司法権とは何かについて明示されておらず、その意味を確認したうえで、この規定の趣旨を理解しなければばらない。

司法権の意味については、当事者間に具体的な権利義務に関する紛争が存在する場合に、法を適用して、その紛争を解決する国家作用だとされ、この定義付けないし概念については、日本国憲法の発足時から、異論なく受け入れられ、今日に至っているといってよい*。もっとも、この定義付けから司法作用の内容が論理必然的に定まるのではなく、後述するように、判例をとおして具体的内容が形成されている。

　*判例では、一貫してこの意味を基礎に事件・訴訟を処理している。たとえば、最高裁判所は、1952（昭和27）年の警察予備隊違憲訴訟の判決（最大判昭和27・10・8民集6巻9号783頁〔VI-17〕）で、「司法権が発動するためには具体的な争訟事件が提起されることを必要とする」と判示し、1981（昭和56）年の創価学会板まんだら事件の判決（最三小判昭和56・4・7民集35巻3号443頁〔VI-2〕）においても、具体的な権利関係ないし法律関係の存否に関する紛争であり、法令の適用によって終局的に解決できるものであるとき、司法権が行使されると説いている。下級審判決（東京地判昭和29・11・10行集5巻11号2643頁）においても、「司法権とは、当事者間に具体的な権利義務の紛争が存する場合に、法を適用実現して、紛争を解決する国家作用」であるとした判

示をみることができる。

なお、憲法は、議員の資格争訟の裁判（⇨ 第 15 章第 2 節 3(2)）や弾劾裁判（⇨ 第 15 章第 3 節 5）を行うことを国会に認めているが、これは、憲法自身が認めた例外である。

(2) 司法制度改革　司法権の担い手である最高裁判所および下級裁判所は、国の統治部門中の司法部門を構成し、すでにみた国会や内閣（⇨ 第 15 章、第 16 章）とは異なる統治の役割を果たしているのであるが、その現在の様相を語るとき、1999（平成 11）年 7 月の司法制度改革審議会の設置に始まり、ほぼ 2 年後の 2001 年 6 月に提示された同審議会の意見書＊を経て、それの具体的実施がなされた司法制度改革のことを視野に入れなければならない。

　　＊司法制度改革審議会意見書については、〈http://www.kantei.go.jp/jp/sihouseido/report/ikensyo/pdf-dex.html〉を参照。

司法制度改革審議会で検討された論点は、①国民の期待に応える司法制度の構築（制度的基盤の整備）、②司法制度を支える法曹のあり方（人的基盤の拡充）③国民的基盤の確立（国民の司法参加）の三つの柱であった。そして、①については、利用しやすい司法制度、国民の期待に応える民事司法のあり方、同じく刑事司法のあり方、②については、新たな法曹養成制度の構築、法曹人口の大幅な増加、裁判所・検察庁の人的体制の充実、弁護士制度の改革、裁判官制度の改革、③については、国民の司法参加が検討の対象とされ、意見がまとめられた。このように司法制度にかかわる多方面の事項について、かなり短期間のうちに精力的に討議され、意見書としてまとめられ、順次それの実現がなされた。こうして、日本国憲法発足後、初めての大きな改革が司法部門にもたらされたのであるが、これは、まさに画期的なことである。改革の結果誕生した新たな、あるいは改正された制度の具体的内容については、その主要なものを後述する。

2　司法権の目的と範囲

司法権の意味が前述の **1** でみたものであることを前提にして、次に問われるのは、その目的についてである。それは、厳正かつ公正な裁判をすることにより正義を実現し、法秩序を維持することであるとされ、これについても、広く認められ、異論がないといってよい。関心を向けるべきことは、その目的が実際に実

現されているかについてである。これの考察は、本来、実際の裁判例を取り上げながら、具体的争点ごとに行うのが適当であるが、ここでは、日本の司法権は、全般的には、この目的を実現しているとの評価をするにとどめる*。

> *この評価は、比較のうえでなされるもので、比較法的考察に立ち入るのを控える本書の方針上、それへの言及をしない。ただし、これは、日本の司法権には問題がまったくないとの意味を込めているわけではない。前述の司法制度改革がなされたこと自体が示すように、多くの課題を抱えていることは事実である。ただ、たとえば、アジア諸国の司法権と比べれば、消極の評価があてはまらないということができ、ここではその程度の評価をしている。

次に、上記の司法権の意味のもとで、司法権が及ぶ範囲はどこまでかという問題がある。これは、司法権には、司法型と行政型、ないし英米型とヨーロッパ大陸型とがあるとの類型論にかかわることである。前者の類型は、行政事件の紛争も含め、すべての法的紛争を通常の裁判所、つまり司法裁判所が扱い、後者は、行政事件の紛争を司法裁判所に属しない裁判所が扱うというものである。日本国憲法の司法権*は、前者に属し、そのことを76条が明記しており、後者に属した明治憲法下の司法権のあり方と決別している。すなわち、同条2項は、特別裁判所の設置を禁じ、行政機関の裁判が終審となることができないと定めている（⇨ 本章第2節 1(2)）。

> *日本国憲法の司法権がアメリカ型であるとの説明は、その由来をおおまかに語ることにおいては誤りではないが、現実の作用についてみると、アメリカの司法権とは異なる面が看過できないほどあるので、性格付けとしては正確ではない。アメリカの司法作用から影響を受けながらも、日本的な変容を遂げていることに注視すべきである。明治憲法下で築きあげられたことの伝承も認められるのである。このことについて、泉徳治・私の最高裁判所論（日本評論社・2013年）参照。

このように、司法権の範囲は、民事・行政・刑事のすべての紛争を裁判することであるととらえることができる。この理解について、その根拠は何かということを問題とする学説がある。すなわち、司法権にはその本質があり、それに基づき司法権の範囲が導かれるとの論述がそれである*。これは、説明の仕方として魅力的であるが、ここでは、司法権の範囲なるものが論理必然的に導かれるのではなく、憲法秩序の設定上、政策的に選択されたものであるとの理解をしておく。これによれば、司法権の範囲は、それが形式的区分にとどまり、範囲の実像は、

司法権限行使の実践により形成されるものということになる。それについては後述する（⇨本章第2節3）。

> ＊佐藤幸治・現代国家と司法権（有斐閣・1988年）のⅠ論文は、司法権は、事件性の要件を本質とし、立法・行政の政治部門とは独立した法原理部門としてとらえる。

3 司法権の独立

(1) 意義　司法部門と政治部門との間の壁は、政治部門内での国会と内閣を隔てる壁より厚いとの例えをすでにした（⇨第14章第2節1）。制度上も実態面でもその厚い壁を認めることができ、このことから司法権の独立が強調される。そして、これの憲法上の根拠は、76条1項の「すべて司法権は」の文言と同条3項の規定である。また、この司法権の独立は、裁判所が他の国家機関をはじめとする外部からの影響に左右されないという意味の裁判所の独立と、裁判所の担い手である裁判官についても同様であるという裁判官の独立の二つの意味をもっている。

司法権の独立は、日本の統治部門におけるよき伝統として、今日まで維持され発展してきているといわれている。それは、1891年の大津事件＊にはじまる伝統だとされているが、司法権が政治部門との関係において、また、司法部内部における司法行政上の関係において、司法権の独立の意義を構築することに力を注いできた裁判官たちの努力の存在に注目すべきである＊＊。

> ＊大津事件については、中等教育の過程でも取り上げられる有名事件なので、ここで内容を示すまでもないが、それが司法権の独立のシンボルのように過剰に受け取られることは適切でないとの指摘をしておく。
>
> ＊＊その様相について、泉・前掲書の「第1章　明治憲法下で司法権の独立を目指した裁判官」の箇所は、興味深い内容に満ちている。

裁判官の独立については、76条3項が規定する。そこでは、裁判官が独立してその職権を果たすにあたり、その良心に従い、憲法および法律にのみ拘束されることを定めている。ここにいう良心とは、裁判官という職務に伴う良心であり、拘束される憲法および法律とは、憲法以下の法規範すべてを指すと理解されている。

そこで、裁判官の職務上の良心と、憲法以下の法規範に拘束されるとはいかな

ることを意味するのかが問われる。しかし、いろいろことばを尽くしても、これを説明することは容易でない。その意味を追究していくと、最終的には、裁判官自身の責任に帰することとならざるを得ない*。裁判官の責任内に収まらない問題が生じたとき、解職や懲戒の対象となる。安易にその段階に至らないよう、裁判官は、次の(2)でみるように、強い身分保障が約束されている。

> * ちなみに、最大判昭和23・11・17刑集2巻12号1565頁〔Ⅵ-9〕では、「憲法76条第3項の裁判官が良心に従うというのは、裁判官が有形無形の外部の圧迫乃至誘惑に屈しないで自己内心の良識と道徳感〔原文ママ〕に従うの意味である」と説いている。

以上のように、司法権の独立は、裁判所の独立と裁判官の独立の二つの要素からなっていて、日本国憲法下での司法権の歴史上、それが大きく損なわれるような事態はみられず、よき伝統といわれるだけの足跡を残してきている*。

> * 司法権の独立の問題例として、1953（昭和28）年の吹田黙禱事件や、1970（昭和45）年の平賀書簡事件がある。前者は、吹田事件の被告人たちに法廷で黙禱をすることを許したことに関連して、1953年に裁判官訴追委員会がその裁判長の訴訟指揮についての調査を開始しようとしたため、最高裁判所が司法権の独立の侵害を理由に申し入れをし、その調査が打ち切られた事件である。後者は、長沼ナイキ基地訴訟の裁判長であった札幌地方裁判所の福島裁判官に宛てて、同裁判所の平賀所長が裁判の内容にかかわる書簡を送ったため問題となり、同所長が更迭された事件である。

(2) 裁判官の身分保障　裁判官の独立を確実なものとするため、罷免、懲戒、報酬の3点について、憲法は規定を置いている。

罷免については、78条で、「裁判により、心身の故障のために職務を執ることができないと決定された場合を除いては」、公の弾劾によらなければならないと定められている。これを受けて、裁判所法48条および裁判官分限法1条が執務不能の裁判について定め、国会法の第16章および裁判官弾劾法が公の弾劾の裁判について定めている（⇨第15章第3節 **5**）。このように、裁判官は、その職務を解かれる場合がきわめて限定されている。ただし、最高裁判所裁判官については、79条で国民審査の制度が定められ、国民による罷免の道が設けられているが、その例はない*。

> * 79条2項～4項の定めを受けて、最高裁判所裁判官国民審査法がその実施にかかる詳細を定めている。これは、解職（リコール）の制度であると、国民審査投票方法違憲訴訟に対する初期の頃の最高裁判決（最大判昭和27・2・20民集6巻2号122頁〔Ⅵ-11〕

で説明されており、確立した理解となっているといってよい（最一小判昭和38・9・5裁時385号2頁も参照）。

　懲戒については、78条後段において、「裁判官の懲戒処分は、行政機関がこれを行ふことはできない」と定められ、裁判官の懲戒はもっぱら裁判所によって行われることになっている。裁判官分限法は、懲戒の上限を「戒告又は一万円以下」とし（2条）、懲戒事件の裁判権の所在（3条）などについて定めている。注目すべき実際例として1998年の寺西判事補分限事件がある。その事件では、在任中に積極的な政治活動をしたことを理由になされた懲戒処分が争われたが、同判事補の主張は容認されなかった*。

　　*最大決平成10・12・1民集52巻9号1761頁〔Ⅵ-13〕。この裁判の概要は、次のとおりである。法制審議会が1997（平成9）年に法務大臣に答申した組織的犯罪対策法要綱骨子に関連して寺西判事補が朝日新聞に投書し、また、その要綱に反対する団体の集会に参加するなどした行為について、同判事補は、裁判所法52条1号により禁止されている裁判官の積極的な政治活動に該当する行為があったとして、同法49条および裁判官分限法2条により仙台高裁で戒告の処分を受けた（仙台高決平成10・7・24民集52巻9号1810頁）。そこで、同判事補は、即時抗告したところ、最高裁判所は、同判事補の行為が裁判所法52条1号に該当し、裁判官としての表現の自由には一定の制約が免れないことを根拠にするなどして、抗告棄却の決定を下した。
　　　最高裁判所の表現の自由に関する判例の動向にてらすと（⇨第8章第4節2〜4）、当然の結論といえなくもないが、6人の裁判官の反対意見が示されていることにてらしても、検討すべき問題が存在している。

　裁判官の報酬は、79条6項および80条2項で保障され、特に、在任中に減額されることがないとされている。これも、裁判官の独立を確保するため設けられた、他の公務員とは異なる特別の扱いであると理解されている*。

　　*この規定を受けて、「裁判官の報酬等に関する法律」（昭和23年法律75号）が具体的な報酬額を定めている。ただし、2002年9月に、公務員の給与を減額する人事院勧告に合わせて、最高裁判所は、初めて裁判官の報酬も減額することを決定した。これに対して、違憲の見解が学界などで説かれたが、違憲の主張の訴訟は提起されなかった。

(3) 政治部門との相互関係　　司法権の独立を過剰に受け止め、政治部門との間に存在する厚い壁が相互関係を禁じたり、阻んだりしていると受け止めてはならない*。後述するように（⇨本章第4節2）、裁判所が行う裁判自体が政治部門

との相互関係なくして機能しないし、憲法秩序の形成もあり得ない。また、裁判官の任命過程には政治部門との関係を無視できず、憲法もそれを前提にしており、これについても後述する（⇨本章第2節 2）。重要なことは、司法権の政治部門との相互関係をなるべく現出させ、それを分析することである。従来、司法権の独立を神聖視するあまり、政治部門との相互関係にかかわる実態の考察が抑制されていた。司法権の独立を維持し、確立するためには、政治部門との相互関係の分析が不可欠である**。

> ＊すでにみた権力分立の原則の場合と同様、司法権の独立についても、これを形式的・機械的に理解する傾向が強いといえる。
>
> ＊＊戸松秀典・憲法訴訟［第2版］（有斐閣・2007年）の「第Ⅳ編 憲法訴訟の機能論」では、不十分ではあるが、その分析を試みている。

第2節　裁判所の組織と権限

1　裁判所の組織

(1) 概容　裁判所は、最高裁判所と、法律の定めるところにより設置される下級裁判所とで組織されている（76条1項）。その組織の具体的内容は、裁判所法（昭和22年法律59号）が定めており、次のような概容となっている。

ⅰ）**最高裁判所**　最高裁判所は、東京都に置かれ（裁6条）、上告や、訴訟法が定める抗告に対して裁判権を行使する（裁7条）。この裁判権以外にも、最高裁判所は、司法の自律権を立法および行政の面で行使しており（⇨本節 3）、裁判所の組織の頂点に位置する司法権の最高機関である＊。前述した（⇨本章第1節 1(2)）司法制度改革の過程で、最高裁判所は、積極的役割を果たしたが、最高裁判所自身の組織や権限などについては、問題や課題を抱えているものの、改革をする動きがみられなかった。

> ＊最高裁判所は、明治憲法下の大審院と同じ地位にあるとはいえず、大審院より大きな権限を有している。このことを、最高裁判所は、物価統制令違反被告事件に対する判決（最大判昭和23・7・19刑集2巻8号922頁〔Ⅵ-7〕）において次のように説いている。「大審院は、明治憲法と裁判所構成法とに基く組織と構成と権限を有する裁判所であり、最高裁判所は、厳粛な歴史的背景の下に、日本国憲法と裁判所法とに基く組織と構成

と権限を有する裁判所である。共に司法権を行使する機関であり又わが国における最上級の裁判所であるという関係において、相互の間にもとより幾多の類似点がないのではないが、両者の組織、構成、権限、職務、使命及び性格が著しく相違することは、敢て多言を要しないところである。従って、最高裁判所は……、大審院の後身でもなく、その承継者でもなく、又両者の間に同一性を認めることもできない。」

　最高裁判所は、大法廷または小法廷で審理や裁判をすることになっている（裁9条1項）*。大法廷は、15人の裁判官全員で構成され、小法廷は、三つの小法廷に分けられ、それぞれ5人の裁判官によって構成される（裁9条2項、最事規1条・2条1項）。これらの法廷の定足数は、大法廷において9人以上、小法廷において3人以上（最事規2条2項・7条）とされ、大法廷の裁判長は、最高裁判所長官がなり、小法廷の裁判長は、最高裁判所長官が出席するとき以外、各小法廷で決めることになっている（裁9条3項、最事規3条・8条1項）。

　　*最高裁判所の組織および権限については、裁判所法および最高裁判所規則が定めており、以下では、後者の最高裁判所事務処理規則（最高裁判所規則昭和22年6号）が定めるところにもふれる。

　裁判所法10条が定めるところにより、大法廷で裁判すべき場合は、①当事者の主張に基づいて、法律、命令、規則または処分の憲法適合性を判断するとき――大法廷の先例と同じ意見のときは除く――、②①の場合を除いて、法律、命令、規則または処分が憲法違反と判断するとき、③憲法その他の法令の解釈適用について、意見が最高裁判所の先例に反するときである。その他の場合について、大法廷、小法廷のいずれで事件を扱うかは、最高裁判所事務処理規則が定めており、その9条によると、事件はまず小法廷で審理され、上記①～③の場合以外にも、意見が二説に分かれてその説が同数になったときや、大法廷での裁判が相当と認められたときには、大法廷での審理および裁判を行うことができることになっている。

　このように、最高裁判所が2種類の法廷で構成されているのは、最高裁判所が憲法の番人であることと、通常の上告・抗告事件の裁判権を行使することとの二つの面をもっていることに対応するものである。すなわち、この制度のもとで、重要な訴訟で法秩序の維持・形成のために慎重な裁判を要する場合は、大法廷を開き、それ以外の多くの訴訟を三つの法廷で能率よく処理することが可能となっ

ている。

ⅱ） **下級裁判所**　　下級裁判所は、高等裁判所、地方裁判所、家庭裁判所および簡易裁判所からなっている（裁2条1項）。これらの裁判所の設立、廃止および管轄区域については、裁判所法とは別の法律の定めに委ねている（同条2項）。その法律は、「下級裁判所の設立及び管轄区域に関する法律」（昭和22年法律63号）であり、この法律の別表第一にあるように、高等裁判所は、東京、大阪、名古屋、広島、福岡、仙台、札幌、高松の8裁判所が設けられ、別表第二にあるように、地方裁判所は、東京地方裁判所をはじめ、各都道府県の中心都市に50の裁判所が設けられている*。家庭裁判所や簡易裁判所についても、同法の別表第三および第四にその所在地とともにそれぞれの設置裁判所名が掲げられている。また、各裁判所の管轄区域は、同法の別表第五に示されている。

　　＊北海道には、札幌地方裁判所、函館地方裁判所、旭川地方裁判所、釧路地方裁判所の四つが置かれている。

　なお、簡易裁判所は、1947（昭和22）年に創設された後、1988（昭和63）年に大規模な統廃合がなされ、575か所あった裁判所が452か所となり、その後も減少している。これは、交通事情の発達などの変化に対応し、効率化を図るためであるが、市民の身近な裁判所としての性格が失われているとの批判が加えられている。

(2) 特別裁判所と行政機関の裁判　　76条2項では、特別裁判所の設置を禁じ、行政機関が終審としての裁判を行うことを禁じているが、これは、同条1項ですべて司法権が裁判所に属するとしていることの裏返しの意味であり、当然のことである。ただし、明治憲法時代に存在した特別裁判所*や行政裁判所を否認する趣旨でもある。また、行政機関が前審としての裁判を行うことは認めており、裁判所法3条2項は、それを明定している。

　なお、家庭裁判所は、一般的に司法権を行う通常裁判所の系列に属する下級裁判所として裁判所法により設置されたものであり**、知的財産高等裁判所は、東京高等裁判所の特別の支部として、知的財産高等裁判所設置法（平成16年法律119号）により設けられたものであり、いずれも特別裁判所ではない。

　　＊軍法会議や皇室裁判所が明治憲法60条に基づき存在した。
　　＊＊最大判昭和31・5・30刑集10巻5号756頁〔Ⅵ-8〕参照。

2 裁判官

(1) 最高裁判所裁判官　裁判所の活動の担い手は、裁判官であり、上述のような最高裁判所と下級裁判所との組織上の違いを反映させて、最高裁判所裁判官は、憲法上も裁判所法においても、下級裁判所の裁判官とは異なる存在となっている。

最高裁判所裁判官は、最高裁判所長官と 14 人の最高裁判所判事で構成されている（79条1項、裁5条1項・3項）。長官は、内閣の指名に基づいて、天皇が任命する（6条2項）。これは、内閣総理大臣が天皇により任命される（同条1項）こととの均衡をもたせているといえるが、同時に、最高裁判所長官が司法権の代表者であることをも示している。長官以外の裁判官は、内閣が任命する（79条1項）。

このように、最高裁判所の裁判官の任命には内閣がかかわっており、この任命にかかる人選がどのようになされるのかが関心の対象となる。しかし、これについては、ほとんど明らかになっていない*。裁判所法は、最高裁判所裁判官の任命資格として、「識見の高い、法律の素養のある年齢40年以上の者の中から……任命」すること、さらに、そのうち少なくとも 10 人が一定年数法曹職にあった者であることを定めている（41条1項〜4項）。よく知られているのは、最高裁判所裁判官の出身母体が、下級裁判所の裁判官、弁護士、および、検察官・行政官僚・学者の三つのグループからなっていて、各小法廷には、これら出身母体の均衡が保たれていることである。この中で、裁判官出身者が各小法廷で複数存在している。現在では、いずれの小法廷にも女性の裁判官が就任していることは、最高裁判所の歴史上特筆すべきことである。

　　＊定年退官する裁判官の後任として誰が適当かの人選は、まず最高裁判所内部で進められ、ある程度固まった人物について時の内閣の意向が打診され、大丈夫となるとマスコミ等に向け明らかにされるというのがその道筋といってよさそうである。この道筋で、内閣が最高裁判所の提示した人選案に拒絶をすることがあるのか、関心を呼ぶ。これについて確証できる資料がない。

下級裁判所の裁判官は、ほとんどが判事補、判事の過程を踏んでいる職業裁判官であるのに対し、最高裁判所の裁判官は、このように異なる出身母体の者によって構成されているところに特徴がある。それは、最高裁判所が憲法秩序の最終的判断の役割を担っているからである。その様相については、後述する（⇨本

章第4節)。

　さらに、最高裁判所裁判官は、すでにふれたように (⇨本章第1節3(2))、国民の審査に付されることも特別な扱いである。なお、その定年は、70歳であるが (79条5項、裁50条)、任命時に60歳をすぎている場合がほとんどのため、最高裁判所裁判官の平均年齢は、60歳半ばである。このように、高い年齢の者で構成されていることも、特色の一つに数えてよい。

　なお、最高裁判所裁判官に対しては、任命過程に国民の意思を及ぼすべきとの改革が考えられるが、司法制度改革においても取り上げられなかった。最初の最高裁判所裁判官については、任命諮問委員会が答申した30名の候補者の中から内閣が任命（長官については指名）したが、望ましくない事態がその際に生じたこともあり、1回限りで終わってしまった。

(2) 下級裁判所裁判官　下級裁判所裁判官は、最高裁判所の指名した名簿によって、内閣が任命し、任命された裁判官の任期を10年とし、再任が認められている (80条1項)。なぜ10年の任期制とし、再任制度が設けられているのかということについて、合理的な理由が示されてはいないといえる。一つの説明は、法曹一元制*を意図していたからだというものだが、実際に、今日までその導入が要請されているものの実現していない。

> *弁護士資格を有する者から裁判官を任用する制度のことであり、日本弁護士連合会は、従来からその実現を求めている。この法曹一元制度のもとでは、任期制や再任制の説明がつく。本項で後述するように、法曹一元制が実現しないことを補う意味の制度が存在する。
>
> 　なお、再任については、志望者には原則として認める運用となっているが、過去に、志望したが再任拒否がなされた例があり、人事の秘密原則のもとにその根拠は明らかにされず、問題とされていた。司法制度改革では、次にみるようにそれの改革がなされた。

　この下級裁判所の裁判官には、高等裁判所長官、判事、判事補、および簡易裁判所判事が職名として定められており (裁5条2項)、それらは、最高裁判所の指名した者の名簿によって、内閣が任命することになっている (裁40条1項)。この任命過程も、具体的にいかなる手順が踏まれるのか明らかでなかったが、司法制度改革により、下級裁判所裁判官指名諮問委員会が設けられた。この委員会は、

最高裁判所の諮問に応じて、下級裁判所裁判官、すなわち、高等裁判所長官、判事および判事補として任命されることの適否などを審議する任務を果たしている＊。

> ＊下級裁判所裁判官指名諮問委員会は、最高裁判所の任命による11人の委員で構成され、その委員は、法曹三者および学識経験者からなっている。それは、最高裁判所の諮問機関として、下級裁判所裁判官として任命されるべき者を指名することの適否や指名に関する事項を審議し、審議の結果に基づき、最高裁判所に意見を述べることが任務である。また、委員会の下部組織として、全国8か所の高等裁判所所在地ごとに、指名候補者に関する情報収集を行い、委員会に報告する地域委員会が設置されている。

下級裁判所裁判官指名諮問委員会の発足後は、裁判官として任命されるべき者の指名として不適当とした同委員会の答申例があるが、最高裁判所は、その答申を尊重しており、従来の不透明さに変化をもたらしている。ただし、下級裁判所裁判官指名諮問委員会での審議内容が公開されているわけでなく、裁判官の任命過程に、最高裁判所外の意見が導入されていることに意義がある。

このように、下級裁判所の裁判官の任用制度は、職業裁判官制度（キャリアシステム）、すなわち、司法修習生のなかから判事補となる者を選び、判事補を10年務めると判事となり、そのまま定年の65歳まで、10年ごとに再任されて裁判官を務めるものである。検察官から裁判官になる道があり、弁護士も同様の選択の余地があるが、手続上の問題からその例は少ない＊。ところが、若くして裁判官の道に入り、社会の様相を体験しないまま、裁判において社会で生じる多様な問題に対処することに信頼がおけるものか、疑念が投じられていた。そこで、これにかかる司法制度改革審議会の意見に対応して、「判事補及び検事の弁護士職務経験に関する法律」（平成16年法律121号）が制定され、判事補と経験の浅い検事が自己の職とは異なる弁護士職の経験をする機会を与える制度が設けられた＊＊。

> ＊弁護士が裁判官への就任を希望すると、まず所属弁護士会の推薦を得て、最高裁判所に志望書を提出し、最高裁判所からの諮問を受けた上記の下級裁判所裁判官指名諮問委員会での審議により適任とされると、内閣による任命対象の名簿に載ることとなる。この間、半年余の時間を要し、裁判官就任に備えて弁護士業務を閉鎖すべきか否か不安定な状態に置かれる。
>
> ＊＊この制度については、同法の1条が次のようにその趣旨をうたっている。「この法律は、内外の社会経済情勢の変化に伴い、司法の果たすべき役割がより重要なものとなり、司法に対する多様かつ広範な国民の要請にこたえることのできる広くかつ高い識見を

備えた裁判官及び検察官が求められていることにかんがみ、判事補及び検事（司法修習生の修習を終えた者であって、その最初に検事に任命された日から10年を経過していないものに限る。……）について、その経験多様化（裁判官又は検察官としての能力及び資質の向上並びにその職務の充実に資する他の職務経験その他の多様な経験をすることをいう。……）のための方策の一環として、一定期間その官を離れ、弁護士となってその職務を経験するために必要な措置を講ずることにより、判事補及び検事が弁護士としての職務を経験することを通じて、裁判官及び検察官としての能力及び資質の一層の向上並びにその職務の一層の充実を図ることを目的とする。」

3　裁判所の権限

(1)　裁判の権限　　裁判所の有する権限は、何よりも裁判の権限であることはいうまでもない。裁判所法3条1項では、裁判所は、憲法に特別の定めがある場合を除いて、「一切の法律上の争訟を裁判する」権限と、「その他法律において特に定める権限」を有することを規定している。そこで、この二つの権限の実際の内容をみることによって裁判所の権限の実像を知ることができる。

　ⅰ）　**法律上の争訟**　　法律上の争訟についての定義は、司法作用の定義と重なっている。すなわち、当事者間の具体的な権利義務ないし法律関係の存否（刑罰権を含む）に関する紛争であって、法令の適用により終局的に解決することができるもの、といわれている。これを争訟性とか事件性とかの用語により、裁判所は、争訟性・事件性*のある紛争を裁判すると説明される。

　　　*事件性ということばは、裁判所法には存在せず、アメリカ合衆国憲法3条で、司法権が同条で列挙する事件・争訟（cases and controversies）に及ぶと規定しているところに影響を受けているといってよい。

　何をもって争訟性があるとするかについては、判例で具体的に形成されているところをみなければならない。法律上の争訟にあたらないとされた例をみることも、その具体的内容を把握するのに役立つといえる。ここでは、民事、刑事、行政の裁判すべてにわたってそれを観察するゆとりがなく、それぞれの訴訟手続上の判例論議への参照に委ねざるを得ない。ただし、憲法訴訟との関連では、後にその概略を考察することにしている（⇒ 本章第4節 **1(2)**・**(3)**）。

　ここで確認しておくべきことは、裁判所法3条の「法律上の争訟」の概念か

ら論理必然的に裁判の対象が導かれるわけでないということである。実際の裁判をとおして、つまり判例の積み重ねのもとに、その内容が形成されていることに注意しなければならないのである。とりわけ、前掲の定義において、「法令の適用により終局的に解決することができるもの」とは、個別の裁判事例との関係で下された裁判所の判断に依存する度合いが大きいのである。そこには、裁判所の政策的配慮が働いているといえる。

ⅱ）**法律の定める権限**　法律上の争訟という要件は、上述のように司法として伝統的にとらえられていた概念から導かれるもので、司法作用の中核をなすといえる。これに加えて、裁判所法3条は、裁判所が「その他法律において特に定める権限」を有していると定めており、これは、司法概念とは別に、立法政策的に与えられる権限である。

その代表例は、行訴法5条で設けられている民衆訴訟であり、具体例として公選法の選挙の効力に関する訴訟*や、地方自治法の住民訴訟**がそれであり、本書の第2部では、それぞれにかかわる訴訟例をみている。また、行訴法6条の機関訴訟もその例である。

　　*公選法203条、204条、207条、208条参照。それに関連する判例については、本書の第7章第3節 **4(1)** を参照。
　　地方自治法74条の2第8項・9項、242条の2参照。それに関連する判例については、本書の第8章第3節 **2(2) における政教分離原則違反訴訟判決を参照。

従来、消費者が集団で争える集団訴訟を設けるべきとの主張がなされていたが、2014年に、消費者裁判手続特例法*が成立し、民事訴訟分野での変化がみられる。行政訴訟分野では、立法論として、国の政教分離原則違反を住民訴訟のように争う訴訟に道を開くべきとの主張があるが、実現の可能性は薄い。

　　*正式名は、「消費者の財産的被害の集団的な回復のための民事の裁判手続の特例に関する法律」（平成25年法律96号）で、2017年に施行される。

(2)　裁判権の範囲　裁判所による裁判が及ばないとされることがある。これは、前述の法律上の争訟にあたらないとされる問題とは異なる観点から、裁判所の権限外とする場合であるが、裁判所に判断を仰いでも、結果としては、却下の扱いを受けることになる*。

　　*その一例が天皇に対する民事訴訟の提起の場合である。最高裁判所は、「天皇は日本国

の象徴であり日本国民統合の象徴であることにかんがみ、天皇には民事裁判権が及ばないものと解するのが相当である」と判示して、天皇への不当利得返還請求をした訴えを不適法、却下とした第一審判決を肯認している（最二小判平成元・11・20民集43巻10号1160頁〔Ⅰ-3〕。第一審判決は、千葉地判平成元・5・24民集43巻10号1166頁）。また、横田基地騒音公害訴訟判決（最二小判平成14・4・12民集56巻4号729頁）にみるように、外国国家の主権的行為に対しては、国際慣習法に基づき民事裁判権の免除がなされる。

　裁判所法3条2項は、裁判所の権限について定める1項につづけて、その規定は、「行政機関が前審として審判することを妨げない」としている。それゆえ、行政機関が行う前審としての裁判——広い意味の裁判であるが、混同を避けるため不服審査、審判などの用語が用いられる——は、裁判所の裁判権の外にあることになる。実際には、行政不服審査法（昭和37年法律160号）およびそれを基礎にした手続の定めに基づくものが重要である。もちろん、別途、裁判所で争う道はあるが、福祉行政についての争いの場合のように、審査請求前置主義の場合もある。なお、行政不服審査法は、制定以来50年余を経て抜本的な改正がなされた（平成26年法律68号）＊。

　　＊その改正の目的は、①公正性の向上、②制度の利便性の向上、③国民の権利利益の救
　　　済の充実（行政手続法の改正）だとされている。

　個別の紛争領域ごとに設けられている行政審判として、特許審判、海難審判、人事院の審査・裁決、公正取引委員会の審判・裁決などがある＊。

　　＊それぞれ順に、特許法121条以下、海難審判法30条以下、国家公務員法91条以下、
　　　独占禁止法45条以下。ただし、最後の公正取引委員会の審判・裁決については、独占
　　　禁止法の改正（平成15年法律100号）により、従来、審決にかかる抗告訴訟の第一審裁
　　　判権が東京高等裁判所に属するとされていた制度が廃止され、裁判所における専門性
　　　の確保等を図る観点から、排除措置命令等にかかる抗告訴訟については、東京地方裁
　　　判所の専属管轄とされた。

　(3) 司法部門の自律権　　司法部門と政治部門との間が厚い壁で隔てられていることを反映して、司法権は、憲法上、自律権の確保を認められている。この自律権は、司法にかかる立法および行政面に表れており、以下は、その概容である。

　　ⅰ）**司法立法権**　　77条1項は、最高裁判所が規則制定権を有することをう

たっている。規則制定の対象は、訴訟に関する手続、弁護士、裁判の内部規律、および司法事務処理に関する事項とされていて、これは、司法権の管轄領域に関することを司法権自ら立法する権限を認めたものと理解することができる。この司法立法権は、政治部門の法制定権限に対抗できるもので、それゆえ、独立性や自律性の強いものだといってよい。それは、同条2項で、「検察官は、最高裁判所の定める規則に従はなければならない」と規定しているところからも明らかである。しかし、日本国憲法の発足以来、このような理解が浸透せず、上記の規則制定対象事項に関する法律が制定され、それを基に最高裁判所による規則が制定されることが実情となっている＊。

> ＊民事・刑事さらに行政訴訟の手続については法律が制定され、それを受けて民事訴訟規則や刑事訴訟規則が定められている。これは、法体系上、法律が規則に優位することを前提としているかにみえるが、最高裁判所の制定する規則は、それとは異なる。憲法規定上は、司法権制定の規則と法律とでどちらが優位するかは明示されておらず、判例上も明確となっていない。

この規則制定権の行使の実際は、規則案件が最高裁判所のもとに設けられる民事規則制定諮問委員会、刑事規則制定諮問委員会、および一般規則制定諮問委員会に諮られ、それら委員会の答申に基づいて、最高裁判所裁判官会議で制定するという過程がとられる。ある事項について、法律の規定と規則の規定とが抵触するときどちらが優先するか、という問題についての解釈論が学説上でなされるが、実際には、これらの諮問委員会において競合しないように調整がなされるから、規則制定後に生じる問題として論じる実益がほとんどない＊。

> ＊諮問委員会の委員は、関連法分野の専門家、学識経験者などにより構成される。これに対して、法律の制定の場合には、法務省の法制審議会を例にとると、委員は関連法分野の専門家、学識経験者などにより構成され、そこには、裁判官が委員となるだけでなく、最高裁判所事務総局の職員（裁判官）も審議場面に参列しているので、ある事項について、規則と法律との間に競合が生じないように調整することが十分期待できる。したがって、解釈論上の観念論は、実態とかけ離れているといわざるを得ない。

今日、検討すべきは、憲法が掲げている規則制定事項の領域について、法律事項だとして扱ってきたことが適切であったか否かということである。もちろん、60年余に形成されてきた憲法秩序を変更することは容易でない。しかし、司法

権の自律性の意義を見直し、規則制定権の積極的行使を促すことは、問題・疑問を抱える国会の法律制定能力を補い、憲法秩序構築を推進することになると思われる*。

> *現実は、規則制定権の拡大、強化より、法律制定権の方が重視されているようだ。その一例を家事審判規則にみることができる。これは、日本国憲法誕生と合わせた1947（昭和22）年に制定され、かなり詳細な定めを置く規則制定権の真価を発揮したものと評価されていた。しかし、社会の変化に対応することを主たる目的として、2011年の法制審議会は、非訟事件手続法とともに家事審判法の大幅な改正をし、特に後者との関係では、規則制定の範囲を狭めてしまった。なお、家事審判法は廃止され、家事事件手続法（平成23年法律52号）となり、家事審判規則も家事事件手続規則（最高裁判所規則平成24年8号）と名称も変わった。

ⅱ）**司法行政権**　司法部が裁判権を行使し、裁判制度を適正かつ円滑に運営させ、その自律性を発揮することになっているのであるから、そこに、当然のことながら行政作用が存在する。憲法には司法行政権に関する明文の定めはないが、76条で、すべて司法権が最高裁判所および下級裁判所に帰属するとうたっていることから、司法行政権の存在のみならず、その独立性をも導くことができる。それゆえ、裁判所法12条において、最高裁判所は、裁判官会議においてそこでの議により司法行政事務を行う権限を有し、その裁判官会議は裁判官全員で組織し、最高裁判所長官がその議長となるとの定めがなされている。

司法行政の範囲は、裁判官の人事行政に関することをはじめ、裁判所の組織・構成等の運営や管理に関すること、裁判所の諸施設についての管理に関すること、予算・財政に関することなど多方面に及んでいる。司法研修所の移転に伴う諸業務、司法制度改革に伴い発生した裁判員裁判の開始・運営、司法修習制度の改革への対処、下級裁判所裁判官指名諮問委員会の運営にかかる諸事務などと具体例をあげようとすると、尽きることがないほど多種多様である。裁判を中心とした司法だけでなく、この司法行政の場面にも注目することは、司法の様相をとらえるためにきわめて重要である*。

> *西理「司法行政について(上)(中)(下)」判時2141号3頁、同2143号45頁、同2144号17頁（2013年）は、裁判官であった著者による司法行政についての論述であり、興味深い。また、そこには、研究者による司法行政分析の文献の主要なものがあげられている。

多様な司法行政の内容のうち特に予算・財政面についてふれておかねばならない。それは、上記のような司法行政の多様さにもかかわらず、司法予算が貧弱といってよい状況であるからである。裁判所予算額は、近年では3000億円程度で、国の一般会計予算との比率では、0.3パーセントから0.4パーセント程度であり*、その額の低さはかねてより問題とされてきているものの改革の兆しがみられない。とりわけ、司法制度改革を経ても、この裁判所予算についての改革がなされていない。また、裁判官の報酬を含む人件費の減少は憂慮されている。予算の獲得は、司法行政権の任務であるといえるが、これに対する、支援態勢の検討が急務である**。

　　＊最高裁判所のホームページ〈http://www.courts.go.jp/about/yosan_kessan/yosan/index.html〉による。

　　＊＊最高裁判所が予算の増額を得るために政治部門に働きかけることは、司法部門との間の厚い壁が支障となっているようである。日弁連や国会議員の党派を超えた一定勢力が司法予算の増額化に尽力することを期待するしかないのだろうか。

第3節　裁判の手続と運用

1　裁判の手続

　民事、刑事、行政の訴訟に対する裁判は、第一審の裁判所をはじまりとし、上級審の裁判所の審理を二度行うことが原則となっている。この裁判の手続における三審制の原則は、民事、刑事、行政の訴訟分野それぞれについて定める訴訟手続法に従って裁判が運用されることにより具体的に実現されている。また、裁判所は、簡易裁判所、地方裁判所、高等裁判所、最高裁判所の4階級に分かれ、これに家庭裁判所が地方裁判所と同階級になっており、第一審がどこから始まるかによって、民事訴訟と刑事訴訟の間で、上級審の管轄に異なりがみられる*。

　　＊民事訴訟の判決手続については、第一審が簡易裁判所の場合（33条1項1号）〔括弧内は、裁判所法の条文箇所。以下、同様〕は、第二審（控訴審）が地方裁判所（24条3号・4号）で、第三審（上告審）が高等裁判所（16条3号）であり、第一審が地方裁判所（24条1号）の場合は、第二審（控訴審）が高等裁判所（16条1号・2号）で、第三審（上告審）が最高裁判所（7条1号）である。

　　　刑事訴訟については、第一審が簡易裁判所の場合（33条1項2号）、地方裁判所の場合（24条2号）、あるいは家庭裁判所の場合（31条の3第1項3号）のいずれかであるが、

その第二審（控訴審）が高等裁判所（16条1号・2号）で、第三審（上告審）が最高裁判所（7条1号）であり、第一審が高等裁判所の場合（16条4号）は、第二審がなく、第三審（上告審）が最高裁判所（7条1号）である。このように、刑事訴訟では、第二審、第三審がそれぞれ高等裁判所、最高裁判所であり、それは民事訴訟と異なる。また、決定に対する抗告もすべて高等裁判所の管轄である（16条2号）。

また、決定・命令手続については、決定・命令に対する抗告が可能であり、簡易裁判所の下した決定に対しては、地方裁判所が抗告審（24条4号）、高等裁判所が再抗告審となり（16条2号）、地方裁判所の下した決定に対しては、高等裁判所が抗告審となる（同号）。家庭裁判所の下した決定や命令に対しても、高等裁判所が抗告審となる（同号）。

このように、審級制を設けているのは、正義の実現や法秩序の形成を慎重にし確実なものとするためであるが、憲法にその直接の根拠規定はないものの、近代国家の司法の体験に基づいて築き上げられたものであると理解されている。また、「上級審の裁判所の裁判における判断は、その事件について下級審の裁判所を拘束する」との裁判所法4条の定めるところから明らかなように、この三審制のもとで、裁判所間の判断が分かれて混乱を生じるようなことはない。注目すべきは、そこにおいて、最高裁判所が正義実現や憲法秩序・法秩序形成の最終責任を担っていることである*。

*民事訴訟では、飛越上告（民訴法281条、311条2項）、刑事訴訟では、跳躍上告（刑事訴訟規則247条、248条）により控訴審を省略して最高裁判所に憲法判断を求める制度がある。

また、後述するように（⇨本節3）、裁判の公開によって、正義の実現と法秩序の形成に対する信頼が確保されるようになっている。

なお、当事者主義や口頭弁論制度も、裁判手続上重要な要素であるが、その運用の実態は、訴訟手続法の分野への参照に委ねて、ここでは立ち入らない。

2　裁判への国民の参加

(1)　裁判と民主制　　司法部門は、政治部門の担い手が国民の意思に直接あるいは間接に結びついていることにてらすと、非民主的存在だといわれる。最高裁裁判官のみが在任中に国民審査を受けることがあるだけで、裁判官は、その地位に就く過程で、あるいは在職中に、国民の意思が問われることがない。したがって、政治部門の構成員と比べれば、裁判官は、非民主的存在だといってよい。

ところが、裁判官は、民主制の維持に努めなければならないから、司法部門が反民主的な存在であるというわけではない。このことについては、後に（⇨本章第4節）考察することにして、ここで関心を向けるべきは、裁判に民主的要素を取り込むようになっている制度面についてである。

まず、前述したように（⇨本章第2節2(2)）、司法制度改革によって、裁判官の就任や再任の際に、下級裁判所裁判官指名諮問委員会の答申がなされることになったため、直接的でなく間接的な方式ではあるが、国民の意思を取り込む制度が存在している。

また、裁判公開の原則のもとに、裁判を国民の監視のもとに置く制度も、民主的な要請に結びつく。これについては、後述する（⇨本節3）。

ところが、裁判の過程に国民が何らかの形で参加する制度を設けることは、裁判の民主化の要請によく応えるものということができ、陪審制や参審制が諸国では採用されているし、日本でも明治憲法時代に陪審制が存在したことはよく知られている*。司法制度改革でも、当然それについての検討がなされ、次の(2)でみるように、いわゆる裁判員裁判の制度が設けられた。

＊陪審制は、事実の確定に法曹でない素人の一般人を関与させる制度で、裁判所法3条3項は、刑事について陪審の制度を設けることを妨げないと規定している。憲法上も、陪審制を設けることに問題がないといえるが、司法制度改革ではこれを採用しなかった。次にみる裁判員裁判は、類型上、参審制だといえる。

(2)　裁判員裁判　司法制度改革により裁判の民主化の要請を取り入れた新しい制度は、2004年に制定の「裁判員の参加する刑事裁判に関する法律」（平成16年法律63号）のもとでいわゆる裁判員裁判が行われている。これは、一般国民が裁判員として裁判官と合議体を形成し、一定の刑事事件（同法2条1項）について裁判を行うものであるが、その合憲性については、同法の制定過程で論議が尽くされていなかったこともあり、強い関心が向けられていた。最高裁判所は、裁判員裁判の実施後2年余を経て、これに応えた*。すなわち、国民の司法参加と適正な刑事裁判を実現するための諸原則とは、十分調和させることが可能であり、憲法上国民の司法参加がおよそ禁じられていると解すべき理由はなく、国民の司法参加にかかる制度の合憲性は、具体的に設けられた制度が、適正な刑事裁判を実現するための諸原則に抵触するか否かによって決せられるべきものであると説

き、この前提のもとに、裁判員制度の具体的な争点について審査し**、合憲の結論に至っている。

* 最大判平成 23・11・16 刑集 65 巻 8 号 1285 頁〔Ⅵ-14〕。なお、裁判員制度は、制定後 5 年を経た 2009（平成 21）年 5 月より施行された。
** 具体的争点とは、①憲法 31 条、32 条、37 条 1 項、76 条 1 項、80 条 1 項に違反するか、② 76 条 2 項に違反するか、③ 18 条後段に違反するかについて、順に判断しているが、他の 19 条違反の論点も含め、それぞれについて、本書の該当箇所でふれている。

3 裁判の公開

(1) 意義　82 条 1 項は、裁判の対審と判決を公開の法廷で行うことを命じている。この公開裁判の原則は、裁判を国民の監視のもとに置くことによって公正さを確保しようとするものであり、裁判の民主化の意義がある*。最高裁判所は、この規定の趣旨が、「裁判を一般に公開して裁判が公正に行われることを制度として保障し、ひいては裁判に対する国民の信頼を確保しようとするところにある」と説明している**。これによると、人権としての公開裁判を受ける権利がこの規定において保障されているわけではない、ということになる。ただし、32 条の裁判を受ける権利や 37 条の刑事被告人の公平・迅速な公開裁判を受ける権利の保障との関係で、公開裁判を受ける権利の保障がなされていると理解する余地がある（⇨第 9 章第 4 節 **1(1)**、第 12 章第 3 節 1）。

* このような意義付けは、初期の頃の最高裁判例で確認されている。最大決昭和 23・11・8 刑集 2 巻 12 号 1498 頁や最大決昭和 33・2・17 刑集 12 巻 2 号 253 頁〔Ⅲ-4-34〕参照。
** レペタ法廷メモ訴訟に対する最大判平成元・3・8 民集 43 巻 2 号 89 頁〔Ⅲ-4-41〕。

(2) 訴訟事件と非訟事件　裁判の公開原則は、上記のように、最高裁判所により制度的保障であるととらえられているが、純然たる訴訟事件の裁判については、公開の原則のもとにおける対審および判決によってなされないと、それは、82 条に違反するとともに、32 条が基本的人権として裁判請求権を認めた趣旨をも没却するものだとの判示がなされている*。これによれば、裁判公開の原則も、32 条や 37 条と一体としてとらえられるのであるから、制度的保障であることに

伴う裁判規範性は、人権保障規定に準ずるものとみることができる。これに加えて、公開原則が純然たる訴訟事件——当事者の意思に関係なく、終局的に事実を確定して権利義務の存否を確定する事件を指す——に及ぶとする判示に注目せねばならない。すなわち、非訟事件——裁判所の裁量的判断による権利義務の具体的内容の形成を目的とする事件を指す——の裁判には、公開原則が適用されないのである。

　　＊強制調停違憲訴訟に対する最大決昭和35・7・6民集14巻9号1657頁〔Ⅲ-8-13〕。

　非訟事件に該当することを根拠に、対審を公開としないでも公開原則に違反しないとされた裁判例は、家事審判関係の事件（旧家事審判法関係事件で、現在は、家事事件手続法の対象）の裁判、借地条件変更の裁判、株式買い取り価格の決定や更生計画認否の裁判、国選弁護人の報酬支給決定をめぐる裁判、民事事件における強制執行および引渡命令に関する裁判など、多く存在する＊。

　　＊裁判例は、判例憲法3の211頁、214頁の「論点⑦　裁判の公開はどのような訴訟に適用されないか」〔大林啓吾執筆〕に挙示のものを参照せよ。

(3) 例外としての対審の非公開　　82条2項では、対審の公開についての例外を認めている。すなわち、非公開の対審とする決定は、裁判官全員一致であること、および、公開の対審とすると公序良俗を害するおそれがあるときの二つの条件をみたさなければならないと規定している。ところが、これにつづくただし書で、常に公開とせねばならない場合を定めている。それは、政治犯罪、出版に関する犯罪、または憲法第3章で保障する国民の権利が問題となっている事件の対審である。このただし書の意味は、明確とは言い難いが、要するに、人権保障の問題が争点となっている訴訟事件の対審は、非公開としてはならないということだと受け取ってよさそうである。そこで、実際の運用に目を向け、この例外規定がどのように具体的に実現しているか観察するのが適切である。

　民事訴訟においては、秘密保護のための訴訟記録の閲覧などの制限がなされている（民訴法92条1項）。ただし、そこではプライバシー保護（同項1号）と営業秘密（同項2号）が同列に扱われ、人権保障の意義が反映されていないという問題がある。さらに、人事訴訟法（平成15年法律109号）では、家族関係について私生活上の重大な秘密にかかるものについて当事者や証人が尋問を受ける場合においては、裁判所が当事者の意見を聞いたうえで、全員一致のもとに、その尋問を公

開しないことができるとしている（同法 22 条）。

　刑事裁判では、遮蔽措置・ビデオリンク方式が裁判公開の原則との関係で採用されているが、これについては、すでにみた（⇨第 9 章第 4 節 1(2)）。

　行政訴訟の裁判では、情報公開訴訟においてインカメラ審査を行うことが裁判公開の原則のもとに否認されており、問題とされている*。

> ＊最高裁判所は、「情報公開訴訟において証拠調べとしてのインカメラ審査を行うことは、民事訴訟の基本原則に反するから、明文の規定がない限り、許されないものといわざるを得ない」と判示している（最一小決平成 21・1・15 民集 63 巻 1 号 46 頁〔Ⅵ-20〕）。その決定で、泉裁判官は、新たな立法によりインカメラ審査を行うことは、82 条に違反しないとの補足意見を述べている。国会の法制定が期待されるが、行政機関の情報公開審査会は、不開示情報を閲覧のうえ、不開示の適法性を判断していることにてらすと、裁判所の判断は、審査会の判断より信頼度が低いといわざるを得なく、この実情を放置しておいてよいものか、強い疑問が投ぜられる。

第 4 節　司法審査制度

1　司法審査制の意義

(1)　81 条と司法審査権　司法審査制とは、司法権の担い手である裁判所が政府——立法、行政、司法の三権および地方自治体を指す——の行為について憲法に適合しているか否かの審査を行い、憲法秩序の維持や形成をする制度である。これを 81 条が定めており、それは、アメリカ憲法の実践に由来するといえるが、それだけでなく、西欧の立憲主義に広く認められる制度である。ただし、この制度の由来に立ち入ることは本書の目的からはずれるので、他の文献への参照に委ね、ここでも日本国憲法のこの制度の概要を示すことにとどめる*。

> ＊司法審査制の比較憲法的概要については、マウロ・カペレッティ（谷口安平＝佐藤幸治訳）・現代憲法裁判論（有斐閣・1974 年）参照。また、アメリカの司法審査制については、樋口範雄・アメリカ憲法（弘文堂・2011 年）参照。
>
> 　司法審査の用語については、日本国憲法の発足の初期の頃には、違憲立法審査といわれていたが、違憲の立法についての審査に限らないため違憲審査の語が支配的になっている。しかし、違憲だけでなく合憲か否かについても、また、違憲・合憲の決着がつけられないことも、審査の機能として看過すべきでなく、司法審査と呼ぶのが適切

である。81条の制度の呼び方にいくつかがあること自体、議論の効率を損なうばかりか、議論内容の説得力を減退させている。なお、最高裁判所は、砂川事件判決（最大判昭和34・12・16刑集13巻13号3225頁〔Ⅱ-2〕）では、安保条約の合憲性判断が「司法審査権の範囲外」であることを論じ、初期の頃の判決では、「違憲審査権」の行使について論じている（最大判昭和25・2・1刑集4巻2号73頁〔Ⅵ-16〕、最大判昭和27・10・8民集6巻9号783頁〔Ⅵ-17〕）。

まず、81条があるから司法審査権の存在を否定することができないが、たとえこの規定がなくても司法権の役割上当然に司法審査権を導くことができるか、という問題がある。これについて、日本国憲法施行の翌年に、最高裁判所は、81条の規定がなくとも、98条の最高法規の規定、または76条の司法権の規定、もしくは99条の裁判官の憲法尊重擁護義務の規定から司法審査権は抽出できると論じている*。これは、司法審査制度の意義を把握するのに役立つが、これをもって十分な説明だということはできない。司法制度には、政策的に選択される要因があるからである**。（⇨本章第1節2）。

*最大判昭和23・7・8刑集2巻8号801頁〔Ⅵ-18〕。
**憲法の規定や裁判所法などの法律の規定にてらすと、後述するような性格の司法審査制を採択したと理解できる。

次に、司法審査権の行使者について確認しておかねばならない。81条は、司法審査権の行使者として最高裁判所のみをあげており、下級裁判所については否認されていると受け取られる余地があるからである。しかし、最高裁判所は、合憲性判断の最終権限者であるが、下級裁判所も司法審査権を有していることは当初から確認されており*、また、60年余の司法審査の実践過程で、下級裁判所の司法審査権行使の例は数多くあり、今日ではもはやこれを問題とする必要がないほど確定したことだといってよい。

*ヤミ米販売事件に対する判決（最大判昭和25・2・1刑集4巻2号73頁〔Ⅵ-16〕）において、最高裁判所は、下級裁判所の司法審査権の保有を確認している。

(2) 付随的審査制　司法審査制は、付随的審査制、すなわち、具体的な訴訟事件を解決する際に裁判所が必要に応じて司法審査権を行使する制度であるとの理解が浸透している。この理解は、日本国憲法の発足の当初から、司法部内において確立していた*。ところが、初期の頃には、抽象的審査制ないしそれをも

含む制度であるとの学説が存在し、また、その理解に基づく訴訟の提起がみられたが**、今日では、抽象的審査制は、憲法改正によるしか導入の可能性がない。

> *昭和23年の最高裁大法廷判決（最大判昭和23・7・8刑集2巻8号801頁〔Ⅵ-18〕）のみならず下級裁判所判決（福井地判昭和23・10・16行月4号146頁など）を参照すると、そのことが明らかとなる。戸松秀典・司法審査制（勁草書房・1989年）の「第1章　司法審査の成立」（7頁～38頁）参照。
> **警察予備隊違憲訴訟に対する最大判昭和27・10・8民集6巻9号783頁〔Ⅵ-17〕や、いわゆる抜き打ち解散が違憲だとして争った訴訟に対する最大判昭和28・4・1行集4巻4号923頁と最大判昭和28・4・15民集7巻4号305頁。

(3) 司法判断適合性　前述したように、裁判所が裁判権を行使するためには、裁判所にもたらされた訴訟事件が法律上の争訟あるいは法律によって認められたものに該当しなければならない。しかし、その要件を充足していても、裁判所が裁判を拒絶したり、回避したりする場合がある。その場合は、司法判断適合性*がないとされるのであるが、司法審査制にはこの限界が伴うことを認識しておかなければならない。

> *司法判断適合性という用語は、日本の伝統的訴訟法学にはみられず、アメリカの憲法学での justiciability に依拠し、憲法訴訟論で用いられるようになっている。

司法判断適合性がないとされる例の一つは、訴訟事件の争点が高度に政治的な性格ゆえ、裁判所があえて判断をしないとする場合である。これは、政治問題の法理とか統治行為論と呼ばれるもので、その適用例はわずかである*。これに加えて、宗教団体の教義にかかわる訴訟、政党の内部紛争に関する訴訟など、裁判所が実体判断に立ち入らず、政策的に介入を避ける場合がある**。

> *砂川事件に対する最大判昭和34・12・16刑集13巻13号3225頁〔Ⅱ-2〕や苫米地訴訟に対する最大判昭和35・6・8民集14巻7号1206頁〔Ⅵ-21〕などがそれである。
> **判例の様相については、戸松秀典・憲法訴訟［第2版］（有斐閣・2008年）の第5章第1節（71頁～79頁）参照。

司法判断適合性に関する判例の動向を分析すると、そこに理論的な根拠をみつけだすことは困難である。それは、裁判所の政策的判断によるといわざるを得ない例が少なからず存在するからである。したがって、判例によって生み出されたところを観察して、何らかの法則をみつけ、その意義を検討することが必要となる。

2 憲法訴訟の役割

　憲法上の争点を含む訴訟を憲法訴訟と呼ぶが、司法審査権は、その憲法訴訟に対して行使され、産出される憲法判例の蓄積をとおして憲法秩序をみることができる。それゆえ、司法審査制と憲法訴訟とは切り離して考えられない。

　憲法訴訟の研究は、1980年代の憲法学で盛んになされ、発展してきており、今日では、もはや憲法訴訟の議論が特別な存在ではなくなっている。憲法価値の具体的実現状況を考察するためには、憲法訴訟およびそれに対する裁判所の判断を対象とする必要があり、その際に、憲法訴訟や裁判の制度、手続、実態、さらには機能についての分析と考察を加えなければならない。ここでは、それにかかわる概括的な事項にふれておく*。

　　＊詳しくは、戸松・前掲書（憲法訴訟［第2版］）を参照。

　憲法訴訟に対する司法審査権の行使において、最も注視すべきは、政治部門の行為に対する裁量統制機能についてである。憲法訴訟で争われている法律の合憲性判断をするにあたり、裁判所が立法府の政策判断に対して敬譲の姿勢をとる場合、すなわち、立法府の裁量を広く尊重する場合がみられるし、逆に、立法府の裁量的判断を排除して、裁判所自らの判断を加える場合があり、さらに、その中間の判断姿勢をとるときもある。こうして、憲法判例において、裁量統制機能における厳格度合いの強弱を反映した法則を観察することができる。これを、判断手法の面から、広い立法裁量論、狭い立法裁量論、立法裁量論の不適用と整理でき、審査の姿勢の面から、緩やかな審査基準、中間の審査基準（厳格な合理性の基準）、厳格な審査基準と呼ぶことができる。これらは、判例をありのままに観察して得られる法則であって、憲法解釈の基準を予め設定してそれにあてはめているわけではない*。

　　＊ここでも、日本の試験文化の弊害を指摘せねばならない。すなわち、判断手法や審査
　　基準が公式のように存在していて、それを問題事例にあてはめると解答がおのずから
　　出てくるように扱うという弊害である。また、憲法学において、判例をありのままに
　　観察して法則をみることよりも、判例の批判にまい進したり、自説の補強材料として
　　判例を使ったりする傾向が一部にみられることも、望ましくない例として指摘しておく。

　裁判所は、憲法訴訟に対して、いろいろな法理や審査基準を用いて、憲法判断に説得力をもたせようとする。その結果、裁判所によって憲法価値の具体的実現

がなされ、憲法秩序が形成されているのであるが、これに対して、いったい司法審査制は、民主主義の理念に合致するものか、という問題が生じてくる。とりわけ、議会制民主主義の制度過程を経てなされた政治部門の政策決定について、最高裁判所が憲法を根拠にその効力を否定するとき、この問いが発せられる。

この問いに対する答えは、簡略に述べることを許さない、峻厳な、また、厳粛な内容を含んでいるといえるが、ここでは、次の指摘をしておく。

まず、すでにふれたように（⇒第14章第2節3）、司法部は、それが民主主義化しないことによって民主主義を維持する機能を託されていることを想起しなければならない。司法審査制は、その機能を発揮するように、独立した裁判官・裁判所によって運営されている。また、裁判官は、自己の裁判官としての良心に基づき憲法判断を下しているが、それは、その判断が国民に受容されることを常に配慮しているとみることができる。先に、司法審査権の裁量統制機能にふれたが、政治部門の裁量権の濫用や逸脱を抑制することにより民主主義の軌道が正常に展開していくように努め、国民の信頼を得て、その存在を確保していると説明することができる。もちろん、個別の憲法判断との関係でこのような説明に合致しないとの異論が生じることもあろう。それは、開かれた論議を通じて、何が正常な軌道であるかが求められ、修正がなされていくものであり、その過程は、憲法が保障している。

3 憲法訴訟の展開と課題

(1) 司法審査制の定着　司法審査制は、半世紀余の実践過程をとおしてみると、今日では、憲法秩序の形成過程に定着したといってよい。前述したように、付随的審査制であることについて、もはや異論は存在していないといってよいし、憲法裁判所設立に向けた改革論も沈静化している。もっとも、定着といえるのは、憲法訴訟を活用しようとしている者や、憲法訴訟の実情を分析の対象としている者の間でのことであって、政治部門に属する者の間では、この制度の存在や意義についての理解が浸透していない例もみられないではない。しかし、その例が司法審査制のあり方に再検討を迫ったり、その意義を希釈させたりするほどの影響力をもつものとは言い難い。

ただし、司法審査制は、憲法秩序を形成するための制度として定着していると

いえても、憲法訴訟に対する裁判所の姿勢との関係で、検討すべき課題・問題を抱えている。

(2) 司法積極主義・司法消極主義 　憲法訴訟に対する裁判所の姿勢をとらえる概念として、司法の積極主義・消極主義が用いられる。これは、司法権が、特に、最高裁判所が政治部門の政策判断を尊重せず、自らの判断を下す度合いの強さに注目した司法審査権の行使状況を語る概念である。注意すべきは、司法積極主義の方が司法消極主義より優れているとか、望ましいとかの価値に基づいているわけでないことである。最高裁判所は、訴訟における争点の性格や内容に応じてこれを使い分け、政治部門との間で憲法価値の具体的実現に努めるべきであるが、この司法積極主義・司法消極主義は、司法審査制のあり方を分析する尺度であるといってよい。

　さて、日本国憲法の発足時から20世期末頃までは、圧倒的にといっても過言でないほど、最高裁判所は、司法消極主義であった。ところが、20世紀末頃から今日に至るまでは、次第に司法積極主義の傾向を示すようになっているということができる。この傾向をもたらしている要因は、法の世界と密接な政治的、経済的、社会的な諸事情であるのだが、これについて語ることは、法的論議の領域を超えることにならざるを得ない。それゆえ、ここでは、主要な要因を記しておく。

　まず、政治状況の変化をあげることができる。憲法制定後直ちに発生した改憲派・護憲派の政治的対立がかつてほど過激ではなくなっていること、世界での自由主義陣営と共産主義陣営との対立が後者の崩壊によって沈静化したことなどがそれである。その変化を反映して、憲法訴訟の争点も9条関係訴訟や公務員の労働基本権関係訴訟のような、司法を政治的対立の場面に引き込むような訴訟がかつてほどの様相を示さなくなっていることも認識できる。経済面では、日本の経済力が著しい成長を遂げ、社会での人々の生活の豊かさは、日本国憲法制定時とは比較にならないほどに発展をみせていて、その分野に関連する憲法訴訟の内容も変容をみせている。

　これで十分というわけではないが、司法審査制は、このような要因との関連を看過してはその真の作用を把握できないことを指摘しておきたい。

(3) 司法審査制の今日的課題 　司法審査制は、60年余の体験を経て、着実

な発展段階を歩んでいるといえる。そこで、現時点で認められる主要な課題をあげて、今後の発展の方向性を確認しておく*。

> *政治学、経済学、社会学の専攻者による憲法事象の分析は有意義と思うが、日本ではそれは盛んだとは言い難く、学問研究のあり方への問題指摘を、遠慮がちにしておく。

まず、政治部門との相互作用を活性化させることにかかる課題をみることができる。政治部門は、従来、最高裁判所の違憲判断に対して比較的迅速に対応し、違憲とされた法規定の改廃を行っている*。そこには、最高裁判所が政治部門の対応の可能性を斟酌しているように観察できる。その典型例は、議員定数不均衡訴訟・区割再編成訴訟の場合である。多くの訴訟への裁判を通じて、政治部門の対応の不十分さにしびれを切らしているかのように、次第に判断の積極度合いを強めているのである**。非嫡出子相続分の不平等の問題について、1995（平成7）年に、民法900条4号ただし書の扱いを立法府の裁量に委ねておいたのに、2013年に、違憲判断に踏み切ったのは、政治部門の対応が期待できないと判断したからだとみることができる。在外日本人の選挙権の問題も、同じようにとらえることができる。

> *旧刑法200条の尊属殺重罰規定は、それが廃止されるまでに20年余を要したが、それ以外は、1年程度で改廃されている。その具体例は、本書の第Ⅱ部の各所でふれている。
> **これに関する具体的状況は、第7章第3節4(1)を参照。

他方、司法部門内での課題を指摘する必要がある。それは、精神的自由の保障領域における司法審査のあり方についてである。すでに判例の動向について考察したように（⇨第8章第2節および第4節）、政教分離原則違反を主張する訴訟に対しては、積極的な展開をみせているのに対し、思想・良心の自由や表現の自由の保障領域においては、司法審査の機能上、疑問が投ぜられ、打開すべき課題が存在している。

さて、付随的審査制のもとでは、個別の事件の解決から離れて憲法判断を将来に向けて行うことはあり得ず、それゆえ、最高裁判所の憲法判断は、社会の進行の後からついていく形でなされざるを得ない。つまり、最高裁判所にいわゆる世直しを期待することは適切でなく、社会の変革は、何よりも政治部門の役割である。このことの認識のもとに、司法審査制の活用をしなければならない。上記の課題の指摘も、このことを背景に検討する必要はある。

第18章 地方自治

第1節　地方自治と地方公共団体

1　地方自治の制度

　憲法は、92条から95条までの4か条で、地方自治制度の基本を定め、その制度を「地方自治の本旨に基いて」(92条)実現することを求めている。ただし、何が地方自治の本旨であるかについては、憲法規定からは明らかでない。本旨とは、本来の趣旨とか本来の目的という意味であるから、地方自治の実情を視野に入れながらその意味内容を探究することが必要となる。

　ところが、92条をはじめとする四つの条文すべてに、「法律で……定める」、「法律の定めるところにより」、「法律の範囲内で」といった定めがみられ、これから明らかなように、憲法は、地方自治制度の具体化を法律に委ねている。実際に、地方自治法をはじめとする法制度が形成されており、この諸法律のもとに構築されている制度の実際を観察し、分析・考察することが本章の作業である*。これによって地方自治の本旨の内容を知ることができる。

>　＊地方自治の制度の根源は、西欧の立憲主義から学んでいるだけでなく、日本の統治体制の歴史的蓄積も無視できない。それを追究することは、本書の目的からはずれるので、以下の考察においては、制度の歴史的背景への意識が存在することだけは言及しておく。本章で目を向けるのは、憲法のもとで定められた地方自治の制度の現状であり、憲法秩序に及ぼしている働きである。

　憲法が地方自治の規定を置いていることは、議院内閣制 (⇨ 第15章〜第16章) や司法制度 (⇨ 第17章) とともに、地方自治制度が国の統治の機構となっていることを示すものであり、それゆえ、地方自治が憲法により保障されているということができる。今日では、もはや地方自治が制度として保障されていると認識す

ることに、何ら異論がなくなっているといってよい*。つまり、地方自治は、その本旨を維持しながら、国会の制定する法律で実現されているのである。

> *かつて、地方自治の性質について、地方自治団体に本来的に存する固有の権利だとする固有権説（近年の新固有権説も含む）、地方自治が国の統治機構の中でしか存在し得ないことを根拠にした伝来説ないし承認説、憲法が制度として保障したものだとする制度的保障説があり、どれが説得的かの議論がなされた。しかし、どれも地方自治の性質を語るものとして不適切というわけでなく、それぞれが観点を異にしているものとして受け止めればよい。

また、地方自治の概念について、とりわけ「自治」について、団体自治と住民自治の意味があると説明されている。国でなく地方における自治であるから、地方を構成しているところ、すなわち、地方の団体が有する自治のことであるし、また、その団体の構成員である住民が行う自治のことであることは当然である*。注目すべきは、団体自治なり住民自治がいかに機能しているかということである。この機能面では、国の統治機能との相互関係を無視することができず、その意味では、国の事務を代替したり、補ったり、国とは別の独自性を維持したりしていることを観察できる。その意味では、地方自治の内容として、補完性の原理が存在するとの説明が可能である**。ただし、こうした説明は、論理必然的に地方自治の働きを導き出すことにはならず、あくまでも実際の様相を分析しながら、地方自治の意味を把握することが肝要である。

> *国よりも小規模の団体における自治活動であるから、民主主義の基本を身近に実践できることが地方自治の特徴である。そこで、地方自治は、民主主義の母であると呼ばれ、民主主義の成熟度合いが示されるといわれる。したがって、日本の民主主義の進展度合いに結びつく問題を考察するとき、地方自治の現実を分析することが必要である。
>
> **補完性の原理は、ヨーロッパ自治憲章をはじめ欧州で援用される理念で、日本でも、近年、地方自治の説明に登場するようになっている。地方公共団体の役割と国の役割について定める地方自治法1条の2第2項にもそれがみられるといってよい。

2　地方公共団体

92条のもとで、地方公共団体は、地方自治の担い手となることが予定されている。そこで、地方公共団体とは何かが問われるが、地方自治法は、これには普通地方公共団体と特別地方公共団体との二つの種類があると定め（1条の3第1

項)、前者は、都道府県と市町村で(同条第2項)、後者は、特別区、地方公共団体の組合および財産区であるとしている(同条第3項)。

最高裁判所は、かつて特別区区長公選廃止事件に対する判決*で、「地方公共団体といい得るためには、単に法律で地方公共団体として取り扱われているということだけでは足らず、事実上住民が経済的文化的に密接な共同生活を営み、共同体意識をもっているという社会的基盤が存在し、沿革的にみても、また現実の行政の上においても、相当程度の自主立法権、自主行政権、自主財政権等地方自治の基本的権能を附与された地域団体であることを必要とするものというべきである」と判示し、東京都の特別区を93条にいう地方公共団体と認めることはできないと判示した。しかし、その後、特別区は、その機能を発展させ、現在では、市町村と並ぶ基礎的地方公共団体と規定され(地方自治法281条の2)、実態もそれにふさわしい様相を示している。この判決後、それを変更する判例の登場はなく、地方公共団体の憲法上の意味は維持されているといえるが、特別区についての当てはめは変化したといえる。

　*最大判昭和38・3・27刑集17巻2号121頁〔Ⅷ-1〕。

このように、憲法上の地方公共団体の概念のもとで、何がそれに該当するかについては、変化するものだと受け止める必要がある。今日、市町村は、基礎的地方公共団体であるといえるが、都道府県について、見直しがなされ、道州制に変革すべきとの論議を生み出している(⇨本章第2節1)。

3　地方自治制度の変革

地方公共団体の現在の様相については、地方自治制度がたどってきた変革を知らずして語ることができない。変革をとおしてこそ、何が地方自治の本旨として認められてきているのかを知ることができるはずである。

現在の地方自治制度は、三つの大きな変革を経ている。その第一の変革は、明治政府が行った廃藩置県であり、そこに現在の自治体地図の基礎が形成されている。ただし、明治憲法下では、地方自治は、憲法の保障する制度ではなかった。これを大きく変えたのが、現在の日本国憲法下での地方自治制度である。これが第二の変革であり、日本国憲法の発足とともに、1947(昭和22)年に地方自治法が施行されて、本格的な立憲体制下での地方自治制度となった。これは、約半世

紀の体験を経て、第三の変革を迎えた。すなわち、1995（平成7）年の地方分権推進法に基づいて地方分権推進委員会が設置され、同委員会により5次にわたる勧告が出されるなどの段階を経て、1999年の地方分権一括法（2000年に施行）によって一応の結実をみた。その後も、2002年からの三位一体改革、2006年の地方分権改革推進法の制定と展開し、さらに改革がすすめられている。

　地方自治の現在を知るために、この第三の変革（以下では、「地方分権改革」と呼ぶ）について、その基本的特徴を確認しておくことが重要である。それは、国の事務と地方公共団体の事務すなわち自治事務とを区別して、地方自治の内容が明らかとなったことである。それまでは、明治期以来の中央集権体制が維持されていて、地方自治といっても、国の過剰ともいえる関与が存在していた。それは、国と地方との関係が国の中央官庁を中心とした包括的指揮監督関係にあったといえるが、これに対して、「地方公共団体の自主性及び自立性を高める」（地方分権改革推進法2条）ことを目的した改革がなされており（⇨本章第2節2）、憲法92条にいう「地方自治の本旨」の具体的意味が前進したといえる。

第2節　地方公共団体の組織と運営

1　組　　織

　地方公共団体の組織は、前述したように地方自治法によって、普通地方公共団体（都道府県、市町村）、および特別地方公共団体（特別区、組合、財産区）で構成されている。地方分権改革の過程で、20世紀末頃に3千余あった市町村は、合併がなされて2014年1月には1742にまで減少した。その結果、当然のことながら、市町村の規模が拡大したのであるが、都道府県については変わることなく今日に至っている。ところが、経済圏が拡大し、行政の効率化が求められる状況にてらし、都道府県のあり方についての検討が盛んになっている。それは、道州制を採用すべきとの提言であり、日本を9から13程度のブロック（道・州）に分け、これを市町村とともに地方公共団体とするものである＊。

　　＊道州制の提言は、経済界からまずなされ、政治部門では、自民党道州制推進本部の提
　　　示した「道州制に関する第3次中間報告」（平成20年7月29日）があり、それは現在
　　　自民党のホームページ〈http://www.jimin.jp/policy/policy_topics/118427.html〉に「道州

制基本法案（骨子案）道州制推進本部」として掲げられている。また、学術面では、日本地方自治学会編・道州制と地方自治（敬文堂・2005年）など多数の研究がある。なお、二院制のあり方について、前述したように（⇨第15章第2節**2(2)**）各道州から同数の選出された議員により参議院が構成されるよう改革すべきとする自民党案に賛同するのが私見である。

　道州制をめぐる地方公共団体の組織変革が実現するならば、日本の民主主義の様相が変化し、憲法秩序における前進が予想できる。そのためには、変化、前進の基盤である地方の行政組織の現状や、国と地方の行政組織との関係についての立ち入った把握が必要となる*。

　　＊憲法概説書の性格上そこにまで立ち入るゆとりがないので、最新の行政法分野の代表的文献である塩野宏・行政法Ⅲ［第4版］行政組織法（有斐閣・2012年）126頁〜256頁や、大橋洋一・行政法Ⅰ［第2版］（有斐閣・2013年）417頁〜449頁などへの参照に委ねざるを得ない。

2　運　　営

　地方自治の運営も、92条の命ずるとおり、地方自治法が規定するところに従ってなされている。すなわち、地方公共団体の役割は、「住民の福祉の増進を図ることを基本として、地域における行政を自主的かつ総合的に実施する」ことである（地方自治法1条の2第1項）。この趣旨を達成するために、国は、国として本来果たすべき役割を重点的に行い、「地方公共団体との間で適切に役割を分担するとともに、地方公共団体に関する制度の策定及び施策の実施に当たって、地方公共団体の自主性及び自立性が十分に発揮されるようにしなければならない」などと定めて（同条第2項）、地方公共団体と国の役割との分担がかなりの程度明確になっている*。これは、前述の地方分権改革の成果である。また、運営にかかる地方公共団体の事務についても、後述のように、改革の成果が現れている（⇨本章第3節1）。

　　＊さらに、地方自治法2条11項、12項、13項なども参照せよ。

3　機　　関

　地方公共団体の機関として、地方自治法は、93条の定めを受けて、地方議会、

地方公共団体の長、議会の議員、およびその他機関について定めている。憲法秩序の基本として注目すべきは、中央政府の統治機関でみられる議院内閣制とは異なるものとなっていることである。すなわち、地方公共団体の長、その議会の議員、およびその他法律が定める吏員を住民が選挙で選ぶことになっている（93条2項）*。

> *国の行政機関の長である内閣総理大臣が国会議員の中から選ばれるが（67条）、地方公共団体の長（都道府県知事や市町村長）は、住民によって直接選ばれる。93条2項が「直接……選挙する」と規定しているのは、その間の違いを表現するためと思われ、「直接」が直接民主制を意味しているわけではない。また、これをアメリカの大統領制になぞらえて説明する例があるが、国と自治体とを同じレベルにおいていて適切でない。さらに、国と自治体との間にこのような違いを設けた根拠は明確でないが、日本の民主主義の発展のためには有意義だといえる。

　その他の機関として、すべての自治体に、教育委員会、選挙管理委員会、人事委員会（公平委員会）、および監査委員が設けられ、都道府県には公安委員会、労働委員会、収用委員会などが設けられ、また、市町村には農業委員会、固定資産評価委員会が設けられる（地方自治法138条の4第1項、180条の5）。93条では、その他の吏員が住民の選挙で選ばれることを定めているが、教育委員会の委員をはじめ当初の選挙による選出制度が廃止となり、今日では、憲法のこの定めが生かされていない。

　なお、住民としての選挙権の行使は、満20歳以上の日本国民で、3か月以上市町村の区域内に住所を有する者について認められている（公選法9条2項）。また、自治体の議会の議員選挙においては、衆議院議員や参議院議員の選挙制度のような小選挙区制や比例代表制が取り入れられていない。かつてのいわゆる中選挙区選挙制度となっているが、代表選出の方式として合理的といえるかについての検討が必要である*。

> *現行制度においては、一つの選挙区から地方議会に複数の代表を選出するのに、住民は、投票用紙に1名しか記入することができない。大選挙区制の基本に従って、複数定数の記入をするのが本来の代表選出の意思表示である。現行制度は、代表選出というより人気投票といってよく、合理的根拠に欠ける。地方議会議員選挙にも、小選挙区制あるいは比例代表制を取り入れる改革の道もある。

4　住民による直接請求制度

地方自治においては、住民が行政過程に直接関与できる機会が設けられている。すなわち、住民は、条例の制定改廃請求権、議会の解散請求権、および、議会の議員、長、副知事もしくは副市長村長、選挙管理委員もしくは監査委員または公安委員会の委員の解職請求権を有する*。

<blockquote>
*地方自治法12条1項・74条、13条1項・76条〜79条、13条2項・3項・76条〜79条を参照。
</blockquote>

すでにみたように、国政レベルにおいては、近年新たな工夫がなされているものの、国民が行政過程に関与できる機会は限られている（⇨第12章第3節）。これに比べて、地方自治においては、住民は、上記の直接請求権を行使して、自治体の政治・行政に介入することができるのであり、それゆえ、民主主義の実践の場としての意義が強い。

第3節　地方公共団体の権能

1　自治行政権の遂行

(1) 自治事務　94条は、財産管理、事務処理、および行政の執行といった自治行政権の主要なものをあげて、地方公共団体が自治行政権を有していることを明記している。これを受けて、地方自治法では、「普通地方公共団体は、地域における事務及びその他の事務で法律又はこれに基づく政令により処理することとされるものを処理する」と定め（2条2項）、自治行政権行使の内容を具体化している（同条3項〜7項）。また、そこにいう「地域における事務」には、自治事務と法定受託事務との2類型があるとし、自治事務は、法定受託事務以外のものであるとし（同条8項）、法定受託事務の内容をかなりの程度具体的に定めている（同条9項・10項および別表第一・第二）。このような自治事務を基軸とした自治行政権行使の対象の具体化は、地方分権改革の成果であり、地方自治の本旨の内容を深化させている。とりわけ、かつての機関委任事務が廃止され、法定受託事務が新設されたことに、改革の成果が表れているといえる*。

<blockquote>
*地方分権改革に至るまでは、地方公共団体の事務は、公共事務、団体委任事務、その他の行政事務、および機関委任事務とされ、機関委任事務においては、地方公共団体
</blockquote>

の長は、国の下級機関として位置付けられ、国の行政組織に取り込まれる状態となっていた。そのため、地方公共団体は、独立の行政主体であることの性格を喪失しがちであった。したがって、機関委任事務の廃止は、地方分権推進にとっての象徴的意義をもつと評価されている。これに対し、法定受託事務の新設は、機関委任事務にとって代わったにすぎないとの評価があるが、そのような評価は、今後の自治事務の遂行次第でその当否が明らかとなるであろう。

(2) 係争処理制度 自治事務を基軸とした自治行政権の遂行過程で、地方公共団体は、国の関与を排してその独自性を生かすことができるか。このことは、地方自治の実現にとっての重要関心事である。これについて、国地方係争処理委員会が設けられて、自治体と国との間で生ずる紛争が処理されるようになっていることに注目させられる（地方自治法250条の7以下参照）。すなわち、「普通地方公共団体の長その他の執行機関は、その担任する事務に関する国の関与のうち是正の要求、許可の拒否その他の処分その他公権力の行使に当たるもの（次に掲げるものを除く。）に不服があるときは、委員会に対し、当該国の関与を行つた国の行政庁を相手方として、文書で、審査の申出をすることができる」（同法250条の13）のである。そこで、国地方係争処理委員会の審査およびそれについての訴訟（同法251条の5）の実態が注目される*。

　＊具体例の横浜市勝馬投票券発売税事件については、本節 **3(2)** を参照。

2　条例制定権と住民投票

(1) 条例制定権 　i) 意義　94条は、地方公共団体が法律の範囲内で条例を制定する権限を有することを保障している。この自治体の自主立法権の行使により、各自治体は、特色ある行政を行うことができるのであるが、「法律の範囲内」という制約にかかる限界について論議されている。もちろん、94条から論理必然的にその限界が明らかとなるわけでなく、実践の積み重ねによりその意味が形成されることとなる。

　これについて、最高裁判所は、徳島市公安条例事件判決*において、「普通地方公共団体の制定する条例が国の法令に違反する場合には効力を有しないことは明らかであるが、条例が国の法令に違反するかどうかは、両者の対象事項と規定文言を対比するのみでなく、それぞれの趣旨、目的、内容及び効果を比較し、両者

の間に矛盾抵触があるかどうかによってこれを決しなければならない」と、説いている。

　　＊最大判昭和50・9・10刑集29巻8号489頁〔Ⅲ-6-4〕。

　最高裁判所は、自治体の条例制定権の行使に対して厳格な審査姿勢をとろうとせず、むしろ敬譲の姿勢をとっているといってよい。その典型例を1985（昭和60）年の福岡県青少年保護育成条例事件に対する判決＊にみることができる。そこでは、条例中の「淫行」規定が広汎で不明確だと争われたのであるが、法廷意見は、「もはや解釈の限界を超えたものと思われる」との伊藤裁判官反対意見による厳しい批判を浴びるほどの限定解釈を加えて、違憲の主張を斥けている。また、2007（平成19）年の広島市暴走族追放条例事件に対する判決＊＊においても、「当審が敢えて合憲限定解釈を行って条例の有効性を維持すべき事案ではなく、違憲無効と判断し、即刻の改正を強いるべき事案である」との藤田裁判官反対意見が付されるほどの緩やかな条例の解釈により、違憲の主張を容認していない。

　　＊最大判昭和60・10・23刑集39巻6号413頁〔Ⅲ-6-3〕。
　　＊＊最三小判平成19・9・18刑集61巻6号601頁〔Ⅲ-4-18〕。

　このような最高裁判所の裁判姿勢は、他の条例の合憲性を争う訴訟においても貫かれており、未だ一つも条例を違憲とする判断は存在していないのである。その根拠として、最高裁判所が自治体の条例制定権を尊重しているからだということができるかもしれない。しかし、それは、あまりに単純な見方であり、説得力に欠けるといわざるを得ない。むしろ、いったん条例の合憲性について厳格な審査姿勢をとると、それを他の多くの条例について及ぼさざるを得なくなるから、控えめな審査姿勢にとどまっているとみるのが適切のようである。つまり、全国に自治体が制定する条例は、きわめて多様であり、そこに司法審査が介入するには多大のエネルギーを要するので、最高裁判所は、司法政策上控えめの姿勢をとることとしていると受け取ることができるのである。しかし、この司法消極主義は、憲法秩序の形成にとって好ましいものとはいえない。それを打開するためには、最高裁判所の審査姿勢以外の要因も検討せねばならない。

　ⅱ）**範囲・限界**　条例制定権の範囲や限界について、判例法上、次のことは、現時点で確定している。すなわち、29条2項を根拠にして財産権制限は法律によるべきとする解釈があるが、それは、1963（昭和38）年の奈良県ため池条例事

件に対する最高裁判決*をはじめとする判例で容認されておらず、また、条例に罰則を規定することについて、73条6号ただし書にてらしても法律の授権により認められるとの1962年の大阪市売春取締条例事件に対する最高裁判決**などによって認められている。そこでは、条例は、議会制民主主義の過程を経て成立する立法であるとの認識が働いている。

> *最大判昭和38・6・26刑集17巻5号521頁〔Ⅲ-5-15〕。
>
> **最大判昭和37・5・30刑集16巻5号577頁〔Ⅷ-4〕。なお地方自治法14条3項は、条例による罰則の上限を規定している。

これ以外の多種多様な条例について、法律の範囲内にあるか否かの問題が論議されているが、それについて未だルール化がなされているとはいえない*。結局は、個別の条例ごとに、関連する法律との間で、法目的や目的達成の手段について検討することとならざるを得ない。その際に、当該条例で自治体が行おうとしている事務が自治事務といえるか、人権保障の法理や判例の動向と矛盾しないかなどのことも考慮要素となる。また、前述の裁判所の審査姿勢が強く影響する**。

> *問題とされる条例について、上乗せ条例・横出し条例というとらえ方をし、前者については法律の範囲内といえるが、後者については法律の範囲を超える——あるいは、その逆も考えられるが——といった説明をする例が存在した。これは、分かりやすい把握の仕方のように思えるが、当該条例がそのどちらに属するのか、また、そのどちらかに属することがなぜ憲法の許容する・しない条例となるかについての説得的説明ができないので、有効なルールとはいえない。
>
> **このような一般化した説明では不十分であるが、丁寧な説明をすることは本書のような概説書の限界を超えることとなる。そこで、一例をあげて、この説明の具体化の方向性を示しておく。
>
> それは、古紙回収業を営む者が世田谷区清掃・リサイクル条例に違反して古紙等を持ち去ったため起訴された刑事事件であり、第一審の東京簡易裁判所では無罪判決を受けたものの、控訴審で有罪となり、最高裁判所が上告を棄却した事例である（最一小決平成20・7・17判時2050号156頁。その下級審は、東京高判平成19・12・18判時1995号56頁。なお、同種の事件がいくつか簡易裁判所に係属し、有罪・無罪の判断が分かれていた（いずれも判例集未登載））。この事件の被告人は、当該条例の定めに基づく区の指定事業者でなく、禁止命令を受けたにもかかわらず、指定場所から古紙等の持ち去りを繰り返したため起訴されたのであった。その違憲の主張は、世田谷区の上記条例が廃棄物

処理法に抵触し94条違反であること、条例にいう「定められた場所」が具体性に欠け、不明確であり31条に違反すること、その他、14条、22条違反等の違憲の主張をし、無罪だと争った。これに対して最高裁判所は、「世田谷区清掃・リサイクル条例31条の2第1項にいう『一般廃棄物処理計画で定める所定の場所』の明確性に関し憲法31条違反をいう点は、同条例31条の2第1項、37条、一般廃棄物処理計画等によれば、世田谷区が、一般廃棄物の収集について区民等の協力を得るために、区民等が一般廃棄物を分別して排出する場所として定めた一般廃棄物の集積所を意味することは明らかであり、『所定の場所』の文言を用いた本件罰則規定が、刑罰法規の構成要件として不明確であるとはいえない」などと、まことに簡略に理由を述べて、すべての違憲の主張を斥けている。このように、世田谷区の当該条例が廃棄物処理法の範囲内にあるか否かの争点は、条例と法律との間における目的・手段の関係や、憲法31条などの人権保障規定の法理、さらには裁判所の審査姿勢などとのからみで決せられる。

(2) 住民投票 　住民投票は、今日では、議会制民主主義の制度を補完するものとして注目され、その活用が期待されている。憲法には、95条の地方特別法についての住民投票が定められているが、その実際例は、初期の頃に集中していて、その後は休止状態にある*。

> ＊95条が定める地方特別法の住民投票が行われた例を列記する。広島平和記念都市建設法（昭和24年法律219号）、長崎国際文化都市建設法（昭和24年法律220号）、旧軍港市転換法（昭和25年法律220号）、別府国際観光温泉文化都市建設法（昭和25年法律221号）、伊東国際観光温泉文化都市建設法（昭和24年法律222号）、熱海国際観光温泉文化都市建設法（昭和24年法律233号）、横浜国際港都建設法（昭和25年法律248号）、神戸国際港都建設法（昭和25年法律249号）、奈良国際文化観光都市建設法（昭和25年法律250号）、京都国際文化観光都市建設法（昭和25年法律251号）、松江国際文化観光都市建設法（昭和26年法律7号）、芦屋国際文化住宅都市建設法（昭和26年法律8号）、松山国際観光温泉文化都市建設法（昭和26年法律117号）、軽井沢国際親善文化観光都市建設法（昭和26年法律253号）。

今日注目されているのは、自治体における施策について、住民の投票にかけて住民の意思を問う方式のものである。ただし、あらゆる施策ないし問題について選別することなく住民の意思を問えばよいというものではなく、住民投票の対象となるテーマの選択が重要である*。地方議会・行政と住民との間にギャップが生じているとき、適切なテーマについて住民投票にかけると、そのギャップをう

める機能を発揮することとなる。その意味で、住民投票は、間接民主制が機能不全を起こしているときに有効となると評価されている**。

> *たとえば、原子力発電所の問題について、原子炉の安全性や放射性廃棄物の処理方法を住民に問うても、問題が専門性に満ちていて住民に問うたからといって適切な答えが出てくるわけではない。また、テーマについての十分な情報の提供がなされることも必要である。成功例として吉野川の第十堰の可動堰化問題をみるとよい。武田真一郎・吉野川住民投票――市民参加のレシピ（東信堂・2013年）にそれがよく描かれている。
> **住民投票が自治体の政治に混乱をもたらすようなものであっては、その意義が失われ、むしろ自治体の議会に活性化をもたらすものであらねばならない。常設型の住民投票条例の制定が試みられているが、それは、この要請に応えるものであることが求められる。

3 　地方財政

(1)　自主財政権　　地方自治の基本的機能の一つに自主財政権があると、最高裁判所は説明している*。この自主財政権とは、金銭の賦課徴収権であり、財政自律権ないし財源保障請求権のことを指す。これらの権限が国からの自由として、あるいは国による自由として行使できるならば、地方自治が自治としての機能を発揮できることになる。しかし、実際にはそれとは反対に、国からの制約が課される度合いが高く、前述の地方分権改革において、課題が多分に残されている分野である。

> *最大判昭和 38・3・27 刑集 17 巻 2 号 121 頁〔Ⅷ-1〕。この判決は、本章第 1 節 **1(2)** でふれている。なお、この先例に基づけば、大牟田市電気税事件に対して、福岡地判昭和 55・6・5 訟月 26 巻 9 号 1572 頁が「地方公共団体の課税権を全く否定し又はこれに準ずる内容の法律は違憲無効たるを免れない」と判示したことは当然のことであり、問われるのは、この地方公共団体の課税権がどの程度自由に行使できるかということである。大牟田市電気税訴訟判決では、市の課税権行使にかかる主張が認められなかった。

2002年の経済財政諮問会議で提示された三位一体改革は、国と地方公共団体に関する行財政システムに関する三つの改革を内容としていた。すなわち、国庫補助負担金の廃止・縮減、税財源の移譲、地方交付税の一体的な見直しがそれである。しかし、今日まで、大きな前進がみられないままとなっている。

地方交付税は、地方公共団体間の財政格差を調整するために、国から地方公共団体に交付されるものであるが、他に交付される補助金などとの違いをはじめ、その内容の不明確さをめぐり論議が交わされている＊。

＊摂津市が保育所設置費の国庫負担金の交付を争った訴訟において、国庫負担金交付申請権の侵害ないし不当な扱いだとする同市の主張が否認された裁判例（東京高判昭和55・7・28 行集 31 巻 7 号 1558 頁〔Ⅷ-6〕）を参照せよ。

　地方公共団体が課すことのできる税については、地方税法が定めている。それは、都道府県が課すことのできる税目、市町村が課すことのできる税目、および東京都の特例に分けて規定されているが、国とは別に自由に課税できるわけではないことが基本にある。また、これら税目の定めとは別に総務大臣との事前協議を前提に、その同意が得られれば法定外の普通税・目的税を課すことが認められている（地方税法 259 条、669 条）。

(2)　自主財政権行使の限界　　地方公共団体が自主財政権を行使した例は多い。その若干の例をあげて、この権限行使の実態を示しておく。

　東京都銀行税条例事件は、都が銀行に対する法人所得税に代えて外形標準課税を導入し、都の財源の安定化を図ろうとしたところ、銀行側が一体となって訴訟を提起し、裁判による決着を図ろうとしたものである。2003（平成 15）年の東京高裁判決＊は、東京都の措置を地方税法 72 条の 22 第 9 項に違反するとし、銀行側を勝訴させたため、上告されたが、その段階で和解となった。つまり、最高裁判所による憲法論議にまで踏み込んだ決着がつけられなかった。

＊東京高判平成 15・1・30 判時 1814 号 44 頁〔Ⅷ-5〕。第一審の東京地判平成 14・3・26 判時 1787 号 42 頁は、条例が地方税法 72 条の 19 に違反すると判決したが、控訴審ではそれは否定された。

　最高裁判所による判断を得た例として、神奈川県臨時特例企業税条例事件がある。これは、神奈川県が地方税法の法定外普通税を設けた臨時特例企業税条例について、企業側が争った事件であるが、最高裁判所は、同条例に基づく課税が実質的には法人事業税の欠損金繰越損失控除額を課税標準として繰越損失控除の適用を一部排除する効果を有するもので、法人事業税における欠損金繰越控除の一律適用を定めた地方税法の趣旨を阻害するものだと判示して、同条例を違法無効と判決した＊。

＊最一小判平成25・3・21民集67巻3号438頁。その原審判決である東京高判平成22・2・25判時2074号32頁は、同条例に基づく課税処分を違法でないと判示していたので、この自治体自主財政権の制約をした最高裁判決に対して、学説上の議論を呼んでいる。

　地方税法の法定外目的税（地方税法731条）を課す条例は、全国の多くの自治体で制定されている。それは、自治体ごとに特色ある、また創意工夫を凝らした法定外目的税だといえるが＊、総務大臣の同意を得る必要があること、総務大臣の通知を受けた財務大臣が異議を申し出ることがあること（同法260条）、既存の業者の権益保持を目的とした抵抗に出会うなど、その実現ために克服せねばならない事項が多く容易でない。

　　＊若干の法定外目的税の例をあげておく。山梨県河口湖町・勝山村・足和田村の「遊漁税」、三重県の「産業廃棄物税」（これについては、他の多くの自治体が設けている）、熱海市の「別荘等所有税」、東京都杉並区の「すぎなみ環境目的税」、東京都豊島区の「放置自転車等対策推進税」および「狭小住戸集合住宅税（ワンルームマンション税）」等。

　前述したように、国地方係争処理委員会が司法的解決に先立って地方公共団体の自治の実現にかかる紛争に対処するようになっている（⇨本節1(2)）。そこで、自治体の自主財政権行使との関係で、この制度が有効に働くものか興味を引く。それゆえ、横浜市の勝馬投票券発売税をめぐる事件は、強い関心を呼んだ。審査の申出を受けた国地方係争処理委員会は、総務大臣に対して横浜市との協議の再開を勧告し、不同意の当・不当の直接判断を下さなかった＊。

　　＊横浜市は、2000年12月に地方税法の法定外普通税として勝ち馬投票券発売税を設ける市条例の改正を可決した。これに対して、総務省は、国の経済施策に影響を与えることを理由にその課税に不同意としたため横浜市長が国地方係争処理委員会に同意の勧告を求めて審査を申し出たのがその事件である。同委員会は、そのような課税が国の施策に及ぼす影響等について協議が不十分だとして、総務大臣に対して横浜市との再協議を勧告したのであった。国地方係争処理委員会勧告平成13・7・24判時1765号26頁。

　このように、地方公共団体にとって、自主財政権の行使とその実現には困難が伴う。それは、他の自治行政権の行使にも共通する問題であり、その根源には、現行のように、地方自治法をはじめとする種々の国法のもとに、法律の範囲内でしか行動できないことに原因がある。それゆえ、打開策として、地方自治基本法

といった地方自治の憲法にあたる法律の制定をすべしとの提案に関心が及ぶ。しかし、そのような憲法秩序の基本にかかわる改革に向かう情勢が生み出せるものか、日本の現状にてらすと確信がもてない。

事項索引

あ

あいまい……………………………268, 270
あいまい・不明確………262, 265, 269, 273
秋田市国民健康保険税条例事件…………420
秋田相互銀行事件…………………………135
アクセス権……………………………230, 231
「悪徳の栄え」事件……………………211, 241
上尾市社会福祉会館事件……………222, 376
旭川学力テスト事件………………352, 354, 355
旭川市国民健康保険条例事件……………419
朝日訴訟……………………………89, 345, 348, 351
厚木基地騒音公害訴訟…………………54, 112
アファーマティヴ・アクション………121, 136
あん摩師、はり師、きゅう師及び柔道整復師法
　………………………………………235, 267, 323
あん摩マッサージ指圧師、はり師、きゅう師等
　に関する法律……………………………235
安楽死………………………………………112

い

委員の解職請求権…………………………474
家永教科書検定訴訟………………………248
伊方原発訴訟………………………………297
医業類似行為………………………………267
意見広告……………………………………237
違憲状態……………………………………162
石井記者事件………………………………229
「石に泳ぐ魚」事件……………………101, 240
伊豆シャボテン公園事件…………………134
泉佐野市民会館使用不許可事件……221, 376
板橋造兵廠食糧デモ事件…………………364
一事不再理の原則……………………303, 309
著しい不合理性……………………………172
一見極めて明白に違憲無効………………54
逸失利益の計算……………………………127
一般規則制定諮問委員会…………………454
一般社団法人及び一般財団法人に関する法律…72
一般労働者……………………………362, 367
遺伝子結合…………………………………252
遺伝子治療…………………………………252

移動の自由…………………………………177
意に反する苦役からの自由………………316
委任罰則規定………………………………261
委任立法……………………………………399
　広汎な——………………………………427
違法収集証拠排除の原則…………………302
入会権者資格差別事件………………75, 132, 137
岩手銀行事件………………………………135
岩手県議会靖国神社公式参拝議決・玉串料訴訟
　……………………………………………204
岩手県教組学力テスト事件………………367
インカメラ審査……………………………461
インサイダー取引…………………………329
インターネット……………………………185
　——への書き込み………………………239

う

「宴のあと」事件……………………100, 103, 240
内山工業事件………………………………135
訴えの利益……………………………113, 221
浦和事件……………………………………405
上乗せ条例・横出し条例…………………477
運輸安全委員会……………………………424
運用違憲……………………………………220

え

永久選挙人名簿制度………………………37
営業規制………………………………148, 149
営業規制法…………………………………267
営業広告………………………………234, 237
営業的言論…………………………………234
永住者等への選挙権付与…………………125
営利的言論…………………………………234
映倫による自主規制の制度………………242
恵庭事件……………………………………54
Nシステム…………………………………261
愛媛玉串料訴訟………………………202, 203
エホバの証人輸血拒否事件……………98, 110
LGBT………………………………………139
「エロス＋虐殺」事件……………………240
エンドースメント・テスト………………203

お

オウム真理教解散命令事件……200
大分県屋外広告物条例違反事件……215, 233
大阪空港公害訴訟……98, 112
大阪市売春取締条例事件……275, 477
大島訴訟（サラリーマン税金訴訟）……172, 173
大相撲八百長記事取消命令事件……193
大牟田市電気税事件……419, 479
公の施設の設置義務……215
沖縄代理署名訴訟……116, 427
沖縄密約電文漏洩事件……229
屋外広告物法……232
追っかけマップ図書出版等差止請求事件……102, 240
おとり捜査……283

か

海外渡航の自由……181
会議公開の原則……414
会期制度……413
会期不継続の原則……413
会計検査院……421, 424
外形標準課税……175
改憲派……11
解雇規制特区構想……361
外国移住……181
　　──の自由の実現……181
外国人……68, 123, 340
　　──の子ども……358
外国人管理職選考受験拒否事件……125
外国人差別……123
外国人登録法……266
外国人入浴拒否事件……126
介護保険……167
会社……69, 70
会派……401, 411
外貌醜状の労災認定……140
下級裁判所……447
下級裁判所裁判官……449
下級裁判所裁判官指名諮問委員会……450, 455, 458
下級裁判所の設立及び管轄区域に関する法律
　　……447
閣議……431
覚せい剤密売電話傍受事件……183
学生無年金障害者訴訟……168, 346, 347
拡大連座制……262
学問研究の限界……252

学問の自由……189, 250, 251
　　──の限界……251
家事事件手続法……455
家事審判規則……455
家事審判法……455
課税要件法定主義……419, 420
課税要件明確主義……419, 420
家族生活における平等……175
家畜伝染病予防法……398
学校教育法……354
学習指導要領……354
家庭裁判所……447, 456
カテーテル……282
加藤訴訟……348
過度のかかわり合い……202
　　──の要件……204
「過度の広汎性」の法理（overbreadth doctrine）
　　……219, 262
神奈川県臨時特例企業税条例事件……480
可罰的違法性……220
株主代表訴訟……70
川崎協同病院安楽死事件……112
川崎民商事件……303, 308
簡易公判手続……280
簡易裁判所……447, 456
簡易裁判所判事……449
環境権……86, 112, 114, 115
　　──の限界……113
環境権訴訟……114
環境権保障の動向……112
監獄法……249
間接差別……120
間接的・付随的制限……179
完全自律権……406, 411, 412
完全な補償……335, 336
喚問権……305
官僚内閣制……393

き

議員資格争訟の裁判……407
議院証言法……404
議院自律権……405
議員定数不均衡訴訟……29, 160
議院内閣制……392, 393, 429, 473
　　──の本質……393
　　──の本質論……394
議院の運営自律権……406

議員の活動	409
議院の権能	404
議員の資格争訟の裁判	440
議員の地位	407
議員の懲罰	406
議員立法	400
議会主義の理念の後退	401
議会制民主主義	390, 394
議会の解散請求権	474
機関委任事務	474
機関訴訟	452
議事手続	406
規制目的二分論	321
規制目的の合理性	329
起訴休職	265
貴族院	402
規則制定権	406, 412, 453, 455
最高裁判所の――	412
規則優位説	412
起訴状謄本	285
基礎的地方公共団体	470
喫煙禁止	317
喫煙の自由	98, 99
基本権	59
基本的人権	59
――の尊重	3, 17, 59
――の保障	59
基本的判断基準	161
君が代ピアノ伴奏職務命令拒否事件	193, 196
義務教育	380
――の無償	356
義務教育諸学校の教科用図書の無償措置に関する法律	356, 381
義務付け訴訟	426, 435
客観説	178
キャリアシステム	450
旧共通法	127
9条関係訴訟	53, 115, 466
教育基本法	354, 357, 358
教育行政権	357
教育権の所在	355
教育権論争	353, 355, 356, 357
教育の義務	379, 380
教育を受ける権利	339, 352
教育を受ける権利保障の実現	353
教科書検定（制度）	245, 247, 249
教科書の無償給付	381

供述録取書	286
行政委員会	424, 425, 427
行政改革	433
強制加入団体	69, 71
行政機関による人権擁護	81
行政機関の裁判	441, 447
行政権概念	423
行政権の意味	423
行政権の肥大化	432
行政国家	389, 432
行政国家現象	401
強制採尿	282
行政事件訴訟法の改正	426
行政組織法	399
行政訴訟の補完機能	376
強制調停違憲訴訟	460
行政手続	291, 302
――における適正手続	293
――の適正さ	295
行政手続法	292
共同被告人の自白	309
京都市古都保存協力税条例事件	201
京都府学連事件	105, 108
共犯者・共同被告人	155
業務上の犯罪	156
許可制（公安条例）	217
居住・移転の自由	133, 176
――の実現	178
――の制限	177
緊急事態	29
緊急逮捕	299, 302
――の要件	281
近代立憲主義	6, 44, 45, 84, 407
勤労権	358
――の具体的実現	359
――の保障	358
――の保障の実現	359
勤労の義務	379, 381
勤労の権利	339

く

苦情の申出	370
具体的権利説	340, 343
国立歩道橋事件	113
国地方係争処理委員会	475, 481
国のかたち	5
国の財政事情	349

組合…471
　　──の加入者数…365
　　──の組織率…365
　　──の統制権…364
クローン技術規制法…252
群馬司法書士会事件…71, 195
群馬中央バス事件…294

け

景観法…115
経済的自由…85, 177, 318
　　──の構成…318
　　──の性格…318
　　──の制限立法…209
　　──の保障の実現…319
警察的措置…323
警察法改正無効訴訟…412
警察予備隊違憲訴訟…53, 439, 463
刑事規則制定諮問委員会…454
形式的意味の法律…396
形式的平等…119, 120
刑事裁判手続…253
　　──の保障…254
刑事収容施設及び被収容者等の処遇に関する法律…184, 249
刑事訴訟手続…280
刑事手続…279
刑事補償請求権…369, 377
刑事免責…286, 287, 362, 365
敬譲の姿勢…341, 476
係争処理制度…475
刑訴応急措置法…280
刑罰規定の不明確性…264
刑罰の委任…259
啓蒙・啓発の努力…87
契約の自由…358
月刊ペン事件…239
結婚…134
決算の検査…421
結社内部の紛争…223
結社の自由…41, 214, 223
　　──の今日的意義…222
結社の自律性…223
検閲制度…190
検閲の概念…245, 246
検閲の禁止…245, 249
厳格な合理性の基準…464

厳格な審査…124, 151, 182, 196, 209, 210
厳格な審査基準…226, 464
厳格な審査姿勢…476
現行犯逮捕…281, 299, 301, 302
　　──の手続…282
　　──の要件…281
健康保険…167
原告適格…113
言語的デュー・プロセス…281
検察官…450
　　──による上訴…310
現実の悪意（actual malice）の法理…238
現代型憲法…84
限定列挙…123
憲法解釈（論）…13
憲法改正…20
　　──の可能性…23
　　──の手続…21, 22
憲法改正権…32
憲法改正原案の発議…22
憲法改正草案要綱…8
憲法改正不能…21
憲法改正論議…8, 30
憲法価値の具体的実現…15, 18, 464
　　下位法規による──…14
　　訴訟・裁判による──…15
憲法裁判所設立…465
憲法制定権…32
憲法訴訟…27, 66, 451
　　──の展開と課題…465
　　──の役割…464
憲法尊重擁護の義務…25
憲法秩序…3, 12, 117
　　──の形成…8, 10, 18, 20, 28, 53, 91, 254
憲法調査会…11, 12
憲法発布勅語…6
憲法判断回避の手法…54
憲法保障…24
憲法問題調査委員会…8
権力分立原則…390, 423
権力分立の実体…389
言論・出版・その他の表現の自由…224, 225
　　──の限界…236
言論・出版の自由…212
言論と行動の区分論…214
言論の自由…177

こ

公安条例······················214, 216, 219, 272
公安条例判決··217
公安審査委員会·····························223, 424
皇位の継承··48
公開裁判を受ける権利···························459
公害等調整委員会··································424
効果的な弁護を受ける権利···················307
公教育制度··································353, 355
公共の施設··215
　──の使用制限···································221
公共の福祉
　············63, 64, 65, 66, 148, 211, 215, 217, 319
「公共の福祉」論·······················62, 212, 216
公共の利害に関する事実·······················238
皇居外苑使用不許可事件·······················221
合憲解釈··262
合憲限定解釈······························219, 222, 246,
　　　　　　　　　　　　274, 275, 278, 367
合憲性推定の原則··································209
合憲性の判断基準··································330
公権力行使等地方公務員·······················125
絞罪器械図式··314
皇室経済··49
皇室財産··420
皇室費用··420
麹町中学校内申書訴訟···························353
公衆等脅迫目的の犯罪行為のための資金の
　提供等の処罰に関する法律···············224
公衆浴場事件··324
絞首刑による死刑の執行·······················314
公職選挙法··262
控除説··423
公人としての行為····································48
公正取引委員会······································424
公訴··285
公訴権の濫用··285
口蹄疫対策特別措置法···············19, 337, 398
高等裁判所······································447, 456
高等裁判所長官······································449
行動類型の基準······································226
高度の専門技術性··································349
広汎かつ不明確······································296
公判手続··286
広汎で不明確な構成要件·······················213
公判前整理手続の制度···················304, 305

幸福追求権··········86, 94, 96, 99, 110, 116, 117, 177
　──の内容··116
公文書管理法··187
公平・迅速な公開裁判を受ける権利···459
公平な裁判所の裁判·······························303
神戸高専剣道実技履修拒否事件···131, 200
公務員の政治的行為·······················145, 225
公務員の労働基本権··············365, 367, 368
公務員の労働基本権関係訴訟···············466
公務就任権······································118, 125
拷問・残虐刑の禁止·······························311
拷問の禁止··312
拷問の絶対的禁止··································312
公用収用··334, 335
小売市場事件·························210, 321, 322, 323, 326
合理性の基準··122
公立高等学校に係る授業料の不徴収及び高等
　学校等就学支援金の支給に関する法律···357
合理的関連性··144
　──のテスト··226
合理的期間·····························161, 162, 163
合理的期間論··164
合理的差別······································121, 122
勾留··283, 284
勾留理由開示の裁判·······························301
勾留理由開示の制度·······························301
国際協調主義······································3, 17
国際人権··342
国際人権規約······················82, 90, 244, 358
国際的人権保護··89
国際平和維持活動（PKO）······················51
国際労働機関（ILO）·····························363
国事行為
　──以外の行為······································47
　限定された──······································47
　天皇の──····································47, 424
国政調査権······································404, 405
国政への参加····································33, 35
国籍··152
国籍条項··124, 126
国籍離脱··181
　──の自由··182
国選弁護人······································300, 306
告知と聴聞······································285, 294
　──の機会··297
告知・弁解・防御の機会
　························257, 270, 289, 290, 292, 294

国道 56 号落石訴訟……374
国費の支出……420
国民教育権説……355
国民主権原理（主義）
……3, 17, 31, 32, 35, 39, 43, 369, 387
国民主権主義……
国民審査……33
──の制度……443
国民審査投票方法違憲訴訟……443
国民投票……22
国民年金法……168
国民の信託……82
国務請求権……85, 369
国務大臣……428, 430
国連の平和維持活動（peace-keeping operations）
……52
国労広島地本事件……196, 364
護憲派……11
個人主義（individualism）……61, 66
個人情報保護制度……106
個人情報保護の権利……105
個人タクシー事件……293
個人の自己実現……207
個人の人格形成……207
個人の尊厳……61, 176
個人の尊重……61
国会……395
──の会期……413
──の議事……414
国会議員の選挙権……125
国会議員の特権……409
国会中心主義……416, 417, 420
国家教育権説……355
国歌起立斉唱職務命令違反事件……194
国家現象……388
国家公安委員会……424
国家神道……190, 197
国家賠償請求権……369, 374
国旗・国歌事件……193, 194, 196, 197
国権の最高機関……395
国庫債務負担行為……420
子どもの学習する権利……352, 353
戸別訪問……233
──の禁止……227, 263
戸別訪問禁止規定……219
コマーシャルスピーチ……234
固有権説（地方自治の性質）……469

さ

在外日本人選挙権制限規定違憲判決……35, 36, 376
罪刑法定主義……258, 261, 264, 265, 275, 310
採血……282
財源保障請求権……479
最高裁判所……445, 456
最高裁判所裁判官（判事）……448, 449
最高裁判所裁判官会議……454
最高裁判所裁判官国民審査法……443
最高裁判所事務処理規則……446
最高裁判所長官……448
最高法規……4
再婚制限規定……133
財産区……470, 471
財産権……318, 328, 333
──の意義……328
──の保障……329
財政……416
──の民主化……416, 418
財政法……416
財政民主主義……421
在宅投票制度の廃止……37
在宅投票制度廃止違憲訴訟……37
最低賃金法……358
採尿……282
サイバー犯罪……185
裁判
──と民主制……457
──の意味……372
──の公開……459
──の手続……456
──の民主化……459
──への国民の参加……457
──を受ける権利
……303, 369, 371, 372, 373, 459
裁判官による──……371, 372
裁判所による──……371
裁判員裁判……33, 304, 371, 372, 458
裁判員制度……316
裁判員の参加する刑事裁判に関する法律
（裁判員法）……19
裁判官……448
──の憲法尊重擁護義務……462
──の懲戒……444
──の独立……442
──の身分保障……443

事項索引

裁判官の報酬等に関する法律	444	指揮監督権	434
裁判官分限法	444	死刑	312
裁判規範性	52	——の時効	264
裁判権の範囲	452	——の存置・廃止	313
裁判公開の原則	458, 459	事件・争訟（cases and controversies）	451
裁判所	445	事件争訟性	115
——の権限	451	自己決定権	110, 111
——の裁量統制権限	426	自己消費目的の酒類製造事件	99
——の組織	445	自己情報コントロール権	103
裁判の迅速化に関する法律	305	自己に不利益な供述	308
歳費を受ける権利	409	自己負罪拒否特権	
裁量権の逸脱・濫用		（privilege against self-incrimination）	308
	292, 345, 348, 350, 426, 437, 465	事後法の禁止	310
裁量権の行使	350	自作農創設特別措置法	147, 332
裁量統制機能	465	自主行政権	470
差額関税の逋脱事件	271	自主財政権	470, 479
差止訴訟	426	——の行使の限界	480
札幌税関訴訟	245, 246, 248, 249	自主立法権	470
差別禁止事由	118, 122, 151	事情判決の法理	161
差別的言論	244	私事を公開されない権利	100
差別的表現	236	私生活上の安寧	183
差別の直接的救済	144	私生活上の差別問題	126
狭山事件	300	私生活の平穏維持	233
サラリーマン税金訴訟（大島訴訟）		事前運動の禁止	263
	171, 172, 173, 325, 418	自然権	369
猿払事件	225, 226, 227, 260, 264, 436	私選弁護人	306
参議院	402	事前抑制	208, 248
——の緊急集会	409, 414, 415	——の禁止	245, 246
——の存在意義	404	思想・信条の自由	191, 195
参議院議員定数不均衡訴訟	161, 164	社会における——	195
参議院非拘束名簿式比例代表制違憲訴訟	39	思想による差別	129
残虐な刑罰	312	思想の自由市場（free market of ideas）	207, 208
——の禁止	312	思想・良心の自由	189, 191, 193
サンケイ新聞意見広告事件	231	——の意義	192
三公社五現業	366	自治行政権の遂行	474
三審制の原則	456	自治事務	474, 477
参政権	125	七十七銀行事件	365
三大原理	17	市町村	470, 471
三ない原則	111	実質課税の原則	270
三位一体改革	471, 479	実質的意味の法律	396
三里塚事件	129	実質的な判例変更	226
		実質的平等	120
し		実体法	258
自衛官合祀訴訟	199, 201, 202	質問検査権	269
市営と畜場廃止違憲訴訟	334	私的独占の禁止及び公正取引の確保に関する	
支援金	337	法律	267
ジェンダー	132	自動失職制度	145, 265

事項索引

自動車運転者の事故報告義務……………308
自動車の保管場所の確保等に関する法律………267
自動速度監視装置………………157, 267
児童の権利に関する条約……………90
児童の酷使……………………359
児童福祉法……………………359
児童扶養手当法………………166
児童扶養手当法施行令………………167
地主・小作人……………………147
自白の証拠能力………………303, 308
自白法則………………………308
司法行政………………………455
司法行政権……………………455
司法行政事務…………………455
司法権
　──の意味…………………439
　──の独立…………………442, 443
　──の範囲…………………440, 441
　──の目的…………………440
司法研修所……………………455
司法国家………………………389, 426
司法参加………………………371
司法修習生……………………450
司法消極主義…………………27, 466
司法審査………………………322
司法審査基準…………………64
司法審査権……………………462
　──の行使…………………80
司法審査制……………………24, 25, 461, 465
　──の今日的課題……………466
司法制度改革…………305, 373, 440, 449, 455, 458
司法制度改革審議会……………440, 450
司法制度改革審議会意見書……………440
司法積極主義…………………16, 27, 466
　穏やかな──………………28
司法的解決の限界……………196
司法的救済……………80, 81, 88, 89, 91, 99, 113, 285, 351, 370, 375
司法的統制……184, 277, 278, 283, 284, 286, 288, 291, 292, 321, 323, 406, 411, 418, 426, 431, 435, 436
　──の限界…………………261
　──の余地…………………346
司法判断適合性………………463
司法部門………………18, 20, 28, 81, 390, 392
　──の自律権………………453
司法予算………………………456

司法立法権……………………453
市民的及び政治的権利に関する国際規約………244
氏名・肖像権…………………108
指紋押捺拒否権………………98
指紋押捺制度…………………124, 266
諮問機関への諮問……………294
社会権…………………………85, 352
　──の享有主体……………339, 340
　──の性格…………………339, 340
　──の保障の実現…………340
社会国家………………………177, 432
　──の理念…………………339
社会通念………………241, 269, 272, 296
社会的関係……………………137
社会的身分……………………140, 151
社会の安定と変化の間の均衡……………207, 208
社会福祉立法…………………124, 344
謝罪広告………………………192
謝罪広告事件…………………128, 192
遮蔽措置………………………306, 461
集会……………………………233
集会及政社法…………………212
集会・結社の自由……………177, 212, 213
　──の特徴…………………212
　──の内容…………………214
集会条例………………………212
集会の自由……………………214
　──の展開と限界…………215
自由かつ公正な選挙…………35
衆議院…………………………402
　──の解散…………………414
　──の解散権限……………434
　──の優越…………………403, 413
衆議院議員選挙………………160
衆議院議員選挙区画定審議会設置法………163
衆議院議員定数不均衡訴訟………………162
住基ネット……………………105, 155
住基ネット受信義務確認等請求事件………155
住基法…………………………180
就業規則………………………134
宗教上の人格権………………200, 201
宗教法人………………………199
住居侵入罪……………………233
住居の不可侵…………………301
自由権的側面（社会権）……………339
住所……………………………177, 178
集団行進………………………214, 233

集団示威運動（デモ）	214, 233	証人尋問権	303, 305, 306
集団訴訟	452	承認説（地方自治の性質）	469
集団的自衛権	51	少年審判手続	378
柔道整復師法	235	少年の保護事件に係る補償に関する法律	377, 378
自由の観念	190	少年補償法	153
住民基本台帳	178	消費者裁判手続特例法	452
住民自治	469	情報公開・個人情報保護審査会	187
住民訴訟	202, 205, 452	情報公開請求権	34, 185, 186, 187
住民投票	125, 478	——の実現	186
住民による直接請求制度	474	情報公開制度	34, 230, 231
住民票	180	情報三法	188
主観説（住所の認定）	178	小法廷	446
主観的要因（住所の認定）	178	条約の承認	403
取材源秘匿の権利	229	条例制定権	475, 476
取材の自由	227, 228, 229	——の限界	476
首長制	392	——の範囲	175, 476
出入国管理	123	条例の刑罰規定	259
出入国管理法	266	条例の制定改廃請求権	474
出版の事前差止め	249	昭和女子大学事件	74
受忍限度	113	職業安定法	358
酒類販売業の免許制	270	職業・営業の自由	
酒類販売業免許制違憲訴訟	324	——の意義	319
準司法的機能	425, 427	——の保障	321
準職務行為	435	職業裁判官	304
純粋な言論（pure speech）	214	職業裁判官制度	450
準正	144	職業選択の自由	176, 318, 320
純然たる訴訟事件	372	職業による差別	145
準立法的機能	425, 427	嘱託証人尋問調書	287
障害福祉年金	124	職務執行命令訴訟	427
昇格・昇進	136	食糧管理法	260
召喚	283	食糧管理法違反事件	346
情願の制度	370	食糧緊急措置令違反事件	211
商業上の（商業的）言論	234, 236	助言と承認	424
消極的規制目的	321, 323, 324, 330	女子差別撤廃条約	90
消極的審査姿勢	260	女子若年定年制	133
証言拒絶権	229	所持品検査	282, 302
証券取引法判決	328, 330, 331	女性天皇創設	48
証拠調べ	286	女性の裁判官	448
証拠の効力	302	除斥忌避制度	304
証拠の証拠能力	302	処分基準の設定	293
小選挙区制	38, 408, 473	処分理由の提示	295
小選挙区比例代表並立制	38, 162	白山比咩神社事件	204
肖像権	98, 99, 109	自律的規制	230
象徴的言論	236	自律的権能	405, 407
象徴天皇制	44, 46, 48, 68, 388, 424	知る権利	185, 186, 187, 227, 228, 229, 230, 231, 234
証人喚問権	305		
証人審問権	305	知る自由	234

白地授権	259
人格権	97, 98, 106, 108, 110, 111
人格的自律権	96, 99
審級制度	157
信教の自由	189, 190, 191, 197, 198, 201, 205
——への介入限度	199
人権	59
——の享有主体	60, 68
——の制限根拠	62, 63
——の体系	83
——の内在的・外在的制約原理	64
——の保持責任	60
——の類型	84, 85
人権享有主体性	70
人権制限の法理	62
人権相互間の調整原理	64, 65, 66
人権擁護	82
——の行政施策	91
人権擁護事務	81
人権擁護法案	82
信仰の自由	177
新固有権説	469
審査基準	293
審査基準論	66
審査請求前置主義	345
人事院	424, 427
人事院規則	259
人事訴訟法	460
真実の証明	238
人種	123
人種差別	123, 126
人種差別撤廃条約	90, 244
信条	128
——による差別	129
人身の自由	85, 95, 253, 256
人身保護請求の要件	314
親族上の身分	141
迅速な公開裁判を受ける権利	303
迅速な裁判	304
信託	387
真理への到達	207
森林法共有林事件	330, 331

す

吹田黙禱事件	443
杉本判決	245
鈴鹿市女子職員差別事件	136
ストーカー行為等の規制に関する法律	268
ストライキ権	365
砂川事件	54, 427
住友化学工業事件	137
住友金属工業事件	137
住友セメント事件	134

せ

生活状況の変化	349
生活保護受給者数	349
生活保護老齢加算廃止訴訟	346, 350
請願権	34, 369
税関検査	246, 271
請願書	370
請願手続	370
請願の制度	370
政教分離原則	197, 198, 200, 202, 203, 204, 205
性行為非公然性の原則	241
政策形成への参加	207
政策的判断	350
性差別禁止	135
性差別の意味	132
政治献金規制法	42
性質説	69
政治的言論	212
政治的行為	225, 259, 260, 427
政治的表現	225
——の自由	40, 226
政治的補償	337
政治部門	18, 20, 28, 81, 88, 390, 391
——の対応	81
政治問題の法理	463
青少年保護育成条例	273
精神的自由	85, 177, 189, 190, 320
——の制限立法	209
生存権	339, 342
——の意義	342
生存権訴訟	345, 347, 348, 351
——のインパクト	351
生存権的基本権	343
生存権保障	
——の課題	348
——の具体的実現	344
制定の法理	10
性的マイノリティ	139
政党	41, 214, 223, 391, 401, 411
——の準国家機関化	41, 42

事項索引

——の自律性……223
性同一性障害者の性別の取扱いの特例に関する法律……158
政党国家……389
政党助成法……42
正当な補償……334, 335
政党法人化法……42
制度的保障……202, 459
制度的保障説……469
政府言論……235
性別……132
税務収益事業……199
税務調査……303
政令201号事件……363
世帯間差別……138
世田谷事件……226
積極国家……177, 432
積極的規制目的……321, 323, 324, 330
積極的差別解消策……121
積極的差別是正策……120, 121
接見交通権……286, 300
接見指定……300
接見指定書……300
摂政……47
絶対主義……212
狭い立法裁量論……464
前科照会事件……100
前科を有する者……149
選挙運動……263
——の自由……226
選挙区割再配分訴訟……162
選挙権……34, 35, 369
——の行使……36
選挙権・被選挙権の停止……150, 262
選挙事務執行差止請求事件……41
選挙制度……38
選挙の効力に関する訴訟……452
選挙の差止請求……40
選挙の実施……39
選挙の自由と公正……40, 227
選挙無効訴訟……160
全国民の代表……407, 408
センシティブ情報……106
全司法仙台事件……365, 367
先進立憲主義国家……432
先端医療技術研究……252
先端科学技術研究……252

全逓東京中郵事件……365, 366
全逓名古屋中郵事件……363, 367
煽動……236
——の表現……242
煽動罪……243
全農林警職法事件……363, 365, 366, 367
専門技術的な判断……350

そ

創価学会板まんだら事件……439
争議権……364, 365
総合法律支援法……373
捜索・押収……302
——の要件……298, 301
捜索差押令状……282
捜査手続……280
争訟性・事件性……451
総則の規定……59, 60
相対的平等……119
相当な補償……335
遡及課税の禁止……311
遡及効……311
遡及処罰の禁止……303, 309
即位の礼……205
続柄記載……144
速度違反自動取締装置……283
訴訟事件……459
租税関係立法……171, 174
租税法律主義……311, 382, 417, 418, 419
措置法……397, 400
空知太神社事件……203, 204
尊厳死……112
損失補償……334, 337
尊属殺重罰規定違憲判決……29, 120
尊属に対する犯罪の刑罰加重規定……141

た

第一次国会乱闘事件……395, 410
第一の変革（地方自治）……470
大学の自治……251, 252
第90帝国議会……9
第三次家永教科書検定訴訟……353
第三者の憲法上の権利……291
第三者の所有物……289
第三者所有物没収事件……28, 290
第三の変革（地方自治）……470, 471
大衆の表現行為……213, 232

大嘗祭	205
対審の非公開	460
大選挙区制	38, 473
大喪の礼	205
大統領制	392, 394
第二次家永教科書検定訴訟	245, 353
第二の変革（地方自治）	470
逮捕	283, 284
――の要件	298
大法廷	446
逮捕手続	284
高田事件	305
タクシーサービス向上法案	326
多元的権利・自由	95
多元的自由	177, 178, 180, 318
多数決原理（主義）	191, 391
伊達火力発電所訴訟	113
玉虫色の判決	356
弾劾裁判	415, 440
弾劾裁判所	415
弾劾審理	415
団結権	361, 363
男子孫要件	137
男女間差別	138
男女雇用機会均等法	121, 135, 136, 137
男女同一価値労働同一賃金	135
男女の肉体的・生理的差異	132
団体交渉権	361, 364
団体行動権	361
団体自治	469
団体等規正令	265

ち

治安維持法	190, 213
治安警察法	212
地域委員会	450
地域司法計画	373
地域の違いによる差別問題	154
知的財産基本法	333
知的財産権	333
知的財産高等裁判所	333, 447
知的財産高等裁判所設置法	447
地方議会	472
地方議会議員選挙の投票権	125
地方議会議員の懲罰	406
地方公共団体	469
――の組合	470

――の長	472
地方交付税	480
地方財政	479
地方裁判所	447, 456
地方自治制度	468
――の変革	470
地方自治の本旨	468
地方分権一括法	471
地方分権改革	471, 472, 474
地方分権改革推進法	471
チャタレー事件	62, 240, 242, 263
中央省庁等改革基本法	433
中央労働委員会	424
中間の審査基準	464
抽象的権利説（社会権）	340, 343
抽象的審査制	26
抽象的・相対的な概念（社会権）	343
中選挙区制	38, 160
聴覚障害者	151
超憲法的保障	29
重複立候補制	408
超法規的違法阻却事由	78
跳躍上告	457
直接請求権	474
賃金	135
陳謝の意	192

つ

追徴	289
通常国会	413
通信の秘密	182, 250, 283
――の限界	183
通信傍受法	184
津地鎮祭事件	201, 203

て

TBS事件	228
抵抗権	30, 78, 79
定年・退職	133
適正手続（適法手続）	256
適用違憲	182, 232
手続的審査	297, 298
寺西判事補分限事件	444
テロ対策	224
テロリズムに対する資金供与の防止に関する国際条約	224
天皇	68

——の国事行為………………………47, 424
天皇コラージュ事件………………………235
天皇制………………………………44, 45
天皇制国家…………………………388
電話傍受……………………………283

と

東海大学病院安楽死事件………………112
東急機関工業事件…………………133
投票価値の平等………………159, 160
東京韓国人従軍慰安婦等訴訟………125
東京都銀行税条例事件…………174, 480
東京都公安条例事件………………217
東京都売春取締条例違反事件………154
東西冷戦構造の終息………………90
当事者訴訟……………………………36
同時多発テロ事件…………………90
道州制………………404, 470, 471, 472
統治機構……………………………387
統治行為論…………………………463
投票価値の平等………………165, 408
　　衆議院議員選挙の――……………161
東朋学園事件………………………135
道路交通取締法……………………221
道路交通法……………………260, 267
道路交通法上の許可制……………220
都会地転入抑制法…………………179
都教組事件…………………………367
徳島市公安条例事件……217, 219, 258, 273, 475
特殊解錠用具の所持の禁止等に関する法律…269
特定秘密保護法……………………188
特別区………………………………470, 471
特別区区長公選廃止事件…………470
特別権力関係………………………77
特別国会……………………………413
特別裁判所……………………441, 447
特別地方公共団体………………469, 471
特別な法関係………………………77
特別の犠牲………………334, 336, 337
　　生命身体に対する――……………336
独立行政委員会……………………424
特例選挙区…………………………165
都道府県……………………………470, 471
都道府県議会議員選挙……………165
届出制………………………………217
賭場開帳図利事件…………………98
飛越上告……………………………457

苫米地訴訟…………………………434
富平神社事件………………………204
とらわれの聴衆……………………102
奴隷的拘束・苦役からの自由………315
奴隷的拘束の禁止…………………316

な

内閣…………………………………423
　　――の権限………………………432
　　――の構成………………………428
　　――の助言と承認………………47, 48
　　――の組織………………………428
内閣総理大臣……………………428, 429
　　――の異議………………………220
　　――の権限………………………433
　　――の専権事項…………………434
　　――の問責決議…………………414
内閣法制局……………………19, 428
内在的制約（人権の制約根拠）……65, 211
内在的制約説（人権の制約根拠）……212
内心の自由…………………………191
内容中立の規制の法理……………218
長沼ナイキ基地訴訟………………53, 116
長良川事件…………………………101
名古屋放送事件……………………134
奈良県ため池条例事件……………333
奈良県文化観光税条例……………131
奈良県文化観光税条例事件………201
成田新法訴訟……63, 179, 213, 216, 256, 291, 295
難民の庇護請求権…………………181

に

新潟県公安条例事件…………217, 221
二院制………………………402, 412, 472
2項道路……………………………334
西伊豆町指定ごみ袋事件…………419
西陣ネクタイ訴訟………………330, 331
二重煙突事件………………………405
25条1項・2項峻別論………………343
二重の危険（double jeopardy）……310
二重の基準（double standard）
　　…………………209, 210, 321, 322
二段の基準……322, 323, 324, 325, 330, 331
日曜参観授業………………………131
日産自動車事件………75, 132, 133, 134, 138
日商岩井事件………………………405
日中旅行社事件……………………129

二分論（積極・消極規制目的の）……………330
日本鋼管賞金減額事件……………………153
日本国憲法改正国民投票法案………………22
日本国憲法の改正手続に関する法律………22
日本国憲法の軌跡……………………………11
日本国憲法の制定……………………………9
日本国籍取得………………………………143
日本国民……………………………………68
日本司法支援センター……………………373
日本テレビ事件……………………………228
任命諮問委員会……………………………449

ぬ

抜穂の儀違憲訴訟…………………………205

ね

ネット社会…………………………………233
ネット販売…………………………………327
年少者………………………………………152
年長者………………………………………153
年齢…………………………………………152
　──による差別的取扱い………………152

の

納税拒否権…………………………………383
納税者基本権…………………………383, 384
納税の義務……………………………379, 382
納税の義務関係訴訟………………………382
農地改革……………………………………332
農地交換分合計画事件……………………332
野村證券事件………………………………137

は

売春取締条例………………………………275
廃藩置県……………………………………470
破壊活動防止法………………223, 243, 265
博多駅テレビ・フィルム提出命令事件…228
「漠然性」の法理（vagueness doctrine）…219
漠然性の法理………………………………262
漠然・不明確…………………………262, 263
漠然・不明確性
　　規定内容の──……………………262
爆発物取締罰則……………………………269
8月革命説…………………………………10
パチンコ球遊器事件………………………419
バッグ所持品検査事件……………………302
パブリシティ権………………98, 106, 107, 108

パブリック・コメント………………………34
パブリック・フォーラム（public forum）…215
　準──………………………………………215
　伝統的な──………………………………215
判事……………………………………448, 449
判事補…………………………………448, 449
阪神・淡路大震災復興の基本方針及び組織に
　関する法律………………………………399
ハンセン病訴訟…………………99, 177, 179
反対尋問権…………………………………305
判断過程審査…………………………297, 298
判例変更……………………………………226
反論権………………………………………231
反論文掲載請求権…………………………231
反論文掲載の請求…………………………42

ひ

BPO…………………………………………230
PKO協力法…………………………………52
比較衡量……………………………………240
比較衡量法………………66, 216, 226, 292, 330
比較衡量論…………………………………66
東日本大震災…………………………30, 351
東日本大震災後の復興……………………333
東日本大震災復興基本法…………………333
被疑者が享有する権利……………………253
被疑者の権利………………………………298
被疑者の逮捕………………………………302
非現業職員…………………………………368
被後見人の選挙権……………………………37
被告人が享有する権利……………………253
非訟事件………………………………372, 459
非訟事件手続法……………………………455
非常事態……………………………………29
非正規社員…………………………………365
被選挙権…………………………………34, 35
非嫡出子………………………………142, 143
　──の法定相続分………………………142
ヒッグス・アラン事件……………………125
必要最小限度の実力………………………50
必要的弁護事件……………………………279
必要的法律事項……………14, 67, 396, 400
ビデオリンク方式……………………306, 461
1人別枠方式…………………………163, 408
秘密会………………………………………414
非民主主義的存在…………………………392
百日裁判……………………………………157

百里基地訴訟……………………54, 75, 76
表現の自由
　　——…………189, 197, 206, 212, 228, 233, 234, 333
　　——の限界……………………………237
　　——の制限立法………………………210
　　——の範囲……………………………236
　　——の優越的地位………209, 210, 218, 239, 246
　　広い内容の——………………………224
平等権………………………………95, 119
平等原則……………94, 95, 118, 119, 121, 138, 256
　　——の実現……………………89, 122, 198
　　——の趣旨……………………………126
　　——の制度化…………………………176
平等原則違反…………123, 126, 127, 146, 147, 148, 149
平賀書簡事件…………………………443
ビラ配布………………………………232, 233
ビラ貼り………………………………232
比例選挙………………………………43
比例代表制……………………………38, 408, 473
広い立法裁量論…………170, 343, 345, 346, 347, 348, 350, 351, 418, 464
　　——の克服……………………………348
　　——の要因……………………………349
広島市暴走族追放条例事件………222, 274, 476
ピンク・レディー事件………98, 101, 108, 109

ふ

風営法…………………………………326, 327
夫婦間の差別……………………………133
夫婦受給制限規定………………………347
不確実な憲法秩序………………………192
不干渉の司法政策………………………351
福岡県青少年保護育成条例事件………154, 275, 476
福祉関係立法……………………………166
福祉国家…………………………………432
　　——の理念……………………………352
副大臣・大臣政務官……………………428
不合理な差別……………………………138, 144
扶助料・軍人恩給………………………142
付随的審査制……………………………25, 462
不正アクセス行為の禁止等に関する法律…185
父性の推定………………………………133
不逮捕特権………………………………409
二又の基準………………………………323
二岐の基準………………………………323
普通教育を受けさせる義務……………380
普通地方公共団体………………………469, 471

物価統制令違反被告事件………………445
普天間基地騒音公害訴訟………………55
不当景品類及び不当表示防止法………235
不明確………………………263, 269, 271
不明確性
　　——の主張……………………………269
　　刑罰規定の——………………………276
　　条例の規定の——……………………272
プライバシー……………………………183
　　——の権利………100, 101, 106, 109, 110
プライバシー侵害………………185, 234, 249
　　——の表現……………………………240
不利益供述強要の禁止…………………303, 307
不利益遡及効……………………………418
プログラム規定説………………………340, 343
プロバイダ責任制限法…………………185
文書図画の頒布・掲示禁止規定………227
文民………………………………………430
文民要件…………………………………430

へ

ベアテ・シロタ・ゴードン………………176
併給禁止規定……………………………166, 347
米軍楚辺通信所（象のオリ）用地等暫定使用
　　違憲訴訟……………………………397
ヘイトスピーチ（憎悪言論）……………244
ヘイトスピーチ事件……………………244
ヘイビアス・コーパス（habeas corpus）…301
平和主義………………3, 17, 44, 45, 49
　　——の実現……………………………50
平和的生存権……………………53, 115, 116
別件逮捕…………………………284, 299
別件逮捕事件……………………………377
弁解・防御の機会………………………289
弁護士……………………………………450
弁護人依頼権………………300, 303, 306
　　——の行使……………………………307

ほ

保安条例…………………………………212
包括委任…………………………………259
包括的指揮監督関係……………………471
包括的人権……………84, 86, 99, 116, 253
　　——の概念……………………………93
法人………………………………………69
　　——の多様化…………………………71
法制審議会………………………………454

法曹一元制······449
放送倫理・番組向上機構······230
法定外文書頒布禁止······263
法定外目的税······481
法定受託事務······474
法定受託事務代執行訴訟······427
法定手続の原則······95, 98, 184, 256, 257, 258, 262, 267, 268, 271, 277, 278, 279, 282, 287, 290, 291, 292, 293, 295, 296, 298
法定手続の保障······253
法廷でメモを取る権利······231
法廷等の秩序維持に関する法律······377
法テラス······373
報道の自由······227, 228
法の下の平等······118
亡命権······181
法律上の争訟······451
法律上の利益······113
法律の意味······396
法律の定める権限······452
法律の範囲内······477, 481
法律扶助······373
法律優位説······412
補完性の原理······469
補強証拠の法則······309
ポケット所持品検査事件······302
ポジティヴ・アクション······121
補助機関······428
牧会活動······198
北海道旧土人保護法······127
没収······289
ポツダム宣言······7, 10, 265
北方ジャーナル事件······32, 76, 239, 240, 245
ポポロ事件······250, 252
堀木訴訟······343, 345, 346, 347, 348, 349, 351
堀越事件······226

ま

牧野訴訟······169, 347
マクリーン事件······68
マタハラ（マタニティ・ハラスメント）訴訟······137
マッカーサーの三原則······8

み

未決拘禁者の新聞閲読の自由制限事件······207
未成年者飲酒禁止法······152
未成年者喫煙禁止法······152

三井美唄労組事件······364
三菱樹脂事件······72, 73, 111, 128, 130
南九州税理士会事件······71, 195
峯山事件······305
箕面忠魂碑・慰霊祭訴訟······202, 203
見舞金······337
民間の組織・団体による人権保護······83
民事規則制定諮問委員会······454
民事免責······362, 365
民衆訴訟······452
民主主義の基本原理······191
民主主義の理念······387, 390, 391, 392
民主制······208, 213
　　──の維持······207

む

無過失責任······374
無国籍······182
無名の人権······94

め

明確性······272
　　──の法理······219, 297
　　処分の根拠法規の──······296
明治憲法下での体験······190
明治憲法体制······7
明白かつ現在の危険（clear and present danger）の基準······218, 221, 243
メイプルソープ事件······247
名誉毀損······234, 240, 249
　　──の表現······32, 236, 237, 239
名誉毀損罪······238, 239
命令的委任······407
免責特権······410

も

黙示の判例変更······226
目的効果基準······202, 204
黙秘権の保障······308
門地······140, 151

や

薬害C型肝炎被害救済法······398
薬事法違憲訴訟······29, 320, 321, 322, 323
薬局開設距離制限事件······210
八幡製鉄政治献金事件······41, 70
ヤミ米販売事件······462

ゆ

有害図書規制……………………………………242
夕刊和歌山時事事件…………………………238
優遇措置………………………………………199
郵便法違憲訴訟………………………………375
輸血拒否権………………………………………98
ユニオンショップ協定………………………363
緩やかな合理性の基準………………………330
緩やかな審査基準……………………322, 331, 464

よ

抑留・拘禁の要件………………………298, 300
横田基地騒音公害訴訟…………………55, 453
予算……………………………………………420
　　――の議決………………………………403
予算制度………………………………………420
「四畳半襖の下張」事件……………………241, 242
よど号ハイジャック記事黒塗り事件……78, 250
予備的調査制度………………………………405
予備費…………………………………………420
予防接種ワクチン禍集団訴訟………………336

り

立憲主義…………………………………………5
立法期…………………………………………413
立法機関………………………………………395
立法権の意義…………………………………396
立法権の限界…………………………………400
立法国家………………………………………388
立法裁量……………………161, 261, 278, 292, 294, 330
　　――の問題………………………………143
立法裁量論………………67, 124, 125, 319, 321, 322, 341, 356, 357, 375
　　――の不適用……………………………464
立法事実論………………………………………91
立法政策…………………………………295, 340
　　――の問題………………………………315
立法府の裁量判断……………………………124
理由付記…………………………………295, 296

両

両院協議会……………………………………403
旅券発給拒否事件……………………………181
臨時国会………………………………………413

る

類似の犯罪……………………………………156

れ

例示的列挙……………………………………123
令状主義………………………281, 282, 298, 300, 301
　　――の原則………………………………303
レペタ法廷メモ訴訟……………………207, 231
レモン・テスト………………………………202

ろ

労働委員会………………………………362, 364
労働関係調整法………………………………361
労働基準法………………………358, 359, 360
労働基本権………………………………339, 361
　　――の制限………………………………365
　　――の保障……………………………362, 365
労働協約…………………………………362, 364
労働組合法………………………………361, 362
労働契約………………………………………359
労働契約法………………………358, 359, 360
労働権…………………………………………358
労働三権……………………………361, 362, 363
労働者…………………………………………362
労働者災害補償保険法………………………170
労働審判手続…………………………………373
老齢福祉年金…………………………………169
路上生活者（ホームレス）…………………180
ロッキード事件（丸紅ルート）……………434

わ

わいせつ概念……………………………241, 263
　　――の相対性の理論……………………241
わいせつの表現…………………………236, 240
ワクチン予防接種事件………………………336
渡里村基本選挙人名簿訴訟…………………177

判例索引

【最高裁判所】

最大判昭和23・3・12 刑集 2-3-191 …… 313
最大判昭和23・3・24 集刑 1-535 …… 61
最大判昭和23・5・5 刑集 2-5-447 …… 304
最大判昭和23・5・26 刑集 2-5-511 …… 304
最大判昭和23・5・26 刑集 2-5-517 …… 158
最大判昭和23・5・26 刑集 2-6-529 …… 47
最大判昭和23・6・23 刑集 2-7-734 …… 306
最大判昭和23・6・30 刑集 2-7-777 …… 312
最大判昭和23・7・8 刑集 2-8-801 …… 157, 462, 463
最大判昭和23・7・19 刑集 2-8-922 …… 445
最大判昭和23・7・19 刑集 2-8-952 …… 306
最大判昭和23・7・29 刑集 2-9-1045 …… 306
最三小判昭和23・9・7 集刑 4-5 …… 314
最小判昭和23・9・25 集刑 4-163 …… 312
最大判昭和23・9・29 刑集 2-10-1235 …… 346
最大判昭和23・10・6 刑集 2-11-1275 …… 120, 156
最大決昭和23・11・8 刑集 2-12-1498 …… 459
最大判昭和23・11・17 刑集 2-12-1565 …… 280, 443
最大判昭和24・2・9 刑集 3-2-151 …… 284
最大判昭和24・3・23 刑集 3-3-352 …… 371
最大判昭和24・3・23 刑集 3-3-369 …… 157
最三小判昭和24・3・29 集刑 8-405 …… 312
最小判昭和24・4・16 刑集 3-5-557 …… 157, 280
最大判昭和24・5・18 民集 3-6-199 …… 311
最大判昭和24・5・18 刑集 3-6-772 …… 364
最大判昭和24・5・18 刑集 3-6-839 …… 211, 243
最一小判昭和24・6・16 刑集 3-7-1077 …… 140, 151
最一小判昭和24・7・2 刑集 12-23 …… 158
最一小判昭和24・7・14 集刑 12-563 …… 158
最一小判昭和24・8・18 刑集 3-9-1478 …… 314
最三小決昭和24・9・7 集刑 3-10-1573 …… 286
最大判昭和24・10・5 刑集 3-10-1646 …… 158
最三小判昭和24・10・18 集刑 14-245 …… 158
最大判昭和24・11・30 刑集 3-11-1857 …… 307
最三小判昭和25・1・24 刑集 4-1-54 …… 150
最大判昭和25・2・1 刑集 4-2-73 …… 462
最大判昭和25・2・1 刑集 4-2-100 …… 279
最大判昭和25・3・15 刑集 4-3-366 …… 158
最大決昭和25・4・21 刑集 4-4-666 …… 288
最大判昭和25・4・26 刑集 4-4-716 …… 157

最一小判昭和25・5・4 刑集 4-5-756 …… 288
最大判昭和25・6・7 刑集 4-6-956 …… 122, 158
最大判昭和25・7・19 刑集 4-8-1429 …… 157
最大判昭和25・9・27 刑集 4-9-1799 …… 227
最大判昭和25・9・27 刑集 4-9-1805 …… 310
最大判昭和25・10・11 刑集 4-10-2037 …… 119, 142
最大判昭和25・10・25 刑集 4-10-2126 …… 142
最大判昭和25・11・8 刑集 4-11-2215 …… 310
最大判昭和25・11・15 刑集 4-11-2257 …… 365
最大判昭和25・11・22 刑集 4-11-2380 …… 99
最一小判昭和26・2・1 集刑 40-1 …… 147
最大判昭和26・5・16 刑集 5-6-1157 …… 288
最二小判昭和26・5・18 刑集 5-6-1175 …… 146
最一小決昭和26・7・12 刑集 49-901 …… 311
最大判昭和26・8・1 刑集 5-9-1684 …… 312
最大判昭和26・8・1 刑集 5-9-1709 …… 140
最二小判昭和26・9・14 刑集 5-10-1933 …… 156
最二小判昭和26・9・21 刑集 5-10-1941 …… 280
最二小判昭和26・11・16 刑集 5-12-2405 …… 157
最二小判昭和26・11・16 ジュリスト 3-39 …… 146
最大判昭和26・12・5 刑集 5-13-2463 …… 260
最大判昭和27・2・20 民集 6-2-122 …… 34, 443
最二小判昭和27・2・29 民集 6-2-321 …… 157
最三小判昭和27・3・18 集刑 62-527 …… 150
最大判昭和27・8・6 刑集 6-8-974 …… 229
最三小判昭和27・8・23 集刑 67-196 …… 146
最二小判昭和27・8・29 刑集 6-8-1053 …… 243
最大判昭和27・10・8 民集 6-9-783
　…… 26, 53, 439, 462, 463
最一小判昭和27・12・25 刑集 6-12-1401 …… 284
最大判昭和28・3・18 刑集 7-3-577 …… 324
最大判昭和28・4・1 行集 4-4-923 …… 463
最大判昭和28・4・8 刑集 7-4-775 …… 363, 367
最大判昭和28・4・15 民集 7-4-305 …… 463
最大判昭和28・6・24 刑集 7-6-1366 …… 138
最二小判昭和28・10・2 刑集 7-10-1883 …… 146
最三小判昭和28・11・10 刑集 7-11-2067 …… 156
最大判昭和28・11・25 刑集 7-11-2288 …… 172
最大判昭和28・12・23 民集 7-13-1523 …… 332, 335
最大判昭和28・12・23 民集 7-13-1561 …… 221
最大判昭和29・1・20 刑集 8-1-52 …… 142

最一小判昭和 29・3・11 刑集 8-3-270	150
最一小決昭和 29・3・25 集刑 93-805	47
最一小判昭和 29・4・22 刑集 8-4-526	47
最一小決昭和 29・6・17 刑集 8-6-881	264
最三小判昭和 29・9・21 刑集 8-9-1508	156
最大判昭和 29・10・20 民集 8-10-1907	37, 177
最大判昭和 29・11・24 刑集 8-11-1866	217, 222
最三小判昭和 30・1・11 刑集 9-1-8	279
最大判昭和 30・1・26 刑集 9-1-89	324
最大判昭和 30・2・9 刑集 9-2-217	36, 150
最一小決昭和 30・2・17 刑集 9-2-321	286
最大判昭和 30・3・23 民集 9-3-336	382, 419
最大判昭和 30・4・6 刑集 9-4-819	227
最大判昭和 30・4・27 民集 9-5-582	277
最二小判昭和 30・5・13 刑集 9-6-1023	150
最大判昭和 30・6・8 民集 9-7-888	74
最大判昭和 30・7・20 民集 9-9-1122	144
最一小判昭和 30・8・18 刑集 9-9-2031	140, 156
最二小決昭和 30・10・5 集刑 109-171	263
最三小判昭和 30・11・22 民集 9-12-1793	130
最大判昭和 30・11・30 刑集 9-12-2545	243
最二小判昭和 30・12・9 刑集 9-13-2633	238
最大判昭和 30・12・14 刑集 9-13-2756	123
最大判昭和 30・12・14 刑集 9-13-2760	299
最一小判昭和 31・5・24 刑集 10-5-734	142
最大判昭和 31・5・30 刑集 10-5-756	447
最大判昭和 31・7・4 民集 10-7-785	128, 192
最大判昭和 31・7・18 刑集 10-7-1147	288
最大決昭和 31・12・24 刑集 10-12-1692	378
最三小決昭和 31・12・25 刑集 10-12-1711	315
最三小判昭和 32・2・12 集刑 117-861	146
最大判昭和 32・2・20 刑集 11-2-802	308
最大判昭和 32・3・13 刑集 11-3-997	63, 241, 263
最三小判昭和 32・3・26 刑集 11-3-1108	156
最一小判昭和 32・3・28 刑集 11-3-1306	280
最一小判昭和 32・4・25 刑集 11-4-1485	150
最二小判昭和 32・6・8 刑集 11-6-1638	139
最三小判昭和 32・6・25 刑集 11-6-1732	324
最大決昭和 32・7・17 刑集 11-7-1842	307
最大判昭和 32・11・27 刑集 11-12-3113	156
最一小判昭和 33・1・23 刑集 12-1-34	310
最大決昭和 33・2・17 刑集 12-2-253	228, 459
最大判昭和 33・3・5 刑集 12-3-384	156
最大判昭和 33・3・12 刑集 12-3-501	120, 122, 145
最二小判昭和 33・3・28 刑集 12-4-624	419
最大判昭和 33・4・16 刑集 12-6-942	145
最二小判昭和 33・4・25 刑集 12-6-912	311

最一小判昭和 33・5・1 刑集 12-7-1272	260
最三小判昭和 33・5・6 刑集 12-7-1351	316
最大判昭和 33・5・28 刑集 12-8-1718	309
最二小判昭和 33・5・30 刑集 12-8-1914	146
最一小判昭和 33・6・19 刑集 12-10-2243	150
最三小判昭和 33・7・16 刑集 12-12-2591	156
最三小判昭和 33・9・10 民集 12-13-1969	182
最三小判昭和 33・10・15 刑集 12-14-3305	155
最二小判昭和 33・10・24 刑集 12-14-3385	156
最一小判昭和 33・12・24 刑集 12-16-3352	417
最一小判昭和 34・4・23 刑集 13-4-450	276
最一小判昭和 34・5・7 刑集 13-5-641	238
最二小判昭和 34・5・8 刑集 13-5-657	290
最大決昭和 34・7・8 民集 13-7-955	159
最二小判昭和 34・7・24 刑集 13-8-1212	123
最一小判昭和 34・7・30 刑集 13-8-1215	289
最三小決昭和 34・9・22 刑集 13-11-2985	146
最大判昭和 34・12・9 刑集 13-12-3186	146
最大判昭和 34・12・16 刑集 13-13-3225	54, 462, 463
最大判昭和 35・1・27 刑集 14-1-33	324
最二小判昭和 35・2・10 民集 14-2-137	148
最一小判昭和 35・2・11 刑集 14-2-119	148, 324
最一小判昭和 35・3・3 刑集 14-3-253	220
最一小判昭和 35・3・9 民集 14-3-355	406
最三小判昭和 35・4・5 刑集 14-5-521	150, 157
最大判昭和 35・6・8 民集 14-7-1206	47, 393, 434, 463
最二小判昭和 35・6・17 民集 14-8-1420	427
最大決昭和 35・7・6 民集 14-9-1657	460
最二小決昭和 35・7・11 裁時 309-5	147
最二小判昭和 35・7・20 刑集 14-9-1243	217
最一小判昭和 35・10・19 民集 14-12-2633	406
最一小判昭和 35・10・19 民集 14-12-1574	289
最二小判昭和 35・12・2 刑集 14-13-1786	263
最一小判昭和 35・12・7 民集 14-13-2964	373
最一小判昭和 35・12・8 刑集 14-13-1818	279
最一小判昭和 35・12・21 刑集 14-14-3157	332
最一小判昭和 35・12・22 刑集 14-14-2183	289
最大判昭和 36・2・15 刑集 15-2-347	64, 235
最一小判昭和 36・4・5 民集 15-4-657	127
最一小判昭和 36・6・28 刑集 15-6-1015	157
最大判昭和 36・7・19 刑集 15-7-1106	314
最三小判昭和 36・7・25 刑集 15-7-1216	145
最三小判昭和 36・11・21 刑集 15-10-1742	150
最大判昭和 36・12・20 刑集 15-11-2017	265
最二小判昭和 37・1・19 民集 16-1-57	324

判例索引

最二小判昭和 37・1・19 刑集 16-1-1 ………………… *156*
最大判昭和 37・2・28 刑集 16-2-212 ……………… *173*
最大判昭和 37・3・7 民集 16-3-445 ………………… *406*
最大判昭和 37・3・14 民集 16-3-530 ………………… *40*
最大判昭和 37・3・14 民集 16-3-537 ……… *40, 262*
最大判昭和 37・4・4 刑集 16-4-345 ………………… *261*
最大判昭和 37・5・2 刑集 16-5-495 ………………… *308*
最大判昭和 37・5・30 刑集 16-5-577
………………………………………… *259, 275, 477*
最大決昭和 37・10・30 刑集 16-10-1467 ………… *157*
最二小判昭和 37・11・16 刑集 16-11-1562 ……… *158*
最大判昭和 37・11・28 刑集 16-11-1577 ………… *289*
最大判昭和 37・11・28 刑集 16-11-1593 …… *28, 257*
最二小判昭和 37・12・5 刑集 16-12-1661 ………… *127*
最三小判昭和 37・12・18 刑集 16-12-1713 ……… *139*
最大判昭和 38・3・27 刑集 17-2-121 ……… *470, 479*
最二小判昭和 38・4・5 訟月 9-6-728 ……………… *127*
最大判昭和 38・5・15 刑集 17-4-302 ……………… *198*
最大判昭和 38・5・22 刑集 17-4-370 ……………… *251*
最二小判昭和 38・5・31 民集 17-4-617 …………… *296*
最大判昭和 38・6・19 判時 341-41 ………………… *289*
最大判昭和 38・6・26 刑集 17-5-521 ……… *333, 477*
最一小判昭和 38・9・5 裁時 385-2 ………………… *444*
最一小判昭和 38・10・17 刑集 17-10-1795 ……… *289*
最三小決昭和 38・10・22 刑集 17-9-1755 ………… *263*
最大判昭和 38・12・4 刑集 17-12-2415 …………… *289*
最一小判昭和 38・12・4 刑集 17-12-2434 ………… *324*
最二小判昭和 38・12・6 集刑 149-209 …………… *141*
最二小判昭和 38・12・25 判時 359-12 ……………… *54*
最三小判昭和 39・2・4 判タ 160-77 ……… *150, 157*
最大判昭和 39・2・5 民集 18-2-270 ………………… *161*
最大判昭和 39・2・26 民集 18-2-343 ……… *356, 381*
最一小判昭和 39・5・7 刑集 18-4-144 …………… *268*
最大判昭和 39・5・27 民集 18-4-676
………………………………………… *120, 140, 154*
最三小判昭和 39・6・30 税資 42-486 ……………… *270*
最大判昭和 39・7・1 刑集 18-6-290 ………………… *289*
最大判昭和 39・7・1 刑集 18-6-323 ………………… *289*
最大判昭和 39・7・1 判時 377-11 ………………… *156*
最一小判昭和 39・9・17 税資 43-332 ……………… *270*
最二小判昭和 39・10・30 刑集 18-8-517 ………… *289*
最大判昭和 39・11・18 刑集 18-9-579
………………………………………… *120, 122, 123*
最大判昭和 39・11・25 刑集 18-9-669 …… *158, 280*
最大判昭和 40・4・28 刑集 19-3-203 ……………… *290*
最二小判昭和 41・1・28 判タ 187-150 …………… *279*
最一小判昭和 41・3・3 刑集 20-3-57 ……………… *273*

最一小判昭和 41・4・21 刑集 20-4-275 …………… *263*
最大判昭和 41・5・18 判時 445-15 ………………… *289*
最一小判昭和 41・6・16 刑集 20-5-471 …………… *324*
最一小判昭和 41・6・23 刑集 20-5-1118 ………… *238*
最大判昭和 41・7・13 刑集 20-6-609 ……………… *288*
最大判昭和 41・7・20 民集 20-6-1217 …………… *148*
最一小判昭和 41・7・21 刑集 20-6-696 …………… *284*
最大判昭和 41・10・26 刑集 20-8-901
…………………………………………… *65, 365, 367*
最大判昭和 41・11・30 刑集 20-9-1076 …………… *157*
最大決昭和 41・12・27 民集 20-10-2279 ………… *258*
最大判昭和 42・5・24 民集 21-5-1043 …………… *346*
最大判昭和 42・5・24 刑集 21-4-505 ……………… *411*
最一小判昭和 42・5・25 民集 21-4-937 ……………… *74*
最大判昭和 42・7・5 刑集 21-6-748 ……………… *288*
最三小決昭和 43・4・23 集刑 166-765 …………… *141*
最大判昭和 43・5・2 刑集 22-5-393 ……………… *309*
最大決昭和 43・6・12 刑集 22-6-462 ……………… *290*
最二小判昭和 43・6・14 刑集 22-6-477 …………… *141*
最大判昭和 43・11・27 刑集 22-12-1402 …… *334, 335*
最大判昭和 43・12・4 刑集 22-13-1425 …… *36, 364*
最大判昭和 43・12・18 刑集 22-13-1549 …… *64, 232*
最大判昭和 44・4・2 刑集 23-5-305 ……………… *367*
最大判昭和 44・4・2 刑集 23-5-685 ……… *365, 367*
最大判昭和 44・4・23 刑集 23-4-235 …………… *227*
最大判昭和 44・6・25 刑集 23-7-975 …………… *238*
最二小判昭和 44・7・4 民集 23-8-1321 ………… *338*
最大判昭和 44・10・15 刑集 23-10-1239 …… *211, 241*
最大判昭和 44・11・21 集刑 174-53 ……………… *156*
最大判昭和 44・11・26 刑集 23-11-1490 ………… *228*
最大判昭和 44・12・24 刑集 23-12-2595 ………… *142*
最大判昭和 44・12・24 刑集 23-12-1625
…………………………………………… *99, 105, 109, 273*
最二小判昭和 45・4・24 刑集 24-4-153 …………… *269*
最大判昭和 45・6・10 民集 24-6-499 ……………… *159*
最大判昭和 45・6・17 民集 24-6-280 ……………… *232*
最大判昭和 45・6・24 民集 24-6-625 ………… *41, 70*
最一小決昭和 45・7・2 民集 24-7-412 …………… *266*
最大判昭和 45・8・20 民集 24-9-1268 …………… *374*
最大判昭和 45・9・16 民集 24-10-1410 …… *78, 99*
最大判昭和 45・10・21 民集 24-11-1480 ………… *280*
最大決昭和 45・12・16 民集 24-13-2099 ………… *159*
最三小判昭和 46・2・23 集刑 179-97 ……………… *310*
最一小判昭和 46・10・28 民集 25-7-1037 ………… *293*
最二小決昭和 47・2・16 集刑 183-147 …………… *141*
最二小判昭和 47・5・19 民集 26-4-698 …………… *324*
最大判昭和 47・11・22 刑集 26-9-554 …… *303, 308*

最大判昭和 47・11・22 刑集 26-9-586
　　　　　　　　　　　　　　　210, 320, 322, 331
最一小判昭和 47・11・30 民集 26-9-1746………*427*
最大判昭和 47・12・20 刑集 26-10-631………*305*
最大判昭和 48・4・4 刑集 27-3-265
　　　　　　　　　　　　　　　29, 88, 120, 141
最大判昭和 48・4・25 刑集 27-4-547…*363, 365, 366*
最三小決昭和 48・7・10 刑集 27-7-1205………*270*
最大判昭和 48・9・12 刑集 27-8-1379……*158, 280*
最大判昭和 48・12・12 民集 27-11-1536
　　　　　　　　　　　　　　　　73, 111, 129
最三小判昭和 49・7・19 民集 28-5-790………*75*
最一小判昭和 49・9・26 民集 28-6-329………*142*
最大判昭和 49・11・6 刑集 28-9-393
　　　　　　　　　　　208, 225, 260, 265, 436
最三小決昭和 49・12・3 判時 766-122………*282*
最二小判昭和 49・12・20 判時 767-107………*262*
最三小判昭和 50・1・21 刑集 29-1-1………*308*
最二小判昭和 50・4・25 刑集 29-4-456………*364*
最大判昭和 50・4・30 民集 29-4-572……*29, 210, 320*
最一小判昭和 50・5・29 民集 29-5-662………*294*
最大判昭和 50・9・10 刑集 29-8-489
　　　　　　　　　　　　217, 258, 272, 476
最一小判昭和 50・11・20 判時 797-153………*142*
最三小判昭和 50・11・28 民集 29-10-1634
　　　　　　　　　　　　　　　　196, 364
最一小判昭和 50・11・28 民集 29-10-1698………*196*
最一小判昭和 50・11・28 判時 797-156………*142*
最一小判昭和 51・1・26 訟月 22-2-578………*181*
最一小判昭和 51・2・6 刑集 30-1-1………*142*
最一小判昭和 51・2・19 刑集 30-1-25………*309*
最大判昭和 51・4・14 民集 30-3-223……*160, 408*
最大判昭和 51・5・21 刑集 30-5-615………*352*
最大判昭和 51・5・21 刑集 30-5-1178………*367*
最一小判昭和 51・10・28 刑集 30-9-1859………*309*
最三小決昭和 52・3・25 税資 98-31………*270*
最一小決昭和 52・4・4 刑集 31-3-163………*290*
最大判昭和 52・5・4 刑集 31-3-182……*363, 367*
最一小判昭和 52・7・13 民集 31-4-533………*202*
最一小決昭和 52・8・9 刑集 31-5-821……*284, 300*
最一小判昭和 52・12・20 民集 31-7-1101………*297*
最一小決昭和 53・5・31 刑集 32-3-457………*229*
最一小判昭和 53・6・20 刑集 32-4-670………*302*
最三小判昭和 53・7・12 民集 32-5-946……*148, 332*
最一小判昭和 53・9・7 民集 32-6-1672………*302*
最大判昭和 53・10・4 民集 32-7-1223………*69*
最一小判昭和 53・10・26 訟月 25-2-524………*173*

最二小決昭和 54・2・16 金判 577-42………*158*
最一小判昭和 54・6・21 家月 31-11-84………*144*
最三小判昭和 54・12・25 民集 33-7-753………*247*
最三小判昭和 55・2・7 刑集 34-2-15………*305*
最三小決昭和 55・3・6 判タ 408-56………*230*
最三小判昭和 55・3・27 家月 32-8-66………*159*
最一小判昭和 55・10・23 刑集 34-5-300………*282*
最二小判昭和 55・11・28 刑集 34-6-433……*242, 263*
最二小判昭和 55・11・28 判タ 426-67………*263*
最二小判昭和 56・1・19 税資 116-1………*173*
最三小判昭和 56・3・24 民集 35-2-300……*75, 132*
最三小判昭和 56・3・26 金法 961-31………*159*
最三小判昭和 56・4・7 民集 35-3-443………*439*
最三小判昭和 56・4・14 民集 35-3-620………*101, 103*
最三小判昭和 56・4・16 刑集 35-3-84………*239*
最三小判昭和 56・4・30 刑集 35-3-135………*271*
最三小判昭和 56・6・15 刑集 35-4-205………*227*
最三小判昭和 56・7・21 刑集 35-5-568………*227*
最三小判昭和 56・10・22 刑集 35-7-696………*260*
最三小判昭和 56・11・17 判タ 459-55………*268*
最一小判昭和 57・4・8 民集 36-4-594………*248*
最一小判昭和 57・4・22 税資 123-154………*173*
最大判昭和 57・7・7 民集 36-7-1235………*167, 343*
最一小判昭和 57・9・9 民集 36-9-1679……*53, 116*
最三小判昭和 57・9・28 刑集 36-8-787………*268*
最三小判昭和 57・11・16 刑集 36-11-908………*220*
最二小判昭和 57・12・17 訟月 29-6-1074………*169*
最二小判昭和 57・12・17 訟月 29-6-1121………*169*
最大判昭和 58・4・27 民集 37-3-345……*164, 408*
最二小判昭和 58・6・22 民集 37-5-793……*78, 207, 250*
最一小判昭和 58・7・14 訟月 30-1-151………*270*
最大判昭和 58・10・27 刑集 37-8-1294………*263*
最大判昭和 58・10・27 判時 1097-136………*263*
最大判昭和 58・11・7 民集 37-9-1243………*162*
最二小判昭和 58・11・25 訟月 30-5-826………*127*
最二小判昭和 59・1・20 刑集 38-1-1………*263*
最一小決昭和 59・1・30 判時 1105-51………*133*
最三小判昭和 59・2・21 刑集 38-3-387………*263*
最一小判昭和 59・2・24 刑集 38-4-1287………*268*
最三小判昭和 59・3・22 家月 36-10-79………*258*
最一小判昭和 59・5・17 民集 38-7-721………*165*
最一小判昭和 59・7・5 税資 139-1………*173*
最大判昭和 59・12・12 民集 38-12-1308………*245*
最三小判昭和 59・12・18 刑集 38-12-3026………*215*
最三小判昭和 60・1・22 民集 39-1-1………*182*
最大判昭和 60・3・27 民集 39-2-247
　　　　　　　　　　　172, 325, 382, 418

最大判昭和 60・7・17 民集 39-5-1100……………*162*
最一小決昭和 60・7・19 判時 1158-28……………*264*
最一小決昭和 60・9・10 判時 1165-183……………*158*
最大判昭和 60・10・23 刑集 39-6-413
　　………………………………*152, 155, 274, 476*
最三小判昭和 60・11・12 判時 1211-145……………*263*
最大判昭和 60・11・21 民集 39-7-1512………………*37*
最一小判昭和 60・12・17 判タ 595-48………………*174*
最一小判昭和 61・2・14 刑集 40-1-48…………*157, 267*
最一小判昭和 61・2・18 税資 150-325………………*174*
最一小判昭和 61・2・18 税資 150-331………………*383*
最大判昭和 61・6・11 民集 40-4-872
　　…………………………………*32, 77, 208, 239, 249*
最一小判昭和 61・7・7 判時 1211-143………………*263*
最一小判昭和 61・9・8 訟月 33-7-1920………………*258*
最一小判昭和 61・9・11 判時 1274-147………………*267*
最一小判昭和 62・3・3 刑集 41-2-15……………*215, 233*
最一小判昭和 62・3・24 集刑 245-745…………*269, 314*
最大判昭和 62・4・22 民集 41-3-408……*29, 330, 331*
最一小判昭和 62・4・24 民集 41-3-490…………*42, 231*
最一小判昭和 62・7・7 税資 159-51…………………*295*
最一小決昭和 62・9・17 判時 1274-150………………*267*
最一小判昭和 63・2・5 労判 512-12…………………*195*
最一小判昭和 63・2・16 民集 42-2-27………………*108*
最大判昭和 63・6・1 民集 42-5-277……………*200, 202*
最一小判昭和 63・10・21 民集 42-8-644……………*162*
最一小判昭和 63・10・21 判タ 707-88………………*164*
最一小決昭和 63・11・29 刑集 42-9-1389……………*159*
最一小判昭和 63・12・20 判時 1302-94………………*102*
最一小判昭和 63・12・20 判時 1307-113………………*223*
最一小判平成元・1・17 判時 1303-139…………*145, 265*
最一小決平成元・1・23 判タ 689-276…………………*286*
最一小決平成元・1・30 刑集 43-1-19…………………*228*
最一小判平成元・2・7 訟月 35-6-1029………*173, 174*
最一小判平成元・3・2 訟月 35-9-1754………*124, 344*
最一小判平成元・3・7 税資 1308-111…………………*324*
最大判平成元・3・8 民集 43-2-89
　　…………………………………*149, 207, 232, 459*
最一小判平成元・6・20 民集 43-6-385……*55, 76, 116*
最一小判平成元・9・19 刑集 43-8-785………………*242*
最一小判平成元・11・20 民集 43-10-1160………*46, 453*
最一小判平成元・12・14 民集 43-12-2051……………*364*
最一小判平成元・12・14 刑集 43-13-841…………*99, 270*
最一小判平成元・12・18 民集 43-12-2139……………*465*
最一小判平成元・12・21 民集 43-12-2297……………*166*
最一小判平成 2・1・18 判時 1337-3…………………*354*
最三小判平成 2・2・6 訟月 36-12-2242………………*331*

最三小判平成 2・4・17 民集 44-3-547…………*230, 244*
最三小判平成 2・4・17 判タ 727-212…………………*158*
最一小決平成 2・4・24 刑集 44-3-301…………………*272*
最一小決平成 2・5・28 労働経済判例速報 1394-3
　　……………………………………………………*134*
最二小判平成 2・7・9 刑集 44-5-421…………………*228*
最二小判平成 2・9・28 刑集 44-6-463…………*243, 265*
最二小判平成 2・9・28 刑資 263-1047………………*265*
最二小決平成 2・10・30 家月 43-4-80…………*153, 280*
最三小判平成 3・3・29 刑集 45-3-158…………*153, 378*
最二小判平成 3・4・19 民集 45-4-367…………………*337*
最三小判平成 3・4・23 民集 45-4-554…………………*165*
最一小決平成 3・5・8 家月 43-9-68……………………*153*
最三小判平成 3・5・10 民集 45-5-919…………………*300*
最三小判平成 3・7・9 民集 45-6-1049…………………*437*
最三小判平成 3・9・3 判時 1401-56………………*73, 111*
最三小判平成 4・4・28 判時 1422-91…………………*127*
最二小判平成 4・6・15 刑集 46-4-289…………………*264*
最大判平成 4・7・1 民集 46-5-437
　　………………………………*63, 180, 213, 216, 256, 292*
最一小判平成 4・7・9 判タ 804-82……………………*223*
最一小判平成 4・9・10 税資 192-442…………………*270*
最一小判平成 4・10・29 民集 46-7-1174………………*298*
最三小判平成 4・12・15 民集 46-9-2829………………*325*
最大判平成 5・1・20 民集 47-1-67………………*119, 162*
最三小判平成 5・2・16 民集 47-3-1687…………*202, 203*
最一小判平成 5・2・25 判タ 47-2-643……………*55, 112*
最二小判平成 5・2・26 判時 1452-37…………………*125*
最三小決平成 5・3・12 税資 196-714…………………*271*
最三小判平成 5・3・16 民集 47-5-3483…………*208, 248*
最二小判平成 5・6・25 判時 1475-59…………………*323*
最二小判平成 5・9・10 税資 198-813…………………*174*
最二小判平成 5・10・22 判タ 838-71…………………*165*
最大判平成 7・2・22 刑集 49-2-1……………*287, 435*
最三小判平成 7・2・28 民集 49-2-639…………………*125*
最三小決平成 7・2・28 刑集 49-2-481…………………*151*
最三小判平成 7・3・7 民集 49-3-687……………*222, 376*
最一小判平成 7・4・13 刑集 49-4-619…………………*271*
最三小決平成 7・5・30 刑集 49-5-703…………………*282*
最大決平成 7・7・5 民集 49-7-1789……………………*143*
最一小判平成 7・7・6 訟月 42-2-329……………*272, 296*
最三小判平成 7・12・5 判時 1563-81…………………*133*
最一小決平成 8・1・30 民集 50-1-199…………………*200*
最一小判平成 8・2・22 訟月 43-2-754…………………*266*
最二小判平成 8・3・8 民集 50-3-469……………*132, 200*
最二小判平成 8・3・15 民集 50-3-549……………*222, 376*
最三小判平成 8・3・19 民集 50-3-615……………*71, 195*

最一小判平成 8・7・18 判タ 921-106 …… *263*
最一小判平成 8・7・18 判タ 936-201 …… *74*
最大判平成 8・8・28 民集 50-7-1952 …… *116, 427*
最大判平成 8・9・11 民集 50-8-2283 …… *164*
最一小判平成 9・3・13 民集 51-3-1233 …… *316, 378*
最一小判平成 9・3・13 民集 51-3-1453 …… *263*
最大判平成 9・4・2 民集 51-4-1673 …… *202, 204*
最二小決平成 9・7・3 税資 225-2075 …… *270*
最三小判平成 9・7・15 判タ 952-176 …… *263*
最三小判平成 9・8・29 民集 51-7-2921 …… *249, 251*
最一小判平成 9・9・9 民集 51-8-3850 …… *410*
最一小判平成 9・11・17 判タ 959-159 …… *124*
最一小判平成 10・3・24 刑集 52-2-150 …… *325*
最一小判平成 10・3・26 判時 1639-36 …… *325*
最一小判平成 10・4・10 民集 52-3-776 …… *124*
最一小判平成 10・7・3 判時 1652-43 …… *325*
最一小判平成 10・7・16 判時 1652-52 …… *325*
最大判平成 10・9・2 民集 52-6-1373 …… *164*
最一小判平成 10・11・10 判自 187-96 …… *124*
最一小判平成 10・11・17 判時 1662-74 …… *40, 263*
最大決平成 10・12・1 民集 52-9-1761 …… *444*
最一小判平成 11・1・21 判時 1675-48 …… *144*
最一小判平成 11・1・22 判タ 994-101 …… *166*
最一小判平成 11・2・23 集民 191-313 …… *247, 271*
最大判平成 11・3・24 民集 53-3-514 …… *78, 300*
最大判平成 11・11・10 民集 53-8-1441 …… *163*
最大判平成 11・11・10 民集 53-8-1577 …… *39, 408*
最大判平成 11・11・10 民集 53-8-1704 …… *39, 463*
最一小判平成 11・12・16 刑集 53-9-1327 …… *184*
最一小判平成 12・2・8 刑集 54-2-1 …… *323*
最一小判平成 12・2・29 民集 54-2-582 …… *98, 111*
最一小判平成 12・12・19 判タ 1053-87 …… *145*
最一小判平成 13・3・13 訟月 48-8-1961 …… *124*
最一小判平成 13・7・19 金法 1627-51 …… *170*
最一小判平成 13・9・25 訟月 49-4-1273 …… *125*
最一小判平成 13・11・16 判時 1770-86 …… *124*
最一小判平成 13・11・22 訟月 49-8-2173 …… *125*
最一小決平成 13・12・7 刑集 55-7-823 …… *153*
最一小判平成 13・12・18 民集 55-7-1647 …… *163*
最一小判平成 14・1・22 刑集 56-1-1 …… *272*
最一小判平成 14・1・31 民集 56-1-246 …… *167, 436*
最大判平成 14・2・13 民集 56-2-331 …… *329*
最一小判平成 14・2・22 訟月 49-11-3173 …… *437*
最一小判平成 14・4・12 民集 56-4-729 …… *112, 453*
最一小判平成 14・4・25 判時 1785-31 …… *71, 195*
最一小判平成 14・6・4 判時 1788-160 …… *325*
最一小判平成 14・6・11 民集 56-5-958 …… *336*

最三小判平成 14・7・9 判時 1799-101 …… *205*
最三小判平成 14・7・18 判時 1799-96 …… *124*
最三小判平成 14・9・10 判時 1799-176 …… *263*
最大判平成 14・9・11 民集 56-7-1439 …… *29, 375*
最三小判平成 14・9・24 判時 1802-60 …… *102, 240*
最二小判平成 14・9・27 判タ 1106-80 …… *125*
最二小判平成 14・11・22 判時 1808-55 …… *144*
最二小判平成 15・3・14 民集 57-3-229 …… *101*
最一小判平成 15・6・26 判時 1831-94 …… *180*
最二小判平成 15・9・5 訟月 51-12-3252 …… *78*
最一小判平成 15・11・27 民集 57-10-1665
　　　　　　　　　　　　　　　…… *295, 397*
最一小判平成 15・12・4 判タ 1143-233 …… *135*
最一小判平成 15・12・4 訟月 50-10-2952 …… *336*
最一小判平成 15・12・11 刑集 57-11-1147 …… *269*
最大判平成 16・1・14 民集 58-1-1 …… *39, 408*
最二小判平成 16・2・13 民集 58-2-311 …… *107*
最二小判平成 16・6・28 裁時 1366-4 …… *205*
最二小判平成 16・10・13 判タ 1174-258 …… *314*
最三小判平成 16・11・2 訟月 51-10-2615 …… *174*
最二小判平成 16・11・29 判時 1879-58 …… *125*
最大判平成 17・1・26 民集 59-1-128 …… *126*
最一小判平成 17・4・14 刑集 59-3-259 …… *306*
最一小判平成 17・7・14 民集 59-6-1569 …… *235*
最大判平成 17・9・14 民集 59-7-2087
　　　　　　　　　　　　　…… *29, 35, 376, 400*
最一小判平成 17・11・10 民集 59-9-2428 …… *109*
最三小決平成 17・11・29 刑集 59-9-1847 …… *307*
最大判平成 18・3・1 民集 60-2-587 …… *167, 419*
最二小判平成 18・3・17 民集 60-3-773
　　　　　　　　　　　　　　…… *75, 133, 138*
最三小判平成 18・3・28 判タ 1208-78 …… *168*
最二小判平成 18・6・23 判時 1940-122 …… *205*
最一小判平成 18・7・13 裁時 1415-10 …… *38*
最三小決平成 18・10・3 民集 60-8-2647 …… *229*
最二小判平成 19・2・2 民集 61-1-86 …… *364*
最三小判平成 19・2・27 民集 61-1-291 …… *194*
最三小判平成 19・5・29 訟月 54-2-444 …… *55*
最大判平成 19・6・13 民集 61-4-1617 …… *163, 408*
最三小判平成 19・9・18 刑集 61-6-601
　　　　　　　　　　　　　…… *222, 275, 476*
最二小判平成 19・9・28 民集 61-6-2345 …… *169, 346*
最三小決平成 19・10・19 家月 60-3-36 …… *139*
最一小決平成 19・10・22 家月 60-3-37 …… *139*
最三小判平成 19・12・13 判時 1995-157 …… *145*
最三小判平成 20・2・19 民集 62-2-445 …… *247*
最一小判平成 20・3・6 民集 62-3-665 …… *101, 105*

最二小判平成 20・4・11 刑集 62-5-1217……………233
最三小決平成 20・5・8 家月 60-8-51……………372
最大判平成 20・6・4 民集 62-6-1367
　　　　　　　　　　……………29, 119, 144, 400
最三小判平成 20・7・8 判例集未登載……………155
最一小決平成 20・7・17 判時 2050-156……276, 477
最二小判平成 20・10・3 判時 2026-11……………180
最三小判平成 20・11・10 刑集 62-10-2853……277
最一小判平成 21・1・15 民集 63-1-46……………461
最大判平成 21・9・30 民集 63-7-1520……119, 165
最大判平成 21・11・18 民集 63-9-2033……………399
最二小判平成 21・11・30 刑集 63-9-1765……233
最三小決平成 21・12・7 刑集 63-11-1899………112
最大判平成 22・1・20 民集 64-1-1……………204
最大判平成 22・1・20 民集 64-1-128……………204
最三小判平成 22・2・23 判時 2076-40……………334
最一小決平成 22・3・15 刑集 64-2-1……………240
最一小判平成 22・7・22 判時 2087-26……………204
最一小判平成 22・10・21 判例集未登載……………193
最大判平成 23・3・23 民集 65-2-755……163, 408
最二小判平成 23・5・30 民集 65-4-1780………194
最一小判平成 23・6・6 民集 65-4-1855……………194
最三小判平成 23・6・14 民集 65-4-2148………194
最三小判平成 23・6・21 判時 2123-35……………194
最一小判平成 23・9・22 民集 65-6-2756……311, 418
最一小判平成 23・9・30 判時 2132-39………311, 418
最三小判平成 23・10・25 民集 65-7-2923………120
最大判平成 23・11・16 刑集 65-8-1285
　　　　　　　　……………33, 304, 317, 371, 459
最二小判平成 24・1・13 刑集 66-1-1……………372
最一小判平成 24・1・16 判時 2147-127……………194
最一小判平成 24・1・16 判時 2147-139……………194
最一小判平成 24・2・2 民集 66-2-89……98, 101, 107
最一小判平成 24・2・16 民集 66-2-673……………204
最三小判平成 24・2・28 民集 66-3-1240……346, 350
最一小判平成 24・4・2 民集 66-6-2367……………346
最大判平成 24・10・17 民集 66-10-3357………165
最一小決平成 24・11・30 判時 2176-27……………41
最一小判平成 24・12・7 刑集 66-12-1337
　　　　　　　　　　　　　　　　……226, 260
最二小判平成 24・12・7 刑集 66-12-1722……226
最二小判平成 25・1・11 民集 67-1-1…298, 327, 436
最一小判平成 25・3・21 民集 67-3-438……………481
最大決平成 25・9・4 民集 67-6-1320……90, 143
最一小判平成 25・9・26 民集 67-6-1384………144
最一小判平成 25・11・20 民集 67-8-1503………163
最二小判平成 26・7・18 判自 386-78……………344

最一小判平成 26・10・23 労判 1100-5……………137
最大判平成 26・11・26 裁判所ウェブサイト……165
最一小判平成 27・1・15 裁時 1620-1……………166

【高等裁判所】
大阪高判昭和 25・6・19 高刑特 15-59……………259
札幌高函館支判昭和 25・9・25 高刑特 13-207…277
札幌高判昭和 25・11・8 高刑 3-4-549……………258
札幌高判昭和 27・10・16 高刑 5-11-1969………259
仙台高判昭和 27・11・29 高刑 5-13-2384………260
東京高判昭和 28・1・26 東高刑時 3-1-18………382
札幌高判昭和 28・6・11 高刑特 32-31……………150
東京高判昭和 28・8・5 高刑 6-8-1065……………150
東京高判昭和 28・11・5 高刑 6-11-1572……316
東京高判昭和 28・12・28 高刑 6-13-1918………150
東京高判昭和 29・1・19 東高民時 5-1-1………147
東京高判昭和 29・1・29 東高民時 5-1-41………147
大阪高判昭和 29・3・10 判時 27-22……………130
東京高判昭和 29・8・7 行集 5-8-1769……………147
仙台高判昭和 29・9・1 ジュリスト 68-54………150
大阪高判昭和 29・12・9 高刑特 1-13-712………150
福岡高判昭和 30・1・26 行集 6-1-92……………150
東京高判昭和 30・2・21 高刑 8-1-99……………276
東京高判昭和 30・4・25 行集 6-4-866……………147
東京高判昭和 30・11・10 高刑 8-10-1202………146
札幌高判昭和 31・3・30 判時 74-21……………219
東京高判昭和 31・11・12 高刑特 3-21-1037………281
東京高判昭和 32・9・30 高刑特 4-20-527………280
東京高判昭和 32・12・19 高刑特 4-24-663………264
東京高判昭和 33・2・11 判時 139-5………424, 431
大阪高判昭和 33・3・6 高刑特 5-3-85……………148
札幌高判昭和 33・4・22 高刑特 5-5-184………150
福岡高判昭和 33・11・5 高刑特 5-11-444………317
大阪高判昭和 34・6・5 刑集 14-2-123……………148
名古屋高金沢支判昭和 35・2・23 下刑 2-2-144…79
東京高判昭和 35・9・19 東高刑時 11-9-243………123
高松高判昭和 35・9・20 高刑 13-7-523…………283
東京高判昭和 35・10・11 東高民時 11-10-250…148
広島高判昭和 36・4・28 下刑 3-3＝4-224………270
東京高判昭和 37・7・25 下刑 4-7＝8-636………266
名古屋高判昭和 37・12・24 下刑 4-11＝12-1001
　　　　　　　　　　　　　　　　　　……219
福岡高判昭和 39・3・7 下刑 6-3＝4-155…………260
東京高判昭和 39・7・31 下民 15-7-1880………281
大阪等高判昭和 41・4・21 下刑 8-4-571………219
東京高判昭和 42・4・10 行集 18-4-389…………129
福岡高判昭和 42・12・18 刑集 25-2-173………316

東京高判昭和 43・3・27 高刑 21-3-233……… *155*
大阪高判昭和 43・3・29 下刑 10-3-254……… *316*
仙台高判昭和 44・2・19 刑集 30-5-1564……… *316*
札幌高判昭和 44・6・24 判時 560-30……… *226*
東京高判昭和 44・12・17 高刑 22-6-924……… *410*
東京高決昭和 45・4・13 高民 23-2-172……… *240*
東京高判昭和 46・2・15 判時 621-3……… *220*
名古屋高判昭和 46・5・14 行集 22-5-680……… *201*
東京高判昭和 46・8・5 高刑 24-3-493……… *267*
仙台高判昭和 47・1・25 刑月 4-1-14……… *282*
東京高判昭和 47・11・21 高刑 25-5-479……… *264*
名古屋高判昭和 47・12・5 刑集 4-12-1920……… *78*
東京高判昭和 48・3・12 労民 24-1=2-84……… *134*
東京高判昭和 48・4・4 高刑 26-2-113……… *259*
東京高判昭和 48・4・26 高刑 26-2-214……… *266*
大阪高判昭和 48・5・9 刑月 5-5-899……… *274*
東京高判昭和 48・6・8 高刑 26-3-298……… *262*
名古屋高判昭和 49・9・30 労民 25-6-461……… *134*
大阪高判昭和 49・11・5 判タ 329-290……… *281*
東京高判昭和 50・2・24 東高刑時 26-2-41……… *290*
東京高判昭和 50・2・26 労民 26-1-57……… *134*
名古屋高判昭和 50・3・27 判時 775-21……… *264*
大阪高判昭和 50・11・10 行集 26-10=11-1268
  ……… *167, 344*
東京高判昭和 50・12・20 行集 26-12-1446……… *248*
札幌高判昭和 51・8・5 行集 27-8-1175……… *116*
東京高判昭和 51・8・30 労民 27-3=4-445……… *135*
大阪高判昭和 51・12・17 行集 27-11=12-1836
  ……… *170, 347*
大阪高判昭和 51・12・21 判時 839-55……… *103*
福岡高判昭和 52・5・30 判時 861-125……… *300*
東京高判昭和 53・4・17 高刑 31-1-59……… *261*
名古屋高判昭和 53・10・25 家月 32-9-71……… *274*
東京高判昭和 54・3・12 労民 30-2-283……… *134*
東京高判昭和 54・3・20 判時 918-17……… *242*
札幌高判昭和 54・4・27 行集 30-4-800……… *169*
大阪高判昭和 54・5・23 訟月 25-10-2633……… *169*
東京高判昭和 54・8・7 東高刑時 30-8-109……… *283*
札幌高決昭和 54・8・31 判時 937-16……… *230*
大阪高判昭和 54・11・7 判時 947-23……… *173*
広島高松江支判昭和 55・2・4 判タ 409-56……… *281*
東京高判昭和 55・3・6 東高刑時 31-3-18……… *150*
東京高判昭和 55・5・1 高刑 33-2-165……… *266*
東京高判昭和 55・7・28 行集 31-7-1558……… *480*
大阪高判昭和 56・1・26 刑月 13-1=2-41……… *266*
東京高判昭和 56・4・22 判時 32-4-593……… *170*
名古屋高判昭和 56・5・27 行集 32-5-845……… *148*

東京高判昭和 56・6・18 判タ 454-160……… *157, 285*
東京高判昭和 56・7・7 訟月 27-10-1862……… *25*
東京高判昭和 57・5・19 高民 35-2-105……… *353*
広島高判昭和 57・6・1 判時 1046-3……… *200*
仙台高秋田支判昭和 57・7・23 行集 33-7-1616
  ……… *420*
東京高判昭和 57・10・15 判時 1095-155……… *283*
東京高判昭和 57・10・28 訟月 29-4-727……… *416*
仙台高秋田支判昭和 57・12・7 高刑速(昭 57)607
  ……… *264*
東京高判昭和 58・3・16 高刑速（昭 58）76
  ……… *157, 286*
東京高判昭和 58・3・30 行集 34-3-564……… *41*
名古屋高判昭和 58・4・28 労民 34-2-267……… *136*
仙台高判昭和 58・9・30 判タ 510-122……… *383*
東京高判昭和 59・7・17 判時 1138-155……… *283*
札幌高判昭和 59・12・25 労民 35-6-690……… *171*
東京高判昭和 60・8・8 税資 146-457……… *383*
東京高判昭和 60・11・20 高刑 38-3-204……… *316*
大阪高判昭和 60・11・29 行集 36-11=12-1910
  ……… *201*
東京高判昭和 61・3・19 判時 1188-1……… *248*
福岡高判昭和 61・4・28 判時 1201-3……… *284, 300*
東京高判昭和 61・5・14 判時 1205-61……… *156, 286*
東京高判昭和 61・8・25 判時 1208-66……… *266*
東京高判昭和 62・3・16 高刑 40-1-11……… *266*
名古屋高判昭和 62・3・25 行集 38-2=3-275……… *40*
広島高判昭和 62・6・15 判時 1236-52……… *134*
東京高判昭和 62・7・29 高刑 40-2-77……… *287, 435*
名古屋高判昭和 63・3・16 判タ 674-238……… *266*
東京高判昭和 63・4・19 高刑 41-1-84……… *269*
東京高判昭和 63・10・12 判タ 685-268……… *266*
東京高判平成元・1・26 東高刑時 40-1～4-3……… *280*
東京高判平成元・3・1 判例集未登載……… *74*
東京高判平成元・6・27 判時 1317-36……… *248*
東京高判平成 2・1・29 高民 43-1-1……… *417*
高松高判平成 2・2・19 判時 1362-44……… *74, 111*
東京高判平成 2・11・29 高刑 43-3-202……… *285*
仙台高判平成 3・1・10 行集 42-1-1……… *204*
大阪高判平成 3・2・7 高刑 44-1-8……… *266*
大阪高決平成 3・6・6 訟月 37-12-2197……… *432*
大阪高決平成 3・8・2 判タ 764-279……… *131*
東京高判平成 3・9・4 行集 42-8=9-1431……… *150*
広島高岡山支判平成 3・9・13 判時 1402-127……… *151*
東京高判平成 3・9・17 判タ 771-11……… *383*
東京高判平成 3・10・29 高刑 44-3-212……… *288*
大阪高決平成 3・10・29 訟月 38-4-761……… *432*

大阪高判平成 3・11・14 判タ 795-274 ……………288
広島高判平成 3・11・28 訟月 38-6-1013 …………133
仙台高判平成 4・1・10 労民 43-1-1 ………………135
東京高判平成 4・7・20 判時 1434-143 ……………281
東京高判平成 4・9・24 税資 192-554 ………………131
東京高判平成 4・10・15 高刑 45-3-85 ………………184
東京高判平成 4・12・18 判時 1445-3 ………………337
東京高判平成 5・2・1 判時 1476-163 ………………79
東京高決平成 5・6・23 高民 46-2-43 ………………143
東京高判平成 5・9・6 労民 44-4＝5-771 …………265
東京高判平成 5・10・20 判時 1473-3 ………………249
大阪高判平成 6・7・29 判自 128-57 ………………274
東京高判平成 7・1・19 判タ 886-244 ………………127
東京高判平成 7・3・22 判タ 874-82 ………………144
東京高判平成 7・9・27 高刑速（平 7）102 ………271
東京高判平成 7・10・25 税資 226-3182 ……………156
福岡高判平成 7・10・26 判時 1555-140 ……………236
大阪高判平成 7・11・21 行集 46-10＝11-1008 …167
東京高判平成 7・11・28 行集 46-10＝11-1046 …420
大阪高判平成 8・3・27 訟月 43-5-1285 ……………125
大阪高判平成 8・7・26 判自 176-69 ………………344
東京高判平成 8・8・26 労民 47-4-378 ……………154
札幌高判平成 9・5・15 判タ 962-275 ………………184
名古屋高判平成 9・8・8 訟月 44-9-1516 …………348
東京高判平成 9・9・16 判タ 986-206 ………………139
東京高判平成 9・11・26 判タ 1639-30 ……………126
東京高判平成 10・2・9 判時 1629-34 ………………111
仙台高決平成 10・7・24 民集 52-9-1810 …………444
東京高判平成 12・1・25 東高刑時 51-1〜12-3 …268
名古屋高判平成 12・2・29 判タ 1061-178 …………149
大阪高判平成 12・3・22 訟月 47-7-1964 …………146
大阪高判平成 12・5・16 訟月 47-4-917 ……………167
名古屋高金沢支判平成 12・9・11 判タ 1056-175
　……………………………………………………………348
東京高判平成 12・10・3 刑集 56-1-59 ……………272
広島高判平成 12・11・16 訟月 48-1-109 …………167
東京高判平成 13・2・15 判時 1741-68 ………102, 240
東京高判平成 13・6・28 訟月 49-3-779 ……………149
高松高判平成 14・2・26 判タ 1116-172 ……………138
東京高判平成 14・3・28 判タ 1131-139 ……………120
東京高判平成 14・3・28 訟月 49-12-3041 …………127
大阪高判平成 14・4・11 判タ 1120-115 ……………71
大阪高判平成 14・7・3 判時 1801-38 ………………138
大阪高判平成 14・8・28 判タ 1115-170 ……………37
東京高判平成 14・8・29 金判 1155-20 ……………127
東京高判平成 14・9・2 高刑速（平 14）75 ………285
東京高判平成 15・1・30 判時 1814-44 …………175, 480

広島高岡山支判平成 16・10・28 労判 884-13 ……135
東京高判平成 17・1・19 判時 1898-157 ………105, 261
東京高判平成 17・3・24 判時 1899-101 ……………144
東京高判平成 17・3・25 訟月 52-2-566 ……………169
東京高決平成 17・5・17 家月 57-10-99 ……………158
東京高判平成 17・5・18 税資 255 順号 10033 ……296
東京高判平成 17・7・7 判タ 1281-338 ……………155
名古屋高金沢支判平成 18・1・11 判時 1937-143
　………………………………………………………………71
広島高判平成 18・2・22 判時 1208-104 ……………169
大阪高判平成 18・5・11 判自 283-87 ………………168
東京高判平成 18・10・26 裁判所ウェブサイト …169
東京高判平成 19・3・29 判タ 1273-310 ……………154
東京高判平成 19・6・28 労判 946-76 ………………136
東京高判平成 19・7・26 訟月 54-12-3044 …………435
東京高判平成 19・12・18 判時 1995-56 ………276, 477
名古屋高金沢支判平成 20・4・7 判時 2006-53 ……204
大阪高判平成 21・12・28 判タ 1324-94 ……………163
広島高判平成 22・1・25 判タ 1343-112 ……………163
東京高判平成 22・2・24 民集 65-2-875 ……………163
東京高判平成 22・2・25 判時 2074-32 ……………481
福岡高那覇支判平成 22・3・9 判タ 1320-46 ………163
東京高判平成 22・3・11 判時 2077-29 ……………163
名古屋高判平成 22・3・12 判例集未登載 …………163
名古屋高判平成 22・3・18 裁判所ウェブサイト
　……………………………………………………………163
高松高判平成 22・4・8 判例集未登載 ………………163
札幌高判平成 22・4・28 判例集未登載 ……………163
東京高判平成 22・6・14 判時 2085-76 ……………346
福岡高那覇支判平成 22・7・29 判タ 2091-162 ……55
札幌高判平成 22・12・6 民集 66-2-702 ……………204
仙台高判平成 22・12・24 判例集未登載 …………163
東京高判平成 24・4・26 判タ 1381-105 ……………327
名古屋高判平成 24・5・11 判時 2163-10 …………120
大阪高判平成 25・9・27 裁判所ウェブサイト ……38
大阪高判平成 27・1・21 判例集未登載 ……………327

【地方裁判所】
宇都宮地判昭和 23・9・28 行月 8-45 ………………147
福井地判昭和 23・10・16 行月 4-146 ………………463
東京地判昭和 25・7・19 行集 1-6-892 ……………148
名古屋地決昭和 25・12・28 裁時 75-7 ……………129
静岡地判昭和 27・3・13 行集 3-2-369 ……………259
東京地判昭和 27・7・24 行集 3-6-1328 ……………154
福井地判昭和 27・9・6 行集 3-9-1823 ……………424
静岡地判昭和 28・3・21 行集 4-3-422 ……………147
京都地判昭和 28・11・21 行集 4-11-2794 …………420

東京地判昭和 29・2・24 行集 5-2-400……… *416*
東京地決昭和 29・3・6 判時 22-3……… *410*
東京地判昭和 29・11・10 行集 5-11-2643……… *439*
金沢地判昭和 31・2・24 労民 7-1-58……… *130*
東京地判昭和 31・7・23 判時 86-3……… *405*
東京地決昭和 32・7・20 労民 8-4-390……… *130*
佐賀地判昭和 33・4・22 労民 9-2-168……… *130*
大阪地判昭和 33・8・20 行集 9-8-1662……… *219*
東京地判昭和 34・3・30 下刑 1-3-776……… *55*
富山地判昭和 35・4・15 行集 11-4-1146……… *141*
長野地飯田支判昭和 35・8・18 下刑 2-7=8-1124
……… *269*
東京地判昭和 35・9・28 行集 11-9-2753……… *314*
東京地判昭和 35・10・19 行集 11-10-2921……… *346*
長野地判昭和 36・2・28 行集 12-2-250……… *148*
奈良地判昭和 36・3・13 下刑 3-3=4-245……… *79*
東京地判昭和 36・3・27 判時 255-7……… *79, 277*
福島地判昭和 36・11・4 下刑 3-11=12-1055……… *79*
東京地判昭和 36・11・9 行集 12-11-2197……… *148*
札幌地判昭和 37・1・18 下刑 4-1=2-69……… *78*
東京地判昭和 37・1・22 判時 297-7……… *395, 410*
大阪地判昭和 37・5・31 行集 13-5-954……… *79*
東京地判昭和 37・6・27 下刑 4-5=6-542……… *259*
東京地判昭和 38・11・27 判タ 157-192……… *155*
東京地判昭和 38・11・28 下民 14-11-2336……… *307*
福岡地小倉支判昭和 39・3・16 下刑 6-3=4-241……… *79*
広島地判昭和 39・3・19 下刑 6-3=4-268……… *155*
東京地決昭和 39・4・27 労民 15-2-383……… *130*
東京地判昭和 39・8・15 行集 15-8-1595……… *158*
東京地判昭和 39・9・28 下民 15-9-2317……… *100, 240*
東京地判昭和 39・10・29 下刑 6-9=10-1084……… *275*
東京地判昭和 40・1・23 下刑 7-1-76……… *233*
高知地判昭和 40・3・31 民集 24-10-1413……… *317*
東京地判昭和 41・1・21 下刑 8-1-44……… *410*
福岡地判昭和 41・6・7 行集 17-6-634……… *148*
東京地判昭和 41・6・23 下刑 8-6-897……… *155*
静岡地判昭和 41・9・20 行集 17-9-1060……… *130*
東京地判昭和 41・12・20 労民 17-6-1407……… *134*
広島地判昭和 42・3・15 判時 478-53……… *219*
東京地判昭和 42・3・27 判時 493-72……… *219*
札幌地判昭和 42・3・29 下刑 9-3-359……… *54*
東京地判昭和 42・4・24 判タ 206-179……… *129*
東京地判昭和 42・5・10 下刑 9-5-638……… *220*
東京地決昭和 42・6・9 行集 18-5=6-737……… *220*
神戸地判昭和 42・9・26 労民 18-5-915……… *134*
東京地判昭和 43・1・31 下民 19-1=2-41……… *223*
旭川地判昭和 43・3・25 下刑 10-3-293……… *225*

神戸地判昭和 43・3・29 労民 19-2-507……… *134*
盛岡地一関支判昭和 43・4・10 労民 19-2-522……… *134*
高松地判昭和 43・5・6 下刑 10-5-567……… *274*
千葉地判昭和 43・5・20 行集 19-5-860……… *134*
大阪地判昭和 43・5・23 判時 537-82……… *129*
東京地判昭和 43・6・13 判タ 225-194……… *416*
横浜地判昭和 43・6・29 下刑 10-6-675……… *259*
東京地判昭和 43・7・15 行集 19-7-1196……… *170, 347*
奈良地判昭和 43・7・17 行集 19-7-1221……… *131, 201*
東京地八王子支判昭和 44・2・28 刑月 1-2-172
……… *259*
東京地判昭和 44・6・5 労民 20-3-504……… *131*
東京地判昭和 44・7・1 労民 20-4-715……… *133*
東京地判昭和 44・11・15 訟月 16-2-180……… *131*
東京地判昭和 44・12・18 判時 583-24……… *220*
大阪地判昭和 44・12・26 労民 20-6-1806……… *129*
東京地判昭和 45・2・26 刑月 2-2-137……… *300*
大阪地判昭和 45・4・4 刑月 2-4-381……… *264*
仙台地判昭和 45・5・29 労民 21-3-689……… *365*
東京地判昭和 45・7・17 行集 21-7- 別冊 1
……… *245, 248, 353*
名古屋地判昭和 45・8・26 労民 21-4-1205……… *135*
前橋地判昭和 45・11・5 労民 21-6-1475……… *135*
盛岡地判昭和 46・3・18 労民 22-2-291……… *133*
横浜地判昭和 46・4・30 刑月 3-4-594……… *281*
札幌地判昭和 46・11・19 行集 22-11=12-1842
……… *130*
大阪地判昭和 46・12・10 労民 22-6-1163……… *135*
神戸地判昭和 47・9・20 行集 23-8=9-711
……… *166, 347*
東京地判昭和 47・11・7 行集 23-10=11-794……… *265*
横浜地判昭和 47・12・25 訟月 19-2-35……… *158*
金沢地判昭和 48・1・20 刑月 5-1-82……… *261*
東京地判昭和 48・3・23 判タ 291-168……… *134*
東京地判昭和 48・3・27 行集 24-3-187……… *69*
名古屋地判昭和 48・4・27 判タ 298-327……… *134*
東京地判昭和 48・5・31 行集 24-4=5-471……… *113*
札幌地判昭和 48・9・7 判時 712-24……… *55, 116*
静岡地沼津支判昭和 48・12・11 判時 756-111……… *134*
東京地判昭和 49・1・17 判タ 304-129……… *282*
大阪地判昭和 49・2・27 判時 729-3……… *98*
東京地判昭和 49・4・24 判時 25-4-274……… *170*
京都地判昭和 49・5・30 判時 741-28……… *173*
東京地判昭和 49・7・16 判時 751-47……… *248*
神戸地判昭和 49・10・11 行集 25-11-1395……… *347*
秋田地判昭和 50・4・10 労民 26-2-388……… *135*
札幌地判昭和 50・4・22 行集 26-4-530……… *169*

札幌地判昭和50・12・26 判タ 336-307 …………… *128*
大阪地判昭和51・6・21 行集 27-6-875 …………… *130*
東京地判昭和51・11・19 行集 27-11＝12-1772 ……*41*
広島地判昭和52・7・29 行集 28-6＝7-764 ………… *132*
京都地判昭和53・9・29 訟月 24-12-2670 ………… *169*
大阪地判昭和53・10・26 訟月 24-12-2679 ……… *266*
山口地判昭和54・3・22 判時 921-44 …………… *200*
東京地判昭和54・3・28 判時 921-18 …………… *353*
札幌地決昭和54・5・30 判時 930-44 …………… *230*
千葉地判昭和54・10・1 訟月 26-1-111 …………… *41*
大阪地決昭和54・11・22 判タ 416-179 …………… *282*
東京地判昭和54・12・14 判時 969-136 …………… *405*
津地判昭和55・2・21 労民 31-1-222 …………… *136*
東京地判昭和55・5・15 刑資 246-6 …………… *79*
福岡地判昭和55・6・5 訟月 26-9-1572 ……… *419, 479*
東京地判昭和55・7・24 刑月 12-7-538 …………… *405*
札幌地判昭和55・10・14 判時 988-37 …………… *113*
名古屋地判昭和55・11・19 税資 115-551 ………… *383*
東京地判昭和56・7・6 刑月 13-6＝7-473 …………… *271*
東京地判昭和56・11・5 刑月 13-10＝11-577 ……… *404*
東京地判昭和57・12・23 行集 33-12-2675 ………… *41*
福岡地判昭和58・3・18 刑資 246-642
……………………………………………… *157, 285, 286*
東京地判昭和58・10・12 判時 1103-3 …………… *435*
仙台地判昭和58・12・28 判タ 516-195 …………… *134*
札幌地判昭和59・3・16 労民 35-2-99 …………… *171*
京都地判昭和59・3・30 判時 1115-51 …………… *201*
東京地判昭和59・5・19 判時 1118-28 …………… *337*
水戸地判昭和59・6・19 判タ 528-143 …………… *131*
東京地判昭和60・3・4 刑月 17-3＝4-165 ………… *266*
東京地判昭和60・3・13 刑資 246-834 …………… *269*
浦和地判昭和60・3・25 税資 144-666 …………… *383*
東京地判昭和60・6・20 訟月 32-3-589 …………… *271*
東京地判昭和60・10・16 刑月 17-10-953 ………… *266*
熊本地判昭和60・11・13 判タ 1174-48 …………… *111*
岡山地判昭和61・2・25 判タ 596-87 …………… *266*
東京地判昭和61・3・20 行集 37-3-347 …………… *131*
千葉地判昭和61・3・26 判タ 593-141 …………… *270*
神戸地判昭和61・4・24 判タ 629-212 …………… *266*
東京地判昭和61・7・4 判時 1214-34 …………… *269*
京都地判昭和61・7・10 判自 31-50 …………… *111*
東京地判昭和62・2・12 判タ 627-224 …………… *149*
大阪地判昭和62・2・23 判タ 641-226 …………… *266*
千葉地判昭和62・10・30 判時 1266-81 …………… *73*
東京地判昭和63・1・29 判タ 691-250 …………… *266*
高知地判昭和63・6・6 判時 1295-50 ……… *74, 111*
東京地判昭和63・6・13 判タ 681-133 …………… *383*

東京地判平成元・1・26 労民 40-1-1 …………… *135*
千葉地判平成元・5・24 民集 43-10-1166 ………… *453*
東京地判平成元・9・27 行集 40-9-1263 ………… *265*
東京地判平成元・10・3 訟月 36-6-895 ……… *248, 353*
千葉地判平成元・10・24 刑資 263-237 ……… *79, 129*
東京地判平成元・10・26 判タ 729-133 …………… *265*
札幌地判平成元・12・27 労民 40-6-743 ………… *171*
千葉地判平成2・3・22 刑資 263-473 …………… *79*
浦和地判平成2・6・18 税資 176-1276 …………… *383*
東京地判平成2・7・4 労民 41-4-513 …………… *136*
東京地決平成2・9・28 判時 1362-61 …………… *285*
広島地判平成3・1・28 訟月 37-7-1166 …………… *133*
東京地判平成3・5・23 行集 42-5-688 …………… *144*
東京地判平成3・5・27 判時 1387-25 ……… *74, 111*
東京地判平成3・6・21 判時 1388-3 …………… *111*
甲府地判平成3・9・3 判時 1401-127 …………… *184*
浦和地判平成3・9・26 判タ 797-272 …………… *282*
東京地判平成4・5・21 判タ 833-265 …………… *79*
東京地判平成4・7・14 労判 622-30 …………… *171*
高知地判平成4・10・13 労民 43-5＝6-1096 ……… *311*
神戸地判平成4・12・14 判タ 815-150 …………… *266*
東京地判平成5・3・12 税資 226-3281 …………… *285*
秋田地判平成5・4・23 行集 44-4＝5-325 ………… *348*
福岡地判平成5・8・31 判タ 854-195 ……… *69, 127*
京都地判平成5・11・19 判タ 874-176 …………… *274*
奈良地判平成6・9・28 訟月 41-10-2620 ………… *167*
福岡地判平成6・12・26 税資 206-850 …………… *174*
東京地判平成7・3・23 判タ 874-298 …………… *127*
横浜地判平成7・3・28 判時 1530-28 …………… *112*
那覇地判平成7・5・17 行集 46-4＝5-502 ………… *151*
東京地判平成7・12・13 判タ 915-83 …………… *171*
神戸地判平成7・12・25 判タ 901-181 …………… *147*
長野地判平成8・2・29 訟月 43-2-720 …………… *147*
大阪地判平成8・3・27 判タ 927-94 …………… *384*
東京地判平成8・5・16 判時 1566-23 …………… *126*
大阪地判平成8・5・20 訟月 44-2-125 …………… *384*
大阪地判平成8・6・28 訟月 43-7-1591 …………… *144*
名古屋地判平成8・10・30 判タ 933-109 ………… *348*
東京地判平成8・11・22 訟月 44-4-507 …………… *127*
東京地判平成8・11・27 労判 704-21 …………… *136*
神戸地尼崎支決平成9・2・12 判時 1604-127
……………………………………………… *102, 240*
東京地判平成9・3・12 判時 1619-45 …………… *384*
東京地判平成9・3・12 判タ 964-82 …………… *111*
東京地判平成9・3・27 訟月 44-6-950 …………… *147*
札幌地判平成9・3・27 判タ 938-75 …………… *128*
東京地判平成9・4・14 判時 1617-140 …………… *154*

東京地判平成 9・6・23 判時 1618-97 ………… *102, 240*
福岡地判平成 10・5・26 判タ 990-157 ………… *348*
富山地判平成 10・12・16 判時 1699-120 … *47, 235*
東京地判平成 10・12・25 判タ 1006-146 ………… *69*
東京地判平成 11・2・24 判自 192-82 ………… *167*
広島地判平成 11・3・25 訟月 47-7-1677 ………… *125*
広島地判平成 11・3・31 判自 195-52 ………… *167*
金沢地判平成 11・6・11 判タ 1059-68 ………… *348*
東京地判平成 11・6・22 判時 1691-91 …… *102, 240*
東京地決平成 11・12・20 訟月 47-7-1860 ………… *315*
福岡地判平成 12・6・29 判タ 1085-308 ………… *284*
横浜地判平成 12・7・17 判タ 1091-240 ………… *153*
札幌地判平成 12・8・25 訟月 47-9-2699 ………… *158*
東京地判平成 12・10・5 訟月 49-3-789 ………… *149*
金沢地判平成 13・1・15 労判 805-82 ………… *134*
大阪地判平成 13・3・28 判タ 1101-121 ………… *137*
熊本地判平成 13・5・11 判時 1748-30
………………………………………… *100, 177, 179*
東京地判平成 13・6・13 訟月 48-12-2916 … *224, 397*
大阪地判平成 13・7・18 金判 1145-36 ………… *71*
東京地判平成 13・7・23 判タ 1131-142 ………… *120*
東京地判平成 13・8・24 判時 1785-12 ………… *326*
高松地判平成 13・8・29 判タ 1116-175 ………… *138*
東京地判平成 14・1・15 判時 1782-162 ………… *285*
京都地判平成 14・2・5 判タ 1115-171 ………… *37*
東京地判平成 14・2・20 判タ 1089-78 ………… *137*
東京地判平成 14・3・26 判時 1787-42 …… *175, 480*
東京地判平成 14・6・28 判タ 1117-235 ………… *126*
名古屋地判平成 14・7・9 判タ 1148-195 ………… *171*
札幌地判平成 14・11・11 判時 1806-84 ………… *126*
東京地判平成 14・11・28 訟月 49-8-2213 ………… *37*
東京地判平成 15・12・2 税資 253 順号 9480 … *383*
東京地判平成 16・3・2 訟月 51-3-549 ………… *144*
東京地判平成 16・3・24 訟月 52-2-595
………………………………………… *169, 347, 348*
東京地判平成 16・5・17 判時 1888-159 ………… *269*
神戸地判平成 16・6・29 判自 265-54 ………… *167*
名古屋地判平成 16・9・9 判タ 1196-50 ………… *171*
東京地判平成 16・10・15 税資 254 順号 9780 … *294*
東京地判平成 16・10・29 訟月 51-11-2921 ……… *224*
名古屋地判平成 17・1・27 判タ 1199-200 ……… *169*
広島地判平成 17・3・3 判タ 1187-165 ………… *169*
大阪地判平成 17・3・28 判タ 1189-98 ………… *137*
名古屋地判平成 17・5・26 判タ 1275-144 ………… *65*
東京地判平成 17・10・27 裁判所ウェブサイト … *169*
東京地判平成 18・1・25 判タ 1229-234 ………… *149*
東京地判平成 18・3・24 訟月 53-6-1769 ………… *155*

大阪地決平成 19・4・3 判自 302-13 ………… *37*
静岡地下田支判平成 21・10・29 判タ 1317-149
………………………………………… *419*
京都地判平成 22・5・27 労判 1010-11 ………… *140*
大分地判平成 22・9・30 判時 2113-100 ………… *344*
秋田地判平成 22・12・14 裁判所ウェブサイト … *140*
東京地判平成 25・3・14 判時 2178-3 ………… *36*
京都地判平成 25・10・7 判時 2208-74 ………… *245*
大阪地判平成 26・4・25 裁判所ウェブサイト … *327*

【簡易裁判所】
小倉簡判昭和 38・8・27 下刑 5-7＝8-799 ………… *260*
大森簡判昭和 40・4・5 下刑 7-4-596 ………… *281*
妙寺簡判昭和 43・3・12 判時 512-76 ………… *219*
神戸簡判昭和 50・2・20 刑月 7-2-104 ………… *198*
東京簡判昭和 55・1・14 判タ 406-67 ………… *283*
名古屋簡判昭和 55・5・15 判タ 974-134 ………… *283*

【その他】
国地方係争処理委員会勧告平成 13・7・24 判時
1765-26 ………………………………………… *481*

【アメリカ合衆国裁判所】
United States v. Carolene Products Co., 304 U.S.
144（1938） …………………………………… *209*
New York Times Co., v. Sullivan, 376 U.S. 254
（1964） ………………………………………… *238*
Lemon v. Kurtzmann, 403 U.S. 602（1971）…… *202*
Wisconsin v. Yoder, 406 U.S. 205（1972）……… *380*

戸松 秀典（とまつ・ひでのり）
略歴　東京大学法学部卒業
　　　東京大学大学院博士課程修了（法学博士）
現在　学習院大学名誉教授
主著　『憲法訴訟［第2版］』（有斐閣・2008年）、『プレップ憲法［第3版］』（弘文堂・2007年）、『プレップ憲法訴訟』（弘文堂・2011年）、『司法審査制』（勁草書房・1989年）、『平等原則と司法審査—憲法訴訟研究Ⅰ』（有斐閣・1990年）、『立法裁量論—憲法訴訟研究Ⅱ』（有斐閣・1993年）、『憲法講義(2)基本的人権』（共著、有斐閣・1979年）、『基礎演習憲法』（共著、有斐閣・1992年）、『憲法(1)〜(4)』（共編、有斐閣・1995年・1996年）、『論点体系 判例憲法1〜3』（共編、第一法規・2013年）、『憲法判例［第7版］』（共編著、有斐閣・2014年）

憲　法

2015（平成27）年5月30日　初版1刷発行

著　者　戸松 秀典
発行者　鯉渕 友南
発行所　株式会社 弘文堂　101-0062 東京都千代田区神田駿河台1の7
　　　　TEL03(3294)4801　　　振替00120-6-53909
　　　　http://www.koubundou.co.jp

装　幀　大森 裕二
印　刷　大盛印刷
製　本　牧製本印刷

© 2015 Hidenori Tomatsu. Printed in Japan.
JCOPY ＜(社)出版者著作権管理機構 委託出版物＞
本書の無断複写は著作権法上での例外を除き禁じられています。複写される場合は、そのつど事前に、出版者著作権管理機構（電話 03-3513-6969、FAX 03-3513-6979、e-mail: info@jcopy.or.jp）の許諾を得てください。
また、本書を代行業者等の第三者に依頼してスキャンやデジタル化することは、たとえ個人や家庭内での利用であっても一切認められておりません。

ISBN978-4-335-35576-9

弘文堂プレップ法学

これから法律学にチャレンジする人のために、覚えておかなければならない知識、法律学独特の議論の仕方や学び方のコツなどを盛り込んだ、新しいタイプの"入門の入門"書。

プレップ	法学を学ぶ前に	道垣内弘人
プレップ	法と法学	倉沢康一郎
プレップ	憲法	戸松秀典
プレップ	憲法訴訟	戸松秀典
プレップ	民法	米倉　明
*プレップ	家族法	前田陽一
プレップ	刑法	町野　朔
プレップ	行政法	高木　光
プレップ	環境法	北村喜宣
プレップ	租税法	佐藤英明
プレップ	商法	木内宜彦
プレップ	会社法	奥島孝康
プレップ	手形法	木内宜彦
プレップ	新民事訴訟法	小島武司
プレップ	破産法	徳田和幸
*プレップ	刑事訴訟法	酒巻　匡
プレップ	労働法	森戸英幸
*プレップ	知的財産法	小泉直樹
プレップ	国際私法	神前　禎

＊印未刊

条解シリーズ

条解破産法〔第2版〕	伊藤眞・岡正晶・田原睦夫・林道晴・松下淳一・森宏司=著
条解民事再生法〔第3版〕	園尾隆司・小林秀之=編
条解会社更生法〔上・中・下〕	兼子一=監修　三ケ月章・竹下守夫・霜島甲一・前田庸・田村諄之輔・青山善充=著（品切れ）
条解民事訴訟法〔第2版〕	兼子一=原著　松浦馨・新堂幸司・竹下守夫・高橋宏志・加藤新太郎・上原敏夫・高田裕成
条解不動産登記法	七戸克彦=監修　日本司法書士会連合会・日本土地家屋調査士会連合会=編
条解消費者三法　消費者契約法・特定商取引法・割賦販売法	後藤巻則・齋藤雅弘・池本誠司=著
条解弁護士法〔第4版〕	日本弁護士連合会調査室=編著
条解刑法〔第3版〕	前田雅英=編集代表　松本時夫・池田修・渡邉一弘・大谷直人・河村博=編
条解刑事訴訟法〔第4版〕	松尾浩也=監修　松本時夫・土本武司・池田修・酒巻匡=編集代表
条解行政手続法	塩野宏・高木光=著　（品切れ）
条解行政事件訴訟法〔第4版〕	南博方=原編著　高橋滋・市村陽典・山本隆司=編
条解行政情報関連三法　公文書管理法・行政機関情報公開法・行政機関個人情報保護法	高橋滋・斎藤誠・藤井昭夫=編著
条解独占禁止法	村上政博=編集代表　内田晴康・石田英遠・川合弘造・渡邉惠理子=編
条解精神保健法	大谷實=編集代表　古田佑紀・町野朔・原敏弘=編　（品切れ）

弘文堂

＊2015年5月現在

法律学講座双書

法 学 入 門	三ケ月　　　章
法 哲 学 概 論	碧 海 純 一
憲　　　　　法	鵜 飼 信 成
憲　　　　　法	伊 藤 正 己
行　政　法(上・中・下)	田 中 二 郎
行　政　法(上・*下)	小早川　光 郎
租　　税　　法	金 子　　宏
民　法　総　則	四宮和夫・能見善久
債　権　総　論	平 井 宜 雄
債 権 各 論 Ⅰ(上)	平 井 宜 雄
債 権 各 論 Ⅱ	平 井 宜 雄
親族法・相続法	有 泉　　亨
商　法　総　則	石 井 照 久
商　法　総　則	鴻　　常 夫
会　　社　　法	鈴 木 竹 雄
会　　社　　法	神 田 秀 樹
手形法・小切手法	石 井 照 久
*手形法・小切手法	岩 原 紳 作
商行為法・保険法・海商法	鈴 木 竹 雄
商　取　引　法	江 頭 憲治郎
民　事　訴　訟　法	兼子一・竹下守夫
民　事　訴　訟　法	三ケ月　　　章
民　事　執　行　法	三ケ月　　　章
刑　　　　　法	藤 木 英 雄
刑　法　総　論	西 田 典 之
刑　法　各　論	西 田 典 之
刑事訴訟法(上・下)	松 尾 浩 也
労　　働　　法	菅 野 和 夫
*社 会 保 障 法	岩 村 正 彦
国際法概論(上・下)	高 野 雄 一
国　際　私　法	江 川 英 文
特　　許　　法	中 山 信 弘

*印未刊